本书获中国社会科学院创新工程学术出版资助

中国社会科学院创新工程学术出版资助项目

二里头考古六十年

中国社会科学院考古研究所 / 编著
许宏　袁靖 / 主编

中国社会科学出版社

图书在版编目（CIP）数据

二里头考古六十年／中国社会科学院考古研究所编著；许宏，袁靖主编.
—北京：中国社会科学出版社，2019.10（2023.7重印）
ISBN 978-7-5203-5256-7

Ⅰ.①二⋯　Ⅱ.①中⋯②许⋯③袁⋯　Ⅲ.①二里头文化—文化遗址—研究　Ⅳ.①K878.04

中国版本图书馆 CIP 数据核字（2019）第 216294 号

出 版 人	赵剑英
责任编辑	郭　鹏
责任校对	刘　俊
责任印制	李寡寡

出　　版	中国社会科学出版社
社　　址	北京鼓楼西大街甲 158 号
邮　　编	100720
网　　址	http://www.csspw.cn
发 行 部	010-84083685
门 市 部	010-84029450
经　　销	新华书店及其他书店

印刷装订	北京君升印刷有限公司
版　　次	2019 年 10 月第 1 版
印　　次	2023 年 7 月第 3 次印刷

开　　本	880×1230　1/16
印　　张	31.5
字　　数	612 千字
定　　价	198.00 元

凡购买中国社会科学出版社图书，如有质量问题请与本社营销中心联系调换
电话：010-84083683
版权所有　侵权必究

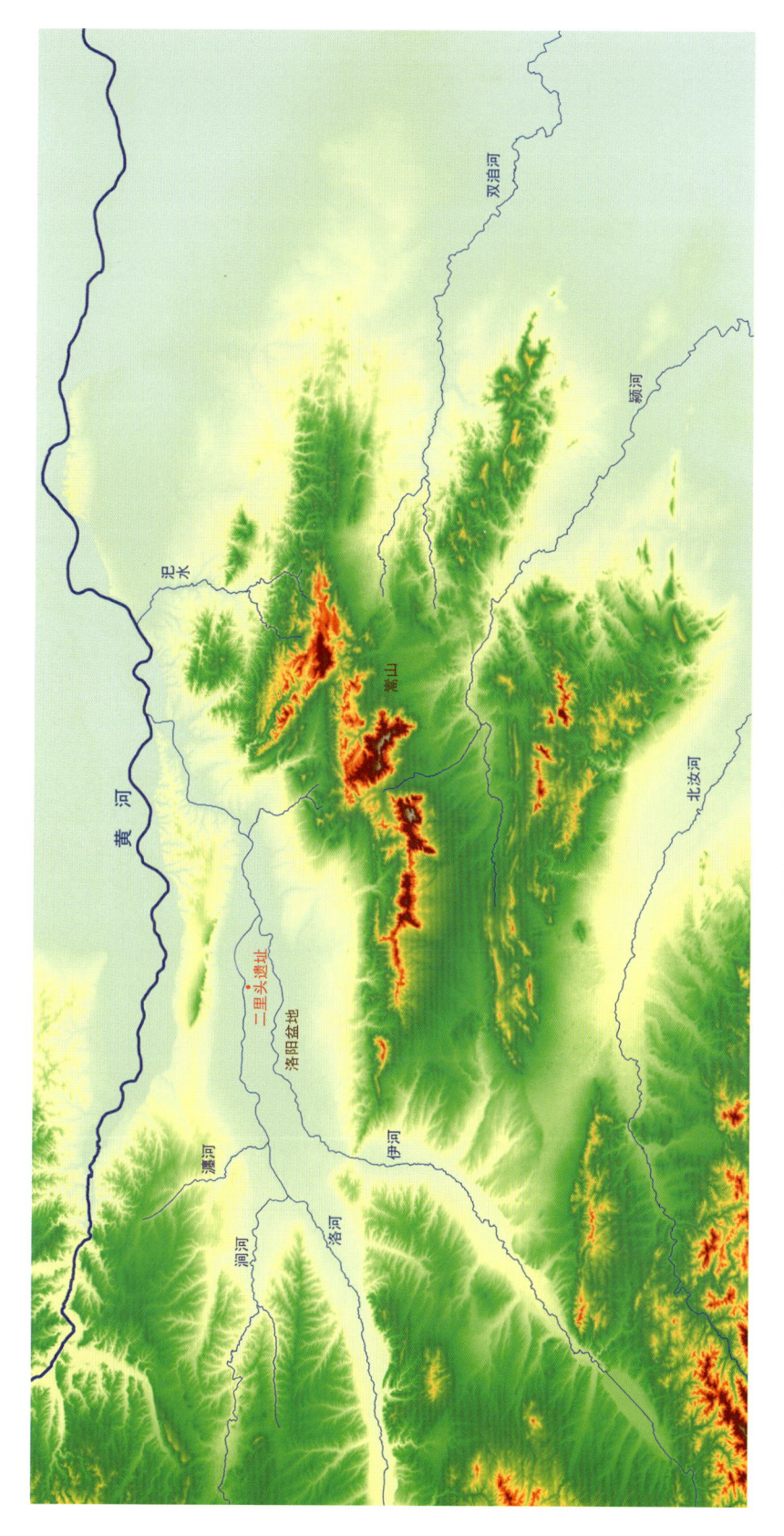

彩版一　二里头遗址位置图

1. 二里头遗址的发现者 徐旭生（20世纪50年代）

2. "夏墟"调查初步报告（1959）

3. 二里头工作队首任队长 赵芝荃（1962）

4. 1号宫殿基址发掘简报（1974）

彩版二　田野考古工作

1. 1975年1号基址发掘

2. 1978年2号基址发掘

3. 1978年2号基址发掘搭梯摄影

4. 2015年春季宫殿区发掘无人机航拍

彩版三　田野考古工作

1. 2002 年春季宫殿区发掘

2. 2013 年春季围垣作坊区发掘

3. 2019 年春季宫殿区发掘

彩版四　田野考古工作

1. 2015年冬季，发掘现场遗迹现象研判

2. 2017年春季，宫殿区墓葬整体起取与夯土解剖

3. 2019年春季二里头工作队"全家福"，远处是建设中的遗址博物馆

彩版五　田野考古工作

1. 5号基址

2. 5号基址院内墓葬

3. 1号巨型坑中用猪祭祀的遗迹

彩版六　宫殿区遗迹

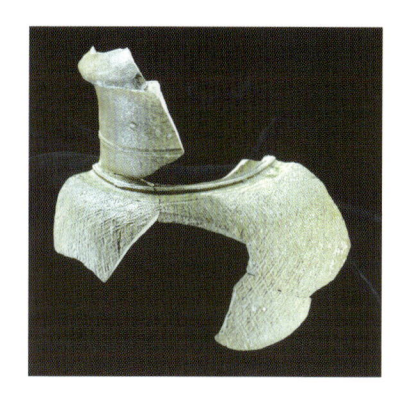

1. 原始瓷盉（2002VM5）

2. 斗笠状白陶器（2002VM3）

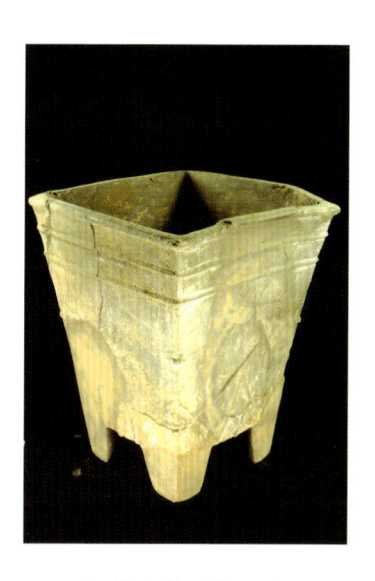

3. 陶方鼎（ⅣH43）

4. 石磬（VIKM3）

彩版七　出土遗物选粹

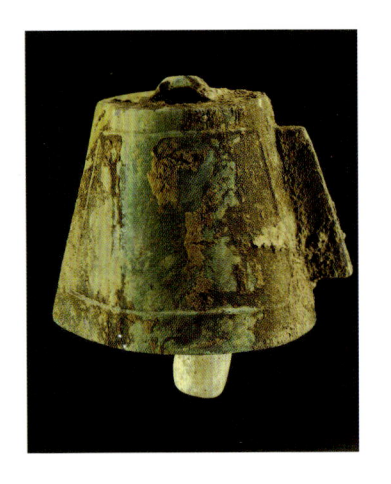

1. 铜铃与铃舌（2002ⅤM3）

2. 铜钺（2000Ⅲ采）

3. 铜爵（1980ⅢM2）

4. 兽面纹骨匕（2004ⅤH285）

5. 骨猴（2002ⅤM6）

彩版八　出土遗物选粹

玉石器（一）

钺（1. 1980ⅤM3　2. 1981ⅤM6）　戈（3. 1975ⅥKM3　4. 1987ⅥM57）

多孔刀（5. 1975ⅧKM7　6. 1987ⅥM57）

玉石器（二）

笄（1. 2002VM3 2. 1980VM3） 柄形器（3. 2001VM1 4. 1975VIKM3）
管珠（5. 2003VG38①） 纺轮（6. IVT11② 7. VH212） 铃舌（8. 1984VIM11 9. 1981VM4）
月牙形器（10. 1987VIM57） 牙璋（11. 1980VM3） 圭（12. 1984VIM11 13. 1980IIIM2）
璧戚（14. 1984VIM11 15. 1975VIKM3）

彩版一〇　出土遗物选粹

绿松石龙形器及其嵌片（2002VM3）

彩版一一 出土遗物选粹

1. 陶范（1983ⅣH20） 　　　　2. 陶范（1983ⅣH20）

3. 陶范（1983ⅣH20） 　　　　4. 陶范（1983ⅣH20）

5. 陶范（1983ⅣH20） 　　　　6. 陶范（1983ⅣH20）

彩版一二　出土遗物选粹

1. 碳十四测年研究（仇士华、张雪莲）

2. 环境考古研究（夏正楷、许宏）

3. 动物考古研究（袁靖）

彩版一三　多学科研究工作

1. 农业生产条件调查(赵志军)

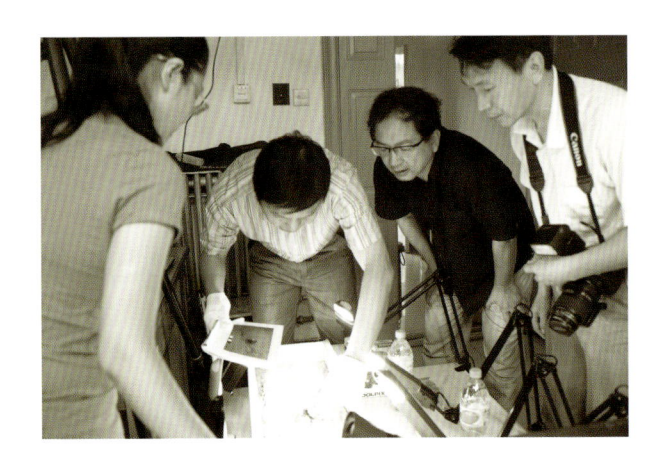

2 绿松石龙形器观察分析(叶晓红、许宏、邓聪、刘建国)

3. 实验室考古中的墓葬清理(李存信、赵海涛、杜金鹏)

彩版一四　多学科研究工作

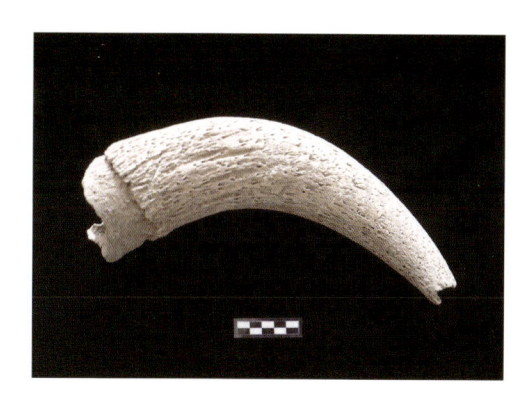

1. 黄牛（左角心）

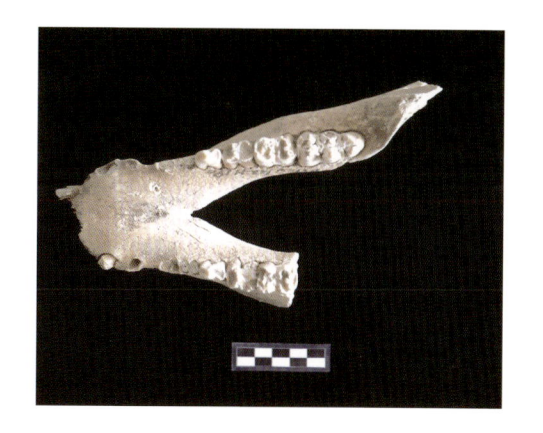

2. 家猪（下颌）

3. 绵羊（角心）

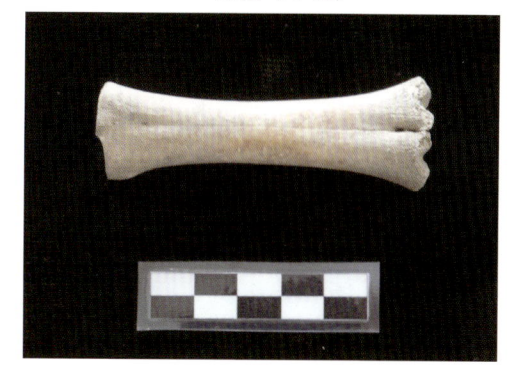

4. 山羊（右掌骨）

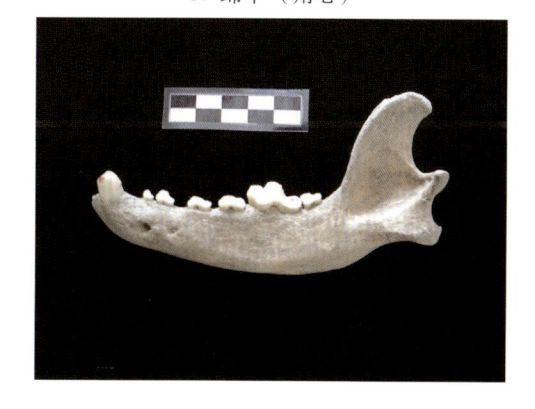

5. 狗（左下颌）

6. 梅花鹿（右下颌）

彩版一五　常见动物骨骼标本

1. 粟粒（四期） 　　　　　　　　　　　　2. 黍粒（四期）

3. 稻米（二期） 　　　　　　　　　　　　4. 稻谷基盘（二期）

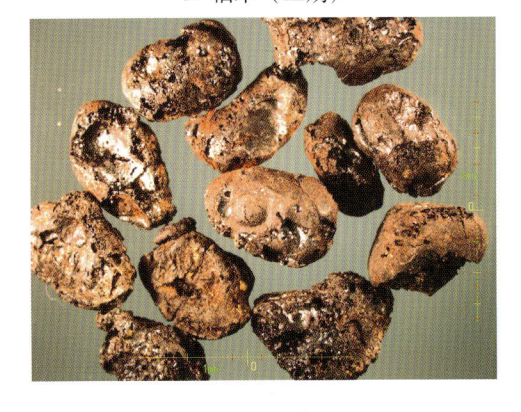

5. 大豆（二期） 　　　　　　　　　　　　6. 小麦粒（四期）

彩版一六　碳化植物种子标本

1. 栎属

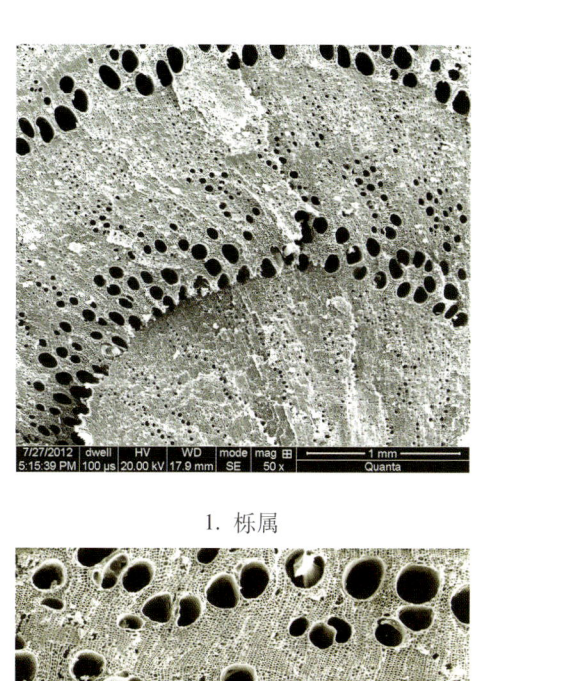

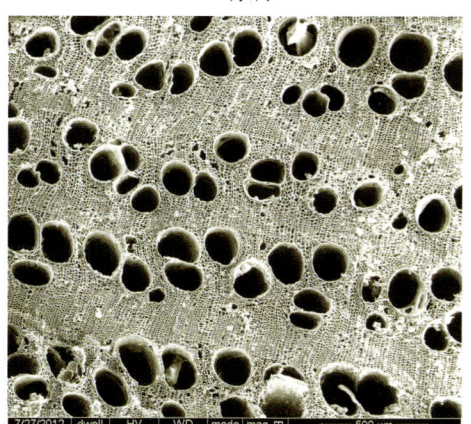

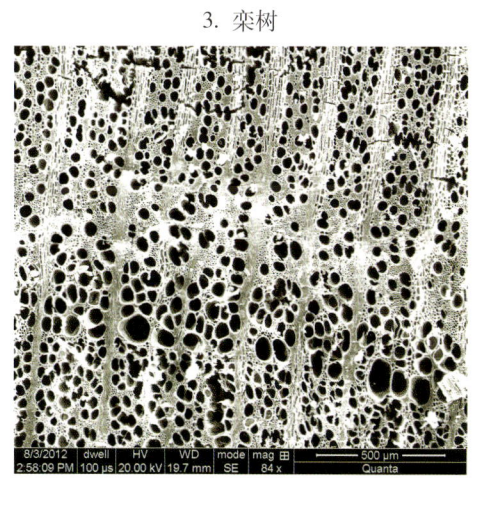

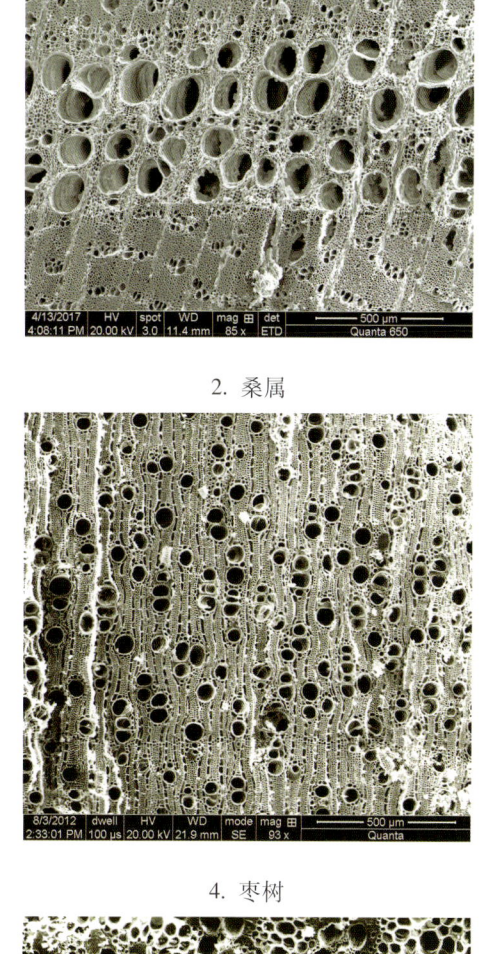

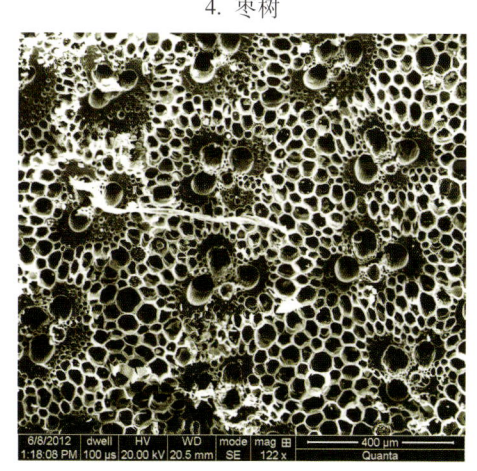

2. 桑属

3. 栾树

4. 枣树

5. 杏属

6. 竹亚科

彩版一七　扫描电镜下木炭横切面的构造

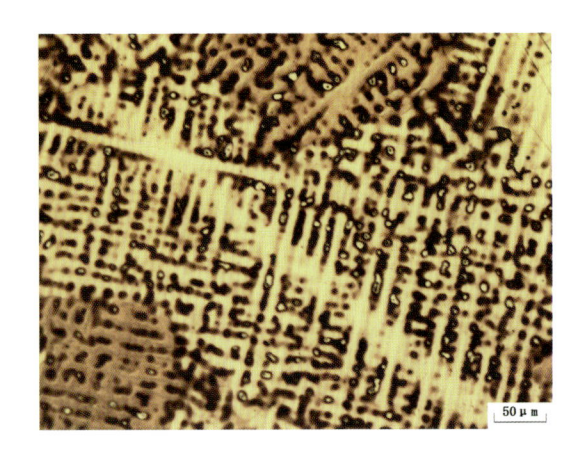

1. 铜镞（2006VH447）金相组织

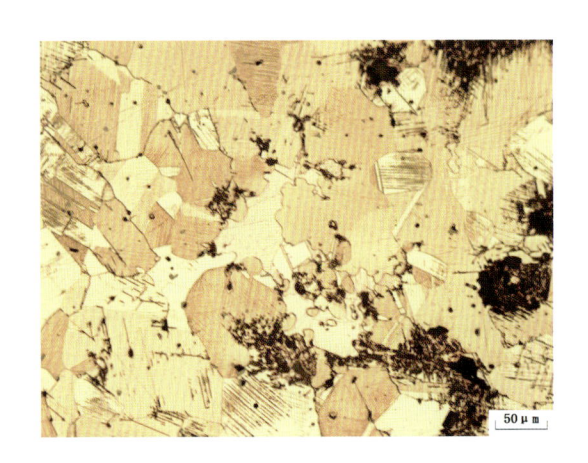

2. 铜刀（2004VT85④C）金相组织

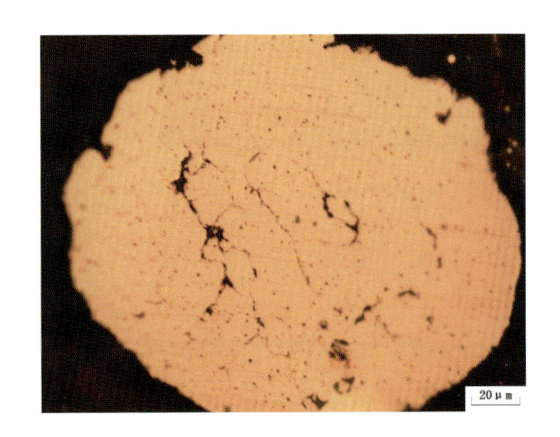

3. 铜渣（2002H132）的铜颗粒

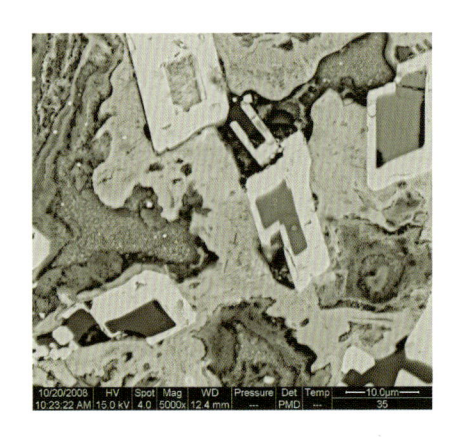

4. 铜渣（2003VG38②）的背散射电子像

彩版一八　铜器、铜渣的金相与扫描电镜分析

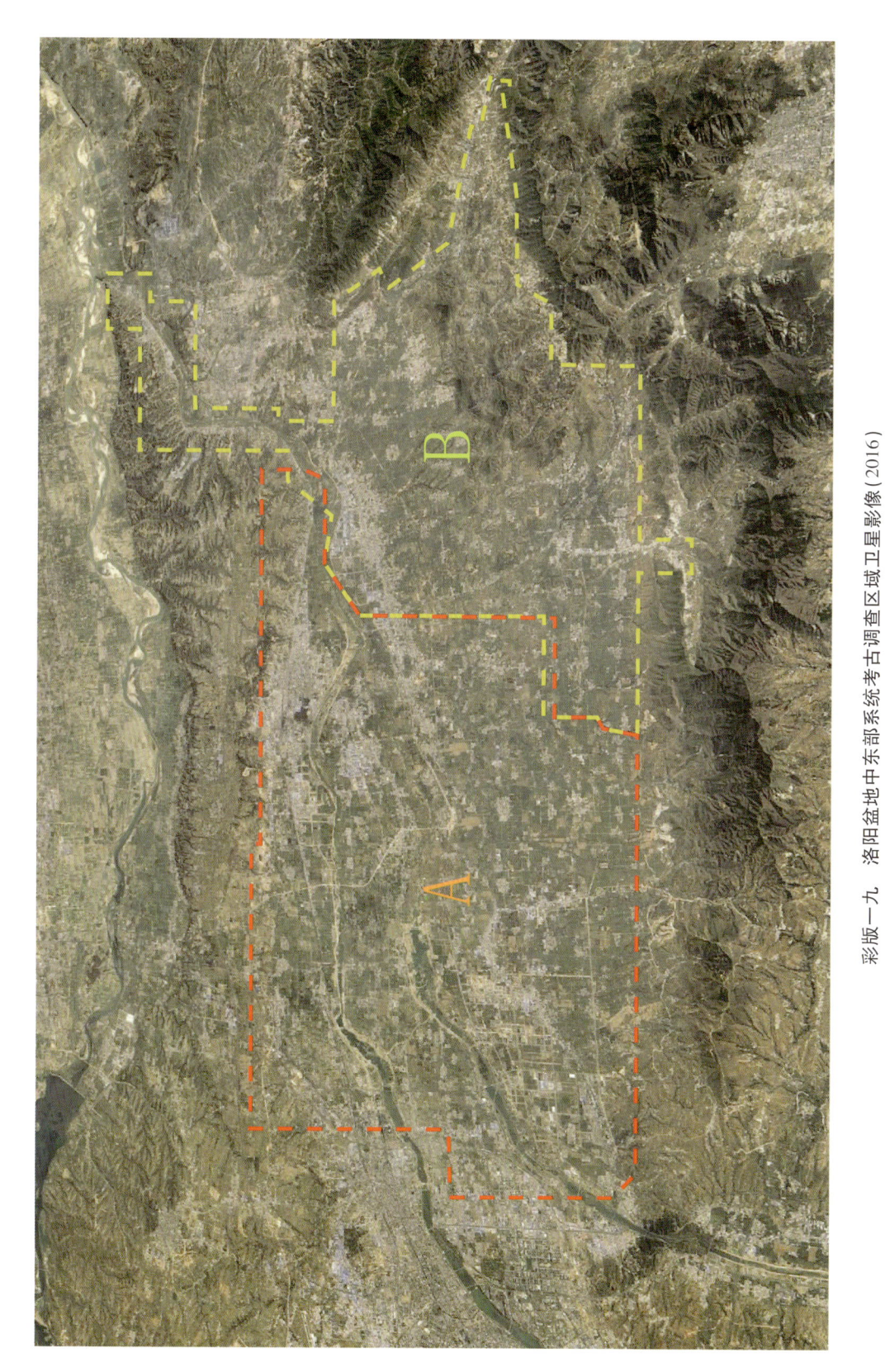

彩版一九 洛阳盆地中东部系统考古调查区域卫星影像（2016）

A. 二里头工作队调查区域　B. 中澳美联合考古队调查区域

1. 二里头遗址与二里头文化国际学术研讨会（2005 偃师）

2. 纪念二里头遗址发现 55 周年学术研讨会（2014 北京）

彩版二〇　近年召开的学术研讨会

1. 1995 年以来的出版物

2. 考古报告《二里头（1999—2006）》

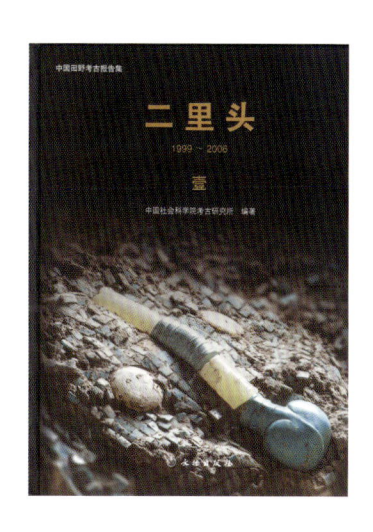

3. 报告封面

彩版二一　出版物书影

1. 圪当头村驻地旧址

2. 现驻地航拍

3. 现驻地雪景

彩版二二　二里头工作队驻地

1. 遗址公园与遗址博物馆鸟瞰

2. 遗址博物馆示意图

彩版二三　遗址博物馆与遗址公园

彩版二四 二里头时代前后玉石牙璋的分布

前　言

二里头遗址是东亚地区青铜时代最早的大型都邑遗址，以其为典型遗址的二里头文化则是东亚地区最早的"核心文化"。1959 年，著名古史学家徐旭生先生率队发现该遗址，当年秋季，田野考古工作正式启动。今年，是二里头遗址发现与发掘 60 周年。

到 1999 年我接手二里头遗址的考古工作时，二里头遗址的田野考古与研究已历 40 个春秋。第一本遗物资料集《二里头陶器集粹》图录出版于 1995 年，第一本田野考古报告《偃师二里头（1959 年—1978 年考古发掘报告）》在我接手时则刚刚面世，而关于二里头遗址与二里头文化的综合性研究著作则付诸阙如。

数年后，二里头遗址新一轮的田野考古工作取得初步成果，我即萌生了步《殷墟的发现与研究》（科学出版社，1994 年）之后尘，编写一部《二里头遗址的发现与研究》的念想。当时年轻气盛，拟以一己之力，在田野工作之余完成之。翻检了下既往的文档，看 2004 年春季既已开始列出大纲，梳理参加田野工作人员名录，编辑田野工作大事年表。从发现与研究历程到具体成果，都已开始填空式的动笔了。此后因田野工作、报告整理和诸多杂务，这项工作就被放到了一边，一直再没能捡起来。

2004 年，《考古》第 11 期推出了"本刊专稿——二里头遗址"，是我们在二里头遗址发现 45 周年之际的纪念专稿。除了最新的考古勘察与发掘简报外，还有我与陈国梁、赵海涛合写的《二里头遗址聚落形态的初步考察》和我的《二里头遗址发掘和研究的回顾与思考》两篇论文。2005 年，我们推出了资料和研究成果的合集《偃师二里头遗址研究》；2006 年推出了《二里头遗址与二里头文化研究：中国·二里头遗址与二里头文化国际学术研讨会论文集》；2008 年推出了硕士学位论文专辑《中国早期青铜文化——二里头文化专题研究》。

2014 年，在纪念二里头遗址发现 55 周年之际，五卷本考古报告《二里头（1999—2006）》出版。是时候在二里头遗址发现 60 周年之际，重新开始二里头发现与研究综合性专著的编撰工作了。2016年,《丰镐考古八十年》出版,我们关于二里头发现与研究的综合性论著,就叫《二里头考古六十年》吧。这就是这部书的书名及腹稿的缘起。如果做一个解题的话,这里的二里头显然已不应仅限于二里头遗址,也包含以其命名的二里头文化。

但十余年过去,站在当下信息爆炸、研究深入的时点上,这本书已远非个人以一己之力能够完成得了。随着自己跻身于考古界"老兵"行列,精力与学力不逮,而田野考古本来就有团队作业的特质,可充分发挥年轻同仁的作用;又时值多学科合作、学科大转型的时代,只懂考古已经搞不好考古了,这部专书也不应只是纯考古著作。只有合作集成,才能让这一念想成真。在这样的"自知之明"下,我开始考虑搭班子来完成此书。赵海涛、陈国梁是我们这届二里头遗址考古团队的干将,自然也是此书的主要作者。学位论文选题与二里头密切相关的李志鹏、郝炎峰、彭小军、贺俊等都加盟了进来。

前述初版于20世纪90年代的《殷墟的发现与研究》,尚未设专章来综述多学科合作的成果,及至《丰镐考古八十年》,已有一章来谈"多学科方法的应用",内容包括Arcgis系统的构建、航空遥感技术的应用,以及其他科技手段的应用。而二里头遗址是公认的迄今为止中国考古学学科范畴内科技考古各"兵种"介入最多的一个遗址,大型考古报告《二里头(1999—2006)》则是迄今为止我国参与编写的作者人数最多的一本考古报告(共62人参与执笔)。聚落考古和多学科研究的理念与收获,构成这部报告的重要特色,是中国考古学学科发展与转型的一个缩影。鉴于此,袁靖先生领衔、曾参与二里头遗址遗存分析测定研究的10余位各领域的学者(详见后记)组成的多学科团队,自然就成为这部书的重要撰稿人,他们的人数已远超我们几位考古领域的作者。这样的撰稿人构成,以及袁靖先生慨允与本人共同主编此书,也可看作是中国考古学学科转型期的一个重要表征。

在考古报告《二里头(1999—2006)》的编写过程中,袁靖先生和我的一个共识,就是痛感多学科合作解读考古信息还有"两张皮"的现象,深度整合还有很长的路要走。虽然意识到这个问题,但如何破题,尚有待探索。在本书章节拟定的过程中,袁靖先生就提出了极好的整合建议。从最初将"多学科专题研究"单列一章,到现在整合考古学文化分期和年代学测定研究,整合遗址环境气候变迁与存在状态的综合研究,整合各类人工遗物及人骨的多学科研究,以及对动植物的获取与利用的全方位研究,等等。这使得这部综合性的专著,较之数年前的考古报告《二里头(1999—2006)》,在多学科整合研究方法的探索上又上了一个新台阶。如果我们的努力和尝试,能为中国考古学的转型与发展尽些许微薄的助推之力,则是我们至感欣慰的。

这就是这本书从构思到问世的大致缘起以及我们的心路历程。至于二里头遗址与二里头文化发现与研究历程之原委及成果的明细，在书中都有交代，这里不再赘述。结语对全书的内容有更凝练的总括，以方便读者速览概观。

我们希望能做一部好看好用的书。它的内容是系统全面的，叙述风格是述而不作的，信息处理方式上做了尽可能的尝试。尽管如此，其中错漏与不足之处在所难免，诚望能得到广大读者的批评指正。

本书正文各插表中关于时段的表述皆采用简称，它们分别是：

二里头：二里头文化

二里岗：二里岗文化

一期、二期、三期、四期：二里头文化第一期至第四期

一晚：二里头文化第一期晚段

二早、二晚，三早、三晚，四早、四晚：二里头文化第二期至第四期早段、晚段

岗早：二里岗文化早期（二里岗下层）

岗晚：二里岗文化晚期（二里岗上层）

许宏

2019 年 5 月

目　录

第一章　田野工作与研究历程 …………………………………………… (1)
 第一节　田野工作 …………………………………………………… (1)
  一　二里头遗址 ……………………………………………………… (1)
  二　其他遗址 ………………………………………………………… (10)
 第二节　研究历程 ……………………………………………………… (21)
  一　第一阶段：1958—1995 年 ……………………………………… (21)
  二　第二阶段：1996 年至今 ………………………………………… (24)

第二章　遗址自然环境与现存状态 ……………………………………… (26)
 第一节　自然环境 ……………………………………………………… (26)
  一　古水文和古地貌研究 …………………………………………… (27)
  二　古生物材料反映出的古环境 …………………………………… (36)
 第二节　遗址现存状态 ………………………………………………… (52)
  一　范围与规模 ……………………………………………………… (52)
  二　现状与成因 ……………………………………………………… (53)

第三章　分期与年代 ……………………………………………………… (55)
 第一节　分期 …………………………………………………………… (55)
  一　研究简史 ………………………………………………………… (55)
  二　地层依据与陶器特征 …………………………………………… (58)
 第二节　年代 …………………………………………………………… (61)
  一　相对年代 ………………………………………………………… (61)
  二　绝对年代 ………………………………………………………… (61)

第四章　遗址的聚落形态 （78）

第一节　聚落的历时性变化 （78）
　　一　遗址第一、二期 （79）
　　二　遗址第三期 （79）
　　三　遗址第四期 （80）
　　四　遗址第五期 （81）
　　五　遗址第六、七期 （81）
　　六　遗址第八期 （82）

第二节　二里头文化兴盛期的布局大势 （82）
　　一　中心区 （82）
　　二　一般居住活动区 （90）
　　三　墓葬与其他手工业遗迹 （90）

第三节　区域聚落形态 （91）
　　一　相关工作 （91）
　　二　主要发现 （92）
　　三　聚落形态揭示的区域社会 （97）

第五章　遗迹所见生产与生活 （102）

第一节　大型工程遗迹 （102）
　　一　中心区主干道网与车辙 （103）
　　二　围垣设施 （104）
　　三　夯土建筑（群） （107）
　　四　排水渠、池、沟状遗迹、巨型坑 （114）

第二节　手工业作坊 （117）
　　一　制陶遗存 （118）
　　二　制骨作坊 （118）
　　三　铸铜作坊 （121）
　　四　绿松石器作坊 （124）
　　五　作坊区 （125）

第三节　中小型房址（含灶址） （126）
　　一　形制 （127）
　　二　功用 （128）

第四节　水井 …………………………………………………………………（129）
　　第五节　灰坑与灰沟 ……………………………………………………………（129）
　　　　一　灰坑 ……………………………………………………………………（129）
　　　　二　灰沟 ……………………………………………………………………（130）

第六章　遗物所见生产与生活 ………………………………………………（131）
　　第一节　人工遗物 ………………………………………………………………（131）
　　　　一　陶器 ……………………………………………………………………（131）
　　　　二　铜器 ……………………………………………………………………（140）
　　　　三　玉器（含绿松石器） …………………………………………………（155）
　　　　四　石器 ……………………………………………………………………（186）
　　　　五　漆木器 …………………………………………………………………（205）
　　　　六　纺织品 …………………………………………………………………（206）
　　　　七　骨、角、蚌、牙、贝、螺质遗物 ……………………………………（206）
　　第二节　动植物遗存 ……………………………………………………………（208）
　　　　一　植物资源的获取与利用 ………………………………………………（208）
　　　　二　动物资源的获取与利用 ………………………………………………（225）

第七章　人骨研究 ………………………………………………………………（243）
　　第一节　性别年龄鉴定 …………………………………………………………（243）
　　第二节　形态学研究 ……………………………………………………………（247）
　　第三节　古病理研究 ……………………………………………………………（249）
　　　　一　龋齿的研究 ……………………………………………………………（249）
　　　　二　牙周病研究 ……………………………………………………………（250）
　　　　三　牙齿错殆畸形研究 ……………………………………………………（251）
　　　　四　牙齿磨耗研究 …………………………………………………………（251）
　　　　五　其他部位骨骼疾病 ……………………………………………………（252）
　　第四节　食性分析 ………………………………………………………………（253）
　　　　一　碳十三、氮十五分析 …………………………………………………（253）
　　　　二　锶同位素比值分析 ……………………………………………………（255）
　　第五节　古 DNA 分析 …………………………………………………………（258）
　　　　一　材料与方法 ……………………………………………………………（258）

二　结果与讨论 …………………………………………………………… (260)

第八章　精神生活 ………………………………………………………… (262)
第一节　墓葬 ……………………………………………………………… (262)
　　一　发现与研究概况 …………………………………………………… (262)
　　二　墓葬等级及相关问题 ……………………………………………… (264)
　　三　墓葬分布形态及相关问题 ………………………………………… (273)
第二节　祭祀 ……………………………………………………………… (278)
　　一　祭祀区 ……………………………………………………………… (279)
　　二　宫殿区 ……………………………………………………………… (279)
　　三　作坊区 ……………………………………………………………… (281)
第三节　占卜 ……………………………………………………………… (281)
　　一　相关发现 …………………………………………………………… (282)
　　二　种属及部位选择 …………………………………………………… (282)
　　三　整治措施 …………………………………………………………… (283)
　　四　占卜后的处理 ……………………………………………………… (283)
第四节　刻符 ……………………………………………………………… (284)

第九章　社会文化研究 ……………………………………………………… (287)
第一节　二里头文化的社会生活 ………………………………………… (287)
第二节　二里头文化源流问题研究 ……………………………………… (292)
　　一　来源研究 …………………………………………………………… (292)
　　二　流向研究 …………………………………………………………… (298)
第三节　二里头文化与其他文化关系研究 ……………………………… (300)
　　一　汇聚与辐辏 ………………………………………………………… (301)
　　二　影响与辐射 ………………………………………………………… (303)
第四节　二里头文化与国家、文明关系研究 …………………………… (310)
　　一　第一阶段：1959—1976 年 ………………………………………… (310)
　　二　第二阶段：1977—1995 年 ………………………………………… (311)
　　三　第三阶段：1996 年至今 …………………………………………… (313)
第五节　关于二里头遗址与二里头文化古史属性的讨论 ……………… (317)
　　一　第一阶段：1959—1976 年 ………………………………………… (318)

二　第二阶段：1977—1995 年 ………………………………………………（320）
　　三　第三阶段：1996 年至今 ………………………………………………（324）

第十章　二里头遗址的保护与利用 …………………………………………（327）
第一节　遗址沿革与破坏原因分析 …………………………………………（327）
　　一　古代沿革与破坏原因 ………………………………………………（327）
　　二　自然原因 ……………………………………………………………（328）
　　三　当代人为原因 ………………………………………………………（328）
第二节　保护措施 ……………………………………………………………（328）
　　一　积极开展考古工作 …………………………………………………（329）
　　二　颁布保护法规 ………………………………………………………（329）
　　三　确立保护范围 ………………………………………………………（329）
　　四　建立保护机构 ………………………………………………………（330）
第三节　保护成果与现状 ……………………………………………………（330）
第四节　保护原则和意义 ……………………………………………………（330）
第五节　保护与利用思路 ……………………………………………………（331）
　　一　优势 …………………………………………………………………（331）
　　二　劣势与不足 …………………………………………………………（332）
　　三　保护利用思路 ………………………………………………………（332）

结　语 …………………………………………………………………………（333）
第一节　分期与年代 …………………………………………………………（333）
　　一　分期 …………………………………………………………………（333）
　　二　年代 …………………………………………………………………（333）
第二节　聚落考古研究 ………………………………………………………（334）
　　一　自然环境 ……………………………………………………………（334）
　　二　现存状态 ……………………………………………………………（335）
　　三　微观聚落形态 ………………………………………………………（336）
　　四　宏观聚落形态 ………………………………………………………（339）
第三节　遗迹研究 ……………………………………………………………（340）
　　一　大型工程遗迹 ………………………………………………………（341）
　　二　手工业作坊 …………………………………………………………（344）

三　墓葬 (347)
　　四　祭祀遗迹 (348)
　　五　其他遗迹 (349)
第四节　遗物研究 (349)
　　一　陶器 (349)
　　二　铜器 (351)
　　三　玉器 (353)
　　四　石器 (354)
　　五　漆木器和纺织品 (355)
　　六　骨、角、蚌、牙、贝、螺质遗物 (355)
　　七　人骨研究 (356)
　　八　植物遗存 (358)
　　九　动物遗存 (360)
第五节　社会文化研究 (362)
　　一　二里头文化的社会生活 (362)
　　二　二里头文化的源流问题 (363)
　　三　二里头文化与其他文化的关系 (363)
　　四　二里头文化与国家、文明的关系 (364)
　　五　二里头遗址与二里头文化的古史属性 (364)

附　录 (367)

附录一　二里头遗址与二里头文化学术史年表 (367)

附录二　二里头遗址与二里头文化研究中文文献存目 (393)
　　一　资料部分 (393)
　　二　论著部分 (413)

后　记 (491)

第一章

田野工作与研究历程

第一节 田野工作

与二里头文化相关的田野考古工作始于20世纪50年代，可以分为两个部分：一是二里头遗址的田野工作；二是二里头文化其他遗址的田野工作。前者作为二里头文化的典型遗址，考古工作者对其展开了系统的勘探与发掘，积累了极为丰富的考古材料。同时，通过调查与发掘，学术界也获取了与后者有关的诸多信息。对相关田野工作的梳理，也将从这两个方面分别展开。

一 二里头遗址

二里头遗址正式发现于1959年[①]。是年夏季，在豫西调查"夏墟"的田野工作中，著名古史学家、中国科学院考古研究所（现隶属于中国社会科学院）徐旭生研究员在该所洛阳发掘队方酉生等人及偃师县高姓文物干部的协助下，于5月16日踏查了二里头遗址，随后发表了调查报告[②]。鉴于该遗址出土物丰富、面积广大，且位于史籍记载的商都"西亳"所在地，徐旭生认为"如果乡人所言不虚，那在当时实为一大都会，为商汤都城的可能性很不小"，遂引起学术界的极大关注。

1959年夏，中国科学院考古研究所洛阳发掘队赵芝荃、高天麟对遗址进行了复

[①] 另有一种说法认为二里头遗址发现于1957年冬季。参见中国科学院考古研究所洛阳发掘队《河南偃师二里头遗址发掘简报》，《考古》1965年第5期，第215页。对此，在对二里头遗址"1959年发现说"与"1957年发现说"进行综合比较之后，有学者指出前者更具科学性与说服力。参见李维明《二里头遗址发现年代择辨》，《中国文物报》2005年7月29日。我们在此采用"1959年发现说"，原因是"依据学术界的惯例，考古发现应以专业学者的考察确认为前提。二里头遗址的正式发现，仍应以徐旭生一行的踏查并发表报告为准"。参见中国社会科学院考古研究所《二里头（1999—2006）》，文物出版社2014年版，第2页。

[②] 徐旭生：《1959年夏豫西调查"夏墟"的初步报告》，《考古》1959年第11期，第592—600页。

查，确认这是一处堆积丰厚的大型遗址，于是申请发掘。

1959年秋，河南省文物局文物工作队和中国科学院考古研究所洛阳发掘队分别在二里头遗址进行试掘①。前者派出了由10位女队员组成的"刘胡兰小队"②，赵青云任辅导员。他们在遗址上试掘了两条探沟，将文化堆积区分为"上下2层文化"，发现了陶窑等遗迹，可惜未公布相关的资料③。

其后，二里头遗址的田野工作由中国社会科学院考古研究所独立承担。在迄今60年的时间中，除"文化大革命"前后中断了数年（1965—1971年）之外，该遗址的钻探发掘工作持续不断，累计发掘面积达4万余平方米，取得了一系列重要成果。整体看来，大致可分为以下两大阶段。

（一）第一阶段：1959—1997年

这一阶段对二里头遗址进行了初步钻探，对重要遗存进行了全面揭露。同时还配合农村基本建设做了不少抢救性发掘。细致看来，又可具体划分为以下四个小阶段。

1. 1959年秋至1960年冬④

主要工作是对遗址进行初步试掘与钻探。

（1）1959年秋至1960年秋，通过试掘发现了从龙山文化晚期到"洛达庙类型商文化"（后被命名为"二里头类型文化"⑤和"二里头文化"⑥）连续发展的层位关系，划分出早、中、晚三期遗存（相当于二里头文化一、二、三至四期），并发现有仰韶文化、庙底沟二期文化和二里岗晚期文化遗存。推测遗址范围东西2—2.5千米，南北宽约1.5千米。

（2）1960年春，根据遗址上的主要道路、水渠和自然村地界，将整个遗址分为9个工作区，平面略成"井"字形。

（3）1960年秋冬，钻探发现并经试掘确认了大型夯土建筑基址——1号宫殿基址的存在。

发掘者在这一阶段即对遗址进行总体分区，并抓住了大型宫殿基址这一都城发掘

---

① 中国科学院考古研究所洛阳发掘队：《河南偃师二里头遗址发掘简报》，《考古》1965年第5期，第215页。
② 另有一说是9人。参见李维明《二里头遗址考古五十载掠影》，《文史知识》2009年第12期，第11页。
③ 张立东、任飞主编：《手铲释天书——与夏文化探索者的对话》，大象出版社2001年版，第5、78、202页；许顺湛：《脚印》，海燕出版社2012年版，第63页；赵青云：《河南考古战线上的一支生力军——记刘胡兰小队》，《岁月如歌：一个甲子的回忆》，大象出版社2012年版，第112—115页。
④ 1959年秋至1960年冬的资料，见于中国社会科学院考古研究所《偃师二里头（1959年—1978年考古发掘报告）》，中国大百科全书出版社1999年版。此外还有报告刊布前的相关简报，内容同于报告者不再罗列，下同。
⑤ 夏鼐：《新中国的考古学》，《考古》1962年第9期，第456页。
⑥ 许顺湛：《关于中原新石器时代文化的几个问题》，《文物》1960年第5期，第36—39页；夏鼐：《碳-14测定年代和中国史前考古学》，《考古》1977年第4期，第222页。

的重点，做好了大面积钻探发掘的准备，是颇难能可贵的。

1959年秋的勘察与发掘工作，由高天麟主持。1960年春、秋两季的工作，由殷玮璋主持。先后参加工作的有吕友全、龚琼瑛、冯承泽和方孝廉等。

2. 1961年秋至1964年春①

主要发掘1号宫殿建筑基址（下称"1号基址"）。揭露1号基址的东半部，发掘面积约6500平方米。前后共计6次。

（1）1961年秋，开始发掘1号基址。本次发掘揭露面积300平方米，找到了夯土基址的南部边缘。另外在基址的东北、西北、西南三面开了4个小探沟，目的是探索1号基址的四至，工作属试掘性质。

（2）1962年春，继续发掘1号基址，揭露面积900平方米。

（3）1962年秋，继续发掘1号基址，揭露面积850平方米，找到了基址的东南角和边缘平行的柱洞。

（4）1963年春，继续发掘1号基址，共计850平方米。同时，在Ⅳ区和Ⅸ区进行发掘，发掘面积分别为645平方米和86.5平方米。本次发掘，除了对夯土基址有进一步了解之外，在Ⅳ区发现较多的坩埚残块、铜渣和残陶范，在Ⅸ区发现有烧陶器的窑址。

（5）1963年秋，继续发掘1号基址，共计300平方米。另外在1号基址的南面Ⅳ区布方。这里的夯土建筑基址破坏的相当严重，形制已不清楚。

（6）1964年春，继续发掘1号基址，共计3300平方米。本次发掘找到了基址东面的边缘拐角，清理出了与边缘平行成排的柱洞和木骨墙，还在部分探方内发现了一排南北向的柱洞。

这一阶段的勘察与发掘工作由赵芝荃主持。参加工作的有殷玮璋、高天麟、方酉生、钟少林、李经汉、曹延尊、关甲堃、戴复汉、龚琼瑛、吕友全、方孝廉和焦重欣等。1963年秋，北京大学教师李伯谦率1960级本科生7人参与了发掘。

3. 1972年秋至1978年春②

主要发掘1、2号宫殿建筑基址（下称"1、2号基址"），前后共计11次。前5次主要发掘1号基址的西半部，中间3次钻探和发掘了几座墓葬，后3次发掘2号基址。

（1）1972年秋，继续发掘1号基址，约1200平方米。此次工作找到了基址北部的边缘和主体建筑的西北角，同时在基址上面发现了所谓的晚于晚期和早于郑州二里岗期的

---

① 1961年秋至1964年春的材料，见于中国社会科学院考古研究所《偃师二里头（1959年—1978年考古发掘报告）》，中国大百科全书出版社1999年版。
② 同上。

文化层，在发掘简报中被定为二里头遗址四期文化①。另外，收获一组包括刀、戈、镯在内的玉器（1967年圪垱头第十四生产队在其村北建砖瓦窑时挖出，编号为ⅢKM1）。

（2）1973年春，在Ⅴ区继续发掘1号基址，找到了1号基址南部和西部边缘，以及与之平行的成排柱洞和木骨墙。同时在Ⅲ区、Ⅷ区清理了小型房基、石子路、墓葬及灰坑等遗迹。本次发掘面积共计3465平方米。

（3）1973年秋，继续清理1号基址，发掘面积为2050平方米。发掘完主体建筑和南面的门道，补齐西北角的建筑遗址。

（4）1974年秋，发掘1号基址东北角的廊庑建筑遗迹和东北角的两个侧门，发掘面积共计400平方米。

（5）1975年春，揭露1号基址上过去没有发掘的探方和复查其主体建筑，同时在Ⅵ区和Ⅲ区进行部分发掘。至此，二里头1号基址全部发掘完毕。

（6）1975年秋，铲探遗址并发掘中型墓葬ⅥKM3、ⅤKM4、ⅧKM5和ⅣM1。同年8月，偃师县文化馆收获一组铜器和玉器（四角楼村民取土时发现，编号为ⅦKM7）。

（7）1976年春，铲探和发掘一部分中型墓葬。

（8）1976年秋，在1号基址东面和南面探出大小不同的夯土基址33块，包括后来发掘的2号基址。

（9）1977年秋，开始发掘2号基址，同年年底其大致轮廓已基本显露。发掘面积共计4366平方米。同时在Ⅵ区也进行了部分发掘。

（10）1978年春，清理2号基址的主体建筑、廊庑和南部门道等遗迹。

（11）1978年秋，发掘2号基址上的大墓（M1），同时又清理了墓葬ⅤKM8。

遗址在发现之初、试掘之前，即因面积广大而被推定为"一大都会"，很可能是"商汤都城"②。但可以说，直到面积达数千至1万平方米的1、2号大型建筑基址被全面揭露，才从考古学上初步把握了它与都邑相称的遗存性质。

这一时段的勘察与发掘工作由赵芝荃主持，其中1978年的发掘工作由郑光具体负责。先后参加工作的人员有方酉生、高天麟、李经汉、郑光、张国柱、关甲堃、屈

---

① 这里有个问题需要澄清，即原二里头文化早、中、晚三期与一至四期的对应关系问题。二里头文化四期是20世纪70年代"新发现的较以前所知三期更晚的遗存"。参见中国科学院考古研究所二里头工作队《河南偃师二里头早商宫殿遗址发掘简报》，《考古》1974年第4期，第234—248页。实际上，这一表述并不准确，原因是四期遗存在遗址发现之初即已发现。因而，准确的表述应该是20世纪70年代初首次提出"二里头第四期文化"这一概念。参见许宏、赵海涛《二里头遗址文化分期再检讨——以出土铜、玉礼器的墓葬为中心》，《南方文物》2010年第3期，第44—52页。

② 徐旭生：《1959年夏豫西调查"夏墟"的初步报告》，《考古》1959年第11期，第598—600页。

如忠、乌恩、段鹏琦、杨国忠、徐殿魁、金仲林、刘忠伏等。

4. 1980年秋至1997年[①]

主要发掘铸铜作坊遗址、中小型房址及与祭祀、制骨有关的遗存和墓葬等。

（1）1980年秋，在Ⅲ区发掘建筑基址，同时在Ⅲ区和Ⅴ区清理墓葬3座。此外，还在Ⅵ区清理了房基、石子路面、灰坑、水井及墓葬等遗迹。

（2）1981年春，在清理Ⅴ区夯土基址时，在圪垱头村西北公坟旁清理墓葬两座。同时在Ⅲ区一生产队的起土地进行了发掘。

（3）1981年秋，在清理Ⅴ区夯土基址时，在圪垱头村西北公坟旁清理墓葬4座，出土了一批包括铜器在内的重要遗物。

（4）1982年秋，在Ⅸ区进行发掘，发现的遗迹现象有较大的夯土基址的残部、小型房基、灰坑、墓葬等。此次揭露面积约210平方米。

（5）1983年，主要工作集中在Ⅳ区，也在Ⅵ区做了少许工作。在Ⅳ区发掘了一处属于二里头文化二期偏晚的范围较为清楚的铸铜作坊地点，面积约为55平方米。作坊内及附近发现有路土、房基、灶址、烧土面、灰坑（沟）等遗迹，出土了坩埚、陶范、铜渣、铜锈、铜片、铜块、砺石等遗物。这是首次比较完整地揭露出一座铸铜作坊"工场"的基本面目。另外在该地点东南发现有另外两处铸铜作坊地点。在Ⅳ区还清理了小型陶窑一座、长方形水井两眼、壕沟遗迹一处及墓葬几十座。在Ⅵ区发现了骨料坑。此外，还在Ⅸ区清理墓葬、灰坑各两座。

（6）1984年，在Ⅳ区清理四处较为完整的二里头文化二期铸铜遗迹（其中两处继续1983年的工作）。在Ⅳ区铸铜作坊遗址内清理墓葬40余座，可分为南北两个墓区。在Ⅵ区也清理墓葬10余座，墓葬中出土了一批包括铜斝、铜爵、漆觚等在内的重要遗物。此外，还在Ⅵ区清理了几座灰坑及一座中型房址。

（7）1985年，主要工作集中在Ⅴ、Ⅵ区。Ⅴ区发掘约1000平方米，确认了1、2号基址之间既有二里头文化二期、四期的遗存，也存在二里岗文化的地层。Ⅵ区发掘

[①] 1980年秋至1997年的材料，见于中国社会科学院考古研究所二里头队《1980年秋河南偃师二里头遗址发掘简报》，《考古》1983年第3期，第199—205、219页；中国社会科学院考古研究所二里头工作队《1981年河南偃师二里头墓葬发掘简报》，《考古》1984年第1期，第37—40页；中国社会科学院考古研究所二里头工作队《偃师二里头遗址1980—1981年Ⅲ区发掘简报》，《考古》1984年第7期，第582—590页；中国社会科学院考古研究所二里头工作队《1982年秋偃师二里头遗址九区发掘简报》，《考古》1985年第12期，第1085—1094页；中国社会科学院考古研究所二里头工作队《1984年秋河南偃师二里头遗址发现的几座墓葬》，《考古》1986年第4期，第318—323页；中国社会科学院考古研究所二里头工作队《河南偃师二里头遗址发现新的铜器》，《考古》1991年第12期，第1138—1139页；中国社会科学院考古研究所二里头工作队《1987年偃师二里头遗址墓葬发掘简报》，《考古》1992年第4期，第294—303页；中国社会科学院考古研究所《二里头陶器集粹》，中国社会科学出版社1995年版；中国社会科学院考古研究所《中国考古学·夏商卷》，中国社会科学出版社2003年版，第61—139页。此外，零星材料还见于中国考古学会编辑的《中国考古学年鉴》（文物出版社）1984—1988、1990、1993、1995、1996、1998年各年度的报道。

面积约为1100平方米，清理出2座三期的长方形房基，还发现有小型半地穴式房基、圆墩或圆坑等特殊遗迹。同时，在此区清理出墓葬20余座，发现了骨料坑及半成品骨器。此外，还在Ⅲ区采集到铜盉、铜爵等遗物。

（8）1986年，为配合民房建设，分别在Ⅳ区和Ⅵ区发掘，发掘面积1000多平方米。在Ⅳ区，发掘了部分仰韶文化、龙山文化遗存，另外又在铸铜遗址南部边缘区发现大量灰土堆积和灰坑，出土若干木炭、坩埚等与青铜冶铸相关的遗物。在Ⅵ区清理了半地穴房基、灰坑、水井、水沟、陶窑、墓葬等遗迹。此外，二里头工作队从圪垱头村民手中追讨回铜盉、铜爵共两件青铜器（圪垱头村村民在二里头遗址Ⅱ区挖出）。

（9）1987年，为配合基建工程，先后在Ⅱ、Ⅳ、Ⅵ、Ⅶ、Ⅸ区进行发掘。发掘面积1000平方米。其中，在Ⅵ区清理房基8座，均为半地穴式建筑或小型地面建筑，呈方形或长方形。有的房屋内有成排的墓葬，墙根下有幼儿墓。此外，还在其他区域清理出一些遗迹，包括窖穴、水井、灰坑、墓葬等，出土了一批包括铜爵在内的重要遗物。另外收获铜鼎、铜斝各1件（村办企业工人在遗址Ⅴ区东缘挖土时发现，后编号为87YLVM1）。

（10）1989年，为配合基建工程，在Ⅵ区进行了3次小面积的发掘，清理出灰坑、房基及墓葬等遗迹。

（11）1991年，在Ⅵ区铲探到一片汉代夯土基址，此基址打破且叠压着一片二里头文化二期的夯土基址。

（12）1992年，在Ⅸ区发现多处属于二里头文化二期的夯土。

（13）1994年，发掘工作主要集中在Ⅻ区和Ⅸ区。Ⅻ区的发掘主要是配合首阳山电厂输水管道建设所做的抢救性发掘，清理了二里头文化时期的灰坑、墓葬及一些与建筑有关的迹象。

（14）1995年，继续1994年秋在Ⅸ区的发掘，且持续到1996年。揭露出一组半地穴式建筑遗迹和相关祭祀遗存、墓葬等。

（15）1997年，为配合"夏商周断代工程"研究项目，在Ⅱ、Ⅴ区分别布方，发掘到二里头文化一到四期的连续地层，同时清理灰坑、墓葬、房基等遗迹。

这一阶段对夯土基址、铸铜作坊、与祭祀有关的建筑、各类墓葬的钻探和发掘，以及青铜礼器、玉器、漆器、白陶器、绿松石器、海贝等奢侈品或远程输入品的出土，都进一步显示了二里头遗址不同于一般聚落的都邑文化的重要内涵。

这一阶段的发掘工作由郑光主持，其中1994—1995年的发掘工作由杜金鹏具体负责。参加工作的人员有杨国忠、张国柱、刘忠伏、屈如忠、杜金鹏、张立东、岳洪彬、张良仁、龚国强、曹楠等。

（二）第二阶段：1999年至今①

在总结上一阶段田野工作收获的基础上，这一阶段的田野工作以探索二里头遗址的聚落形态为主要目标，对遗址开展新一轮的大规模钻探，发现并发掘了一批重要遗存。具体工作如下。

（1）1999年秋，对整个遗址上的各种现代建筑物的占地情况进行系统摸底，并做了全面测绘。在此基础上，首次对遗址的边缘地区及其外围进行了系统钻探，结合对地形、地貌的考察，确认了遗址的现存范围、遗址边缘区的现况与成因。同时，对遗址西部 XI、XII、XIV、XV 区进行了布网式钻探，初步确认地势偏低的遗址西部为一般居住活动区，而以往认定的重要遗存集中分布的聚落中心区均位于遗址东部高地而非遗址中部②。

（2）2000年春，在遗址东部的 III 区进行重点钻探。在钻探过程中，发现了一处规模较大的沟状堆积。

（3）2000年秋，对遗址东部钻探发现的沟状堆积进行解剖发掘，弄清其结构与时代，初步排除了其作为防御性壕沟存在的可能性，确认其具有区划作用，是二里头遗址的东部边界。

（4）2001年，在 III、IV、V、VI 区展开钻探与发掘工作，钻探面积40余万平方米。在宫殿区的东侧、北侧和南侧发现3条垂直相交的大道，遗址中心区道路网络系统初步探明。在宫殿区内还钻探出若干夯土基址、数条小型道路及大面积的路土和卵石活动面。

（5）2001年春，对20世纪70年代由于地下水位较高而未能清理到底的1号基址主殿后的深坑以及西围墙外的两口水井进行补充发掘。

（6）2001年秋，为了确认1号基址东北角外的遗迹，布方了解这一带的堆积与遗迹分布情况。同时，在2号基址所在区域开展工作，发掘确认1座二里头文化早期的大型建筑基址（3号基址）的存在。该基址至少由三重庭院组成，三重庭院的西庑经过统一规划。中院主殿上有连间房屋和前廊遗迹，中院院内发现2座贵族墓葬，北院内发现1处有积水迹象的大型池状遗迹。

（7）2002年春，在宫殿区东部布方追寻3号基址及其相关遗迹。在该基址南院内发现3座贵族墓，包括出土绿松石龙形器的墓葬 2002VM3。同时，利用已发掘的2

---

① 1999年秋至2019年的资料，见于中国社会科学院考古研究所《二里头（1999—2006）》，文物出版社2014年版；赵海涛、许宏等《二里头遗址宫殿区2010—2011年度勘探与发掘新收获》，《中国文物报》2011年1月4日；中国社会科学院考古研究所二里头工作队《河南偃师市二里头遗址墙垣和道路2012—2013年发掘简报》，《考古》2015年第1期，第40—57页；中国社会科学院考古研究所二里头工作队《河南偃师市二里头遗址宫殿区1号巨型坑的勘探与发掘》，《考古》2015年第12期，第18—37页。

② 许宏、陈国梁等：《二里头遗址聚落形态的初步考察》，《考古》2004年第11期，第23—31页。

号基址主殿北的"大墓"（1978VD2M1）剖面追寻早期建筑及相关遗迹，并了解该遗迹的相关情况。在2号基址北墙外发现一眼夯土井，还在2号基址以南发现了与其属于同一建筑群的4号基址。在3号基址以西，发现与其同时期的另外一座夯土建筑基址（5号基址），以及3、5号建筑间通道下的木结构排水暗渠。

（8）2002年秋，继续探寻3号基址及相关遗迹的线索，基本确认大型池状遗迹D2HC的范围。在2号基址以北，首次发现始建于二里头文化四期的大型建筑基址（6号基址）。另外，布方全面揭露4号建筑基址。

（9）2003年春，继续清理4号基址，搞清该建筑东庑的结构，并布设探沟横剖整个基址。布方了解3号基址、6号基址东缘及其他相关遗迹的情况，以往钻探中发现的2号基址以东大路的情况，以及宫殿区防御设施的有无。分别在2号基址东北角和东南角发现宫城城墙，并向南、北追寻新发现的宫城墙。同时了解2号基址排水管道的去向。此外，还配合圪垱头村村民建房工程，对Ⅲ区北部的一处夯土建筑基址进行了抢救性发掘，发掘面积为100平方米。

（10）2003年秋，继续向南、向北追寻宫城东墙，在偏南处发现门道遗迹。在发现宫城东北角后，追寻宫城北墙及其外的大路。布方确认宫城南墙，并在南墙外大路上发现车辙。在1号基址的正前方发现大型夯土基址（7号基址），同时布方寻求宫城西墙及其外大路的线索。确认宫城西墙外也有二里头文化时期的夯土遗存。此外，2001—2003年，还对二里头遗址所在的洛阳盆地中东部进行了区域系统调查。

（11）2004年春，对宫城的北、东、南墙及其外大路进行解剖清理，确认宫城墙的结构与年代、宫城东墙上的门道和宫殿区南侧大路上的车辙等。继续追探并确认宫城南墙和西墙，在宫城西墙内外确认了路土的存在。全面揭露7号基址，弄清其与宫城南墙的关系。在钻探的基础上，确认宫城西墙的位置、结构与年代，发现并揭露8号、9号基址及一堵夯土隔墙（Q2）。发现宫城南的条状夯土，确认其为建于二里头文化四期的夯土墙（Q3），在该墙以南发现一处绿松石石料坑。确认东部又有一道夯土墙（Q4）的存在。

（12）2004年秋，布方追寻夯土墙Q3，发现了宫城以南存在更早的夯土围垣设施（Q5）的线索。以新发现的绿松石石料坑为线索，初步确认了这一带是一处绿松石器制造作坊遗址。同时布方确认宫城东南角及其外大路的情况。

（13）2005年春，继续寻找夯土墙（Q3）的去向。以去年新发现的早期条状夯土遗迹为线索，找到了Q5的东北角，并向南、向西追踪Q5。在围垣作坊区的北墙外发现了一座始建于二里头文化四期的中型夯土基址（10号基址）。布方了解6号基址的布局结构，在6号基址以西发现了与其同时期的11号基址。

（14）2005年秋，布方向西追寻围垣作坊区北墙Q5。在6号基址区域布方，除庭院外基本上完整揭露并局部解剖了这一大型单体建筑，了解了其结构与年代。同时又发现了叠压在其下的12号基址。

（15）2006年春，继续向西追探围垣作坊区早期北墙（Q5）。在2005年宫城东北部发掘区内开多条解剖沟，以了解6号基址等夯土建筑的时代、结构与建筑方法。

（16）2010年春至2011年春，对二里头遗址宫殿区进行了勘探和发掘工作。勘探面积约3万平方米，基本摸清了宫殿区北部的遗存分布情况，发现有巨型坑1处、灰土集中分布区3处，大面积夯土、路土多处。通过发掘，对1号巨型坑及5号建筑基址的年代、结构及性质等问题有了初步认识。

（17）2011年秋至2012年春，对二里头遗址围垣作坊区进行了勘探。共完成钻探面积9万余平方米，勘探区域基本覆盖了作坊区，对围垣作坊区内的遗迹现象有了整体了解，发现有夯土建筑、疑似夯土墙等重要遗迹。

（18）2012年秋至2013年春，在二里头遗址作坊区的西部进行发掘，发现二里头文化时期的墙垣、道路、墓葬、灰坑及建筑等遗迹。这为了解二里头遗址及作坊区的布局提供了新资料。

（19）2014年冬，为配合大遗址保护展示工程，对二里头遗址2号和5号基址进行局部复查、重新发掘工作，在宫殿区开展钻探工作。发掘面积850平方米。

（20）2015年春，在1号巨型坑南、北缘开设解剖沟，旨在了解南、北缘的文化堆积、年代、结构等情况。同时，继续清理2014年秋季重新揭露开的已发掘过的探方，对整个2号、3号、5号基址发掘区进行航拍，随后清理打破基址、路土的几座灰坑，以了解与基址、路土相关的时代等问题。

（21）2015年秋，在5号基址北院进行发掘，旨在了解该区域的堆积、5号基址北院的形制、结构、布局、时代等情况。

（22）2016—2017年，继续发掘5号基址。

（23）2018年，上半年对5号基址南缘进行发掘，确定5号基址的南部边缘，新发现一些层位关系及四期晚段前后的遗存单位。同时在遗址的西北边缘进行钻探。

由于田野工作思路与方法的转变，我们对二里头遗址的现存范围及成因、遗址的宏观布局大势及聚落的历时性变化等有了前所未有的认识。宫城城垣、道路网络、围垣作坊区、大型夯土建筑基址群及贵族墓葬等重要遗迹的发现与发掘，进一步强化了该遗址在中国早期国家与文明研究中的重要地位。

这一阶段的田野工作由许宏主持，2013年后的勘察与发掘工作由赵海涛具体负责。参加工作的人员先后主要有陈国梁、赵海涛、杨国忠、唐锦琼、李志鹏、牛世山，以及本队技师、访问学者和参加实习的研究生和本科生。

二 其他遗址

二里头文化其他遗址的发现最早可追溯到1953年[①],迄今同类遗址已发现四百多处[②]。它们大多是通过田野调查所获知,仅有部分经过发掘(试掘),而这其中又尤以配合基础设施建设的考古发掘(试掘)最多,主动性发掘相对较少。故而,与二里头遗址的田野工作相比,上述工作明显缺乏连续性、系统性与全面性。尽管如此,其他遗址的田野工作仍有规律可循。综合来看,同样可大致将之分为两大阶段。

(一)第一阶段:1953—1995年

这一阶段的工作主要是通过传统的田野调查方法,发现了一大批二里头文化遗址,并进行了部分发掘(试掘)。细致看来,又可细分为三个小阶段。

1. 1953—1958年

主要是对河南地区的少数二里头文化遗址进行发掘(试掘)。

1953年4月,韩维周等人清理白沙水库范围以内的登封玉村遗址,发现了上、下两层文化遗存。当时已经认识到下层文化的出土物较为陌生,不仅与安阳殷墟出土的商代遗物不同,与郑州二里岗文化遗存也"似属两个文化系统",只是对其文化性质尚不能确定[③]。

1954年春,中国科学院考古研究所洛阳发掘队在河南洛阳东干沟村发现二里头文化遗存。1956年年末,在东干沟发现二里头文化墓葬两座。1957年秋,在东干沟村前又清理了一座暴露在断崖上的灰坑。1958年,开始对东干沟进行较大面积的发掘。发掘者认为该遗址出土的器物与郑州洛达庙遗存比较接近[④]。

1954年,原郑州市文物工作组在郑州发现洛达庙遗址。1956—1958年,原河南省文化局文物工作队第一队对该遗址进行了三次发掘,发现了较为丰富的文化遗存,可分为早、中、晚三期。经分析,发掘者认为洛达庙遗址的早、中、晚三期是一脉相承的发展关系,有其独立的特征,是一个新发现的商代文化层。同时,依据1956年秋对郑州董寨遗址发掘中所发现的商代二里岗期下层直接叠压着洛达庙文化层的地层关系,判定后者的年代要早于前者[⑤]。

[①] 韩维周、丁伯泉等:《河南登封县玉村古文化遗址概况》,《文物参考资料》1954年第6期,第18—24页。
[②] 许宏:《二里头文化聚落动态扫描》,《早期夏文化与先商文化研究论文集》,科学出版社2012年版,第31—44页。
[③] 韩维周、丁伯泉等:《河南登封县玉村古文化遗址概况》,《文物参考资料》1954年第6期,第18—24页。
[④] 考古研究所洛阳发掘队:《1958年洛阳东干沟遗址发掘简报》,《考古》1959年第10期,第537—540页;中国科学院考古研究所:《洛阳中州路(西工段)》,科学出版社1959年版,第9、18—23页;中国社会科学院考古研究所:《洛阳发掘报告》,北京燕山出版社1989年版,第50页。
[⑤] 安金槐:《郑州地区的古代遗存介绍》,《文物参考资料》1957年第8期,第16—20页;河南省文化局文物工作第一队:《郑州洛达庙商代遗址试掘简报》,《文物参考资料》1957年第10期,第48—51页;河南省文物研究所:《郑州洛达庙遗址发掘报告》,《华夏考古》1989年第4期,第48—77页。

另外，考古工作者还在洛阳孙旗屯①、郑州上街②、陕县七里铺③等遗址发现类似的文化遗存。

这一阶段初步积累了一批二里头文化的陶器资料。学术界对此类遗存的文化特征、相对年代等问题有了初步的把握，为后续工作奠定了良好的基础。

2. 1959—1966 年

主要在河南中西部、山西南部开展田野调查，并对部分遗址进行发掘（试掘）。

田野调查主要有：

1959 年夏，徐旭生一行在豫西进行田野调查，目的是为了探索夏文化。除二里头遗址之外，此次还发现了登封石羊关等遗址④。

1959 年，在夏季发掘工作结束之后，中国科学院考古研究所洛阳发掘队沿着洛河、伊河的中下游和汝河上游进行调查，目的是进一步了解这个地区新石器时代和商代早期遗址的文化性质和分布情况。发现的二里头文化遗址有洛宁坡头、宜阳庄家门、嵩县瑶店村、伊川白元和南砦⑤。

1960 年 6 月，为配合河南省考古普查，北京大学历史系洛阳考古实习队在河南偃师伊河南岸展开调查与试掘工作。试掘的二里头文化遗址有偃师高崖，调查的有偃师灰嘴⑥。

1961 年，刘东亚在河南鄢陵、扶沟、商水等县进行调查，在鄢陵三里侯塚、蝎子岗、塚刘、边王、十室，扶沟罗家砦遗址采集到与"郑州商代早期洛达庙期类型"相仿的遗物⑦。

1962 年，中国科学院考古研究所洛阳发掘队在伊河以南进行调查。调查到的二里头类型遗址有偃师程氏沟、砦湾、夏后寺、高崖、灰嘴、沙沟、孙家湾和巩义的稍柴⑧。

1963 年春，杨育彬等人在偃师县进行重点调查，新发现的二里头文化遗址有偃师南蔡庄⑨。

1959—1963 年之间，中国科学院考古研究所山西工作队在山西南部开展多次田野

---

① 河南文物工作队第二队孙旗屯清理小组：《洛阳涧西孙旗屯古遗址》，《文物参考资料》1955 年第 9 期，第 58—64 页。
② 河南省文化局文物工作队：《郑州上街商代遗址的发掘》，《考古》1960 年第 6 期，第 11—12 页；河南省文化局文物工作队：《河南郑州上街商代遗址发掘报告》，《考古》1966 年第 1 期，第 1—7 页。
③ 黄河水库考古队河南分队：《河南陕县七里铺商代遗址的发掘》，《考古学报》1960 年第 1 期，第 25—47 页。
④ 徐旭生：《1959 年夏豫西调查"夏墟"的初步报告》，《考古》1959 年第 11 期，第 592—600 页。
⑤ 中国科学院考古研究所洛阳发掘队：《1959 年豫西六县调查简报》，《考古》1961 年第 1 期，第 29—32 页。
⑥ 北京大学历史系洛阳考古实习队：《河南偃师伊河南岸考古调查试掘报告》，《考古》1964 年第 11 期，第 543—549、590 页。
⑦ 刘东亚：《河南鄢陵扶沟商水几处古文化遗址的调查》，《考古》1965 年第 2 期，第 94—96 页。
⑧ 中国科学院考古研究所洛阳发掘队：《河南偃师商代和西周遗址调查简报》，《考古》1963 年第 12 期，第 649—653 页。
⑨ 杨育彬：《河南偃师仰韶及商代遗址》，《考古》1964 年第 3 期，第 161—162 页。

调查，主要是为了探索夏文化与摸清晋南古代文化面貌。共发现二里头文化遗址 35 处：永济东马铺头，运城阎家村，夏县小王村、东下冯，闻喜大泽村（南）、大泽村（西），河津庄头村、燕掌村，稷山西社村，新绛祁郭村、泽掌村，襄汾清储镇、单家庄、上鲁、南大柴、陈郭村、刘村、下梁、南村，侯马西阳呈村，曲沃安吉村、卫村、里村东沟、东白塚，绛县赵村，翼城天马村、感军、张桥村、西王村、北木坂、西石桥、苇沟村、古暑村，临汾小苏村、大苏村①。

发掘（试掘）的遗址主要有：河南偃师灰嘴②、渑池鹿寺③、洛阳东马沟④、巩义稍柴⑤，山西永济东马铺头与翼城县感军⑥，陕西华县南沙村⑦。

这一时期的田野工作呈现出以调查为主、发掘（试掘）为辅的特点。调查工作多以探索夏文化为主要的学术目标。新发现的一批二里头文化遗址，使学术界对该文化的分布范围有了初步了解；少数遗址的发掘（试掘），进一步加深了对此类文化遗存的认识。

3. 1970—1995 年

主要在河南、山西等地开展广泛的田野调查，发掘（试掘）了几十处遗址。

田野调查主要有：

1973、1977、1980 和 1982 年，在 1959—1963 年调查的基础上，中国社会科学院考古研究所和山西省考古研究所在中条山南麓黄河沿岸、涑水流域、汾河下游等区域进行了多次补充调查和重点复查，共发现古代文化遗址 316 处。其中二里头文化东下冯类型文化遗址 42 处，除 1959—1963 年调查的之外，还包括翼城马册村、凤家坡，襄汾上毛村，曲沃安泉村，襄汾吉柴、北庄、柴村⑧。

1975 年年底，为了进一步探索夏文化，中国社会科学院考古研究所洛阳工作队沿着 1959 年徐旭生踏查 "夏墟" 的路线，再次调查了登封的石羊关、禹县的阎砦遗

---

① 中国科学院考古研究所山西队：《晋西南地区新石器时代和商代遗址的调查与发掘》，《考古》1962 年第 9 期，第 463—464 页；中国社会科学院考古研究所山西工作队：《晋南二里头文化遗址的调查与试掘》，《考古》1980 年第 3 期，第 203—210、278 页；中国社会科学院考古研究所山西工作队：《晋南考古调查报告》，《考古学集刊》第 6 集，中国社会科学出版社 1989 年版，第 1—51 页。

② 河南省文化局文物工作队：《河南偃师灰嘴遗址发掘简报》，《文物》1959 年第 12 期，第 41—42 页；河南省文化局文物工作队：《河南偃师县灰嘴商代遗址的调查》，《考古》1961 年第 2 期，第 99 页；河南省文物研究所：《河南偃师灰嘴遗址发掘报告》，《华夏考古》1990 年第 1 期，第 1—32 页。

③ 河南省文化局文物工作队：《河南渑池鹿寺商代遗址试掘简报》，《考古》1964 年第 9 期，第 435—440 页。

④ 洛阳博物馆：《洛阳东马沟二里头类型墓葬》，《考古》1978 年第 1 期，第 18—22 页。

⑤ 河南省文物研究所：《河南巩县稍柴遗址发掘报告》，《华夏考古》1993 年第 2 期，第 1—45 页。

⑥ 中国社会科学院考古研究所山西工作队：《晋南二里头文化遗址的调查与试掘》，《考古》1980 年第 3 期，第 203—210、278 页。

⑦ 北京大学考古教研室华县报告编写组：《华县、渭南古代遗址调查与试掘》，《考古学报》1980 年第 3 期，第 297—327 页。

⑧ 中国社会科学院考古研究所山西工作队：《晋南考古调查报告》，《考古学集刊》第 6 集，中国社会科学出版社 1989 年版，第 1—51 页。

址，新发现登封崔庄和禹州北庄2处二里头文化遗址。同年夏季，还调查了临汝柏树圪垯遗址①。

1975年冬，洛阳博物馆在洛阳市和孟津县境内进行田野调查，发现古文化遗址28处。其中二里头文化遗址有9处：洛阳市的黑王、皂角树、夏庄，孟津县的东立射、霍村、潘庄、菠萝窑、挂沟和台阴②。

1976年年底至1977年末，为了解豫东原始社会末期和商代早期文化的有关问题，中国社会科学院考古研究所河南二队会同商丘地区文物管理委员会，先后三次在商丘地区各县开展考古田野调查工作。三次调查发现龙山文化遗址17处、殷商遗址15处、周代遗址15处，其他时代遗址和墓葬14处。其中，仅在商丘坞墙遗址发现少量的二里头文化遗存③。

1977年夏，河南省文物研究所登封工作站在发掘告成王城岗遗址的同时，为了进一步了解颍河上游这种类型文化的分布情况，分别派人由告成镇西上、沿颍河南北两岸进行考古调查。相继发现了西范高、高马、程窑、油坊头、毕家村等五处河南龙山文化和二里头类型文化的遗址④。

1978年5月23至6月9日，中国社会科学院考古研究所河南二队、河南省周口地区文物管理委员会在周口地区进行调查，主要目的是为了了解该地区文化面貌。共调查遗址47处，其中包括二里头文化遗址16处：商水朱集、良台寺（阎庄）、王田寺，太康方城，项城高寺砦、骨头冢、骆驼岭，沈丘东冢，淮阳范丹寺、双冢，西华陆城、后于王庄、泥土店、后段庄、商高宗冢，扶沟林砦⑤。

1978年年底，新乡地区相关单位在全区开展了为期两个多月的文物普查工作，共调查文物单位315处。其中重点调查了济源县的庙街遗址，发现有与二里头文化相似的器物⑥。

1979年春至同年12月，为探索夏文化、进一步了解颍河下游"河南龙山文化"与"二里头文化"的分布范围，河南省文物研究所、禹县文管会在禹县境内沿着颍河两岸进行调查。对阎砦、崔庄两处二里头文化遗址进行了复查，新发现龙池、下毋、连楼、冀寨、瓦店、董庄、枣王、吴湾、余王、王山等10处二里头文化遗址，试掘

---

① 中国社会科学院考古研究所洛阳工作队：《1975年豫西考古调查》，《考古》1978年第1期，第23—34页。
② 洛阳市博物馆：《一九七五年洛阳考古调查》，《河南文博通讯》1980年第4期，第9—12页。
③ 中国社会科学院考古研究所河南二队、商丘地区文物管理委员会：《1977年豫东考古纪要》，《考古》1981年第5期，第385—397页。
④ 赵会军、曾晓敏：《河南登封程窑遗址试掘简报》，《中原文物》1982年第2期，第9—13页。
⑤ 中国社会科学院考古研究所河南二队、河南省周口地区文物管理委员会：《河南周口地区考古调查简报》，《考古学集刊》第4集，中国社会科学出版社1984年版，第40—63页。
⑥ 新乡地区博物馆：《新乡地区文物普查的主要收获》，《河南文博通讯》1979年第3期，第29、47—49页。

的遗址有吴湾、崔庄、董庄①。

1979年秋，北京大学历史系考古专业与山西省文物工作委员会合作，在山西翼城、曲沃两县进行了复查和再试掘工作。本次田野工作调查的二里头文化东下冯类型遗址有侯马天马—曲村，翼城南石、苇沟—北寿城②。

1979—1981年，北京大学考古专业商周组等单位在山西、河南及湖北等地调查（复查）并试掘了一批遗址，其中属于二里头文化遗址的有翼城县苇沟—北寿城、南石、天马—曲村，武陟县赵庄，温县北平皋③。

1980年夏和1982年7月，中国社会科学院考古研究所山西工作队在垣曲县开展了两次田野调查，目的是为了了解垣曲县的古文化面貌。共调查遗址21处，属于二里头文化东下冯类型的遗址有龙王崖、后湾、口头、南堡头、河西、小赵、北河、丰村、前山村、刘村、北羊堡、万家窑④。

1984年5—11月，洛阳市文物普查队对孟津县、新安县、偃师县及郊区（含市属5个区）进行文物普查。共复查古文化遗址143处，新发现16处，其中二里头文化遗址共33处：偃师高崖、灰嘴、寨湾南、崔河、酒流沟、寨湾北、罗圪垱、景阳岗、水牛沟、江村、东岗、孟津台阴、挂沟、平乐、霍村、东立射、大阳河、瀍沟、水泉、寺河南、菠萝窑、后李、南徐、小潘沟、李窑，新安阎湾南、安乐、南岗、孝水、阎湾北、太涧，郊区半个店、西高崖⑤。

1985年春，张松林一行对郑州西北郊区的石佛乡、沟赵乡与古荥乡等开展了为期两个月的考古调查，调查的二里头文化遗址有沟赵乡堂李、祥营等⑥。

1985年10月，为配合基础设施建设，张文君、高青山等人对侯马、曲沃、翼城三县市的古文化遗址进行复查与调查。此次调查与复查的文化遗址共77处，其中二里头文化遗址30处：侯马东阳呈，曲沃东堡、东下环、东白中、安泉、安古、西明德、南柴、里村东沟、东宽裕、西白集东、卫村，翼城南丁、天马、感军、张桥、东午寄北、东午寄南、开化、西沟、西王、北梁比、清流西堡、牛家坡、郭家坡、西石

---

① 河南省文物研究所、禹县文管会：《河南禹县颍河两岸考古调查与试掘》，《考古》1991年第2期，第97—109、146页。
② 北京大学历史系考古专业山西实习组、山西省文物工作委员会：《翼城曲沃考古勘察记》，《考古学研究》（一），文物出版社1992年版，第124—228页。
③ 北京大学考古专业商周组、山西省考古研究所等：《晋豫鄂三省考古调查简报》，《文物》1982年第7期，第1—16页。
④ 中国社会科学院考古研究所山西工作队：《山西垣曲古文化遗址的调查》，《考古》1985年第10期，第875—884页。
⑤ 方孝廉：《洛阳市一九八四年古文化遗址调查简报》，《中原文物》1987年第3期，第3—18页。
⑥ 张松林：《郑州市西北郊区考古调查简报》，《中原文物》1986年第4期，第1—11页。

桥、东石桥、苇沟、古署、贯上堡①。

1986—1989年，侯马市博物馆对山西侯马市境内的古文化遗址进行调查（复查）工作，新发现古文化遗址22处，连同过去的发现，共计29处。其中，二里头文化遗址有上马东阳呈、东山底、驿桥，侯马乔村，高村小韩、西高等②。

1990年3月，山西省考古研究所在塔儿山南麓进行田野调查，目的是为探讨陶寺类型来龙去脉及晋文化的渊源问题。调查了曲沃王村、东白冢，翼城东午寄3处东下冯类型遗址③。

1991年10—11月底，巩义市文物保管所对巩义市境内坞罗河流域及其支流圣水河两岸进行考古调查，除新发现新石器时代遗址近20处外，对坞罗河下游的稍柴二里头文化遗址也进行了调查④。

1992年5月，河南省社会科学院河洛文化研究所、巩义市文物保护管理所对洛汭（黄河与洛河汇流处）进行考古调查。在洛河两岸大约10平方千米的范围内发现二里头文化遗址3处：巩义花地嘴、石灰务、康沟⑤。

1995年10月，河南省文物考古研究所为配合铁路建设工程，开始对登封、伊川境内铁路沿线的古文化遗址进行调查与发掘工作。发现二里头文化遗址1处，即伊川半坡遗址⑥。

发掘（试掘）的二里头文化遗址主要有：河南陕县西崖村⑦，渑池郑窑⑧，武陟大司马⑨、洛阳矬李⑩、西高崖⑪、东杨村⑫、皂角树⑬、伊川南寨⑭、白元⑮，偃师高

---

① 调查简报中指出包含二里头文化遗存的遗址有29处，但在"晋西南三县市古文化遗址一览表"中却有二里头文化遗址30处。参见张文君、高青山《晋西南三县市古文化遗址的调查》，《考古与文物》1987年第4期，第3—16页。
② 侯马市博物馆：《山西侯马市古文化遗址调查报告》，《文物季刊》1992年第1期，第1—13、17页。
③ 山西省考古研究所：《塔儿山南麓古遗址调查简报》，《文物季刊》1992年第3期，第17—22页。
④ 巩义市文管所：《巩义市坞罗河流域二里头文化、商、周文化遗存调查》，《中原文物》1992年第4期，第43—51页。
⑤ 河南省社会科学院河洛文化研究所、河南省巩义市文物保护管理所：《洛汭地带河南龙山与二里头文化遗存调查》，《中原文物》1994年第1期，第80—90页；河南省社会科学院河洛文化研究所、河南省巩义市文物保护管理所：《河南巩义市洛汭地带古代遗址调查》，《考古学集刊》第九集，科学出版社，第1—44页。
⑥ 河南省文物考古研究所：《河南登封矿区铁路登封伊川段古遗址调查发掘报告》，《华夏考古》1992年第2期。
⑦ 河南省文物研究所：《陕县西崖村遗址的发掘》，《华夏考古》1989年第1期，第15—47页。
⑧ 河南省文物研究所：《渑池县郑窑遗址发掘报告》，《华夏考古》1987年第2期，第47—95页。
⑨ 杨贵金、张立东等：《河南武陟大司马遗址调查简报》，《考古》1994年第4期，第289—300页。
⑩ 洛阳博物馆：《洛阳矬李遗址试掘简报》，《考古》1978年第1期，第5—17页。
⑪ 洛阳博物馆：《洛阳西高崖遗址试掘简报》，《文物》1981年第7期，第39—48页。
⑫ 洛阳市文物工作队：《河南洛阳吉利东杨村遗址》，《考古》1983年第2期，第101—115页；叶万松、余扶危：《洛阳市东杨村遗址》，《中国考古学年鉴·1984》，文物出版社1984年版，第127—128页。
⑬ 洛阳市文物工作队：《洛阳皂角树——1992—1993年洛阳皂角树二里头文化聚落遗址发掘报告》，科学出版社2002年版。
⑭ 河南省文物考古研究所：《河南伊川县南寨二里头文化墓葬发掘简报》，《考古》1996年第12期，第36—43页。
⑮ 洛阳地区文物处：《伊川白元遗址发掘简报》，《中原文物》1982年第3期，第3—14页。

崖①，郑州岔河②、大河村③，荥阳竖河④、阎河⑤、西史村⑥，新密曲梁⑦、黄寨⑧、新砦⑨，登封王城岗⑩、程窑⑪，杞县朱岗⑫、牛角岗⑬、鹿台岗与段岗⑭，临汝煤山⑮，鄢城郝家台⑯，周口乳香台⑰，方城八里桥⑱，新安太涧⑲，淅川下王岗⑳，邓州穰东㉑，驻马店杨庄㉒、党楼㉓；山西夏县东下冯㉔，襄汾大柴㉕，侯马乔山底㉖，垣曲丰村㉗、

---

① 洛阳市第二文物工作队、偃师县文物管理委员会：《洛阳市偃师县高崖遗址发掘报告》，《华夏考古》1996年第4期，第1—18页。
② 郑州市文物工作队：《郑州岔河商代遗址调查简报》，《考古》1988年第5期，第408—412、472页；北京大学考古系：《郑州市岔河遗址1988年试掘简报》，《考古》2005年第6期，第17—31页。
③ 郑州市文物考古研究所：《郑州大河村》，科学出版社2001年版。
④ 河南省文物研究所：《河南荥阳竖河遗址发掘报告》，《考古学集刊》第10集，地质出版社1996年版，第1—41页。
⑤ 郑州市文物工作队：《河南荥阳县阎河遗址的调查与试掘》，《中原文物》1992年第1期，第77—84页。
⑥ 郑州市博物馆：《河南荥阳西史村遗址试掘简报》，《文物资料丛刊》(5)，文物出版社1981年版，第84—102页。
⑦ 北京大学文博考古学院：《河南新密曲梁遗址1988年春发掘报告》，《考古学报》2003年第1期，第45—87页。
⑧ 河南省文物研究所：《河南密县黄寨遗址的发掘》，《华夏考古》1993年第3期，第1—10页。
⑨ 中国社会科学院考古研究所河南二队：《河南密县新砦遗址的试掘》，《考古》1981年第3期，第398—408页。
⑩ 河南省文物研究所、中国历史博物馆考古部：《登封王城岗与阳城》，文物出版社1992年版。
⑪ 赵会军、曾晓敏：《河南登封程窑遗址试掘简报》，《中原文物》1982年第2期，第9—13页。
⑫ 郑州大学历史系考古专业、开封市博物馆等：《河南省杞县朱岗遗址试掘简报》，《华夏考古》1992年第1期，第1—27页。
⑬ 郑州大学历史系考古专业、开封市博物馆考古部等：《河南杞县牛角岗遗址试掘报告》，《华夏考古》1994年第2期，第6—27页。
⑭ 郑州大学文博学院、开封市文物工作队：《豫东杞县发掘报告》，科学出版社2000年版。
⑮ 洛阳博物馆：《河南临汝煤山遗址调查与试掘》，《考古》1975年第5期，第285—294页；中国社会科学院考古研究所河南二队：《河南临汝煤山遗址发掘报告》，《考古学报》1982年第4期，第427—476页；河南省文物研究所：《临汝煤山遗址1987—1988年发掘报告》，《华夏考古》1991年第3期，第4—23页。
⑯ 河南省文物研究所、鄢城县许慎纪念馆：《鄢城郝家台遗址的发掘》，《华夏考古》1992年第3期，第62—91页。
⑰ 河南省文物研究所、周口地区文化局：《河南乳香台遗址的发掘》，《华夏考古》1990年第4期，第1—13页。
⑱ 北京大学考古学系、南阳市文物研究所等：《河南方城县八里桥遗址1994年春发掘简报》，《考古》1999年第12期，第16—27页。
⑲ 洛阳市文物工作队、新安县文物保护管理所：《河南新安县太涧遗址发掘简报》，《考古与文物》1998年第1期，第3—21页。
⑳ 河南省文物研究所、长江流域规划办公室考古队河南分队：《淅川下王岗》，文物出版社1989年版。
㉑ 河南省文物考古研究所：《河南邓州市穰东遗址的发掘》，《华夏考古》1999年第2期，第7—24页。
㉒ 北京大学考古系、驻马店市文物保护管理所：《驻马店杨庄——中全新世淮河上游的文化遗存与环境信息》，科学出版社1998年版。
㉓ 北京大学考古系、驻马店市文物保护管理所：《河南驻马店市党楼遗址的发掘》，《考古》1996年第5期，第1—9页。
㉔ 中国社会科学院考古研究所、中国历史博物馆考古部等：《夏县东下冯》，文物出版社1988年版。
㉕ 中国社会科学院考古研究所山西工作队：《山西襄汾县大柴遗址发掘简报》，《考古》1987年第7期，第586—596、652页。
㉖ 山西省考古研究所侯马工作站：《山西侯马乔山底遗址Ⅱ区发掘报告》，《文物季刊》1996年第2期，第1—28页。
㉗ 中国社会科学院考古研究所山西工作队：《山西垣曲丰村新石器时代遗址的发掘》，《考古学集刊》第5集，中国社会科学出版社1987年版，第27—60页。

古城南关①；陕西商洛焦村与龙头梁②、紫荆③。

这一时期的田野工作呈现出调查、发掘并重的特色。田野调查多以探索夏文化或了解特定区域古代文化面貌为主。同时大量遗址的发现与发掘（试掘），为深入解决二里头文化的内涵、分布、类型、源流等问题提供了丰富的材料。

（二）第二阶段：1996年至今

这一阶段的工作主要是在传统调查方法的基础上，多采用拉网式调查等新方法，在河南、山西等地区开展新一轮的田野调查。同时发现并发掘（试掘）了一批重要的二里头文化遗址（包括多处大型城邑）。

田野调查主要有：

1996—2000年，河南省文物考古研究所与美国密苏里州立大学人类学系、华盛顿大学人类学系先后在颍河上游谷地开展调查试掘项目。该项目采用地面踏查、探铲勘探、GPS、GIS、拉网式调查法、地理与环境考古等相结合的方法，主要学术目是探索夏文化和开展聚落形态研究。调查二里头文化遗址21处：登封程窑、西范店、高马、杨村、西施村、纸坊、小李湾、石道、石羊关、玉村、瓦窑头、王城岗，禹州冀寨、下毋、龙池、杜岗寺、枣王、余王、王山、阎寨、瓦店，并对几处遗址进行了试掘④。

1997年年底至2000年6月，中国社会科学院考古研究所与澳大利亚拉布楚大学考古系等联合开展伊洛河调查项目，该调查主要包括拉网式调查、与其相伴的地质考古学、古植物学研究等几个部分。调查的主要学术目的是开展聚落形态研究，了解该地区从新石器时代早期到周代的社会复杂化进程中的社会和环境因素。在河南巩义县境内共发现汉以前遗址117处，其中二里头文化遗址有51处：稍柴、小訾店北、小訾店南、电厂北、电厂东南、费窑西南、费窑南1、费窑南2、费窑南3、喂庄西、喂庄东南、喂庄东南2、喂庄南、坞罗西坡、罗口东北、寺院沟、上庄南、上庄东南、双河、电厂西、金钟寺，南村寨南、南村寨东南、南村寨西南、南村寨南1、桑家沟水库北、老桑沟村、桑沟南、桑沟西、马屯北、王閗、罗彦庄西南、念子庄西北、干沟猪场、刘乐寨南、干沟南、赵城西南、小相西南、回龙湾南、回龙湾新村东、颜良寨西南、颜良寨水库西、冯寨西南、石家沟东北、李家沟东、贾屯、马屯西村南、滑

---

① 中国历史博物馆考古部、山西省考古研究所等：《垣曲商城（一）：1985—1986年度勘察报告》，科学出版社1996年版；中国历史博物馆考古部、山西省考古研究所：《1991—1992年山西垣曲商城发掘简报》，《文物》1997年第12期，第4—15页。
② 陕西省商洛地区图书馆：《陕西洛河上游两处遗址的试掘》，《考古》1983年第1期，第10—16页。
③ 商县图书馆、西安半坡博物馆：《陕西商县紫荆遗址发掘简报》，《考古与文物》1981年第3期，第33—47页；王宜涛：《商县紫荆遗址发现二里头文化陶文》，《考古与文物》1983年第4期，第1—2页。
④ 河南省文物考古研究所、密苏里州立大学人类学系等：《颍河文明——颍河上游考古调查试掘与研究》，大象出版社2008年版。

城河北、府西村北、府西村东北、小相西①。

1998 年夏，河南省文物考古研究所在发掘三门峡南交口遗址期间，利用阴雨天等发掘的间隙，陆续对南交口遗址附近的数处遗址进行初步的考古调查，其中发现二里头文化遗址 2 处：三门峡朱家沟、卢家店南。2008 年 4 月，又对它们开展了复查工作，观察了遗址的地貌位置，并利用 GPS 手持机测定了各遗址的地理坐标②。

2001 年 3 月至 2003 年 6 月，在二里头遗址发掘的间隙，中国社会科学院考古研究所二里头工作队分 8 次先后对洛阳盆地中东部地区进行区域系统调查。调查的目的主要是为了搞清楚二里头遗址存在前后该区域的聚落形态所反映出的社会结构及其演变情况，了解其出现与衰亡所依凭的自然环境与社会背景以及中原地区的社会复杂化进程。调查共收录编号遗址 222 处，其中二里头文化时期遗址有 125 处：洛阳史家湾北、凹杨、白王北、黑王、分金沟、陈屯老村、枣园北、帽郭 A、帽郭 B、西石罢、桂连凹南、桂连凹东北、齐村东南、夏庄西北，孟津翟泉北、翟泉东北、金村东北、平乐 A、耀店东，偃师永宁寺西南、景阳岗、白村东北、鱼骨西南、保庄西北、保庄北、石桥东北、南蔡庄西北、羊二庄东南、古城东北、古城西、坟庄东、杜楼、塔庄、槐庙南、北窑东北、凤凰沟、石头沟北、山圪垱东北、山圪垱、寺沟、西石桥东、孙家岗、金钟寺、罗圪垱、大郎庙南、东马庄西、碑楼南、西马庄西北、关庄东南、关公冢、二里头、苗湾 A、苗湾 B、东王河、东王河北、东王河东南、肖村北、木阁沟东南、李家湾东南、段西村西北、吴家湾东南、陶化店水库东、盆窑寨东南、化寨东、陈河北、郝寨北、崔河北、程子沟南、程子沟、裴村 C、裴村 D、裴村 E、石牛沟、陶化店东南、高崖东北、丁湖店西南、高崖西、东庞村南、军屯东南、辛庄东北、杨村东南、杨村北、魏家窑北、掘山、西窑沟、东庞村北、南寨西村南、武屯南、南寨上村东、大王村西北、俎家庄北、王沟东、毛村东、袁沟 A、袁沟 B、常村北、袁沟西、偏桥西南、刘沟东北、刘窑东、刘李东北、宫家瑶、陈家窑、刘李寨 A、刘李寨 B、沙沟东北、西湾北、孙家窑西、贾庄坡西南、王湾西北、东朱村东北、东朱村东南、符家寨东北、韩村南 A、郭家岭东、吕桥、经周东北、经周东、肖村西寨西北、曹寨北、马寨西、杨寨西、寨湾东南、寨湾东北、铁村南③。

---

① 文中指出干沟河流域"二里头文化遗址共发现 25 处"，但在"干沟河流域二里头文化遗址分期表"中却有遗址数量 30 处。因而，此次调查的二里头文化遗址总数应是 51 处。参见陈星灿、刘莉等《中国文明腹地的社会复杂化进程——伊洛河地区的聚落形态研究》，《考古学报》2003 年第 2 期，第 161—218 页。
② 河南省文物考古研究所：《三门峡市南交口一带考古调查报告》，《三门峡南交口》，科学出版社 2009 年版，第 386—419 页。
③ 中国社会科学院考古研究所二里头工作队：《河南洛阳盆地 2001—2003 年考古调查简报》，《考古》2005 年第 5 期，第 18—37 页。

2000—2003年，中国国家博物馆考古部对山西垣曲盆地开展田野调查与试掘工作。考虑到垣曲盆地独特的环境特征，该项目采用区域调查与国内传统的考古调查相结合的方法，主要是为了开展聚落形态研究，在此基础上对该地区的古代人类的生存方式、生产方式、行为方式、社会组织结构、人地关系进行讨论，并最终达到部分复原古代社会的目的。共调查遗址85处，其中二里头文化时期遗址有45处：安窝河堤、白泉、板家河，古城北关家、西滩、寨里、古城南关、东寨、宁家坡、小赵、石家岭、古城西关、南堡头（南）、北窑庄，窑头芮村、荀谷垛、堤沟、硫磺沟，南村南关家，长直口头、龙王崖、涧溪、硖里、东交斜、后湾、文家湾，王茅西王茅、北河、上亳城，华峰万家窑，陈村丰村、北羊堡，新城清源，同善河西、刘村、河北，谭家柏沟（北）、东石、沇东、柴家沟、峪子、西沟，英言丁家庄，蒲掌南蒲、河东①。

2003—2006年，中国国家博物馆考古部、山西省考古研究所、运城市文物保护研究所等单位在运城盆地东部开展区域系统调查。本项目的主要目的是通过聚落形态研究，来揭示运城盆地从新石器时代到早期青铜时代社会形态的变迁，并重点探讨龙山时代前后社会结构的特征与变化，从而确立本地区在早期国家与文明形成中所处的地位和所起的作用。共发现二里头文化时期遗址57处：绛县申家坡、峪南、北杨、西沟、沟西、柿树林、东吴壁、西吴壁、西荆、小张、周家庄、贾家堡、下庄、新庄、柳泉Ⅱ、西山底Ⅰ，闻喜湖村、上社观、程家庄、冀鲁、仪张、郭家庄、郭店、上峪口、坡申Ⅰ、坡申Ⅱ、店头堡、大泽Ⅰ、大泽Ⅱ、柏范底、南姚Ⅰ、南姚Ⅱ、南王、后宫Ⅰ、前偏桥、上偏桥、下院Ⅰ、下院Ⅱ、余家岭、三河口，夏县月牙堡Ⅰ、东下冯—埝掌、埝掌、崔家河Ⅱ、东阴、苏庄、尉郭、大台、山底、陈村、裴介Ⅰ、裴介Ⅱ、南卫、辕村Ⅰ、史家，盐湖区吕儒、汤里Ⅱ②。

2010年5月1日至8月25日，中国国家博物馆、山西省考古研究所联合对山西省东南部浊漳河流域开展第一阶段的田野调查，主要是为了解晋东南地区早期文化的面貌，全面把握各文化的空间分布状况，更好地理解该地区在中华文明孕育、形成和发展中扮演的角色。本次调查共发现西周之前的文化遗址21处，其中包含龙山晚期—夏遗存的遗址有8处，包括南丰、河口、池岩、阳坡、史家岭、石泉、土洛等③。

---

① 中国国家博物馆考古部：《垣曲盆地聚落考古研究》，科学出版社2007年版。
② 中国国家博物馆田野考古研究中心、山西省考古研究所等：《运城盆地东部聚落考古调查与研究》，文物出版社2011年版。
③ 中国国家博物馆、山西省考古研究所：《浊漳河流域2010年夏季考古调查》，《中国国家博物馆馆刊》2011年第9期，第58—67页。

2012年4月至6月，作为浊漳河流域早期文化考古调查的一部分，中国国家博物馆、山西省考古研究所在山西省东南绛河流域进行史前文化考古调查。调查采用常规考古调查方法，实际调查遗址23处，其中含二里头文化遗存的遗址有14处，包括常金、东史、北宋、王公庄、鲍店等①。

发掘（试掘）的遗址主要有：郑州东赵②、芦村河③，新郑望京楼④、新密古城寨⑤、新砦⑥、荥阳大师姑⑦、薛村⑧、娘娘寨⑨、西平上坡⑩、偃师灰嘴⑪、登封王城岗⑫、南洼⑬、平顶山蒲城店⑭、新乡李大召⑮、洛阳王圪垱⑯、三门峡南家庄⑰、南交口⑱，渑池

---

① 中国国家博物馆、山西省考古研究所：《绛河流域史前文化考古调查》，《中国国家博物馆馆刊》2014年第7期，第45—62页。
② 顾万发、雷兴山等：《夏商周考古的又一重大收获 河南郑州东赵遗址发现大中小三座城址、二里头祭祀坑和商代大型建筑遗址》，《中国文物报》2015年2月27日。
③ 省普办：《河南郑州发现二里头文化时期芦村河遗址》，《中国文物报》2008年10月1日。
④ 郑州市文物考古研究院：《新郑望京楼（2010—2012年田野考古发掘报告）》，科学出版社2016年版。
⑤ 蔡全法、马俊才等：《河南省新密市发现龙山时代重要城址》，《中原文物》2000年第5期，第4—9页；河南省文物考古研究所、新密市炎黄历史文化研究会：《河南新密市古城寨龙山文化城址发掘简报》，《华夏考古》2002年第2期，第53—82页。
⑥ 北京大学震旦古代文明研究中心、郑州市文物考古研究院：《新密新砦——1999—2000年田野考古发掘报告》，文物出版社2008年版；中国社会科学院考古研究所、郑州市文物考古研究所：《河南新密市新砦城址中心区发现大型浅穴式建筑》，《考古》2006年第1期，第3—6页；中国社会科学院考古研究所河南新砦队、郑州市文物考古研究院：《河南新密市新砦遗址2002年发掘简报》，《考古》2009年第2期，第3—15页；中国社会科学院考古研究所河南新砦队、郑州市文物考古研究院：《河南新密市新砦遗址东城墙发掘简报》，《考古》2009年第2期，第16—31页；中国社会科学院考古研究所河南新砦队、郑州市文物考古研究院：《河南新密市新砦遗址浅穴式大型建筑基址的发掘》，《考古》2009年第2期，第32—47页。
⑦ 郑州市文物考古研究所：《郑州大师姑（2002—2003）》，科学出版社2004年版。
⑧ 河南省文物考古研究所：《河南荥阳市薛村遗址2005年度发掘简报》，《华夏考古》2007年第3期，第3—21、82页。
⑨ 郑州市文物考古研究院、河南省文物管理局南水北调文物保护办公室：《荥阳娘娘寨遗址二里头文化遗存发掘简报》，《中原文物》2014年第1期，第4—12页。
⑩ 河南省文物考古研究所、驻马店市文物工作队等：《河南西平县上坡遗址发掘简报》，《考古》2004年第4期，第7—28页。
⑪ 中国社会科学院考古研究所河南第一工作队：《2002—2003年河南偃师灰嘴遗址的发掘》，《考古学报》2010年第3期，第393—422页；中国社会科学院考古研究所河南第一工作队：《河南偃师市灰嘴遗址西址2004年发掘简报》，《考古》2010年第2期，第36—46页。
⑫ 北京大学考古文博学院、河南省文物考古研究所：《登封王城岗考古发现与研究（2002—2005）》，大象出版社2007年版。
⑬ 郑州大学历史文化遗产保护研究中心：《登封南洼——2004—2006年田野考古报告》，科学出版社2014年版。
⑭ 河南省文物考古研究所、平顶山市文物局：《河南平顶山蒲城店遗址发掘简报》，《文物》2008年第5期，第32—49页。
⑮ 郑州大学历史学院考古系：《新乡李大召：仰韶文化至汉代遗址发掘报告》，科学出版社2006年版。
⑯ 吴业恒：《洛阳发现龙山晚期至二里头早期环壕聚落遗址》，《中国文物报》2007年3月16日。
⑰ 河南省文物考古研究所：《河南省三门峡市南家庄遗址的调查与试掘》，《华夏考古》2007年第4期，第56—97、105页。
⑱ 河南省文物考古研究所：《三门峡南交口》，科学出版社2011年版。

关家①，尉氏新庄②，郾城皇寓③，信阳姚台子④；山西垣曲小赵⑤，绛县柳庄⑥，岚县荆峪堡⑦；陕西商洛东龙山⑧等。

中外合作开展田野调查工作成为这一时期的新特色，新理念、新方法、新技术在这一过程中被普遍应用，由此为学术界提供了更为详细、更为科学的遗址信息。一些大型城邑遗址的发现与发掘，为深化二里头文化的聚落形态、早期国家与文明研究提供了新的契机。

第二节　研究历程

自二里头文化遗存发现迄今，数代学人孜孜以求、艰辛探索，已取得了丰硕的研究成果。其中最早涉及二里头文化遗存的研究性文献，始于20世纪50年代后期。此后随着资料的公布，相关研究也不断深入。就内容而言，大致可将它们分为遗物（包括文字与刻划符号）、建筑、墓葬、年代学、宏观态势（以文明演化进程、国家形成为主要议题）、地理环境、聚落形态、考古学文化、考古学与文献学整合基础上的历史复原研究（即夏文化探索和夏商王朝分界问题）这9个方面⑨。

上述研究内容并非同时出现，而是有着大致的先后顺序（具体内容可详见本书各章节和中文文献存目，本节不做过多具体论述）。某类研究在某一时期的出现，反映了学术研究领域的拓展乃至研究理念的变化，是划分学术史发展阶段的重要依据。同时综合考虑研究成果的数量、重大学术事件等因素，可将二里头文化的研究历程大体分为以下两大阶段。

一　第一阶段：1958—1995年

这一阶段的二里头文化研究又可细分为三个小时段。

---

① 樊温泉：《关家遗址发掘获重要成果》，《中国文物报》2000年2月13日。
② 张小虎：《河南尉氏新庄二里头遗址的发掘收获》，《中国文物报》2014年12月19日。
③ 河南省文物考古研究院、首都师范大学历史学院：《河南郾城县皇寓遗址二里头文化遗存发掘简报》，《考古》2017年第2期，第52—68页。
④ 张志清、王然等：《罗山姚台子遗址发掘获重要成果》，《中国文物报》1998年3月1日。
⑤ 中国社会科学院考古研究所山西工作队：《山西垣曲小赵遗址1996年发掘报告》，《考古学报》2001年第2期，第189—226页。
⑥ 山西省考古研究所、国家博物馆考古部等：《山西绛县柳庄夏商遗址发掘报告》，《华夏考古》2010年第2期，第12—23、43页。
⑦ 郭智勇：《岚县荆峪堡遗址发掘简报》，《中国国家博物馆馆刊》2014年第5期，第22—43页。
⑧ 陕西省考古研究院、商洛市博物馆：《商洛东龙山》，科学出版社2011年版。
⑨ 许宏：《二里头遗址发掘和研究的回顾与思考》，《考古》2004年第11期，第32—38页。

(一)第一时段：1958—1976年

这一时期是二里头文化研究的起步阶段。

在二里头文化遗存发现之后不久，学术界就对这类遗存保持着高度的关注。有学者指出，在郑州洛达庙、南关外等地发现的介于郑州二里岗下层文化层与龙山文化层之间的"洛达庙期"或"南关外期"文化层最有可能是夏代的①。另有一些学者指出"洛达庙层"是探索夏文化值得注意的线索或对象②。这些认识是在徐旭生一行踏查"夏墟"报告发表之前提出的，代表了当时学术界对此类遗存的初步认识。

随后，徐旭生推测二里头遗址为商汤都城的可能性不小③。这开辟了二里头遗址商都说的先河，对后续研究产生了深远的影响。随着田野工作的开展，"二里头西亳说"得到一些学者进一步的支持与论证④。尽管有学者就相关认识提出商榷意见⑤，但并未引起学术界重视。

同时，学术界对二里头文化遗存的定名问题前后也有所变化，呈现出比较混乱的局面。1960年，许顺湛在其研究中首次提到"二里头文化"这一名称⑥，但在当时并未产生太大影响。有学者鉴于洛达庙遗址在当时已知同类遗址中具有一定的代表性，因而学术界将此类遗存称为"洛达庙类型"⑦。后来又由于对二里头遗址的调查与发掘，人们认识到该遗址比洛达庙遗址规模更大，文化内涵更丰富，在同类文化遗址中更具有代表性和典型性，于是提出"二里头类型"⑧的命名。

此外，还有少量研究涉及建筑⑨、遗物（玉器⑩）与宏观态势⑪等方面。

这一时期涉及二里头文化的研究较少，研究内容以探索夏文化为主要议题，属于文献与考古整合基础上的古史复原研究。此外，对玉器制作工艺的研究也是此期的重

---

① 李学勤：《近年考古发现与中国早期奴隶制社会》，《新建设》1958年第8期，第47—53页。
② 安志敏：《试论黄河流域新石器时代文化》，《考古》1959年第10期，第559—565页；石兴邦：《黄河流域原始社会考古研究上的若干问题》，《考古》1959年第10期，第566—570页。
③ 徐旭生：《1959年夏豫西调查"夏墟"的初步报告》，《考古》1959年第11期，第592—600页。
④ 许顺湛：《关于中原新石器时代文化的几个问题》，《文物》1960年第5期，第36—39页；许顺湛：《夏代文化探索》，《史学月刊》1964年第7期，第15—21页；李民、文兵：《从偃师二里头文化遗址看中国古代国家的形成和发展》，《郑州大学学报》（哲学社会科学版）1975年第4期，第80—84页；佟柱臣：《从二里头类型文化试谈中国的国家起源问题》，《文物》1975年第6期，第29—33、84页。
⑤ 贾峨：《对〈夏代文化探索〉一文的商榷》，《史学月刊》1965年第5期，第19、30页。
⑥ 许顺湛：《关于中原新石器时代文化的几个问题》，《文物》1960年第5期，第36—39页。
⑦ 中国科学院考古研究所：《新中国的考古收获》，文物出版社1961年版，第43—44页。
⑧ 夏鼐：《新中国的考古学》，《考古》1962年第9期，第453—458页。
⑨ 杨鸿勋：《从盘龙城商代宫殿遗址谈中国宫廷建筑发展的几个问题》，《文物》1976年第2期，第16—25页。
⑩ 北京市玉器厂技术研究组：《对商代琢玉工艺的一些初步看法》，《考古》1976年第4期，第229—233页。
⑪ 李民、文兵：《从偃师二里头文化遗址看中国古代国家的形成和发展》，《郑州大学学报》（哲学社会科学版）1975年第4期，第80—84页；佟柱臣：《从二里头类型文化试谈中国的国家起源问题》，《文物》1975年第6期，第29—33、84页。

要特色之一。

（二）第二时段：1977—1984 年

这一时期是二里头文化研究的初步开展阶段。

1977 年，国家文物局在河南登封县召开了"河南登封告成遗址发掘现场会"。这次会议是围绕登封告成遗址的发掘，探讨夏代文化的问题。对于二里头文化的古史属性，在会议上引发了热烈的讨论，形成了以下两种主要认识：其一，认为二里头文化一、二期属于夏文化，三、四期为商代早期文化。其二，认为二里头文化一至四期全为夏文化①。此后，学术界发表了大量论著，呈现出百家争鸣的局面，从而掀起了探索夏文化的热潮。

此阶段的二里头文化研究出现了一些新的内容。一是在文化定名上，1977 年，夏鼐提出"二里头文化"的命名②。有学者进一步解释道，"二里头文化是指在河南偃师二里头等地发现的介于龙山文化和早商文化之间的古文化"，因二里头遗址具有典型性与代表性，"在这类文化遗址尚未最后确定其文化性质的情况下，暂时命名'二里头文化'似较为合适"③。此后这一概念为学术界所普遍接受，影响深远。二是在研究中开始较多涉及遗物（如铜器④、陶器⑤）研究，年代学研究也开始出现⑥。值得一提的是，自然科学技术（如碳十四测年技术、物理科学、化学科学等）开始参与其中。

这一时期的研究数量有所增加，古史复原是研究中的核心议题。遗物研究较之上一阶段有了较大发展。年代学的研究数量较少，但初步开拓了二里头文化的研究领域，是后续同类研究的先河。自然科学技术开始介入，成为这一时期的另一重要特色。

（三）第三时段：1985—1995 年

这一时期是二里头文化研究的继续开展阶段。

在上一时段，学术界对二里头文化与夏、商文化关系的种种讨论，尽管十分热烈，但不同观点与学术体系之间的争鸣却呈胶着之势，难以取得共识。1983 年偃师

---

① 余波：《国家文物局在登封召开告成遗址发掘现场会》，《河南文博通讯》1978 年第 1 期，第 22—24 页。
② 夏鼐：《碳－14 测定年代和中国史前考古学》，《考古》1977 年第 4 期，第 217—232 页。
③ 北京大学历史系考古教研室商周组：《商周考古》，文物出版社 1979 年版，第 14 页。
④ 张长寿：《殷商时代的青铜容器》，《考古学报》1979 年第 3 期，第 271—299 页；北京钢铁学院冶金史组：《中国早期铜器的初步研究》，《考古学报》1981 年第 3 期，第 287—301 页；安志敏：《中国早期铜器的几个问题》，《考古学报》1981 年第 3 期，第 269—284 页；李敏生：《先秦用铅的历史概况》，《文物》1984 年第 10 期，第 84—89 页。
⑤ 高广仁、邵望平：《史前陶鬶初论》，《考古学报》1981 年第 4 期，第 427—459 页；安金槐：《商代的粮食量器——对于商代陶大口尊用途的探讨》，《农业考古》1984 年第 2 期，第 312—322 页；孙仲田、金国樵等：《河南偃师二里头文化时期陶片的穆斯堡尔谱研究》，《核技术》1984 年第 4 期，第 67 页。
⑥ 夏鼐：《碳－14 测定年代与中国史前考古学》，《考古》1977 年第 4 期，第 217—232 页；仇士华、蔡莲珍等：《有关所谓"夏文化"的碳十四年代测定的初步报告》，《考古》1983 年第 10 期，第 923—928 页。

商城发现①之后，学术界逐渐把探索夏文化从过去主要围绕二里头、郑州商城的年代与性质的讨论，扩展到对二里头、郑州商城、偃师商城三处遗址的年代与性质的讨论。同时，相继在洛杉矶（1990年）、洛阳（1991年）召开相关会议，就此议题展开了多角度、多层次的讨论，并出版了一批学术论著。这些工作，使二里头文化古史复原研究呈现蓬勃之势，在某些方面达成一定的共识。

始于20世纪70年代的建筑、年代学、遗物及宏观态势研究，在这一时期有所深入，其中尤以遗物研究为最，宏观态势研究也为学术界广泛关注，但大多较为零散。考古学文化、墓葬研究在这一时期受到较多关注，前者涉及二里头文化的源流、分期及其他文化之间的交流与互动等多个方面，后者多涉及二里头文化墓葬的分类、葬式、随葬品等方面。

这一时期的研究数量继续增长。古史复原研究仍然是研究中的核心内容。建筑及年代学研究进展缓慢；与之相对，遗物研究却受到广泛关注。此外，对考古学文化、墓葬及宏观态势的研究，则进一步拓展了二里头文化研究的广度与深度。

二 第二阶段：1996年至今

这一阶段是二里头文化研究的深入开展阶段。

1996年5月，"夏商周断代工程"开始启动。在此项目中，专门设置了"夏代年代学的研究"这一课题，其下包括"早期夏文化研究"、"二里头文化分期与夏商文化分界"等专题②。这极大地推动了二里头文化年代学及古史复原研究。

就后者而言，"二里头全为或主体夏都说"逐渐成为学术界"主流共识"，相关讨论渐趋沉寂。但在这一背景下，近年来重提、倾向或依然坚持"二里头前夏后商说"③

---

① 中国社会科学院考古研究所洛阳汉魏故城工作队：《偃师商城的初步勘探和发掘》，《考古》1984年第6期，第488—504、509页；中国社会科学院考古研究所河南第二工作队：《1983年秋季河南偃师商城发掘简报》，《考古》1984年第10期，第872—879页。

② 夏商周断代工程专家组：《夏商周断代工程1996—2000年阶段成果报告（简本）》，世界图书出版公司2000年版。

③ 张立东、任飞主编：《手铲释天书——与夏文化探索者的对话》（参见黄石林访谈），大象出版社2001年版，第27—42页；张雪莲、仇士华：《关于夏商周碳十四年代框架》，《华夏考古》2001年第3期，第59—72页；张雪莲、仇士华等：《郑州商城和偃师商城的碳十四年代分析》，《中原文物》2005年第1期，第34—41页；仇士华、蔡莲珍等：《关于二里头文化的年代问题》，《二里头遗址与二里头文化研究》，科学出版社2006年版，第321—333页；程一凡：《亳与偃师二遗址的关系》，《二里头遗址与二里头文化研究》，科学出版社2006年版，第45—63页；姜寅虎：《对二里头遗址最新测年报告的学术思考》，《二里头遗址与二里头文化研究》，科学出版社2006年版，第343—360页；殷玮璋：《再论早商文化的推定及相关问题》，《二里头遗址与二里头文化研究》，科学出版社2006年版，第511—522页；殷玮璋：《夏文化探索中的方法问题——"夏商周断代工程"结题后的反思》（二），《河北学刊》2006年第4期，第89—97页；朱乃诚：《时代巅峰 冰山一角——夏时期玉器一瞥》，《玉魂国魄：玉器·玉文化·夏代中国文明展》，浙江古籍出版社2013年版，第12—65页；殷玮璋、曹淑琴：《在反思中前行——为"夏商都邑暨偃师商城发现30年学术研讨会"而作》，《南方文物》2014年第1期，第24—30页；毕经纬：《"中期质变"视野下的夏代考古学文化》，《历史研究》2018年第1期，第37—51页；李锋：《郑州大师姑城址研究》，科学出版社2018年版。

或"二里头主体商都说"①的声音却在学术界持续出现。另外，许宏强调"在作为目前主流观点的假说之外，还存在着另外的假说，且其所提示的可能性似不容忽视"，进而通过综合分析，提示了"二里头前夏后商说"和"二里头主体商都说"所代表的可能性在当前都不能排除②。

与此同时，从1999年秋季开始，中国社会科学院考古研究所二里头工作队转变田野工作思路，将廓清遗址的聚落形态作为其后一段时间内工作的重心。在这一理念的指导下，二里头遗址的发掘及遗址周边地区的区域系统调查取得重要成果。由此极大地推进了二里头文化聚落形态的研究。

特别是从2002年6月起，国家重大科研项目"中华文明探源工程"启动，学术界采取多学科相结合的方法，将碳十四年代测定、环境考古、人骨考古、动物考古、植物考古、古DNA研究、同位素分析、冶金考古、陶器和玉石器的制作工艺研究等方面的探讨广泛地运用到二里头遗址研究之中，这促使其在年代学、自然环境特征、人类自身与体质相关的特征、人类的多种生存活动以及生产行为特征等方面取得了一系列重要的研究成果。

此外，从理论与方法论层面进行反思渐趋深入，牵涉到二里头遗址的都邑归属与二里头文化的族属、传世文献及其在考古学研究中的作用、"夏文化"的内涵、考古学文化变迁与王朝更替之间的关系、历史发展阶段划分、考古学的特征与短长等方面。

总体看来，这一阶段的研究数量大增，甚至超过前三个小时段的总和。尽管古史复原研究仍占据着比较重要的地位，但在研究理念转变、自然科学技术广泛介入等因素的刺激下，二里头文化在聚落形态、环境考古、生业考古等方面的研究异军突起、方兴未艾。

综上，建立在几代人前赴后继、艰苦奋斗基础之上的与二里头文化相关的田野工作已取得不菲的成绩，而以此为先导的二里头文化研究也在不断深入。大致以20世纪90年代中后期为界，可将之划分为前后两大阶段。前一阶段采用传统的田野工作方法，以解决二里头文化的文化内涵、分期、分布、类型及古史复原研究为主要议题，体现出明显的文化史研究的特色。在后一阶段的田野与研究工作中，多学科相结合的方法被普遍应用，尽管文化史研究仍然占据着重要比例，但社会史研究逐渐受到关注。这极大地推进了二里头文化研究的广度与深度。

---

① 张立东、任飞主编：《手铲释天书——与夏文化探索者的对话》（参见郑光访谈），大象出版社2001年版，第445—446页；冯时：《〈保训〉故事与地中之变迁》，《考古学报》2015年第2期，第129—155页。
② 许宏：《关于二里头为早商都邑的假说》，《南方文物》2015年第3期，第1—7、22页。

第二章

遗址自然环境与现存状态

第一节 自然环境

自然环境是由多个相互关联、相互影响的要素构成的自然综合体。在不同的空间尺度上，这些自然环境的要素及其整体均呈现出不同的特征，而且随着时间不断地发展变化。在诸多的自然环境要素中，气候和地貌对区域自然环境特征起着决定性的作用。这里我们首先介绍二里头遗址的现代自然环境，作为我们重建过去自然环境的起点。

二里头遗址所在的洛阳盆地位于河南西部，在大的地貌结构上处于中国地形第二级阶梯向第三级阶梯过渡的位置，可视为黄土高原最靠东南边缘的一个山间盆地。洛阳盆地地处伊洛河流域的下游，洛河、涧河、瀍河和伊河四条河流在盆地中先后汇流而终成伊洛河，在盆地最东端的巩义附近注入黄河。盆地的四周为基岩出露或者覆盖黄土的中低山地、丘陵和台塬等地形，盆地中部则主要是在古冲积平原的基础上发育的多级阶地和漫滩等河流地貌。盆地内地势西高东低，由海拔150米左右逐渐降至110余米。由于地势低平，加之历史时期大规模人类活动对水文的干预，洛阳盆地中古河道众多。具体到二里头遗址，它位于伊河和洛河之间一个东西延伸的狭长台地东端。从地形上看，海拔高度从遗址向周边的北、东、南三个方向上降低。地貌类型包括二级阶地、一级阶地和河漫滩。

在气候上洛阳盆地属于温带季风区的暖温带半湿润类型，年平均气温12℃—14.7℃，气温年较差和日较差均较大。一月平均气温为0.4℃，7月平均气温约24℃—25℃。气候四季分明：春季干旱，夏热多雨，秋季温和，冬季寒冷。多年平均降雨量500—650毫米，降水的年际和季节变化较大。降水量主要集中在4—10月，其中7—9月的降水量占全年降水量的50%—55%。全年无霜期220天，作物生长期

200—220天，≥10℃以上年积温4200—4600℃，年日照时数约2222小时[①]。受局部地形条件的影响，遗址所在的盆地中部相较于南北两侧的山地丘陵，温度偏高，但降水量偏少[②]。伊洛河流域的植被和土壤类型在地带性的暖温带气候背景下，与地形地貌条件相对应，具有复杂多样的特点。区域植被类型为暖温带落叶阔叶林，海拔较高的中山区是以落叶栎林、油松等为主的天然次生林；浅山低山区多为旱生型的灌丛和草甸；平缓丘陵、河谷平原等区域则多已开发为农田[③]。区域地带性的土壤为棕壤和褐土。棕壤形成于森林植被条件下，主要分布在降水量较多的中山；而褐土的分布区则相对干旱，发育的地形主要是黄土台塬、丘陵、缓岗高地、石质浅山丘陵和河流高阶地等，成土母质以第四纪黄土为主[④]。在二里头遗址附近，二级阶地之上发育了地带性的褐土，但在周围的一级阶地和漫滩之上，则是非地带性、呈条带状分布的潮土。而且由于农耕历史悠久，这些土壤都具有明显的人类活动的特征。

就二里头遗址的古环境研究而言，主要集中在两个方面：一方面是古水文和古地貌研究，重点是讨论遗址附近的古河道变化以及地貌结构和格局的变迁，同时对与两者都有关系的洪水问题也给予了较多关注。另一方面是古生物研究，重点是通过各种动植物遗存来了解当时的动植物状况，并据此来重建气候乃至周围环境的特点。此外，田野考古研究的资料也被用以讨论古气候问题。

一 古水文和古地貌研究

对二里头遗址古水文和古地貌的研究主要通过三种途径，分别是遥感考古、田野考古和地貌学方法。遥感考古主要是通过建立各种遗存的判读解译标志系统，结合考古资料和历史文献资料，在遥感图像（包括卫片、航片）上识别出相关遗存。在二里头遗址，遥感考古主要是揭示出遗址周边的古河道遗迹。在田野调查、钻探和发掘的过程中，都可能遇到能够反映古代地貌和水文状况的地层和遗迹现象，由于这些现象通常都有明确的年代标志，因此是非常重要的线索。相关研究主要涉及二里头遗址附近的古河道，对地貌及洪水研究也大有裨益。地貌学的方法是在通过野外考察和地质钻探所建立的区域地层序列的基础上，对不同沉积序列的年代和性质进行研究，然后再综合考察不同地貌单元之间的空间关系，最终得出有关地貌格局及其演化过程的整体认识。

[①] 张小虎：《中全新世黄河流域不同区域的环境考古研究》，博士学位论文，北京大学，2010年。
[②] 偃师县志编纂委员会：《偃师县志》，生活·读书·新知三联书店1992年版，第143—150页。
[③] 时子明：《河南自然条件与自然资源》，河南科学技术出版社1983年版，第166页。
[④] 李永文、马建华主编：《新编河南地理》，河南大学出版社2006年版，第77—95页。

这些方法的应用并不是孤立的。遥感考古能够极大地提高工作效率，在室内通过遥感解译就能提供许多重要的线索，对地貌学研究本身而言也是重要的技术支撑手段。但对这些线索的年代和性质的进一步认识就有赖于实地的工作。而无论是田野考古还是地貌学的方法，最重要的研究对象都是地层。因此，本节首先介绍二里头遗址及其周边区域的自然地层发育状况，然后再总结相关领域的研究进展。

（一）遗址及其周边的自然地层

为了弄清遗址范围和遗存保存状况，考古工作者曾经对二里头遗址及其周边进行过详细的钻探与勘查，对遗址外围的自然地层堆积有了一定程度的了解。在实施中华文明探源工程环境课题的过程中，北京大学夏正楷的研究团队又于2007、2008年和2010年在二里头遗址以南的伊河北岸、遗址以北的洛河北岸和以西的伊、洛河分水岭等地区，开展了地质钻探工作，探孔深度大多近于10米，共计施钻48孔。同时，还对研究区的一些露头剖面进行了调查。通过这些工作，初步揭示了区域内不同地貌单元的沉积结构。

二里头遗址所在的位置为二级阶地，其北、东、南三面为一级阶地和河漫滩，遗址以西与汉魏故城南郊一带古伊洛河北岸的高地相连，亦属于二级阶地。现以遗址为中心，分别介绍遗址区及其周边的地层堆积状况。

1. 遗址区

遗址区所在的二级阶地高于河面10米左右，阶地堆积物主要由下部的河床相砾石层和上部的漫滩相黄土状堆积组成。河流下切形成阶地的时代大约为距今1万年前后[1]。有关遗址区二级阶地的地层主要见于钻孔剖面和遗址中的一些调查和钻探所见到的剖面，但这些剖面中的地层都是二级阶地上覆的沉积物，而不是二级阶地发育之时的河流堆积物本身。

位于二里头西南的钻孔（编号为2007-Z1）剖面显示，上层为厚1.5米的黄褐色粉砂质黏土，为晚近时期的堆积；中层为二里头文化堆积，见有绳纹夹砂灰陶片，埋深为1.5—4米；下层是含有小砾石的黄色细砂，埋深4—4.5米，被认为是洪水堆积物[2]。

在遗址区南部的路边土坎上可以见到这套洪水堆积物，它直接覆盖在二级阶地堆积之上，或是叠压着打破二级阶地面的龙山早期灰坑；而其上则往往覆盖有二里头文化层。洛阳铲钻探的结果也显示了这一点[3]。

---

[1] 中国社会科学院考古研究所：《二里头（1999—2006）》，文物出版社2014年版，第1241页。
[2] 同上书，第1243页。
[3] 同上书，第1260—1261页。

2. 遗址区南侧

遗址区南侧包括二级阶地的一部分及伊河北岸的一级阶地。

遗址以南的二级阶地与一级阶地之间没有明显的界线，二里头村南的一处灌渠北壁剖面被认为是较为完整的二级阶地前缘剖面，称为水渠剖面[①]。根据剖面的岩性和沉积特征，可将该剖面自下而上分为5层：

（5）深褐色粉砂质黏土，质地较坚硬致密，具明显的棱块状结构。出露厚度55厘米。靠近顶部测有光释光年龄9270±338aB.P.。

（4）具有波状层理的浅黄色粉细砂，夹有厚约1厘米的褐色黏土质条带，并含有灰陶片。厚23厘米。靠近下部测有光释光年龄4044±338aB.P.。

（3）灰褐色黏土质粉砂，其中夹有4条宽约1厘米的细砂质条带，粉砂层中可见碎小灰陶片。厚80厘米。中部测有光释光年龄3805±248aB.P.。

（2）灰黄色粉砂，混杂有少量残砖。厚40厘米。靠近底部测有光释光年龄2642±150aB.P.。

（1）近现代堆积，顶部为耕土层。厚110厘米。

对此剖面的61个样品进行了粒度分析，以揭示其性质和成因。根据分析结果，研究者认为第5层形成于1万年以前，属于组成二级阶地沉积上部的泛滥平原堆积。叠压在第5层之上的3—4层为年代在距今4000年前后的另一套河流堆积，亦即遗址区所见的洪水堆积物。这套地层从二级阶地前缘一直向北延伸到二里头遗址的南界附近。

在伊河北岸的一级阶地上使用汽车钻打了21孔，地层序列基本类似，阶地堆积的底部为砂砾石层，上部为细粒的黏土质粉砂和粉砂质黏土[②]。H16钻孔（野外编号2008—Z16）剖面被作为遗址区南侧伊河一级阶地的代表。该钻孔位于二里头西南，井口海拔116米，地理坐标为北纬34°41′33.5″，东经112°41′08.3″。剖面厚约11米，自下而上被分为4个堆积单元[③]。

单元Ⅰ，阶地堆积，埋深11—4.38米，包括第12—6层。具有明显的二元结构，下部为河床相的砂砾石堆积，上部为河漫滩相的褐色黏土质粉砂和粉砂质黏土堆积，并夹有多层湖沼相的青灰色黏土堆积。最上部的第6层为深褐色粉砂质黏土，颜色略发灰黑，具明显的棱块状结构，表明曾经历土壤化过程。根据碳十四测年结果，这套堆积的年代为距今9000多年到7000多年。

[①] 中国社会科学院考古研究所：《二里头（1999—2006）》，文物出版社2014年版，第1258页。
[②] 同上书，第1242页。
[③] 同上书，第1245—1247页。

单元Ⅱ，洪水堆积，埋深4.38—3.7米，包括第5—3层。第5层为褐色粉砂质黏土，第4层为青灰色黏土质粉细砂，第3层为褐色黏土质粉砂。这套堆积被认为与水渠剖面的（3）、（4）层是同一套堆积物，根据水渠剖面的光释光测年结果，年代被定为距今4000年左右。

单元Ⅲ，汉魏堆积，埋深3.7—3米，包括第2层。岩性为青灰色粉砂质黏土，其中包含有汉魏时期的砖瓦碎块，表明该层属于汉魏时期的湖沼堆积。

单元Ⅳ，晚期堆积，埋深3—0米。

另外，根据考古钻探的结果，遗址南部区域外围的堆积以红褐、黄褐或灰褐色黏土层为主，被认为是伊洛河故道河床内及近旁的低洼沼泽区的堆积[1]。

3. 遗址区北侧

二里头遗址以北为洛河的一级阶地和河漫滩，再向北到了更远处的鱼骨村和南蔡庄附近为二级阶地[2]。在洛河北岸的一级阶地上施钻5孔，钻孔资料表明洛河一级阶地的岩性底部为砂砾石层，上部主要为黄砂层与黄褐色黏土质粉砂，相对于遗址南侧的伊河一级阶地，粒度明显要粗一些。

2008—ZZ1钻孔被视为这一区域的代表性剖面。钻孔位于南蔡庄至古城村中间的一级阶地上，钻深大于12.6米，分为3个堆积单元：

单元Ⅰ，阶地堆积，埋深12.6—7米。具有明显的二元结构，11.1米以下为砂砾石层和砂层构成的河床相堆积，11.1—7米为青灰色粉砂质黏土和黄褐色黏土质粉砂，性质为河漫滩和湖沼堆积。

单元Ⅱ，阶地上覆的河流堆积，埋深7—4米，由下部的黄色砂层和上部的黄褐色黏土质粉砂层组成。

单元Ⅲ，晚期堆积，埋深4—0米，为夹有碎砖块的黏土质粉砂层。

该钻孔剖面没有进行测年，根据埋藏深度推测阶地堆积可与伊河的T1阶地沉积物对应，单元Ⅱ的黄砂层有可能相当于伊河T1阶地中见到的洪水堆积。

另外，在靠近洛河北岸T1阶地南段的2008—ZZ4孔中，于地下5米和7米深处分别发现汉代陶片和青砖，有别于其他钻孔中的单元Ⅱ堆积，推测该地层可能是下切于洪水层之中的汉魏时期洛河故道堆积。

在今洛河南岸与遗址区之间，考古钻探提供了一些地层信息。这一带的堆积以黄沙土或沙土夹黄褐、红褐色黏土为主，被认为是改道后的洛河泛滥堆积[3]。

---

[1] 中国社会科学院考古研究所：《二里头（1999—2006）》，文物出版社2014年版，第17页。
[2] 同上书，第1247—1249页。
[3] 同上书，第17页。

4. 遗址区西侧

遗址西侧与遗址本身没有明显的地形界线，同属于二级阶地。但构成伊河和洛河分水岭的二级阶地之上分布有若干条近东西向的长条状洼地。通过对最北边的西石桥至大郊寨洼地进行钻探，发现洼地实为古河道遗迹。可以佃庄附近的 2008—ZZ12 孔进行说明①。该钻孔分为 3 个堆积单元：

单元Ⅰ，古河道的下部堆积，埋深 10.6—8.7 米，由粗砂砾石组成，砾石的最大尺寸可达 10×7 厘米，为河床相堆积。

单元Ⅱ，古河道的上部堆积，埋深 8.7—1.3 米，由淡黄色砂层组成，偶见黄褐色黏土质粉砂层，为河漫滩相堆积。

单元Ⅲ，晚期堆积，埋深 1.3—0 米，为人工扰动严重的近现代堆积物。

古河道堆积的时代被认为与洛河和伊河一级阶地堆积的时代相当，即距今 9000 多年到 7000 多年。这套堆积与分水岭上的二级阶地堆积物有明显区别。二级阶地之上有两个钻孔剖面。大郊寨西南的 2010—Z2 剖面显示，在 1.6 米的晚近堆积之下均为阶地堆积，其中 11.1—10.2 米为砾石层，10.2—5.4 米为纯净的黄褐色黏土层，5.4—1.6 米为含水锈的黄褐色黏土质粉砂层。佃庄村北的 2010—Z1 剖面与前者类似，在 1.5 米的人工垫土之下为厚层的阶地堆积，其中 12.6—12 米为砾石层，12—11 米为青灰色黏土，11—5 米为纯净的黄褐色黏土，5—4 米为细砂，4—1.5 米为含有水锈的黄褐色黏土质粉砂层。

此外，该区域还有另外一套地层序列，分布在洼地东南端的大郊寨与西大郊村之间二级阶地的垭口上，其中有一套砂砾石层被认为是决口扇堆积。以大郊寨村正南的 2010—Z4 孔为例，这套决口扇堆积为厚 1.7 米的砂砾石层，底部砾石层的尺寸可达 6×5 厘米，覆盖在下部 4 米多厚的阶地堆积之上，并为汉魏堆积所叠压。

5. 遗址区东侧

根据考古钻探的结果，遗址区东侧地势较低，分布着大范围的淤土和淤沙层。2000 年的发掘表明，这些淤土和淤沙层是清代及以后今洛河泛滥所致。在这些淤积区和二里头文化堆积之间，还有 10 多米的生土地带②。但其性质未见报道。

（二）古河道研究

二里头遗址现在位于洛阳盆地伊河和洛河之间的二级阶地上。由于盆地内部为构造沉降区，晚第四纪以来，河流整体上处于淤积状态，地势低平，致使河流改道易

---

① 中国社会科学院考古研究所：《二里头（1999—2006）》，文物出版社 2014 年版，第 1249—1254 页。
② 同上书，第 17 页。

发，形成了许多不同时期的古河道。对此问题，不同领域的学者都进行了研究。

1. 遥感考古

通过遥感考古的方法对洛阳盆地古河道进行研究，大体上都是先用影像资料识别出古河道的位置，再结合古文献和考古资料验证解译结果的正确性，并根据这些资料判断古河道的年代。涉及二里头遗址周边区域古河道的有以下工作。

许天申利用1979年的陆地卫星标准假彩色相片合成的1∶50万影像，并结合考古发掘资料和文献记载，对洛阳盆地夏商至隋唐时期的古河道变迁进行了研究。通过对遥感影像的解译，发现在现代洛河南侧存在一条洛河的故道，大概经卫屯—杨庄—西高村—潘老寨—西黄庄北—相公庄—西田村一带，再向东延伸。在地貌上可以划为古洛河的一级阶地，地面6米以下沉积有厚层的河床砾石。在这一区域内没有发现龙山文化和二里头文化的遗址，而其北侧则分布着二里头遗址。作者据此认为这一古河道系夏商时期的洛河故道。东汉至隋唐时期，洛河北移，形成了在今聂湾—中岗—西马庄—相公庄北—长庄—翟镇北—赵庄一线的古河道。在现代地貌上为明显的低洼带，低于两侧地面1—2米①。

杨瑞霞等利用1958年航摄的1∶2.5万比例尺黑白全色相片，经过计算机图像增强与镶嵌处理后，对被认为是古河道的基本连续的暗色河曲影纹进行了识别。在二里头遗址附近的伊河和洛河之间，从南向北有两条古河道。南边一条基本上为东西向，位于汉魏故城至喂羊庄向南2千米处之间，具体走向大体沿滩地中的排水渠，从酒务南经罗圪垯、董圪垯、杨庄、大炉庄、冉庄、四角楼、前角楼、前李村，然后折向东偏北经后马郡至东庄，全长21千米。北边一条古河道为西北至东南走向，较为弯曲，从西石桥经佃庄过东大郊、东罗凹到四角楼入南部的古河道，全长约12千米。该段古河道影像色调较浅，河道边缘清晰，判断没有过多的沉积现象，据此推测这条古河道只是在洪水大时或开挖通济渠时的短时河道②。

刘建国在对二里头遗址附近的各种遥感影像进行增强处理和对比的基础上，发现初冬季节高分辨率的Quick Bird影像上能清晰地显示出至少三个时期的洛河故道。通过叠置区域系统调查取得的不同时期聚落分布资料，对三条古河道的时间先后关系进行了分析。青色箭头指示的近东西向古河道西部基本上与今洛河相连，往东从二里头遗址南面流过。这条古河道较为宽阔，边界模糊，由此推断其时间较早，而西南方向流过来的分支的年代可能更早。聚落资料叠加到遥感影像之后，发现这两条古河道上

---

① 许天申：《洛阳盆地古河道变迁初步研究》，《河南博物院落成暨河南省博物馆建馆70周年纪念论文集》，中州古籍出版社1998年版，第138—141页。
② 杨瑞霞、郭仰山等：《遥感技术在河南省考古中的应用》，《国土资源遥感》2001年第2期，第19—24页。

从仰韶时期开始就有聚落分布,据此判断其年代早于仰韶时期。红色箭头所指的古河道弯弯曲曲,从仰韶至周代的聚落都没有叠压在这段古河道之上,推测年代较晚,可能是仰韶时期以后的洛河故道①。

2. 田野考古

在田野调查和发掘的过程中,考古工作者对古河道的问题也非常关注。通过对现代地形地貌的分析,并利用陡坎、取土坑、探方等剖面提供的相关信息,同时结合古代遗存的分布状况,对古河道的现存面貌和时代问题进行了探讨,提供了许多重要的资料和线索。

2001—2003 年,中国社会科学院考古研究所二里头工作队在对洛阳盆地进行调查的过程中,发现了若干古河道遗迹②。二里头遗址以北的一条古河道,由汉魏洛阳城东南角蜿蜒向东至偃师商城附近,以景阳岗和鱼骨村、白村和古城村之间最为明显,其内基本上是遗址空白区。在二里头遗址、汉魏洛阳城以南的一级阶地之中发现一条洛河故道。这条古河道的西段,地表尚可见数段河岸陡坎。过汉魏洛阳城后,古洛河与来自西南方向的古伊河在东大郊和相公庄村东一带合流,成为古伊洛河。自此以下的河段,除了二里头遗址南和东南缘尚存有 3 米左右的断崖外,已无河岸迹象,但至今古河道处仍地势低洼,数年前芦苇遍布或者种植水稻。

段鹏琦根据文献和考古资料,提出洛河河道的改变可能并非是自然原因,而是与"堰洛通漕"这项大型水利工程有关。这项工程始建于东汉初年,之后曹魏、西晋、北魏诸代均非常重视并不断修缮。它是以堰的办法,通过抬高洛河水位,迫使部分洛河水流入阳渠,以增大其流量③。今洛河所夺之河道,可能就是当时绕内城南垣并由城东南隅向东的人工渠道。根据洛阳汉魏城工作队的分析,汉魏时期的古洛河当由酒务村北向东,经西石桥与东石桥之间、大郊寨与西大郊之间、东大郊与倪家庄之间,至四角楼村南而继续东去④。

3. 环境考古

根据野外地貌调查和对钻孔资料的分析,张小虎从环境考古的角度提出了二里头遗址附近水系变化的新认识,并重建了全新世以来伊河、洛河多次水系变迁的过程⑤。

---

① 中国社会科学院考古研究所:《二里头(1999—2006)》,文物出版社 2014 年版,第 1263—1265 页。
② 中国社会科学院考古研究所二里头工作队:《河南洛阳盆地 2001—2003 年考古调查简报》,《考古》2005 年第 5 期,第 18—37 页。
③ 段鹏琦:《汉魏洛阳城与自然河流的开发和利用》,《庆祝苏秉琦考古五十五年论文集》,文物出版社 1989 年版,第 504—514 页。
④ 中国社会科学院考古研究所洛阳汉魏城工作队:《北魏洛阳外郭城和水道的勘查》,《考古》1993 年第 7 期,第 602—608 页。
⑤ 张小虎:《中全新世黄河流域不同区域的环境考古研究》,博士学位论文,北京大学,2010 年。

张小虎并不认同汉魏故城以东的今洛河河道是历史时期人工开挖而成的河段，而认为之前就有古河道的存在。首先，在洛河北岸的古城村到南蔡庄这一被认为是二级阶地的区域，识别出一级河流阶地。因为这一区域不仅有明显的陡坎存在，而且陡坎两侧的沉积物也有明显差别。遗址分布状况亦颇为不同。陡坎以北分布着数量众多的仰韶、龙山文化遗址，而陡坎以南则很少有古遗址分布，时代也都比较晚。因此推测鱼骨村、白村一带的陡坎可能是二级阶地的前缘，古城村一带应是洛河的一级阶地。其次，研究者根据钻孔资料，即在河漫滩相的灰黄色、黄褐色黏土质粉砂之上存在一层中细砂，将之视为存在过沉积间断的两轮河流旋回，并推断洛河曾在距今4000年前后发生过改道。洛河从大郊寨决口向南注入伊河，河道由是从二里头北面改为二里头南面，后来在偃师商城废弃之后又改回原道，并使商城南部遭到部分冲毁。

二里头遗址南侧的地质钻探提供了伊河演变的证据。根据对相关钻孔沉积物年代和性质的分析，认为全新世期间伊河存在多次南北向的摆动。距今9120年以前的沉积物为河床相砾石层，处于伊河主河床；距今9120—8943年期间为湖沼发育时期，伊河主河床向南偏移；距今8943—5650年间处于河漫滩的位置，伊河河床比较稳定；距今5650—3263年间为湖沼与漫滩沉积交替发育时期，伊河河床不稳定，发生多次摆动；历史时期湖沼发育，伊河河床向南移动。

（三）古洪水研究

二里头遗址及其附近古洪水的证据主要来自于二级阶地前缘、二里头遗址南区和遗址以南的一级阶地钻孔剖面中。其中，最为核心的是位于二级阶地前缘的水渠剖面。

水渠剖面的情况前文已经进行了介绍。研究者认为，具有土壤发育特征的第5层的存在表明二级阶地形成于距今1万年前后。当时河流已经发生下切，阶地之上不再接受河流沉积。二级阶地之上再次开始堆积是在距今4000年前后，另外一次河流过程的产物覆盖在早先形成的泛滥平原堆积之上。两者之间存在一个长达6000年的沉积间断。所以，第3—4层所代表的河流过程指示的是一次漫上二级阶地的异常洪水事件，其年代大致在距今4000—3800年[1]。根据报道，遗址区南部的地层中也存在这一时期的洪水堆积物，表明距今4000年前后发生的异常洪水对古人造成了灾难性的影响[2]。

在遗址以南一级阶地的一系列钻孔剖面中，地面以下4米深处普遍存在一层厚

---

[1] 中国社会科学院考古研究所：《二里头（1999—2006）》，文物出版社2014年版，第1260页。
[2] 同上书，第1261页。

约0.5—1米的粉砂、细砂堆积层。这一堆积层与水渠剖面的第3—4层相连，同为距今4000年前后洪水过程的产物。在H16孔中，洪水层之下的第6层顶部具有棱柱状结构，呈现一定程度的土壤化现象，而其时代则为距今7000年前后。另据原报告介绍，在一级阶地上曾发现有仰韶和龙山早期的文化遗存。根据这些现象推测距今7000年前后伊河一级阶地已经形成。在3000年之后，阶地被异常洪水所淹没。

对于这场洪水的性质，研究者认为不是季节性的常态洪水，而是规模大、水位高的异常洪水，因为它不仅淹没了一级阶地，也漫上了位置较高的二级阶地。这场洪水导致二里头遗址所在地区的地貌、水文和土壤等诸多方面的生态环境发生了重要的变化，为二里头遗址居民在此定都提供了良好的区位优势和自然环境[①]。

洪水最重要的环境效应是导致了古洛河在二里头遗址以西的决口和改道，使当时二里头北侧的洛河断流，从而在二里头遗址以北形成一个直抵邙山脚下的统一平原，为古人的生存和发展提供了广阔的活动空间。二里头地区一改之前两河相夹、地域狭小的封闭状况，成为位于伊洛河北岸冲积平原最南端的一个高地。高地四周地势平坦，为土地肥沃的泛滥平原，南侧有伊洛河水流过。优越的自然环境条件使二里头成为王朝建都的首选之地[②]。

在历史时期直至今天，二里头遗址南侧的低洼地仍为洪水频发的区域。在H16钻孔剖面中，第2层的湖沼堆积表明汉魏时期曾再次被洪水淹没，其性质是泛滥平原上残留的积水洼地。现在伊河泛滥时，洪水有时仍会漫上一级阶地，最远可以抵达遗址所在的二级阶地前缘[③]。

（四）古地貌研究

在对阶地发育、河道变迁和洪水泛滥等问题研究的基础上，研究者重建了距今1万年以来遗址附近地貌景观的演变过程以及人类活动的状况[④]。大体分为以下7个阶段：

（1）距今1万年以前的晚更新世是马兰黄土大规模堆积的时期，在伊洛河流域形成波状起伏的黄土平原。

（2）距今1万年前后，河流开始下切，形成伊洛河河谷和河谷两岸的黄土台塬、三级阶地和二级阶地。在二级阶地发育时期，伊河和洛河的汇合口在二里头西侧。

---

① 中国社会科学院考古研究所：《二里头（1999—2006）》，文物出版社2014年版，第1262页。
② 同上书，第1263页。
③ 同上书，第1247页。
④ 同上书，第1255—1256页。

（3）距今1万—7000年前，是一级阶地堆积物形成的时期，当时伊洛河河谷中河漫滩十分发育，并伴有湖沼出现。根据一级阶地的分布格局，伊河和洛河以二里头地区的二级阶地为分水岭，分别从二里头的南北两侧流过。洛河的主河道当时可能位于西石桥至大郊寨一带。

（4）距今7000—4000年前是水系处于相对比较稳定的时期。距今约7000年前，河流下切形成一级阶地。伊河和洛河分别从二里头的南北两侧流过，河流两岸广泛分布的一级阶地和二级阶地是仰韶—龙山时期人类的主要活动场所。

（5）距今4000年前后，发生了异常洪水事件，使得一级阶地和部分二级阶地被淹没，阶地上堆积了河流的漫洪沉积，并导致洛河决口，形成进入伊河的决口扇。这次洪水给先民们带来严重的灾难。当时的二里头地区是一片汪洋大海，只有部分二级阶地呈零星的岛屿突兀于水面之上。

（6）二里头文化时期，洪水退却之后，形成了广阔平坦的泛滥平原。二里头的先民们开始在平原上生活。由洪水形成的冲积土，土质肥沃，农业处于大发展的时期，形成了以粟作为主、五谷齐全的农业经济模式。

（7）历史时期，伊洛河流域又发生了异常洪水事件。洪水淹没了遗址附近的一级阶地，造成二里头遗址以南的伊河一级阶地之上又出现一层含有汉魏遗物的湖沼相堆积。在遗址以北的区域，洪水可能造成了原洛河废弃河道中汉魏故河道的出现。

二 古生物材料反映出的古环境

遗址的古生物材料，包括古代的植物遗存和动物遗存，是重建古环境状况的重要依据，尤其是在古气候的研究上更是基于当时植物群和动物群的生态习性。同时，对于古代人类活动而言，植物和动物本身就是非常重要的环境条件。

在二里头遗址的古环境重建上，对植物遗存的研究包括孢粉分析和遗址出土的木炭碎块的分析，对动物遗存的研究主要是根据其中野生动物的材料。在研究方法上，基本上都是通过种属鉴定并分析其现存生态环境的特点，来推测古环境状况。

（一）孢粉分析

主要包括对文化层和自然剖面的孢粉分析。

1. 文化层的孢粉分析①

1997年，研究者对二里头遗址探方剖面进行了孢粉样品采集和鉴定分析。野外采样时，考虑到文化层多存在被扰动的情况，特地选择既含有可以确定年代的典型陶器

---

① 宋豫秦、郑光等：《河南偃师市二里头遗址的环境信息》，《考古》2002年第12期，第75—79页。

标本、又扰动轻微并具有自然堆积特征的文化层。共采集和分析了 8 个样品。

鉴定结果表明，8 个样品所代表的植物组合始终以草本植物为主，木本植物次之，蕨类植物相对较少。木本植物除松属外，均为落叶阔叶树。当时的植被类型为以落叶阔叶林为主的针阔混交林草原类型，反映了全新世大暖期后期气候趋于凉干的整体特征。大体上可以分为 4 个阶段：

先于二里头文化一期的河南龙山文化末期，气候温暖湿润。植被中的乔木有桦、栎、桤木、松、桑属等。草本植物主要包括属于水生草本的香蒲、眼子菜等及中湿生的禾本科、苋科等。从水生植物含量推断，当时遗址周围可能存在面积较大的水面。

到了约二里头文化一期时，前段植被中木本植物以松为主，掺有一定量的栎属、桑属和桦属植物。水生草本植物含量较高，表明当时的气温略有降低，湿度变化不明显，为温凉湿润气候。后段植被盖度大大降低，水生植物大量减少，旱生植物明显增加，说明当时的气候温凉较干。

从二里头文化二期到三期，气候干旱程度不断加深并形成疏林草原。

二里头文化四期干旱程度有所减缓，植被中含有一定量的水生植物，并形成以落叶阔叶为主的针阔叶混交林草原，气候温凉较湿。

2. 自然剖面的孢粉分析

（1）钻孔剖面的孢粉分析[①]

对位于二里头遗址南侧伊河一级阶地之上的钻孔剖面（室内编号 H16，野外编号 2008—Z16 采样井 3 ZK3）进行了系统采样，从埋深 10.6—3.6 米、以 4—5 厘米的样品间距采集了 136 个孢粉样品。共鉴定出 67 个科属，但孢粉含量普遍较低。研究者根据孢粉组合特征，将整个剖面自下而上划分为 8 个孢粉带（Z1—Z8），孢粉类型组合及其所反映的古植被和古气候状况如下：

Z1（9120aB.P.—8880aB.P.）：孢粉浓度较大，推测植被覆盖度较大。乔、灌木植物花粉占优势，草本植物花粉和蕨类植物孢子含量较少。乔木花粉中，喜暖的落叶阔叶植物栎属、榆属、鹅耳枥属花粉含量较高，针叶树松属花粉含量相对较低，植被类型为以落叶阔叶树为主的针阔混交林，气候温暖湿润。

Z2（8880aB.P.—8800aB.P.）：孢粉浓度显著降低。孢粉组合仍以乔、灌木植物花粉占优势，草本植物花粉和蕨类植物孢子含量较少。乔木花粉中，针叶树花粉含量有所升高。植被类型为以落叶阔叶植物为主的森林植被，气候温暖略干，但暖湿程度较前一阶段有所降低。

[①] 张小虎：《中全新世黄河流域不同区域的环境考古研究》，博士学位论文，北京大学，2010 年。

Z3 (8800aB.P.—8542aB.P.)：由于水动力变化频繁，孢粉浓度进一步降低。孢粉组合以草本植物和蕨类为主，草本植物中菊科、蒿属和藜科含量明显增加，蕨类、水龙骨科含量出现剖面中的最高值；阔叶树含量急剧减少，仅余零星的桦属、榛属等。植被类型为草原，气候温和偏干。

Z4 (8542aB.P.—7025aB.P.)：孢粉组合仍以草本为主，但蕨类水龙骨科含量显著下降，阔叶树栎属、桦属等零星出现。植被为疏林草原，气候温凉干旱。

Z5 (7025aB.P.—5122aB.P.)：孢粉浓度较Z4略有增加。孢粉组合仍以草本植物为主，蕨类植物含量较Z4进一步下降。草本中荨麻属花粉显著增多，菊科、蒿属略有增加而藜科含量有所下降，反映了气候干旱程度有所降低。植被为草原，反映了气候温和湿润。

Z6 (5122aB.P.—4181aB.P.)：孢粉浓度与Z5基本一致。孢粉组合仍以草本植物为主，但木本植物含量逐步增加。菊科含量逐步减少，松属含量逐步增加，阔叶树含量略有增加。植被为有零星阔叶树的草地，气候温和偏干。

Z7 (4181aB.P.—3213aB.P.)：孢粉浓度略有增加。孢粉组合以木本植物花粉为主，而草本含量进一步下降。木本植物花粉以松属为主，阔叶树含量很低；草本中菊科、藜科含量显著降低，蒿属也有所减少。植被为以松属为主的森林草原，气候温和偏湿。

Z8 (历史时期)：孢粉组合以草本为主，木本含量显著降低，蕨类少量存在。草本中蒿属显著增加，针叶树的松属花粉含量较Z7明显降低，植被为草原，气候显著趋于干旱。

（2）水渠剖面的孢粉分析①

对水渠剖面第（3）层及以下的122厘米地层，以4厘米为单位连续采集了31个孢粉样品（最下部的样品厚度为2厘米）。结果表明，水渠剖面的孢粉含量比较丰富，共鉴定出2902粒，分属48个科属。

整个剖面的孢粉组合基本相同，均以木本植物花粉为主，占34.3%—84.5%，草本植物花粉次之，含量在12.8%—65.6%，蕨类孢子断续出现，含量在0.6%—9.2%之间。木本植物中以松属为主，另有少量落叶阔叶树栎属、榆属等。草本植物中以蒿属、藜科为主，蓼科也有一定含量。蕨类孢子主要有卷柏属和中华卷柏属，并且湿生指纹藻和双星藻常见。孢粉组合表明当时的植被为以针叶为主的针阔叶混交林草原，局部有森林和疏林草原，气候温和潮湿。结合年代数据，水渠剖面反映的是距

---

① 张小虎：《中全新世黄河流域不同区域的环境考古研究》，博士学位论文，北京大学，2010年。

今4000年以来洛阳盆地的环境状况。

（二）木炭分析

一般认为，分散的木炭是人类长期活动的结果，可用于遗址周边的微环境重建[①]。通过对木炭所属种属的鉴定、统计与分析，可以了解遗址周围植被的分布状况，进而推断遗址在某一时期总体的气候环境及历时性变化。

1. 木炭样品的采集、鉴定与统计

新世纪以来，在二里头遗址田野工作中曾多次采集了木炭样品。

在2001—2003年二里头遗址Ⅴ区考古发掘中，采用随发现随采集的方法在灰坑和灰沟中共采集了23份木炭样品。分析表明，这些木炭分别属于7个种属，即槲栎、麻栎、栎属、侧柏、油松、朴属和葡萄属（表2-1）。

表2-1　　　　　　　　　2001—2003年采集的木炭样品中木本植物统计表

单位	植物种属	科	时代
2002YLVT12G10	槲栎（*Quercus aliena*）	壳斗科	二期
2002YLVT12G10	槲栎（*Quercus aliena*）	壳斗科	二期
2002YLVT12G10	朴属（*Celtis*）	榆科	二期
2002YLVT12G10	朴属（*Celtis*）	榆科	二期
2002YLVT12G10	槲栎（*Quercus aliena*）	壳斗科	二期
2002YLVT12G10	槲栎（*Quercus aliena*）	壳斗科	二期
2002LVT12G10	麻栎（*Quercus acutissima*）	壳斗科	二期
2002LVT12G10	麻栎（*Quercus acutissima*）	壳斗科	二期
2002LVT12G10	栎属（*Quercus*）	壳斗科	
2002LVT12G10	麻栎（*Quercus acutissima*）	壳斗科	二期
2003LVT12G10	麻栎（*Quercus acutissima*）	壳斗科	二期
2002YLVT12H84	麻栎（*Quercus acutissima*）	壳斗科	四期
2002YLVT12H84	麻栎（*Quercus acutissima*）	壳斗科	四期
	栎属（*Quercus*）	壳斗科	
2001 YLVH79 距坑口3.8米	栎属（*Quercus*）	壳斗科	四期
2001 YLVH79 距坑口3.8米	栎属（*Quercus*）	壳斗科	四期
2001 YLVH79 距坑口4.2米	栎属（*Quercus*）	壳斗科	四期
2001 YLVH79 距坑口4.6米	栎属（*Quercus*）	壳斗科	四期
2003 YLVT35G14	松属（*Pinus*）	松科	四期

---

① I. Figueiral and V. Mosbrugger, A review of charcoal analysis as a tool for assessing Quaternary and Tertiary environments: achievements and limits, *Palaeogeography, Palaeoclimatology, Palaeoecology*, 2000, 164, pp. 397–407.

续表

单位	植物种属	科	时代
2003 YLVT35G14	葡萄属（*Vitis*）	葡萄科	四期
2003 YLVT35G14	侧柏（*Platycladus orientalis*）	柏科	四期
2003 YLVT35G14	侧柏（*Platycladus orientalis*）	柏科	四期
2003 YLVT35G14	松属（*Pinus*）	松科	四期
2003 YLVT35G14	朴属（*Celtis*）	榆科	四期
2003 YLVT35G14	麻栎（*Quercus acutissima*）	壳斗科	四期
2003 YLVT35G14	栎属（*Quercus*）	壳斗科	四期
2003 YLVT35G14	栎属（*Quercus*）	壳斗科	四期

根据这批样品中不同木本植物在分散的文化层中出现的次数（不包括灰坑），并统计其出现的概率（表2-2）后可知栎木出现的概率最大，为47.8%；其次是榆科的朴树为13.0%；再次是针叶树的侧柏和油松，分别为8.7%；概率最小的是葡萄属，为4.3%。因此，距今3800—3500年的二里头文化时期的二里头遗址周围分布有以栎为优势种的落叶阔叶栎林、少量的松柏针叶林、杂木林和葡萄属。

表2-2 　　　　　灰沟里采集样品中每个树种出现概率统计表

种属	出现的次数（次）	概率（%）
麻栎属（*Quercus*）	11	47.8
朴树（*Celtis sinensis*）	3	13.0
侧柏（*Platycladus orientalis*）	2	8.7
油松（*Pinus tabulaeformis*）	2	8.7
葡萄属（*Vitis*）	1	4.3

使用同样的采样方法，考古工作者于2010—2011年又在二里头遗址V区的灰坑、房址、灰沟、路土和地层中采集了108份木炭样品（灰坑中有88份、房址中有4份、灰沟中有11份、地层中有4份、路土中有1份），包括359块木炭和40块炭化果壳。经鉴定，359块木炭分别属于22种木本植物，有侧柏属、圆柏属、松属、云杉属、麻栎、栎属（3个种）、杏属、桃属、枣属、榉属、朴属、构树属、柳属、香椿属、栾树、槐树、楝属、竹亚科（竹）和2种未鉴定的阔叶树；炭化果壳分别属于酸枣壳和毛桃壳（表2-3）。

表2-3 2010—2011年采集的木炭样品中木本植物统计表

单位	植物种属	科	时代
2010VH2	杏属（Armeniaca）	蔷薇科	岗晚
	桃属（Amygdalus）	蔷薇科	
2010VH2	毛桃核	蔷薇科	岗晚
2010VH2	杏属（Armeniaca）	蔷薇科	岗晚
2010VH2	毛桃核	蔷薇科	岗晚
2010VH2	毛桃核	蔷薇科	岗晚
2010VH2	杏属（Armeniaca）	蔷薇科	岗晚
	桃属（Amygdalus）	蔷薇科	
2010VH2	栎属第1种（Quercus）	壳斗科	岗晚
2010VH21	栎属第1种（Quercus）	壳斗科	岗晚
	枣属（Ziziphus）	鼠李科	
2010VH21	栎属第1种（Quercus）	壳斗科	
2010VH21	栎属第1种（Quercus）	壳斗科	岗晚
2010VH21	栎属第1种（Quercus）	壳斗科	岗晚
2010VH21	桃属（Amygdalus）	蔷薇科	岗晚
2010VH21	栎属第1种（Quercus）	壳斗科	岗晚
2010VH23	朴属（Celtis）	榆科	岗晚
2010VH23	榉属（Zelkova）	榆科	岗晚
2010VH25	栎属第2种（Quercus）	壳斗科	岗晚
	朴属（Celtis）	榆科	
2010VH26	朴属（Celtis）	榆科	岗晚
	侧柏属（Platycladus）	柏科	
2010VH29	竹亚科	竹亚科	岗晚
2010VH29	毛桃核	蔷薇科	岗晚
2010VH29	麻栎（Quercus Acutissima）	壳斗科	岗晚
	栎属第2种（Quercus）	壳斗科	
	构属（Broussonetia）	桑科	
	侧柏属（Platycladus）	柏科	
2010VH29	栎属第1种（Quercus）	壳斗科	岗晚
	栎属第2种（Quercus）	壳斗科	
2010VH29	麻栎（Quercus acutissima）	壳斗科	岗晚
	栎属第1种（Quercus）	壳斗科	
	栎属第2种（Quercus）	壳斗科	
	榉属（Zelkova）	榆科	
	侧柏属（Platycladus）	柏科	

续表

单位	植物种属	科	时代
2010VH29	栎属第1种（Quercus）	壳斗科	岗晚
2010VH29	侧柏属（Platycladus）	柏科	岗晚
2010VH29	云杉属（picea）	松科	岗晚
2010VH29	圆柏属（Sabina）	柏科	岗晚
2010VH29	侧柏属（Platycladus）	柏科	岗晚
2010VH4	杏属（Armeniaca）	蔷薇科	四期
2010VH4	枣属（Ziziphus）	鼠李科	四期
2010VH4	桃属（Amygdalus）	蔷薇科	四期
2010VH9	侧柏属（Platycladus）	柏科	四期
2010VH12	毛桃核	蔷薇科	四期
2010VH12	酸枣核	鼠李科	四期
2010VH12	毛桃核	蔷薇科	四期
2010VH34	栎属第2种（Quercus）	壳斗科	四期
2010VH37	栎属第1种（Quercus）	壳斗科	三期
2010VH37	栎属第1种（Quercus）	壳斗科	三期
2010VH37	栎属第1种（Quercus）	壳斗科	三期
2010VH37	柳属（Salix）	杨柳科	三期
2010VH37	榉属（Zelkova）	榆科	三期
2010VH37	栎属第1种（Quercus）	壳斗科	三期
2010VH36	栎属第1种（Quercus）	壳斗科	二期
2010VH36	栎属第1种（Quercus）	壳斗科	二期
2010VH36	栎属第1种（Quercus）	壳斗科	二期
2010VH36	栎属第2种（Quercus）	壳斗科	二期
2010VH36	麻栎（Quercus Acutissima）	壳斗科	二期
2010VH36	栎属第1种（Quercus）	壳斗科	二期
2010VH36	栎属第2种（Quercus）	壳斗科	二期
2010VH36	栎属第2种（Quercus）	壳斗科	二期
2010VH36	栎属第1种（Quercus）	壳斗科	二期
2010VH36	朴属（Celtis）	榆科	二期
2010VH36	杏属（ArmeniAcA）	蔷薇科	二期
2010VH36	杏属（ArmeniAcA）	蔷薇科	二期
2010VH47	榉属（Zelkova）	榆科	二期
2010VH47	榉属（ZelkovA）	榆科	二期
2010VH47	栎属第2种（Quercus）	壳斗科	二期
2010VH47	栎属第3种（Quercus）	壳斗科	二期
2010VH47	栎属第1种（Quercus）	壳斗科	二期
2010VH47	栎属第1种（Quercus）	壳斗科	二期
2010VH47	栎属第1种（Quercus）	壳斗科	二期
2010VH47	栎属第2种（Quercus）	壳斗科	二期
2010VH47	栎属第1种（Quercus）	壳斗科	二期

续表

单位	植物种属	科	时代
2010VH47	栎属第1种（Quercus）	壳斗科	二期
	栎属第2种（Quercus）	壳斗科	
2010VH47	栎属第2种（Quercus）	壳斗科	二期
2010VH47	栎属第2种（Quercus）	壳斗科	二期
2010VH47	杏属（Armeniaca）	蔷薇科	二期
2010VH47	栎属第1种（Quercus）	壳斗科	二期
	栎属第3种（Quercus）	壳斗科	
2010VH47	栎属第2种（Quercus）	壳斗科	二期
2010VH47	栎属第1种（Quercus）	壳斗科	二期
2010VH47	杏属（Armeniaca）	蔷薇科	二期
2010VH47	栎属第1种（Quercus）	壳斗科	二期
2010VH50	栎属第1种（Quercus）	壳斗科	二期
2010VH50	未知阔叶树种2		二期
2010VH50	栎属第1种（Quercus）	壳斗科	二期
	香椿属（Toona）	楝科	
2010VH50	栎属第1种（Quercus）	壳斗科	二期
2010VH50	栎属第1种（Quercus）	壳斗科	二期
2010VH50	栎属第2种（Quercus）	壳斗科	二期
2010VH54	栎属第1种（Quercus）	壳斗科	二期
2010VH62	榉属（Zelkova）	榆科	二期
2010VH62	栎属第1种（Quercus）	壳斗科	二期
2010VH62	榉属（Zelkova）	榆科	二期
2010VH62	栎属第1种（Quercus）	壳斗科	二期
2010VH62	栎属第1种（Quercus）	壳斗科	二期
2010VH62	栎属第2种（Quercus）	壳斗科	二期
2010VH62	桃核	蔷薇科	二期
2010VH63	栎属第1种（Quercus）	壳斗科	一期
2010VH63	栎属第1种（Quercus）	壳斗科	一期
2010VH63	栎属第1种（Quercus）	壳斗科	一期
2010VF5	栎属第1种（Quercus）	壳斗科	二期
2010VF5	栎属第1种（Quercus）	壳斗科	二期
2010VF5	栎属第1种（Quercus）	壳斗科	二期
2010VF5	栾树属（Koelreuteria）	无患子科	二期
2010VT3125汉墓	松属（Pinus）	松科	东汉
2010VT3125汉墓	侧柏属（Platycladus）	柏科	东汉
	未知阔叶树种1		
2010VT3426—3526②	栎属第3种（Quercus）	壳斗科	东汉

续表

单位	植物种属	科	时代
2010ⅤT3025③	栎属第1种（Quercus）	壳斗科	岗晚
2010ⅤT3426—3526③	桃核	壳斗科	岗晚
2010ⅤT3426—3526③	栎属第3种（Quercus）	壳斗科	岗晚
2010ⅤT4730—4731④A	栎属第1种（Quercus）	壳斗科	四期
2010ⅤT4729—4731剖⑤B	栎属第1种（Quercus）	壳斗科	二期
2010ⅤG7	槐属（Sophora）	豆科	岗晚
2010ⅤG10	榉属（Zelkova）	榆科	二期
2010ⅤG10	榉属（Zelkova）	榆科	二期
2010ⅤG10	栎属第1种（Quercus）	壳斗科	二期
2010ⅤG10	栎属第1种（Quercus）	壳斗科	二期
2010ⅤG10	栎属第3种（Quercus）	壳斗科	二期
2010ⅤG10	栎属第1种（Quercus）	壳斗科	二期
2010ⅤG10	栎属第1种（Quercus）	壳斗科	二期
2010ⅤG10	栎属第1种（Quercus）	壳斗科	二期
2010ⅤG10	栋属（Melia）	楝科	二期
2010ⅤT4730—T4731LE2	栎属第1种（Quercus）	壳斗科	四期

对22种木本植物的统计分析（表2-4）表明，不同树种出现的总次数为120次，其中栎属占绝对优势，比率为61.7%（74/120）；第二位是榉属，为7.5%（9/120）；第三位是杏属，为6.7%（8/120）；第四位是侧柏属，为5.8%（7/120）；第五位是桃属和朴属，为3.3%（4/120）；第六位是枣属，为1.7%（2/120）；第七位是松属、云杉属、圆柏属、构属、柳属、香椿属、栾树属、槐属、竹和2种未鉴定的阔叶树种，为0.8%（1/120）。此外毛桃核出现8次，酸枣核出现1次。

表2-4　木炭种属在不同考古单位、不同文化时期出现次数统计表　　　　单位：次

树种	灰坑					房址	地层				沟		路
	一期	二期	三期	四期	岗晚	二期	二期	四期	岗晚	东汉	二期	岗晚	四期
侧柏属（Platycladus）				1	5					1			
圆柏属（Sabina）					1								
松属（Pinus）										1			
云杉属（Picea）					1								
杏属（Armeniaca）		4		1	3								
桃属（Amygdalus）				1	3								
栎属（Quercus）	3	35	4	1	15	3	1	1	2	1	7		1

续表

树种	灰坑					房址	地层				沟		路
	一期	二期	三期	四期	岗晚	二期	二期	四期	岗晚	东汉	二期	岗晚	四期
朴属（Celtis）		1			3								
榉属（Zelkova）		4	1		2						2		
构属（Broussonetia）					1								
枣属（Ziziphus）				1	1								
柳属（Salix）			1										
香椿属（Toona）		1											
栾树属（Koelreuteria）							1						
槐属（Sophora）												1	
楝属（Melia）											1		
竹亚科（Bambusoideae）					1								
阔叶树种1（未鉴定）										1			
阔叶树种2（未鉴定）		1											
毛桃核（wild peach pit）		1		2	4				1				
酸枣核（skull ofspine date）				1									

这表明，在二里头文化时期，二里头遗址附近分布有以栎为优势种的落叶阔叶栎林，有少量的针叶树侧柏和圆柏、较多的榉树，少量的柳属、香椿属等稀疏地分散在遗址周围，遗址周围有竹林，有杏树、桃树和枣树果树。

2018年对二里头工作队送检的5份样品中的49块大于2毫米木炭碎块进行分析和鉴定，这些木炭分别属于3个属，有栎属、桑属和侧柏属（表2-5）。从表2-5可知，栎属仍占绝对优势，针叶树出土概率为20%。

表2-5　　　　　　　　　2018年采集木炭样品中木本植物统计表

单位	植物种属	科	时代
2010ⅤF5	栎属（Quercus）	壳斗科	二期
2010ⅤH47②	桑属（Morus）	桑科	二期
	栎属（Quercus）	壳斗科	
2010ⅤH47③	栎属（Quercus）	壳斗科	二期
2010ⅤH54	栎属（Quercus）	壳斗科	二期
	侧柏属（Platycladus）	柏科	
2010ⅤH63	栎属（Quercus）	壳斗科	一期

2. 植物的生态特征

根据上文对木炭样品的分析，可知二里头文化至二里岗文化时期，分布于二里头遗址周围且对气候环境有明显指示性的植物有朴树、柳属、麻栎、竹、云杉属等。

朴树喜温湿①。

柳属多分布在河流两岸的滩地、低湿地②。

麻栎是喜光树种，在湿润、肥沃、深厚、排水良好的中性至微酸性沙壤土上生长迅速，甚至在年平均气温10—16℃、年降水量500—1500毫米的气候条件下都能生长③。麻栎林和栓皮栎林都是中国暖温带和亚热带地区有代表性的落叶阔叶林类型之一，栎属的存在，是当时气候温暖湿润的表现④。

竹林所在地的气候温暖而湿润，年平均气温为14—26℃，最冷月温度为3—23℃，年降水量一般为1000—2000毫米⑤。竹类在出笋、拔节、脱壳和长枝阶段不能缺水，要求较高的空气湿度和土壤水分。所谓"雨后春笋"就是竹林得到充足的水分后，竹笋纷纷破土而出，旺盛生长的情况。如果发笋长竹期干旱无雨，或缺少灌溉，竹子就会因干旱而死亡⑥。另外，竹的部分秆基及其芽眼经常露出地面，经不起冷冻和干燥⑦。因此竹类多具喜暖、喜湿的生态学特性。现代河南竹林为"灌溉竹林"，多分布在有灌溉水源的地方⑧。

云杉属大部分种的分布区的气候以温凉湿润为基本特征。云杉属和落叶松属、冷杉属组成的森林，是寒温带的地带性森林，同时也作为其他地带的垂直带而分布于那些具有寒温带气候特点的高海拔地区⑨。据河南植物志，云杉属在河南只有垂枝云杉，是麦吊云杉的一个变种或变型，只在坡度平缓、土层深厚处可形成优势⑩。它是中国特有树种，喜光、喜温凉气候、宜湿润排水良好的酸性土壤，产于河南伏牛山区南部，生长在海拔1500米以上的山坡林中⑪。

---

① 陕西省农业厅：《陕西农业自然环境变迁史》，陕西科学技术出版社1986年版，第370—371页。
② 中国树木志编委会：《中国主要树种造林技术》（上册），农业出版社1978年版，第420页。
③ 同上。
④ 宋长青、孙湘君：《中国第四纪孢粉学研究进展》，《地球科学进展》1999年第4卷，第401—406页。
⑤ 中国植被编辑委员会：《中国植被》，科学出版社1995年版，第413—414页。
⑥ 山东森林编辑委员会：《山东森林》，中国林业出版社1986年版，第175页。
⑦ 福建森林编辑委员会：《福建森林》，中国林业出版社1984年版，第216页。
⑧ 河南森林编辑委员会：《河南森林》，中国林业出版社1999年版，第318页。
⑨ 中国森林编辑委员会：《中国森林》第2卷，中国林业出版社1999年版，第586页。
⑩ 丁宝章、王遂义：《河南植物志》第1册，河南人民出版社1978年版，第127—128页。
⑪ 任宪威：《树木学》，中国林业出版社1997年版，第69页。

3. 植物遗存反映出的气候环境

二里头遗址中较大比例的栎林和较少针叶树的存在，说明当时气候比较温暖湿润。这一结论与孢粉分析和考古发现基本一致[①]。尽管如此，但在不同的文化时期，遗址可能也存在着温湿度的差异。

从表2-1来看，不同文化时期的阔叶树种与针叶树种比例有明显不同。在二里头文化二期，出现了槲栎、麻栎、麻栎属、朴树4种阔叶树，未发现针叶树种。而在二里头文化四期，虽然也发现了麻栎属、葡萄属和朴树等阔叶树，但阔叶树种和针叶树种出现的比例为3∶1。因此二里头遗址在二里头文化二期的生态要好于二里头文化四期。

从表2-4来看，在地层中，二里头文化二期出现栎属8次，榉树2次，楝属1次；四期栎属出现2次；二里岗文化晚期出现栎属2次，槐属1次。二里头文化二期和二里岗文化晚期阔叶树种类比二里头文化四期多，因此前两个时期的微环境好于后者。

灰坑中的木炭虽然表示人们对木材的利用情况，但在一定程度上也能指示微环境。从图2-1（依据表2-4所作）看出，栎属从二里头文化一期到四期逐渐减少，而四期出现了针叶树种柏树，对二里头文化一到四期而言，二期树种种类最多。因此二里头文化二期气候较好。

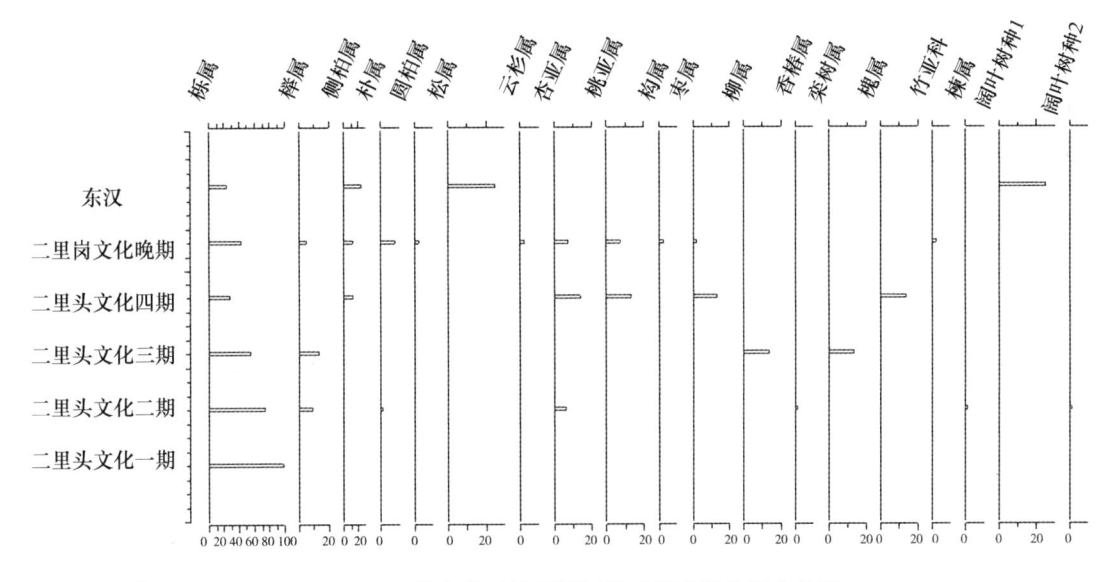

图2-1 不同文化时期不同树种出现次数的百分比图

[①] 宋豫秦、郑光等：《河南偃师市二里头遗址的环境信息》，《考古》2002年第12期，第75—79页；许宏：《二里头遗址发掘和研究的回顾与思考》，《考古》2004年第11期，第32—38页。

虽然栎属从二里头文化一期到四期逐渐减少，但到了二里岗文化晚期，栎属又开始增加，树种种类比二里头文化二期还多，说明二里岗文化晚期的气候好于二里头文化时期。而二里岗文化晚期出现的竹，则进一步证明了这一认识。值得注意的是，二里岗文化晚期文化层中有与竹同样出土概率的云杉，考虑到云杉有较长的寿命，说明二里岗文化晚期之前可能有过温凉湿润的时期。

（三）动物考古研究

二里头遗址出土的动物遗存代表了丰富的动物种属，其中包括大量野生动物。因此根据这些野生动物的生态习性，就可以在一定范围内推测当时遗址附近的气候环境。

1. 遗址中的野生动物遗存

中国社会科学院考古研究所二里头工作队在2000—2006年的考古发掘中，收集了一批动物骨骼遗存。这批动物遗存共计39429件，它们分别出自7个时段，分别是二里头文化一期至四期及二里岗文化早期、晚期和汉代（表2-6）。

表2-6　　　　　　　　　　　二里头遗址各地层出土动物遗存概况①

分期	骨骼出土量（件）	所占比例（%）	代表的动物种属
一期	117	0.3	中国圆田螺、鱼、雉、雁、猪、梅花鹿、小型鹿科、绵羊、黄牛
二期	11794	29.91	中国圆田螺、洞穴丽蚌、背瘤丽蚌、剑状矛蚌、三角帆蚌、二里头1号蚌、圆顶珠蚌、丽蚌A、丽蚌B、鲤鱼、龟、鳖、鳄、蜗牛、雉、鹰、雁、鹭、兔、豪猪、鼠、黄鼬、狗、熊、猫科、犀牛、猪、麋鹿、梅花鹿、小型鹿科、绵羊、黄牛
三期	5910	14.99	中国圆田螺、剑状矛蚌、三角帆蚌、文蛤、拟丽蚌、圆顶珠蚌、丽蚌A、鲤科、龟、鳖、雉、雁、鹰、兔、鼠、狗、熊、猪、麋鹿、梅花鹿、狍子、獐、小型鹿科、绵羊、黄牛
四期	15344	38.92	中国圆田螺、鱼尾楔蚌、无齿蚌、三角帆蚌、圆顶珠蚌、二里头1号、丽蚌A、鲤科、龟、鳖、鳄、雉、雁、鼠、兔、豪猪、狗、熊、貉、大型猫科、小型猫科、猪、麋鹿、梅花鹿、狍子、小型鹿科、绵羊、黄牛
岗早	951	2.41	中国圆田螺、圆顶珠蚌、丽蚌A、雉、豪猪、狗、熊、猪、麋鹿、梅花鹿、小型鹿科、绵羊、黄牛
岗晚	4569	11.59	中国圆田螺、鱼尾楔蚌、三角帆蚌、剑状矛蚌、圆顶珠蚌、文蛤、无齿蚌、丽蚌A、鱼、龟、鳖、鳄、鹳科、兔、鼠、狗、熊、豹科、猪、梅花鹿、狍子、獐、小型鹿科、山羊、绵羊、黄牛
汉代	744	1.89	中国圆田螺、剑状矛蚌、三角帆蚌、文蛤、丽蚌A、鳖、鸟、狗、熊、猪、梅花鹿、狍子、小型鹿科、绵羊/山羊、黄牛

---

① 二里头遗址2000—2004年的动物遗存中鸟骨最初由杨杰鉴定，后来由日本学者江田真毅和李志鹏合作对鸟骨进行了专门鉴定和研究。参见李志鹏、江田真毅《二里头遗址野生动物资源的获取与利用》，《南方文物》2016年第3期，第162—168页。杨杰的鸟骨鉴定少数有误或未鉴定出种属，本文采用江田真毅和李志鹏合作鉴定的结果。

这批动物骨骼遗存总体情况保持较好，但是其中部分动物骨骼因为过于破碎而缺乏明显的特征，无法鉴定它们的种属和部位，只能将它们归入到贝类、鱼类、爬行类、鸟类或哺乳动物，这类动物骨骼共计17313块，占全部动物骨骼总数的43.91%。

经鉴定可知，二里头遗址动物遗骸的可鉴定标本总数为39250件，包括贝类、鱼类、爬行类、鸟类和哺乳动物等5类（详见第六章第二节）。其中能够反映二里头遗址气候的野生动物主要有贝类（如中国圆田螺、圆顶珠蚌、鱼尾楔蚌、背瘤丽蚌、三角帆蚌、剑状矛蚌、文蛤）、部分哺乳动物（如豪猪、兔、虎、豹、貉、野猪、獐、狍子、梅花鹿、麋鹿、犀牛）及少数鸟类（如雉、雁、鹰）等。

2. 野生动物的生态特征

中国圆田螺生活在水草茂盛的湖泊、河流、池塘、河沟内，对干燥及寒冷有极大的适应性。圆顶珠蚌栖息于湖泊、河流及池塘沿岸，无论是泥底还是沙底都有大量发现。鱼尾楔蚌栖息于泥沙底和泥底。三角帆蚌栖息于常年水位不干涸的大、中型湖泊及河流内，但喜生活在水质清、水流急、底质略硬的泥沙底或泥底的水域。剑状矛蚌栖息于湖泊、河流及池塘，水深2—3米处。背瘤丽蚌栖息于水流较急或缓流，水质澄清透明的河流及其相通的湖泊内，底质较硬，一般上层为泥质，下层为沙底，冬季温度低时钻入泥中10余厘米处。文蛤生活在潮间带以及浅海区的细沙表层①。

兔常栖息于山坡灌丛或杂草丛中。豪猪一般居于山坡、草地或密林中。貉常栖息于河谷、草原和靠近溪流、河、湖附近的树林中。豹栖息于森林或树丛中。虎栖息于山林、灌木或野草丛生的地方。野猪多在灌木丛或较低湿的草地和阔叶林中栖息。獐栖息于有芦苇的河岸或岸边的沼泽地，亦有栖息在山边或有长草的旷野。梅花鹿栖息于混交林、山地草原和森林边缘附近，在茂密的大森林中或多岩石的地方较少。狍子栖息于混交林、树木比较稀疏而草多的林子里，在山区的灌丛、河谷或平原上也可见到。麋鹿性好水，栖息于沼泽地带，犀牛喜欢栖息于潮湿密林中的沼泽或泥塘附近。麋鹿和犀牛一样，都属于南方动物群，是典型的喜湿喜热性动物②。

鸟类中的鹳栖息于沼泽或近水地带③。二里头遗址发现的雉的栖息环境要具体分析。目前分布于河南地区的野生雉类主要有勺鸡（*Pucrasiamacrolopha Koklas*）和雉鸡（*Phasianuscolchicus Common*）。后者即通常所说的野鸡，栖息于从山脚、丘陵直至海拔

---

① 董津茂主编：《浙江动物志（软体动物）》，浙江科学技术出版社1991年版，第40、196、203、204、209、249页。
② 寿振黄：《中国经济动物志（兽类）》，科学出版社1962年版，第92、285、322、405、407、433、446、463、473、475页。
③ 郑作新主编：《中国经济动物志（鸟类）》，科学出版社1966年版，第61、270页。

3000 米以上的林缘灌木、杂草丛生地带，分布几乎遍布于全中国；前者则栖息于海拔 1000-4000 米的阔叶林和针阔混交林内的灌木、杂草丛生地带①。二里头遗址附近没有海拔 1000 米以上的高山，二里头遗址发现的野生雉类很可能是雉鸡。二里头遗址所见野鸟的生态特征分别为：雉通常活动于暴露的岩坡、干燥的山谷、矮树丛、灌丛、草丛、苇塘等地点②，其中雉鸡栖息于从山脚、丘陵直至海拔 3000 米以上的林缘灌木、杂草丛生地带；鸭亚科属于水域鸟类③；鹭栖息于池塘、沼泽、湖泊等处④。

3. 野生动物遗存反映出的气候环境

依据二里头遗址出土贝类，可以推测当时二里头遗址附近有相当范围的淡水环境，各种鸟类的存在说明二里头遗址附近可能有池塘、沼泽、湖泊、河流之类的水域或山林，各种野生哺乳动物的发现说明二里头遗址附近可能有山丘、河流、沼泽、森林、灌木丛和草地。由此可见，二里头遗址处于非常优越的地理环境中。

同时，一些喜湿喜暖野生动物的发现也证明当时的气候环境较现在温暖湿润，这一结论与其他有关二里头文化时期气候环境研究的成果是相符的。比如有学者推定："二里头时期的人们是生活在较温暖的亚热带北缘自然环境下，恰值前期（夏初）降温至后期（商）升温的环境改善阶段中"，"年均气温 16℃ 左右和年降水量约 1000 毫米，夏季较今长的湿润的自然环境中"。⑤

但需要指出，二里头遗址虽然出土了丰富的野生动物资源，但有些物种并不一定就是生息于二里头遗址附近。例如犀牛，这种动物在动物地理上属于南方动物群，现生种主要分布于东南亚的热带地区，是一种典型的喜湿喜热动物。犀牛的骨骼遗存在二里头遗址出土很少，仅在二里头文化二期发现 4 件标本（第一、第二节趾骨各 1 件以及 2 件腕骨），而且这 4 件标本属于同一个体，由此可见，犀牛的骨骼遗存在二里头遗址的出土不具有普遍性，没有证据证明这头犀牛在当时就是生息于二里头遗址附近。

上文已经提到，有学者推定二里头文化前期是一个降温时期，田野考古发掘也证明二里头文化前期气候较干旱⑥，这样的气候环境可能不一定适合犀牛的生息。同时，考虑到二里头遗址在二里头文化二期的时候王朝都城的性质已经确立，我们推测犀牛于二里头文化二期出现于二里头遗址有可能是文化交流的结果。无独有偶，二里头遗

---

① 中国野生动物保护协会：《中国鸟类图鉴》，河南科学技术出版社 1995 年版，第 96 页。
② 郑作新主编：《中国经济动物志·鸟类》，科学出版社 1966 年版，第 171—219 页。
③ 同上书，第 6 页。
④ 同上书，第 44 页。
⑤ 洛阳市文物工作队：《洛阳皂角树——1992—1993 年洛阳皂角树二里头文化聚落遗址发掘报告》，科学出版社 2002 年版，第 82—103 页。
⑥ 许宏、陈国梁等：《二里头遗址聚落形态的初步考察》，《考古》2004 年第 11 期，第 23—31 页。

址出土的动物遗存中还发现一些属于沿海一带生息的动物，比如文蛤，它们可能与犀牛一样，也是通过文化交流才出现于二里头遗址的。

根据上述对古生物遗存的研究结果，可以对二里头文化时期的古环境状况做一个大体的综合与分析：水渠剖面的孢粉分析结果与 H16 钻孔剖面的 Z7 孢粉带基本相同。孢粉组合均以木本植物花粉为主，而其中又多为松属，表明当时是一种以松属为主的森林草原植被类型，气候温和湿润。水渠剖面进行孢粉分析的样品主要取自第（3）和第（4）层，年代大致在距今 4000—3800 年前[①]。这一结果与文化层孢粉分析所揭示的河南龙山文化末期的气候状况比较接近。但文化层的孢粉组合始终是以草本植物为主，这点需要注意。动物考古发现的野生动物种类，说明二里头遗址周围存在多种多样的生境类型，贝类的存在指示了遗址附近有相当范围的淡水环境，各种鸟类的存在表明遗址附近可能有池塘、沼泽、湖泊、河流之类的水域或山林。在气候条件上，一些喜欢暖湿环境的野生动物的发现证明当时比现在要温暖湿润。木炭分析结果中栎木的出现概率较大，亦显示了气候的温暖湿润。

具体到不同时期，温度和湿度也呈现出波动性的变化。根据不同时期阔叶树种和针叶树种比例的不同，可知二里头文化二期的温度要高于四期。但湿度则呈现出不同的变化特征。文化层的孢粉分析表明，从二里头文化的一期到三期，气候干旱程度不断加深，至四期时才有所好转。考古发掘的水井和井状遗迹深度的变化也旁证了这种趋势。二、三期的水井深度均在距地表 9—10 米以下，而四期的水井深度只有 7 米多。

关于古环境重建有几点还需要予以特别重视。第一，年代框架的不确定性。尤其是对于自然剖面的研究，依据沉积速率内插法所得到的年代必须考虑到绝对年代数据的准确性和沉积条件的变化[②]。第二，文化层土样所包含的环境信息，往往是多个时代以不同比例累加的产物，尽管文化层的年代信息准确，但从中获得的环境信息确有很大的不确定性[③]。第三，自然剖面中环境代用指标受多方面因素的影响，并不仅仅是气候或其他环境因素的产物。例如，张小虎对影响孢粉的沉积学因素进行了详尽的综述和分析[④]。第四，人类活动的产物体现了人的选择，有可能是不同因素作用的产物，只能在一定的条件下才具有环境指示的意义。例如，二里头遗址发现的水稻、犀牛、木炭等。

[①] 中国社会科学院考古研究所：《二里头（1999—2006）》，文物出版社 2014 年版，第 1258—1259 页。
[②] 许宏、彭小军等：《二里头时代洛阳盆地环境考古的实践与思考——以孟津寺河南、大阳河剖面的研究为例》，《东方考古·第 7 集》，科学出版社 2010 年版，第 117—127 页。
[③] 同上。
[④] 张小虎：《中全新世黄河流域不同区域的环境考古研究》，博士学位论文，北京大学，2010 年。

第二节 遗址现存状态

在相当长的时间内，学术界对二里头遗址的规模与面积、现存状态及成因等问题的把握模糊不清。比如自1959年该遗址的调查资料首次公布以来，有关遗址的规模与面积的说法不一，由1.5平方千米到9平方千米不等①。有鉴于此，从1999年秋季开始，二里头工作队围绕二里头遗址的结构布局及所处环境课题，对该遗址进行了深入发掘，初步掌握了遗址的保存现状，同时还对遗址的边缘地区及外围进行了系统钻探，深化了对二里头遗址现存状态及其成因的认识。

一 范围与规模

钻探与勘查结果表明，二里头遗址现存范围北至洛河滩（北纬34°42′23″），东缘大致在圪垱头村东一线（东经112°41′55″），南到四角楼村南（北纬34°41′10″），西抵北许村（东经112°40′16″）。

遗址略呈西北—东南向，东西最长约2400米，南北最宽约1900米，现存面积约300万平方米。鉴于遗址的东西跨度较大，其西缘已至北许村，因此原认为位于遗址中部的宫殿区，实际上应位于遗址的东部（近河高地），这是二里头遗址重要遗存的集中分布区。

1999年秋季，我们对以往工作不多的遗址西部进行了布网式铲探，大致掌握了这一区域文化堆积的情况。总体上看，这一区域的文化堆积不甚丰厚，且遭晚期遗存破坏较甚，属遗址中心区以外的一般性居住活动区域。

需要说明的是，现洛河北岸的古城村西发现有二里头文化时期的遗物，但与现遗址北缘有600余米宽的洛河河滩相隔，钻探中也未发现连片的文化堆积，其是否属二里头遗址的分布范围已不得而知②。在约300万平方米的现遗址范围内，二里头、圪垱头和四角楼诸行政村现代建筑的压占面积近100万平方米（图2-2）。

---

① 徐旭生：《1959年夏豫西调查"夏墟"的初步报告》，《考古》1959年第11期，第592—600页；中国科学院考古研究所洛阳发掘队：《1959年河南偃师二里头试掘报告》，《考古》1961年第2期，第82—85、81页；中国科学院考古研究所洛阳发掘队：《河南偃师二里头遗址发掘简报》，《考古》1965年第5期，第215—224页；郑光：《二里头陶器文化略论》，《二里头陶器集粹》，中国社会科学出版社1995年版，第1—27页；中国社会科学院考古研究所：《偃师二里头（1959年—1978年考古发掘报告）》，中国大百科全书出版社1999年版，第1页；段鹏琦：《洛阳古代都城城址迁移现象试析》，《考古与文物》1999年第4期，第40—48页；中国社会科学院考古研究所：《中国考古学·夏商卷》，中国社会科学出版社2003年版，第62—63页。

② 在21世纪初对洛阳盆地进行的区域系统调查中，我们又对这一遗存分布点进行了地面踏查，知其地表陶片散布范围约35万平方米，以偏南的古城村西较为集中，村北为一东西向的槽状低地，经钻探知低地内了无文化堆积，但遗物在低地内仍有发现，可知低地内的遗物极可能为人工搬运所致。遗址原应坐落于低地以南的微高地上，且范围远小于35万平方米，属二里头遗址近旁的卫星聚落的可能性较大。

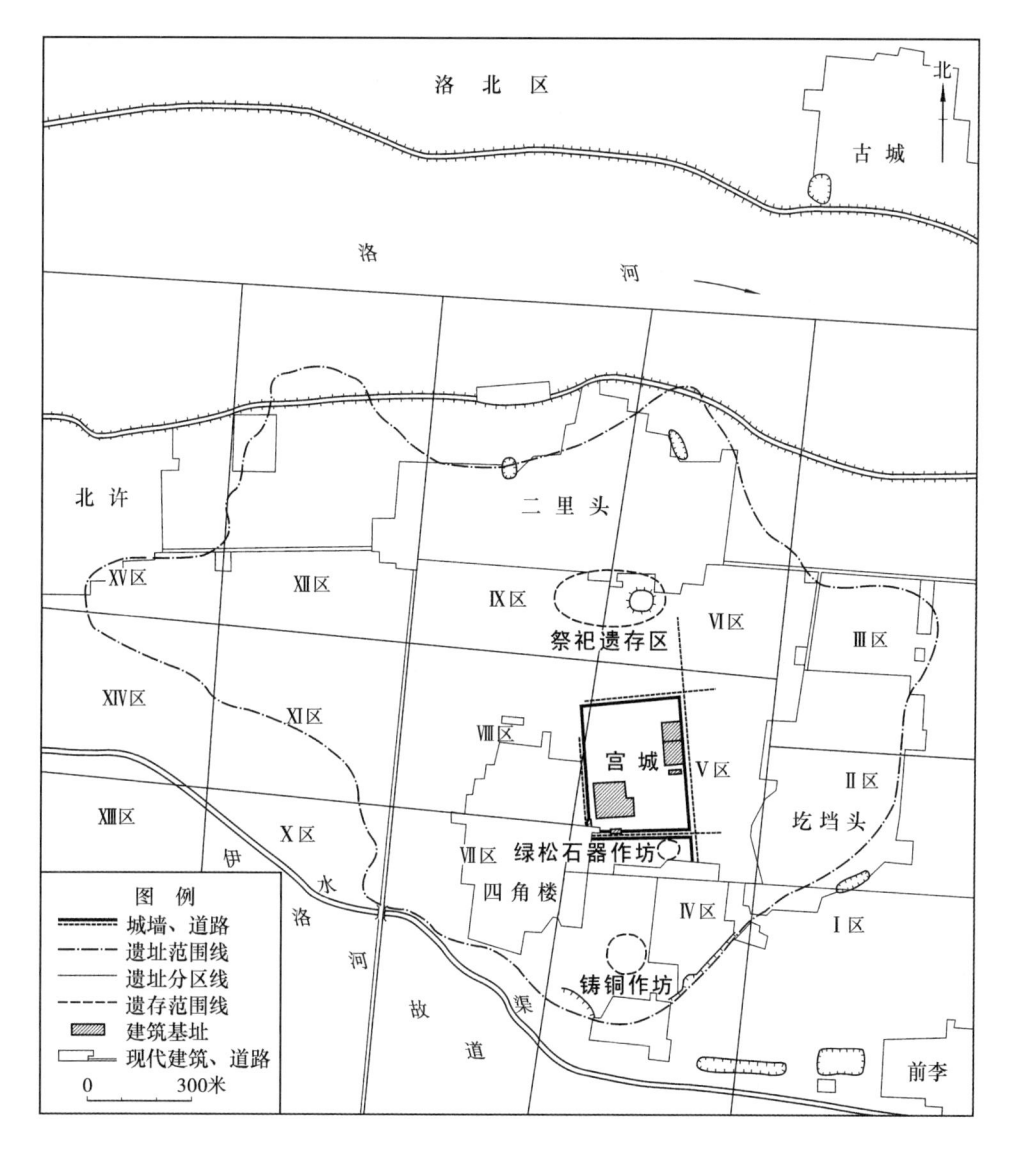

图 2-2 二里头遗址平面图

二　现状与成因

经钻探得知，二里头遗址的北部及东北部边缘以外，堆积以黄沙土或沙土夹黄褐、红褐黏土为主，系改道后的洛河泛滥冲刷区。遗址在这一带遭到严重破坏，其北部边缘已经无法廓清。

遗址东缘外也分布着大范围的淤土、淤沙层，地势渐低。2000年秋，二里头工作队在这一带进行了发掘，得知前述淤土、淤沙层系清代及其以后现洛河泛滥所致。外围淤积区与二里头文化时期的文化堆积之间，尚有10余米以上的生土地带。因此，现存二里头遗址的东缘应属遗址的原始边缘，而非晚期破坏所致。

遗址的东南边缘外，以红褐或黄褐黏土淤积层为主，这一带仍有高差在2—3米左右的断崖，虽受到一定程度的自然和人为的破坏，但遗址原边缘应距现存断崖不远，当时即为临古伊洛河[①]的高地。

遗址南部至西南部边缘以外的堆积以红黏土及灰褐淤泥（俗称青渍泥）为主，这一带系伊洛河故道河床内及近旁的低洼沼泽区，上述灰褐淤泥应即长期静态积水浸泡所致。此处河道的摆动对遗址有一定的破坏，但遗址临河的南部边缘应大体在这一线（南缘偏东尚有断崖）。遗址西南缘向北大面积收缩，其外即为灰褐色淤泥堆积，这与洛阳矬李、皂角树遗址的发现[②]相同，二里头遗址西南缘应临古伊洛河旁的牛轭湖。

遗址西部和西北部一线，文化堆积以外即为生土，局部为晚期遗存所扰，这一带应大体为遗址的原始边缘。西缘较其外的地域无明显高差，与汉魏故城南郊一带古伊洛河北岸的条状微高地连为一体。

在西高东低的洛阳盆地中，海拔120米等高线分别位于遗址以西1千米余、以北2千米余、以南近4千米处[③]。而二里头遗址范围内的海拔高度大多为119—121米，形成凸起的台地，以东南部和东部最高，最高海拔达121.5米左右。遗址外围（以东、以南）的海拔高度则为117—118米[④]。

---

① 古伊河、洛河汇合于二里头遗址以西，从严格的意义上讲，流经二里头遗址南的河段应称为古伊洛河。参见中国社会科学院考古研究所二里头工作队《河南洛阳盆地2001—2003年考古调查简报》，《考古》2005年第5期，第18—37页。
② 洛阳市文物工作队：《洛阳皂角树——1992—1993年洛阳皂角树二里头文化聚落遗址发掘报告》，科学出版社2002年版，第84页。
③ 中国社会科学院考古研究所二里头工作队：《河南洛阳盆地2001—2003年考古调查简报》，《考古》2005年第5期，第18—37页。
④ 《偃师二里头》报告第6页称遗址中心地带"一般为海拔102米"。实际上，该报告中图3（地形平面图）所示等高线标高应为相对高程而非海拔高程。

第三章

分期与年代

第一节 分期

分期研究是建立时空框架、进行其他考古学研究的基础。作为二里头文化内涵最丰富、最典型的遗址，二里头遗址二里头文化的分期起着最重要的标尺性作用。二里头文化的分期，主要是以文化堆积的层位关系为依据，结合相关层位出土陶器群的外部形态演化序列的研究而判定的。

一 研究简史

在梳理分期研究简史之前，有必要首先明确区分遗址分期和文化分期两个不同范畴的概念。"遗址的分期，探讨的是不同考古学文化在同一遗址内堆积的先后问题。考古学文化的分期，是指一支考古学文化所经历的历史的相对年代的划分。"[1] 鉴于以往围绕二里头文化分期中存在一些论者对遗址分期与文化分期未做严格区分的情况[2]，此处所论分期简史仅指文化分期，而非遗址分期（详见第四章第一节）。

二里头文化遗存最早于1953年发现于河南登封玉村遗址[3]。后因洛达庙遗址的发掘，被命名为"洛达庙类型文化"[4]。1959年首次发掘二里头遗址时，发掘者就依据层位关系将二里头遗址早于郑州二里岗文化早期的文化遗存分为早、中、晚三期，认为"早期当属河南龙山文化晚期，但与常见的河南龙山文化还不能衔接起来，尚有缺环；中期虽仅留有若干龙山文化因素，但基本上接近商文化；晚期则是洛达庙类型商

---

[1] 张忠培：《研究考古学文化需要探索的几个问题》，《文物与考古论集（文物出版社成立三十周年纪念）》，文物出版社1986年版，第177—185页。
[2] 许宏、赵海涛：《二里头遗址文化分期再检讨——以出土铜、玉礼器的墓葬为中心》，《南方文物》2010年第3期，第44—52页。
[3] 韩维周、丁伯泉等：《河南登封县玉村古文化遗址概况》，《文物参考资料》1954年第6期，第18—24页。
[4] 中国科学院考古研究所：《新中国的考古收获》，文物出版社1961年版，第212页。

文化","早中晚三期文化遗物虽有不同,但一脉相承的迹象却是明显的"①。因二里头遗址的文化内涵较洛达庙遗址更为丰富和典型,1962年夏鼐将其称为"二里头类型文化"②。至1964年,夏鼐在总结二里头遗址的发现时,仍认为该遗址"早期当属'河南龙山文化'晚期"③。

1965年发表的二里头遗址发掘简报,仍将遗存划分为早、中、晚三期,但首次将该遗址的早期遗存归入"二里头类型文化",并提出"二里头类型遗址的相对年代,上限晚于河南龙山文化,下限早于郑州二里岗期的商文化"④。

1974年发表的1号宫殿基址发掘简报,以台基为标尺,根据陶器的形制变化,划分出了比以往三期更晚的遗存,定为二里头遗址第四期(应为二里头文化四期),而将以前的早、中、晚期改称为一、二、三期,由此而初步形成了将二里头文化划分为四期的方案。同时,认为"四期的陶器是把三期和二里岗期的陶器紧紧地连在一起了,好像是一个长链中三个毗邻的环节"⑤,暗含了二里头文化四期早于二里岗期的认识。但该简报并未具体论证四期方案的划分依据和各期的具体特征。此后发表的发掘简报均是按照四期的方案介绍二里头文化遗存的。

1983年发表的2号宫殿基址简报⑥,在介绍庭院路土上部出土陶片的年代、论证2号宫殿基址的废弃年代时,使用了"四期偏晚"的说法;介绍与2号宫殿基址之下的二期夯土相关遗迹的年代时,称打破二期夯土的灰层和灰坑为"二期偏晚"。可见,发掘者已认识到二里头文化遗存(至少是第二、四期)可进一步细分为早、晚阶段。同时,该简报首次介绍了以往少见、晚于四期的大面积遗迹和陶器,认为它们总体上"相当二里岗上层偏早的阶段"。这是二里头遗址文化分期的新发展。

1984年,在发表的1980—1981年Ⅲ区发掘简报中⑦,发掘者首次介绍了从二里头文化二期早段到四期的连续地层堆积和丰富的陶器,明确提出将二至四期分为偏早偏晚两个阶段的认识,但在按期介绍陶器特征时,并未分段介绍,只在文末举例说明

---

① 中国科学院考古研究所洛阳发掘队:《1959年河南偃师二里头试掘简报》,《考古》1961年第2期,第81—85页。
② 夏鼐:《新中国的考古学》,《考古》1962年第9期,第453—458页。
③ 夏鼐:《我国近五年来的考古新收获》,《考古》1964年第10期,第485—503页。
④ 中国科学院考古研究所洛阳发掘队:《河南偃师二里头遗址发掘简报》,《考古》1965年第5期,第215—224页。
⑤ 中国科学院考古研究所二里头工作队:《河南偃师二里头早商宫殿遗址发掘简报》,《考古》1974年第4期,第234—248页。
⑥ 中国社会科学院考古研究所二里头队:《河南偃师二里头二号宫殿遗址》,《考古》1983年第3期,第206—216页。
⑦ 中国社会科学院考古研究所二里头工作队:《偃师二里头遗址1980—1981年Ⅲ区发掘简报》,《考古》1984年第7期,第582—590页。

四期晚段个别器物的特征。

1985年，二里头遗址发掘者郑光撰文介绍了二里头文化二、三期遗存的特征，其中主要篇幅是将每期分为早、晚两个阶段且详细介绍了主要陶器的形制、纹饰的变化①。这是发掘者首次按段详细介绍二里头文化陶器的特征。

1995年，郑光又两次撰文详细论述二里头文化陶器分期的研究成果②。与1985年的论文相比，该成果将对二里头文化陶器的分段扩展到了二里头文化四期，均以文字详细介绍主要器类的形制、纹饰在每一期、段的变化。不足的是，上述三文均没有提供分期、分段所依据的层位关系情况，且只是文字介绍各段特征而未按段提供器物线图。对于其他研究者来说，仍然难以把握到段。

1999年出版的二里头遗址发掘报告公布了1959—1978年的发掘资料，举例介绍了从一期到四期的连续地层堆积以及期别划分的依据，并按期详细介绍各期的遗迹和遗物。值得注意的是，该报告并未提及每期划段的情况，也未全面介绍堆积的层位关系。

2014年新出版的二里头遗址发掘报告公布了1999—2006年的发掘资料，该报告是发掘者首次以地层关系和出土陶器为依据，详细介绍了二里头文化四期八段的划分方案（该轮发掘未发掘到一期早段的遗物，根据往年的发掘与研究成果分出一期早段）。按分区和大型工程遗迹为纲、按最小遗存单位发表了较丰富的陶器，并公布了各遗迹、各地层的层位关系，便于研究者核验和再研究。

总体上看，二里头文化一至四期的演变脉络已基本清楚，不存在较大的争议。但因各期遗存在演变过程中存在着极强的连续性，很难做绝对确切的阶段划分。因此，具体遗存所属期别的划定，尤其是前后相继的遗存之期段归属问题，尚存歧见。

需要说明的是，上述1985年由郑光提出的"二里头五期"的概念，实际上等同于二里岗文化晚期③。显然这类遗存已不属于二里头文化的范畴，而应属二里岗文化。因此这一概念并未得到学术界的认可④。

随着田野工作的增加和研究的深入，二里头文化分期的四分法逐步得到学术界的

---

① 郑光：《试论二里头商代早期文化》，《中国考古学会第四次年会论文集》，文物出版社1985年版，第18—24页。

② 郑光：《二里头陶器文化论略》，《二里头陶器集粹》，中国社会科学出版社1995年版，第1—27页；郑光：《二里头陶器分期初探》，《中国商文化国际学术讨论会论文集》，中国大百科全书出版社1998年版，第11—40页。该文集出版于1998年，收录的是1995年的会议论文。

③ 郑光：《试论二里头商代早期文化》，《中国考古学会第四次年会论文集》，文物出版社1985年版，第18—24页；郑光：《二里头陶器文化论略》，《二里头陶器集粹》，中国社会科学出版社1995年版，第1—27页。

④ 许宏、赵海涛：《二里头遗址文化分期再检讨——以出土铜、玉礼器的墓葬为中心》，《南方文物》2010年第3期，第44—52页。

认同。除了发掘者之外，一些研究者也认识到二里头文化遗存可进一步细分，多将每期分为早、晚两段①。

二 地层依据与陶器特征

1959—2010年二里头遗址的考古资料中，有多组成系列的具有打破、叠压关系的文化堆积，能提供很好的分期、分段依据。

1960年在Ⅷ区T16发现一至三期的堆积②；

1963年在Ⅳ区T24发现一期至四期的堆积③；

1980—1981年在Ⅲ区T1—T15内发现二期早段至四期晚段的堆积④；

1981年在Ⅴ区T15中发现一期至四期、在T20中发现二期至四期的堆积⑤；

1997年在Ⅴ区发现一期早段至四期晚段的堆积⑥；

2000年在Ⅲ区发现多组二期早段至四期晚段的堆积⑦；

2001—2006年在Ⅴ区发现多组一期晚段至四期晚段的堆积；

2004年Ⅴ区作坊区发现二期早段至四期晚段的堆积；

2010年Ⅴ区发现一期晚段到四期晚段的堆积⑧。

无论是器物形制特征还是组合关系，都反映了上述8个年代组之间没有明显的缺环，是一个较长时期且连续变化的过程。每期均可分为早、晚两段（图3-1）。

一期早段的典型单位有：ⅡH216、1997ⅤH57、1986YLⅥH18。夹砂陶略多于泥质陶，夹砂陶中的砂料粗大而稀疏。器类主要是深腹罐、尊、鼎、刻槽盆、甑、捏口罐、平底盆、豆、器盖等。泥质陶多素面，少量器物内外壁均磨光。夹砂陶多有纹饰，纹饰以篮纹为主，宽篮纹多斜向和交错排列，纹痕浅。窄篮纹多竖饰，纹痕一般

---

① 李维明：《二里头遗址二里头文化陶器编年辨微》，《中原文物》1991年第1期，第32—38页；中国社会科学院考古研究所：《中国考古学·夏商卷》，中国社会科学出版社2003年版，第69—80页；张良仁：《论二里头文化分期与性质》，《考古学集刊》第14集，文物出版社2004年版，第392—419页；李志鹏：《二里头文化墓葬研究》，《中国早期青铜文化——二里头文化专题研究》，科学出版社2008年版，第1—123页。

② 中国社会科学院考古研究所：《偃师二里头（1959年—1978年考古发掘报告）》，中国大百科全书出版社1999年版，第26页。

③ 同上书，第23页。

④ 中国社会科学院考古研究所二里头工作队：《偃师二里头遗址1980—1981年Ⅲ区发掘简报》，《考古》1985年第3期，第582—590页。

⑤ 中国社会科学院考古研究所二里头工作队资料。

⑥ 同上。

⑦ 2000—2006年资料见于中国社会科学院考古研究所《二里头（1999—2006）》，文物出版社2014年版。

⑧ 中国社会科学院考古研究所：《河南偃师市二里头遗址宫殿区1号巨型坑的勘探与发掘》，《考古》2015年第12期，第18—37页。

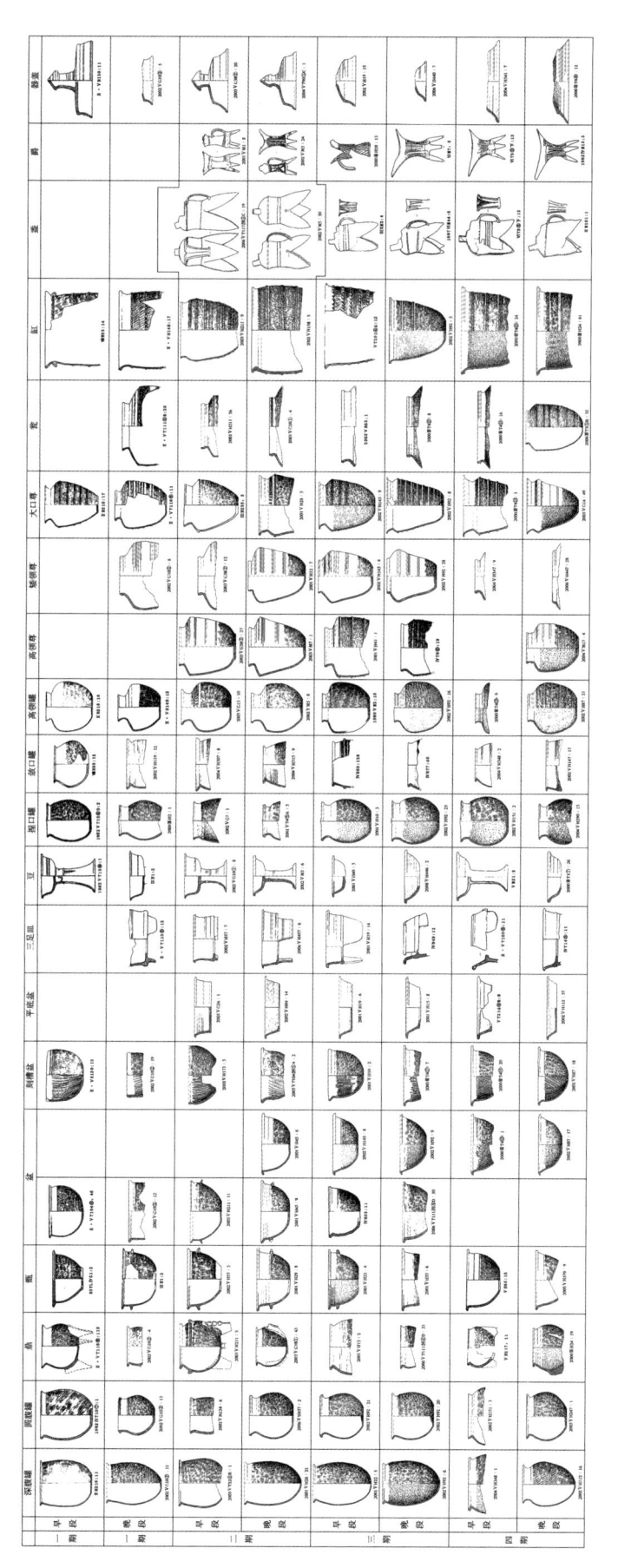

图 3-1 二里头遗址二里头文化陶器分期图

较深。绳纹数量也较多，纹痕清楚的较细绳纹和纹痕模糊的较粗绳纹并存。方格纹略少，还有少量较细的绳纹。篮纹、绳纹除单独饰于盆、罐等器皿外，也往往与附加堆纹、划纹和弦纹结合使用，多饰于尊、瓮、缸等大型器皿。尊类、三足盘、平底盆、豆和盆类的颈部常见弦纹。盆、甑、鼎类器皿的上腹部常见器耳。豆柄和圈足常见镂孔。

一期晚段的典型单位有：Ⅱ·ⅤT104⑤—⑦、Ⅱ·ⅤH105、Ⅱ·ⅤM57、1993ⅣG1、2002ⅤH119、2002ⅤG10②。夹砂陶与泥质陶数量相当，灰黑陶数量超过一半，器类主要是尊、深腹罐、刻槽盆、瓮、缸，盆、豆、器盖也较多。篮纹数量稍多，方格纹数量显著下降，绳纹数量上升，其中细绳纹较多，也有少量绳纹略粗。酒器的腹部和器耳见有刻划纹。

二期早段的典型单位有：ⅣH63、1982ⅨM20、1984ⅣM51、1984ⅣM72、1987ⅥM49、2000ⅢH1、2001ⅤM1、2002ⅤG10①、2003ⅤG38②、2003ⅤH211。泥质陶多于夹砂陶，灰色上升为主要陶色，灰黑陶约占10%，灰褐、黑皮陶数量较少，有少量白陶、黄褐陶。器类主要是深腹罐、尊、圆腹罐、盆、器盖、豆、缸、瓮、捏口罐、平底盆等。陶器中素面和磨光的约占总数的20%，其中磨光的占7%。绝大多数是泥质陶，夹砂陶的数量很少。磨光陶多饰有弦纹、划纹、指甲纹及各种印纹。绳纹、绳纹加附加堆纹、弦纹、划纹是陶器的主要纹饰。篮纹、篮纹加附加堆纹、方格纹的数量明显减少。

二期晚段的典型单位有：ⅣM6、ⅣM18、ⅤM15、ⅤM23、1991ⅥH9、1994ⅫM2、2001ⅤH8、2001ⅤH12、2001ⅤH28、2001ⅤH44、2001ⅤH45、2002ⅤM3、2002ⅤM4、2002ⅤM5、2003ⅤG38①、2004ⅤH315。仍是泥质陶多于夹砂陶，夹砂陶中的砂料粗大而稀疏，直径约为0.2厘米。从此段开始直到四期晚段，灰陶始终占绝大多数，约占90%左右，灰色的色调逐渐变浅，灰褐、灰黑、红褐陶数量较少，还有少量白陶、黄褐陶。器类主要是尊、深腹罐、圆腹罐、盆、平底盆、捏口罐、豆、甑、缸等。

三期早段的典型单位有：Ⅲ·ⅤH240、1980ⅢM2、1980ⅥH6、2000ⅢH28、2001ⅤH19、2001ⅤH27、2002ⅤH143。夹砂陶多于泥质陶，除灰陶外，还有灰黑、灰褐陶，不见白陶和黄褐陶，原为白陶、黄褐陶的盉、尊变为灰陶。主要器类是圆腹罐、深腹罐、尊、盆、捏口罐、缸、器盖等。

三期晚段的典型单位有：ⅣH57、ⅣH60、ⅣH76、1980ⅢM3、1982ⅨM8、1987ⅥM28、1987ⅥM44、2000ⅢH13③、2000ⅢT4⑮—⑰、2000ⅢH20、ⅤD2HC、2006ⅤT111剖④D。仍是夹砂陶多于泥质陶，灰褐、红褐和灰黑陶数量略有上升。主要器

类是尊、深腹罐、圆腹罐、盆、捏口罐、缸、器盖等。

四期早段的典型单位有：Ⅲ·ⅤH240、1981ⅤH12、1982ⅣM13、1986ⅣH23、2000ⅢT4⑪—⑭、2000ⅢT1⑥—⑨、2004ⅤH343。夹砂陶多于泥质陶，有少量灰黑、灰褐陶。主要器类是尊、深腹罐、圆腹罐、盆、缸、器盖等。

四期晚段的典型单位有：ⅤH53、ⅤH57、ⅤH83、ⅤH101、1981ⅢH23、1986ⅣH22、1986ⅥH5、1987ⅥM57、2000ⅢT2⑤A、2000ⅢT2⑤B、2000ⅢT3⑤B、2000ⅢT4⑩、2000ⅢH13①、2000ⅢH24、2002ⅤT27④A、2002ⅤH112、2003ⅤG14、2004ⅤH331、2006ⅤH447。夹砂陶与泥质陶数量相当，此期夹砂陶中的砂子细小而均匀。有少量灰褐、红褐、灰黑陶。主要器类是尊、深腹罐、圆腹罐、盆、缸、瓮、器盖、捏口罐等。出现少量外表有篦状刮痕的夹砂灰褐、红褐陶深腹罐、鬲等具有岳石文化特征的陶器，和外表饰有细绳纹的橄榄形深腹罐、卷沿鬲、束颈盆等下七垣文化特征的陶器。

第二节　年代

二里头文化的年代包括相对年代和绝对年代两个方面。前者是指二里头文化与其他文化的相对早晚关系，主要是通过相关遗址中的地层叠压关系来确定。后者主要是指二里头文化乃至其各期的比较准确的年代。

一　相对年代

20世纪50年代以来，在洛阳东干沟、矬李、临汝煤山、偃师灰嘴、伊川白元、郑州大河村、荥阳竖河、新密新砦、登封王城岗、平顶山蒲城店、郾城郝家台等遗址均发现二里头文化叠压或打破龙山时代晚期文化堆积的地层关系，特别是在新密新砦、平顶山蒲城店和郾城郝家台遗址，发现二里头文化、过渡期和龙山文化的地层关系。在郑州董砦、偃师二里头等多处遗址都发现二里岗文化叠压或打破二里头文化晚期遗存的地层关系。由此证明，二里头文化的相对年代介于龙山时代晚期文化和二里岗下层文化之间。

二　绝对年代

对二里头文化绝对年代的认识，主要得益于碳十四测年技术在考古学中的应用。由于后者在技术、方法上的不断改进，以及考古学研究的不断深入，使前者也呈现出显著的阶段性变化。大体看来，可以分为以下两大阶段。

(一)第一阶段：1974—1995年

这一阶段是二里头文化绝对年代研究的初步发展阶段。20世纪70年代到90年代初期间，中国社会科学院考古研究所碳十四测年实验室先后完成二里头遗址数批样本的年代测定，为二里头遗址绝对年代最初的研究提供了条件。

1974年到1978年期间，测定了5个数据（表3-1）[①]，测年样品为两个蚌壳和三个木炭样品。

表3-1　　　　　　1974—1978年二里头遗址测年数据

实验室编号	原编号	分期	样品	碳十四年代 (5568, 1950, B. P.)	树轮校正年代 (B. C.)
ZK—0031	ⅡT104⑥		蚌壳	3840±115	2470—2140
ZK—0212	ⅤT104⑥⑦	二里头早	蚌壳	3470±95	1916—1683
ZK—0257	ⅧT22③H73	二里头	木炭	3100±90	1493—1266
ZK—0285	九队窑场H3	一期	木炭	3450±80	1886—1681
ZK—0286	ⅤT13F内H87	四期	木炭	3240±85	1625—1430

1980年到1983年期间，测定了28个数据（表3-2）[②]。样品主要为木炭，其余为谷子、骨样品和炭泥。

表3-2　　　　　　1980—1983年二里头遗址测年数据

实验室编号	原编号	分期	样品	碳十四年代 (5568, 1950, B. P.)	树轮校正年代 (按新表, B. C.)
ZK—680	ⅤD2H12	二晚	木炭	3800±150	2645—1885
ZK—1082—C	ⅣT1A④B:3	三、四期	木炭	3560±70	2145—1730
ZK—926	ⅣT3④	二、三期	木炭	3530±85	2165—1675
ZK—829	D2北灰坑	一、二期	木炭	3480±100	2135—1655
ZK—1175	ⅣT117H29	一期	木炭	3490±70	1995—1680
ZK—923	ⅣT2⑤		木炭	3480±80	2125—1650
ZK—1178	ⅤT26⑤B	一、二期	木炭	3480±70	1985—1675
ZK—1080	ⅣT1AH8	三期	木炭	3470±70	1975—1670
ZK—927	ⅣT3⑧		木炭	3450±80	2080—1575
ZK—1079	ⅣT1AH5	二期	木炭	3440±70	1995—1660
ZK—1082—B	ⅣT1A④B	三、四期	木炭	3440±70	1955—1660

[①] 中国社会科学院考古研究所：《中国考古学中碳十四年代数据集（1965—1991）》，文物出版社1991年版，第151—152页。

[②] 同上书，第152—156页。

续表

实验室编号	原编号	分期	样品	碳十四年代 (5568, 1950, B.P.)	树轮校正年代 (按新表, B.C.)
ZK—1035	ⅢT14④H19	二期	木炭	3430±80	1990—1560
ZK—1081	ⅣT1A④A	三、四期	木炭	3420±75	1920—1645
ZK—1033	ⅢT东扩③H23	四期	木炭	3400±110	1965—1540
ZK—1166	VT15⑨	一期	木炭	3400±70	1895—1585
ZK—924	ⅣT1⑦		木炭	3380±80	1950—1525
ZK—925	ⅣT3③		木炭	3370±80	1935—1440
ZK—929	ⅣT4⑤		木炭	3350±80	1900—1425
ZK—928	ⅣT4⑥⑦		木炭	3350±80	1900—1425
ZK—764—0	VD2南T5H12	二期	骨	3350±95	1910—1435
ZK—1176	VT20⑥C	一、二期	谷子	3350±70	1865—1545
ZK—922	ⅣT2③		木炭	3330±80	1885—1415
ZK—1082—A	ⅣT1	三、四期	木炭	3330±90	1885—1415
ZK—1078	ⅣT1AH4	三期	木炭	3300±75	1870—1395
ZK—1036	ⅢT3⑤H21	二期	木炭	3280±85	1860—1385
ZK—1034	ⅢT2③	四期	木炭	3260±90	1770—1370
ZK—930	ⅣT4⑧		木炭	3250±70	1760—1365
ZK—1077	VM3底部	三期	炭泥	3130±70	1625—1260

1984年到1991年期间，测定了9个数据（表3-3）[①]，样品均为木炭样品。

表3-3　　　　　　　　1984—1991年二里头遗址测年数据

实验室编号	原编号	分期	样品	碳十四年代 (5568, 1950, B.P.)	树轮校正年代 (按新表, B.C.)
ZK—1397	ⅣT27②H20		木炭	3400±75	1871—1624
ZK—1398	ⅣT6H22	三期	木炭	3420±75	1876—1671
ZK—2082	VT1H12		木炭	3640±80	2138—1906
ZK—2083	VT1③C		木炭	3480±80	1909—1696
ZK—2085	VT6①		木炭	3490±215	2134—1530
ZK—2089	VT1③D:11		木炭	3380±75	1756—1549
ZK—2090	VT1③D:12		木炭	3050±95	1426—1168
ZK—2093	VT7③A:18		木炭	3280±160	1740—1412
ZK—2095	VT7③A:20		木炭	3180±125	1610—1319

---

① 中国社会科学院考古研究所：《中国考古学中碳十四年代数据集（1965—1991）》，文物出版社1991年版，第156—157页。

从这一阶段的测年数据来看，最先测定的样品中，有蚌壳样品，而且其数据偏离较大，可早至公元前2000多年。而木炭样品中有较晚的，下限在公元前1300年左右。最后一批样品和第一批样品相比，数据没有明显偏离，只是分期不是很清晰，其中只有一个样品有明确的分期。而第二批样品相对数量较大，分期也较齐全。据介绍，这些样品均做了严格的审核①。其中的谷子样品，由于是一年生植物，年代上偏老的可能性是最小的，且该数据又进行了碳十三校正，保证了其可靠性。

在这一阶段的研究中，有两篇比较重要的文献。一是夏鼐根据已经测定的4个标本，指出其中3个数据自成系列，包括二里头文化一至四期，年代约自公元前1900至前1600年②。二是仇士华、蔡莲珍等在1983年发表的《有关所谓"夏文化"的碳十四年代测定的初步报告》一文中，首先对碳十四测年中可能遇到的问题、存在的各种影响因素，一一进行梳理；然后通过对以二里头遗址第二批碳十四测年数据为主体的30余个数据的逐一排查与甄别，从样品本身特点、结合早晚序列、层位关系、误差及树轮校正曲线等进行分析，去粗取精、去伪存真，并运用统计规律，最终得出二里头遗址二里头文化的年代为早不过公元前1900年，晚不过公元前1500年的结论③。这是从碳十四测年角度对于二里头测年数据进行分析的首篇研究文章，在当时最具代表性。

这一阶段的测年与研究进展，初步揭示了二里头遗址二里头文化的大致年代范围。但其研究结果也显示出，鉴于碳十四测年的误差，以及校正曲线波动所导致的校正后年代范围较宽、年代模糊的问题，试图通过较多样品的测定、较多数据的获得而得到进一步明确的年代范围，显然也是不可能的。

（二）第二阶段：1996年至今

这一阶段是二里头文化绝对年代研究的深入发展阶段，可具体分为夏商周断代工程期间和中华文明探源工程期间两个小阶段。

1. 夏商周断代工程期间

夏商周断代工程中应用常规碳十四测年技术对考古工作者采集并提供的18个样品（其中多为木炭样品，个别为骨样品）进行了年代测定（见表3-4）。

---

① 仇士华、蔡莲珍等：《有关所谓"夏文化"的碳十四年代测定的初步报告》，《考古》1983年第10期，第923—928页。
② 夏鼐：《碳-14测定年代和中国史前考古学》，《考古》1977年第4期，第217—232页。
③ 仇士华、蔡莲珍等：《有关所谓"夏文化"的碳十四年代测定的初步报告》，《考古》1983年第10期，第923—928页。

表 3-4　　　　　　　　　　1996—2000 年二里头遗址测年数据

样品号		原编号	分期	样品	碳十四年代 (5568, 1950, B.P.)	拟合后日历年代 (OxCal 3.10) (B.C.)
XSZ104		97VT3H58	一期	兽骨	3445±37	1880 (20.1%) 1840 1820 (10.4%) 1790 1780 (37.6%) 1720
ZK5206		97VT2⑪	一期	木炭	3406±33	1760 (68.2%) 1695
ZK5227		97VT4H54	二期	木炭	3327±34	1680 (68.2%) 1600
XSZ098		97VT4⑦b	二期	兽骨	3327±32	1680 (68.2%) 1600
ZK5226		97VT4H46	二期	木炭	3407±36	1725 (58.4%) 1660 1655 (9.8%) 1635
ZK5244		97VT1H48	二期	兽骨	3348±36	1685 (68.2%) 1610
ZK5236		97VT6H53	二期	木炭	3294±35	1630 (68.2%) 1575
ZK5253		97VT4G6	二期	兽骨	3341±39	1685 (68.2%) 1605
ZK5257		97VT3⑦	二期	兽骨	3313±37	1665 (9.7%) 1650 1645 (58.5%) 1580
ZK5228		97VT4⑥a	二期	木炭	3318±34	1665 (68.2%) 1585
ZK5209		97VT2⑨a	二期	木炭	3374±34	1695 (68.2%) 1625
ZK5249		97VT6⑰a	三期	兽骨	3347±36	1580 (68.2%) 1535
ZK5200		97VT1⑨	三期	木炭	3343±35	1580 (68.2%) 1535
ZK5247		97VT6⑫b	三期	兽骨	3272±39	1590 (68.2%) 1540
ZK5255*		97VT3G4	四期	兽骨	3355±40	
ZK5229		97VT4⑤a	四期	木炭	3304±36	1555 (68.2%) 1510
ZK5242	ZK5242a	97VT6	四期	木炭	3270±32	1555 (68.2%) 1520
	ZK5242b				3350±33	

* ZK5255 符合率偏低被舍弃。

上述测年数据显示，在高精度测年研究的基础上，二里头遗址测年误差较以往明显减小，为 40 年左右。对这些数据进行拟合后所得到的二里头遗址年代范围为公元前 1880—前 1520 年①。

将这一结果与夏商周断代工程之前仇士华等对二里头文化绝对年代的认识相比，二者在年代的上、下限上并无太大区别。主要的区别主要表现在以下几个方面：其

---

① 夏商周断代工程专家组：《夏商周断代工程 1996—2000 年阶段成果报告（简本）》，世界图书出版公司 2000 年版，第 76 页。

一，夏商周断代工程期间所得到的测年数据的年代误差均在 30—40 年，这较之前 70—115 年的误差而言，精确性大为提高。其二，夏商周断代工程对二里头文化绝对年代的认识细化到期。二里头文化一期的年代为公元前 1880—前 1640 年，二期的年代为公元前 1740—前 1590 年，三期的年代为公元前 1610—前 1555 年，四期的年代为公元前 1560—前 1520 年。

之所以出现上述区别，主要原因在于夏商周断代工程在深入研究的基础上采用了 20 世纪 90 年代得到普遍关注和研究应用的新方法——高精度系列样品方法。这一方法的应用，不仅使数据质量提高，可靠性增加，而且使日历年误差明显减小，数据结果的信息量增大。

2. 中华文明探源工程期间

2001 年中华文明探源研究项目启动。从年代学上看，这项研究是以断代工程的年代研究为基础继续向前的探讨。中华文明探源研究期间有关二里头遗址的测年主要做了这样几项工作。

其一，郑州商城年代研究，即二里岗文化早期早段的年代在断代工程阶段性成果结论之上的再认识。夏商周断代工程结束之后不久，测年专家去河南采样，又增加了具有直接地层叠压关系的系列样品，通过对其进行高精度测年获得一批数据，并对这批数据进行曲线拟合（表 3-5），使二里岗文化早期早段的年代更为明确，为公元前 1500 年前后，而不是先前认为的公元前 1600 年前后[1]。

表 3-5　　　　　　　　　洛达庙类型中晚期遗存与郑州商城数据拟合结果

实验室编号	原编号	分期	样品	碳十四年代 (5568, 1950, B.P.)	拟合后日历年代 (OxCal 3.10) (B.C.)
ZK—5381	99ZSC8ⅡT265H58	洛达庙中期	骨头	3270±37	1625 (68.2%) 1575
ZK—5383	99ZSC8ⅡT264H80	洛达庙中期	骨头	3275±37	1630 (68.2%) 1575
ZK—5378*	99ZSC8ⅡT261H28	洛达庙晚期	骨头	3164±38	
ZK—5375	99ZSC8ⅡT268H68	洛达庙晚期	骨头	3232±32	1600 (5.2%) 1585 1580 (1.7%) 1570 1560 (5.8%) 1545 1540 (55.5%) 1500
ZK—5380	99ZSC8ⅡT265H56	洛达庙晚期	骨头	3298±34	1580 (68.2%) 1525
XSZ142	VT155G3	洛达庙晚期	骨头	3286±36	1580 (68.2%) 1520

---

[1] 仇士华、蔡莲珍：《夏商周断代工程中的 ^{14}C 年代框架》，《考古》2001 年第 1 期，第 90—100 页；张雪莲、仇士华：《关于夏商周碳十四年代框架》，《华夏考古》2001 年第 3 期，第 59—72 页。

续表

实验室编号	原编号	分期	样品	碳十四年代 (5568, 1950, B.P.)	拟合后日历年代 (OxCal 3.10) (B.C.)
ZK—5379	99ZSC8ⅡT261⑥	洛达庙晚期	骨头	3333±36	1580 (68.2%) 1530
ZK—5371	ⅡT166G2	二下一早	兽骨	3261±35	1525 (68.2%) 1490
ZK—5377*	99ZSC8ⅡT261H21	二下一早	骨头	3111±55	
ZK—5373	ⅡT203H56	二下一晚	兽骨	3202±37	1505 (68.2%) 1465
ZK—5370	ⅡT159	二下一晚	兽骨	3174±41	1500 (68.2%) 1465
ZK—5369	ⅡT202H150	二下二	兽骨	3221±36	1475 (68.2%) 1435
XSZ144	ⅡT202H60	二下二	兽骨	3184±35	1470 (68.2%) 1430
XSZ147	ⅡT236H156	二下二	兽骨	3148±40	1465 (68.2%) 1420
ZK—5368	ⅡT201H69	二上一	兽骨	3130±34	1430 (68.2%) 1390
XSZ145	ⅡT234H28	二上一	兽骨	3140±35	1435 (68.2%) 1395
XSZ146	ⅡT234G2	二上一	兽骨	3138±37	1435 (68.2%) 1390
XSZ141	ⅡT201G1	二上一	兽骨	3125±48	1435 (68.2%) 1380
ZK—5353	97ZZH12	二上二	木炭	3094±34	1390 (12.2%) 1370 1360 (56.0%) 1305
ZK—5372	ⅡT57H17	二上二	兽骨	3030±38	1370 (12.3%) 1330 1380 (62.1%) 1250 1230 (6.1%) 1210
XSZ081	98ZS②H12	二上二	兽骨	3061±37	1380 (68.2%) 1270
ZK—5366*	ⅡT201H2	二上二	兽骨	3136±34	

* 表中ZK—5366，ZK—5377，ZK—5378由于符合率较低舍弃。表中的年代结果系重新拟合所得（由于拟合来自拟合运算，因而每次拟合得到的数据结果都可能与之前的不完全一致，但差别不会太大）。

表中二下一、二下二为二里岗文化早期早段、晚段，二上一、二上二为二里岗文化晚期早段、晚段。

此外，断代工程期间课题组曾对二里岗文化晚期早段的水井井圈木进行了测定。井圈木出土于郑州电力学校院内二里岗文化时期的水井中。由于该井圈木保存完好，其树木年轮最外层年代应与该水井的使用年代一致。通过取系列样品进行测定，得到最外层年代为公元前1400年①。由于树轮系列前后有序，间隔明确，是系列样品中最为理想的系列，可以获得误差相对较小的年代结果。由此也使二里岗文化晚期早段的井圈木的年代成为一个年代可靠的定点。将郑州商城二里岗文化系列的测年结果与井圈木的测年相比较可以看出，该系列中的二里岗文化晚期早段的年代与由井圈木测得的年代是一致的。不同出处样品测年结果的相互印证为二里岗文化系列年代的可靠

---

① 仇士华、蔡莲珍：《夏商周断代工程中的14C年代框架》，《考古》2001年第1期，第90—100页。

性提供了保证。

上述二里岗文化系列测年研究的进展，为二里头遗址考古学文化的测年提供了重要参照。

其二，北京大学应用加速器质谱对新砦遗址龙山文化晚期、新砦期进行了测年。1999年，在新砦遗址发现了二里头文化早期与新砦期的地层叠压关系[①]，这为二里头文化早期年代研究提供了条件。新砦遗址提供了龙山文化晚期、新砦期骨样18个，在北京大学考古系碳十四实验室和北京大学重离子物理研究所通过应用加速器质谱对此进行测定后，把其中的5个样品送往维也纳国际高精度加速器质谱实验室进行了比对测定[②]。将所获得的分析结果与之前二里头遗址测年结果一同在碳十四—树轮年代校正曲线上做曲线拟合（表3-6），使二里头文化一期的年代卡定在不早于公元前1750年[③]。

这一数据与断代工程期间得到的二里头文化一期的年代结果（上限为公元前1880年）相比，向后压缩了100多年。两次数据的拟合结果之所以存在这种差异，原因是在断代工程期间得出的数据，在其之前没有更早的数据，因而二里头文化一期年代向前延伸的趋势与单一样品的前延几近相同。这种情况，导致二里头文化一期年代上限中不实的成分可能更大。另外，后来得到的数据仍处在先前结果的范围之内，只是比之前的结果更加具体。

表3-6　　　　　　　新砦一二里头一至五期的拟合结果

实验室编号		原编号	分期	样品	碳十四年代 (5568, 1950, B.P.)	拟合后日历年代 (OxCal 3.10)(B.C.)
SA00002—1		T1H123	龙山晚期	骨头	3700±65	2200（64.2%）2010 2000（4.0%）1980
SA00014	SA00014—1 SA00014—2 SA00014—V1 SA00014—V2	T1H126	龙山晚期	骨头	3675±35 3740±30 3760±45 3695±35	2145（17.1%）2120 2095（51.1%）2040
SA00008		T1H122	龙山晚期	骨头	3570±35	1955（68.2%）1880
SA00007—2		T1H120	龙山晚期	骨头	3590±30	2010（6.0%）2000 1980（62.2%）1890

---

① 北京大学考古文博学院、郑州市文物考古研究所：《河南新密市新砦遗址1999年试掘简报》，《华夏考古》2000年第4期，第3—10页。
② 刘克新、韩保续等：AMS Radiocarbon Dating of Bone Samples from the Xinzhai Site in China, *Radiocarbon*, Volume 47, Issue 1（January 2005），pp.21-25.
③ 仇士华、蔡莲珍等：《关于二里头文化的年代问题》，《二里头遗址与二里头文化研究》，科学出版社2006年版，第321—332页。

续表

实验室编号	原编号		分期	样品	碳十四年代 (5568, 1950, B.P.)	拟合后日历年代 (OxCal 3.10)(B.C.)
SA00001	SA00001—1 SA00001—2	T1H119	龙山晚期	骨头	3485±30 3490±35	1890（68.2%）1855
SA00006	SA00006—1 SA00006—2	T1⑥C	新砦早期	骨头	3535±35 3470±35	1855（68.2%）1785
SA00012	SA00012—1 SA00012—V1 SA00012—V2	T1H116	新砦早期	骨头	3480±35 3500±45 3490±35	1870（68.2%）1795
SA00005—2		T1H112	新砦早期	骨头	3465±35	1870（34.5%）1835 1830（33.7%）1795
SA00019	SA00019—1 SA00019—2	T1H115	新砦早期	骨头	3530±35 3500±35	1850（68.2%）1785
SA00028		T1H61⑥	新砦早期	骨头	3500±35	1860（68.2%）1790
SA00018	SA00018—1 SA00018—2	T1H40	新砦晚期	骨头	3500±30 3470±35	1790（68.2%）1745
SA00017	SA00017—1 SA00017—2	T1H26	新砦晚期	骨头	3395±40 3455±30	1760（68.2%）1700
SA00009		T1H76	新砦晚期	骨头	3415±35	1750（68.2%）1700
SA00010	SA00010—V1 SA00010—V2	T1H48	新砦晚期	骨头	3460±50 3425±35	1770（54.6%）1725 1720（13.6%）1700
SA00013	SA00013—1 SA00013—2 SA00013—V1 SA00013—V2	T1H45	新砦晚期	骨头	3430±55 3390±35 3450±45 3380±35	1740（68.2%）1705
SA00016	SA00016—1 SA00016—V1 SA00016—V2	T1H29①	新砦晚期	骨头	3410±50 3430±50 3390±50	1745（68.2%）1705
SA00021—2		T1H66	新砦晚期	骨头	3425±30	1755（68.2%）1705
SA00020—2		T1H30	新砦晚期	骨头	3490±30	1790（68.2%）1745
XSZ104		97YLVT3H58	一期	兽骨	3445±37	1710（68.2%）1685
ZK5206		97VT2⑪	一期	木炭	3406±33	1710（68.2%）1680
ZK5227		97YLVT4H54	二期	木炭	3327±34	1670（68.2%）1605
XSZ098		97YLVT4⑦B	二期	兽骨	3327±32	1670（68.2%）1605
ZK5226		97YLVT4H46	二期	木炭	3407±36	1690（68.2%）1630
ZK5244		97YLVT1H48	二期	兽骨	3348±36	1675（68.2%）1615
ZK5253		97YLVT4G6	二期	兽骨	3341±39	1675（68.2%）1610
ZK5257		97YLVT7⑦	二期	兽骨	3313±37	1665（68.2%）1600
ZK5228		97YLVT4⑥ A	二期	木炭	3318±34	1665（68.2%）1600
ZK5209		97YLVT2⑨ A	二期	木炭	3374±34	1680（68.2%）1625
ZK5236		97VT6H53	二期	人骨	3294±35	1660（4.5%）1650 1640（63.7%）1585

续表

实验室编号	原编号	分期	样品	碳十四年代（5568，1950，B.P.）	拟合后日历年代（OxCal 3.10）（B.C.）
ZK5249	97YLVT6⑰A	三期	兽骨	3347±36	1615（8.9%）1600 1595（59.3%）1555
ZK5200	97YLVT1⑨	三期	木炭	3343±35	1615（8.4%）1600 1595（59.8%）1555
ZK5247	97YLVT6⑫B	三期	兽骨	3272±39	1605（68.2%）1560
ZK5255	97YLV T3G4	四期	兽骨	3355±40	1570（68.2%）1535
ZK5229	97YLVT4⑤A	四期	木炭	3304±36	1570（68.2%）1530
ZK5242　ZK5242a　ZK5242b	97YLVT6	四期	木炭	3270±32 3350±33	1570（68.2%）1530
XSZ101	97YLVT4 H28	五期	兽骨	3241±30	1530（49.9%）1490 1480（18.3%）1455
XSZ103	97YLVT4④ A	五期	兽骨	3222±35	1515（68.2%）1450
XSZ114	97YLVT1②B	五期	兽骨	3248±48	1530（68.2%）1450
XSZ115	97YLVT1②C	五期	骨头	3227±29	1520（36.0%）1485 1480（32.2%）1455
XSZ165	97YLVH2	五期	骨头	3280±29	1540（68.2%）1500
XSZ166	97YLVT3H5	五期	兽骨	3270±29	1540（68.2%）1495
ZK5215	97YLVT1⑤	五期	木炭	3197±34	1495（68.2%）1435
ZK5202	97YLVT1H2	五期	木炭	3160±34	1495（10.6%）1480 1460（57.6%）1410
ZK5224 A=99.7%	97YLVT3 ②	五期	木炭	3141±33	1455（68.2%）1385
ZK5243	97YLVT4④	五期	兽骨	3273±35	1545（68.2%）1495
ZK5245	97YLVT2③B	五期	兽骨	3245±36	1530（47.5%）1490 1480（20.7%）1455
ZK5254	97YLVT1 H1	五期	兽骨	3187±34	1495（68.2%）1430
ZK5252	97YLVT1 H49	五期	兽骨	3245±35	1530（49.2%）1490 1480（19.0%）1455

*　拟合条件与《夏商周断代工程1996—2000年阶段成果报告（简本）》上二里头遗址拟合条件一致。五期是"二里头五期"的简称，相当于岗晚，下同。

其三，2005—2006年期间，中国社会科学院考古研究所碳十四测年实验室对采自二里头遗址的一批木炭样品进行测定（表3-7）。这批样品共18个，多属于二里头文化一、二期之交或二期。

表 3-7　　　　　　　　　　2005—2006 年二里头遗址木炭样品测年结果

实验室编号	原编号	考古分期*	物质	碳十四年代（5568，1950，B.P.）
ZK52001	2002ⅤG10①	一二期之交	木炭	3388±34
ZK52002	2002ⅤG10①	一二期之交	木炭	3356±33
ZK52003	2002ⅤG10①	一二期之交	木炭	3475±44
ZK52004	2002ⅤG10①	一二期之交	木炭	3440±32
ZK52005	2002ⅤG10①	一二期之交	木炭	3389±33
ZK52006	2002ⅤG10①	一二期之交	木炭	3445±35
ZK52015	2002ⅤG10①	一二期之交	木炭	3420±44
ZK52017	2002ⅤG10①	一二期之交	木炭	3322±45
ZK52018	2002ⅤG10①	一二期之交	木炭	3409±65
ZK52007	2001ⅤH84	二期	木炭	3346±36
ZK52008	2001ⅤH84	二期	木炭	3371±32
ZK52009	2001ⅤH84	二期	木炭	3387±33
ZK52010	2001ⅤH84	二期	木炭	3340±38
ZK52011	2001ⅤH84	二期	木炭	3368±36
ZK52012	2001ⅤH84	二期	木炭	3381±39
ZK52013	2001ⅤH84	二期	木炭	3331±41
ZK52014	2001ⅤH84	二期	木炭	3332±42
ZK—52019	2002ⅤG10①	一二期之交	木炭	3508±45

＊　表中的考古分期暂保持（《新砦—二里头—二里岗文化考古年代序列的建立与完善》，《考古》2007 年第 8 期）中的表述。表中的"一二期之交"现应称为"二期早段"，表中的"二期"现应称为"二期晚段"。

将这批数据与夏商周断代工程期间用常规方法测得的二里头遗址的数据共同做数据拟合（表 3-8），从结果来看二里头文化二期的年代上限为公元前 1705 年。在这里尝试用二期的数据结果做一估算，假如每期按 50 年来算的话，则二里头文化一期的年代的上限不早于公元前 1750 年。

表 3-8　　　　　　　　　　二里头一至五期拟合结果

实验室编号	原编号	分期	样品	碳十四年代（5568，1950，B.P.）	拟合后日历年代（OxCal 3.10）（B.C.）
XSZ104	97YLVT3H58	一期	兽骨	3445±37	1885（68.2%）1840
ZK52001	2002ⅤG10①	一二期之交	木炭	3388±34	1745（68.2%）1705
ZK52003	2002ⅤG10①	一二期之交	木炭	3475±44	1850（5.1%）1840 1830（63.1%）1730
ZK52004	2002ⅤG10①	一二期之交	木炭	3440±32	1810（1.0%）1800 1780（67.2%）1690

续表

实验室编号		原编号	分期	样品	碳十四年代 (5568, 1950, B.P.)	拟合后日历年代 (OxCal 3.10) (B.C.)
ZK52005		2002ⅤG10①	一二期之交	木炭	3389±33	1745 (68.2%) 1705
ZK52006		2002ⅤG10①	一二期之交	木炭	3445±35	1820 (5.8%) 1800 1780 (62.4.2%) 1690
ZK52015		2002ⅤG10①	一二期之交	木炭	3420±44	1775 (68.2%) 1690
ZK52018		2002ⅤG10①	一二期之交	木炭	3409±65	1810 (4.3%) 1800 1780 (63.9%) 1690
ZK52007		2001ⅤH84	二期	木炭	3346±36	1685 (68.2%) 1615
ZK52008		2001ⅤH84	二期	木炭	3371±32	1685 (68.2%) 1625
ZK52009		2001ⅤH84	二期	木炭	3387±33	1695 (68.2%) 1630
ZK52010		2001ⅤH84	二期	木炭	3340±38	1680 (68.2%) 1610
ZK52011		2001ⅤH84	二期	木炭	3368±36	1685 (68.2%) 1625
ZK52012		2001ⅤH84	二期	木炭	3381±39	1690 (68.2%) 1625
ZK52013		2001ⅤH84	二期	木炭	3331±41	1680 (68.2%) 1605
ZK52014		2001ⅤH84	二期	木炭	3332±42	1680 (68.2%) 1605
ZK5227		97YLVT4H54	二期	木炭	3327±34	1670 (68.2%) 1600
XSZ098		97YLVT4⑦B	二期	兽骨	3327±32	1670 (68.2%) 1600
ZK5226		97YLVT4H46	二期	木炭	3407±36	1705 (68.2%) 1635
ZK5244		97YLVT1H48	二期	兽骨	3348±36	1685 (68.2%) 1615
ZK5253		97YLVT4G6	二期	兽骨	3341±39	1685 (68.2%) 1610
ZK5257		97YLVT7⑦	二期	兽骨	3313±37	1665 (68.2%) 1590
ZK5228		97YLVT4⑥A	二期	木炭	3318±34	1670 (68.2%) 1590
ZK5209		97YLVT2⑨A	二期	木炭	3374±34	1690 (68.2%) 1630
ZK5236		97ⅤT6H53	二期	人骨	3294±35	1635 (68.2%) 1580
ZK5249		97YLVT6⑰A	三期	兽骨	3347±36	1595 (68.2%) 1550
ZK5200		97YLVT1⑨	三期	木炭	3343±35	1595 (68.2%) 1550
ZK5247		97YLVT6⑫B	三期	兽骨	3272±39	1600 (68.2%) 1555
ZK5255		97YLVT3G4	四期	兽骨	3355±40	1565 (68.2%) 1530
ZK5229		97YLVT4⑤A	四期	木炭	3304±36	1565 (68.2%) 1530
ZK5242	ZK5242a	97YLVT6	四期	木炭	3270±32	1565 (68.2%) 1530
	ZK5242b				3350±33	
XSZ101		97YLVT4H28	五期	兽骨	3241±30	1530 (48.1%) 1490 1480 (20.1%) 1455
XSZ103		97YLVT4④A	五期	兽骨	3222±35	1515 (68.2%) 1450
XSZ114		97YLVT1②B	五期	兽骨	3248±48	1530 (45.0%) 1485 1480 (23.2%) 1450
XSZ115		97YLVT1②C	五期	骨头	3227±29	1520 (34.5%) 1490 1480 (33.7%) 1455
XSZ165		97YLVH2	五期	骨头	3280±29	1535 (68.2%) 1500

续表

实验室编号	原编号	分期	样品	碳十四年代 (5568, 1950, B.P.)	拟合后日历年代 (OxCal 3.10) (B.C.)
XSZ166	97YLVT3H5	五期	兽骨	3270±29	1535 (68.2%) 1495
ZK5215	97YLVT1⑤	五期	木炭	3197±34	1495 (68.2%) 1435
ZK5202	97YLVT1H2	五期	木炭	3160±34	1490 (11.6%) 1475 1460 (56.6%) 1405
ZK5224 A=99.7%	97YLVT3②	五期	木炭	3141±33	1455 (68.2%) 1385
ZK5243	97YLVT4④	五期	兽骨	3273±35	1540 (68.2%) 1495
ZK5245	97YLVT2③B	五期	兽骨	3245±36	1530 (48.3%) 1490 1480 (19.9%) 1455
ZK5254	97YLVT1H1	五期	兽骨	3187±34	1495 (68.2%) 1430
ZK5252	97YLVT1H49	五期	兽骨	3245±35	1530 (50.4%) 1490 1480 (17.8%) 1455

* 其中ZK52019，ZK52017，ZK5206，ZK52002因为符合率低被舍弃。拟合条件与《夏商周断代工程1996—2000年阶段成果报告（简本）》上二里头遗址拟合条件一致。

若将二里头遗址两次所获得的测年数据与新砦遗址数据做一总的拟合（表3-9），可见二里头文化一期的年代上限为公元前1735年，二里头文化四期的年代约为公元前1565—前1530年，二里头二至四期的年代为公元前1680—前1530年。

表3-9　　　　　　　　　　　新砦—二里头一至五期拟合结果

实验室编号	原编号	分期	样品	^{14}C年代数据 (5568, 1950, B.P.)	拟合后日历年代 (OxCal 3.10) (B.C.)
SA00002—1	T1H123	龙山晚期	骨头	3700±65	2200 (65.0%) 2010 2000 (3.2%) 1970
SA00014 (49.8%)	SA00014—1 SA00014—2 SA00014—V1 SA00014—V2	T1H126	龙山晚期	骨头	3675±35 3740±30 3760±45 3695±35	2190 (1.0%) 2180 2140 (15.4%) 2120 2100 (51.8%) 2040
SA00008	T1H122	龙山晚期	骨头	3570±35	1960 (68.2%) 1880
SA00007—2	T1H120	龙山晚期	骨头	3590±30	2010 (3.5%) 2000 1980 (64.7%) 1890
SA00001	SA00001—1 SA00001—2	T1H119	龙山晚期	骨头	3485±30 3490±35	1890 (68.2%) 1860
SA00006	SA00006—1 SA00006—2	T1⑥C	新砦早期	骨头	3535±35 3470±35	1870 (0.9%) 1860 1855 (67.3%) 1790
SA00012	SA00012—1 SA00012—V1 SA00012—V2	T1H116	新砦早期	骨头	3480±35 3500±45 3490±35	1870 (32.4%) 1835 1830 (35.8%) 1795
SA00005—2	T1H112	新砦早期	骨头	3465±35	1870 (36.9%) 1835 1830 (31.3%) 1795

续表

实验室编号	原编号		分期	样品	^{14}C年代数据 (5568,1950,B.P.)	拟合后日历年代 (OxCal 3.10)(B.C.)
SA00019	SA00019—1 SA00019—2	T1H115	新砦早期	骨头	3530±35 3500±35	1850(68.2%)1785
SA00028		T1H61⑥	新砦早期	骨头	3500±35	1865(68.2%)1795
SA00018	SA00018—1 SA00018—2	T1H40	新砦晚期	骨头	3500±30 3470±35	1790(68.2%)1745
SA00017	SA00017—1 SA00017—2	T1H26	新砦晚期	骨头	3395±40 3455±30	1770(68.2%)1730
SA00009		T1H76	新砦晚期	骨头	3415±35	1760(68.2%)1720
SA00010	SA00010—V1 SA00010—V2	T1H48	新砦晚期	骨头	3460±50 3425±35	1770(68.2%)1730
SA00013	SA00013—1 SA00013—2 SA00013—V1 SA00013—V2	T1H45	新砦晚期	骨头	3430±55 3390±35 3450±45 3380±35	1745(68.2%)1720
SA00016	SA00016—1 SA00016—V1 SA00016—V2	T1H29①	新砦晚期	骨头	3410±50 3430±50 3390±50	1755(68.2%)1720
SA00021—2		T1H66	新砦晚期	骨头	3425±30	1765(68.2%)1725
SA00020—2		T1H30	新砦晚期	骨头	3490±30	1790(68.2%)1745
XSZ104		97YL VT3 H58	一期	兽骨	3445±37	1735(68.2%)1705
ZK5206		97V T2⑪	一期	木炭	3406±33	1735(68.2%)1710
ZK52001		200V G10①	一、二期之交	木炭	3388±34	1715(68.2%)1680
ZK52002		200V G10①	一、二期之交	木炭	3356±33	1720(11.7%)1705 1700(56.5%)1670
ZK52004		2002V G10①	一、二期之交	木炭	3440±32	1715(68.2%)1685
ZK52005		2002V G10①	一、二期之交	木炭	3389±33	1715(68.2%)1680
ZK52006		2002V G10①	一、二期之交	木炭	3445±35	1715(68.2%)1685
ZK52015		2002V G10①	一、二期之交	木炭	3420±44	1715(68.2%)1685
ZK52018		2002V G10①	一、二期之交	木炭	3409±65	1715(68.2%)1680
ZK52007		2001V H84	二期	木炭	3346±36	1675(68.2%)1610
ZK52008		2001V H84	二期	木炭	3371±32	1675(68.2%)1625
ZK52009		2001V H84	二期	木炭	3387±33	1675(68.2%)1630
ZK52010		2001V H84	二期	木炭	3340±38	1670(68.2%)1605
ZK52011		2001V H84	二期	木炭	3368±36	1675(68.2%)1620
ZK52012		2001V H84	二期	木炭	3381±39	1680(68.2%)1625
ZK52013		2001V H84	二期	木炭	3331±41	1670(68.2%)1600

续表

实验室编号		原编号	分期	样品	^{14}C 年代数据 (5568, 1950, B.P.)	拟合后日历年代 (OxCal 3.10) (B.C.)
ZK52014		2001ⅤH84	二期	木炭	3332±42	1670 (68.2%) 1600
ZK5227		97YLVT4H54	二期	木炭	3327±34	1670 (68.2%) 1600
XSZ098		97YLVT4⑦B	二期	兽骨	3327±32	1670 (68.2%) 1600
ZK5226		97YLVT4H46	二期	木炭	3407±36	1680 (68.2%) 1630
ZK5244		97YLVT1H48	二期	兽骨	3348±36	1670 (68.2%) 1610
ZK5253		97YLVT4G6	二期	兽骨	3341±39	1670 (68.2%) 1605
ZK5257		97YLVT7⑦	二期	兽骨	3313±37	1665 (7.5%) 1650 1640 (60.7%) 1580
ZK5228		97YLVT4⑥A	二期	木炭	3318±34	1665 (9.2%) 1650 1645 (59.0%) 1585
ZK5209		97YLVT2⑨A	二期	木炭	3374±34	1675 (68.2%) 1625
ZK5236		97VT6H53	二期	人骨	3294±35	1630 (68.2%) 1575
ZK5249		97YLVT6⑰A	三期	兽骨	3347±36	1585 (68.2%) 1545
ZK5200		97YLVT1⑨	三期	木炭	3343±35	1585 (68.2%) 1550
ZK5247		97YLVT6⑫B	三期	兽骨	3272±39	1585 (68.2%) 1545
ZK5255		97YLVT3G4	四期	兽骨	3355±40	1565 (68.2%) 1530
ZK5229		97YLVT4⑤A	四期	木炭	3304±36	1560 (68.2%) 1530
ZK5242	ZK5242a ZK5242b	97YLVT6	四期	木炭	3270±32 3350±33	1565 (68.2%) 1530
XSZ101		97YLVT4H28	五期	兽骨	3241±30	1530 (49.7%) 1490 1480 (18.5%) 1455
XSZ103		97YLVT4④A	五期	兽骨	3222±35	1515 (68.2%) 1450
XSZ114		97YLVTI②B	五期	兽骨	3248±48	1530 (68.2%) 1455
XSZ115		97YLVTI②C	五期	骨	3227±29	1520 (68.2%) 1455
XSZ165		97YLVH2	五期	骨	3280±29	1540 (68.2%) 1500
XSZ166		97YLVT3H5	五期	兽骨	3270±29	1535 (68.2%) 1495
ZK5215		97YLVT1⑤	五期	木炭	3197±34	1500 (68.2%) 1435
ZK5202		97YLVT1H2	五期	木炭	3160±34	1495 (13.0%) 1475 1460 (55.2%) 1405
ZK5224 A=99.7%		97YLVT3②	五期	木炭	3141±33	1455 (68.2%) 1390
ZK5243		97YLVT4④	五期	兽骨	3273±35	1540 (68.2%) 1495
ZK5245		97YLVT2③B	五期	兽骨	3245±36	1530 (47.2%) 1490 1480 (21.0%) 1455
ZK5254		97YLVT1H1	五期	兽骨	3187±34	1495 (68.2%) 1430
ZK5252		97YLVT1H49	五期	兽骨	3245±35	1530 (48.5%) 1490 1480 (19.7%) 1455

* 其中ZK52017，ZK52019，ZK52003因为符合率低而被舍弃，拟合条件与《夏商周断代工程1996—2000年阶段成果报告（简本）》上二里头遗址拟合条件一致。

2015年，《^{14}C 测年与中国考古年代学研究》一书给出了二里头文化每期的绝对年代，即二里头遗址二里头文化一期的年代为公元前 1750—前 1680，二期的年代为公元前 1680—前 1610，三期的年代为公元前 1610—前 1560，四期的年代为公元前 1560—前 1520 年（图 3-2）①。

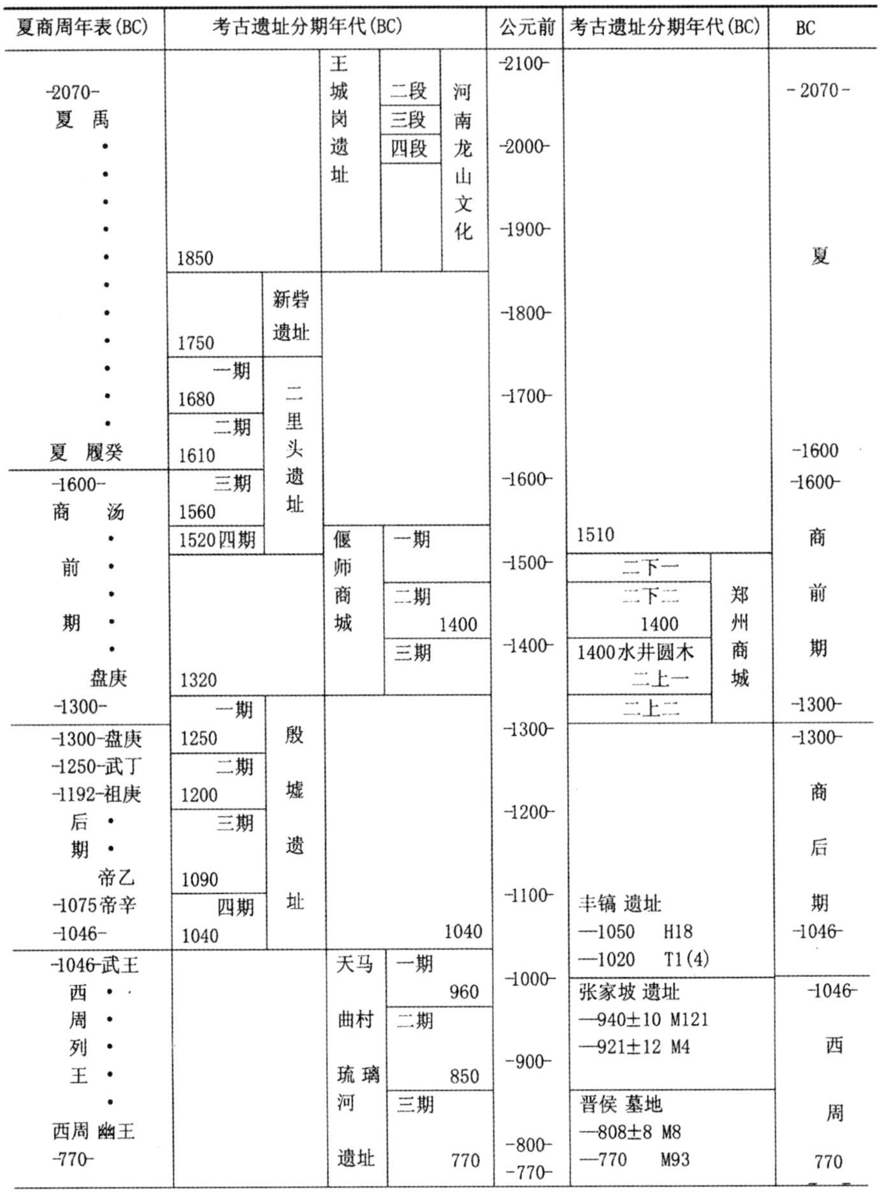

夏商周年表(BC)	考古遗址分期年代(BC)			公元前	考古遗址分期年代(BC)		BC
-2070- 夏 禹 · · · · · · · 夏 履癸 -1600- 商 汤 前 · 期 · 盘庚 -1300- -1300-盘庚 -1250-武丁 -1192-祖庚 后 · 期 · 帝乙 -1075帝辛 -1046-		王城岗遗址	二段 三段 四段	-2100- -2000- -1900- -1800- -1700- -1600- -1500- -1400- -1300- -1200- -1100-		河南龙山文化	-2070- 夏 -1600- 商 前 期 -1300- 商 后 期 -1046-
	1850	新砦遗址					
	1750 一期 1680 二期 1610 三期 1560 1520四期	二里头遗址					
		偃师商城	一期 二期 1400 三期		1510 二下一 二下二 1400 1400水井圆木 二上一 二上二	郑州商城	
	1320 一期 1250 二期 1200 三期 1090 四期 1040	殷墟遗址					
					1040		
-1046-武王 西 周 列 王 · 西周 幽王 -770-		天马 曲村 琉璃河遗址	一期 960 二期 850 三期 770	-1000- -900- -800- -770-	丰镐 遗址 -1050 H18 -1020 T1(4) 张家坡 遗址 -940±10 M121 -921±12 M4 晋侯 墓地 -808±8 M8 -770 M93		-1046- 西 周 770

图 3-2 夏商西周时期 ^{14}C 测定的考古年代框架示意图

---

① 仇士华：《^{14}C 测年与中国考古年代学研究》，中国社会科学出版社 2015 年版，第 101 页。

这是目前二里头文化绝对年代的最新认识。需要指出的是，在给出目前结论的条件下，仍然存在着一定的探讨空间，随着以后相关研究的进展，年代结果的进一步细化依然是必要和可能的。

综上，二里头遗址经过由最初的测年到逐步走向以高精度测年为基础的系列样品方法的测年研究，其测年结果的精度也随之提高，年代更为清晰、明确。特别是夏商周断代工程以来通过高精度年代研究逐步建立起来的龙山文化晚期—新砦期—二里头文化—二里岗文化的长系列年代框架，为二里头遗址的年代确定起到了重要的支撑。而其前后的相互关联，使二里头文化的年代难以再有明显的游移①。

对此，在具体的研究实践中，一些学者开始接受二里头文化最新的绝对年代；而一些学者则保持谨慎甚至怀疑的态度②，另有学者就此进行了专门讨论③。

---

① 仇士华：《关于考古年代框架》，《^{14}C 测年与中国考古年代学研究》，中国社会科学出版社 2015 年版，第 89—101 页。

② 方燕明：《"早期夏文化学术研讨会"纪要》，《中原文物》2008 年第 5 期，第 33—38 页；刘绪：《夏文化探讨的现状与任务》，《中原文化研究》2018 年第 5 期，第 5—13 页。

③ 张东：《编年与阐释——二里头文化年代学研究的时间观》，《文物》2013 年第 6 期，第 74—81 页；魏凯：《二里头文化年代学研究的反思——多元证据的分歧与互校》，《中国国家博物馆馆刊》2015 年第 5 期，第 23—32 页；魏继印：《碳十四系列测年视角下夏文化的年代问题》，《华夏文明》2017 年第 9 期（中），第 21—26 页。

第四章

遗址的聚落形态

第一节 聚落的历时性变化

综合60年的勘察与发掘材料,可将二里头遗址先秦时期的遗存分为6大阶段,各阶段聚落形态的演变情况可做如下的归纳[①](图4-1)。

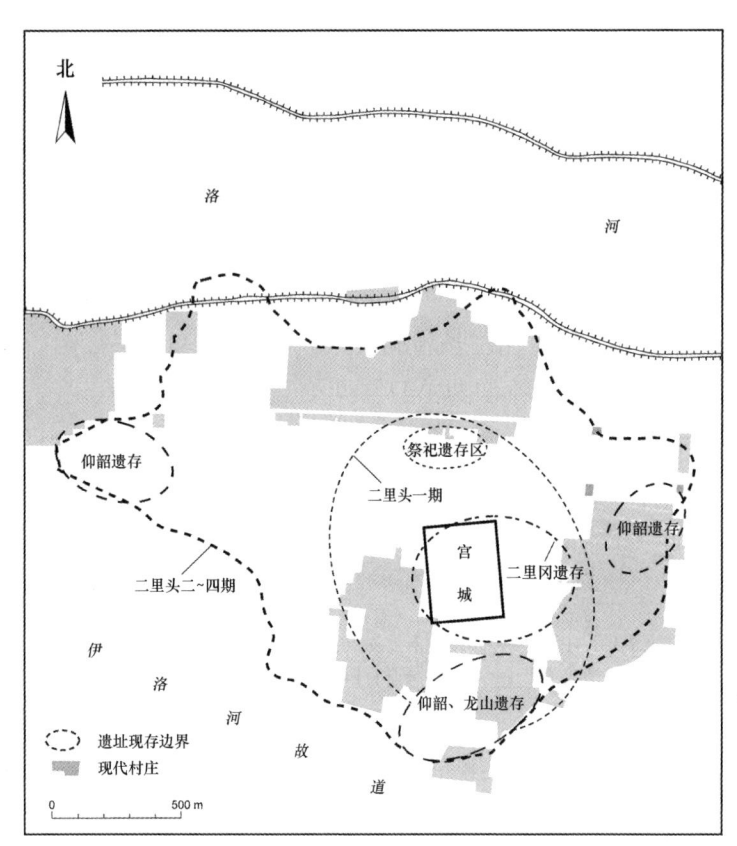

图4-1 二里头遗址各期遗存分布范围示意

---

① 许宏、陈国梁等:《二里头遗址聚落形态的初步考察》,《考古》2004年第11期,第23—31页;中国社会科学院考古研究所:《二里头(1999—2006)》,文物出版社2014年版,第1655—1658页。

一 遗址第一、二期

这两期分别为仰韶时代和龙山时代。

中国科学院考古研究所在1959年秋季首次发掘中，即于遗址南部的老四角楼村北发现了仰韶文化和属于龙山时代早期的庙底沟二期文化遗存①。此后发掘中发现的这一阶段的遗存，基本上都集中于遗址南部的Ⅳ区②。20世纪70年代曾在遗址东部的圪垱头村东北发现少量的仰韶文化层③，2000年在其北的遗址东缘又发现了仰韶文化的零星灰坑④。另外，我们在踏查中还在遗址西南部的北许村东南（ⅩⅣ、ⅩⅤ区交界处）地表采集到仰韶文化的陶片⑤。可知仰韶文化晚期至龙山文化早期阶段的遗存以沿古伊洛河北岸的近河台地一线最为丰富，当时这里应分布着若干临河的小型聚落。

在距伊洛河故道稍远的遗址中部（Ⅴ区），则没有这一阶段的地层和遗迹发现。但遗址中心区宫城墙及外围道路以及二里头文化的地层、灰坑中，发现有少量仰韶时期的陶片。联系到遗址东缘的Ⅲ区发现有大型坑状遗迹连续分布的情况，宫殿区及左近发现的这些仰韶文化陶片，或可为探索宫殿区内大型工程遗迹建筑用土的来源提供一定的线索。

2004年在清理打破8号基址的晚期墓葬2004VT80WM1时，在8号基址的夯土基槽下，发现了一座龙山时代王湾三期文化的瓮棺葬（VM15），葬具为饰方格纹的深腹罐⑥。在历年发掘的早于二里头文化的遗存中，尚无王湾三期文化遗存的发现。这一发现使我们了解到，在相当于龙山时代后期的王湾三期文化时期，二里头遗址曾有零星的人类活动迹象。

二 遗址第三期

此期为二里头文化一期。

---

① 中国社会科学院考古研究所：《偃师二里头（1959年—1978年考古发掘报告）》，中国大百科全书出版社1999年版，第15页。

② 中国社会科学院考古研究所二里头工作队：《河南偃师二里头遗址发现龙山文化早期遗存》，《考古》1982年第5期，第460—462、565页；中国社会科学院考古研究所二里头工作队：《偃师二里头遗址发现仰韶文化遗存》，《考古》1985年第3期，第193—196页。

③ 中国社会科学院考古研究所：《偃师二里头（1959年—1978年考古发掘报告）》，中国大百科全书出版社1999年版，第19页。

④ 中国社会科学院考古研究所：《二里头（1999—2006）》，文物出版社2014年版，第154页。

⑤ 中国社会科学院考古研究所二里头工作队：《河南洛阳盆地2001—2003年考古调查简报》，《考古》2005年第5期，第18—37页。

⑥ 中国社会科学院考古研究所：《二里头（1999—2006）》，文物出版社2014年版，第466、990页。

由以往的发掘材料知，二里头文化一期遗存见于Ⅱ—Ⅵ、Ⅷ、Ⅸ等区，散布范围逾100万平方米。此期文化层一般深约2.5米，最深处为2.9米；一般厚约1米，最薄处为0.3米，最厚处为1.5米。因破坏严重，此期遗迹发现数量较少，分布稀疏[①]。

此后的发掘中，在属Ⅴ区的宫殿区东部又发现了此期晚段的零星地层、灰坑和灰沟[②]。2010年在发掘宫殿区1号巨型坑时，又发现了少量这一阶段的遗存[③]。

值得注意的是，在遗址东缘的Ⅲ区也发现了此期晚段的零星遗存[④]，这说明二里头文化一期遗存的分布范围可能比目前推测的要大。总体上看，这一时期的遗存在作为聚落中心区的遗址中东部区域有广泛的分布，但究竟属于一个大型聚落抑或是由数个聚落组成的一个大遗址群，尚不得而知。

无论上述哪种情况，这一时期的遗存已显现出不同于同时期一般聚落的规模和分布密度[⑤]。遗存中已有青铜工具、象牙器、绿松石器等规格较高的器物和刻划符号发现[⑥]。此期的二里头遗址很有可能已经成为中心聚落，它们的出现为二里头遗址日后的全面兴盛奠定了基础。

三 遗址第四期

此期为二里头文化二期。

二里头文化二期遗存基本上遍布已发掘区域，文化堆积丰厚。遗址总面积应该已经达到数百万平方米，遗址东南部的微高地成为宫殿区。

已在宫殿区的东、中部发现了大型夯土建筑基址群和基址群外纵横交错的大路。宫殿区东北部的1号巨型坑已经形成，其内文化堆积主要属于此期，包括活动面、道路、房址及祭祀遗迹等[⑦]。此外，宫殿区以南兴建了铸铜作坊遗址。在宫殿区东北至西北的Ⅲ、Ⅵ、Ⅸ区以及在1号基址以西、以南存在此期的夯土遗存或贵族墓葬（详见第四章第二节）。这些情况表明，遗址在二里头文化二期进入全面兴盛的阶段。

[①] 中国社会科学院考古研究所：《偃师二里头（1959年—1978年考古发掘报告）》，中国大百科全书出版社1999年版，第19—20页。

[②] 中国社会科学院考古研究所：《二里头（1999—2006）》，文物出版社2014年版，第466页。

[③] 中国社会科学院考古研究所二里头工作队：《河南偃师市二里头遗址宫殿区1号巨型坑的勘探与发掘》，《考古》2015年第12期，第18—37页。

[④] 中国社会科学院考古研究所：《二里头（1999—2006）》，文物出版社2014年版，第219—220页。

[⑤] 由二里头文化一期阶段遗址的发现情况可知，此期遗存的分布以嵩山为中心，集中见于其北的伊洛平原和其南的北汝河、颍河上游一带。迄今为止发现的遗址仅20处左右，除了二里头遗址外，规模均不大，无相对集中的遗址群发现。参见许宏《"新砦文化"研究历程述评》，《三代考古》（二），科学出版社2006年版，第146—158页。

[⑥] 中国社会科学院考古研究所：《偃师二里头（1959年—1978年考古发掘报告）》，中国大百科全书出版社1999年版，第40—74页。

[⑦] 中国社会科学院考古研究所二里头工作队：《河南偃师市二里头遗址宫殿区1号巨型坑的勘探与发掘》，《考古》2015年第12期，第18—37页。

此外，遗址东缘的沟状遗迹也形成于此期。这类遗迹系沿聚落东缘下挖一连串的深坑，呈沟状绵延达数百米。因其间有多处中断，可排除其作为防御性设施存在的可能，但它作为二里头文化时期文化堆积和其外生土的分界线，应具有区划的作用，是二里头遗址的东部边界。

考虑到这些大坑内土的容积，非一般聚落建房用土所能消化，因此不排除用于宫殿类大型夯土建筑取土，或大型制陶作坊采取原料土的可能，而其附近尚未发现这类需大量用土的遗迹。由钻探结果可知，这一沟状遗迹与距其最近的夯土建筑集中分布区之间，尚有宽约100余米的堆积较薄的地带。因此，可以认为在此取土是经过有意规划而非随性而为的。

四 遗址第五期

此期为二里头文化三期。

从遗存的分布范围和内涵看，二里头文化三期持续着二期以来的繁荣。宫殿区、铸铜作坊与道路网络系统等重要遗存的总体布局基本上一仍其旧（详见第四章第二节）。但值得注意的是，与上一期相比，此期遗存也出现了若干显著变化，具体如下。

其一，此期在宫殿区周围增筑了宫城城墙，新建了一批夯土基址。

其二，二里头文化二期的夯土建筑基址（3号基址）废弃于二、三期之交，其后始建于此期的2号基址，以及位于其正前方的4号基址是在3号基址的废墟上做了平毁、夯填处理的基础上重新兴建的。两个时期的建筑格局不同，即由一体化的多重院落布局演变为复数单体建筑纵向排列。同时，二、三期建筑又基本上保持着统一的建筑方向和建筑规划轴线。

其三，位于宫城西南的1号和7号、宫城东部的2号和4号基址，分别依据同一条建筑轴线而建，显示出明确的中轴对称的建筑理念。4座基址夯土台基大体相近的长宽比例则表明当时的宫室建筑已存在明确的营造规制。

其四，随着宫城城墙与1号、2号、4号、7号、8号等新的大型夯土建筑基址的兴建，宫殿区内富有生活气息的遗迹如水井、窖穴等骤然减少。

五 遗址第六、七期

这两期分别是二里头文化四期和二里岗文化早期。

二里头文化四期早段的遗存在遗址中心区分布密集，周围地区则较此前有所减少，但遗址规模并未缩小（详见第四章第二节）。这表明，二里头遗址在这一时期仍处在持续繁荣的时期。

至二里头文化四期晚段（这一阶段在分期上可能与二里岗文化早期早段存在共时性），宫殿区仍延续使用，始建于三期的一些夯土建筑基址、宫城城墙及周围大路均未见到遭遇毁灭性破坏的迹象，且新建了一些重要建筑（详见第四章第二节）。及至该段的最后阶段，方最终废弃[①]。

遗址中罕见相当于二里岗文化早期晚段的遗存，仅在宫殿区东部和南部发现少量地层、灰坑，表明此时遗址已全面衰败，人烟稀少。

六 遗址第八期

此期为二里岗文化晚期。

在周边区域虽偶有发现二里岗文化晚期遗存，但它主要分布于宫殿区一带，集中分布区的面积约30万平方米。其文化层及小型房址、灰坑（沟）、墓葬等遗迹叠压或打破二里头文化时期的大型夯土建筑基址。无高等级的遗物发现。

至此，二里头遗址沦为一般聚落。

第二节 二里头文化兴盛期的布局大势

由钻探和发掘结果可知，二里头遗址现存范围的东、南、西缘大体接近于原始边缘，惟其北缘还可能向北有一定的延伸，但不会超过古城村西，最大可能是位于现洛河河床内[②]。鉴于此，遗址范围的地理中心点应在Ⅸ区南部，即现二里头村南、汉冢以西一带。重要遗存分布区均位于该地理中心点及其以东、以南的微高地，即遗址的东南部。

从这一认识出发，我们可以根据已知的材料粗略地勾画出二里头遗址兴盛期（二里头文化二至四期）的布局大势和总体结构。总体看来，整个遗址可分为中心区和一般居住活动区两大部分。

一 中心区

位于遗址的东南部至中部一带。由宫殿区、若干贵族聚居区、围垣作坊区和祭祀活动区组成（图4-2）。

[①] 赵海涛：《二里头遗址二里头文化四期晚段遗存探析》，《南方文物》2016年第4期，第115—123页。
[②] 许宏、陈国梁等：《二里头遗址聚落形态的初步考察》，《考古》2004年第11期，第23—31页；中国社会科学院考古研究所：《二里头（1999—2006）》，文物出版社2014年版。

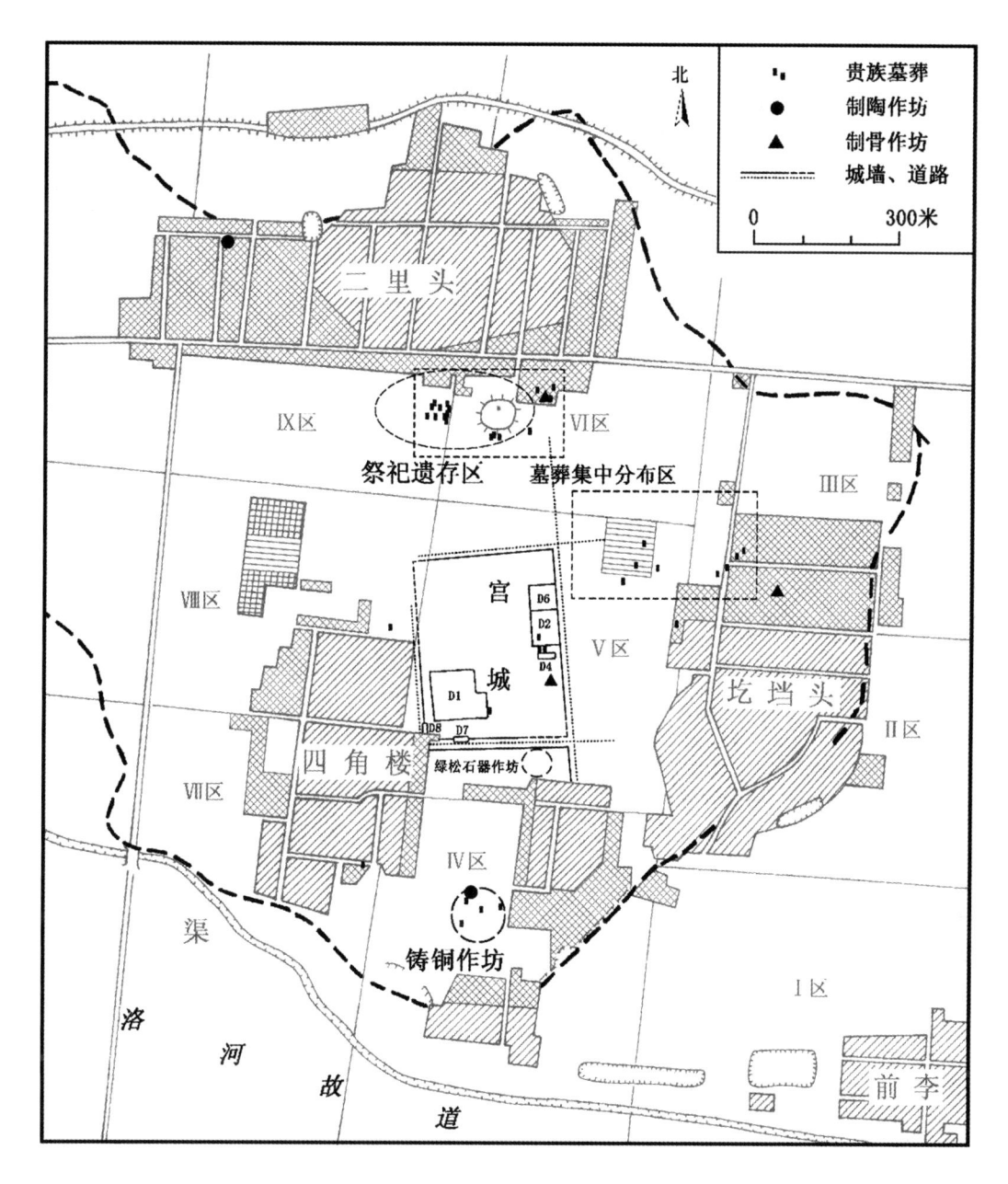

图 4-2 二里头遗址中心区重要遗存的分布

(一) 宫殿区

就目前考古材料来看,宫殿区的重要遗存主要包括大型夯土建筑基址、贵族墓葬、宫城城垣等,它们主要集中分布于东部和西南两大区域。

1. 东部区域

发掘结果表明,进入二里头文化二期早段,在大型多进院落建筑 3 号基址兴建以前,宫殿区东部就有灰坑、灰沟等较为丰富的人类活动遗迹,也发现有零星的夯土和路土。3号基址使用时期院内贵族墓2001VM1的下葬年代属于此期，可以确证3号基址始建于此期。宫城东北部大路，已发现有可以早至这一时期的路土堆积。这表明在二里头文化二期早段，这一区域已作为宫殿区得到开发。

至少自二里头文化二期晚段，该区域的外围垂直相交的大路已经开始全面使用，最宽处逾20米。建于大路之上偏内侧的宫城城墙，叠压在二期晚段的路土之上，可以肯定宫城的始建不早于二期晚段，我们曾推断为二、三期之交。而其使用初期的外侧路土也有仅包含二期晚段陶片的，所以不排除宫城城墙始建于二期晚段偏晚阶段的可能性。

宫殿区以东大路的内侧，已发现了3号和5号两座东西并列的大型建筑基址。它们之间以宽约3米的通道相隔，长逾百米，通道的路土下发现有木结构排水暗渠。

3号基址是一座（或一组）带有多进院落的组合式建筑。由于其上叠压着二里头文化晚期的4号、2号和6号3座夯土基址，我们对3号基址布局结构的细节尚不十分清楚。在发掘区内长约150米，宽约50米的范围内，属于二里头文化二期晚段的夯土及其使用时期的路土遗存普遍存在。可以肯定的是其南院、中院和北院的西庑经统一规划，拥有共同的建筑轴线。在偏北的6号基址下仍发现属于二里头文化二期的夯土，其是否与南部的基址属于同一座（组）建筑，尚难遽断。

在3号基址的南院和中院，迄今发现多座墓葬，均东西并列。这些墓葬的时代为二里头文化二期早段至二期晚段。这大体上代表了3号基址延续使用的时段。

北院内发现有积水迹象的大型池状遗迹，后来兴建2号基址时又被填实夯平（D2HC），所以其原初面貌已不得而知。D2HC总体呈圆角长方形，方向与3号基址相同，面积逾1200平方米，范围限于3号北院之内。故推断在3号基址使用时期，这一池状遗迹即已存在。年代上相当于3号基址使用时期的遗存，仅见于D2HC之下的若干洼坑，出土遗物属二里头文化二期晚段。

大型遗迹D2HC，实际上是填实夯平3号基址使用时期的池状遗迹所形成的基础坑。由于D2HC池壁坍塌严重，所以局部形状不甚规则，其南缘已侵入破坏了3号基址中院主殿台基。D2HC夯土中所出陶器残片的年代最晚属三期晚段，2号基址北墙和西庑柱坑分别打破了三期晚段的地层和灰坑，可知2号基址的始建年代不早于三期晚段。

在3号基址中院主殿东部，还发现了打破3号基址，同时又叠压于2号基址院内垫土下的一座中小型房址（F5）。房址的方向与3号和2号基址不同。由于未做进一步的清理和解剖，这一房址的具体年代和结构尚不清楚，但在二期晚段3号基址废弃至三期晚段2号基址在其原址兴建前这段时间，这里还有与早晚期的大型建筑没有承继关系的人类活动，是可以肯定的。若干层位关系介于3号和2号基址之间的灰坑的存在，也说明了这一点。

5号基址整体上是一座规模较大的夯土台基，也是一座多进院落式夯土建筑。每进院落包括主殿、院内路土，院内有同时期的贵族墓葬。现有的多处地层关系表明，该基址的建造、增建和使用的时代均为二里头文化二期[①]。

也即，在3号、5号基址于二里头文化二期晚段的偏晚阶段废弃后，直至三期晚段的偏晚阶段约数十年的时间里，2号基址所在区域有一个宫室建筑和使用的空置期。

位于2号基址正前方的4号基址，其东西两缘较2号基址东西缘的缩进距离一致，应与2号基址拥有统一的建筑中轴线，属同一建筑组群。被4号基址打破的最晚的遗存属于二里头文化三期，打破4号基址使用时期垫土路土的最早的遗迹（H209）属于三期晚段，可知4号基址的始建年代不早于三期，不晚于三期晚段。这提示了该基址的始建可能略早于2号基址，而其建筑技术和质量，都与始建于三期早段的1号基址相类，推测4号基址的始建年代最可能在三期早段。

依层位关系，若干二里头文化四期晚段的灰坑（H137、H139、H147、H150）直接打破了4号基址东庑墙基，同时期的路土、垫土和淤土层叠压于东庑的柱坑和墙槽之上。这些堆积仅分布于主殿台基外围，而未破坏或叠压台基，应为主殿使用时期的堆积。这表明4号基址东庑至少在二里头文化四期晚段的偏晚阶段即先行废弃。

除了灰坑H162外，直接破坏4号基址主殿台基的最早的遗迹单位均属二里岗文化晚期。这里，有必要对这一现象做简要的分析。

H162打破了4号基址主殿夯土的北缘。坑内填土中仅出土有少量残碎陶片，最晚的属二里头文化三期晚段。由上述层位关系材料，我们倾向于该坑形成的年代可能偏晚。在对本报告材料的整理中，我们就发现了若干遗迹形成年代晚于其中遗物的例子。如H86、H96中仅有二期早段的陶片，但层位上属于二期晚段；H269、H278、H282依层位关系应属四期晚段，但其中并未出土晚至四期晚段的陶片。从理论上讲，一个坑状遗迹的填土（尤其是柱坑、树坑、墓坑、盗坑等短时完成的遗迹）没有混入当时的遗物，是有可能的。

因此，我们推断4号基址主殿与2号基址、宫城城墙等遗迹一样，都应沿用至二里头文化四期晚段。

2号基址以北的区域，自3号（或与其同期的）基址废毁，至2号、4号基址存

[①] 中国社会科学院考古研究所：《二里头遗址宫殿区2010—2011年度勘探与发掘新收获》，《中国文物报》2011年11月4日。

在的大部分时间，普遍分布着路土和若干灰坑。偏西部发现的 12 号基址残长 10 米以上，始建年代不早于三期。四期晚段的偏早阶段，还发现有 3 座小型房址。因此，这一区域在 2 号基址存在时大部分应为空地。

6 号基址打破了上述遗存，同时它又被众多的属四期晚段的地层、灰坑和灰沟打破或叠压，打破部位包括主殿夯土和院内的路土。因此可以确认其始建和使用均在四期晚段，且使用不久后即遭废弃。其西邻的 11 号基址，与 6 号基址层位关系相同，年代大体一致。

与 2 号一样，6 号基址也是依托宫城东墙而建，二者西庑的柱础南北呈一直线，东西宽度大体相当，2 号北墙与 6 号基址南侧建筑基本平行。可以推知 6 号基址在四期晚段与 4 号、2 号基址属于同一建筑组群。

值得注意的是，6 号基址以及与其大体同时的 10 号、11 号基址，夯筑用土开始使用以往文化层的土，因而含杂质较多，质量稍差，显现出衰败的迹象。

此外，位于宫殿区东北部的 1 号巨型坑平面近似圆角长方形，总面积约 2200 平方米，深度一般为 4 米、最深处近 7 米，且为短期内挖掘而成，形成时间不晚于二里头文化二期。此坑最初可能是为了解决大型夯土建筑基址的建筑用土而挖掘而成，后又经过祭祀、居住等活动，以后逐渐淤积、填充，到二里头文化四期基本填满。坑内存在二里头文化一期晚段到四期晚段的连续堆积，其中二里头文化二期的堆积是其内主要遗存。从 1 号坑周围铺垫的料礓石块及其内出土的以猪为主要祭品的祭祀遗存，推测该坑可能是二里头遗址宫殿区内一处专门用于祭祀的场所[①]。

现在，我们可以大体梳理一下宫殿区东部区域这些重要遗迹的始建与存续时间，具体如下。

（1）一期晚段：宫殿区东北部 1 号巨型坑一带开始有挖深坑取土的活动。

（2）二期早段：宫殿区东侧大路开始出现，3 号、5 号基址始建，院内贵族墓出现。1 号巨型坑已经形成，并开始存在居住等活动，且一直持续到二里头文化四期。

（3）二期晚段：3 号基址持续使用，仍有贵族墓埋入，偏晚阶段废弃。

（4）二三期之交：小型房址和灰坑等出现。宫城城墙建于大路内侧，开始形成墙外新道路。

（5）三期早段：4 号基址可能已兴建。

[①] 中国社会科学院考古研究所二里头工作队：《河南偃师市二里头遗址宫殿区 1 号巨型坑的勘探与发掘》，《考古》2015 年第 12 期，第 18—37 页。

（6）三期晚段：3号基址北院的大型池状遗迹被夯实填平，依托宫城东墙建起了2号基址。12号基址可能与其大体同时。

（7）四期早段：无大规模建筑活动。

（8）四期晚段：4号基址东庑至少在偏晚阶段废毁。4号基址主殿、2号基址沿用至本期段结束。6号基址在偏晚阶段依托宫城东墙兴建，但在该期段结束前即废毁。1号巨型坑基本填满。

2. 西南区域

这一区域内的核心遗迹是以1号基址为中心的大型夯土建筑群和宫城城墙。

关于1号基址的兴废年代，发掘者曾推断"这座宫殿建于三期之初，使用于三期之际，发展到四期被毁"[①]。

在1号基址区域内，有一组重要的层位关系，可以使我们对该基址的建造年代有更确切的了解。这就是墓葬62VM22与1号基址的关系。

墓葬M22位于1号基址东南角以外。发掘简报将其定为"晚期"即三期[②]，《报告》则改定为二期。近年来不少学者指出其应属三期（早段）[③]，是妥当的。从1号基址平面图[④]上看，该墓位于基址东南廊以外，似乎与基址没有直接的层位关系。《报告》在介绍该墓时也未述及层位关系。经查对发掘记录，该墓为所在探方62VT33⑥层所叠压，而⑥层又为1号基址台基边缘夯土所压（台基基槽大于其上建筑遗迹的范围）。记录将T33⑥层定为"二里头三期之前期"，即三期早段[⑤]。

由是可知，1号基址的建筑年代不早于T33⑥层和M22的年代即二里头文化三期早段，早不到三期初或二、三期之交[⑥]。

关于1号基址使用的下限年代，我们也指出二里头文化四期以灰坑为主的遗迹主要分布在1号基址院外，"四期晚段的遗迹也并未破坏1号基址建筑本体，或大规模占据基址院内的空间。就已发表的材料而言，可确认属四期晚段的遗迹甚至没

[①] 赵芝荃：《论二里头遗址为夏代晚期都邑》，《华夏考古》1987年第2期，第196—204、217页。
[②] 中国科学院考古研究所洛阳发掘队：《河南偃师二里头遗址发掘简报》，《考古》1965年第5期，第215—224页。
[③] 杜金鹏：《读〈偃师二里头〉》，《考古》2000年第8期，第93—96页；李志鹏：《二里头文化墓葬研究》，《中国早期青铜文化——二里头文化专题研究》，科学出版社2008年版，第1—123页；陈国梁：《二里头文化铜器研究》，《中国早期青铜文化——二里头文化专题研究》，科学出版社2008年版，第124—274页。
[④] 中国社会科学院考古研究所：《偃师二里头（1959年—1978年考古发掘报告）》，中国大百科全书出版社1999年版，第139页。
[⑤] 中国社会科学院考古研究所二里头工作队资料。
[⑥] 许宏：《二里头1号宫殿基址使用年代刍议》，《二里头遗址与二里头文化研究》，科学出版社2006年版，第64—77页。

有一处位于1号基址院内……没有证据表明进入四期晚段，1号基址已全面废毁。直至四期晚段，1号基址区域内并没有新筑建筑物，也从一个侧面表明上述遗迹均属1号基址使用时期的遗迹。"① 本轮发掘对1号基址西墙外2口水井的补充清理可以确证上述分析。最接近其使用时期的2口井的底部堆积中所出陶器，属二里头文化四期晚段。

总之，1号基址的始建年代不早于三期早段，在整个四期的时间里一直延续使用。与少见三期遗存的情况形成鲜明的对比，四期遗存反而比较丰富。考虑到二里头文化各期所跨时间一般仅有数十年②，除去三期早段，似乎四期才是其主要的使用时期。

在考察1号基址的总体布局时，我们注意到，1号宫殿基址的东北部向内凹进一角。凹进的这一区域东西宽20.8米，南北长47.8米，总面积约1000平方米。我们推测，这种建筑格局形成的最大可能，是这一区域系一极为重要的、不可压占的重要场所或已存在不可拆移的重要建筑物。由钻探结果知，这一带普遍存在二里头文化时期的垫土，而无建筑遗存发现。据此，推测这一区域应系一广场，其功能和性质还有待于进一步究明。

1号基址南的7号基址跨建于宫城南墙之上，应是一座大型门塾基址，它与1号基址组成另一组具有同一中轴线的大型建筑群。考虑到1号基址是二里头文化晚期最大的单体宫室建筑，7号基址很可能是宫城南墙上最重要的门塾基址。

另外，这一区域还发现了跨建于宫城西墙上的8号基址，和位于1号基址右前方的中型建筑9号基址。

除上述之外，在20世纪70年代的钻探中，已经发现1号、2号基址之间分布着若干处零星的夯土基址。而近来的钻探，又在这一区域发现有大面积的路土遗迹、数百平方米的卵石活动面（广场?）、若干条小型道路及数处夯土基址。新发现的小型道路一般宽5—6米，有的铺有卵石，见于2号基址南、北侧及1号基址周围等处。

至于以1号、2号基址为中心的两大中轴线规划的建筑群之间，是否还存在另外的大型建筑群，是今后有待究明的课题。

---

① 许宏：《二里头1号宫殿基址使用年代刍议》，《二里头遗址与二里头文化研究》，科学出版社2006年版，第64—77页。
② 测年专家给出的二里头文化最新年代数据是：一期，公元前1750—前1680年；二期，公元前1680—前1610年；三期，公元前1610—前1560年；四期，公元前1560—前1520年。参见仇士华《^{14}C测年与中国考古年代学研究》图5-4，中国社会科学出版社2015年版，第101页。

(二)贵族聚居区

位于遗址东部、东南部和中部（Ⅱ—Ⅸ区），即宫城周围。中小型夯土建筑基址主要发现于这些区域。如20世纪70年代Ⅲ、Ⅴ区普探中发现的30余处夯土基址①中的大部分，就较为集中地分布于宫城以东和东北一带，其面积一般在20—400平方米之间。在近年的钻探和发掘中，我们又在这一带发现了10余处中小型夯土基址，大型沟状遗迹等处还出土了玉石钺、玉琮、白陶器、陶水管残片等等级较高的遗物②。宫城以南、以西也均发现有夯土遗存。位于宫城西北的Ⅸ区也曾发现有面积逾200平方米的夯土建筑基址③。

1级墓葬（一般有木质葬具、铺朱砂，随葬铜器、玉器、漆器、陶礼器及其他奢侈品等）的分布与上述夯土建筑基址的分布大体一致。其中宫城东北的Ⅲ区和以北的Ⅵ区，是1级墓葬最为集中的2个区域（详见第八章第一节）。这些表明宫殿区以东区域应主要是贵族聚居区。

(三)围垣作坊区

铸铜作坊遗址位于宫殿区以南200余米处（Ⅳ区）、临近古伊洛河的高地上。遗址的面积约1.5—2.0万平方米左右（详见第五章第二节）。在作坊区南部发现壕沟遗迹1处，宽16米以上，深约3米，已知长度逾100米④。

近来又在宫殿区以南、铸铜作坊以北发现了一处绿松石器制造作坊，范围不小于1000平方米。就目前的发现看，绿松石作坊的存续年代至少自二里头文化二期晚段直至四期晚段。从现有出土遗物看，该作坊的主要产品是绿松石管、珠及嵌片之类装饰品⑤。

绿松石器制造作坊以北、宫城以南，新发现了向南呈圈围之势的夯土围垣设施的北墙和东墙北段。围墙分别沿宫城南大路的南缘和宫城东大路向南延伸部分的西缘而建，其东墙与宫城东墙在同一直线上⑥。它应该形成一个封闭的空间，绿松石器制造作坊在其范围之内，铸铜作坊也可能被圈围在内。

---

① 中国科学院考古研究所二里头工作队：《河南偃师二里头遗址三、八区发掘简报》，《考古》1975年第5期，第302—309、294页；中国社会科学院考古研究所：《偃师二里头（1959年—1978年考古发掘报告）》，中国大百科全书出版社1999年版，第18页。
② 中国社会科学院考古研究所：《二里头（1999—2006）》，文物出版社2014年版。
③ 中国社会科学院考古研究所二里头队：《1982年秋偃师二里头遗址九区发掘简报》，《考古》1985年第12期，第1085—1094页。
④ 郑光、杨国忠等：《偃师县二里头遗址》，《中国考古学年鉴·1984》，文物出版社1984年版，第128—129页。
⑤ 中国社会科学院考古研究所：《二里头（1999—2006）》，文物出版社2014年版，第337—338页。
⑥ 同上书，第332—337页。

2012—2013年，二里头工作队在作坊区西部发掘，发现了二里头文化时期墙垣（Q7）、道路、建筑、墓葬等遗迹。其中Q7位于作坊区的西侧，与宫城西墙（QW）方向大体一致，其东距宫城西墙的南向延长线17.5—20米。此段墙垣的始建年代不晚于二里头文化二期晚段，废弃于第四期晚段。对于其功能，存在两种可能性：其一，可能作为作坊区西侧的围垣设施；其二，为作坊区西侧另一处大型围垣设施的东墙①。

（四）祭祀活动区

位于遗址中、东部，宫殿区北和西北一带（Ⅵ、Ⅸ区南部）。这一带集中分布着一些可能与宗教祭祀有关的建筑和其他遗迹。主要包括圆形的地面建筑和长方形的半地穴建筑及附属于这些建筑的墓葬。目前已经掌握的范围东西连绵约二三百米②。

二 一般居住活动区

位于遗址西部和北部区域（ⅦⅢ区西部，Ⅺ、Ⅻ、ⅩⅣ、ⅩⅤ区及Ⅵ、Ⅸ区北部）。常见小型地面式和半地穴式房基及随葬品以陶器为主的小型墓葬。总体上看，这一区域的文化堆积不甚丰厚，且遭晚期遗存破坏严重，属遗址中心区以外的一般性居住活动区域。其中，属Ⅻ区的二里头村西北一带的文化遗存相对较丰富，或为一集中居住区③。

三 墓葬与其他手工业遗迹

据已发表的材料，迄今为止在该遗址上已发掘的二里头文化时期的墓葬达400余座。墓葬散见于遗址各处，一般与居住区无严格的区分。往往与早于或晚于它的二里头文化堆积相互打破叠压，说明墓地与居址随时间的推移可相互转换。同时，还常见墓葬分布于当时的居住区或日常活动区内，如路土之间、建筑的近旁、庭院内甚至房屋内的情况。迄今尚未发现集中分布而长期沿用的墓地（详见第八章第一节）。

---

① 中国社会科学院考古研究所二里头工作队：《河南偃师市二里头遗址墙垣与道路2012—2013年发掘简报》，《考古》2015年第1期，第40—57页。
② 郑光、杨国忠等：《偃师县二里头遗址》，《中国考古学年鉴·1986》，文物出版社1988年版，第146—147页；杜金鹏：《偃师县二里头遗址》，《中国考古学年鉴·1988》，文物出版社1989年版，第185—186页；郑光：《偃师二里头遗址》，《中国考古学年鉴·1996》，文物出版社1998年版，第167—168页；中国社会科学院考古研究所：《中国考古学·夏商卷》，中国社会科学出版社2003年版，第129页。
③ 许宏、陈国梁等：《二里头遗址聚落形态的初步考察》，《考古》2004年第11期，第23—31页。

3号基址院内发现的成组的二里头文化二期阶段的1级墓,是二里头遗址宫殿区首次发现的贵族墓,其性质还有待于进一步究明。此外,与3号基址一样,在5号基址的中院和北院院内也分别发现有二里头文化二期的贵族墓葬,墓葬内出土了绿松石器、漆器、白陶器等重要遗物[①]。

陶窑在遗址上分布较为分散,尚未发现成片的制陶窑址。与制作骨器相关的遗存(出有废骨料、骨器半成品和砺石的灰坑等)在多处地点都有发现,而以Ⅴ区、Ⅲ区和Ⅵ区的3个地点(宫城内东南部、宫城以东和以北)最为集中,其周围应有制骨作坊[②](详见第五章第二节)。

第三节 区域聚落形态

二里头遗址所处的洛阳盆地是二里头文化的核心分布区之一,通过对区域内二里头文化时期遗址分布状况的考察,可以探讨二里头遗址作为当时的都邑在区域内如何维持和运行,同时还可以研究二里头文化如何在洛阳盆地内出现并发展壮大,进而探讨早期国家是如何产生和发展的。

一 相关工作

二里头遗址所在区域——洛阳盆地的考古工作开展的较为充分。早在20世纪30年代,河南省的相关机构既已展开调查和发掘活动[③]。

1949年以来,中国(社会)科学院考古研究所及相关部门,河南省、洛阳市及郑州市的相关机构和北京大学等学术团体在洛阳盆地内开展了一系列的考古调查和发掘工作,这些工作的开展为区域文化谱系的建立奠定了基础。二里头遗址的持续发掘,为深入探讨该遗址的聚落形态演变和区域聚落布局奠定了基础。

1997—2007年期间,中国社会科学院考古研究所会同澳大利亚、美国等国家的相关大学和研究机构合组的伊洛河流域联合考古队、河南二里头工作队共同对洛阳盆地的中东部区域开展了大规模的区域系统调查,发现了大量先秦时期的遗址,其中包含

---

① 中国社会科学院考古研究所:《二里头(1999—2006)》,文物出版社2014年版,第642、991—998页;中国社会科学院考古研究所:《二里头遗址宫殿区2010—2011年度勘探与发掘新收获》,《中国文物报》2011年11月4日。
② 中国社会科学院考古研究所:《二里头(1999—2006)》,文物出版社2014年版,第1663页。
③ 欧阳哲生:《傅斯年全集》(第六卷),湖南教育出版社2003年版,第432页;河南省文物管理局:《河南文物工作50年》,文心出版社2000年版,第201页;李鉴昭:《偃师古迹记自序》,《河南省博物馆馆刊》1937年第7、8期,第151页。

二里头文化遗存的遗址数量达204处①。

区域系统调查的考古发现为研究和探讨区域聚落形态的演变、早期文明的产生过程和早期国家的复杂化进程提供了较为翔实的资料。

二 主要发现

自裴李岗文化晚期开始，该地区已经出现了许多聚落，其中不乏较大型聚落。经过仰韶时代和龙山时代，洛阳盆地进入了青铜时代。历次考古调查发现的青铜时代早期的遗存，主要属于二里头文化和二里岗文化。

根据调查资料可知，采集遗物较为残碎、难以确定具体属性，但大概率疑似包含二里头文化遗存的遗址计有60处；确定属于二里头文化，但是采集物不够典型，难以划分期段的遗址合计14处；其余130处遗址可确定属于二里头文化某一时期。以上共计204处（图4-3）。

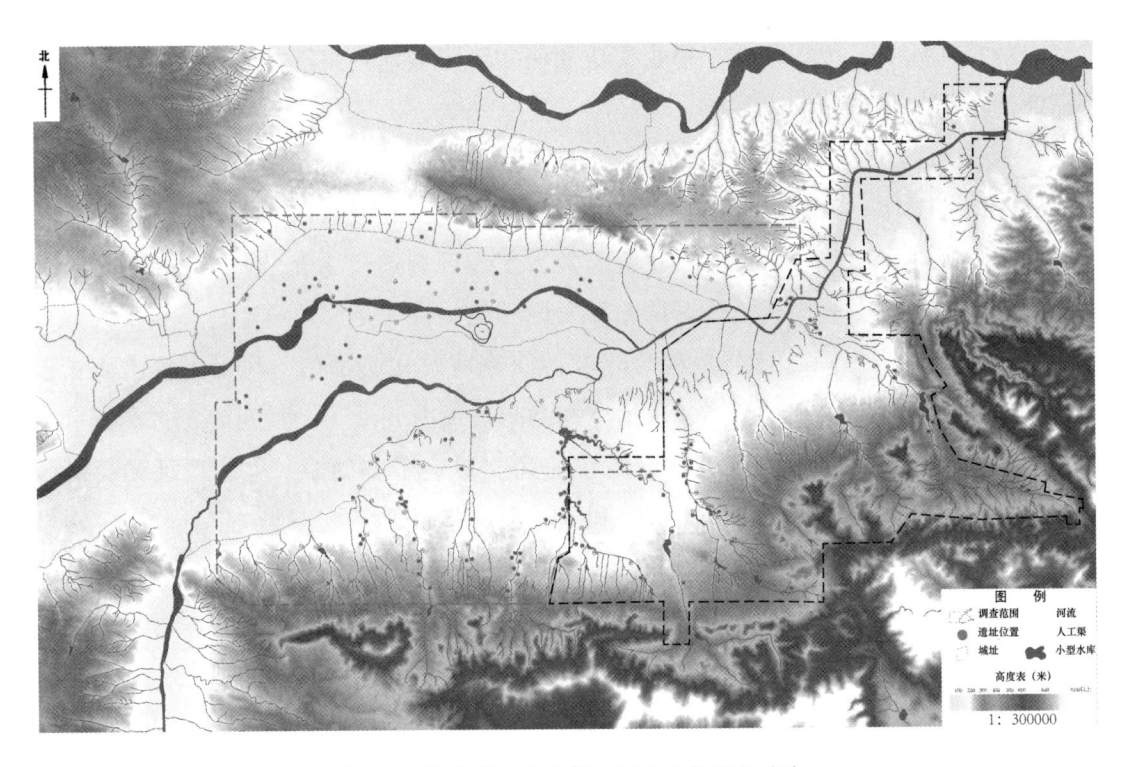

图4-3 洛阳盆地中东部二里头文化遗址分布

---

① 中国社会科学院考古研究所、中澳美伊洛河流域联合考古队：《洛阳盆地中东部先秦时期遗址——1997—2007年区域系统调查报告》，科学出版社2019年版。区域系统调查的资料均采自该报告，以下不再另行注明。

(一) 数量

从各期遗址的数量来看，自二里头文化一期开始，洛阳盆地内龙山时代晚期的遗址纳入二里头文化的范围，遗址数量在二期开始激增，增量约为320%；三期遗址的数量较第二期增加了21%左右；四期的遗址数量与三期大体持平（表4-1）。区域内二里头文化遗址数量的变化与二里头遗址自身规模变化的进程基本保持一致，也与二里头文化自身的产生和发展的步调相一致。

表4-1　　　　　　　　区域内二里头文化遗址数量统计表　　　　　　　　单位：处

分期	数量1（疑似）	数量2（确认）	合计
一期	6	13	19
二期	15	68	83
三期	5	95	100
四期	6	96	102

(二) 规模

遗址面积与规模的大小是聚落形态考察的重要指标，根据遗址规模的大小可以讨论聚落层级的分布，探讨区域社会的组织方式、运行模式。

调查区域发现的确认含有二里头文化一期遗存的遗址共13处[①]，主要集中在洛阳和偃师地区。可估算面积的遗址共12处，聚落呈四级分布：面积小于10万平方米的遗址共7处，平均面积为4.4万平方米；10—50万平方米的遗址共3处，平均面积为13.2万平方米；50—100万平方米的遗址共1处，面积为79.5万平方米；100万平方米以上的遗址1处，即二里头遗址（表4-2）。

确认包含二里头文化二期遗存的遗址共68处。可估算面积的遗址共62处，聚落呈四级分布：面积小于10万平方米的遗址共39处，平均面积为4.3万平方米；10—50万平方米的遗址共23处，平均面积为22.7万平方米；50—100万平方米的遗址共3处，平均面积为61.9万平方米；100万平方米以上的遗址1处，为二里头遗址（表4-2）。

确认包含二里头文化三期遗存的遗址共95处。可估算面积的遗址共86处，聚落等级呈四级分布：面积小于10万平方米的遗址共58处，平均面积为4.5万平方米；10—50万平方米的遗址共24处，平均面积为21.6万平方米；50—100万平方米的遗

---

① 以下统计仅选取可准确判定遗址年代或面积的数据，下文不再另行注明。

址共 3 处，平均面积为 61.9 万平方米；100 万平方米以上的遗址 1 处，即二里头遗址（表 4-2）。

二里头文化四期遗存的遗址共 96 处。可估算面积的遗址共 88 处，聚落呈四级分布：面积小于 10 万平方米的遗址共 60 处，平均面积为 4.4 万平方米；10—50 万平方米的遗址共 24 处，平均面积为 24.5 万平方米；50—100 万平方米的遗址共 3 处，平均面积为 61.9 万平方米；100 万平方米以上的遗址 1 处，依旧为二里头遗址。

表 4-2　　　　　　　　　　二里头文化遗址面积统计、分类表　　　　　　　　　单位：处

	第四等级	第三等级	第二等级	第一等级	合计
	<10 万平方米	10—50 万平方米	50—100 万平方米	>100 万平方米	
一期	7	3	1	1	12
二期	39	19	3	1	62
三期	58	24	3	1	86
四期	60	24	3	1	88

（三）空间分布

二里头文化时期的遗址在洛阳盆地内分布十分普遍，在古伊、洛河及合流后的伊洛河两岸的二级阶地分布最为密集（图 4-3）。

伊、洛河之间的夹河滩东部和伊河南岸的西段为洛阳盆地的一级阶地，地势低洼，是洛阳盆地内最低的部分，长期受到洪水的威胁，除毗邻二级阶地的少许遗址点外，基本不见遗址分布。二级阶地是盆地的主体部分，宽度达 5—10 千米，是人类活动的主要区域，二里头文化时期的遗址多数分布在二级阶地的范围内；三级阶地在洛阳盆地的南北两侧广泛分布，以南侧为甚。南侧万安山山前洪积坡地也是二里头文化遗址的密集分布区（图 4-3）。

二里头文化一期的遗址主要散见于伊河及其支流两岸（图 4-4）；二期时伊、洛河北岸，袁沟、沙河、浏涧河、马涧河、干沟河两岸遗址数量剧增，坞罗河流域也零星地出现了聚落点（图 4-5）；三期时，伊河南部的浏涧河、马涧河及干沟河两岸遗址数量继续增加，洛河及伊河北岸遗址数量变化较小（图 4-6）；四期同三期遗址分布情况基本一致（图 4-7）。

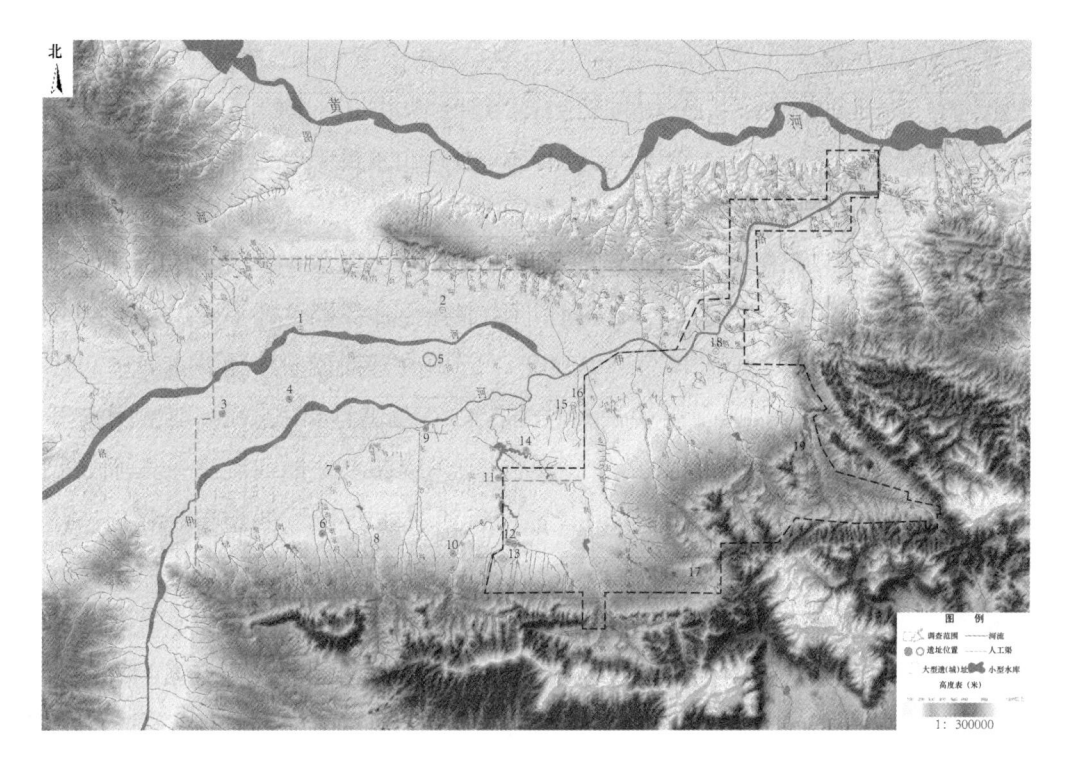

图 4-4 二里头文化一期遗址分布

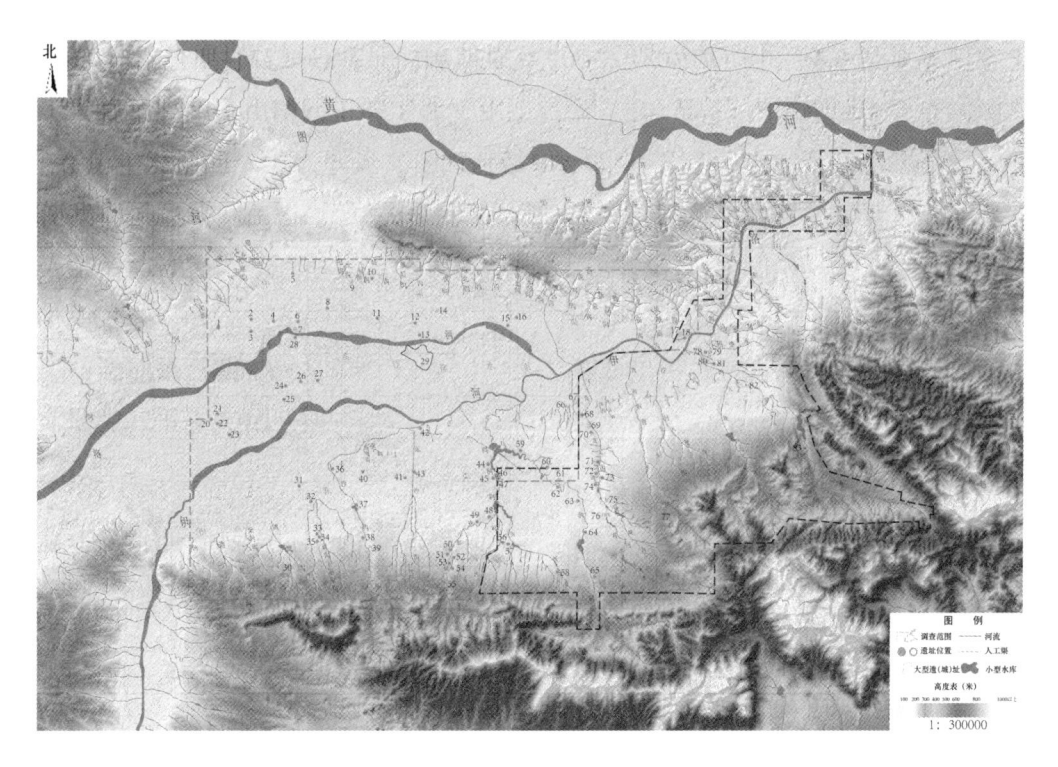

图 4-5 二里头文化二期遗址分布

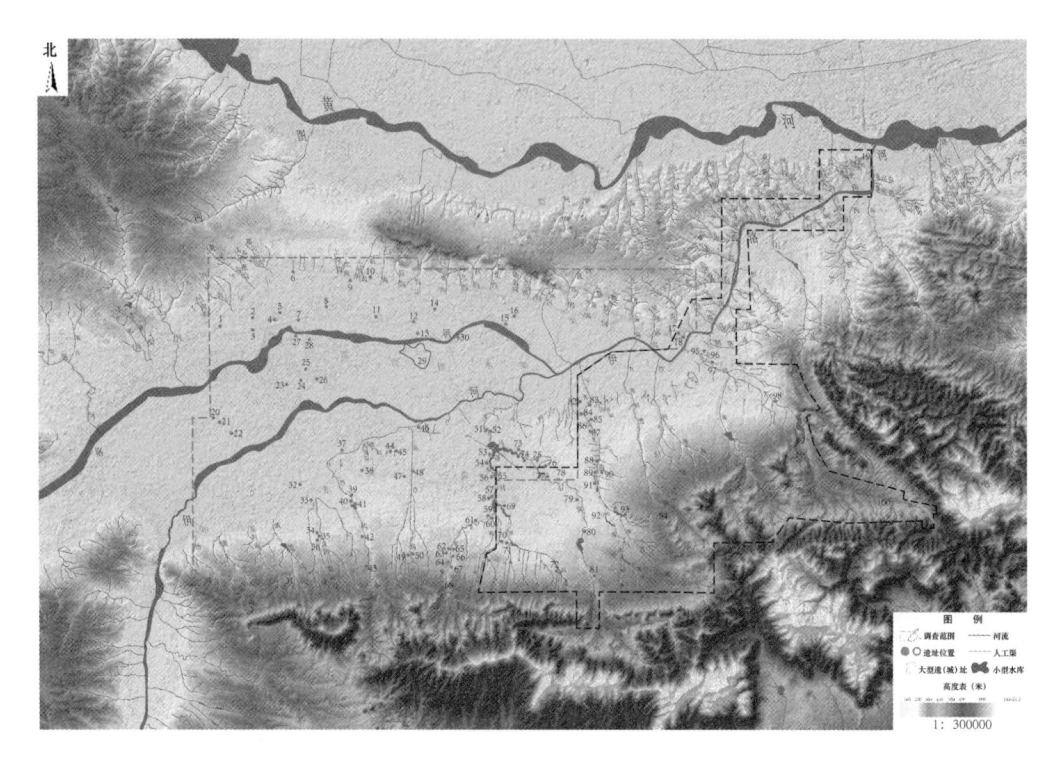

图 4-6　二里头文化三期遗址分布

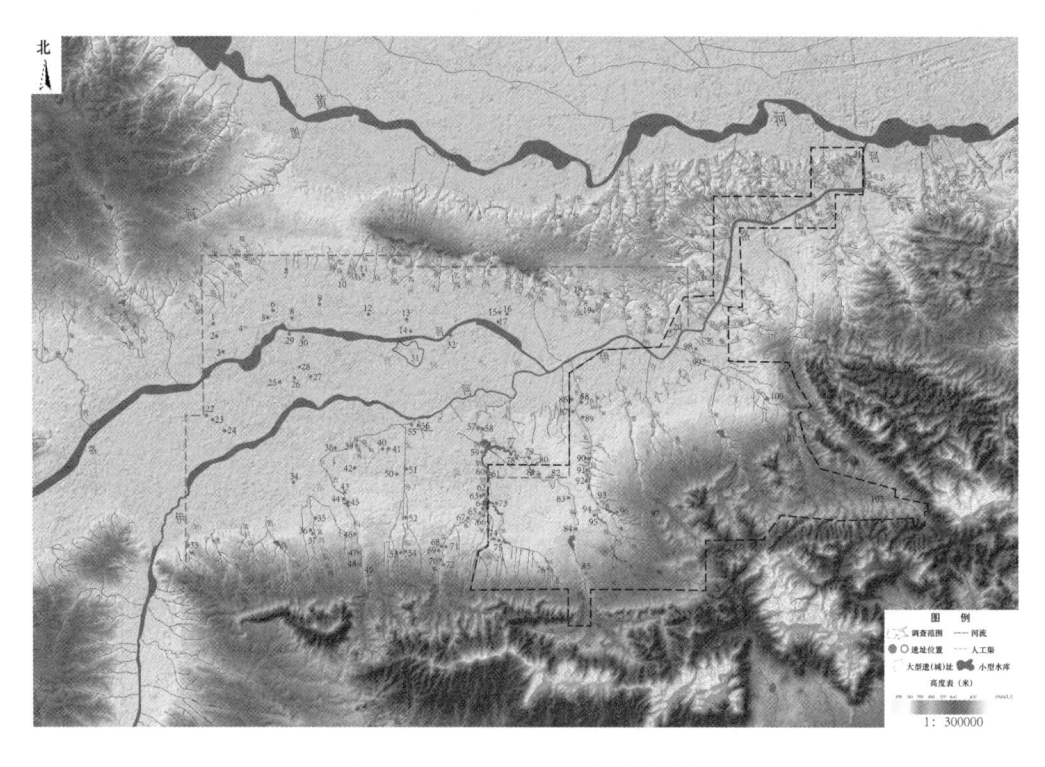

图 4-7　二里头文化四期遗址分布

从遗址所在的海拔高度来看，从二里头文化一期至四期，遗址主要分布于海拔100—200米的地区，但随着洛阳盆地遗址数量不断增多，从二期开始，分布于海拔200米以上区域的遗址数量也在不断增多（表4-3）。

这种状况表明区域内因为人口的增加，区域内居民对土地资源的需求增加，开始开发较高海拔地区的土地，这一状况与二里头遗址环境考古结果显示的气候与农作物种植情况相匹配。

表4-3　　　　　　　　　二里头文化遗址海拔高度统计、分类表　　　　　　　　　单位：处

	100—200米	>200米
一期	10	3
二期	54	14
三期	73	22
四期	74	22

三　聚落形态揭示的区域社会

宏观聚落形态是重建古代某一区域社会史的有效手段。在上文对洛阳盆地二里头文化时期聚落数量、规模及空间分布分析的基础上，可以进一步获取与这一区域相关的政治组织、人口规模及其变迁、资源的流通与利用等方面的社会信息。

（一）聚落分层

二里头遗址的大型建筑、高规格墓葬、精美铜器和玉器的发现，表明二里头文化的社会复杂化程度已经较高。区域内发现的二里头文化遗址的规模也与二里头社会的复杂程度相匹配。

其中，在二里头文化一期时，区域内的遗址点较少，但是面积逾100万平方米的二里头遗址已经出现，四级聚落体系已经基本建立。二里头文化二期时，随着二里头遗址规模的剧增及二里头文化范围的扩张，区域内二里头文化遗址点的数量急剧上升，四级聚落体系渐趋完善。第一等级遗址依旧只有二里头遗址，第二等级遗址增加了2处，第三和第四等级遗址数量分别增加了16处和32处；二里头文化三期时遗址数量继续增加，大型聚落即第一及第二等级聚落数量大体保持不变，但中小型聚落即第三及第四等级聚落数量分别增长了1处及21处；二里头文化四期与三期相比，聚落数量基本维持不变，但第四等级聚落数量增加了2处。

四级聚落体系从一期的初步确立到二期逐渐完备，此种状态一直延续至四期。二里头遗址作为区域内的最高等级聚落，是区域的政治、宗教和经济中心，次级中心如

面积在 50 万平方米之上的景阳岗、黑王和高崖西遗址，则作为小范围的地区中心（次级中心）承担资源获取、军事防卫等功能。在稳定的聚落分层体系中，"基层聚落"的数量在二里头文化快速发展的二期和三期表现出明显的增加，而金字塔式的聚落体系之中，中心聚落的建设、贵族阶层的维持所带来的不断上升的资源需求要求更多的基层供应，是二里头文化四级聚落体系赖以存在的基础。

洛阳盆地内以二里头遗址为核心和最高等级的聚落体系的确立，是二里头文化在区域社会产生的根基，也是该文化自二期开始向外发展的基础，同样四级聚落体系的崩塌也是该区域出现文化更替的表现，客观上表明了该区域由之前以二里头遗址为都邑的中心区变为以偃师商城遗址为区域中心的二里岗文化的附属区。

（二）社会整合

人口是一个农业社会赖以存在的基础，人口数量的急剧变化会催生一个新的社会，同样也会带来区域原有社会体系的崩塌。而人口数量变化的直接反映就是区域内聚落数量和规模的急剧变化。

区域系统调查的结果表明，龙山文化晚期和二里头文化一期之间、二里头文化四期和二里岗文化早期之间，区域内的遗址数量和规模发生了较大的变化。

1. 人口聚合

调查结果显示，区域内可以确认的龙山文化晚期的遗址数量约为 162 处，二里头文化一期的遗址数量降至 19 处，其间有近 90% 的数量减少。龙山晚期形成的三级聚落体系中，遗址规模超过 50 万平方米以上的 3 处大型聚落中仅高崖西遗址一直延续至二里头文化时期，其他大、中型遗址绝大多数都消失了。二里头文化一期构建的四级聚落体系中，其他层级的聚落数量虽然较少，但是二里头遗址的面积迅猛增加至 100 万平方米以上。

二里头文化一期时中心遗址规模的增大和区域内遗址数量的减少貌似矛盾。我们推测该现象背后应该隐藏着其他原因，大体有以下几点：首先，在考古学文化属性判定的方面，王湾三期（煤山二期、新砦二期阶段）等龙山晚期的考古学文化或类型与二里头文化一期在陶器特征上难以遽然分开，不同地区的这一时间段甚至在绝对年代上有所重合，导致相当部分的二里头文化一期遗址被误认为龙山晚期的遗址，进而得出了龙山晚期与二里头文化一期遗址数量上有巨大的落差的认识；其次，不同地区从龙山晚期的考古学文化演变为二里头文化存在着一定程度的不同步，这一差异在嵩山南北区域表现得较为突出，嵩山东南部的新砦期可能是两个阶段转变的体现，而嵩山以北的洛阳盆地内则有可能直接从龙山晚期演变为二里头文化二期，仅在大型遗址中存在着具有二里头文化一期特征的陶器群；第三，在考古学文化发生更替的这一过程中，不一定存在着跨区域的大规模的人群迁移，而人群的迁徙可能只在社会的上层中发生，致使陶器面貌没有发生较大幅度的变化。

若二里头文化一期时聚落数量真为19处的话，那么很难解释为何在聚落数量如此之少的二里头文化一期，洛阳盆地内的聚落等级还能由三级聚落体系演变为四级聚落体系，表现出愈加复杂的聚落分层和社会结构。我们推测，遗址数量的减少除了上述原因之外，还可能是由于二里头遗址城市化过程所带来的，这种聚落的集中更大可能是通过区域人群的重组来实现的。二里头文化一期时能够在短时间内集中人力建立二里头都邑聚落并开始投入生产各种高等级的手工业制品，必然得益于龙山晚期的积累。嵩山以南以煤山二期文化和新砦期为代表的龙山时代晚期文化积累了深厚的手工业生产经验和社会组织经验，以新砦二期文化为基石逐渐发展起来的二里头一期文化像一个"站在巨人肩膀上的伟人"，承继了龙山时代晚期的技术精髓并继往开来创造了自身发达的手工业产业生产体系与高等级器物群。不论是人群的重组、农作物种植，手工业生产，跨区域资源通道的完备，国家层面的社会动员和管理体系的建设都是二里头国家赖以出现和发展的前提。

在二里头都邑出现和发展的这一过程中，洛阳盆地的中心地带相应地出现了不少次级中心聚落，以二里头遗址为核心，较大型的遗址相隔一定距离，均匀分布，总体呈现大的网状结构①。其中巩义稍柴遗址，地处洛阳盆地东部交通要道，面积60万平方米，为二里头文化的次级中心之一，可能行使拱卫首都、资源中转的职能②；而大师姑城很可能是二里头都邑设置在东境的军事重镇之一。以聚落体系为表现的国家体系的建设是二里头文化在区域内发展，并实现跨地理单元跃升的最为坚实的基础。

2. 人群离散

二里头文化四期晚段，郑洛地区的聚落格局发生了极大的变化，偃师商城宫殿区和小城开始兴建，大师姑城址废弃，郑州一带出现了面积达80万平方米的聚落③。伴随着这一格局的出现，洛阳盆地内原有的二里头社会逐渐崩塌。

考古调查的结果表明，区域内二里岗文化早期的遗址数量为45处，较二里头文化四期的102处减少了57处，有55.8%以上的数量减少。聚落数量的大规模减少，

---

① 许宏：《二里头文化聚落动态扫描》，《早期夏文化与先商文化研究论文集》，科学出版社2012年版，第31—44页；[日]大贯静夫：《〈中国文物地图集·河南分册〉を読む——嵩山をめぐる遺跡群の動態》，《住の考古学》，同成社1997年版，第139—154页。
② 陈星灿、刘莉等：《中国文明腹地的社会复杂化进程——伊洛河地区的聚落形态研究》，《考古学报》2003年第2期，第161—218页。
③ 许宏：《二里头文化聚落动态扫描》，《早期夏文化与先商文化研究论文集》，科学出版社2012年版，第31—44页。

是区域内社会重组的直接体现。

上文中我们曾述及，相较于龙山晚期，二里头文化一期时也出现了聚落数量大规模减少。不同时间节点遗址数量减少的原因既有相似的一面，也有不同的一面，相似的一面为源自考古学文化转变期遗存性质判断所面临的困境。从多地发现的二里头文化四期和二里岗文化早期遗存共存的状况来看，二里头文化四期晚段同以偃师商城一期（1、2段）为代表的二里岗文化早期早段存在着一定程度的时间上的重合，因此在对遗存进行文化属性判定之时，很难将确属二里头文化四期晚段的遗存和二里岗文化早期偏早阶段的遗存进行绝对的区分，由此可能会得出二里岗文化早期遗址数量急剧下降的判断。其次，由于考古学文化滞后性，除了偃师商城遗址这种区域中心性遗址以外，其他遗址文化面貌的变化明显较慢，这样就造成了在相当数量的遗址内，进入二里岗文化阶段以后，在陶器面貌上仍然具有二里头文化四期的遗物特征和陶器群，最直接地体现为二里头遗址内发现的二里岗文化时期的遗存多具备以偃师商城第5段为代表的二里岗文化晚期的特征，二里岗文化早期特别是早段的遗存反而比较少见。而不一样的原因可能是二里头文化四期晚段，区域内二里头文化的原有人群经历了新一轮的整合，除了部分汇集至偃师商城遗址外，还有相当数量的人群实现了跨区域的迁移，汇集至郑州商城等区域，直至二里岗文化晚期，低等级遗存如小型房址、灰坑和墓葬等集中出现在原二里头都邑宫殿区一带，叠压打破了二里头文化的宫殿基址[①]，区域内文化和人群的整合才彻底完成。而在偃师商城和郑州商城遗址，大规模的城址建设和高等级手工业作坊的生产和使用方面所显现出来的技术和组织特征的延续性也是区域内人群迁徙的直接体现。至此，洛阳盆地内原有的社会体系被完全打破，新的社会体系得以重构。

3. 资源获取和利用

区域考古调查的结果显示，二里头文化核心区内的聚落除了在规模上有差异外，不同遗址在整个社会体系中扮演着不同的角色，发挥着不同的功能。区域内不同层级的聚落除了给中心聚落提供所需的人力支撑和食物供给外，还在手工业生产的不同环节发挥着不同的作用。比如区域内的灰嘴遗址为二里头社会提供石器生产的原料、半成品或成品。其他遗址在陶器生产和骨制品等加工等方面也扮演着相应的角色。

二里头文化构建的四级聚落体系，随着二里头文化从二期开始的大规模扩张也被复制到其他区域，而新的拓展区也成为二里头社会获取资源的基地，如晋南地区的铜矿资源、豫西南地区的绿松石资源和玉、石器资源等。

---

① 许宏、刘莉：《关于二里头遗址的省思》，《文物》2008年第1期，第43—52页。

以四级聚落体系为表征的二里头社会的形成是新石器时代以来社会复杂化程度加深的产物，与四级聚落体系互为表里的，以等级差别为特征的复杂社会的建立是二里头文化在早期国家发展过程中的成功尝试，这一社会特征通过礼仪制度确立，经由礼仪用器表达，被后续的青铜文明——二里岗文化、殷商文化及西周文化继承发扬光大。

第五章

遗迹所见生产与生活

第一节 大型工程遗迹

大型工程遗迹指的是二里头遗址中心区的主干道路网络、大规模夯土围垣设施、大型夯土建筑群以及大型沟渠、坑池类遗迹（图5-1）。

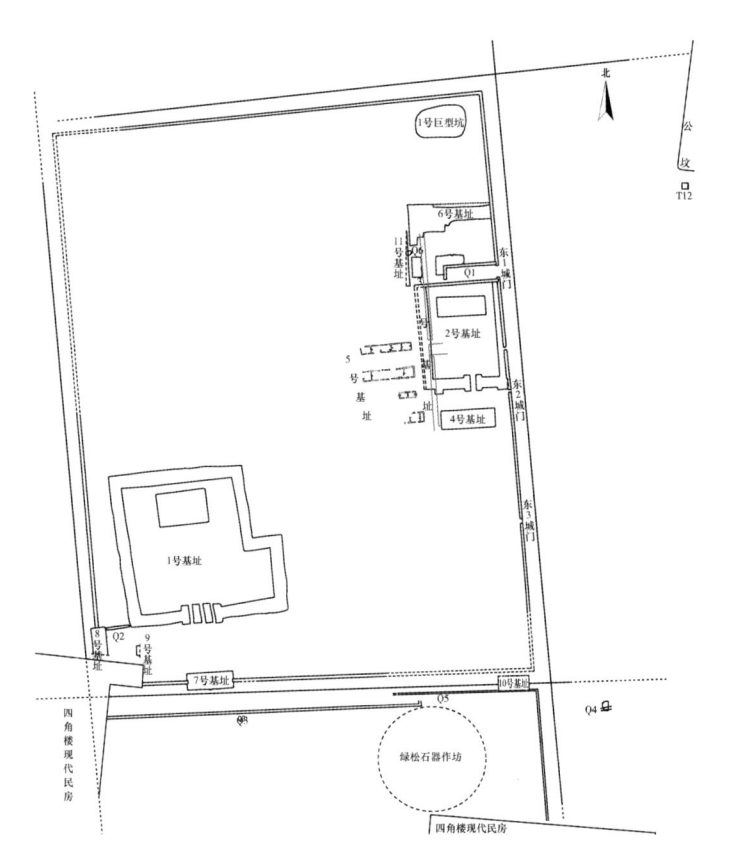

图5-1 中心区主要遗迹分布图

一 中心区主干道网与车辙

中心区已发现2条南北向、2条东西向道路，纵横交错呈井字形，构成中心区主干道路网络。

这些大路的走向与大中型建筑基址的方向基本一致，其围起的空间恰好是勘探发掘所知大中型夯土建筑基址的集中区。在这其中，发现了中国最早的中轴线布局的大型"四合院"式宫室建筑群，以及中国最早的多进院落宫室建筑群，应属宫殿区，面积逾10万平方米。这4条大路构成了二里头都邑功能分区的重要界限，形成"九宫格"的宏大格局。祭祀区、宫殿区和官营作坊区这三个最重要的区域恰好在"九宫格"的中路，宫殿区位居中心。宫殿区外围、道路内侧是中国最早的"紫禁城"——宫城的城墙。宫殿区的周边，还有贵族的居址及墓葬。祭祀区、贵族聚居和墓葬区、制造贵族奢侈品的官营手工业作坊区，都拱卫在宫殿区的周围。

这4条道路自二里头文化二期早段至晚段先后形成，二期晚段之末在其内侧修建了宫城城墙之后，在宫城城墙内、外两侧分别形成了使用时期的道路，后者一直延续使用到四期晚段。

保存最好的宫殿区东侧大路，已探明的长度近700米。早期路土宽度在20米左右；二里头文化二期晚段之末在大路上偏内侧建成宫城东墙后，又在外侧的早期路土上形成了宫城使用时期的路土。晚期大路路土宽度缩至10余米。早晚期大路的路土层均较薄，每层厚约2—6厘米，个别达10厘米左右。

宫殿区西侧大路被破坏较多，残存长度仅200余米，早期路土的宽度在12米以上。宫殿区北侧和南侧的东西向大路，与前述南北向大路垂直相交，两者已探明的长度均超过300米。其早、晚期路土的情况，与东侧大路略同。

此外，在宫殿区范围内的多处地点，如宫殿区东部的早期建筑3号、5号基址之间，晚期建筑2号、4号、6号和11号基址之间，宫城西墙与1号基址之间以及宫城中部一带，都发现了道路遗迹，但受工作范围所限，尚不清楚这些道路的分布范围。

在南侧大路的早期路土中，发现南、北两道大体平行的东西向凹槽痕迹，应为车辙痕迹（图5-2）。南辙方向近90度，发掘部分东西长5米，向东、向西伸出探方以外，槽宽0.3—0.36、深0.09—0.14米。北辙凹槽中间有间断，发掘部分东段方向为84度，南北宽0.26、东西长超过0.58米，向东伸出探方以外，深0.07—0.14米。西段方向为85度，南北宽0.24—0.38、东西长2.1米，向西伸出探方以外。凹槽内的土质均较硬、酥，表明经过长期碾压。两槽东、西走向均略有曲折，因此南、北两槽中心的距离有所不同，东段为0.88—0.92米，西段为0.94—1.02米。

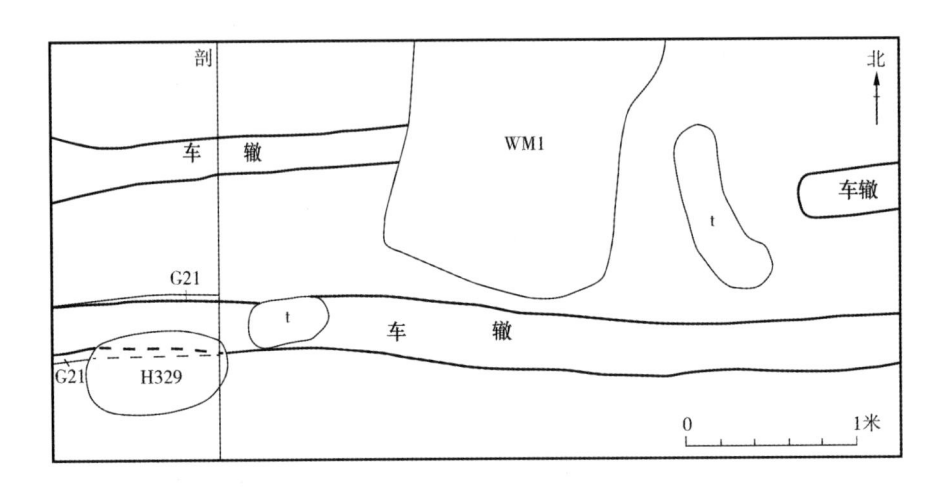

图 5-2 宫殿区南侧道路与车辙平面图（2003YLⅤT61）

二 围垣设施

围垣设施目前共发现 3 处，分别为宫城城墙、作坊区围墙、作坊区以西另一区域的东墙。

（一）宫城城墙及城门

组成宫城的 4 面围墙分别修建于二里头遗址中心区早期的四条主干道路之上，靠近内侧，使二里头文化二期之末以四条大路为界的宫殿区形成了一个封闭的空间。宫城大致呈纵长方形，四面围墙圈围起的面积约 10.8 万平方米。

宫城四个拐角中仅残存东北角，东南、西北角被破坏，西南角为民房所压。东墙（QE）方向 174.5 度，西墙（QW）方向 175 度，南墙（QS）方向 88 度，北墙（QN）方向 84.5 度。东、南、西、北四面城墙的残长分别为 339、166、150、150 米，复原长度分别约为 378、295、359、292 米。

宫城东墙、北墙和南墙一般无基槽，平地起建。墙体上部宽度多为 1.7—2.2 米，少数地段仅宽 1.2—1.3 米，而局部最宽可达 2.3 米；底部略宽，多数地段宽度为 1.9—2.5 米，最宽达 2.75 米；残存高度在 0.1—0.65 米之间。宫城西墙有基槽。基槽挖断了早期道路的内侧，底部略深于早期道路的底部。基槽上部残宽约 2.4 米，下部残宽 2.4—2.5 米，残深 0.38—0.54 米，槽底不平。因被严重破坏，未发现基槽以上的墙体。

宫城东墙、北墙、南墙的墙体夯土呈红褐色，较纯净，夯层厚薄不甚均匀，厚 4—12 厘米，一般为 8—10 厘米。夯层较为明显，但由于重复施夯，夯窝个体不清，解剖中仅在个别地方能见到清晰的成组夯窝。夯筑质量逊于宫殿区同时期的大型夯土基址。在东墙和北墙的部分地段，发现夯土墙体两侧有平行的黄褐色软土竖槽，一般宽 0.10—0.12 米，深 0.35—0.45 米。竖槽上或外侧还间或见有柱洞，柱洞一般略深于夯土底面，部分柱洞内残留木灰痕迹。竖槽和柱洞应是夯筑宫城城墙时所用夹板和固定木板的木柱遗痕。两侧有竖槽和柱洞的地段的宫城城墙夯土，两侧近于竖直。宫城西墙的夯土质量好，夯窝明显，夯窝直径 3.4、深约 0.5—0.7 厘米，夯具或为 7 根捆成一束的木棍，中间 1 根，四周 6 根。

2 号和 6 号基址均使用宫城东墙作为基址的东墙，但均重新修整、增建，即将原来的宫城东墙夯土挖至近底处，在上面加宽、加高重新夯筑。

宫城城墙修建于二里头文化二期晚段之末，一直延续使用到四期晚段。

宫城城门发现 5 处。其中 3 处位于宫城东墙上，分别编号为东 1—东 3 城门，分别位于 2 号基址与 6 号基址之间，2 号基址与 4 号基址之间，以及宫城东南部。宫城南墙跨建于 7 号基址东、西两端，8 号基址建于宫城西墙南段上，7 号和 8 号基址或有门道的作用。

宫城东 1 城门挖建于晚期宫城东墙夯土上，仅残留路土、门柱等部分。

门道路土分布于 2 号基址北墙与 6 号基址南墙 Q1 之间的宫城东墙夯土上及其东西两侧，宽约 9.6 米，发掘部分长约 6.3—7.0 米，有的部位还铺垫有大小不一的鹅卵石，层次清楚，土质坚硬。门柱残留有 5 个。东 1 城门的时代为二里头文化四期晚段。

东 2 城门位于 2 号基址东墙南侧，挖建于宫城东墙夯土及其下的早期路土上，仅残留叠压于宫城东墙上的门址和门址东侧的 2 个柱坑、西侧的 3 个柱洞。门址位于一个挖建于东墙夯土之上的基坑内，上层的路土已被破坏，基坑呈南北较长的近似圆角梯形，西缘距城墙夯土西缘约 0.15 米，东缘距城墙夯土东缘约 0.5 米，自身南北长 3.35—3.4、东西宽 1.1—1.2 米。坑内填土为灰褐色，土质略硬。内有南北一排 4 个石块（自南向北编号为石 1—石 4），石 1—石 4 中心的间距分别为 0.8、0.73、0.73 米，叠压石块的填土中未见有柱洞痕迹。推测东 2 门址的时代不早于二里头文化四期，至迟在二里岗文化晚期废弃。

东 3 城门位于 2003ⅤT53 南部，挖建于宫城东墙南段夯土及其下的早期路土上，仅残留路土及其基槽、门柱。两个基槽东西并列，西侧基槽平面形状为近似圆角长方形，南北残长 3.15、东西残宽 1.8—2.4 米。东侧基槽因被破坏较严重，平面形状不明，南北残长 2.1、东西残宽 1.25 米。基槽内大部分以红烧土铺垫，土质较坚硬。门柱见于宫城东墙东侧，由一夯土柱坑和一柱洞组成。东 3 城门的时代为二里头文化三期至四期。

（二）作坊区围墙

围垣作坊区位于宫殿区以南，已发现的围墙位于整个作坊区的北部，主要包括营建于不同时期的两段墙体：始建于二期的 5 号墙（Q5）和四期的 3 号墙（Q3）及其使用时期的路土。

5 号墙位于作坊区东北角，由垂直相交的东墙北段、北墙东段和东北拐角组成，其中北墙与宫城南墙隔路相望，大体平行，东墙位于宫城东墙的南向延长线上。东墙南北长度已达 88 米，且继续向南延伸；北墙与宫城南墙大体平行，两者之间由道路隔开，方向约 88 度，东西长度已达 92.5 米，且继续向西延伸。上部距地表 0.13—0.72、残宽 0.3—1.5 米，底部残宽 1.5—2.43 米，残高多在 0.20—0.48 米。5 号墙多数地段直接建于生土之上，仅有墙体而无基槽。5 号墙东侧的道路即是宫城东墙外的道路，北侧的道路即是宫城南墙外的道路。

该墙的始建年代为二里头文化二期，至少东部地段延续使用至二里头文化四期或稍晚。尽管这一垣墙的其余部分的情况尚不得而知，但该墙对分布于其南侧的绿松石器作坊和更南的铸铜作坊遗存呈围合之势，应是作坊区围垣的一部分。

3 号墙（Q3）位于 Q5 北墙以南约 7 米余，与其大体平行，隔宫城南墙外的道路与宫城南墙相望。3 号墙方向 88 度，已发掘可确认的部分长 212 米。经钻探，2004ⅤT83 以西至现代建筑之间均有与 Q3 的土质、土色、宽度、走向相同的夯土墙，应为 Q3，再向西被现代建筑所压，情况不明；东端止于 2004ⅤT85，向北拐折。3 号墙由墙体、基槽两部分组成。墙体上部残宽 1.43—1.86 米，最宽处达到 3.06 米；底部残宽 1.90—2.18 米；残高多在 0.40—0.60 米，最高达 0.96 米。夯土呈红褐色或黄褐色，夹大量酱褐生土颗粒。墙体为平夯筑成，夯层清晰，不同地段夯层数量不一。层厚多在 3—10 厘米，最厚的每层厚达 18 厘米。夯土质地坚硬，多数地层夯窝明显，为集束夯，重复施夯。夯窝每 7 个一组或 9 个一组。基槽结构不甚规整，多数地段呈上端略宽、下端略窄的倒梯形，少数地段一侧壁较直、另一侧壁较斜，底部近平。基槽多为平夯筑成，夯层清晰，夯土质地坚硬，部分部位可见夯窝，夯层、夯窝情况和墙体的大致相近。基槽中还有铺垫多层鹅卵石以加固基础的现象。

因始建年代为二里头文化四期晚段，推测该墙应为围垣设施北墙的加固增筑部分。

（三）作坊区以西墙垣

作坊区以西墙垣（Q7）方向 355 度，与宫城西墙（QW）大致平行，位于后者延长线以西 17.5—20 米，其东侧即为井字形道路系统的西侧南北向道路。墙体被破坏较多，经钻探知残存长度约 147 米，复原长度约 228 米。墙体直接建在生土之上，宽度不一，最宽 1.46 米。残存厚度约 0.5 米，每层厚度多在 0.08—0.10 米，夯筑质量较好，尤其是最下层的，隐约可见夯窝。始建年代不晚于二里头文化二期晚段，废弃年代为四期晚段。墙垣 Q7 可能是作坊区西侧另一大型围垣设施的东垣。

三 夯土建筑（群）

夯土建筑主要分布于宫殿区，其中钻探出数十块夯土，共发掘编号 12 座大中型夯土建筑基址。其中的 9 座基址，以 1 号、2 号基址为中心，形成了 2 个大的建筑群。我们称其为宫殿区西部建筑群和东部建筑群。在与Ⅴ区相邻的Ⅲ、Ⅵ、Ⅸ区，也有大、中型的建筑。中型建筑基址主要发现于Ⅲ、Ⅵ、Ⅸ区。

（一）宫殿区西部建筑群

西部建筑群（图 5-3）集中分布于宫城的西南部，包括 1 号、7—9 号基址 4 座建筑和 2 号墙（2004ⅤQ2）。其中 7 号基址位于 1 号基址正南方的宫城南墙上，二者共有一条中轴线。

1 号基址是宫殿区西部基址群的核心建筑，由四围廊庑和围墙、主体殿堂、宽阔的庭院和正门门塾等单元组成，规模宏大，结构复杂，布局谨严，主次分明。方向 172 度。东北部向西南凹进一角，凹进部分东西宽 20.8 米，南北（东边北段）长 47.8 米。台基西边长 98.8 米，北边长 90 米，东边南段长 48.4 米，总长 96.2 米，南边长 107 米，总面积达 9585 平方米。台基面大体平整，高出当时地面约 0.8 米。外围是廊庑与围墙。其中北、东、南三面廊庑都有内、外廊，中间以木骨墙相隔，墙内外各有成排的廊柱，形成宽约 3 米的廊道。西庑则只有内廊而无外廊，廊道宽约 6 米。廊柱间距均为 3 米余。主体殿堂位于台基北部正中，凸出于台基面之上，东西长 36 米，南北宽 25 米，面积 900 平方米。由主殿台基夯土面上发现的柱洞数量和布局判断，主殿应是面阔八间、进深三间的双开间四坡出檐式建筑。主殿南距大门约 70 米，堂前是平整宽阔的庭院，面积约 5000 平方米。1 号宫殿正门在南庑的中部，对应主体殿堂。门道下面有长方形的基座。基座东西长 28 米，南北宽约 13 米，面积为 364 平方米。门址上残存的建筑遗迹有柱础和墙基，纵贯建筑有 3 条门道，宽约 2.5—3 米。门道外的路面向南倾斜延伸。3 条门道将基座形成四个隔断，形成三条通路和四座塾房的格局，形制相当宏伟。

1 号基址始建于二里头文化三期之初，使用至四期晚段，废弃于四期晚段。

7 号基址（图 5-4）位于 1 号基址正前方，两者相距 31.8 米。宫城南墙嵌建于 7 号基址东、西两端，推测 7 号基址应为宫城南门的门塾建筑。7 号基址由台基、基槽及其外围路土组成。台基遭破坏较为严重，仅东部边缘处残留少许。上部为红褐色夯土，土质较硬。台基东侧的边缘较基槽口部内收 0.42 米。基槽平面呈圆角长方形，

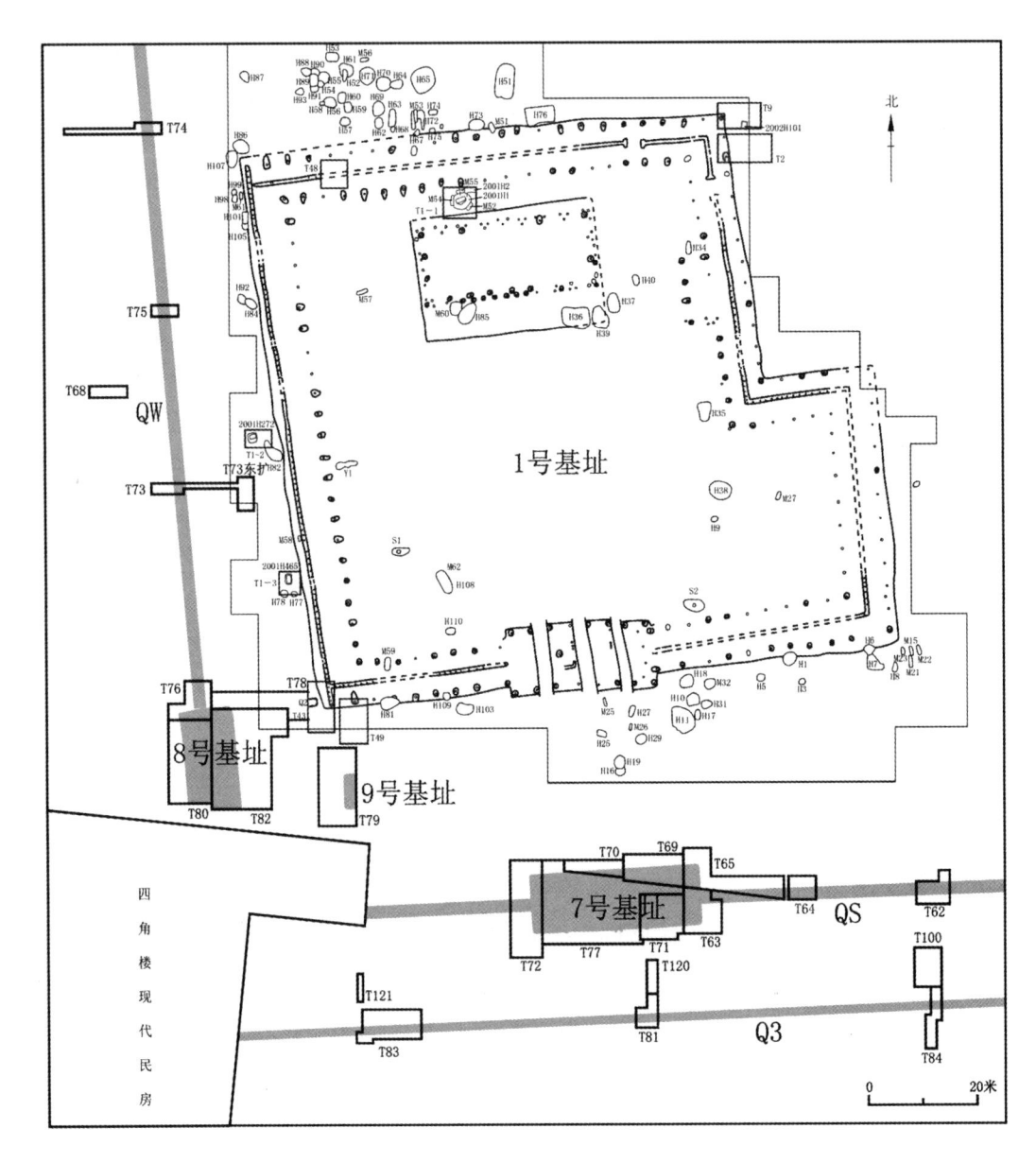

图 5-3 西部建筑群

剖面近似倒梯形,东西长 32.5、南北宽 11 米,总面积约为 357 平方米。平均深度为 0.6—1.3、最深约 1.96 米。基槽内为近红褐夯土,质地较硬,夯层明显,质量较好,厚处多达 20 余层,层厚 5—12 厘米,局部夯层中夹鹅卵石。台基北缘中部残留 1 处柱坑,中部残留 1 处柱坑,南侧偏东部有残留 2 处柱坑,西侧边缘残留 1 处柱坑,柱网结构不详。此外在基槽的西缘外、南缘西段外还发现夯土块 5 个,可能为该基址的柱坑。台基外围均有其使用时期的路土和早于基址的路土。

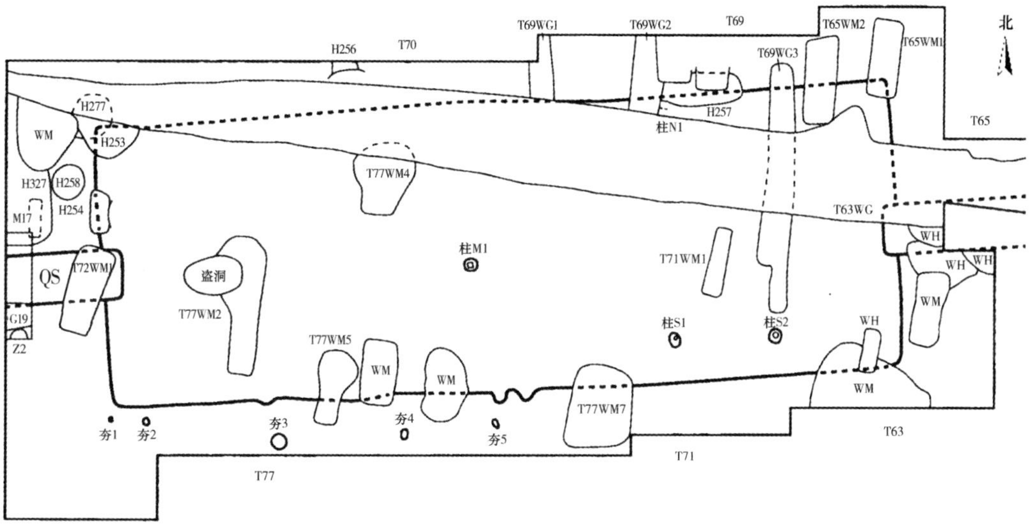

图 5-4　7 号基址与同期遗迹平面图

7 号基址的始建年代不早于二里头文化二期，延续使用至四期，至迟在四期晚段已经废弃。

8 号基址（图 5-5）跨建于宫城西墙南端，南部被现代建筑压占。现仅存台基基槽、台基外围路土。基槽平面形状为圆角长方形，其西北角距宫城西墙西缘 3.5 米，东北角距宫城西墙东缘约 4.5 米。南北可见长度 18.5、东西宽 9.7—10、深 0.8—1.2 米。基槽剖面形状近似倒梯形，北部基槽口处有 2 层夯土漫出到宫城西墙上。夯土为近似红褐土，夯筑质量较好，质地坚硬，夯层清晰。基槽东西两侧边缘各有柱洞（坑）一排，组成柱网。柱洞距基槽边缘 1.0—1.1 米。东侧保存较好，已发现 6 个（原或有 7 个），西侧遭晚期遗迹破坏较甚，仅发现 2 个（原应不少于 7 个）。侧柱洞间距 2.0—2.7 米。东西两排柱洞间距约 6.5—7.1 米。基址东缘及基址西北部的表面见有路土堆积。在基址西缘外和基址东部还见有早于 8 号基址的路土堆积。

2 号墙（图 5-5）位于 1 号基址和 8 号基址之间，仅余基槽。西距 8 号基址东北角 0.3 米，墙槽残长 15、宽 1.55、深 0.25—0.75 米。

8 号基址可能与宫城西墙同时始建于二里头文化三期之初，Q2 的始建不早于二里头文化二期晚段，它们都是延续使用至四期，至迟在四期晚段已经废弃。

9 号基址在 1 号基址之南、8 号基址之东。仅发掘西端一小部分，东部未经发掘，整体形制不甚清楚。残存基槽部分，已发掘的基槽东西长 2.6、南北宽 6.3、深 0.24—1.40 米。该建筑建于二里头文化二期或三期，废弃于四期晚段。

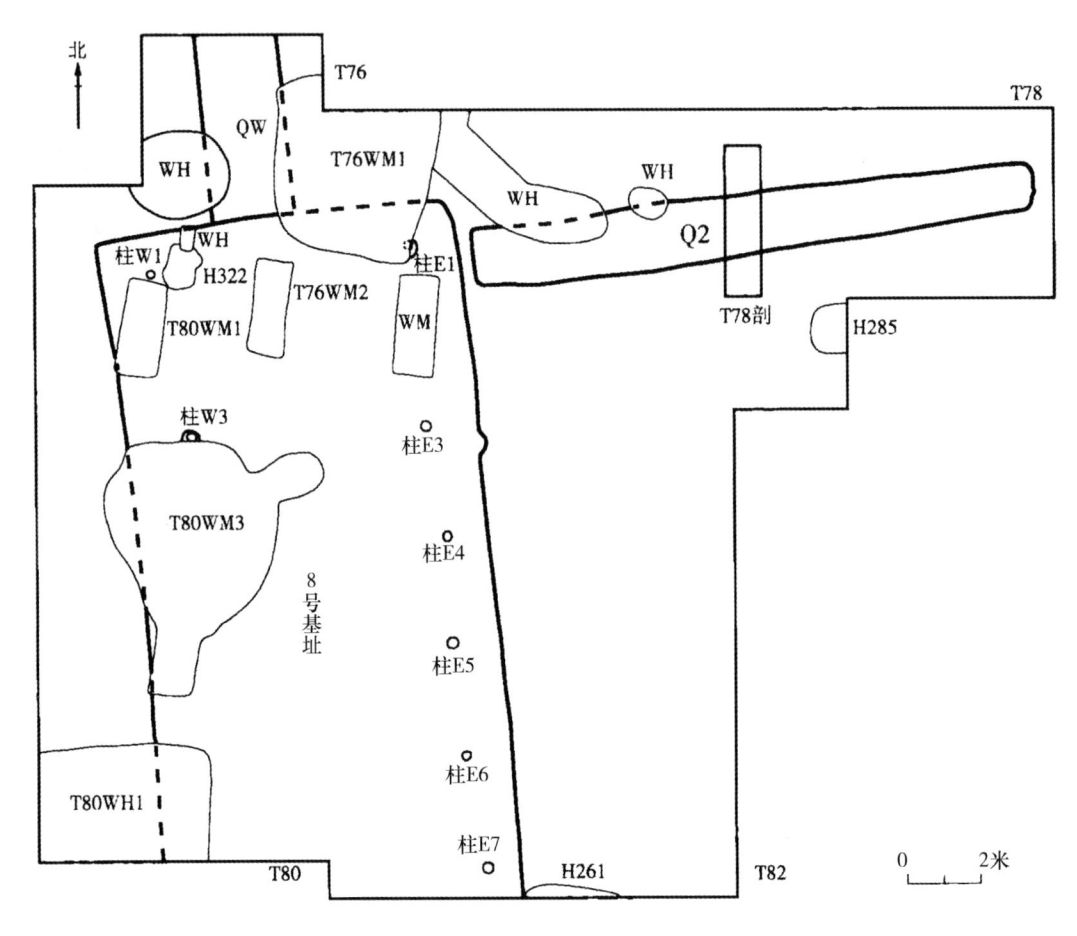

图 5-5　8 号基址、Q2 与同期遗迹平面图

（二）宫殿区东部建筑群

东部建筑群包括 2—6 号、11 号、12 号 7 座建筑，集中分布于宫殿区的东部偏北，分属于二里头文化二期至四期。

3 号、5 号基址属二里头文化二期，二者东西并列，中间以通道和暗渠（2001 V G1）间隔，均为多进院落式夯土建筑，每进院落包括主殿、院内路土，各进院落的主殿均为以窄墙间隔成不同房间的连间排房，院内有同时期的贵族墓葬。

3 号基址位于宫殿区东部偏北，多在 2 号、4 号、6 号基址之下，是一座（组）至少由南、中、北三进院落组成的大型基址，已知探方内夯土南北长 133 米，且伸出探方以外，东西宽约 50 米。其西侧有经统一规划、在同一建筑轴线上的西庑，包括南院、中院及北院三段。宫殿区东侧大路内可能为东庑，仅存部分基槽。南院大部分位于 4 号基址之下，中院位于 2 号基址庭院及南庑之下，北院位于中院主殿之后。

5 号基址台基最上层夯土总面积超过 2700 平方米，坐北朝南，方向约为南偏东

4.5度，由4进院落组成。每进院落包括主殿、院内路土，第2—4进院落内共发现3排5座同期的贵族墓葬。各进院落的主殿均为以窄墙间隔成不同房间的连间排房，南侧多有门道，部分主殿北侧有门道。多数南北向墙体中间有缺口，缺口中间有东西向窄墙，东西向窄墙与南北向隔墙垂直但不相连。

2号、4号两座基址有共同的建筑中轴线，应属同一组建筑。2号基址（图5-6）为长方形夯土台基，南北长72.8米，东西宽57.5—58米，方向174度，包括四面的围墙和东、南、西三面的回廊，主体殿堂，庭院，南面的门道。东围墙利用了宫城东墙，南北两端有门，全长为72.8米，从北往南发现有四个缺口，缺口宽度在1.15—2.1米之间，第一道缺口在主体殿堂的东侧偏北处，下面有陶质排水管道通过，第四

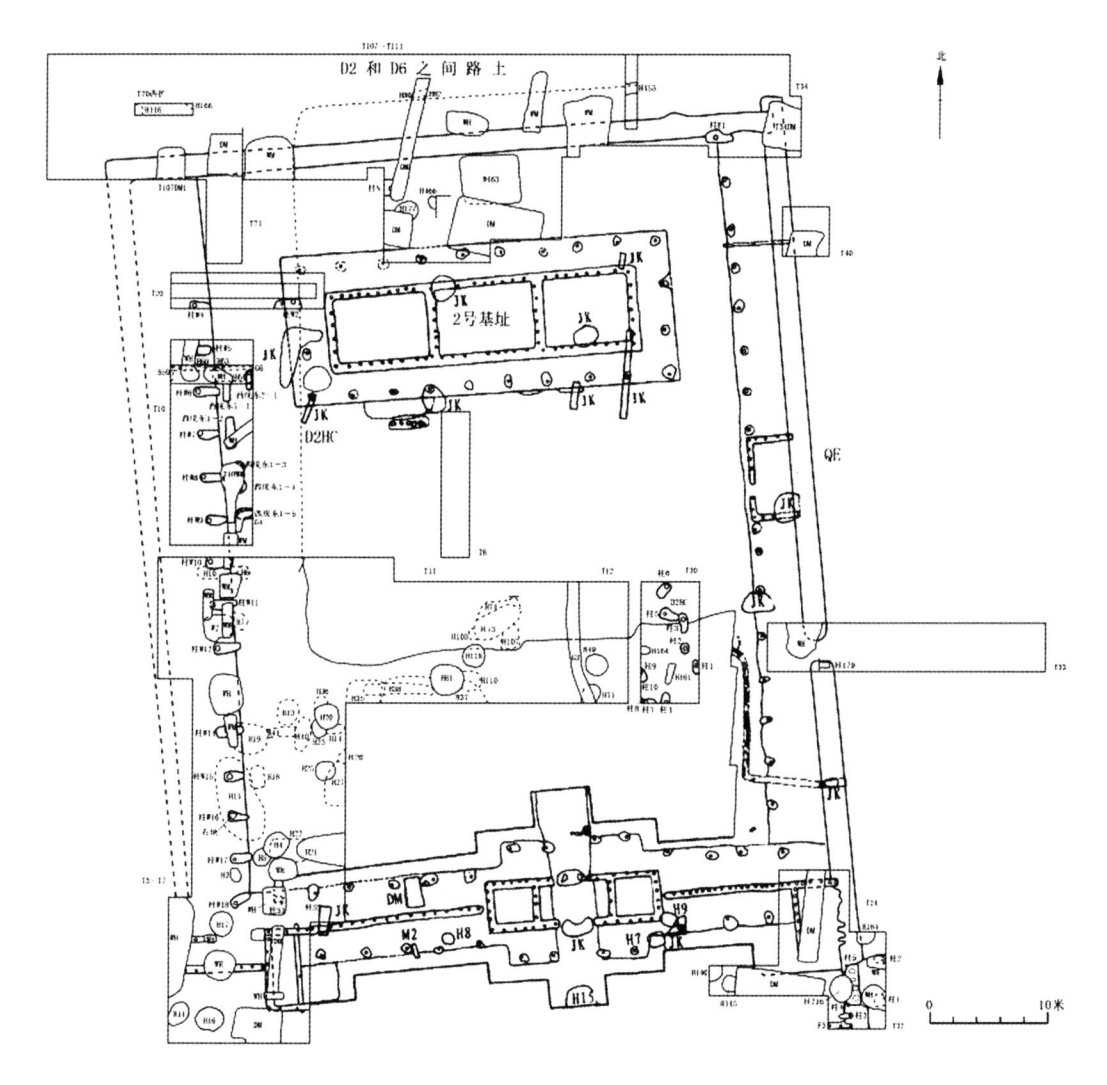

图5-6　2号基址及相关遗迹平面图

道缺口下有石板砌成的排水沟。东回廊在围墙内侧，总长59.5、宽4.4—4.9米。东回廊的中部，有一间东西宽3.5米，南北长6.1米的塾房。西围墙与西回廊保存的情况较差，西回廊共有柱洞17个。北围墙由褐色土夹料姜夯筑而成，长57米，东端嵌入东围墙。南墙南面木骨围墙两侧有两面坡的内、外廊庑；大门及东西塾房位于南围墙的中间偏东处。主体殿堂位于基址偏北处，残存高度较当时庭院的地面高约0.2米。基址平面形状为长方形，东西长32米余、南北宽12米余，基址中部的殿堂坐北朝南，面阔三间，外有回廊；庭院南北长56.5、东西宽约45米，从主体殿堂至南面塾房的内廊全长40.1米。南围墙被位于中间的门道分隔成东、西两段，东段长15.5米（其中0.7米嵌入东墙内），西段残长25米。南围墙的内、外两面皆有回廊，回廊基址由夯土筑成，回廊距离南墙2.9—3.2米，东段回廊长16.3米，西段回廊长约26米。南大门位于南围墙的中部偏东处，四面有墙，是一座面阔三间的小型屋室。当中的一间屋室较宽，南北墙基槽中间有缺口，应是出入宫殿的主要门道。三间屋室东西全长14.4米，南北宽4.3米。

4号基址位于2号基址正前方，为单体台基式建筑，台基北缘距2号基址南庑南缘12—14米，主殿台基东缘距宫城东墙（2号基址东墙）内侧延长线的距离，与其西缘距2号基址西缘延长线的距离均为10米左右。4号基址由主殿和东庑组成。主殿台基平面呈东西向圆角长方形，方向为173—174度，东西长36.4、南北宽约12.6—13.1米，台基面积达466平方米。台基南、北缘分别现存8、13个柱坑（原均为13个），南北两两相对。南缘一排为单柱，北缘为在同一柱坑中南北并列、深浅不一的双柱。东西柱心间距约2.8—3.0、南北柱心间距约9.8米。基槽形状与台基形状大体相似，基槽长38.5、宽度与台基大体一致，深0.80—1.20、局部深度超过2.7米。夯土呈褐色，泛灰，夯筑质量较好，质地较硬，夯层明显，夯面平整，层厚约5—8厘米，局部发现夯窝。东庑平面呈长方形，南北残长15.35、东西宽近3.3米，东、北两面发现有相连的曲尺形墙槽。东墙上有宽1.5米的门道，西侧3米处有一排廊柱，间距为2.35—2.45米。

2号基址的始建年代可能为二里头文化三期晚段，4号基址可能始建于二里头文化三期早段，均延续使用至二里头文化四期晚段。

12号基址被6号基址西庑及其路土所叠压，因此无法知道其平面形状，从晚期遗迹剖面上可知，其南北长度超过10.6米，东西宽约3.1米，底部东西宽约5米，自身厚度约0.58—0.8米。其年代为二里头文化三期至四期晚段。

6号基址（图5-7）位于宫殿区东部偏北、2号基址北侧。其最晚阶段为一座庭院式建筑，由主殿、东围墙、西庑、南侧建筑、门道，以及它们圈围起的庭院和外围的路土组成，方向约为173度。仅残存有部分基槽和少量地面以上部分。整个基址略呈横长方形，东西长56.9（北端）—58米（南端），南北宽43（东部）—47米（西部），总面积逾2500平方米。主殿大致呈曲尺形，由西、东两部分组成。西半部为一近方形台基，南侧西段向南渐次突出，构成西庑的北半部，东西长约22.8、南北宽17.5（东端）—26.1（西端）米。东半部台基平面近似长方形，西南角略向南突出。东西长33.8米，南北宽8米余。6号基址利用四期晚段增补的宫城东墙作为其东围墙，被破坏较多，残留南北长约22.5米。西庑由北、南两部分组成。北半部即为主殿西段向南突出的部分。西庑南半部位于6号基址西南部，为南北略长的长方形台基。台基南北长约13、东西宽约6.3米。西庑东缘及其东的路土中有南北成排的两排共7个柱坑，其中西排有5个柱坑，东排有两个柱坑。南侧建筑由一道曲尺形的夯土墙（Q1）和一座曲尺形夯土台基组成。发现有2处门道，一处位于西庑南北部之间，另一处位于西庑与南侧建筑之间。

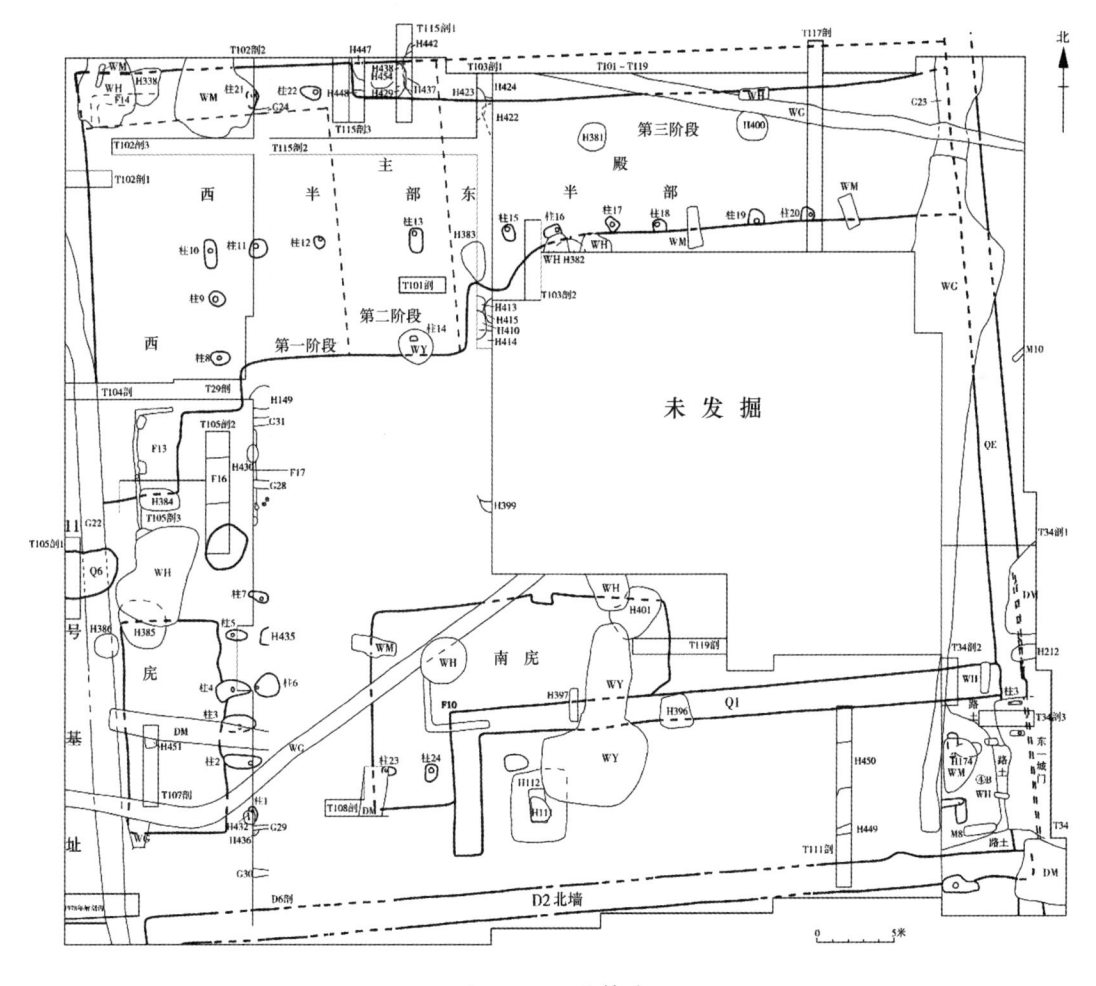

图 5-7 6号基址

6号基址的始建、使用和废弃年代均为二里头文化四期晚段。

11号基址位于6号西侧，与6号基址东西并列。被发掘揭露出的11号基址范围较小，仅为其东缘，且其被后期堆积破坏严重，因此无法知道它的整体形制。台基东缘与6号基址的西缘平行，方向约为173度，已发掘部分南北残长约37、东西残宽约2.8米。11号基址始建于二里头文化四期。

10号基址位于宫殿区南侧道路东段道路之上。其北缘距宫城南墙2.2—2.4米，东缘距离作坊区北墙5号墙东北角4.7米，南缘嵌入5号墙。仅存基槽，整体形状为圆角长方形，东西长20、南北宽9.6、深0.24—1.46米。方向为176度。夯土质量很好。

10号基址始建、使用和废弃年代均为二里头文化四期晚段。因其修建在宫殿区南侧大道之上，破坏了二里头都邑的格局，推测其修建和使用当是在二里头都邑废弃之后。

与宫殿区相邻的Ⅲ、Ⅴ、Ⅵ、Ⅸ区均发现有夯土建筑。其中1980ⅢF1台基东西长度当在28.5米以上，南北宽约8米，台基上有三连间木骨泥墙房址，其时代属二里头文化三期偏早，废弃时间当在四期或属四期偏晚阶段。1982年在Ⅸ区发现的一座夯土建筑，分布范围南北约30、东西约7米，使用年代为二里头文化二期。

四 排水渠、池、沟状遗迹、巨型坑

在宫殿区东部建筑群的3号和5号2座大型基址之间，有宽约3米的通道相隔。通道的路土下，局部发现木结构的排水暗渠（2001VG1）。G1平面呈长条形，南北向，北偏西约5度，口部北部略宽于南部，坑壁不规则，大致为斜壁，部分地段起台，底部北高南低，呈长条形。沟壁和沟底有木灰，沟底的板灰还较规整、有整齐的断痕，可见沟壁有立板，沟底有底板，沟口上可能有盖板。口距地表0.98—1.2、已发掘总长59.4、口部宽0.80—1.35、底部宽0.41—0.55、深1.08—1.20米。

大致在2号基址中北部基础之下，发现一座大型坑池（2001ⅤD2HC）（图5-8）。其平面呈圆角长方形，斜壁，底不甚平整，南北长47.7、东西残宽34.6、深2.65米左右，最大深度逾4米。其西缘在2号基址西缘以东15.8米、北缘在2号基址北缘以北2.8米、南缘在2号基址南缘以北18.3—20.8米。下部堆积有积水迹象，为多个深浅不一的二里头文化二期灰坑（2001ⅤH44等灰坑）。上部堆积则为二里头文化三期时修建2号基址平整地基、去除下部灰土而挖掘的基础坑（编为2001—2006ⅤD2HC），其内填土为较薄的夯土层，土质较硬，每层厚大约10厘米，总体上颜色发黄，有明显的整组棍夯夯窝。ⅤD2HC内出土陶器绝大部分属二里头文化三期早段，仅少量器形可晚至二里头文化三期晚段。依据地层关系及出土物的器形特征、陶器组合，可推测其底部以2001ⅤH44、2002ⅤH462为代表的二里头二期文化遗存应该为

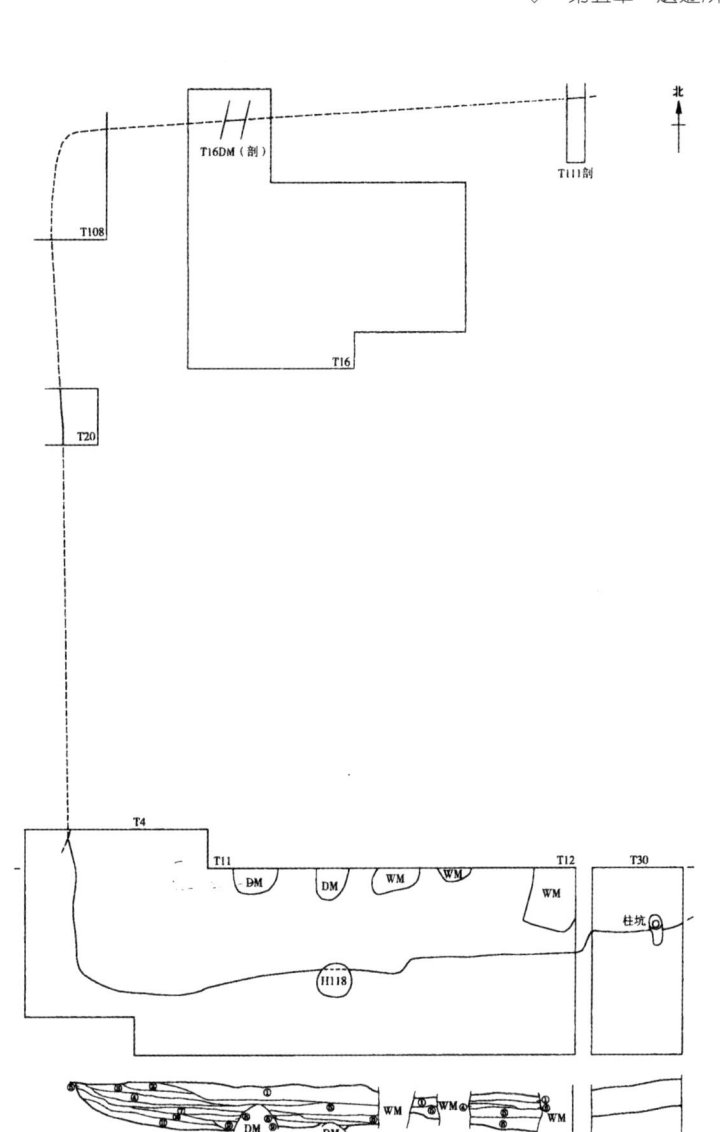

图 5-8　ⅤD2HC 平、剖面图

和 3 号基址共存的池状遗迹的一部分。2 号基址中、北部的大部分，都是在填平夯实这一池状遗迹的基础上兴建起来的。池状遗迹中填土堆积形成的年代不早于二里头文化三期早段，可能为三期晚段。

遗址东北部至东缘一带断续发现了多处沟状遗迹，这些沟状遗迹南北大致呈一直线，已知长度达 500、宽 10 米左右，平均深度在 3.5、最深超过 4 米。由发掘知，这条沟状遗迹主要为二里头文化早期取土所致，至晚期尤其是二里头文化四期时成为垃圾集中倾倒处。因其间有多处中断，可初步排除其作为防御性壕沟存在的可能，但它作为二里头文化时期文化堆积和其外生土的分界线，应具有区划的作用，是服从都邑整体规划的二里头遗址的东部边界。

在宫殿区北侧道路以北6—6.4米,发现了一段东西长约38、南北宽约0.6—0.8米,与早期道路大致同时、大致平行的小沟(2004ⅤG17)。在宫殿区西侧的宫城西墙夯土下发现了一段南北长66.4、东西宽约0.4—0.6米的小沟2004ⅤG18,早于宫城城墙和早期道路。两条小沟均位于宫殿区外侧的近旁,或具有围护、区划、排水的作用。

在铸铜作坊南部发现一条壕沟遗迹,结合钻探分析,壕沟长100米以上、宽16米以上,深约3米,时代约属二里头文化二期早段。此沟的更多情况和性质、作用尚待进一步弄清。

1号巨型坑位于宫殿区东北部(图5-9),东缘距宫城东墙西缘3—5米,北缘距宫城北墙4—6米。平面形状近似圆角长方形,东西长约66米,南北宽约33米,总面积约2200平方米,深度一般为4—4.6米,最深达6.7米。1号巨型坑内存在从二里头文化一期晚段到四期晚段的连续堆积,应是为了解决大型夯土基址的建筑用土问题而挖掘形成,其挖掘形成时间不晚于二里头文化二期。

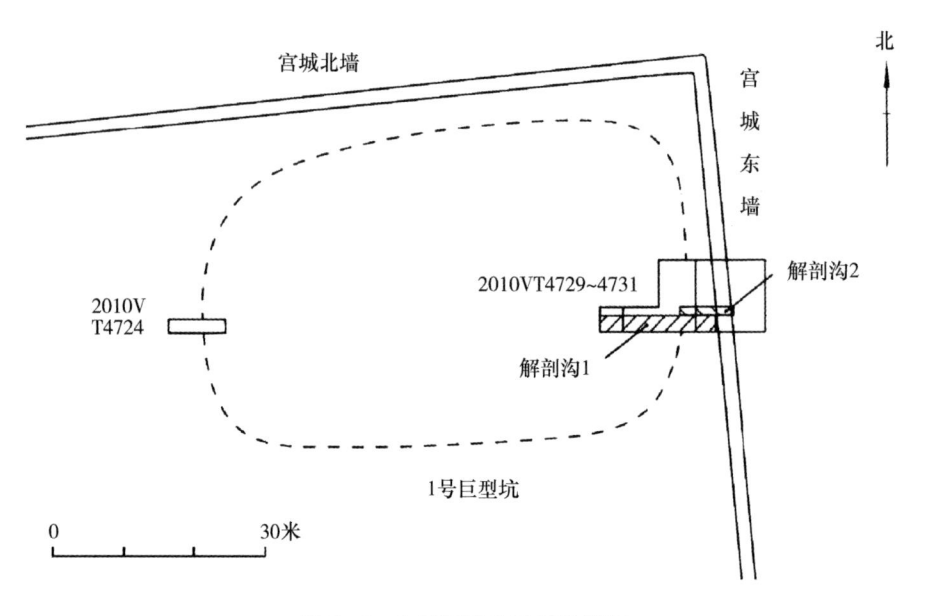

图5-9 1号巨型坑平面位置图

1号巨型坑外围近旁铺垫料姜石块,表明其是一处特殊的场所。仅对其解剖30余平方米,即发现4具摆放整齐、姿势一致的完整幼猪骨骼,1处夯打坚硬、建筑讲究的小型房址,1处陶片铺垫层,1条铺垫陶片的道路及多处踩踏坚硬的道路,表明挖土形成巨型坑后,曾进行过祭祀、居住等活动,以后逐渐淤积、填充,到二里头文化四期基本填满。1号巨型坑可能是二里头遗址宫殿区内一处专门用于祭祀的场所。

第二节　手工业作坊

二里头文化时期是手工业生产的一个重要发展阶段。至迟在二里头文化二期，二里头遗址已经出现了分门别类的各式作坊，如制陶作坊、制骨作坊、铸铜作坊、绿松石器作坊等（图5-10）。

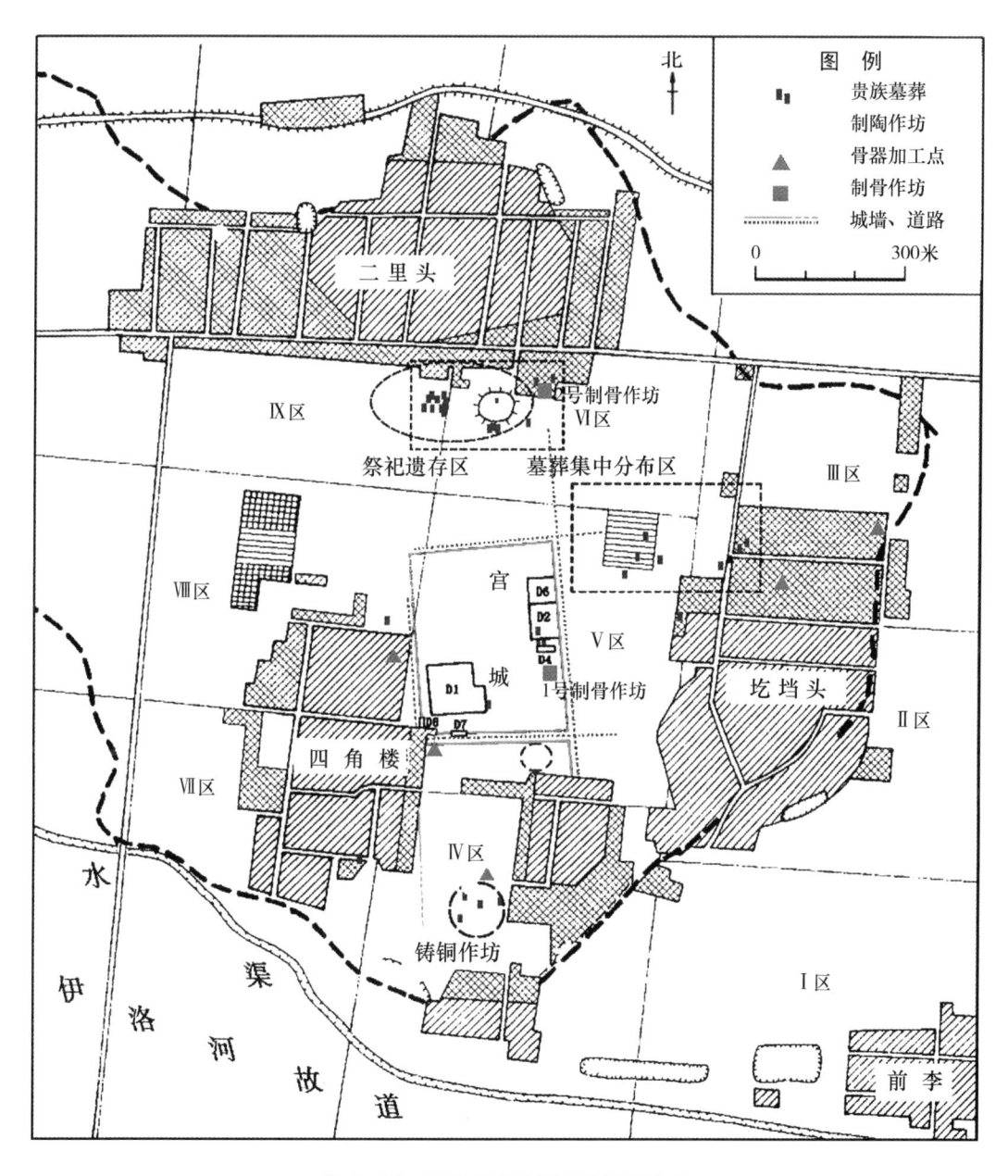

图5-10　二里头遗址手工业遗存分布

一 制陶遗存

二里头遗址专门的制陶作坊尚不能完全确认，但是在历年的发掘中发现了不少与陶器烧制有关的遗存，主要为陶窑等，可能与制陶作坊有关。

陶窑在二里头遗址内的分布比较分散，尚未发现连接成片的规模较大的陶窑群①。目前发现的陶窑遗址有十余座，其中在1959—1978年间共发现陶窑7座，包括二里头文化二期窑址1座（ⅣY12）；三期窑址5座（ⅨY1、ⅨY2、ⅣY2、ⅣY3、ⅣY12）；四期窑址1座（ⅤY1），保存均比较完好②。

二里头遗址发现的陶窑通常由窑室、窑柱、窑箅和火膛组成。窑室通常为圆形，偶见方形③。其中在1号宫殿基址上发现的四期陶窑ⅤY1，保存较好，似乎经过了长时间的使用。窑室形状近圆形，室外直径1.5米，火膛也为圆形，直径略小于窑室，深0.43米。在火膛中部有一道东西向的墙形支柱，支柱前方为方形火门，支柱及火门皆呈青色，窑箅上分布着三圈形状不等的箅孔，外圈9个箅孔直径在10厘米左右，中圈10个箅孔为4—5厘米，内圈2个箅孔直径为4—5厘米④。

目前已经发现的窑址主要位于第Ⅳ、Ⅴ和Ⅸ区。其中Ⅳ区的窑址位于铸铜作坊内，可能与陶范的烧制有直接关系。而Ⅸ区的可能与陶器烧制有关，但目前还难以确认为制陶作坊。

根据目前的研究来看，二里头遗址不同发掘区内出土陶器的成分和物相不同，陶土来源具有多样性，据此推测二里头遗址不同活动区域应该有各自较为固定的制陶原料来源及所属的制陶作坊遗址⑤。

二 制骨作坊

二里头遗址历年的发掘中陆续有制骨遗存发现，集中分布在两个区域。第一处为1959—1960年发掘的Ⅱ·Ⅴ区，此区域位于1999—2006年发掘的Ⅴ区内。该生产区位于宫殿区东部4号基址的南侧，为1号制骨作坊。第二处为1983—1986年发掘的Ⅵ区，该区域位于二里头遗址北部的祭祀区附近，为2号制骨作坊。另外，在遗址东部的Ⅲ区、

---

① 中国社会科学院考古研究所：《二里头（1999—2006）》，文物出版社2014年版，第1663页。
② 中国社会科学院考古研究所：《偃师二里头（1959年—1978年考古发掘报告）》，中国大百科全书出版社1999年版，第78、164、261页。
③ 中国社会科学院考古研究所：《中国考古学·夏商卷》，中国社会科学出版社2003年版，第119页。
④ 中国社会科学院考古研究所：《偃师二里头（1959年—1978年考古发掘报告）》，中国大百科全书出版社1999年版，260—261页。
⑤ 中国社会科学院考古研究所：《二里头（1999—2006）》，文物出版社2014年版，第1670页。

南部Ⅳ区、宫殿区西侧的Ⅷ区也发现不少制骨遗物，这些地点很可能为骨器加工点①。

（一）制骨作坊

1号制骨作坊（图5-11）的布局及文化内涵比较清楚。该作坊区位于宫殿区东部4号建筑基址南侧，东侧临近宫城东墙，南侧存在着门道，可以沟通宫城内外。

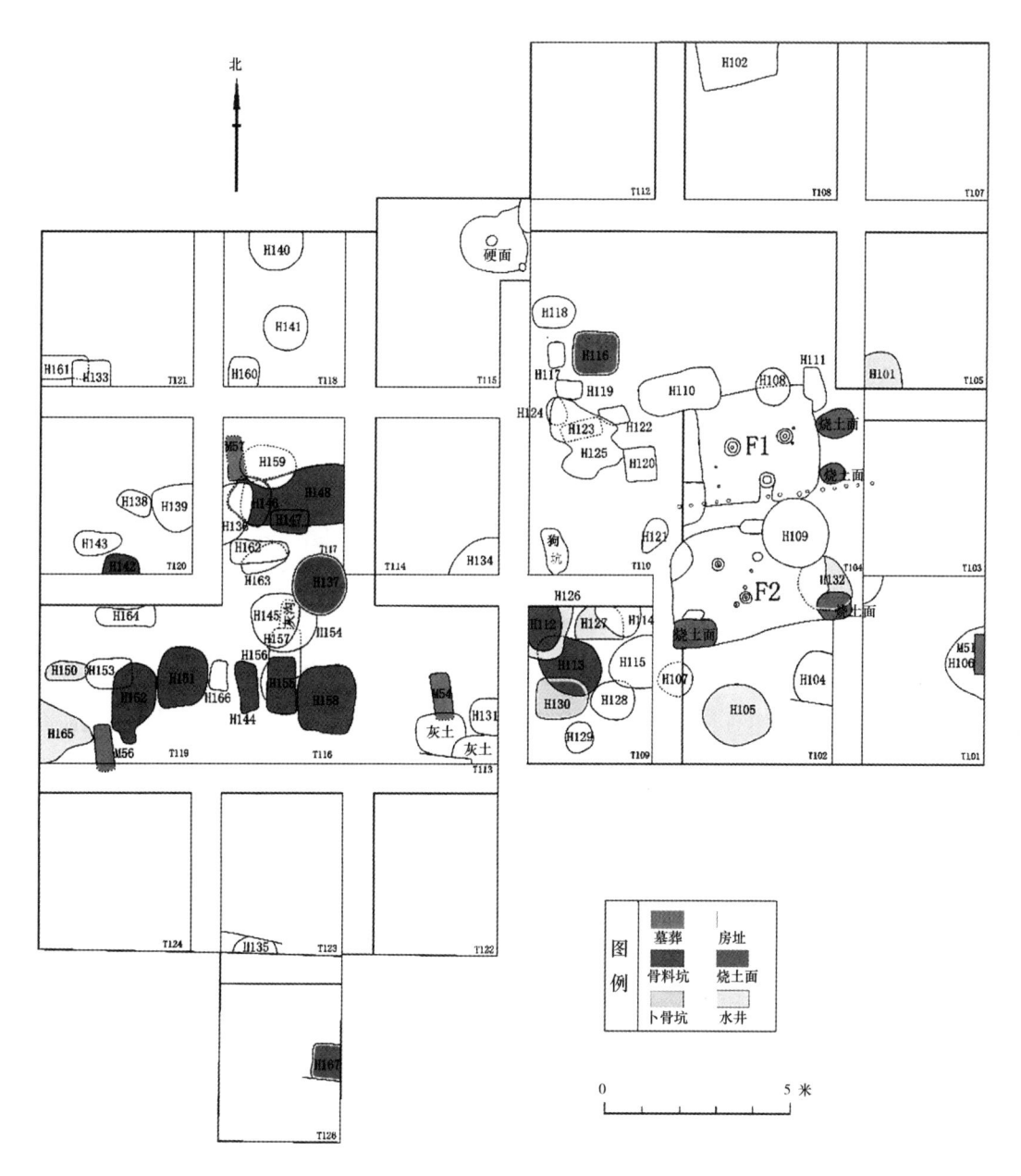

图5-11 1号制骨作坊

---

① 陈国梁、李志鹏：《二里头遗址制骨遗存的考察》，《考古》2016年第5期，第59—70页。

已发掘区域包括1959—1960II·VT101—T124、T126和2003VT41、T53等。发掘表明，1号制骨作坊面积约为500—600平方米。制骨遗存出土比较集中的地层包括1959—1960II·VT101、T102、T109、T110、T113、T116的第3、4层、T119第4层。

制骨作坊区域内发现了2座南北相邻的小型半地穴式建筑，即1959—1960II·VF1和F2。该建筑的居住面坚硬光滑，周围环绕烧土面且与居住面相连。房屋西部发现有大量灰坑，东部不远处为宫殿区外围道路，此组房址可能为作坊区的一处加工场所。房址的西部集中分布了60余座灰坑，灰坑内常发现陶器碎片、骨料、骨器、卜骨、砺石等遗物，推测可能为骨料坑、水井和卜骨埋藏坑等遗迹。

该区域内还发现了少量无圹墓及土圹竖穴墓。无圹墓多发现于地层中，埋葬有女性和儿童，均无随葬品。另外也发现了有一定数量有随葬品的墓葬，如M54、M56、M57等。其中M54墓主人双脚被截，M56墓中随葬有玉饰品。据此可见，1号制骨作坊内的墓主身份可能比较复杂，应该包括管理人员、工匠及人牲等[①]。

2号作坊虽经多次发掘，但多数资料尚未发表，情况尚不清楚。但较之1号作坊，2号作坊内四期遗存较多，推测在二里头文化四期早、晚段之交时，制骨手工业的生产中心可能发生了迁移，即从1号作坊迁至2号作坊。

（二）制骨手工业生产状况

在制骨作坊内发现了大量的骨制品，以易损耗的骨簪和骨镞为主，两类器物的数量超过了出土骨制品的一半以上，为制骨作坊的主要产品。其中属于二里头文化一期的遗物很少，二期至四期应该是骨制品大规模生产的时期。

骨角蚌牙类遗物中有相当数量的坯料和余料发现，揭示了器物制作的大体程序和工艺特征，其中骨器原料主要选择大型哺乳动物骨骼，以家养黄牛为主，数量占90%左右，家养猪、羊、狗的骨骼仅偶尔使用，极少使用野生鹿的骨骼。角器制作多选用鹿科动物的角，绝大多数为大型或中大型以梅花鹿及麋鹿为主的鹿科动物。黄牛长骨常用做制作条形器物；肋骨主要用来制作骨匕、骨板、刮抹器等片状器物；下颌骨常用来制作骨铲；肩胛骨少见，主要用于占卜，仅见少量由卜骨改制而成的骨器[②]。

骨料的截取采用片切割技术，使用金属工具如刃部小于2毫米的铜片对骨料进行锯割。在骨器的加工过程中，利用片状工具进行局部切割和刮削，使用尖状工具镂刻及剔挖，以带尖片状工具或竹管进行钻孔，以砺石类或毛皮工具进行打磨抛光[③]。

当时的骨器制作技术已经十分娴熟及先进，在骨角原料的高效利用及骨角器的规

---

① 陈国梁、李志鹏：《二里头遗址制骨遗存的考察》，《考古》2016年第5期，第59—70页。
② 同上。
③ 同上。

范化制作上都有所成就。制骨作坊和加工点同时并存显示了当时的手工业生产存在着不同的生产方式，即作坊式生产和零星加工共存。宫城内的制骨作坊相对封闭，而位于祭祀遗存区的2号作坊附近是否存在围护设施目前还不清楚，但是从制骨作坊的位置来看，他们都表现出同上层贵族之间的密切联系。

三 铸铜作坊

二里头遗址历年的发掘中，发现了一批与铸铜手工业相关的遗存。集中发现与1960、1963年和20世纪80年代等不同时期，此外2012—2013年间开展的钻探与发掘为确定制铜手工业的生产场所和规模奠定了基础。

目前发现的冶炼遗存主要集中于二里头遗址的Ⅳ区和Ⅴ区，也就是作坊区和宫殿区。作坊区内发现的冶铸场所与铸造活动残留物之间明确存在着共存关系，而宫殿区内虽发现有铜渣、铜矿石等冶炼遗物，但尚未发现冶铸场所，仅可认为宫城内可能存在冶炼活动，暂无法判断是否存在具体的铸铜作坊。故而围垣作坊区南部的铸铜作坊是二里头遗址至今唯一可确认的铸铜作坊遗址。

（一）铸铜作坊

围垣作坊区南部的铸铜作坊（图5－12）是学术界公认的二里头遗址铜器生产中心，该区域在20世纪60年代至80年代进行了大规模发掘，总发掘面积近3000平方米[1]，主要使用时间为二里头文化二期早段至四期晚段[2]。铸铜作坊位于围垣作坊南部的中间地带，以1960年ⅣT4—T7北部所发现的二里头文化时期道路为北部边界[3]，以1984年所发现的壕沟为其南部边界[4]，东西最大跨度约200米，南北最大跨度约为100米，总面积为1.5—2.0万平方米左右。

铸铜作坊区内发现了以20世纪60年代发掘的ⅣF2及80年代发掘的F9、Z1、Z2为代表的冶铸场所遗存，遗存内多发现红烧土面及溅泼铜液凝固面等遗迹及陶范、铜渣、小铜块、坩埚残片等遗物，F9等场地还经历了长期的使用[5]。

---

[1] 陈国梁：《略论二里头遗址的围垣作坊区》，《夏商都邑与文化》（二），中国社会科学出版社2014年版，第91—93页。

[2] 关于铸铜作坊的使用年代，李京华、陈国梁等曾认为二里头文化一期已经开始使用。参见李京华《〈偃师二里头〉有关铸铜技术的探讨——兼谈报告存在的几点问题》，《中原文物》2004年第3期，第29—36页；陈国梁《二里头文化铜器研究》，《中国早期青铜文化——二里头文化专题研究》，科学出版社2008年版，第181页；陈国梁《二里头遗址铸铜遗存再探讨》，《中原文物》2016年第3期。

[3] 中国社会科学院考古研究所二里头工作队存资料。

[4] 郑光、杨国忠等：《偃师县二里头遗址》，《中国考古学年鉴·1984》，文物出版社1984年版，第128—129页。

[5] 陈国梁：《二里头遗址铸铜遗存再探讨》，《中原文物》2016年第3期，第35—44页。

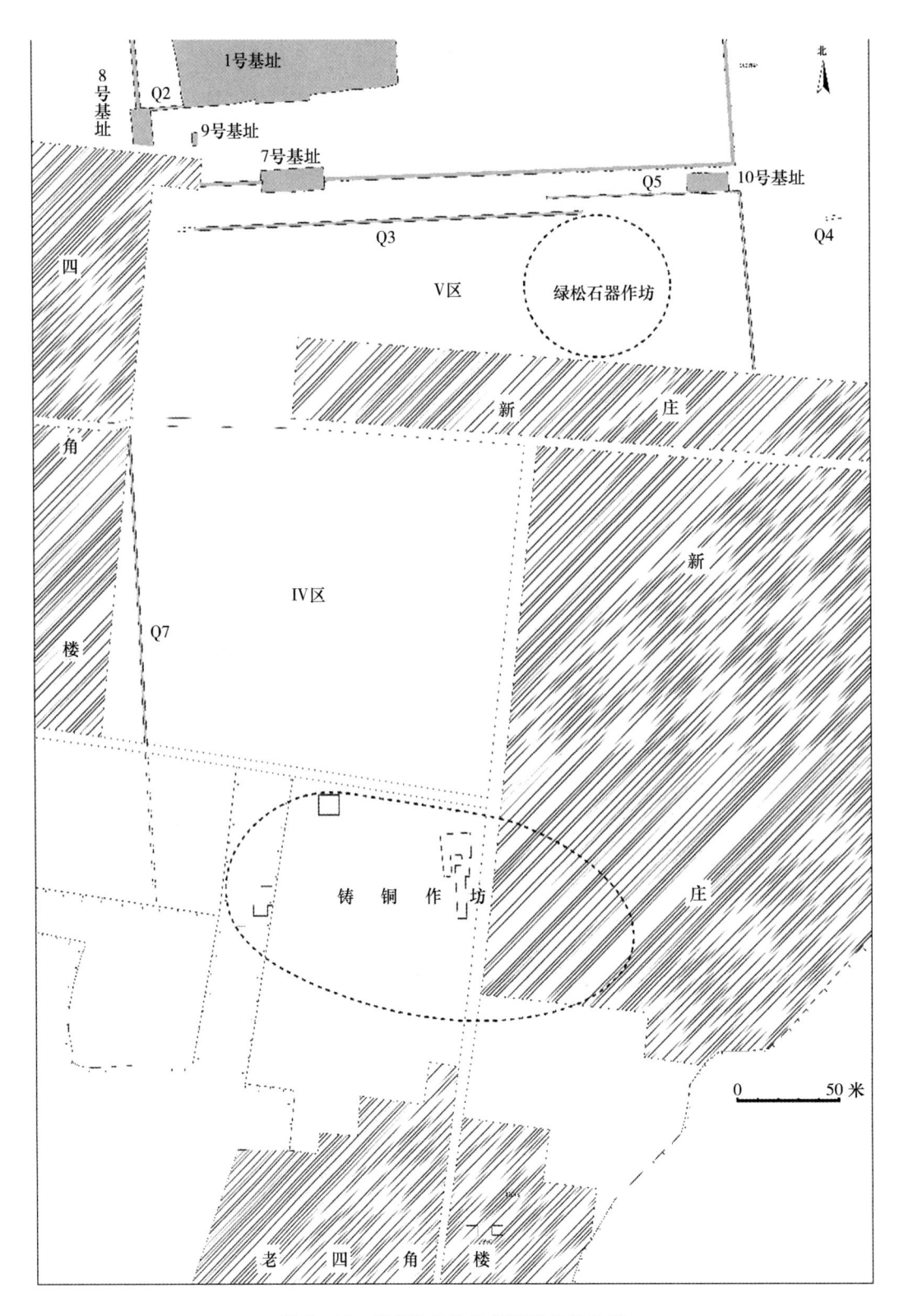

图 5-12　铸铜作坊和绿松石器作坊位置

此外，作坊区内发现了以20世纪80年代发掘的F2为代表的陶范预热场所。F2为平地起建、面阔两间的房屋，在室内发现多层地面且每层地面皆发现了火塘遗迹，最大火塘长90厘米，宽75厘米，中间竖立有几个土柱，形制比较特殊①。

作坊区内发现了少量的窑址，如二里头文化二期的ⅣY12，三期的ⅣY2、ⅣY3等，但窑址同陶范烧制之间的联系尚不明确。

除生产空间之外，作坊区内还发现有18处普通的建筑基址，这些建筑基址的等级较低，可能是管理人员及从业人群的居住场所。作坊区内的灶址或依附房址或单独存在，推测为从业人员日常生产、生活遗留②。

作坊区内发现了大量的灰坑，仅20世纪60年代就已经发现了上百个，同铜器冶铸有直接关系的遗物，如坩埚、陶范、铜渣、木头等多发现于灰坑内。其中，坩埚碎片及陶范数量较多。

区域内发现的二里头文化时期墓葬有26座，其中未成年人墓葬8座，占31%。儿童墓葬多分布在铸造遗迹的工作面上，无墓圹，很可能是奠基墓或是生产过程中祭祀活动的遗存。成人墓葬中多数以陶器为随葬品，少数发现了铜器、玉器、象牙器等高等级随葬品，这些墓葬的墓主很可能是掌握冶铸技术的工人，而等级较高的墓主可能是管理层或高等技术人员。

（二）制铜手工业生产状况

二里头遗址二里头文化二期至四期少有铜矿石的出现，据此推测铸铜作坊主要使用铜锭进行铜器生产，其生产的产品从早期的简单铜质工具发展到后期的铜容器，经历了冶金技术提高的过程，是当时铸造活动的中心③。

二里头文化一期时尚未发现冶炼遗迹，虽然有3件一期铜器出土的报道，但其年代尚需进一步论证④。二期时发现铜制品及冶铸遗物的区域包括宫殿区东北部、宫殿区同作坊区毗邻处及作坊区南部的铸铜作坊。二期早段时冶铸点呈分散态势，直至二期晚段作坊区的围垣设施兴建之后才集中至作坊区内的铸铜作坊生产。三期时铜器的冶铸遗迹主要集中在铸铜作坊，虽然宫殿区发现了少量的蓝铜矿石，但尚未确认宫殿区冶铸点的存在。四期时冶炼遗物集中发现于两个区域，铸铜作坊及宫殿区的东北部。此外，在宫殿区与铸铜作坊区毗邻处也有零星的发现。到了二里岗文化时期，二

---

① 中国社会科学院考古研究所：《中国考古学·夏商卷》，中国社会科学出版社2003年版，第112页。
② 陈国梁：《二里头遗址铸铜遗存再探讨》，《中原文物》2016年第3期，第35—44页。
③ 陈国梁：《略论二里头遗址的围垣作坊区》，《夏商都邑与文化》（二），中国社会科学出版社2014年版，第91—108页。
④ 陈国梁：《二里头遗址铸铜遗存再探讨》，《中原文物》2016年第3期，第35—44页。

里头遗址内仅见十分零星的冶铸行为，少有冶炼遗物出土。二里头遗址的冶铸活动以铸铜作坊区为核心，在作坊区外同时存在零星地小规模的冶炼（铸）活动。在作坊的围垣设施兴建之前，冶铸点比较分散，呈点状分布；二里头文化二期晚段围垣设施修建完毕之后，逐渐集中于铸铜作坊区内生产，在四期晚段宫城废弃之后，冶铸点又再次分散。大型围垣作坊区南部铜器冶铸区的确认及宫城内大型建筑附近发现的冶炼遗物确认了二里头文化时期铜器冶炼产业链的存在。

二里头铸铜手工业已经实现了专门化生产，在短时期内完成了小规模分散式生产到较大规模作坊式生产的转变，附属于宫殿区内社会上层的独立作坊区的出现，不仅表明二里头文化时期对于铜器生产的高度重视，也是二里头文化发展到国家阶段，对于青铜礼器消费需求急剧上升的外在表现。

四 绿松石器作坊

二里头遗址历年的发掘中，常见有绿松石制品出土于地层、灰坑或墓葬中。二里头遗址发现的绿松石制品多为形态较为原始的片、管、珠等，这些制成品或为单独使用，或与其他质地的器物组合使用。例如单体存在的绿松石片、管或珠用做饰品，镶嵌于玉器或铜器上的绿松石片或珠等。

2003—2004 年，在二里头遗址发掘区的ⅤT85、T88、T89、T90 及其西部、南部发现了较为集中的绿松石加工遗存。遗存显示的绿松石器加工的作业链清晰，表明了该区域是专门的作坊遗址[1]。

（一）绿松石作坊

勘探和发掘情况表明，绿松石器作坊位于围垣作坊区的东北部（图 5-12），面积 1000 平方米以上，存续时间为二里头文化二期至四期。

作坊区内发现的同绿松石器生产相关的遗迹主要为料坑，以 2004ⅤH290 规模最大；该坑填土内发现大量小块绿松石原料、石核、半成品、残次品、废料等，数量超过 4000 件。H290 下叠压 H323，原为水井，在废弃堆积中发现少量绿松石料及 13 件砺石加工工具。H290 与 H323 为同一组遗迹，同为废弃物的放置点。作坊区内发现的遗物包括加工工具、原料、成品、半成品、次品及废料等种类。加工工具主要为砺石，其中 12 个单位中发现了 33 件砺石，主要出土单位有 2004ⅤH290、2004ⅤT89④、2004ⅤH278、H283、H290、H303、H304、H312、H316、H330、H364 等。除 H290 外，在 2004ⅤH278、2004ⅤT88④A、2004ⅤT89④A、2004ⅤT89④G、2004Ⅴ

---

[1] 中国社会科学院考古研究所：《二里头（1999—2006）》，文物出版社 2014 年版，第 337—338 页。

T90④B等灰坑及地层中出土了4329件原料、成品、半成品、次品及废料。

作坊内还分布有小型房址，如2004ⅤF7、2004ⅤF8、2004ⅤF9、2005ⅤF11、2005ⅤF12等，这些建筑可能同绿松石器的加工有关。

（二）绿松石器加工业状况

根据现有的研究来看，二里头文化绿松石加工业中所使用的原料主要来自于位于湖北、陕西和河南三省交界处的北矿带上。绿松石器制成品中的片、管、珠采用不同的绿松石矿料，或为叶脉状，或为块粒状，表明当时的加工者对于绿松石矿石原料的物理属性多有了解。而片状绿松石制成品和采用大量片状绿松石加工而成的铜牌饰与龙形器，显示了当时极为高超的剥片技术。

绿松石器的剥片技术具有较为明显的山东龙山文化传统，绿松石复合型器物制作中也采用了源自龙山时期的粘嵌技术和工艺特征，制品的图案包含有龙山时期不同地区的图案元素，从一定程度上揭示了二里头文化的来源和形成过程。

五　作坊区

制铜作坊和绿松石器作坊的确认，作坊区围垣设施的发现，表明了二里头遗址南部存在着围垣作坊区[①]。根据勘探和发掘情况来看，围垣作坊区的面积在12万平方米左右。二里头遗址围垣作坊区布局科学、规划缜密，其生产呈现出四个特点：其一，种类齐全、器形繁多；其二，技术先进、造型完美；其三，分工细密、生产有序；其四，集中管理、分区进行。

根据相关遗存的时代来看，二里头文化二期晚段，伴随着作坊区围垣设施的修建，技术含量较高的铸铜及绿松石手工业生产作坊逐渐集中至围垣作坊区内，除已确认的铸铜作坊和绿松石作坊之外，还发现了零星的骨器加工点和陶器生产场所。另外，在作坊区内可能还存在玉器作坊。在具有防卫设施的空间内积聚了当时最尖端的手工业技术，并逐渐步入专业化生产阶段，在相当程度上显示了不同手工业门类之间的通力合作，也显示出了二里头文化时期手工业发展的高度。

从制成品的年代来看，二里头文化二期是围垣作坊区的初始期；三期及四期早段是作坊区的兴盛期；四期晚段时，随着二里头遗址格局上的变化，作坊区的绿松石作坊和铜器作坊虽仍在使用，但已经步入了转型期；四期晚段之后，作坊区北垣废弃，遗址中发现的晚于四期的铜器和绿松石制品数量剧减，显示出作坊区内大规模的生产

[①]　陈国梁：《略论二里头遗址的围垣作坊区》，《夏商都邑与文化》（二），中国社会科学出版社2014年版，第91—108页。

活动已经停止，作坊区逐渐废弃。

围垣作坊区依靠洛河故道，为作坊区的生产提供了方便的供水和排水条件。作坊区外围的道路同遗址上的井字形路网连接，为原料和成品的运输提供了便利的交通条件。作坊区靠近宫殿区，建设有围护设施，又体现出其同二里头上层贵族阶层之间的密切关系及官营性质。

作坊式生产的出现，说明二里头手工业生产专业化程度得到了进一步的提升。二里头遗址的制骨、制铜、绿松石器作坊皆同王室或上层贵族之间密切相关，从二里头文化二期开始，就表现出"处工必就官"及"工商食官"的特征[①]。

珍稀原材料的远距离供给、生产的有序分工和合作、高等级礼器的分配和使用，都离不开一个组织严密的管理体系。从上述方面来看，手工业发展的程度正是早期国家政治、军事、经济和组织能力的反映。围垣作坊区不仅是二里头文化时期手工业生产专业化水平的表现，也是二里头文化进入复杂社会和青铜时代的体现，是二里头广域王权国家最突出的特征之一。

第三节 中小型房址（含灶址）

二里头遗址历年发掘中发现的中小型房址共计44座，其中二里头文化二期11座，三期15座，四期15座，二里岗文化晚期2座，期别未定者1座（表5-1）。1999—2006年间发现的21座小型房址中，半地穴式有3座，地面式有18座[②]。受发掘面积的影响，二里头遗址中小型房址集中发现于Ⅲ区、Ⅳ区及Ⅴ区（表5-2）。

二里头遗址已公布的灶址共17座，其中二里头文化二期7座，三期4座，四期6座（表5-1）。1999—2006年间发现的3处灶址皆位于宫殿区外。

表5-1　　　　　　二里头遗址中小型房址与灶址数量统计表

年代	房址数量（座）		合计（座）	灶址数量（座）		合计（座）
	1959—1978年	1999—2006年		1959—1978年	1999—2006年	
二期	7	4	11	4	3	7
三期	12	3	15	4		4
四期	4	11	15	6		6

---

① 陈国梁、李志鹏：《二里头遗址制骨遗存的考察》，《考古》2016年第5期，第59—70页。
② 中国社会科学院考古研究所：《二里头（1999—2006）》，文物出版社2014年版，第39页。

续表

年代	房址数量（座）		合计（座）	灶址数量（座）		合计（座）
	1959—1978年	1999—2006年		1959—1978年	1999—2006年	
岗晚		2	2			0
不详		1	1			0
合计	23	21	44	14	3	17

表5-2　　二里头遗址中小型房址分布位置统计表

区域	房址数量（座）		合计（座）
	1959—1978年	1999—2006年	
Ⅲ区	7	4	11
Ⅳ区	9		9
Ⅴ区	5	17	22
Ⅷ区		1	1
Ⅸ区	1		1
合计	23	21	44

一　形制

二里头遗址的建筑基址大体可分为三类，一为开挖较深基槽的大型夯土建筑基址；二为平地起建的小型夯土建筑基址；三为半地穴式建筑。其中第一类多发现于宫殿区，为高等级贵族居住及从事礼仪活动的场所；第二类多位于宫殿区外围，可能是中下层贵族的居住场所；第三类的数量最多，推测属于社会底层人员的居住场所。而中小型房址主要包括上述第二类和第三类，这些房址的形制多样，多为方形或长方形。

平地起建的小型夯土房址结构比较相近，建筑程序包括：在地面上挖出墙槽、在墙槽内埋入柱子并修建墙体、在墙体内夯筑居住面、最后在墙体上修建屋顶。室内居住面一般经过夯打，十分平整结实。房址的柱洞底部常发现石质柱础。半地穴式房址结构大体相近，建造方式基本相同，其建筑程序包括：挖袋状深坑、在坑底周围立柱、在居住面制作灶坑及在地面修建房顶[1]。

灶址在二里头遗址的各个区域均有发现，大部分依附于建筑基址，少数灶址独立存在。

---

[1] 中国社会科学院考古研究所：《偃师二里头（1959年—1978年考古发掘报告）》，中国大百科全书出版社1999年版，第75页；中国社会科学院考古研究所：《二里头（1999—2006）》，文物出版社2014年版，第39页。

已经发现的灶址多数较为残破，保存较好的灶址多呈瓢形，由火膛、灶柱和火道三部分组成，灶址的直径多小于1米，在火膛内长发现红褐色烧土块、灰土、木炭、兽骨、陶器残片等。

二 功用

中小型房址的功能及性质同其所处的功能区（位置）息息相关。目前发掘区域较为集中的为宫殿区和作坊区。

宫殿区中小型建筑基址的功能比较多样，已知功能的建筑基址大体归为两类，一类为大型建筑的附属部分，如2003ⅤF3及2005ⅤF10为代表的门房建筑以及以2005ⅤF13、2005ⅤF14、2005ⅤF17为代表的宫殿基址的附属建筑，这类建筑多为平地起建的长方形或方形建筑，年代集中于二里头文化四期晚段，多分布于6号基址附近，等级相对较高；另一类为二里头遗址主体文化遗存废弃后兴建的小型建筑基址，如二里岗文化晚期的2002ⅤF1、2004ⅤF4等半地穴建筑，这些建筑的等级较低[1]。

作坊区内的中小型建筑基址集中发现于铸铜作坊区，共发现有18处中小型建筑基址，其中20世纪60年代发现10处，均为平地起建[2]。1983年发现的8处，均为半地穴式建筑且年代皆为二里头文化二期[3]。这些建筑基址可能是作坊区内的管理人员及铸铜从业人群的居住场所；灶址依附房址或单独存在，可能为从业人用日常生产、生活的遗留[4]。另外在制骨作坊内发现的一组2座建筑基址，可能为骨器制作和加工的场所。

半地穴建筑和平地起建的中小型房址与大型宫殿基址在建筑规模、用料及空间布局上的差异直接反映出二里头社会中存在着多层级人群。相较于作坊区而言，宫殿区内小型房址的数量较少，显示出宫殿区和从属于社会上层的作坊区内的人员构成有着一定的差异。

由于发掘区域所限，小型房址的数量还比较少，但对于整个二里头社会而言，中下层民众的数量必然超过现有中小型房址所反映出的层级，而从中小型房址的数量来具体推知二里头遗址的人群构成还需要更多的数据。

---

[1] 中国社会科学院考古研究所：《二里头（1999—2006）》，文物出版社2014年版，第715页。
[2] 中国社会科学院考古研究所：《偃师二里头（1959年—1978年考古发掘报告）》，大百科全书出版社1999年版，第75—78、159—162、260页。
[3] 郑光、杨国忠等：《偃师县二里头遗址》，《中国考古学年鉴·1984》文物出版社1984年版，第128—129页。
[4] 陈国梁：《二里头遗址铸铜遗存再探讨》，《中原文物》2016年第3期，第35—44页。

第四节 水井

截至目前，二里头遗址发掘出的水井仅 10 余座。平面形状多为圆角长方形，也有少量圆角近方形，井壁多斜直，口大底小。口部长度 1.3—2.4 米，多数在 1.5—1.8 米；宽度 0.76—2.0，多数在 1.0—1.3 米。多数因在清理过程中出水而未清理到底，少数经钻探知，深度在 7.8 米左右，有的深度在 9 米以上。基础较好的，直接挖掘形成井壁。在早期的灰土上挖掘的，一般先在预备挖井的地方挖出一个 12—20 平方米的方坑，直到把灰土掏挖干净，挖到生土或夯土为止，然后在方坑中部向下挖掘井壁。水井间距较近的两壁中部一般有对称的脚窝，供上下水井时使用。水井的时代从二里头文化二期到四期晚段均有，个别水井从二里头文化二期一直使用到四期。

第五节 灰坑与灰沟

除了上述遗迹之外，在二里头遗址中还发现了数量较多的灰坑和一些灰沟。它们形状不一，用途与性质也多有差别[①]。

一 灰坑

二里头遗址堆积丰厚，遗迹众多，层位关系复杂。与一般意义上的灰坑略有不同，我们所编号的灰坑，指那些不属于夯土、路土、墓葬、房址、灶址、窑址等遗迹、可看出一定边界的堆积单位，编号为灰坑更多地是为了处理、指代和记录特定的一块土。因为在发掘、编号之初并不了解遗迹的性质，所以一些编号为灰坑的单位实际上是废弃的水井、窖穴、祭祀坑等，也有专门用来填埋垃圾的坑。许多灰坑挖掘生土或早期夯土形成，因此坑壁上留下有工具痕迹。工具痕迹有细长条形、三角形和长方形，推测当时挖坑使用的是耒耜和石铲一类的工具。

根据坑口形状的不同，可分为方形（包括长方、正方和圆角方形）、圆形、椭圆形、不规则形 4 种（图 5-13），分别编号为 A、B、C、D。根据坑壁结构的不同，可分为直壁、斜（弧）壁、袋状壁 3 种，分别编号为 a、b、c。或因发掘面积过小未揭露完全，或因被严重破坏，还有一些灰坑的坑口形状不明，编号为 E。根据坑口形状

---

① 中国社会科学院考古研究所：《偃师二里头（1959 年—1978 年考古发掘报告）》，中国大百科全书出版社 1999 年版，第 39—40、78—80、165—168、263—267 页；中国社会科学院考古研究所：《二里头（1999—2006）》，文物出版社 2014 年版，第 40—46 页。

和坑壁结构的不同，可以将所有灰坑组合为 14 种型式。

从用途和性质上看，这些灰坑绝大部分为一般垃圾坑。少数可推断其原为窖穴、取土坑、排水沟、祭祀坑等，废弃后成为垃圾倾倒处。还有一些灰坑填土中有完整的人骨或残断、散乱的人骨，可能为乱葬坑。

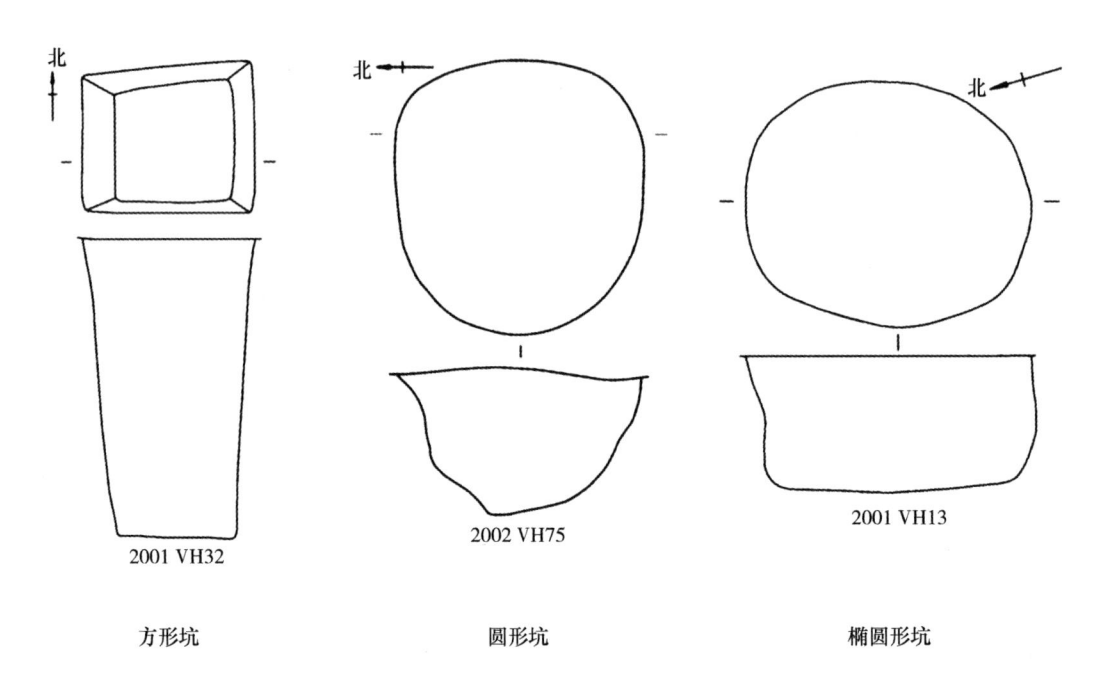

2001 VH32　　　　2002 VH75　　　　2001 VH13

方形坑　　　　　　圆形坑　　　　　椭圆形坑

图 5—13　不同类型灰坑举例

二　灰沟

根据灰沟口部平面形状的不同，可分为长条形、曲尺形和形状不明三种，根据沟壁结构的不同，可分为斜壁、近直壁和不规整壁三种。长条斜壁的有 27 条，长条近直壁的有 2 条，长条不规整的有 1 条，曲尺斜壁的有 1 条，形状不明的有 7 条。

从用途或性质上推断，大部分灰沟原应为一般排水沟，废弃后成为垃圾倾倒处；也有原应为取土沟，后来成为垃圾沟的。个别灰沟则可能具有特殊的用途。

第六章

遗物所见生产与生活

第一节 人工遗物

二里头文化的人工遗物种类多样、类型丰富，主要包括陶器、铜器及冶炼遗物、玉器（含绿松石器）、石器、漆木器、纺织品及骨、角、蚌、牙、贝、螺质遗物等。尽管发现的数量有多有少，但都能在一定程度上反映二里头文化先民的生产与生活状况。

一 陶器

陶器是二里头文化中最为常见、出土数量最多的人工遗物。它们形制多样、种类丰富，是二里头文化先民生产生活最为直接的见证。

（一）陶器综述

二里头遗址作为二里头文化的中心遗址，具有规模大、文化堆积厚、内涵复杂等特点。60年来发掘出土数千件完整（或复原）陶器，残片数以万片计算。按功用可分为生活用具和其他器具。按形制可分为容器和小件，下面以此分类进行介绍。

1. 二里头文化的陶容器

（1）陶质、陶色和器类

二里头文化陶容器的质料主要是普通易熔黏土，还有少量是瓷石。

普通黏土陶器又可分为夹砂和泥质两类，颜色以灰色为主，灰黑色较少，灰褐、红褐陶比例极低，主要是二里头文化四期晚段的岳石文化特征的夹砂褐陶鬲和深腹罐。器类有深腹罐、圆腹罐、鼎、甑、鬲、盆、刻槽盆、平底盆、豆、三足皿、捏口罐、敛口罐、高领罐、高领尊、矮领尊、大口尊、小尊、缸、瓮、鬶、盉、爵、觚、杯、器盖等。质料、陶色和主要器类的比例随时代不同而有所变化。

一期早段时，泥质陶数量略多于夹砂陶，夹砂陶砂粒粗大，往往凸现于器表。多为颜色略斑驳的青灰色，灰色也较多，少量灰黑色。篮纹略多，中绳纹和方格纹也较多，篮纹印痕多较清晰，少量略模糊。器錾较大。器类主要是尊、深腹罐、圆腹罐、鼎、甗、折沿盆、刻槽盆、捏口罐、平底盆、瓮、鬶、盉、爵、豆、小口尊、矮领尊、缸、器盖等。

一期晚段时，夹砂陶与泥质陶数量相当，灰黑陶数量超过一半，夹砂灰陶的色调多变，砂粒粗大，往往凸现于器表。器类主要是尊、深腹罐、圆腹罐、鼎、甗、刻槽盆、捏口罐、壶、觚、鬶、盉、爵、豆、三足皿、圈足盘、折沿盆、平底盆、小口尊、矮领尊、缸、器盖等。

二期早段时，泥质陶多于夹砂陶，灰色比例上升为主要陶色，绝大多数陶器为灰色，灰黑陶约占10%，灰褐、黑皮陶数量较少，有少量白陶、黄褐陶。器类主要是深腹罐、尊、圆腹罐、盆、器盖、豆、缸、瓮、捏口罐、平底盆等。

二期晚段时，仍是泥质陶多于夹砂陶，夹砂陶中的砂料粗大而稀疏，直径约为0.2厘米。从此段开始直到四期晚段，灰陶始终占绝大多数，约占90%左右，灰色的色调逐渐变浅，灰褐、灰黑、红褐陶数量较少，还有少量白陶、黄褐陶。器类主要是尊、深腹罐、圆腹罐、盆、平底盆、捏口罐、豆、甗、缸等。

三期早段时，夹砂陶多于泥质陶，除灰陶外，还有灰黑、灰褐陶，不见白陶和黄褐陶，原为白陶、黄褐陶的盉、尊变为灰陶。主要器类是圆腹罐、深腹罐、尊、盆、捏口罐、缸、器盖等。

三期晚段时，仍是夹砂陶多于泥质陶，灰褐、红褐和灰黑陶数量略有上升。主要器类是尊、深腹罐、圆腹罐、盆、捏口罐、缸、器盖等。

四期早段时，夹砂陶多于泥质陶，有少量灰黑、灰褐陶。主要器类是尊、深腹罐、圆腹罐、盆、缸、器盖等。

四期晚段时，夹砂陶与泥质陶数量相当，此期夹砂陶中的砂子细小而均匀。有少量灰褐、红褐、灰黑陶。主要器类是尊、深腹罐、圆腹罐、盆、缸、瓮、器盖、捏口罐等。出现少量外表有篦状刮痕的夹砂灰褐、红褐陶深腹罐、鬲等具有岳石文化特征的陶器，和外表饰有细绳纹的橄榄形深腹罐、卷沿鬲，以及束颈盆等下七垣文化特征的陶器。

瓷石制作的陶器又称硬陶，颜色主要是白色和青灰色，还有一些呈黄色、黄褐色。白色、黄色和黄褐色多见于二期，其他期所见的，可能为三、四期扰动二期遗存所致。器类主要是鬶、盉、爵等酒器，也有少量高领尊、大口尊、圆腹罐、鼎、甗、簋、瓮、筒形白陶等。青灰色仅见于三期、四期，主要器类为盉和爵。

此外，还发现几块原始瓷器残片，器类主要是象鼻形盉。胎料为灰色，多为细砂质，釉色有青色和酱色。

(2) 陶器表面的处理

二里头遗址出土的陶器表面的处理方式与陶器的类别和制作工艺有关。总体上说，处理方式有：施加纹饰，施加麻点，素面抹光，素面磨光，附加錾、耳或乳钉，镂孔等，还有少量器物上有刻划符号。绝大多数夹砂陶器的外表有纹饰，且覆盖大部分器表。泥质陶器中素面或磨光的略多于施加纹饰的，且多数纹饰仅施加于器表局部。所有容器的口沿或口沿至肩、腹的上部等经过抹光处理。器物表面的处理方式往往不止一种，多是两种以上组合使用。

陶器表面常见的纹饰有篮纹、方格纹、绳纹、附加堆纹、凹凸弦纹、刻划纹、指甲纹、戳刺纹，和云纹、雷纹、"S"纹、回形纹、花瓣纹、圆圈纹，以及龙、蛇、鸟、鱼、蝌蚪、兽面等多种特殊花纹。器物表面的纹饰也多是两种以上组合使用。

常见纹饰中，绳纹、篮纹、方格纹用于多数有纹饰的器物上，如罐类、鼎、鬲、甗、甑、盆、刻槽盆、尊类、缸、瓮等器物。篮纹、方格纹仅见于一、二期，二期以后不见，其他纹饰则各期均有。一期早段至二期早段的篮纹、方格纹深而清晰，二期晚段的篮纹浅而模糊。一期时，绳纹比例略低于篮纹，二期开始数量多于篮纹，此后直到四期晚段，始终是纹饰的主流。一期的绳纹多较细，也有较多中绳纹；二期多为细绳纹；三期多为中绳纹；四期多为粗绳纹，少量薄胎卷沿鬲和橄榄形深腹罐等个别器类表面则饰有细绳纹。

附加堆纹主要见大型器物的肩、腹部，如缸、瓮、尊类器物，在素面或已施加绳纹、篮纹的大型器物上，均有再施加附加堆纹的情况。

凹弦纹多用于尊类、平底盆、高领罐、敛口罐、缸、瓮、器盖等器物上。凸弦纹多用于三足皿、豆、鬶、盉、爵等器物上。

刻划纹、指甲纹多用于较精致的器物上，如高领罐、大口尊、敛口罐、高领尊、矮领尊、壶、盉、爵、器盖等器物上。

印纹是多由一种花纹为母题，组成连续图案，并多与弦纹配合构成带状饰，也有单独使用的。印纹的种类有云雷纹、回纹、斜线云纹、圆点重菱纹、重环纹、螺旋纹、旋云纹、花瓣纹、席纹、编织纹、眼形纹、蝉纹、卷云纹、云回纹、铆钉饰等。

麻点是在制作过程中拍打陶器内壁时，内垫表面特意放置的突出的沙粒压印形成的。麻点一般出现在个别深腹罐、圆腹罐、甑、盆、捏口罐、尊、瓮等器物的内壁，二期开始出现，四期晚段最多，此后几乎不见。二期的麻点稀疏而小型，直径约0.1厘米。三期出现中型麻点，直径约0.2厘米，但仍有小型麻点。四期晚段出现大型麻点，直径约0.3—0.6厘米，仍有小型和中型麻点。

所有容器的口沿，或口沿至肩、腹的上部经过抹光处理。

甑、盆、平底盆、豆、三足皿、簋、壶、敛口罐、尊、瓮、鬶、盉、觚、杯、器盖等泥质陶器表面的全部或局部经过抹光处理。

甑、盆等陶器上腹部一般附加有鸡冠形双鋬，二期及以前的鋬一般宽而高大，此后逐渐缩小。一些圆腹罐的口沿部饰双鋬。盆、尊、瓮等陶器上腹或肩部见有附加耳。乳钉见于尊、鬶、盉、爵等陶器上。

镂孔主要见于豆柄部，多为相对的两孔，少量是穿3个孔和1个孔。还有一些圈足器的圈足上也饰镂孔。

综合陶器材料，可看出二里头文化一至四期陶器的演变轨迹。

陶系方面：泥质陶中细泥陶的比例由多变少，夹砂陶的比例由少变多；陶色由深沉向浅明发展，黑陶、黑皮陶由多而少，灰陶逐渐增多，最后多见浅灰陶。器类组合方面：炊具由罐、鼎、甑的组合，到罐、鼎、甑与少量的鬲共存；甗始终存在，但是一直非常少见。食器中豆始终为主体，三足皿亦常见，圈足盘只在一期流行，而簋则主要见于三、四期，尤以四期为多。酒器中饮器以爵、觚为主，从流行夹砂陶爵，多见管流爵；演变为流行泥质陶爵，只见槽流爵。斟灌器从鬶、盉并存到只见陶盉。盛储器以盆、尊、瓮为主，折沿盆逐渐为卷沿盆取代，二期以后盛行大口尊。

器形方面：从流行折沿、平底器，少见空三足器；到流行翻沿、卷沿、圜底、凹圜底器，空三足器渐多。

纹饰方面：从流行篮纹、方格纹，到流行绳纹。从细绳纹发展到中绳纹、粗绳纹。从较多的凸棱，演变为多见阴线弦纹。

2. 二里岗文化的陶容器

与二里头遗址的二里头文化陶器相比，二里岗文化陶器的种类、数量均大量减少，这种情况与该遗址在两个大的文化时期的规模大小、盛衰情况相一致。二里岗文化早期遗存较少，晚期遗存较多，出土遗物也较丰富。

二里岗文化早期陶器以夹砂和泥质灰陶为主，有少量夹砂灰褐、红褐陶，泥质黑陶和红陶很少。纹饰主要是细绳纹，弦纹也较多，还有少量附加堆纹。器类主要有深腹罐、鬲、甗、盆、敛口罐、高领罐、捏口罐、豆、簋、大口尊、瓮等。

二里岗文化晚期的陶器主要是夹砂和泥质浅灰陶，还有少量夹砂灰褐、红褐陶、泥质红褐陶、夹砂白陶。纹饰以绳纹为主，凹弦纹也较多，附加堆纹主要见于大口尊、缸等器物上，还有少量云纹、雷纹和兽面纹。器类主要有深腹罐、甑、甗、鬲、盆、刻槽盆、平底盆、敛口罐、高领罐、捏口罐、豆、簋、大口尊、瓮、缸等。

3. 其他陶质遗物

此处涉及的内容为陶容器以外的陶质小件遗物，包括生产工具、生活用器、饰品、乐器等类遗物或残存部件等。具体来看，主要有陶铲、陶拍（垫）、陶纺轮、陶网坠、陶环、陶球/珠、陶铃、陶范、斗笠形白陶器、圆陶片、其他几何形陶片、陶饼、陶锥形器、陶泡形器、陶漏斗形器、陶贝壳形器、陶异形器、陶箕形器、陶梯形器、陶柱、烧土土坯、烧土面。

（二）陶器生产

为了全面获取二里头遗址以及二里头文化的生产生活图景、文化属性、族群特征乃至聚落结构等方面的信息，学术界对二里头遗址及二里头文化的陶器生产状况进行了全方位、多角度的分析和研究。

早在二里头遗址试掘之时，发掘者们就已经注意到陶器的制作工艺，将陶器的生产原料大致分为夹砂、泥质两大类，并认为"制法以轮制为主、兼用模制和手制"[①]。在随后公布的发掘简报中，发掘者们对二里头遗址出土陶器的制作工艺的认识进一步丰富，不仅识别出了泥质白陶、印纹硬陶，而且对制法的判断更加具体化，如泥条盘筑、手捏制等成型技术的发现[②]。

20世纪80年代，有学者对二里头遗址出土陶器开展了穆斯堡尔谱分析，同时与龙山文化的陶片进行了比较，结果表明二里头文化与龙山文化陶器烧成工艺有紧密相关性，而且二里头文化陶片的烧成温度在800℃—900℃左右[③]。

1995年，《二里头陶器集粹》出版，长期从事二里头遗址考古发掘的郑光撰文讨论了二里头遗址出土陶器的特征，其中专门提及了制陶工艺。他认为，二里头遗址出土陶器制作技术仍以轮制为主，一些大型器物和水管等特殊器物及一些夹粗砂陶器、袋足器、小件陶器为手制，有些器物为轮制与手制兼用[④]。

1999年出版的《偃师二里头》在论述二里头文化一至四期文化出土陶器时，专辟段落对每一期的陶器的制陶原料、成型方式、装饰技法等进行了介绍，并对部分器类的成型技术和装饰技法进行了具体的观察，甚至罗列了个别器物成型的步骤。编写

[①] 中国社会科学院考古研究所洛阳发掘队：《1959年河南偃师二里头试掘简报》，《考古》1961年第2期，第82—85、81页。

[②] 中国科学院考古研究所洛阳发掘队：《河南偃师二里头遗址发掘简报》，《考古》1965年第5期，第215—224页；中国科学院考古研究所二里头工作队：《河南偃师二里头早商宫殿遗址发掘简报》，《考古》1974年第4期，第234—248页。

[③] 孙仲田、金国樵等：《河南偃师二里头文化时期陶片的穆斯堡尔谱研究》，《核技术》1984年第4期，第67页；孙仲田、金国樵等：《二里头文化与龙山文化陶片的穆斯堡尔谱研究》，《中原文物》1985年第1期，第83—85页。

[④] 郑光：《二里头陶器文化论略》，《二里头陶器集粹》，中国社会科学出版社1995年版，第1—27页。

者亦认为，二里头遗址出土陶器以轮制为主，大型器类采用泥条盘筑法制成，个别小件器皿为手制，并认为存在"分制拼接"的方法①。

除此之外，一些研究在讨论二里头文化或相关器类时，亦对陶器成型技术有所提及②。

不过，这些研究都是在以陶器形制为目的的框架下开展的，是对制陶技术的简单涉及，并未形成关于二里头遗址以及二里头文化陶器制作技术的系统研究。

直到20世纪90年代末期，李文杰、张居中等对河南渑池县郑窑遗址出土的二里头文化陶器制作技术进行了系统观察和分析，尤其对原料制备工艺、坯体成型工艺、修整工艺、装饰工艺、烧成工艺等方面进行了详细论述，为学术界全面了解二里头文化陶器制作技术提供了关键材料。与之前的认识有所不同，李氏在陶器成型工艺的探讨中，指出"郑窑遗址二里头文化的陶器成型方法以手制为主，模制和轮制为辅，一部分手制的器物经过慢轮修整"，并且他们认为，二里头遗址二里头文化制陶工艺与郑窑遗址大体相当，"两个遗址都是以手制为主、模制和轮制为辅"。这一结论与二里头遗址发掘者的认识明显不同。由于该项研究是针对郑窑遗址二里头文化制陶工艺分析的专文，罗列了大量具体的标本和痕迹案例，有着大量的证据支持，同时陶器成型技术的判断需要一定的经验基础，而李氏长期从事制陶工艺的观察与研究，因此他们的论据似乎更加翔实③。

由于陶器生产研究需要第一手的材料，且需要丰富的观察经验，这或许是本阶段关于二里头遗址以及二里头文化陶器生产的专门研究并不多见的原因之一。此外限于当时技术手段的匮乏，陶器制作工艺中的原料成分、物理性能等关键项目也没有进行科学的检测和分析。

新旧世纪之交，随着自然科学技术的丰富以及考古学科自身的发展，大量新的技术手段被引入到陶器生产的研究中。

2002年，中国科学院上海硅酸盐研究所选择二里头遗址二里头文化二、三期的七件印纹硬陶和普通泥质陶，开展了化学组成、气孔率、吸水率、体积密度、烧成温度、岩相分析。他们根据成分组成特征分析，认为二里头遗址出土的印纹硬陶，其产地应在南方，很可能是在浙江、江苏一带。同时他们注意到，部分陶器（硬陶）表面存在玻化层，但这些玻化层并不是工匠为装饰器皿或提高表面性能而做出

---

① 中国社会科学院考古研究所：《偃师二里头（1959年—1978年考古发掘报告）》，中国大百科全书出版社1999年版。
② 杜金鹏：《封顶盉研究》，《考古学报》1992年第1期，第1—33页。
③ 李文杰、张居中：《渑池县郑窑遗址二里头文化制陶工艺研究》，《华夏考古》1998年第2期，第67—85页。

的有意识行为，很可能是用松树枝叶烧窑落灰形成的，因此这些陶器只能称为硬陶，并非原始瓷①。

借助自然科学技术的检测分析以及西方理论模式、统计学方法，陶器生产研究逐渐从之前的技术工艺的复原，拓展到生产组织、流通方式、消费模式等与陶器生命史有关的一系列环节。

朱君孝等人利用电感耦合等离子体发射光谱（ICP—AES）等方法测定了二里头遗址的陶器样品，通过对其主量和微量元素进行聚类和因子分析，并结合 XRD 分析，发现二里头遗址不同区域的陶器各自聚为一类，且同一出土单位的陶片尚能聚为同一亚类。他们认为，二里头遗址各个区域出土陶器应由专门陶窑供应，不同区域或聚居着不同家族或氏族，拥有各自的制陶作坊②。

随着中华文明探源工程的启动，作为探索早期国家形成的关键遗址，二里头遗址的陶器生产研究成为该项目的子课题之一。在此项目的带动下，中国社会科学院考古研究所、中国科学技术大学、中国科学院上海硅酸盐研究所等单位相互合作，先后选取了数百件陶器标本，分批次、有针对性地开展了化学组成、晶相结构、材料性能、烧成温度、附着物分析等方面的科技研究，同时对相关陶器的制作技术进行了仔细观察，试图多角度地获取二里头遗址陶器生产的信息和线索。这些成果被《二里头（1999—2006）》发掘报告所收录③。

王增林等人选取了二里头遗址 72 件样品开展中子活化分析（NAA）。通过陶器中的微量元素和痕量元素分析，研究者发现陶礼器和普通陶器之间存在明显的成分区别，而且二里头文化四期陶礼器的制作原料来源和工艺可能存在多样性。同时，此次检测中具有岳石文化风格的器物很可能是在二里头遗址当地制作的④。

吴瑞等采用能量色散 X 荧光能谱仪（EDXRF）对二里头遗址出土的普通陶器进行了测定与分析，其目的在于探讨二里头陶器生产的历时性变化。结果显示，二里头文化二、三期陶器的化学组成较分散，四期陶器的化学组成则相对集中，意味着二里头遗址陶器的生产可能出现由分散到集中的过程⑤。

---

① 陈尧成、张福康等：《河南偃师二里头夏商陶器研究》，《'02 古陶瓷科学技术国际讨论会论文集》，上海科学技术文献出版社 2002 年版，第 25—30 页。
② 朱君孝、李清临等：《二里头遗址陶器产地的初步研究》，《复旦学报》（自然科学版）第 43 卷第 4 期，2004 年，第 589—596、603 页。
③ 中国社会科学院考古研究所：《二里头（1999—2006）》，文物出版社 2014 年版，第 1427—1499 页。
④ 王增林、许宏：《二里头遗址陶器样品中子活化分析与研究》，《科技考古》第二辑，科学出版社 2007 年版，第 83—96 页。
⑤ 吴瑞、吴隽等：《河南偃师二里头遗址出土陶器的科技研究》，《科技考古》第二辑，科学出版社 2007 年版，第 97—115 页。

与之相关，鲁晓珂等采用能量色散 X 荧光能谱仪（EDXRF）对二里头遗址出土的 24 件白陶、印纹硬陶和原始瓷的化学组成进行了测定，并对它们的烧成工艺进行了观察。研究表明，二里头遗址白陶、硬陶和原始瓷的胎料组成明显区别于一般日用陶器，它们采用了可能承受更高烧成温度的瓷石，说明当时的陶工对于这类器物的原料有意识的选择。此外白陶的原料波动性较大，烧成温度在 900—1000 度之间。同时研究者还发现，二里头遗址原始瓷和印纹硬陶胎料组成存在两种类型，意味着可能存在多种来源[1]。

李宝平等使用高精度的电感耦合等离子体质谱法（ICP—MS）测试比较了二里头与登封南洼两遗址出土的共 24 块白陶片的 40 余种微量元素含量，用热电离质谱法（TIMs）测试了其锶同位素含量，并以唐代巩县黄冶窑生产的唐三彩与白瓷胎作为参照。研究表明，这些陶瓷的化学特点显示南洼出土的白陶可能为当地生产。二里头遗址出土白陶有一些可能是南洼所产，但也有许多很可能并非南洼产品，而是另有产地[2]。

在探源工程项目的设计下，除了自然科学技术的检测之外，二里头遗址出土陶器的指纹痕迹、制作工艺、使用与废弃的空间特征等方面的研究都有进展。

彭小军对二里头遗址出土陶器的指纹痕迹进行了采集和分析。结合指纹与年龄信息的比对关系，他发现二里头遗址陶器生产者的年龄构成较为多样，而且当时的"未成年人"很可能已经参与到陶器生产过程中，且或许从事辅助性工作[3]。此外，彭小军根据陶器制作痕迹的观察，并结合民族学的调查资料，在二里头遗址识别出"泥条拉坯成型技术"[4]，同时二里头遗址出土陶器的制作技术还包括泥条筑成、模制、快轮拉坯等[5]，并对陶爵的制作与生产开展了专项研究[6]。

此外，日本学者德留大辅等对二里头遗址出土陶器的色调进行了分析。他们结合墓葬的规模、随葬品情况的比较，发现色调明亮的精制陶器和较高的阶层之间存在关联，高亮度的陶器代表了较细致的制作过程，因此是个人威望的指示物。然而，随着青铜容器的出现，此前作为重要礼器的精制陶器，由于被相同器形的青铜容器所取

---

[1] 鲁晓珂、李伟东等：《二里头遗址出土白陶、印纹硬陶和原始瓷的研究》，《考古》2012 年第 10 期，第 89—96 页。

[2] 李宝平、刘莉等：《偃师二里头遗址出土白陶产地的初步探讨及锶同位素分析的重要意义》，《'09 古陶瓷科学技术 7：国际学术讨论会论文集（ISAC'09）》，上海科学技术文献出版社 2009 年版，第 65—70 页；中国社会科学院考古研究所：《二里头（1999—2006）》，文物出版社 2014 年版，第 1472—1480 页。

[3] 彭小军：《古代指纹与陶工年龄分析——以二里头遗址出土陶器资料为例》，《南方文物》2011 年第 1 期，第 54—62 页。

[4] 彭小军：《"泥条拉坯成型技术"读识》，《三代考古》（四），科学出版社 2011 年版，第 461—470 页。

[5] 中国社会科学院考古研究所：《二里头（1999—2006）》，文物出版社 2014 年版，第 1498—1500 页。

[6] 彭小军：《陶爵的制作与生产——以二里头遗址出土资料为例》，《三代考古》（五），科学出版社 2013 年版，第 73—84 页。

代，亮度相对降低①。

除二里头遗址之外，周边的区域或遗址也开展了陶器生产方面的研究。戴向明引入西方陶器生产的理论模式，通过大范围的测量和观察，对垣曲盆地二里头时代的陶器生产组织和方式进行了探讨②。此外，登封南洼遗址的中子活化分析表明，南洼遗址出土白陶与遗址附近的黏土关系较近，由此推断南洼白陶的原料可能是就地取材③。同时，陶器制作技术观察显示，泥条筑成法是南洼遗址二里头文化陶器的主流成型方法，其次为轮制法，捏塑法和模制法使用的很少。轮制法似乎经历了波浪式的发展模式，早晚期使用的比例较少，中期所占比例较大，但依然以泥条筑成法为主④。

这一时期，开始出现关于二里头遗址及二里头文化陶器生产的博硕士论文。日本学者久慈大介通过对二里头遗址出土陶器制作痕迹的观察，复原了数百件陶器的原料、成型、装饰、烧成、使用等环节，为了解二里头遗址出土陶器的制作工艺和使用功能提供了翔实的标本和案例⑤。彭小军以讨论二里头遗址不同区域陶器的空间差异为视角，从制陶原料、成型技术、标准化统计、器类分布等方面，对二里头遗址宫城区、贵族居住区、一般居住区等地点的出土陶器的空间差异特征进行比较。结果显示，宫城区出土陶器在原料精细程度、制作技术指标、标准化程度等方面都要高于其他两区域，而且宫城区内分布的陶器种类以宴飨类器具为主⑥。贾耀祺采用模拟烧制实验和物理属性测定的方法，对登封南洼遗址出土陶器的物理属性开展了系统分析，为陶器气孔率、真密度与制陶原料、烧成温度之间的关联性探讨提供了信息支撑，同时发现南洼遗址二里头文化陶器的真密度随着时间的推移呈现递增趋势，表明制陶技术可能随着时间的推移而逐渐进步⑦。

上述可见，二里头遗址及二里头文化出土陶器研究经历了两大阶段，从最开始制陶工艺的观察和复原，到进入新世纪之后，陶器生产的综合研究。在第二阶段，由于自然科学技术、西方理论模式、统计分析技术的积极引入，陶器生产的研究更加深

---

① ［日］德留大辅、钟ケ江贤二等：《关于中国早期青铜时代陶器色调的研究——以二里头遗址为例》，《三代考古》（三），科学出版社 2009 年版，第 163—170 页。
② 戴向明：《陶器生产、聚落形态与社会变迁——新石器至早期青铜时代的垣曲盆地》，文物出版社 2010 年版。
③ 韩国河、赵维娟等：《用中子活化分析研究南洼白陶的原料产地》，《中原文物》2007 年第 6 期，第 83—86、90 页。
④ 贾宾、朱君孝：《二里头文化陶器成型工艺初步观察》，《文物鉴定与鉴赏》2010 年 3 月号（创刊号），第 47—51 页。
⑤ ［日］久慈大介：《二里头遗址出土陶器的制作技术研究》，博士学位论文，中国社会科学院研究生院，2010 年。
⑥ 彭小军：《二里头遗址出土陶器空间比较研究》，硕士学位论文，中国社会科学院研究生院，2011 年。
⑦ 贾耀祺：《古代陶器物理属性研究方法初探——以南洼遗址二里头文化陶器为例》，硕士学位论文，郑州大学，2012 年。

化，陶器生命史包括的制作技术、生产组织、流通方式、使用模式等方面都有涉及。不过，因为样本规模、技术局限以及陶器生产的复杂性等方面的原因，使得多项研究仍有进一步拓展的空间。相信随着自然科学技术的继续发展、考古学理论的不断丰富，二里头遗址及二里头文化陶器生产的诸多问题将会逐步得以廓清。

二 铜器

二里头遗址历年发掘中已发现了数量众多的铜制品和与冶铜相关的遗物。1959—1978年的资料多数已经发表，1979—1997年间的发掘资料部分发表，1999—2006年的资料已经全部发表。

根据二里头工作队队存资料及已发表的资料，可知二里头遗址出土铜制品总数超过250件，其中已经发表的近170件。冶炼遗物主要发现于二里头遗址Ⅳ区及Ⅴ区的建筑基址、灰坑和地层中，总计约70余件。其中宫殿区发现17件，包括铜渣、铜矿石（蓝铜矿、孔雀石）；作坊区发现55件，包括铜渣、坩埚、浇勺、陶范、泥芯等遗物[1]。此外考古工作者还在山西夏县东下冯等10余处遗址发现有二里头文化的铜器及冶铜遗物[2]。

（一）器形器类

目前所发现的二里头文化铜器大体可以分为容器、乐器、武器、工具和其他礼仪用器五类[3]。

容器类器形有爵、角、斝、盉、鼎、觚等，其中铜爵是二里头文化最早出现、最具特色、数量最多的铜容器。乐器类器形主要为铜铃，目前发现数量超过10件。武器类包括戈、钺、戚、镞等。其中铜镞的数量最多，超过40件。工具类包括刀、凿、锥、锛、锯、纺轮、鱼钩、钻等。其中刀和锥的数量较多。其他礼仪用器主要包括铜牌饰和圆形器。铜容器、铃、武器、铜牌饰、圆形器多出于墓葬之中，工具类铜器多出于遗址的地层及灰坑中。

从时间上来看，目前见于报道的二里头文化一期铜器数量较少，包括铜块和铜刀等，皆属小型工具。但这些铜器的年代判定可能存在误差，此期也未发现冶铸遗迹。因此一期时二里头遗址内是否存在冶铸活动尚未可知[4]。

---

[1] 陈国梁：《二里头遗址铸铜遗存再探讨》，《中原文物》2016年第3期，第35—44页。
[2] 中国社会科学院考古研究所：《中国考古学·夏商卷》，中国社会科学出版社2003年版，第109—111页。
[3] 陈国梁：《二里头文化铜器研究》，《中国早期青铜文化——二里头文化专题研究》，科学出版社2008年版，第134页。
[4] 陈国梁：《二里头遗址铸铜遗存再探讨》，《中原文物》2016年第3期，第35—44页。

二里头文化二期的铜制品和冶铸遗物数量相比前一期较多。铜制品包括铜刀、铜锥、铜铃、铜牌饰、铜块等。冶炼遗物包括铜渣、坩埚碎片、陶范。

二里头文化三期时铜制品的数量和种类较二期都有所提升。种类包括容器、武器和工具等，器形主要有铜爵、铜铃、铜戈、铜戚、铜镞、铜刀、铜锛、铜凿、铜锯、铜纺轮、铜鱼钩、圆形器等，这构成了二里头文化中铜器的主要器类。冶炼遗物数量丰富，主要包括铜炼渣、坩埚碎片、陶范等。

二里头文化四期铜制品种类更为丰富，新出现了铜鼎、铜鬲、铜斝、铜盉、铜觚、铜钺等器形。

（二）合金成分及金相组织

据梁宏刚等统计，截至2006年已发表的经化学成分检测的二里头遗址铜器有53件、炉渣1件和铅片1件，53件铜器中有红铜7件、锡青铜15件、铅青铜10件、铅锡青铜20件、砷青铜1件①。后来梁宏刚等又分析了1件二里头文化时期的青铜钺，是一件锡青铜②。赵春燕等分析了18件二里头遗址出土铜器，其中16件的年代是从二里头文化二期到四期，包括纯铜2件、锡青铜3件、铅青铜1件、铅锡青铜8件、砷青铜1件，锡砷青铜1件；另外2件属于二里岗文化时期，1件为锡青铜，1件为铅砷青铜。这些器物基本都含较低含量的砷，从0.02%—3.52%，砷青铜的砷含量较低，都在4%以下③。刘煜等检测了二里头遗址出土的属于二里头文化时期的13件铜器，其中纯铜2件（包括1件含砷稍高的），锡青铜4件，铅锡青铜5件，砷青铜1件，铅锡砷青铜1件；二里岗文化时期8件器物中，纯铜1件、锡青铜4件、铅锡青铜2件、锡砷青铜1件④。还有3件样品虽然出于晚期遗迹，但从形态上可能归属于二里头文化时期；它们分别是1件锡青铜，1件铅锡青铜，1件砷青铜。梁宏刚等检测了二里头遗址出土的3件残铜器，其中2件为锡青铜，1件为红铜，但具体时代并不明确⑤。

因此目前已经检测的二里头遗址出土铜器共有99件，包括13件纯铜器、31件锡青铜、36件铅锡青铜、11件铅青铜、4件砷青铜、2件铅锡砷青铜、1件砷锡青铜、1件铅砷青铜。其中属于二里头文化时期的共有86件，分期明确的器物有82件，分别属于二里头文化一到四期（表6-1），其中三、四期的铜器数量比一、二期要大为增加。

---

① 梁宏刚、孙淑云：《二里头出土铜器研究综述》，《中原文物》2004年第1期，第29—39、56页。
② 梁宏刚、孙淑云：《二里头采集青铜钺分析测试报告》，《考古》2002年第11期，第33—34页。
③ 赵春燕、杜金鹏等：《偃师二里头出土铜器的化学组成分析》，《中华文明探源工程文集》技术与经济卷（1），科学出版社2009年版，第372—380页。
④ 中国社会科学院考古研究所：《二里头（1999—2006）》，文物出版社2014年版，第1500—1543页。
⑤ 同上。

表 6-1　　二里头遗址出土铜器检测结果统计表　　单位：件

分期	纯铜	锡青铜	铅锡青铜	铅青铜	砷青铜	铅锡砷青铜	砷锡青铜	铅砷青铜	合计
一期			1						1
二期	3	3	1	1	2				10
三期	3	8	8	3		1			23
四期	5	11	24	6	1	1			48
二里头时期（分期不明）		2	1		1				4
岗早	1						1		2
岗晚	1	6	2						9
二里岗时期（分期不明确）			1					1	2
总　计	13	31	36	11	4	2	1	1	99

研究结果显示，二里头遗址出土铜器的合金材质非常复杂，与之前新石器时代晚期和之后商代出土的铜器相比，具有早期冶金技术从发端迈向成熟和规范的发展期的特点。二里头文化一期到四期，显示出红铜的比例下降、青铜的比例上升的发展趋势[①]。含砷青铜的数量也在减少，但存在波动。二里头文化时期已有人为使用锡铅的可能。但锡和铅的使用没有明显的分别，青铜铸造过程中锡、铅的加入也没有明显的规律可循[②]。

同时，二里头文化青铜器普遍含有微量的砷，有些还有铋、银等。二里头文化三、四期出现大量应用铅锡青铜的情况，特别是四期，铅含量有较大的提高，说明合金材质发生了较大变化，这可能与使用的矿料来源和冶炼技术的变化有关。李延祥推测二里头文化时期的锡料可能来自于一种原生的铅锡共生矿，伴生有砷、银、铋、锑等。由于这种铅、锡共生矿床的各矿带可产出不同的矿石，而冶炼技术的演进也会导致不同的合金出现，因此这种从砷铜到锡铅（砷）青铜的转变可能是对同一矿床不同程度的开发和冶炼技术进步（还原气氛增强）共同作用的结果[③]。

对二里头遗址出土青铜器的金相组织分析显示[④]，二里头文化时期更多器物的金相组织呈现铸态的枝晶组织（图 6-1；彩版一八：1），少量具有等轴晶组织（图 6-2；彩版一八：2），有些样品上可见退火孪晶或者滑移线。这说明它们大多铸造而成，使用退火和冷锻工艺的器物较少，一般为工具或兵器，可能都是基于功

---

① 陈国梁：《二里头文化铜器制作技术概述》，《三代考古》（二），科学出版社 2004 年版，第 183—201 页。
② 金正耀：《二里头青铜器的自然科学研究与夏文明探索》，《文物》2000 年第 1 期，第 56—64 页。
③ 中国社会科学院考古研究所：《二里头（1999—2006）》，文物出版社 2014 年版，第 1500—1543 页。
④ 同上。

能的考虑。而在二里岗文化时期,使用铸造和冷、热处理的器物数量几乎持平,这说明镞、锥、刀等实用工具开始更为普遍地使用退火和冷锻的工艺来改善性能,而那些用途不明的铜器、铜片和铜块均是铸造而成,显示出工匠此时已经能更加自如地运用不同的工艺。

图 6-1　铜镞（2006VH447∶8）金相组织

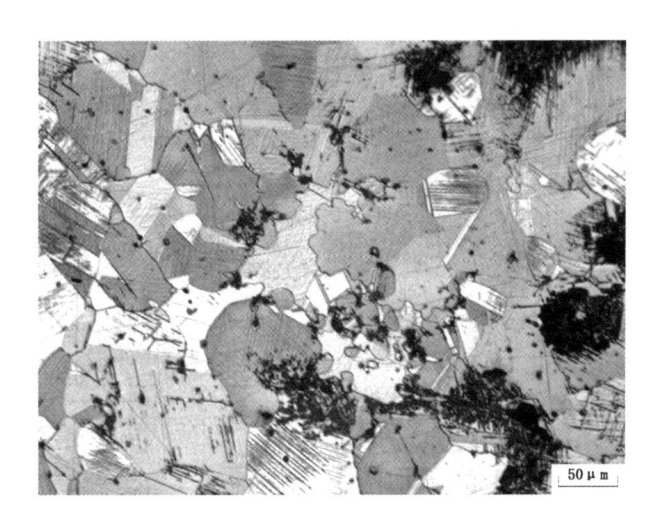

图 6-2　铜刀（2004VT85④C∶3）金相组织

此外,有些样品的金相组织中有较多半透明的块状及针状灰色相二氧化锡分布于基体上（图 6-3）,这种二氧化锡晶体的形成是在熔化的铜中加入锡,在铜液流动性不好、还原条件不佳时,锡被氧化形成的[1]。

---

[1] David Dungworth, Serendipity in the Foundry? Tin Oxide Inclusions in Copper and Copper Alloys as an Indicator of Production Process, *Bulletin of the Metals Museum*, Vol. 32, 2000, pp. 1 - 5.

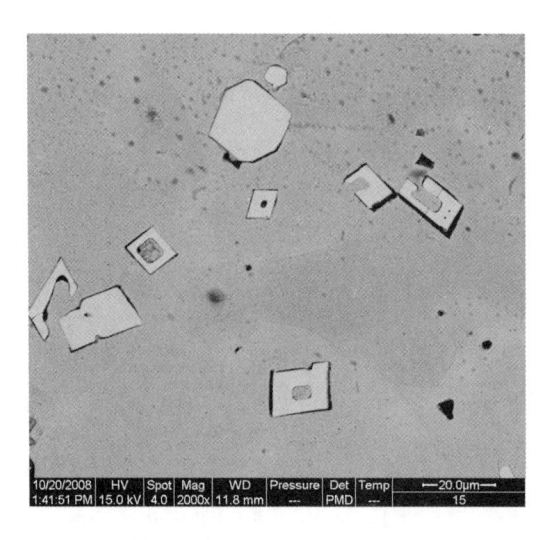

图 6-3　铜镞（2002VH147∶12）的背散射图像

这些铜器中存在的夹杂物以硫化物为主，一般较为细小，对部分样品的硫化物做点分析，发现有硫化亚铜和铜铁硫化物两种。图 6-4 所示这件器物为含砷红铜，这些夹杂物可能与矿料来源有关。相比而言，二里头文化时期的器物多有两种硫化物夹杂，而二里岗文化时期铜器的夹杂物只有硫化亚铜，这种差别可能与原料的差别及冶炼工艺的进步都有关系。

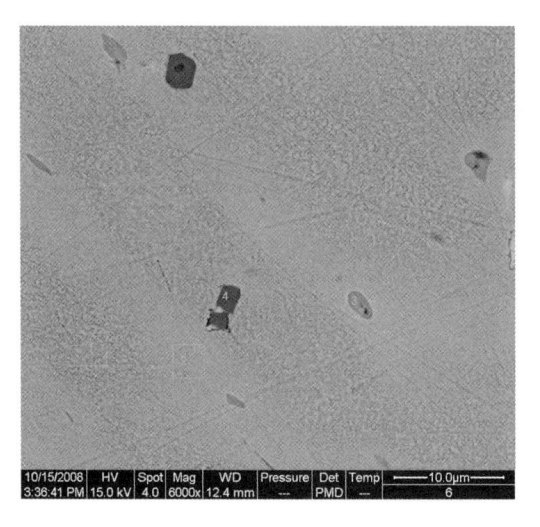

图 6-4　铜片（2003VG38②∶24）的背散电子像
1-（α+δ）共析相，2-α相，3-硫化亚铜夹杂，4-铜铁硫化物夹杂

在部分样品的夹杂物中还检测到硒，硒是铜矿中和硫伴生的痕量元素。冶炼含硫铜矿时，硒会一直保留在硫化物中，而且粗铜中的硒很难在精炼时去除。故铜器中的

硫化物夹杂中含有的少量硒可能来自铜矿。

（三）铅同位素分析及矿料来源研究

铅同位素分析在古代青铜器矿料产地的溯源研究中发挥着重要作用。古代青铜器的主要合金成分为铜、锡、铅，而古代锡矿主要为锡石，锡石中杂质很少，合金元素锡对铅同位素数据的影响基本可以忽略不计。因此大多数情况下，铅同位素比值应作为铜矿或铅矿的示踪剂。至于反映的是何种矿料的来源信息，则需要对比器物的元素成分进行具体分析。如果青铜器中的铅含量超过了2%，通常被认为是有意加入的，此时的铅同位素的数值主要反映的是铅矿的信息。

金正耀发表了二里头遗址出土的59件青铜器的铅同位素比值数据，其中二里头文化二期样品18件、三期样品16件、四期样品25件。结果显示二里头文化二、三期具有同一个矿源，但四期发生了矿产地的转移[1]。李清临等将这些数据与郑州二里岗、黄陂盘龙城、安阳殷墟出土青铜器的铅同位素比值进行对比，指出二里头文化四期的比值与二里岗文化时期的比较接近，可能使用了同地的矿源，而这种矿料来源的重大变化并不是资源枯竭造成的，而可能是因为这段时间内发生了重大的社会变化，最大的可能性就是夏商政权更迭[2]。

（四）制作工艺研究

对二里头文化青铜器制作技术的研究显示，尽管此时的铜器相对还比较简单，形制往往是仿自同期或略早的陶、石等器，还保留一定程度的原始性，但已肇建了中国青铜器的基本构架，形成了中国青铜器的独立传统：特殊的形制和块范铸造法[3]。此时已经具备陶范铸造的基本技术特征：按照垂直和水平方向进行分范设计；纹饰的设计沿水平方向展开、在范上制作等。后者是中国青铜器范铸技术最重要的特征之一，即在青铜器成形之前，纹饰的设计、施工在制范的过程中预先完成。这种技术过程和理念，都迥异于美索不达米亚和古埃及地区所代表的青铜器成形后再在器表上直接施加纹饰的技术传统[4]。另外，二里头文化时期的铸铜技术本身是一个发展的过程，如从单面范铸造到多范合铸，从早期的素面到后期出现弦纹、乳钉纹、方格纹、圆圈纹或镂孔装饰等。

二里头文化时期的铜器都由浑铸成形，目前尚未见到分铸的器物。兵器、工具类

---

[1] 金正耀：《二里头青铜器的自然科学研究与夏文明探索》，《文物》2000年第1期，第56—64页。
[2] 李清临、朱君孝：《二里头文化研究的新视角——从青铜器的铅同位素比值看二里头四期的文化性质》，《江汉考古》2007年第4期，第67—71、21页。
[3] 苏荣誉、华觉明等：《中国上古金属技术》，山东科学技术出版社1995年版，第95—99页。
[4] 张昌平：《中国青铜时代青铜器装饰艺术与生产技术的交互影响》，《商周青铜器陶范铸造技术》，文物出版社2011年版，第1—22页。

多采用双面范浇注，容器、铜铃等则采用组合陶范的办法制作。尽管二里头遗址出土铜器的器形不大，但器壁匀薄，这显示当时已有相当水平的铸造技术：合理的分范技术；合范时严格的定位技术（画线和销钉）①；一些简单器形铜器（如工具和兵器）的铸型设计已成形；已采用了补铸技术修补铜器的缺陷等②。

有多位学者考察过二里头文化铜器的铸造工艺，主要集中在对容器的考察上。李京华指出铜铃是采用2块外范及1块范芯组合铸造，芯撑的设计形成两孔，同时保持厚度③。关于爵的铸型，争议最大。如李京华认为使用了分段造型，就是后来所常用的水平分范。腹部采用2块外范，1块泥芯，足部采用3块外范，浇口在流下或者尾下腹段④。这与巴纳的看法较为一致⑤。而苏荣誉则认为没有那么复杂，指出其主要是对分的范型，以流—尾为中轴，鋬部使用自带泥芯和活块芯两种方式成形，而浇口在立柱部或鋬部⑥。从我们拍摄的二里头遗址出土的青铜爵（图6-5）的X光片（图6-6）上，可以看到流部清晰的对分的范线。

图6-5　二里头遗址出土的爵（84VIM11∶1）

---

① 常怀颖：《论商周陶模和范上的"定位线"》，《考古》2017年第2期，第105—115页。
② 李京华：《关于中原地区早期冶铜技术及相关问题的几点看法》，《文物》1985年第12期，75—78页；廉海萍、谭德睿等：《二里头遗址铸铜技术研究》，《考古学报》2011年第4期，第561—575页。
③ 李京华：《〈偃师二里头〉有关铸铜技术的探讨——兼谈报告存在的几点问题》，《中原文物》2004年第3期，第29—36页。
④ 同上。
⑤ N. Barnard, Thought on the Emergence of Metallurgy in Pre-Shang and Early Shang China and a Technical Appraise of Relevant Bronze Artifact of the Time, Paper Presented at *the Hsia Culture Conference UCLA*, May, 1990, pp. 3–48.
⑥ 苏荣誉、华觉明等：《中国上古金属技术》，山东科学技术出版社1995年版，第95—99页。

图6-6 M11∶1二里头爵的X光片（俯视）

难波纯子研究了青铜爵从二里头文化时期向二里岗文化时期的技术转化，将二里头文化的青铜器细分为两期，爵以足部为中心的外范，从两范演变为三范①。而日本学者宫本一夫则认为二里头文化时期爵的铸型主要是苏荣誉所提及的那种铸型，并不存在所谓三范的造型，同时认为这一时期的斝也是如此②。廉海萍等分析了几件未公开发表的青铜容器的铸造工艺，指出二里头文化时期其实存在两种铸型形式，一种类似苏荣誉提到的，一种则是巴纳说的那种③。玖茵堂收藏的两件青铜爵身上的铸痕可清晰分辨这两种做法，它们分别属于二里头文化三期和四期，张昌平认为这种工艺的差别与时代早晚有关④。楚小龙考察了从二里头文化时期到西周时期爵的铸造工艺演进，综述了二里头文化时期青铜爵工艺的各种说法⑤。

二里头文化时期已经有泥芯撑的使用。所谓芯撑，是指在铸型中用于范与芯之间定位、保持壁厚的小块，包括自带泥芯撑和金属芯撑两类。前者一般是指泥芯上突起的小块，铸后形成小孔；后者是独立的金属块状物。爵鋬上的长三角形镂孔，应该是范自带鋬部泥芯上的三角形凸块形成的。上海博物馆藏的一件爵，X光片上可见鋬部有四个隐藏的孔（图6-7）⑥。而某些爵假腹部分的镂孔（图6-8），是在底范上设置突起的小块，浇注后形成的孔洞。这些小块用于底范或泥芯与外范之间

---

① ［日］难波纯子：《初现期の青铜彝器》，《史林》第七十二卷第二号，1989年，第76—112页。
② ［日］宫本一夫、白云翔编：《中国初期青铜器文化の研究》，九州大学出版会2009年版，第39—53页。
③ 廉海萍、谭德睿等：《二里头铸铜技术研究》，《考古学报》2011年第4期，第561—575页。
④ 张昌平：《玖茵堂收藏的二里头文化青铜器》，《南方文物》2014年第3期，第152—154页。
⑤ 楚小龙：《二里头文化至西周文化时期青铜爵铸型分范技术的演进》，《华夏考古》2017年第1期，第75—84页。
⑥ 马今洪：《上海博物馆藏二里头文化束腰爵新探》，《中国国家博物馆馆刊》2014年第3期，第20—28页。

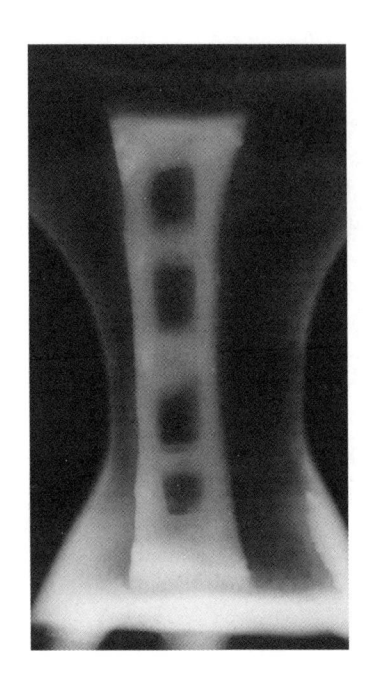

图6-7　上海博物馆藏铜爵鋬部 X 光片
（引自《上海博物馆藏二里头文化束腰爵新探》，图14）

图6-8　天津博物馆藏假腹爵
（引自《中国青铜器全集·夏商1》，图版九）

的定位以及保持壁厚，具有泥芯撑的功用①。

工具和兵器类的铸型相对简单，基本上都是双面范铸造。但是浇口的位置不同。其中铜刀的浇口在柄部，铜锥的浇口在钝端，铜戈的浇口在内端，铜凿的浇口在打击端，铜镞的浇口在铤端。那件采集的铜钺的浇口也在上端②。此外，发掘者认为二里头遗址出土的一件青铜刀的背部有鎏金的痕迹③，但因为未经过科学检测，尚不能确定。

二里头遗址出土的镶嵌绿松石的圆形器和牌饰，显示出高超的镶嵌工艺。牌饰有两种装饰方式④，一种纹饰主体是由凸出的铜框架构成，绿松石几乎都被切割成长方形的片，规整地从上到下成行排列（图6-9），从 X 光片上可以看到绿松石片清晰的排列（图6-10）；另一种则相反，纹饰由绿松石组成的纹带来表达，绿松石被切割成不同的形状，排列成弧曲的宽带构成兽面和兽角（图6-11）。

---

① 刘煜：《圈足上的镂孔：试论商代青铜器的泥芯撑技术》，《南方文物》2014年第3期，第110—116页。
② 梁宏刚、孙淑云：《二里头采集青铜钺分析测试报告》，《考古》2002年第11期，第33—34页。
③ 郑光：《二里头遗址与我国早期青铜文明》，《中国考古学论丛——中国社会科学院考古研究所建所40年纪念》，科学出版社1993年版，第191页。
④ 张昌平：《玫茵堂收藏的二里头文化青铜器》，《南方文物》2014年第3期，第152—154页。

图 6-9　二里头遗址出土铜牌饰（M57∶4）

图 6-10　二里头遗址出土铜牌饰的 X 光照片（M57∶4）

图 6-11　二里头遗址出土铜牌饰（M5∶4）
（引自《中国青铜器全集·夏商 1》，图版二〇）

(五) 铸铜遗物研究

除了对铜器本身所做的研究之外，学术界对二里头遗址中二里头文化时期与铸铜活动相关的遗物（如炉渣、熔铜器具、陶范等）也展开了相关研究。

1. 炉渣分析

李延祥等对二里头遗址出土的16件炉渣、坩埚残片进行检测，研究表明所有炉渣都是配制合金时产生的熔铜渣而非铜矿石炼铜的冶炼渣，坩埚有多次熔炼修补的痕迹，同一坩埚不同炉次熔炼的合金成分有别，包括红铜、砷铜、砷锡铜、砷锡铅铜、锡铜、铅铜、铅锡铜等，其中还有含锡量很高的合金。检测出的含砷炉渣有从早到晚减少的趋势，但也有所波动。二里头文化二期很可能存在单独炼制砷铜的技术，同时也开始了向锡青铜的阶段过渡①。

对炉渣的分析显示出在二里头遗址内并不进行铜的冶炼活动，而是直接使用其他地区冶炼好的粗铜进行熔炼和合金的配制。而铜矿的来源，目前还停留在推测阶段，中条山区、长江中下游地区、豫西山地和山东半岛四个地区被认为是可能的铜料来源。对此问题推进，需对这些地区古代采矿和冶炼遗址进行系统的、深入的调查研究②。

刘煜等对二里头遗址出土的4件铜渣样品进行了分析，这些炉渣均为典型的熔炼渣，是熔铜和合金化过程中金属液与炉壁（或坩埚）、燃料灰等反应形成的少量炉渣，漂浮在金属液表面，暴露于空气中遭到氧化而形成各种含铜、锡和铅的物相。熔炼渣主要含硅、铝等耐火材料的硅酸盐成分，铜及其他合金元素含量较高，铁、钙含量较低。渣中有纯铜、青铜颗粒（图6-12；彩版一八：3），存在二氧化锡骸晶，并有部分高铅相，表明当时已经能够将锡和铅有意识加入，但合金配制的水平不高。有个别样品含有高铁相、银颗粒和铋颗粒，这可能与矿料的来源和冶炼技术有关。

炉渣中的二氧化锡晶体多聚集在一起，与铜颗粒或铜氧化物并存，其形态多为长条状、针状，或呈方形、菱形等形态，有的二氧化锡晶体呈骸晶形态，即晶体中央出现孔洞，有的骸晶孔洞中还有红铜出现（图6-13；彩版一八：4）③。李延祥④检测的二里头遗址出土熔铜渣，梁宏刚等⑤检测的垣曲商城出土熔铜渣，周文丽⑥检测的周原地区铸铜遗址出土熔铜炉渣均出现类似组织。

---

① 李延祥、许宏：《二里头遗址出土冶铸遗物初步研究》，《科技考古》第二辑，科学出版社2007年版，第59—82页。
② 陈国梁：《二里头文化铜器制作技术概述》，《三代考古》（二），科学出版社2004年版，第183—201页。
③ 中国社会科学院考古研究所：《二里头（1999—2006）》，文物出版社2014年版，第1500—1543页。
④ 李延祥、许宏：《二里头遗址出土冶铸遗物初步研究》，《科技考古》第二辑，科学出版社2007年版，第61页。
⑤ 梁宏刚、孙淑云等：《垣曲商城出土炉渣壁内金属颗粒及矿物组成的初步研究》，《文物保护与保护科学》，2009年第4期，第18—30页。
⑥ 周文丽：《周原地区铸铜遗址出土冶铸遗物研究》，硕士学位论文，北京大学考古文博学院，2008年。

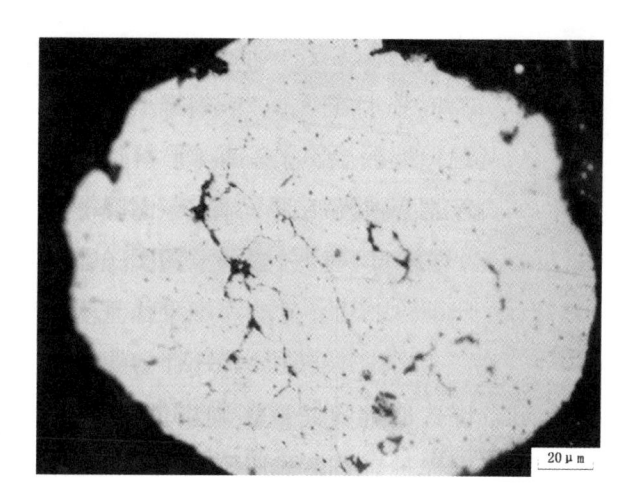

图 6-12 铜渣（2002VH132:1）中的铜颗粒

图 6-13 铜渣（2003VG38②）的背散射电子像
1-二氧化锡晶粒，2-含铅锡的钙硅酸盐，3-铜铅锡硅酸盐，4-铜颗粒

炉渣中二氧化锡骸晶的存在已经引起很多学者的关注，关于其形成的机理以及与青铜合金熔炼方式的关联，多有讨论。有些学者认为二氧化锡骸晶的存在是熔铜后期或浇注前加金属锡进行合金配制时，锡被氧化生成的。而那些非骸晶形态的二氧化锡，则可能是加锡石进行还原熔炼过程中，粘挂在炉壁上而被裹入渣中的残留[1]。但

---

[1] 梁宏刚：《二里头遗址出土铜器的制作技术研究》，博士学位论文，北京科技大学，2004年。

也有学者认为无法区分锡的来源①。因此，这一问题的解决，还需要借助更多的研究工作以及复原实验。

2. 熔铜器具

在偃师二里头遗址发现了两件带流瓢形器（图6-14，1），内表面均为灰色烧结层覆盖，表面有铜渣残留，背部糊草拌泥，从一件残片推测其长径约25厘米②。李京华认为它们是小型熔炉，上部应该加有炉口圈，即可以熔铜，也可以作为浇包③。梁宏刚认为这两件容器为一种小型熔炉，虽然它们均为残件，完整厚度不详，但应该有相当厚度，这样可以保持熔融的铜液不至于过快冷却，也能保持熔炉外壁温度不会太高，便于手持进行浇注④。而廉海萍等认为这两件是浇勺，青铜液先在坩埚中熔化，再移入浇勺中注入陶范上端的浇口杯。可是二里头遗址并未发现除瓢形器以外的坩埚⑤。重庆彭水徐家坝遗址出土的一件商周时期的船形杯（图6-14，2）上面有铜渣，经过分析是青铜熔炼渣⑥。其形状与二里头遗址瓢形器相似，可能既用于熔铜，又用于浇注。

这类敞口、厚壁、带流口的熔铜器具在西方青铜时代常有发现，泰利柯特曾对西方早期坩埚做过分类，其中J型即为船形坩埚，如出土于土耳其的特洛伊IV遗址⑦和英国布雷丁遗址⑧（Breiddin）的船形坩埚（图6-14，3、4）就与二里头遗址瓢形器和徐家坝遗址船形杯十分相似。另外，古埃及底比斯新王朝时期的莱克米尔（Rekhmire）墓中壁画上，有古埃及人用带流口的敞口坩埚来熔铜、浇注的画面⑨（图6-15）。由此可见，这类坩埚应该既可以熔铜，是内加热式的坩埚，又设置流口便于浇注⑩。

---

① Figueiredo et al., Smelting and recycling evidences from the Late Bronze Age habitat site of Baiões (Viseu, Portugal), *Journal of Archaeological Science*, Vol. 37, issue 7, 2010, pp. 1623 – 1634; Dungworth D., Serendipity in the foundry? Tin oxide inclusions in copper and copper alloys as an indicator of production process, *Bulitin of the Metals Museum*, Vol. 32, 1 – 5; Frederik W. Rademakers, Carlotta Farci, Reconstructing bronze production technology from ancient crucible slag: experimental perspectives on tin oxide identification, *Journal of Archaeological Science*, Report 18, Vol. 45, 2018, pp. 343 – 345.

② 郑光：《二里头遗址的发掘——中国考古学上的一个里程碑》，《夏文化研究论集》，中华书局1996年版，第60—81页。

③ 李京华：《〈偃师二里头〉有关铸铜技术的探讨——兼谈报告存在的几点问题》，《中原文物》2004年第3期，第29—36页。

④ 梁宏刚：《二里头遗址出土铜器的制作技术研究》，博士学位论文，北京科技大学，2004年。

⑤ 廉海萍、谭德睿等：《二里头遗址铸铜技术研究》，《考古学报》2011年第4期，第561—575页。

⑥ 杨小刚、邹后曦等：《重庆彭水徐家坝遗址出土商周时期的船形杯功能研究》，《文物保护与考古科学》，2012年第1期，第26—31页。

⑦ Tylecote, R. F., *A History of Metallurgy*, London: The Metals Society, 1976. p. 20, Fig. 8: 3.

⑧ Ibid., p. 96, Fig. 8: 4.

⑨ Tylecote, R. F., *A History of Metallurgy*, London: The Metals Society, 1976, p. 19.

⑩ 周文丽、刘煜等：《先秦铸铜遗址出土熔铜与鼓风器具的发现和认识》，《夏商都邑与文化》（一），中国社会科学出版社2014年版，第394—417页。

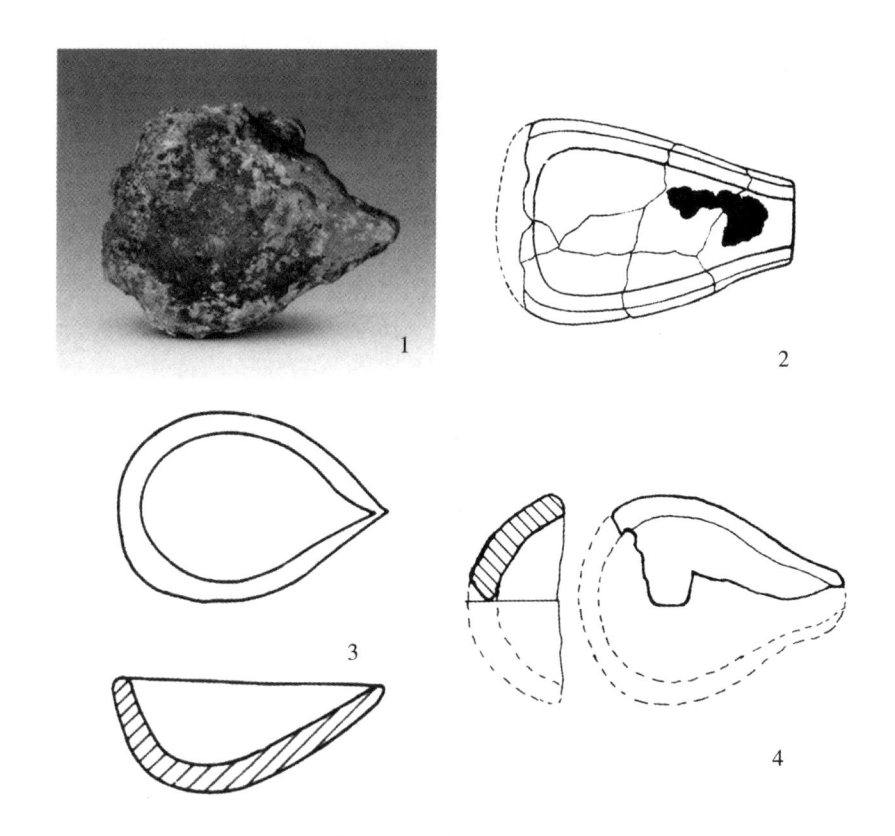

图 6-14 二里头瓢形器、徐家坝船形杯与土耳其、英国船形坩埚比较

12 Egyptian crucible held with withies while pouring into moulds; metal is melted in a crucible in a hearth with a forced draught from four foot bellows; withies serve to lift the crucible to the mould in the centre which has a series of runners; one of the men on the right carries an oxhide ingot; from a tomb at Thebes c. 1500 BC (from P.E. Newberry[39])

图 6-15 埃及底比斯莱克米尔（Rekhmire）墓的壁画（约 1500 B.C.）

3. 陶范的检测

二里头遗址出土了较多陶范，有些经过浇注的陶范可以在分型面上看到黑色的表面层（图 6-16），有些陶范表面有比较复杂的纹饰（图 6-17；彩版一二：6）。

图 6-16 二里头文化四期陶范

图 6-17 二里头遗址出土的带花纹的陶范（83ⅣH20∶1）

（引自《二里头遗址铸铜技术研究》）

早年的研究认为陶范采用经过筛选的细泥黏土制成。范料内加入谷壳和草叶以提高其铸造性能。外范内面涂刷细泥浆，平整光滑，有的被铜液烧成灰褐色，部分还有花纹，外面刻制合范符号。陶范经过焙烧，呈红色[①]。

我们对二里头遗址陶范进行了分析，发现二里头文化时期的陶范的矿物组成是石英、斜长石、微斜长石、云母、绿泥石、石膏、闪石，显微结构显示有较高的粉砂含量，较低的黏土含量，较高的孔隙率，其显微结构（图 6-18）与殷墟时期的陶范非

---

① 中国社会科学院考古研究所：《偃师二里头（1959 年—1978 年考古发掘报告）》，中国大百科全书出版社 1999 年版，第 81、171、270 页。

常类似（图6-19），但后者的粉砂含量更高，颗粒也更均匀。研究显示陶范材料来自当地黄土，并经过淘洗，这意味着造型材料的选择和制备工艺的基本规范和方法在二里头文化时期已经形成①。

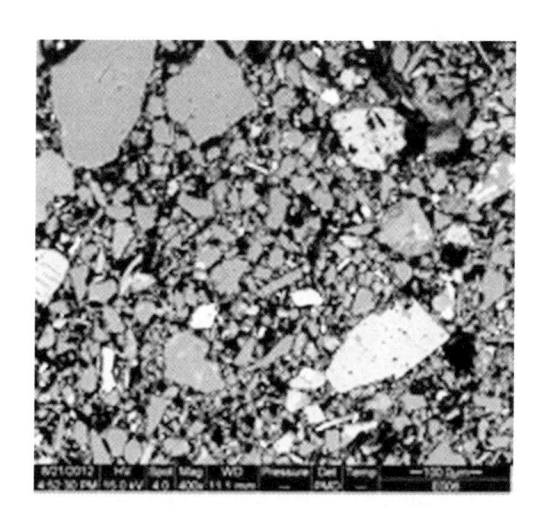

图6-18 二里头文化四期陶范的显微图像

图6-19 殷墟铸铜遗址出土陶范的显微图像

三 玉器（含绿松石器）

二里头文化中以二里头遗址发现的玉器占绝大多数，代表当时玉器文化的最高水平。二里头遗址的一系列重要发现，为学术界从社会角度来探索该遗址出土玉器奠定了基础。研究者将二里头遗址60年的田野工作分为四个阶段，这同样可以作为二里头文化玉器研究阶段划分的参考方案。现结合玉器的具体情况，对每一阶段玉器的发现与研究情况试做归纳及讨论。此外对与绿松石器相关的绿松石作坊、技术类型学及

---

① 刘煜：《殷墟出土青铜礼器铸造工艺研究》，广东人民出版社2018年版，第71页。

原料来源等问题做了考察。

（一）玉器发现与研究概况

可大致分为以下4个阶段。

1. 第一阶段：1959—1960年

这是二里头遗址玉器最初的发现阶段。

在1965年发表的二里头遗址试掘简报中，发掘者在报道墓葬、房址及灰坑等遗迹时，提到"还发现少量绿松石、玉器和蚌泡等"[①]。

2. 第二阶段：1961—1978年

这是二里头遗址玉器的进一步发现阶段，分期与工艺技术研究有所开展。

1967年，农民在Ⅲ区圪垱头挖土造砖，发现10多件精美的玉器，其中玉刀长度达到52厘米，还有玉圭、戈、镯和柄形器等贵重玉器，部分器物沾有朱砂。1972年10月，圪垱头大队社员将这些玉器送交考古队。这是考古工作者从二里头遗址首次获得的成组玉器。据此，1973年二里头工作队在圪垱头周围发掘570平方米，在墓葬中出土有玉柄形器，据陶器分析属二里头文化三期[②]。这样通过研究，1967年农民发现成组的玉器，也归属到二里头文化三期。1975年夏，四角楼大队社员从Ⅵ区发掘出玉器牙璋、钺、刀、柄形器和青铜爵，可能是出自同一墓葬[③]。这是本遗址最早发现的玉牙璋。同年秋，考古工作者在二里头遗址发掘了一个土坑（编号为75YLⅥK3），同时还清理了两个被盗过的土坑（编号为K4、K5），出有大量精美的玉器、绿松石、青铜器和陶器等，田野工作中的拍摄及墓葬遗物出土状况的平面图测量记录，成为二里头文化玉器科学探索的开始[④]（图6-20）。

具体研究方面，北京市玉器厂技术研究组于1976年发表《对商代琢玉工艺的一些初步看法》，文中讨论了二里头遗址出土的绿松石扁珠、玉圭及柄形器的制作技术，及75VKM4∶1青白玉柄形器（即玉笄）的工艺。他们指出："青玉柄形饰是很有代表性的一件优秀作品。造型呈细长形，显然是个手握柄饰。柄的全身四面以浮雕、勾彻等手法琢成饕餮形，柄端和柄根尾部的银把上都还透有十字孔……具体来说，这件玉器有这样几个突出的地方：第一，它综合了研磨削切、勾线阴刻、阳刻浮雕、钻孔、抛光等多种琢制技术……第二……柄面上的勾线饕餮花纹，曲直线结合得那么自然、

---

① 中国科学院考古研究所洛阳发掘队：《1959年河南偃师二里头试掘简报》，《考古》1965年第5期，第81—85页。
② 中国社会科学院考古研究所二里头工作队：《河南偃师二里头遗址三、八区发掘简报》，《考古》1975年第5期，第302—309页。
③ 偃师文化馆：《二里头遗址出土的铜器和玉器》，《考古》1978年第4期，第270页。
④ 中国科学院考古研究所二里头工作队：《河南偃师二里头遗址新发现的铜器和玉器》，《考古》1976年第4期，第259—263页。

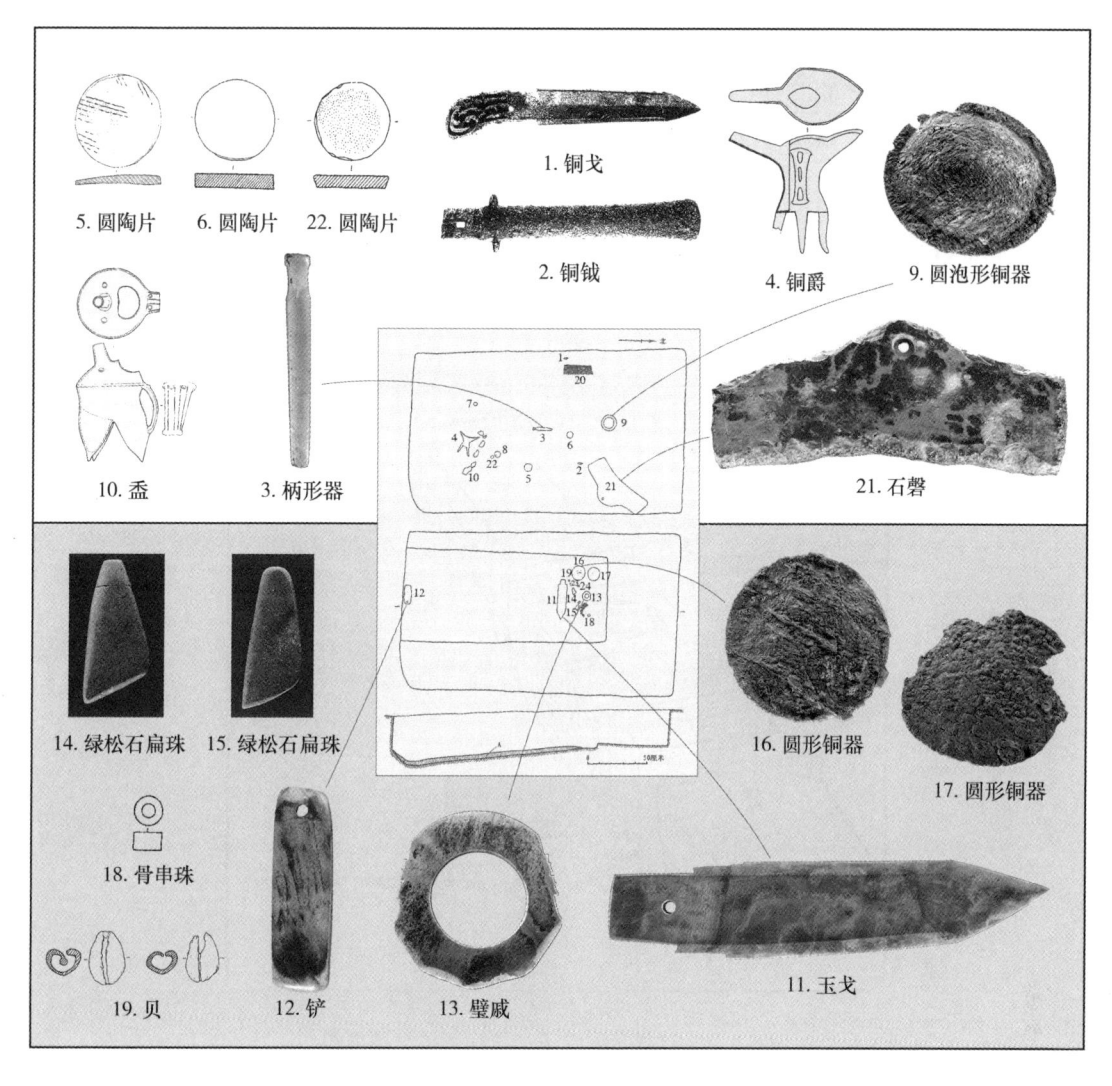

图 6-20　1975 年二里头遗址墓葬 VIKM3 首次考古确认出土玉器等遗物的空间分布

流畅、舒展；深浅浮雕磨制得那么柔润、细腻，恰到好处，而这些技艺成就都是在没有像今天使用的铁制工具的条件下取得的，这确是更为令人惊奇的！第三，这件饰品虽然在地下埋藏了数千年，它的光泽至今依然鲜润，表面仍很细腻。由此想见，这块玉料质地较好，抛光技术也已具有相当水平。"[1]

至于柄形器上具体的雕刻方法，北京市玉器厂的技工推测可能已使用了类似我们今天使用的"铊子"，又称为"琢玉铊子"。他们认为："当时已经有了圆形琢玉工具的理由是：第一，从那件青玉柄形饰的线刻花纹来推断的……第二……转动着的圆形

---

[1] 北京市玉器厂技术研究组：《对商代琢玉工艺的一些初步看法》，《考古》1976 年第 4 期，第 229—233 页。

工具，在琢制线端时，不可能琢出深度一致的垂直角来……在商代早期已经有了铸制青铜的工艺，而在早商时代早已有了车轮、陶轮等，由此我们联想到在商代早期，多半已经出现了利用这种轮子来带动蘸着研磨砂的圆形琢玉工具来对玉料进行琢制的这种工艺了。"此后，这件二里头文化玉柄形器雕刻工艺的模式示意图（图6-21），迄今仍被学术界广泛地接受和引用。但我们从工艺学角度来看，北京市玉器厂技工在上述砣具加工上的推论是错误的。

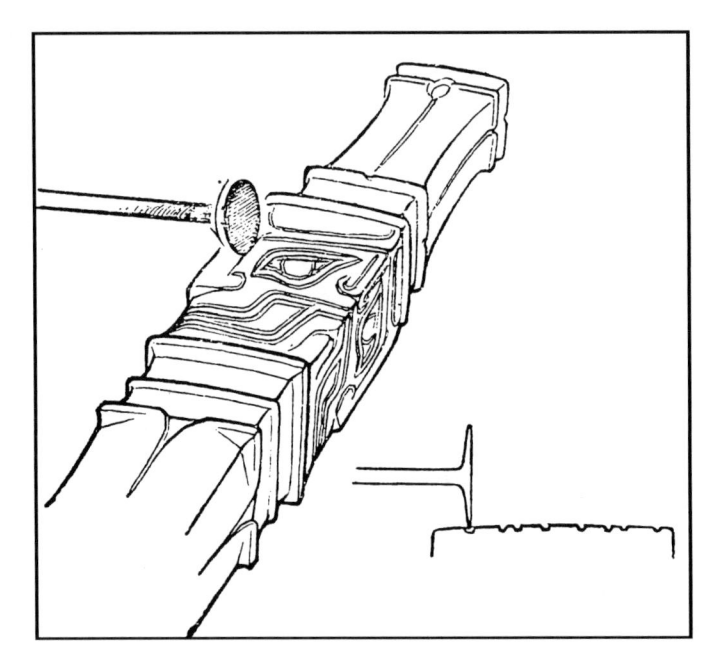

图6-21 以琢玉、砣子加工柄型器复原推想

（1976北京市玉器厂技术研究组）

我们认为，从当代玉工入手研究古代的玉器技术，本来是无可厚非的。然而，在缺乏考古研究者参与的前提下，现代玉工对远古玉器技术分析，基本上是难有正确的看法。主要原因是古今玉器技术在工具上有很大的差异。众所周知，研究古代石器不可能假手现代石匠的知识，其中道理十分明白。从今日考古知识体系来说，所谓75VKM4：1柄形器应属于后石家河文化阶段的玉笄。这种玉器上浅浮雕琢玉技术，在红山及良渚文化一些高级贵族玉器上已发展相当成熟。到了龙山时代及后石家河文化阶段，尤其是后者制作大量小型精美玉器，如人头像与动物等雕塑，广泛地应用了浅浮雕减地技术，而并不需要任何金属玉器加工"琢玉砣子"的工具。而北京市玉器厂技工在缺乏砣工具的情况下，就无法制作玉器。古代玉器研究必须从同时代玉器作坊遗迹及玉器制作过程中不同阶段的制品，加上加工工具的痕迹去分析。考古学者必须亲自参与古代玉器工艺技术的研究。工艺技术是古代玉器研究的重要部分。我们可以邀请现代玉工或其他工学上如器物表面粗糙度分析专家来参与。

总之，这一阶段由于二里头文化的陶器分期研究突飞猛进，为二里头文化出土玉器的年代判断奠定了基础。玉器工艺方面，精美玉笄（VKM4：1）的发现，引起考古学者对玉工艺的关注。此外，这一时期二里头遗址中出土玉器种类丰富多彩，形制恢宏壮观，玉器精雕细琢，展示了玉器在二里头文化中扮演着重要的角色。

3. 第三阶段：1980—1997 年

这是二里头文化玉器进一步发现且初步开展综合研究的阶段。

进入 20 世纪 80 年代之后，在二里头遗址每年的考古工作中，玉器的出土不绝如缕。1980—1981 年，二里头遗址墓葬中出土过大量玉器、绿松石制品，这把二里头文化玉器的发现推进到新高峰。1980 年，考古队在二里头遗址 III 和 V 区中清理出 3 座形制较大的墓葬，其中 IIIM2 出土铜爵、铜刀、玉圭、玉钺、绿松石、漆器等①。VM3 为二层台墓葬，墓中央人骨上放置一对上下对置玉石牙璋，还有玉钺、玉笄和绿松石饰。最大的牙璋长达 54 厘米。另一 IIIM4 虽然被破坏及盗掘，仍出土绿松石嵌片和管 200 余件，还有青铜尖状器。1981 年，考古队在 V 区圪垱头村清理 6 座墓葬，其中 M4 墓规模最大，长 2.5、宽 1.6 米。M4 中除铜铃外，首次发现由绿松石嵌片结合青铜兽面牌饰，工艺技术精绝。玉器有管、柄形饰及钺等②。以上二里头遗址 V 区圪垱头北面的贵族墓葬，往往发现较丰富的玉器、青铜器和漆器等。

到了 20 世纪 80 年代中期，二里头遗址玉器与青铜器仍相继有重要的新发现。1984 年，在 VI 区又发现 10 多处墓葬③。M6、M9 和 M11 都发现有很丰富的玉石器与青铜器。M11 出土的青铜器有铃、爵、兽面铜牌饰，玉器有璧戚（多角刃钺）、圭、刀、管、柄形饰共 10 件之多，还有绿松石管饰、漆器等，是二里头遗址最丰富的墓葬之一。1987 年，二里头工作队在 VI 区 M57 发现 4 件铜器和 8 件玉器，玉器包括戈、刀、月牙形器、柄形器、玉饰及大量绿松石嵌片等④。

除二里头遗址之外，在 20 世纪 80—90 年代之间，二里头文化周边的一些遗

---

① 中国社会科学院考古研究所二里头队：《1980 年秋河南偃师二里头遗址发掘简报》，《考古》1983 年第 3 期，第 199—205 页。

② 中国社会科学院考古研究所二里头工作队：《1981 年河南偃师二里头墓葬发掘简报》，《考古》1984 年第 1 期，第 37—40 页。

③ 中国社会科学院考古研究所二里头工作队：《1984 年秋河南偃师二里头遗址发现的几座墓葬》，《考古》1986 年第 4 期，第 318—323 页。

④ 中国社会科学院考古研究所二里头工作队：《1987 年偃师二里头遗址墓葬发掘简报》，《考古》1992 年第 4 期，第 294—303 页。

址也有玉器相继出土。这些遗址主要分布在河南省范围内，包括大河村①、煤李②、西史村③、新砦④、郑窑⑤、洛达庙⑥、王城岗⑦、太涧⑧、南寨⑨等，此外还见于晋南地区的南关⑩、大柴⑪、东下冯⑫等遗址，出土玉器以坠饰、环、璧、璜形制较小的玉器为主。另外下王岗遗址出土了一件玉戈。

显然，作为核心的二里头遗址与周边同文化遗址相比，就出土玉器而言，不论从数量、种类、形制等方面，二者存在巨大的落差。这可以视作二里头遗址王朝都邑格局的反映。

与此同时，这一时期学术界开展了对玉器的综合研究，涉及二里头文化玉器的分类、定名、功能和渊源等方面。总体看来，这一阶段大体存在以国内中国社会科学院考古研究所与国外日本京都大学为代表的两种不同的研究角度。

前者以夏鼐、郑光等学者的研究为代表。1983年，夏鼐发表了《商代玉器的分类、定名和用途》⑬，该文以商代玉器为主要研究对象，并涉及二里头文化玉器（图6-22）。由于夏氏渊博的学识及崇高的地位，其观点具有较大的权威性。他认为玉器的研究应该以考古发掘品为基础，然后结合文献，并在此基础上去讨论商代的玉器分类、定名和用途。

夏鼐认为，在玉器的分类中，"礼玉"与"六瑞"相同，就是六种瑞玉的意思。就玉璧而言，他指出，二里头遗址中也出土有2件，刃部分四段，简报中称为'钺'。这应改称为'璧戚'。然而，在谈及出土于妇好墓中的同类器物时，夏氏认为其被称为戚，且归入兵器类的认识是正确的，认为它不能算是瑞玉。那么，为何

---

① 郑州市文物考古研究所：《1982、1985年河南郑州市大河村遗址发掘》，《考古学集刊》第11集，中国大百科全书出版社1997年版，第76页。
② 洛阳博物馆：《洛阳煤李遗址试掘简报》，《考古》1978年第1期，第5—17页。
③ 郑州市博物馆：《河南荥阳西史村遗址试掘简报》，《文物资料丛刊》（5），文物出版社1981年版。
④ 中国社会科学院考古研究所河南二队：《河南密县新砦遗址的试掘》，《考古》1981年第5期，第398—408页。
⑤ 河南省文物研究所、渑池县文化馆：《渑池县郑窑遗址发掘报告》，《华夏考古》1987年第2期，第47—95页。
⑥ 河南省文物研究所：《郑州洛达庙遗址发掘报告》，《华夏考古》1989年第4期，第48—77页。
⑦ 河南省文物研究所、中国历史博物馆考古部：《登封王城岗与阳城》，文物出版社1992年版，第143页。
⑧ 洛阳市文物工作队、新安县文物保护管理所：《河南新安县太涧遗址发掘简报——黄河小浪底水库淹没区考古发掘简报之一》，《考古与文物》1998年第1期，第3—21页。
⑨ 河南省文物考古研究所：《伊川南寨二里头文化墓葬发掘简报》，《考古》1996年第12期，第36—43页。
⑩ 中国历史博物馆、山西省考古研究所：《1988—1989年山西垣曲古城南关城址发掘简报》，《文物》1997年第10期，第12—29页。
⑪ 中国社会科学院考古研究所山西工作队：《山西襄汾县大柴遗址发掘简报》，《考古》1987年第7期，第586—652页。
⑫ 东下冯考古队：《山西夏县东下冯遗址东区、中区发掘简报》，《考古》1980年第2期，第97—107页；中国社会科学院考古研究所、中国历史博物馆等：《夏县东下冯》，文物出版社1988年版，第66、99页；
⑬ 夏鼐：《商代玉器的分类、定名和用途》，《考古》1983年第5期。

第六章 遗物所见生产与生活

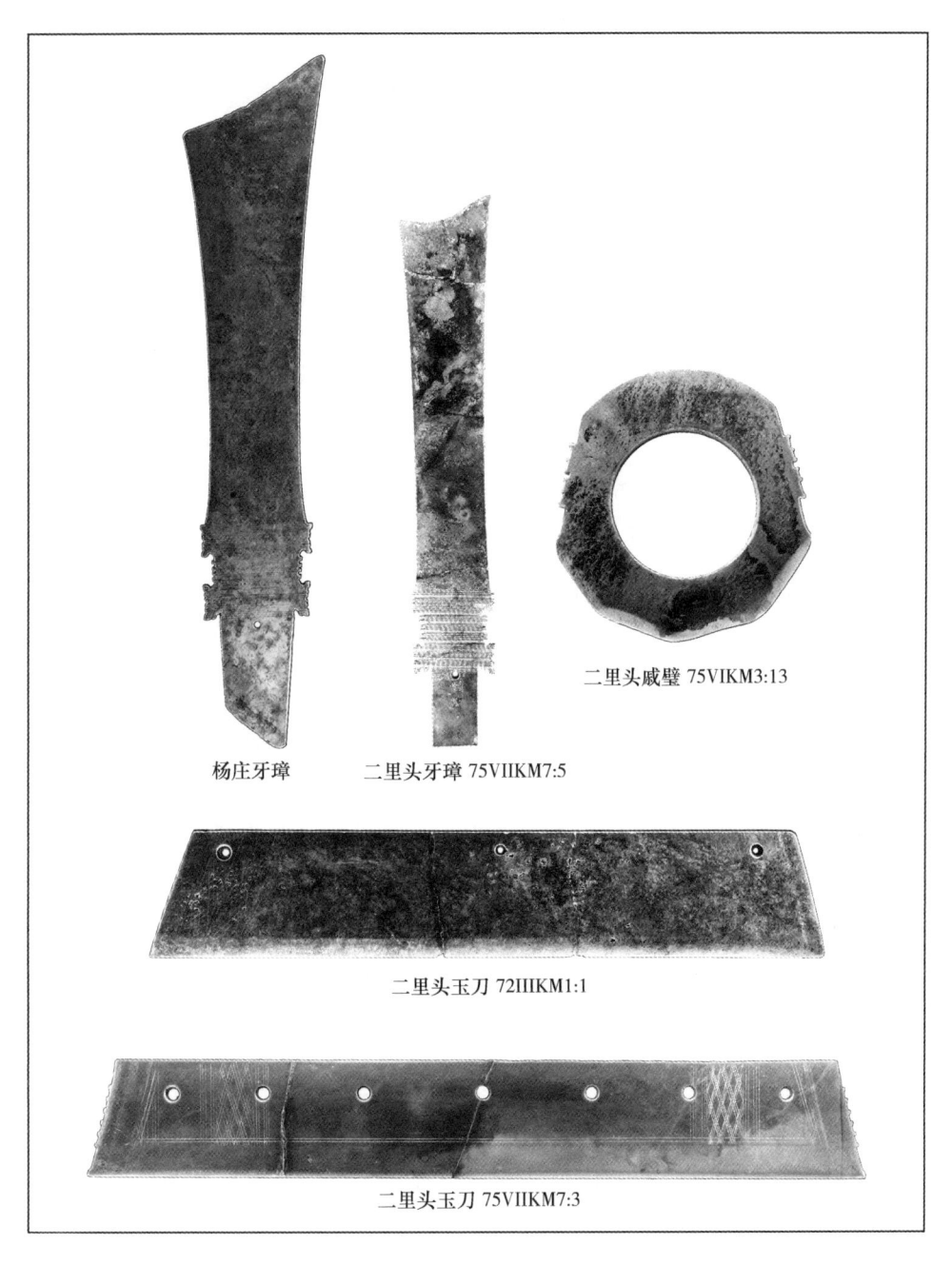

杨庄牙璋　　二里头牙璋 75VIIKM7:5　　二里头戚璧 75VIKM3:13

二里头玉刀 72IIIKM1:1

二里头玉刀 75VIIKM7:3

图 6-22　1983 年夏鼐讨论的二里头文化玉器

夏鼐将二里头文化的"璧戚"放入"礼玉"或"六瑞"范围呢？实际上，在器物定名上，"戚璧"或"璧戚"两者相同。如果称之"戚璧"，作为异形璧的分类，其就可以放入六瑞；如果称之"璧戚"，则为兵器。这是命名观点与角度的不同。然而事实上，二里头遗址 81YLVM6：1 是一件大型玉石钺，四条曲刃组成多角刃，一边刃缘有很明显砍劈使用的痕迹。这件玉石钺与夏文中所讨论二里头遗址的两件璧

· 161 ·

戚的刃部结构基本一致。这种玉器的功能明显与刃部有着密切关系，因而不应作为异形璧的范围。

关于玉器的定名问题，夏鼐主张："可以定名的，即用古名，如果古名找不到，可以取一个简明易懂的新名。"他列举了出自二里头遗址的两件和郑州地区的一件"璋形玉器"，认为应将它们改名为大型的刀形端刃器。夏氏对刀形端刃器的定义是："形似扁平长条形的刀，但锋刃不在长边而在较宽广的尾端，是斜刃或平刃而常稍内凹成弧形。柄部方形，常有一小孔。"对于这一点，郑光指出："本世纪四十年代以来，李济等学者对铜器、石器及玉器等破除旧金石学的命名，而按器物形态进行重新分类命名，如璋这类器物则属端刃器。但这些分类命名尚未得到普遍采用。"[①] 这方面更远可以追溯到1926年日本京都大学的滨田耕作的《古玉概说》，他认为从石刀滋生出"仪饰用的玉器——璋"；又指吴大澂"所图示的牙璋其刃部正似石刀状，柄部正和后出的刀形相同"[②]。夏鼐既不承认刀形端刃器是璋，也不承认是圭。郑光指出这类玉器"正是商末至战国时的石、玉之璋的前身，故我们仍称之为璋。因为体与柄之间有扉牙饰，不妨根据这种特征，称之为牙璋"。考古学所用牙璋命名，"与周礼上治兵守、起军旅的牙璋则是两回事"。从闻其名而知其形角度来看，牙璋命名确是相当贴切。

1986年出土于三星堆二号坑的跪坐小铜人，其手执且高举牙璋祭祀的神情，表明此种器物无可否认地与祭祀关系密切。而二里头遗址宫殿外围贵族墓葬出土的牙璋，当然很可能为二里头宫廷礼仪的重器。青铜时代牙璋玉器实际功能不明之处尚多。笔者所见不少牙璋刃部特别是刃部的中央位置，常有由于明显使用推磨产生破裂及线状痕迹。夏鼐指出刀形端刃器"当属于武器类，但不会是实用的武器"。杨泓否定"刀形端刃器"为武器说法，"两侧无刃，横装柄后缺乏前推和勾杀等主要功能，前端作月牙刃难于琢击，完全缺乏兵器用以杀伤敌方功效"。杨更推论说："首先是目前所发现的标本，都不是实用器，而是特制的与祭祀有关的器物，它与兵器无关"[③]。目前学术界对牙璋刃部使用痕迹的系统研究尚少，仍有待今后的实证。

另外，二里头遗址出土最多的玉器是柄形器。夏鼐将之归类到装饰品的范围，玉器装饰品分实用品和艺术品两种，也可能具有辟邪等巫术意义。柄形器被视装饰的实用品，这个分类也是无可非议的。但夏鼐指出日本学者林巳奈夫主张柄形器为

---

① 郑光：《略论牙璋》，《南中国及邻近地区古文化研究》，香港中文大学出版社1994年版，第9页。
② [日]滨田耕作：《古玉概说》，胡肇椿译，中国书店1992年版，第37—39页。
③ 杨泓：《中国古代刀形端刃玉器初析》，《南中国及邻近地区古文化研究》，香港中文大学出版社1994年版，第66页。

"大圭"的认识是错误的,并且说"这东西没发现过大型的"。日本学者林巳奈夫在回应批评时指出,夏鼐以大圭是大型圭的认识,为一大败笔。林氏按《礼记》原文,指出大圭、大羹、大路之"大"字,是指贵重之意,并非大小之大①。自1958年把这种玉器称为"柄形器"已有近半世纪之久,大家已很熟悉这个命名。但近来越来越多学者认同林氏的意见。这其中,对天津博物馆所藏柄形器上自铭的考订,起了重要的作用。陈志达②、李学勤③、王慎行④以及文字学界对"瓒"、"祼"深入探讨,"没有超越1969年林巳奈夫提出的'圭、瓒'把柄说"。尽管夏鼐对二里头文化及商代玉器的研究贡献是无可怀疑的;然而,对商代玉器分类、命名和功用的问题,有待研究的地方还不少。考古学上对玉器的研究,侧重技术与原料以及社会背景等重大的问题,前两者是玉器论述最基础的研究。

在二里头遗址曾长期工作的郑光主张:"对待古史、古文化,单靠实证主义是不行的,适当的逻辑推理是必要的。即由已知推未知,由高度、广度推深度,或三者互推。考古事实、古代文献是我们推理的主要依据。在扎实的考古与古文献功底的基础上,独立思考,以'神游冥想'(陈寅恪语)的办法去真切理解古人、古代社会。"⑤对于考古与文献资料结合,他认为:"有人不同意夏商及其以前存在圭、璋,认为那只是汉代经师对周礼圭、璋的诠释,后人又从而附会之。这涉及到对被疑古辨伪学者在真伪及年代方面歪曲了的古文献,被贬低、否定的古史如何理解的问题。"⑥

郑光这些意见可作为对上述夏鼐观点的补充及修订。1994年,郑光综述了二里头遗址的四件牙璋(75VIIKM7、76IIIKM6、VM3:4、VM3:5)。他将二里头文化牙璋在中国先秦历史地位总结为:"上承龙山文化牙璋的特征,如VM3:4号璋的齿耙形饰;它下启商代中、晚期牙璋的作风,如其中三件上的张嘴兽头形饰。它们正处于承上启下的过渡阶段。这对于我们理解龙山、中晚商、广汉以及中原以外其他地区的牙璋是极重要的一环。晚商时期玉戈(圭)介入牙璋,有的采取牙璋的形式,取代它的地位;或是牙璋蜕变过程中,部分向玉戈靠拢,采取玉戈的形式。总起说来,晚商以

---

① [日]林巳奈夫:《中国古玉器總說》,吉川弘文館1999年版,第57页。
② 陈志达:《夏商玉器综述》,《中国玉器全集(二)商、西周》,河北美术出版社1993年版,第17页。
③ 李学勤:《〈周礼〉玉器与先秦礼玉的源流》,《东亚玉器》,中国考古艺术研究中心(香港)1998年版,第35页;李学勤:《沣西发现的乙卯尊及其意义》,《文物》1986年第7期,第82—84页。
④ 王慎行:《瓒之形制与称名考》,《考古与文物》1986年第3期,第74—76、78页。
⑤ 郑光:《浅谈中国玉器文化与上古文明》,《海峡两岸古玉学会议论文专辑》,台湾大学理学院地质科学研究所,2001年,第1—10页。
⑥ 郑光:《二里头斧类玉礼器的安柄及相关问题》,《玉器鉴定研究》,紫禁城出版社2001年版,第100—127页。

后，戈（杇上圭）与璋的亲密关系表现于形制愈来愈接近，区别仅在局部，或一物两式。"①

1998年，郑光又对二里头文化的玉器做了全面的综述及评价。首先他认为二里头遗址现今发现的玉器，可能不是当时最高档次玉器的代表。他说："迄今所发现的铜器、玉器、漆器等虽属高层次文化遗物，但却不是铜器、玉器等物中之最高层次者，它们出于小墓之中规格偏大者。从铸铜遗址中出土的大型陶范看，当时存在比现在这里所见的青铜器的规格和造型壮观得多的铜器。同样的道理，当时应有更为壮观、精美的玉器存在。"从二里头遗址出土玉器的来龙去脉出发，他解释到："二里头的主要玉器，应该说都是从它的前身龙山文化继承下来的，而商代二里岗期、安阳殷墟文化时期的圭、璋、戚、钺、斧、戈、琮、璜、梯形刀、柄形饰、石或玉磬等明显是从二里头时期继承下来的，西周的玉器也丝毫未脱离这种传承轨道。"②

总之，这段时间内，中国社会科学院考古研究所的学者对二里头文化玉器的研究，侧重文献记载与考古实物的对比分析，目的是论述先秦时期玉礼器的渊源和演变过程。郑光指出《周礼》"六瑞"中圭、璋为先秦社会玉器中的最高或较高代表。圭、璋经历了从龙山文化到二里头文化的演变，且圭、璋有明显区别。郑光指出："二里头的圭形最似龙山的玉圭。"二里头遗址出土玉器，都被视为在二里头文化阶段的制作。二里头文化各阶段出土玉器，被认作同时代平面空间的集合体。至于玉器如制作时代差异或地域空间的变化等因素，以至早期玉器流传到晚期使用等复杂的现象，并未有被考虑之列。郑氏谓二里头文化玉圭形制最似龙山玉圭，因此二里头遗址出土的玉圭为什么不可能是龙山文化流传下来的玉圭，也就是说研究二里头遗址出土玉器必须要从前一阶段（龙山文化或更早阶段文化）及同时代可能存在的不同空间集团制作玉器等因素去分析，以对出土玉器身份的来源辨别与考订。

对二里头文化玉器的研究中，国外学者以日本的林巳奈夫为代表。他在20世纪80—90年代间对二里头文化玉器的著述十分丰富。1991年，林氏把过去的论文重新改写而成《中国古玉的研究》专著，其中很多部分讨论了二里头文化玉器。1999年，他的另一专著《中国古玉器總説》中专门对二里头文化玉器进行了讨论③。1996年，他还在《台湾大学美术史研究集刊》上发表《关于偃师二里头遗址发现的玉器》。林的文章论述风格迂回曲折，很多讨论都按图号及图像分析，如果不是十分熟悉实物，

---

① 郑光：《略论牙璋》，《南中国及邻近地区古文化研究》，香港中文大学出版社1994年版，第9—17页。
② 郑光：《二里头玉器与中国玉器文化》，《东亚玉器·Ⅱ》，香港中文大学中国考古艺术研究中心1998年版，第2—17页。
③ ［日］林巳奈夫：《中国古玉研究》，杨美莉译，艺术图书公司1997年版。

对国内学者而言，只按中译本是不容易理解的。

在《对殷墟妇好墓出土玉器的注释》一文中，日本学者林巳奈夫指出，1980年中国社会科学院考古研究所将殷墟妇好墓中的出土玉器，均视为商代晚期的标准玉器是有问题的。林氏举列出妇好墓中混杂有早期红山文化勾云形器、龙山文化长尾玉凤、山东及陕西龙山文化的牙璧等，说明妇好墓夹杂了外来早期不同文化类型的玉器，可能是妇好因自己的爱好而收藏的①。林认为二里头遗址出土的玉器比妇好墓出土的玉器更为复杂。他指出："这里讨论的二里头文化的例子命名与此情况有所不同。它的问题不是一个人的墓葬中出土了许多时代和文化不同的玉器，而是在估计当时首都的遗址里发现了许多拥有别的文化的玉器的墓葬。"②

他认为二里头遗址中出土的玉器至少可以分为以下三种情况：（1）制作年代早于二里头文化时代的外来的玉器；（2）二里头遗址内制作的玉器；（3）二里头遗址以外制作二里头文化的玉器（图6-23）。

二里头遗址中出土有龙山文化阶段的玉器，如72ⅢKM2∶3及80ⅢM2∶15两件玉圭。林氏指出80ⅢM2∶15玉圭在器上方两孔之间，"有一浅突线刻的由两条线和菱形纹组合而成的带纹。该纹饰是在带中先刻斜线交叉而构成排的菱形纹，然后在菱形纹中加略呈方形的卷涡纹"。在天门石家河罗家柏岭出土鸟饰上有相似的纹饰。在二里头文化中具有这样刻划纹饰就仅见于上述的玉圭，因而林氏估计此玉圭是属于龙山晚期阶段的玉器。72ⅢKM2∶3玉圭与上述玉圭年代相约。另外一件玉刀残件（84ⅥM11∶4），其上穿孔内塞填绿松石。玉刀形态残缺不全，却与大型多角刃玉石钺和精美细长玉圭共存。因此，林氏指出，这玉刀"残片上并非有纹饰，而且形状即便想美言几句也难说是好看，然而它之所以受到重视，估计是因为当时一些与其有关的古老传说"。所以，84ⅥM11∶4残玉刀可能为龙山文化时期的玉器。以上的推测有其道理，因为上述这件残破小玉刀与属于二里头时代的大型刻划纹玉刀75ⅦKM7∶3是无法相比的。

其次，林氏根据二里头遗址中玉器制作技术特征去推测本地所制玉器的存在。1980年秋，二里头遗址80ⅤM3墓葬出土四件玉器：一对牙璋ⅤM3∶4、ⅤM3∶5、钺及笄。其中一对大小相近的牙璋很引人注目。林氏认为这一对牙璋"器身部分的形状都是二里头文化具有特征的形状……材质比较接近，因此估计它们都是同时代的玉工在二里头文化的地域内用相近的玉材制作的……两者在钼牙的凹凸雕刻法上明显存在

---

① ［日］林巳奈夫：《中国古玉の研究》，吉川弘文馆1991年版，第515—569页。
② ［日］林巳奈夫：《关于偃师二里头遗址发现的玉器》，《台湾大学美术史研究集刊》1996年第3期，第1—40页。

A 龙山文化、后石家河文化制作玉器	B 二里头遗址内制作玉器

玉刀 84VIM11:4

玉笄 75VKM4:1　　玉笄 80VM3　　圭 80IIIM2:5

牙璋 80VM3:4　　牙璋 80VM3:5

C 二里头遗址以外制作二里头文化玉器

牙璋 76IIIKM6:8

玉刀 87VIM57:9

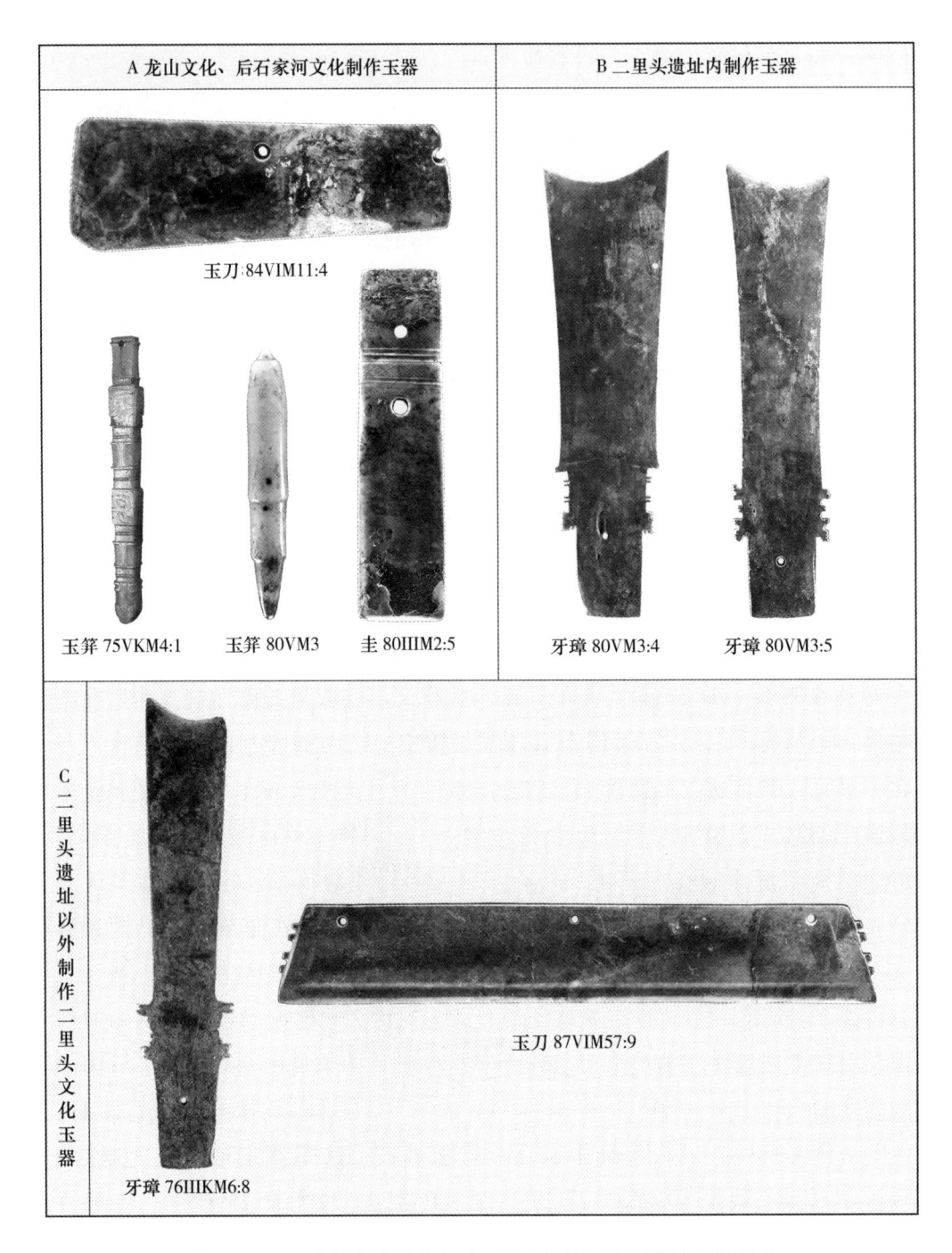

图 6-23　日本学者林巳奈夫对二里头遗址出土玉器的身份辨别

着技术上的区别。"我们认为 VM3:4、VM3:5 也可能不是出自同一工匠之手。两者扉牙形态,在日后分布于南中国的牙璋上都有广泛的存在,同 VM3 墓葬中的玉钺 VM3:3 及山东龙山文化西朱封 M203:16 玉钺在形态、中孔特色以至刃部角度等方面都十分相似。VM3 墓出土玉笄则是后石家河文化的玉器。从 80VM3 墓内玉器组成来

· 166 ·

说，牙璋是二里头遗址当地制作，玉钺可能来源于山东地区，玉笄则是湖北、湖南的后石家河文化交流所得。这些外来玉器可能是由王者所赏赐。

最后是同属于二里头文化但并非是在二里头遗址中制作的玉器，即同时期相近文化但不同空间或不同的玉工集团所制作玉器的辨别。1976 年，在二里头 IIIKM6 墓坑中一件玉牙璋，同墓葬中尚发现铜爵、陶盉。林氏指出这件 76IIIKM6：8 牙璋的扉牙（原文称鉏牙）风格很特殊。"这件器物器身的柄部上装饰的鉏牙做工说不出来的拙劣……这件器物都难以归为是二里头文化的产物"。另外，1987 年从二里头 VIM57 出土大玉刀的扉牙形态也是十分特殊。这件 VIM57：9 大玉刀长 54.5 厘米，刃部平直、孔眼靠近刀脊，特点上与二里头文化制作的玉器类同。然而此玉刀在扉牙方面却十分令人费解。林氏认为："这样的鉏牙无论是在二里头文化中，还是在中国其他文化的遗物中目前都没有第二例。"因此推论此器物"可能也是墓主生前得到的有某种因缘的异文化之物"。

以上 76IIIKM6：8 牙璋及 VIM57：9 玉刀，两者的扉牙构造及制作风格，均与二里头遗址内国家制作的玉器上的扉牙风格存在较大差异。76IIIKM6：8 牙璋长 49.6 厘米，与 80VM3 一对牙璋长度非常一致，两者在时代上可能有些差异，但同属于二里头文化是无有疑问的。VIM57：9 玉刀的扉牙的风格也比较特殊。林氏认为这两件玉器并非二里头遗址本土所制作。这个假设也有一定的道理，但并不是最后的定论。

二里头遗址出土的玉器中夹杂有一些早期的玉器或者可能是同时代但非本地制作的玉器，究竟是在什么社会背景中会产生这种现象呢？林氏解释到："二里头文化到底是一个玉器时代，不论是来路清楚的还是不明的，在遗址发现后三十多年之间，就发现了这里列举的出自当时其它文化中的数例遗物……而在青铜业尚不发达的二里头文化的时代，作为战利品的玉器却不能熔解重铸，因而可能只有大量保管在这类官僚管辖的仓库中。"[1] 这样一看，二里头墓葬中出土的不同时期或文化的玉器，也可能是来源于王者所授予，也是显示王权的支撑和保障。

总之，这一阶段国内外研究的重心及视角有若干的差异。国内比较注重确立玉器分类、命名和用途问题，另外致力于文献与考古资料对应及源流的探索。国外方面侧重于二里头遗址中出土玉器身份的辨识。对玉器技术方面的探索比较缺乏。75VKM4：1 青白玉玉笄是属于后石家河文化的玉器，用铊加工纹饰的推测是错误的。这方面日本学者林巳奈夫在 1999 年也否定了 75VKM4：1 玉笄用铊加工的可能[2]。另一方面，此阶

---

[1] ［日］林巳奈夫：《关于偃师二里头遗址发现的玉器》，《台湾大学美术史研究集刊》1996 年第 3 期，第 17 页。

[2] ［日］林巳奈夫：《中国古玉器總説》，吉川弘文館 1999 年版，第 48—50 页。

段中玉器的功能一般多按墓葬出土位置或出土状况判断。然而，玉器的技术形态与结构往往与功能有着密切的关系，尤其是手持或装柄以及使用过程中产生的痕迹，包括如残破方式、长期手持后玉器表面的变化、使用过程中与对象物接触所产生的使用痕迹（线状痕）、显示的运动方向及细微破裂面等分析，必定可以为玉器功能方面的解释，揭开一新局面。

4. 第四阶段：1999年至今

21世纪以来，二里头文化玉器研究有了不少新发展。遗址是考古学研究的核心，玉器研究必须与聚落都邑考古紧密地结合。60年来二里头遗址揭露面积几万平方米之多，从聚落都邑考古学进入玉器的分析如水到渠成，取得了很丰硕的成果。

首先，二里头遗址中玉器主要出土于墓葬。从二里头文化墓葬对玉器的考察，李志鹏做了系统的整理分析。他结合墓圹面积、葬具和随葬品的情况，对二里头文化中小型墓葬做了初步的等级划分，共分出Ⅰ—Ⅴ级别（详见第八章第一节）[①]。总之，二里头遗址的玉器主要是出土于Ⅰ级及ⅡA墓葬之中，在ⅡB墓葬中，玉器已罕见或仅有一件。Ⅲ级以下墓葬中不随葬玉器，很明显墓葬等级亦即墓主人社会地位与随葬玉礼器的数量互相对应，即玉器是社会身份的象征。

同时，将二里头文化墓葬中出土的玉器按二里头文化陶器的分期标准进行划分之后，各期玉器的组合变化明显："二里头二期只见单件柄形器和钺，还未发现玉礼器的组合。三、四期的玉礼器种类增多。玉礼器分为两个大的群体：圭、铲形器、牙璋、多孔刀为一个群体；钺、璧戚、戈为一个群体。目前发现的玉礼器墓中，如果柄形器之外发现有两件以上的玉礼器，必定分别从属于这两个群体，每个群体最少有一件出现，共同构成一个完整的组合。从器类的归属来看，钺、璧戚、戈为武器类的玉礼器，但并无使用痕迹，且多有装饰性的齿扉，不具有实用功能，应该是武器钺、戚、戈的象征；圭、铲形器、牙璋、多孔刀则是非武器类玉礼器，在特定的祭祀或其它典礼场合使用，而且不具备武器类玉礼器象征军权的文化含义。"

此外，二里头遗址中玉礼器并不单独存在，往往与青铜器、陶器、漆器等组成完整的体系。其中玉器礼器的角色十分重要。二里头文化各时期玉礼器组合的演变，从墓葬中也有比较清晰的展示。"二里头文化三期铜礼器开始出现，铜爵、陶盉、漆觚的组合成为Ⅰ级墓中最基本的酒礼器组合形式，铜爵与陶爵、陶盉的组合

[①] 李志鹏：《二里头文化墓葬研究》，《中国早期青铜文化——二里头文化专题研究》，科学出版社2008年版，第1—123页。

也较为常见。玉礼器到了三期数量和器类都出现大的发展,出现用玉的高峰,成为二里头文化时期礼器群体的重要组成部分。可以说二里头文化时期的礼器制度是由玉、铜、陶、漆等礼器群共同表现的,玉礼器群在其中扮演了非常重要的角色。除了柄形器之外,玉礼器和铜礼器主要是一种群体上的组合。总体来看,二里头文化礼器系统由白陶礼器为主体演变为以铜礼器为核心,而玉器则可能始终扮演了较为重要的角色。"

21世纪初对二里头文化玉器的研究用力最多,搜集资料最全面,以郝炎峰的《二里头文化玉器的考古学研究》为代表,包括二里头文化玉器的类别、形式、特征、分期用途及发展演变等方面,成为二里头文化玉器研究不可或缺的研究文献。郝氏"首先对已发表的二里头文化玉器进行了全面的梳理并进行型式的划分,然后重点通过对二里头文化墓葬中出土玉器的考察,试图概括出二里头文化的玉器组合和各时期墓葬随葬玉器的变化及特点,并通过一种量化研究方法的尝试,对玉器反映的社会等级结构和礼制、玉器在二里头文化中的地位、玉礼器的社会功能和精神内涵、玉器与青铜器的关系等问题做了探讨"[①]。

按照郝氏的统计,二里头遗址共发现各类玉器98件,绝大部分为发掘出土。总体看来,郝文对二里头文化玉器研究,取得以下八点认识。这包括:"1. 二里头文化玉器的器类丰富,具有鲜明的时代特征,如大而薄的器形、流行齿状饰和细劲的直线刻纹、高超的镶嵌工艺等。2. 二里头文化的玉器中有相当一部分是礼器和仪仗用器,这些反映二里头文化本质特征和精神内涵的器类,已成为社会地位和身份等级最重要的表征和物化形式之一。3. 二里头文化玉礼器的主要依存单位——玉器墓是了解当时礼制最主要的研究对象之一。玉器墓基本上存在于二里头文化的中心遗址——二里头遗址中,其数量仅占二里头文化已发现墓葬总数的5%左右;从文化发展来看,从二期至四期玉器墓随葬玉器的数量在逐步增长,器类也在不断地丰富;从玉器的角度看,二里头文化二至四期是一脉相承的。4. 二里头文化时期尚未形成固定的玉礼器组合,总体上是以一个相对固定的玉礼器群来共同表现当时的丧葬礼仪和等级制度,而玉器和铜器、漆器、陶器等共同构成了当时的礼器群。5. 从二里头文化玉器墓的墓葬值和类型值的分析结果看,当时的等级制度在逐步地规范化,墓葬数量和墓葬等级、玉器墓和遗址等级、玉器和青铜器等均表现出了显著的相关性,礼制已经制度化。6. 二里头文化玉礼器的分配是集权式的,其社会功能和精神内涵主要表现在祭祀

---

① 郝炎峰:《二里头文化玉器的考古学研究》,《中国早期青铜文化——二里头文化专题研究》,科学出版社2008年版,第275—354页。

（陈列）和仪仗以及彰显身份等级上。7. 二里头文化青铜器的出现并快速发展虽然在相当大的程度上分担了玉礼器的功能，但是玉器在表现二里头文化等级制度和精神内涵方面仍处于核心的地位。8. 二里头文化的玉器处于中国古代国家始立和初步发展的阶段，其中糅合了史前各地文化的诸多因素，这种多源性和其后玉文化风格趋向同一的演变是与中国古代文明多元一统的发展模式相一致的，也反映了中原地区在三代文明发展过程中的核心地位。"

以上李志鹏与郝炎峰对二里头文化玉器的研究，取得了重要的成果。然而对二里头文化玉器本身类别、型式、功能等方面的分析，主要仍承袭前阶段中国社会科学院考古研究所的传统，把二里头遗址玉器都看作二里头文化阶段制作的产物，在工艺技术及功能方面有进一步分析的必要。

2007年以来，中国社会科学院考古研究所与香港中文大学合作开展玉器研究。首先，过去在二里头文化玉器研究过程中，并没有讨论研究方法的问题。玉器分析，包括玉器原料获得、玉料初步加工及开料、器物制作成形以致最后加工磨光、玉器社会流通及最后埋藏等，都是玉器研究最重要的基础。二里头文化时期玉器在社会中占有重要的角色。我们可以推测二里头遗址宫殿周围存在玉石作坊。那么对玉器作坊构思及概念进行讨论也是很有意义的。我们指出，广义玉器作坊是指遗址中与玉器生产相关的一切遗迹与遗物。玉器作坊研究，是聚落考古学的一个环节。狭义上，玉作坊仅指遗址中制作玉器活动的范围。通常玉器作坊遗址包括玉器制作与日常生活两种不同的空间。玉器的主要制作过程，一般均在房屋内进行。考古学上考察玉作坊遗址因素，可以就以下的几点来分析：第一，玉作坊是一定空间范围内，进行玉器生产的场所。第二，玉作坊内常设有一些制作玉器特殊的遗迹，例如玉料储藏坑、旋转机械设备等，以区别于一般的居住遗迹。第三，加工玉器工具的存在，包括制作玉器工具与其他遗物及遗迹空间的关系。第四，加工对象玉器的成品、半制成品或破损残件的存在等。

研究玉器作坊遗址的目的，并不仅停留在探索玉器生产的过程，更重要的是对社会中玉器生产与消费体系的综合分析。特别是在国家形成初期的阶段，社会结构肯定会出现很大的变化。由国家专制集权体系下所管辖的玉器作坊活动，更可能集中反映了早期国家的政治、军事或祭祀等活动中对玉礼器的特殊需要。在国家政治体系下，专门玉作机构的成立，所带动玉器生产组织出现的变化，甚至政治及军事因素介入影响玉器生产等问题，都必须做充分的考虑。

其次，在玉器分析过程中，操作链概念的应用也是十分重要的。从工艺技术来说，人类身体一切的动作，都是技术研究的根本。连锁动作概念在玉器工艺分析上的应用,具体包括玉器原料获得、玉器加工、使用以及最后如何埋藏入土的全部过程,都应视为玉器技术研究的对象。玉器工艺学研究者必须从精细观察原石、玉器半制成品、成品及废料等入手,以判断相关遗物在制作加工、使用以至埋藏过程上所显现各种特征性的痕迹。从代表不同阶段遗物串联组合,综合复原玉器由开始制作到作为遗物入土过程的实况。当然,玉器研究需要严格科学的术语,以界定技术上的特征,有的需要实测图及照片的辅助说明。

从今后二里头玉器研究的发展来说,上述玉作坊及操作链方法应用,必定会产生很重要的影响。以下讨论与二里头遗址相关的个别玉器,涉及玉器的制作工艺、使用痕、装柄及附着物等方面。目前,学术界对二里头遗址出土牙璋有较多的研究。在牙璋制作工艺上,二里头遗址的4件牙璋均出于墓葬,为长期使用后被埋藏,可以对其进行工艺推测,如大型片状素材生产、体部和扉牙及柄部制作等方面的分析。因为二里头遗址目前未发现过制作中的牙璋实物,对受到二里头文化强烈影响的金沙玉石牙璋制作的分析,就很有参考的价值。金沙遗址出土的若干石璋上,有较多早期制作过程所留下的痕迹[①]。

金沙石璋本体可以分为A、B两面,按制作工艺过程,分以下五个程序:

第一,石璋素材。大部分石璋的A面保留有较多原素材或毛坯阶段的破裂面。如C261石璋A面的上部,所见一些比较大型的破裂面,可能是原石片的主剥离面。另一方面如C258A面扉牙以至柄部,都全是由破裂面组成。因此,我们估计最初石璋是采用了一些大型石片素材制作,再加工成长方形石璋的毛坯,广泛应用了两面打击技术。

第二,石璋毛坯。石片由两面加工而成长方形石璋毛坯。毛坯成型后,工匠要预定石璋歧尖和柄部位置,用打制和磨制技术对毛坯的两侧边缘细致加工。

第三,扉牙制作。长方形毛坯成型后,主要是以打制技术控制毛坯厚度和边沿形状。在两面加工完成后,改用打制和条状砺石研磨,制作出扉牙兽头、身和尾三部分雏形。

第四,器身两面磨平,由粗磨逐渐到细磨,可以分为两阶段。第1阶段,粗磨。在石璋B面进行横向运动粗磨磨平工序。在粗磨阶段后,也常见以打击法减薄或调整石璋形状。第2阶段,细磨。通常在石璋A面进行纵向运动细磨磨平工序。在细磨阶段后,一般不再对石璋加以调整。

[①] 邓聪、王方:《二里头牙璋(VM3:4)在南中国的波及——中国早期国家政治制度起源和扩散》,《中国国家博物馆馆刊》2015年第5期,第11—16页。

第五，歧尖造尖、磨刃和扉牙间阴刻直线纹。石璋本体在粗磨和细磨完成后，会再进行造尖磨刃和刻划两个工序。造尖磨刃加工痕迹，均叠压打破在本体研磨的痕迹之上。歧尖一般都是石璋最宽的位置，要研磨掉数厘米以上尖端及制作刃部。现今所见，主要是用砺石研磨完成造尖磨刃的加工。刻划方面，主要是在牙璋两扉牙间，以横向直线三条或者两条组合成。阴刻直线纹均甚浅，并不明显，浅刻是其制作的特色。迄今为止，并未见到金沙两面精致研磨和两面刻划线纹的石质牙璋。

以上为学术界首次具体分析金沙牙璋制作的实例。当然，二里头遗址与金沙牙璋有一定差别，玉或石牙璋制作有明显不同之处。但金沙石璋的分析个案，无疑对二里头文化牙璋制作工艺的理解，起着启示的作用。

同时，二里头文化牙璋的制作痕迹、纹饰及附着物仍有不少可以再深入分析的地方。二里头文化牙璋76ⅢKM6：8，青砂石璋，长49.5、宽6.8—8.7厘米。此璋一面印有席纹和朱砂痕。从我们所拍摄低侧光照片显示，原报告线图所示牙璋席纹的分布范围，并不准确。该牙璋内的下部基本上都有明显的席纹。此牙璋另一面的内部，郑光谓"遍布横向的摩擦痕"。我们同样于内面穿孔之下，拍摄到此组横向线状的擦痕。按照观察，愈接近内的底部，线状擦痕愈发达密集，近穿孔范围线状擦痕则较稀疏。从线状擦痕形态来看，有可能是手持砺石在已抛光牙璋内部一面摩擦施工形成。该牙璋内部另一面几乎全被朱砂及席纹掩盖。有关玉石器上附着物，ⅤM57：9三孔刀两侧有牙饰，一侧近牙饰部分尚留有清晰可辨的编织物的遗痕。

二里头80ⅤM3：4牙璋呈青灰色，长54、中宽14.8厘米，通体磨光。内与器身一侧各钻一圆孔。器身一侧的圆孔黏嵌绿松石圆形嵌片。该牙璋的表面，几乎全面覆盖朱砂，呈鲜红色，相当艳丽。1983年发表的《1980年秋河南偃师二里头遗址发掘简报》一文中，线图显示该牙璋为素面，在文字描述上亦未见论述牙璋上有刻划花纹。1994年，在郑光发表的《略论牙璋》一文中，对80ⅤM3：4牙璋有详细描述，只字未提及该器表上有纹饰。郑氏当时所发表80ⅤM3：4牙璋线图为素面。我们在2007年考察中，该器正反两面都有阴刻的直纹组合纹饰，从照片显示，此牙璋是采用浅刻加工的手法。牙璋在扉牙正反面均留有刻纹。1990年，我们于香港大湾发现的牙璋，发现初期曾经过多位学者观察，未发现过纹饰。1993年9月，日本学者林巳奈夫在香港中文大学为大湾牙璋做的实测图，仍为素面。1994年大湾遗址简报，M6牙璋为素面。1994年初，邓聪用10倍手提放大镜观察，才首次辨认出大湾牙璋上的斜格纹饰。我们本来以为极浅刻的纹饰，是二里头文化玉器的一种特征。2014年9月22日在陕西省博物馆内，邓聪上手观看石峁SSY17玉牙璋牙璋，在两侧扉牙之间位置又再确认出繁缛的刻划斜格纹。这是现今所见牙璋上最早有刻划纹的出现。牙璋上浅刻纹饰，可能连当时玉器使用者也不容易觉察。把这种纹饰看作一种观赏的作用，不如理解为是一种赋予该器物特殊象征的表现，更能说明玉器浅刻纹饰的特殊意义。在陕西石峁及中原二里头文化流行一种特殊施纹方法，其影响更遍及南中国如香港大湾，远至越南红河流域冯原文化中（图6-24），也有相同的倾向，其意义是相当深远的。

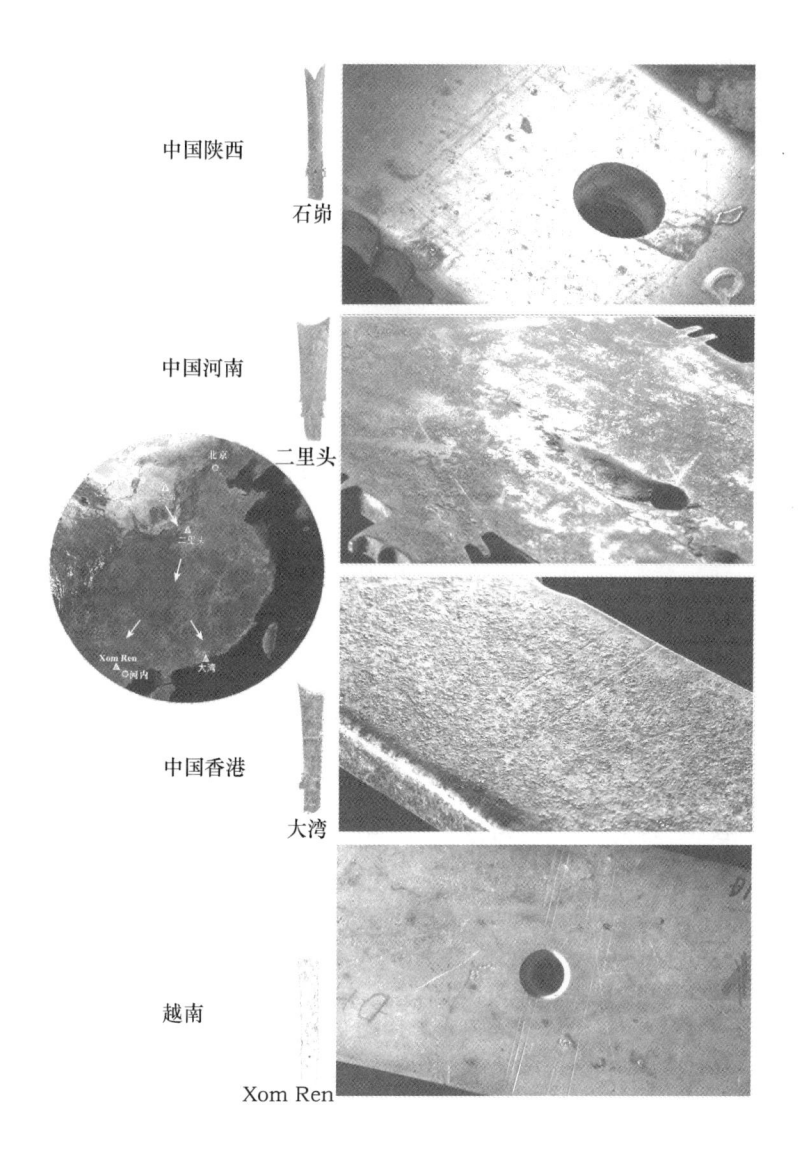

中国陕西 石峁

中国河南 二里头

中国香港 大湾

越南 Xom Ren

图6-24 东亚牙璋上浅刻纹饰发现与传播

对二里头玉器表面遗痕，包括使用痕迹、刻划纹饰等的探索也有所推进。首先，过去往往以为大型玉器都可能是徒具虚形的礼仪工具，忽视了玉器本身的微痕分析。事实上，玉器的使用痕迹是指玉器在生产完成后，使用过程中在玉器表面所遗留下可观察的痕迹，从而可以对玉器的使用方法，如装柄和使用的方式，做出合理的推测。

二里头石钺81VM6：1，宽23、长21厘米，两侧有精致牙饰。郑光曾讨论过这件石钺的一些装柄痕迹，可惜没有提供照片的证据。其后我们以极低角度的侧光，把石钺两面的装柄痕清楚拍摄记录，为石钺使用装柄方式提供了确凿的科学证据。据研究，石钺的装柄痕迹最少分为两种：

（1）第一种是装柄防滑加工：钺两面顶端沿横轴有一宽2—3厘米线状擦痕，估计该部分是嵌入柲凿内部。我们认为此种线状擦痕是在制作过程中有意识的加工，目的是把玉器光滑表面改变为粗糙，有利装柄或缚带的稳定性。

（2）第二种是使用的缚绳痕：分左右及中央三条。其中尤以左右两条缚绳痕迹异常鲜明，绳子粗约1厘米，由三条经线组合成，绳痕在钺两侧交叉相接，中孔内侧同样可以观察到缚带遗痕，自中孔至柲之间，缚绳如横向8字形把柲与钺身牢固。然而，需要补充的是上述的缚绳痕之周围，仍然可见到防滑的擦痕加工。

二里头遗址73ⅢKM1：3玉圭装柄痕形式与上述石钺基本一致。然而，其顶端不见缚绳的痕迹。玉圭两面有四组交叉形的带状线痕。这些线痕是以砺石在已抛光玉圭的顶部有意识的制作，主要作用仍是将玉器光滑表面改变成糙面，便于柲与绳子的安装稳定性。现今虽然柲部与绳子都已消失，我们仍然可以据这些线状磨痕方向，窥探古人制作圭、钺上装柄的方式。

二里头文化牙璋对东南亚的影响，通过对比华南及越南北部所出土的牙璋，可以得到较为清楚的认识。目前二里头遗址出土玉器中，对牙璋扩散的研究有了一些的成果（图6-25；彩版二四）。许宏曾指出，"二里头文化前后东亚玉璋的分布。如果把这些相距甚远的出土地点联系起来看，可知位于其分布中心的二里头遗址应是其扩散的起点或者中介点"。① 从二里头遗址VM3：4牙璋专题研究出发，可见牙璋在二里头文化阶段有几个重要的发展：（1）牙璋巨大化。VM3：4牙璋长54厘米之多，对比龙山文化、新砦文化阶段仅长20—30厘米牙璋，则VM3：4牙璋巨大变化明显，也是二里头文化时期牙璋规模硕大的共同特征。（2）威慑形制与繁缛纹饰。VM3：4牙璋上部刃端，为器物最宽位置，长短尖区别明显，甚具威慑作用。此璋本体与扉牙、柄部明显分为三级台阶形式，两面扉牙间上均有多重精细浅刻的纹饰。（3）扉牙龙形化。近年我们从二里头遗址出土绿松石龙形器、龙铜牌饰以及诸多陶器上龙纹发现的启示，使人推测VM3：4扉牙过去所谓"张嘴兽头饰"就是龙的侧面象征，是牙璋龙

---

① 许宏：《何以中国——公元前2000年的中原图景》，生活·读书·新知三联书店2016年版，第61页。

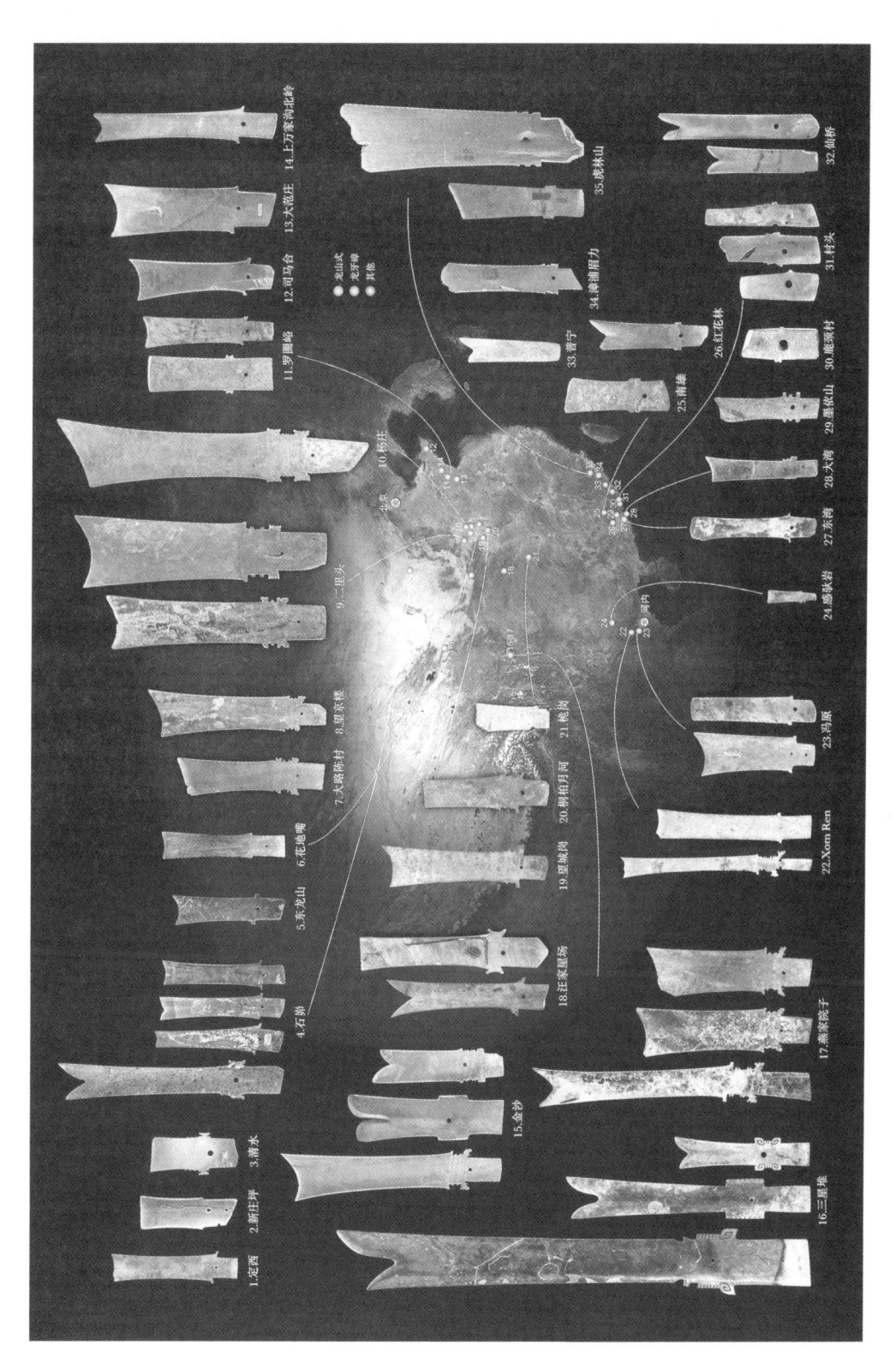

图 6-25 二里头时代前后玉石牙璋的分布

化一种信仰神力的添加。VM3∶4 扉牙的龙形，是以长方形张嘴龙头为特色，头上有两处小齿，身体部分由两组成对小齿构成，尾部则是单阑的形式。如果从扉牙上端齿尖突起计算，则为头 4/身 2—2/尾 1 式齿突，共九个小齿。从东亚史前牙璋变化来说，总的倾向是由小而大，形制上由简而繁，再回归为简的倾向，而其中变化最明显的，应该就是扉牙的形态。牙璋扉牙的形制成为东亚牙璋体系区分最有效的属性之一[①]。

二里头 VM3∶4 牙璋在东南中国的传播，可以在与福建和广东、香港地区对比中有所认识。2001 年福建漳州虎林山墓地发掘，M13 和 M19 两座大墓中均出土有牙璋。其中 M13 牙璋为石质，长 51.4、宽 13.8、厚 1.5 厘米，形体硕大，可以和二里头遗址 VM3∶5 牙璋媲美。然而，虎林山 M13 石璋细部特征所显示，与二里头遗址 VM3∶4 牙璋存在一定的差异。这包括如 M13 牙璋扉牙，所显示 3/3/1 的特征。兽头既没有张嘴表示，形状亦非长方形，中间身体部，却有三个一组的齿尖，尾部也是单阑状。如果仅从扉牙形态考察，虎林山扉牙也是继承了二里头 VM3∶4 扉牙区分三段的传统，只是头、身、尾上形态的变化较大。此外福建漳浦眉力出土一件牙璋，扉牙的结构也是 3/2/2 形式，同样可以视为二里头 VM3∶4 的变种，但两者在文化传承上有着一脉相承的关系。

1990 年于香港南丫岛大湾遗址发掘出商代的牙璋，虽然此牙璋形体略小，仅长 21.8、宽 4.6 厘米。大湾牙璋其中一侧扉牙上有长方形兽头，其上有两处小齿，没有张嘴，两侧扉牙分别是 4/2/1 和 3/2/1 的构造。另一点可注意的是大湾牙璋本体上，有浅刻纹和菱格纹。广东地区增城红花林遗址曾采集过一件小件牙璋，长 21、宽 6 厘米，扉牙上仅有一长方形兽头，其上有两齿，无身和尾，扉牙构造是 4/0/0[②]。

从上述分析可见，二里头 VM3∶4 牙璋在南中国曾产生过重要的影响，在西南中国的金沙遗址所见影响是直接的，对东南地区大湾、虎林山遗址则是间接的波及。从南中国所显示出二里头牙璋特征的传承关系，十分明显。在西南方面，我们可以从郑州望京楼牙璋予以讨论。望京楼牙璋在承继二里头文化第三、四期牙璋的基础上，有所发展。研究者曾比较郑州望京楼、成都金沙、广汉三星堆、越南富寿 Xom Ren 四件牙璋龙形扉牙（图 6-26）。

（1）前颌：前颌部分望京楼、金沙、三星堆、Xom Ren 由小而大。望京楼前颌呈半弧形，而三星堆、金沙、Xom Ren 前颌下部有小凹口。Xom Ren 前颌上部边沿多细

---

① 邓聪、王方：《二里头牙璋（VM3∶4）在南中国的波及——中国早期国家政治制度起源和扩散》，《中国国家博物馆馆刊》2015 年第 5 期，第 11—16 页。

② 邓聪、王方：《二里头牙璋（VM3∶4）在南中国的波及》，《中国国家博物馆馆刊》2015 年第 5 期，第 6—22 页。

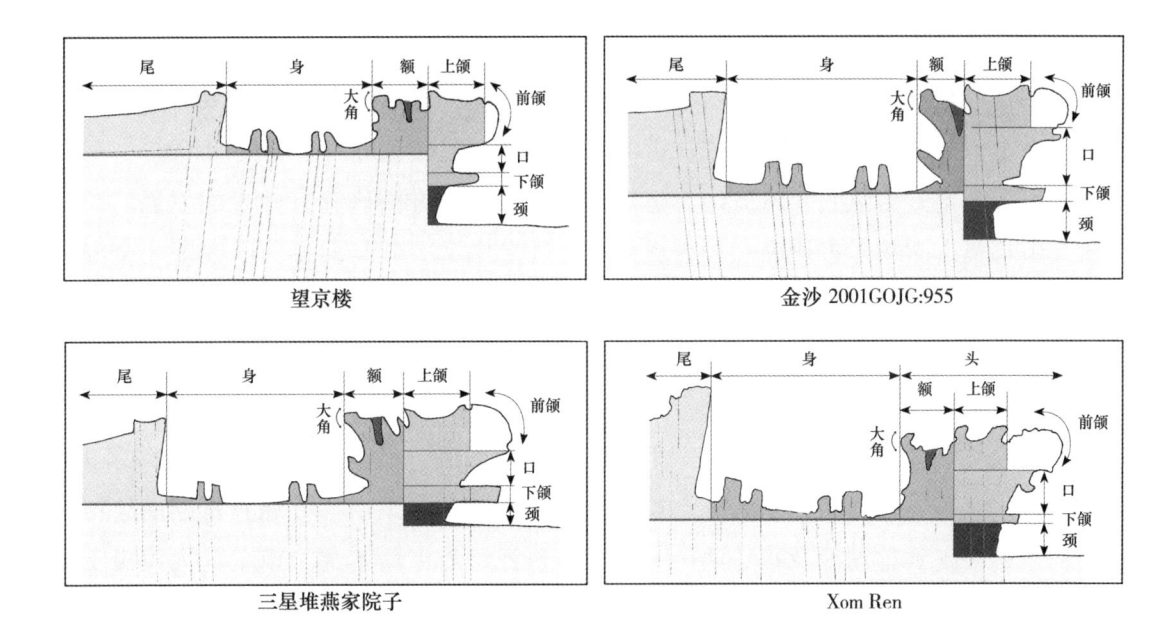

望京楼		金沙 2001GOJG:955	
三星堆燕家院子		Xom Ren	

图 6-26 望京楼、燕家院子、金沙及越南 Xom Ren 的牙璋扉牙对比

微突齿。

（2）上颌：上颌边沿由前后两个齿突间构成，中部为凹弧面。望京楼、金沙、三星堆三者前齿较细，后齿发达；Xom Ren 的前齿发达，齿沿有细微齿突。

（3）额：构造略复杂，由几个不同大小和方向齿突构成，齿槽深浅也有明显差异。额式表达为 1—▽（深槽）1—1，其中第四齿突作大角的表现。齿突间的槽深浅不一。如图 6-26 所标示的深槽，望京楼、金沙在第一槽口，三星堆、Xom Ren 在第二槽口为深槽。大角方面，望京楼大角稍发达，而金沙、三星堆、Xom Ren 大角特别发达，形似弯曲手指状。Xom Ren 的额沿均有很多微齿突。

（4）口：为张嘴式，望京楼口腔内为∪形，三星堆、Xom Ren 口腔内下部有微凹位，口腔内部为〈形槽。金沙、Xom Ren 口腔上部有舌状突出。

（5）颈：望京楼、金沙、三星堆、Xom Ren 四者颈与璋身相接处呈コ形。

（6）龙身：均为 2-2 成对齿突组成。Xom Ren 身沿边均有细微齿突。

（7）龙尾：金沙单凸体表面平坦，望京楼、Xom Ren 单突体中部凹下，三星堆呈马鞍状。Xom Ren 突体沿边有多样化，细微齿突向龙尾后延续。

从中国郑州望京楼，四川盆地金沙、三星堆，到越南红河三角洲顶点富寿省 Xom Ren 四个遗址，跨越数千千米的距离，四者牙璋形制工艺技术相似，具有技术与样式上整齐划一的标准，各自略有结构上细微变化。如前颌由小而大、额上复杂深沟与大角构造等，均遵守着一共同的制度。龙形繁缛的结构，可能反映礼制或宗教思想具有

· 177 ·

极其复杂的内涵，也折射文明社会中政治制度传播的模式。从二里头遗址到望京楼遗址的龙形特征是其源头，经由中国金沙、三星堆遗址，再传至越南 Xom Ren 遗址。除器物形态类似外，牙璋的埋藏方式在黄河流域与红河流域墓葬有着相同的传统①。

二里头文化玉器中的牙璋被认为是核心玉礼器，此方面研究有较多的发展。2016年秋，由郑州市文物考古研究院大力支撑下，香港中文大学与北京大学在郑州合办了"第二届国际牙璋学术研讨会议"。2017年《金沙玉工 I》及 2018年《牙璋与国家起源》两本专刊研究与图录面世，为二里头遗址出土牙璋渊源的探索，提供了大量一手的资料。学术界指出："从中国长江、珠江和越南红河流域出土牙璋特征综合分析，显示在距今约 3000—3500 年前，二里头牙璋向南发展，经南阳盆地到达汉水流域，进入长江水系，再分西南与东南两支扩散。西南一支由中国四川盆地直抵越南红河三角洲；东南一支到达湖南及福建两广，远及环珠江口香港南丫岛。南丫岛大湾出土商代早期牙璋，是已知中国唯一岛屿上发现的牙璋，诉说商文化在沿海早期扩散的故事。第三次牙璋大规模向南扩散，意味着南中国与东南亚北部进入青铜时代文明的开始。"②

有关二里头遗址玉器工艺微痕的 SEM 分析，叶晓红开展了大量实验考古和 SEM 对比分析，SEM 精确的测量技术为玉器加工工序、工具、解玉砂的粒度等问题的探索打下了基础③。通过对二里头遗址出土玉器及实验微痕 SEM 观察，揭示了二里头文化玉器工艺的微痕和加工工具的特点。二里头遗址出土玉器的钻孔技术包括管钻和实心钻两类。实心钻的钻孔尺寸通常较小，可小至 2 毫米左右，钻孔方向包括对向和单向。一个完整的钻孔形状，相当于填充孔洞凝固形成的印模形状，印模表面上均匀或不均匀地分布着圆周状沟槽。

以鹰形笄 2002VM3:13 为例，器物整体近圆柱形，淡青色闪石玉，质地细腻，长约 9 厘米，顶端雕成一鸟首状，中部以两组交叉的凸起条状纹饰代表双翅，下端收为一短榫，榫中部有一对向钻成的小孔，孔以下部位已残损。通过 SEM 观察，可见两孔相接处有圆周状沟槽，孔壁相对光滑，钻孔时可能使用了解玉砂。此外，从两孔相接处可以观察到长期穿绳造成的使用痕（图 6-27）。

---

① 邓聪：《东亚视野下金沙玉璋源流》，《金沙玉工 I》，香港中文大学中国考古艺术研究中心、四川人民出版社 2017 年版，第 29—39 页。
② 邓聪：《牙璋与初期中国世界秩序的雏形》，《牙璋与国家起源：牙璋图录及论集》，科学出版社 2018 年版，第 220—222 页。
③ 叶晓红：《二里头遗址出土玉器的工艺技术分析》，《夏商都邑与文化》（二），中国社会科学出版社 2014 年版，第 401—430 页。

锯片切割技术被用于二里头文化玉器工艺的大型玉料开片①。切割痕在后期加工中通常会被磨去，观察二里头遗址出土的大型玉器如刀、璋、戈等，仅在其背面或者侧面偶尔残留着锯片切割痕迹。

减地是为了起凸进而达到浅浮雕或圆雕效果，玉工通常手持砺石类工具摩擦玉器表面某些部位，使之成为地底，未磨部位以某种图案或纹样突出底面。例如，绿松石龙形器的鼻部由绿松石鼻头和呈 3 节组合的鼻梁构成，鼻梁的第 1、3 节均是闪石玉，第 2 节为绿松石。鼻头梁部和 3 节鼻梁都以减地技术打造成线状浅浮雕。

阴刻工艺用于玉器表面刻划线条以构成图案纹饰，通常是手持具有锋利的尖端或短刃部的工具，在玉器表面做点状或线状刻、划运动，此类工艺常见于二里头大型玉兵器。阴刻时通常不便使用解玉砂，工具必须致密且坚硬，可能是石英岩、石英片岩等制成，因此刻划痕迹的纵剖面通常比较光滑。如七孔刀 75VIIKM7∶3 表面的阴刻线，SEM 下观察到，原本肉眼可见的纹饰是经多次刻划而形成，在放大至 1600 倍时，可见平直而光滑的微痕形态。

打磨的方式和工具近似于减地，但二者加工目的完全不同。打磨的目的是为了修整破裂面或二次加工成的毛坯表面，包括减地造成的加工面。经过打磨可将玉器表面因前期加工造成的痕迹除去，使之看起来更加光滑圆润，最终呈现出玉器独特的光泽。

以绿松石龙的鼻头为例，绿松石的莫氏硬度为 5—6，二里头遗址石器中常见的岩类砺石可以直接作为绿松石的打磨工具。肉眼观察绿松石龙的鼻头背面打磨非常平整，在 SEM 下观察该面至少经过两个级别的打磨，可简单分为粗磨和细磨。粗磨痕残留在该面的边部，粗磨工具粒度大，耗料快，造成的磨痕平直且深刻。

根据二里头遗址出土玉器技术微痕 SEM 分析结果，未发现使用砂绳切割技术和轮盘切割技术的相关证据。另外，经考察二里头遗址出土玉器，我们发现钻孔技术非常成熟稳定。考虑龙山时期制陶业已相当先进，快速转动的轮盘装置是其关键技术之一，结合实验考古，我们推测二里头文化时期的玉器钻孔技术中，应当使用了轮盘和辘轳轴承器装置。

总体看来，这一时期二里头文化玉器的综合研究，一方面既继承此前田野发掘的

---

① 邓聪:《中国玉器素材的开片三部曲——谈二里头玉器开片技术（提要）》,《二里头遗址与二里头文化研究》, 科学出版社 2006 年版，第 536—538 页。

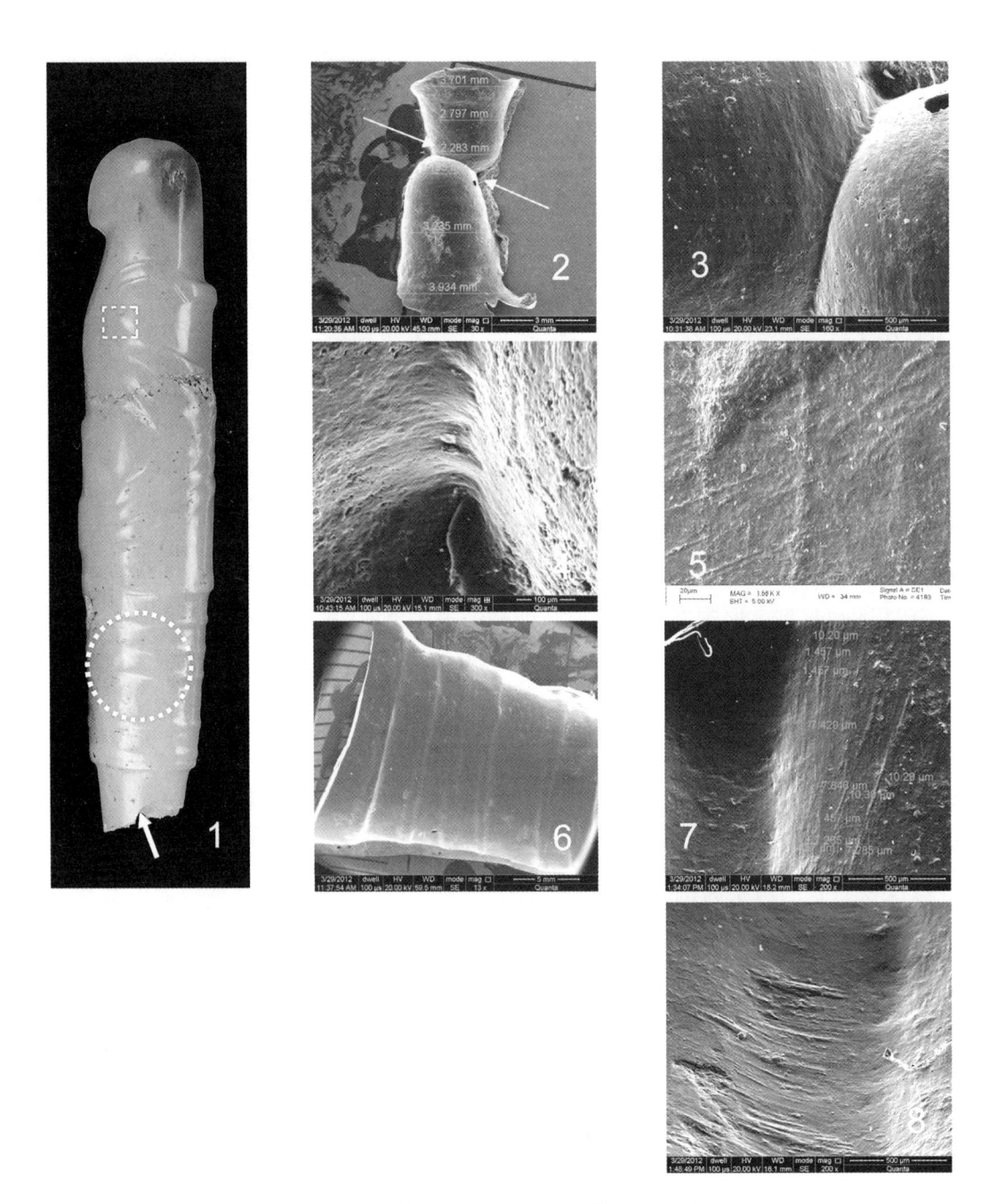

图 6-27 鸟形器 2002VM3：13 的 SEM 观察

1. 鸟形器，箭头所指处为玉器下端短榫，榫中部有一对向钻孔，孔下部破损 2. 对向钻孔印模的 SEM 图 3. 孔底部及附近分布圆周状沟槽 4. 穿绳长期使用造成的系带痕迹，其位置相当于 2 中两个箭头所指部位 5. 鸟的肩部（1 中方格标示处）减地造成的 SEM 图（5 为李小刚于香港中文大学物理系拍摄） 6. 尾部减地工艺 SEM 图 7. SEM 图右侧"凸"的部位为减地造成的地底，图左侧"凹"的部位为起凸部位 8. 起凸部位的磨痕打破地底部位的减地磨痕，且两类磨痕几近垂直工作，其中墓葬的玉器发现不绝如缕。2002VM3绿松石龙形器、鹰形笄、铜铃等的发现，令世人瞩目。同时近年来后石家河文化相关玉笄多次的发现，为二里头文化玉器外来因素提供新的证据。这个阶段聚落考古系统介入玉器的研究，是玉器转向社会考古学研究的重要发展。二里头文化玉器被认为是王朝政治中宫廷礼器的象征，反映不同祭祀、礼仪、政治和身份的象征，也是王朝军事征战的活动代表。二里头文化三期以后玉器及绿松石制品与铜质酒器、乐器、白陶及漆器，组合成二里头文化礼器的核心，为国家礼仪制度物质代表。其中特别是玉器与青铜器，互相辉映。从二里头遗址不同等级墓葬，反映出早期王朝政治中社会等级成熟制度的存在。

从二里头文化玉器研究方法论上来看，这一时期除了继承过去着重文献"六瑞"的礼玉记载与出土玉器对应发展关系外，也从夏鼐提倡玉器的分类、定名及用途的分析，转向应用考古学操作链的概念，致力于对出土玉器个案深入分析。从玉器原料、素材开料、毛坯成型以至研磨加工成器，玉器在社会流通及使用过程中遗留各种痕迹等以至埋藏，都值得深入分析。

（二）绿松石作坊、技术类型学及原料来源

在一万年前后，软玉和绿松石在东北与黄河中游两地一东一西，逐渐被史前社会赋予最高政治文化价值的矿物。从9000年前绿松石开始在贾湖文化出现，其后沿黄河上、下游一直扩散。5000多年前东北的红山文化中出现绿松石制飞鸟。东北地区并没有绿松石矿物来源。到了龙山文化，黄河流域各地十分流行绿松石饰物。在二里头文化阶段，绿松石制品达到中国历史上最发达的阶段。二里头遗址既发现了绿松石作坊，在墓葬中又出土大量绿松石制品。距离二里头遗址较近的陕西、湖北、河南三省交界处是我国主要绿松石的成矿区。二里头文化时代绿松石、矿源开发、开采制度，原料保护与运输，作坊管理、技术控制及绿松石制品的社会上流通以至于最后埋藏等，推测都处在二里头王朝严密的控制之下。因此二里头遗址中与绿松石相关的研究，关乎当时王朝核心权力支配这一重要的事业。以下就二里头绿松石作坊、工艺制作、制成品及原料来源探索等成果，做简略的介绍。

二里头绿松石器作坊的发现，详见本书第五章第二节。二里头遗址内绿松石制作的发展，可分为以下三个阶段。

（一）初始期：二里头文化二期，绿松石遗物开始出现，数量也较多，包括绿松石饰、扁珠、片等，此期的墓还出土有铜铃、铜牌饰、绿松石龙形器、绿松石珠、绿松石饰、绿松石片等，绿松石作坊区也发现了绿松石片。二里头二期的时候，作坊区围垣设施已建成。开始投入铜器和绿松石器的生产，并有了体现高技术水平的代表作品。

（二）兴盛期：二里头文化三期、四期早段，绿松石作坊的生产仍以片、管、珠为主。一些规整的绿松石片可能为较大型绿松石器上残留。绿松石作坊区还发现了绿松石片和碎料，尤其是碎料的发现，为绿松石作坊限定在该区域提供了有力的证据。

（三）转型期：二里头文化四期晚段，绿松石作坊内发现了废料坑2004VH290，坑中一些部位密布绿松石原料制品，且有细砂淤积的痕迹。因此推断它为一处与绿松石制品相关的遗迹。是年秋季，以2004VH290为中心向周围钻探，在其以南约1000平方米范围内的大部分探孔中发现有绿松石料，该区域以外的探孔中基本不见绿松石料，因此推断此处存在一处面积约1000平方米的绿松石器制造作坊区，包括2004VT85、T18—T90及其以南、以西。明确与绿松石制品制作相关的遗迹仅有绿松石原料坑2004VH290和其下的2004VH323。2004VH323原为水井，其废弃的堆积中有发现有少量绿松石原料、石片、13件与绿松石器加工制造有关的砾石。2004VH290范围略大于H323。

绿松石是我国很古老而传统的玉类，其制品的工艺分析，首先要从技术用语界定入手。然而，目前考古学界对绿松石工艺术语的界定存在不少的问题。这里以绿松石嵌片工艺术语为例略做讨论[①]。目前，对二里头文化的绿松石制品，不同作者对同一器物有多样的称谓；或者是同一称谓却内涵不同；甚至同一作者对同一器物的称谓也并不统一。

以下讨论绿松石片与嵌片命名问题。偃师二里头遗址考古工作者一般把一些用作镶嵌的绿松石器称作"绿松石片"、"绿松石圆片"、"绿松石薄片"或"长方形石片"等。《偃师二里头》报告书中命名"绿松石薄片"以有别于一般"绿松石片"，是指"残缺不存，呈不规则形的器物"。据我们对报告的理解，"绿松石薄片"是指体积较大且不定型的绿松石片状器物。一些研究者也把"绿松石薄片"统称作镶嵌用的绿松石器，取代"绿松石片"一词。二里头遗址原报告作者与陈芳妹同样是用"绿松石薄片"一词，但意义并不一致。此外，一些学者把镶嵌用的绿松石器，称为"小嵌片"；一些作者又分别称之谓"绿松石薄片"、"绿松石片"、"绿松石圆饼"和"绿松石饰片"等，并不统一。

目前考古学界常用"绿松石片"一词，本无可厚非。但我们认为，最好还是将"绿松石片"摒弃不用。因为，片状绿松石并不一定作为嵌片，也可作为坠饰使用。石片在考古学是专门的术语，一般是指由石核上打击分离出来具有凸起腹面的片状物。另外，最近从二里头04VH290的灰坑里出土了具有真正石片意义的绿松石石片。

[①] 邓聪、许宏等：《二里头文化玉工艺相关问题试释》，《二里头遗址与二里头文化研究》，科学出版社2006年版，第301—317页。

其次有关嵌片相关工艺术语的界定，就绿松石制品来说，我们试图界定绿松石嵌片工艺学术语，具体如下：（1）原料：由原生矿脉所采集绿松石原料，未经过任何加工。（2）石核：绿松石个体，用以生产绿松石制品的素材。（3）石片：由绿松石打下石片状器物。（4）嵌片：几何形或不规则形片状物，沿边已修整，一面磨制成平面，作为镶嵌面之用。可细分为圆形、方形、梯形和三角形等嵌片。（5）嵌片毛坯：片状绿松石，一或两面已磨平，但沿边尚未修整，未能直接使用，有待切割或修边。（6）嵌片原料：片状绿松石，两面均未经研磨，研磨加工后可用作嵌片毛坯。（7）嵌饰：加工有纹饰或呈立体状的镶嵌物，一面平坦用作嵌面。

至于绿松石其他饰物的命名，在此不做讨论。以下以04VH290绿松石器的分类为例，对镶嵌工艺技术予以说明。绿松石的镶嵌工艺在二里头文化中表现得相当发达。2004年春，在宫城以南04VH290灰坑中，发现了绿松石块粒数以千枚，大部分可见有人工加工的痕迹。从绿松石块粒组合来看，其中大部分为绿松石饰物毛坯及废料等，估计灰坑的埋藏是与绿松石器作坊活动相关。该灰坑04VH290的年代属于二里头文化的四期偏晚。2004年秋考古工作队在灰坑周围继续钻探，确认此处为一面积不少1000平方米的绿松石作坊遗址，使用年代上限可上溯至二里头文化三期。镶嵌工艺分析可以按绿松石嵌片、嵌饰的制作与拼合技术两方面深入研究。

本节并非对04VH290灰坑出土的数千件绿松石块粒做全面的整理。目前只能抽选其中几件制品，就工艺技术方面做简略介绍。据初步观察分析，04VH290是与绿松石管、珠及嵌片器件制作相关的一处活动地点。

管、珠相关器物：管、珠原料、毛坯及制作过程中的破损品：（1）管、珠原料：预制物的雏形尚未出现，表面的加工痕迹可见有打制或磨制。其中以从原料上除掉粗石英颗粒工序相当普遍。原料的形状多为不定型，表面或多或少保留有原铁锰层，可进一步修整成管或珠的毛坯。I式：原料两面尚保留有铁锰层，从侧面可见夹在中间的绿松石。IIa式：原料一面保留有铁锰层，另一面可见绿松石粗糙剥离面，尚未磨平。IIb式：原料一面保留有铁锰层，一侧面在砺石上磨去铁锰层，表面光滑，尚保留有清楚成组摩擦线状痕。III式：原料表面由研磨形成不同的小平面所构成，基本上不见铁锰层的遗留。（2）管、珠毛坯：已略可见管、珠的雏形，呈长条形，横切面呈方形，是制作管珠的毛坯。I式：呈长条形，横切面方形，其中一面残留有若干铁锰层。II式：呈长条形，横切面方形，四面均残留有铁锰层。（3）管、珠制作过程中的破损品：管、珠毛坯在砺石上研磨成近似圆柱体后，由两顶端对向实心钻穿孔。I式：管珠毛坯略带方角的椭圆柱体，由两面实心钻穿孔，未贯穿。由于在一顶端靠近边旁穿孔，开孔插穿管侧成为破损品。另一件亦呈带角椭圆柱体，纵向破裂，可能穿孔接近完成阶段破损。Ⅱ式：管珠毛坯已呈圆柱体，均对向实心钻穿孔，可能于穿孔接近完成后纵向破损。04VH290绿松石块粒中未见有制作完成的管、珠，可见制作完成的管、珠与半成品是分别处理的。

嵌片相关器物：包括片状绿松石石核、嵌片原料、嵌片毛坯和嵌片四者。（1）片状绿松石石核：绿松石于矿带中一般呈薄片状充填于裂隙或节理中，绿松石的厚度约0.1—0.3厘米，呈薄片状产出，以打击或研磨技术将围岩及铁锰层清理后，即可以获得扁平嵌片原料。估计一部分嵌片原料是来源于片状绿松石石核。（2）嵌片原料：呈不定形扁平薄片状，一般长宽在数厘米至0.5厘米，厚约0.1至数厘米。两面均未经研磨，表面残留不少铁锰层之节理或破裂面，可能是从绿松石原料直接打击剥落出绿松石石片。（3）嵌片毛坯：呈不定形扁平薄片状，长宽在数厘米至0.5厘米、厚0.1厘米至数厘米为多。薄片两面或一面有全面研磨的痕迹。（4）嵌片：嵌片呈长方形，四边基本被研磨，两面均留有明显经研磨留下的线状擦痕。

此外，04VH290灰坑中出土大量绿松石原料、石片及大量的碎料。打制绿松石石片有些背面是破裂面，估计其中一部分为管珠及嵌片毛坯制作过程中所产生的。由于这些石片直径在0.2—0.3厘米，不能再加工使用，可能是作为废料处理的。打制绿松石细微石片的存在，说明绿松石的加工活动可能是在发现地点附近进行的。这与发掘者判断04VH290一带即宫城以南的范围，可能是绿松石饰物作坊的论断相吻合。

学者综合二里头遗址发现的绿松石镶嵌工艺大致有以下三种情况：（1）镶嵌于铜质器物或者牌饰上；（2）镶嵌于其他有机质器物上；（3）镶嵌于玉器上。第一种情况发现有圆状铜器和铜牌饰，如1987年二里头遗址Ⅵ区M57中的一件铜牌饰。第二种情况发现的有龙形器。这件发现于2002年的"龙形器"总长达70.2厘米，全身用2000余片各种形状的绿松石片组合而成，绿松石片的大小约长0.5、宽0.4、厚0.1厘米，正面研磨光滑第三种情况是在玉器上镶嵌绿松石，主要是在一些诸如牙璋、玉钺、月牙形器等礼器上这些器物上的镶嵌孔应该是特意穿的，然后将绿松石嵌入其中[①]。

二里头遗址绿松石制品中，2002VM3绿松石龙形器最具代表性。龙形器置于2002VM3墓主人尸骨上，头朝西北，尾向东南。由2000片各种形状的绿松石片组合

---

① 秦小丽：《中国古代镶嵌工艺与绿松石装饰品》，《夏商都邑与文化》（二），中国社会科学出版社2014年版，第296—326页。

而成。龙身长64.5厘米，中部最宽处4厘米。龙头置于由绿松石片粘嵌而成的近梯形托座上，托座长11、宽13.6—15.6厘米。距离绿松石龙尾端3.6厘米处，发现一件绿松石条形饰，与龙体近于垂直，长14.5、宽2.1厘米。由龙首至条形饰总长70.2厘米。在龙头半圆形玉柱的底面发现有白色和浅黄色附着物，可能是黏接剂的痕迹。3号宫殿南院发现的数座墓葬东西成排分布，墓葬间距相近，方向基本相同，均为南北向。02VM3是发掘区内该组墓葬中最接近3号宫殿中轴线的一座。M3墓主人可能是宗庙管理人员[①]。

此外，二里头遗址迄今共出土4件绿松石铜牌饰，在学术界受到高度的注目。有关这种由绿松石嵌片与青铜牌综合的技术，有可能是在铜牌的垫底上，用胶液粘贴麻绳或布料后，再顺序把已制作嵌片逐片充填粘贴在青铜牌的底托上。甘肃天水博物馆所藏绿松石铜牌饰表面，从剥落嵌片痕迹可见粘贴胶水硬化后的方格模型，推测麻绳或布料垫底除了在粘贴上的功用之外，也对调整嵌片排列水平高度起了一定的作用。绿松石铜牌饰工艺学及来源问题的很多方面有待深入。

二里头遗址中绿松石的矿源研究，必须配合考古及矿物学的分析来探索。叶晓红等就二里头遗址出土绿松石对比了鄂豫陕绿松石矿带上的云盖寺、文峰、秦古等矿点。所得主要结论是，铜同位素组成对于绿松石矿源研究具有较大明确性，稀土元素配分模式可作为重要参考。北矿带上的云盖寺绿松石矿可能是二里头先民所使用的绿松石矿源之一，而南矿带上文峰、秦古绿松石矿作为二里头遗址矿源的可能性非常低[②]。

此外，2010—2015年北京科技大学、陕西省考古研究院先后对河口遗址考察三次。此遗址位于洛南县，地处陕西省东南，秦岭东段南麓，洛河上游。2010年，李延祥等在进行古矿业考察时初步认定石锤为青铜时代采矿工具，河口遗址为开采绿松石的古矿遗址。古矿遗址沿着西峪河，集中分布在河谷两侧约200米的崖壁上。河口矿洞中发现了丰富的遗物，包括陶器、石器、木质遗物、绿松石块体、动物骨器等。具体介绍如下：（1）绿松石原料，矿洞内绿松石多呈线状分布，采集到的绿松石多为片状，较薄，一般厚度小于5毫米。颜色为蓝色、绿色。（2）陶器，发现的陶片有泥质陶和夹砂陶，夹砂陶为主。（3）石器，主要有石锤、石球、石盏、磨石等。其中石锤和石球的数量最多，磨石2件，石盏5件。石盏一端有石柄，一端呈勺状。在调查过程中，采集刀一些测年样品。经树轮校正，所测年代范围在2030B.C.—500B.C.之

[①] 杜金鹏：《中国龙，华夏魂——试论偃师二里头遗址"龙文物"》，《二里头遗址与二里头文化研究》，科学出版社2006年版，第96—120页。

[②] 叶晓红、任佳等：《二里头遗址出土绿松石器物的来源初探》，《第四纪研究》2014年第1期，第212—223页。

间。综上推测，河口古代绿松石矿洞的最早开采年代可能早到新石器时代晚期，在夏时期、春秋时期也可能有开采[①]。

另外，北京科技大学张登毅指出，偃师二里头绿松石制品进行锶同位素检测可知：样品 87Sr/86Sr 集中在 0.711—0.714 之间，相对来说分布较为集中，与洛南辣子崖绿松石的 87Sr/86Sr 分布区间大致一致[②]。河口洞穴绿松石矿开采及年代测定显示，此矿点可能与二里头遗址时代有重合之处。而据张登毅锶同位素测定，洛南辣子崖绿松石与二里头遗址的大约一致。

以上为现今所知二里头遗址绿松石来源的初步认识。事实上，二里头都邑遗址中大量绿松石集中出土，且绿松石制作水准之高超，表明当时国家层面对绿松石来源的控制，一定是在极其严密的官方组织下进行。相信只要通过更多努力，日后如能在绿松石采矿地点直接发现到与二里头遗址相关的遗物，才可以使二里头绿松石来源问题，得到更科学的认识。

（本研究部分由香港研究资助局优配研究金资助。计划编号：14600118）

四 石器

石器是二里头文化先民重要的生产与生活工具，石料也是当时可获取的重要资源之一。石器生产中，石料是完成生产的基本前提，石料特性也会影响石器的生产技术，石料的来源方式和获取策略也可以很好地反映古代先民适应自然与改造自然的能力[③]。

（一）石器组合及其反映的信息

二里头遗址出土的石器数量较多，研究者主要收集、整理和研究了 1959—1978 年间出土的部分石器和 1999—2006 年出土的全部石器标本，共 1523 件。其中二里头文化一期 22 件，二期 207 件，三期 324 件，四期 731 件，二里岗文化早期 43 件，二里岗文化晚期 196 件。现在按照年代序列，分析二里头遗址出土石器的组合特征，并阐释其反映的经济形态等信息。

1. 二里头文化一期

该时期出土有石器标本共 22 件，其中砍砸工具 2 件，包括石斧和砍砸器；挖掘工具 6 件；收割工具 5 件，包括石刀和石镰；加工工具 3 件，包括刮削器、石锛和石锥；

[①] 北京科技大学冶金峪材料史研究所、陕西省考古研究院：《陕西洛南河口绿松石矿遗址调查报告》，《考古与文物》2016 年第 3 期，第 11—17、55 页。
[②] 张登毅：《中原先秦绿松石制品产源探索》，博士学位论文，北京科技大学，2016 年，第 82 页。
[③] 中国社会科学院考古研究所：《二里头（1999—2006）》，文物出版社 2014 年版，第 1374 页。

武器1件，包括石镞1件；装饰品5件，包括石坠1件、绿松石珠4件。其中以挖掘工具和收割工具最多，加工工具和装饰品也较多。因总体出土数量较少，所以很难完整反映出当时的经济形态特色（表6-2）。

表6-2　　　　　　　　　　　二里头文化一期石器统计表　　　　　　　　　　　单位：件

功能	数量	类型	数量
砍砸工具	2	石斧	1
		砍砸器	1
收割工具	5	石刀	3
		石镰	2
加工工具	3	刮削器	1
		石锛	1
		石锥	1
武器	1	石镞	1
装饰品	5	石坠	1
		绿松石珠	4
挖掘工具	6	石铲	6
合计			22

2. 二里头文化二期

二里头文化二期出土石器标本207件，较一期数量大增，其中以收割工具和制作工具为最多。收割工具达到48件，比例为23.2%，包括石刀28件和石镰20件。制作工具共57件，比例为27.5%，包括钻具1件、砺石45件、石球4件、石饼5件、石锤1件。此期还出土有数量较多的石器生产的原料、石坯和废料碎屑等，共44件，比例为21.3%。尤其是生产废料和使用废料的大量出土，更加证明从二期开始石器的大量生产和使用，以满足社会生产和生活需求。综合考虑石器生产过程，制作工具、石器原料和废料等的比例高达48.8%，这说明当时石器生产是整个生产工具生产和制作中非常重要的部分，反映了社会对石器工具的需求。

挖掘工具和砍伐工具数量其次，分别为22件和16件，比例为10.6%和7.7%，前者主要是石铲，后者主要是石斧14件、石钺2件。另外数量较少的还有加工工具6件，如石锛和石凿；食物加工工具5件，包括石杵和石臼；武器5件，包括石镞；装饰品4件，包括石贝和石柄形饰（表6-3）。

表6-3　　　　　　　　　　　二里头文化二期石器统计表　　　　　　　　　　单位：件

功能	数量	类型	数量
收割工具	48	石刀	28
		石镰	20
砍伐工具	16	石斧	14
		石钺	2
挖掘工具	22	石铲	22
加工工具	6	石锛	5
		石凿	1
制作工具	57	钻具	1
		砺石	45
		石球	4
		打磨工具	1
		石饼	5
		石锤	1
生产原料	3	石坯	3
废料	41	生产废料	18
		石片	1
		使用废料	22
食物加工	5	石杵	4
		石臼	1
武器	5	石镞	5
装饰品	4	石贝	2
		石柄形饰	2
合计	207		207

从比例来看，收割工具和制作工具所占比例最高，反映出在二里头文化二期，农业活动比一期频繁，而且农业生产可能较一期更发达，农业产量增加，对收割工具的需求也增多；制作工具的高比例，可能说明这一时期社会生产的发展对生产工具的高需求量。

食物加工工具石杵和石臼在此期的出土，较之二里头文化一期要丰富得多，此前曾在新密新砦晚期遗存出土石杵1件，而龙山晚期前大多出土石磨盘和石磨棒，用以加工食物。很显然，用石杵和石臼配合使用，使用效率会比石磨盘和磨棒配合的效率会高，所以这是否反映出一种新的高效率生产和生活方式，是值得关注的现象。

3. 二里头文化三期

二里头文化三期石器总体数量较上一期增加，达到324件，种类丰富，其中收割工具104件，比例达到32%；制作工具达到59件，比例为18.2%，高于上一期的比例，反映了收获物的增加和农业的发展。挖掘工具和砍伐工具也较多，分别为50件和40件，比例分别为15.4%和12.3%。另外，武器发现的数量也比上一期多，达到18件，主要是石镞和石戈，是否反映战争频率的增加，值得分析。新发现石质乐器石磬，更具有礼器的用意。另有纺织工具、捕鱼工具以及生活工具等，数量较少。食物加工工具仍然发现2件，生产原料和生产废料仍然具有一定的数量，反映石器生产在遗址内进行并具有一定的规模（表6-4）。

表6-4　　　　　　　　　　二里头文化三期石器统计表　　　　　　　　　单位：件

功能	数量	类型	数量
收割工具	104	石刀	60
		石镰	44
砍伐工具	40	石斧	37
		石钺	3
挖掘工具	50	石铲	50
加工工具	17	石锛	11
		石凿	6
制作工具	59	砺石	49
		石球	4
		研磨器	1
		石饼	4
		石锤	1
生产原料	4	石坯	4
废料	23	生产废料	13
		矿石废料	1
		使用废料	9
食物加工	2	石杵	1
		石臼	1
武器	18	石镞	13
		石戈	5
乐器	1	石磬	1
纺织工具	1	纺轮	1
捕鱼工具	1	网坠	1
生活用具	1	石匕	1

续表

功能	数量	类型	数量
装饰品	1	石坠	1
未定名器	2		2
合计	324		324

4. 二里头文化四期

二里头文化四期出土石器标本为历期之最,达到731件,种类丰富,并且每一种类石器的数量较上一期都有大幅增长。收割工具共216件,比例达到29.5%,包括石刀90件、石镰126件,反映农业生产收获量和农业生产水平均保持稳定。食物加工工具石杵和石臼出土比上一期多,达到8件,说明社会对食物的需求程度比以前要大得多。

制作工具的绝对数量也有较大增加,达到157件,比例达到21.5%。类型比上一期更加多样,其中砺石占绝对数量,另有石球、磨制工具、石饼、石锤和石拍、钻具等工具。同时原料和生产废料的数量比上一期也有很大增长,达到132件,比例为18%。从石器生产的角度考虑,制作工具、生产原料和废料均与石器生产有关,如果综合考虑,比例高达近40%。因而可以看出,在二里头文化四期,石器生产是整个社会生产中非常重要的部分,而且主要是在二里头遗址内部完成。这一定程度上反映出了当时的社会需求。

挖掘工具和砍伐工具占有一定比例,数量也较多,例如石斧63件、石铲77件,反映这一时期的生产活动规模比以往各期都要大。另外石钺出土了11件,远远多于以往三期,制作精美,技术含量高,且大多都是非实用器。武器数量也比前几期多,有23件,以石镞为主,另有石矛和石戈,其中石戈是新出现的器形,为后来青铜"戈"的出现提供了借鉴(表6-5)。

表6-5　　　　　　　　　　二里头文化四期石器统计表　　　　　　　　　单位:件

功能	数量	类型	数量
收割工具	216	石刀	90
		石镰	126
砍伐工具	74	石斧	63
		石钺	11
挖掘工具	77	石铲	77
加工工具	37	石锛	21
		石凿	16

续表

功能	数量	类型	数量
制作工具	157	砺石	143
		石球	2
		磨制工具	1
		石饼	6
		石锤	3
		石拍	1
		钻具	1
生产原料	11	石坯	11
废料	121	生产废料	59
		使用废料	62
食物加工	8	石杵	4
		石臼	4
武器	23	石镞	19
		石戈	2
		石矛	2
纺织工具	2	纺轮	2
捕鱼工具	2	网坠	2
生活用具	1	石盅	1
其他	2	石祖	1
		未定名	1
合计	731		731

5. 二里岗文化早期

二里岗文化早期，石器出土数量和标本种类都大大减少，仅43件。其中收割工具仍然是最主要的石器工具，分别为15件，比例为35%，包括石镰6件、石刀9件。制作工具为11件，比例为25.5%。加工工具5件，包括石锛和石凿。另有纺织工具、武器、装饰品等。这应当与该时期政治中心的迁移，二里头遗址地位大大降低有关（表6-6）。

表6-6　　　　　　　　　　二里岗文化早期石器统计表　　　　　　　　　　单位：件

功能	数量	类型	数量
收割工具	15	石刀	9
		石镰	6
砍伐工具	3	石斧	3

续表

功能	数量	类型	数量
挖掘工具	2	石铲	2
加工工具	5	石锛	3
		石凿	2
制作工具	11	砺石	10
		磨制工具	1
废料	3	生产废料	3
武器	2	石镞	2
纺织工具	1	纺轮	1
装饰品	1	石环	1
合计	43		43

6. 二里岗文化晚期

二里岗文化晚期的石器总量较前一期稍有上升，达到196件，收割工具比例仍然很高，达到27.6%，共54件，包括石刀25件、石镰29件。挖掘工具和砍伐工具分别为21和14件，加工工具8件。制作工具和生产原料、废料总数达到61件，占总数比例达到31%，说明石器制作仍然是该时期重要的社会生产活动。武器总数有33件，比例为17%，较以往各期都高很多，可能表明当时的军事行动较为频繁（表6-7）。

表6-7　　　　　　　　　　二里岗文化晚期石器统计表　　　　　　　　　单位：件

功能	数量	类型	数量
收割工具	54	石刀	25
		石镰	29
砍伐工具	14	石斧	13
		石钺	1
挖掘工具	21	石铲	21
加工工具	8	石锛	4
		石凿	4
制作工具	25	砺石	23
		石球	1
		石饼	1
生产原料	5	石坯	5
废料	31	生产废料	17
		使用废料	14
食物加工	2	石杵	2

续表

功能	数量	类型	数量
武器	33	石镞	31
		石戈	1
		石矛	1
其他	3	铜矿氧化石	1
		未定名器	2
合计	196		196

7. 石器组合所反映的信息

从二里头文化一期到二里岗文化晚期，二里头遗址出土石器数量和种类发生了较为明显的变化。二里头文化四期出土石器数量最多，种类最为丰富，反映这一时期对石器工具的需求度最高，石器工具的适用面最广泛。

生产工具中，收割工具比例均占据较高水平，如二里头文化二期的比例为23.3%，三期增长到104件，比例达到32%，四期总数最多（216件），比例也高达29.5%。另外，挖掘工具石铲和砍伐工具石斧的比例从二里头文化二期的10.6%和7.7%，到三期变为15.4%和12.3%，四期降为10.6%和8.5%。

有研究表明，龙山文化晚期到二里头文化时期，打制石器少见，石斧、石铲比例下降，而石刀、石镰等收割工具比例上升，且占绝对优势。这一现象是否反映农业生产水平有较大规模的发展值得深入分析[①]。从龙山时代起，当地的农作物布局已经开始趋向复杂化，稻谷和大豆成为重要的农作物品种，发展到二里头文化时期，在中原地区已经建立起了包括粟、黍、稻谷、小麦和大豆在内的多品种农作物种植方式。多品种农作物种植方式的意义不仅在于可以提高农业的总体产量，而且还在于能够减少粮食种植的危险系数，是古代农业发展水平的一个重要标志。在龙山时代，中原地区已经开始普遍地种植稻谷，二里头文化时期稻谷在人们生活中的地位达到顶峰[②]。

如果上述属实，则二里头遗址出土的收割工具、挖掘工具和砍伐工具的比例变化，可以反映出从二里头文化二期开始，农业活动逐渐频繁；到二里头文化四期，农业生产规模和生产水平达到历史最高水平，农业产量增加，从而对收割工具产生

---

① 王小庆：《公元前2500—1500年豫西晋南地区考古资料所反映的人类生产工具的状况》，《科技考古》第二辑，科学出版社2007年版，第116—119页。

② 赵志军：《公元前2500—1500年中原地区农业经济研究》，《科技考古》第二辑，科学出版社2007年版，第1—11页。

了大量需求。农业生产的大规模发展，可能与当时的人口规模扩大和政治、社会需求有关。

另外，砍伐工具中的石钺（有的称为玉钺）制作技术高，磨制精美，部分石钺上还有明确的装柄痕迹。它们可能为礼仪和军事之用。二里头文化四期出土的石钺最多，达到11件，反映在这一时期，以青铜礼器、玉石礼器为主要载体的礼仪系统达到初步完善的程度。

食物加工工具石杵和石臼从二里头文化二期开始较多出土，四期数量最多。此前曾在新密新砦晚期遗存出土石杵1件，而龙山晚期前大多出土石磨盘和石磨棒，用以加工食物加工。使用石杵和石臼得组合加工食物，其效率较之石磨盘和磨棒的组合更高，这可能反映出一种新的高效率食物加工和生活方式。

武器中，如二里头文化三期出现的石戈和四期出现的石矛都是一种新的武器类型，与同期和后期的青铜武器戈和矛有很重要的源流关系。它们的出现，加上三期和四期武器数量的增加，反映了可能的政治变革带来的军事武器需求。

此外，三期出现的乐器石磬具有明显的宗教意识。

（二）石料构成与石料利用率

我们对二里头遗址1999—2006年发掘出土的石器资料进行了全部整理和鉴定，同时选取1959—1978年间出土的部分石器的石料鉴定结果[①]。在此基础上，我们参考该地区的地质构造情况，结合考古与地质调查结果，进行统计学分析，考察二里头遗址的石料利用率、石料来源与获取方式，分析二里头文化至二里岗文化时期二里头遗址获取与选择石料资源策略的差异，探讨政治变迁、人口变化和社会需求对资源获取方式、生产组织方式和选择性策略的影响。

1. 石料的基本构成

标本石器共1532件，其中经过石料特性鉴定的共1046件（表6-8）。

表6-8　　　　　　　　　　　二里头遗址出土石器岩性统计表

质地	英文名称	一期（件）	二期（件）	三期（件）	四期（件）	岗早（件）	岗晚（件）	合计（件）	总比例（%）
砂岩	sandstone	4	72	49	198	16	43	382	36.5
安山岩	andesite	3	27	32	115	3	58	238	22.75
英安岩	dacite	0	4	0	22	0	10	36	3.44

---

① 中国社会科学院考古研究所：《偃师二里头（1959年—1978年考古发掘报告）》，中国大百科全书出版社1999年版，第400—404页。

续表

质地	英文名称	一期（件）	二期（件）	三期（件）	四期（件）	岗早（件）	岗晚（件）	合计（件）	总比例（％）
片岩	schist	0	17	11	30	2	20	80	7.65
灰岩	limestone	1	11	15	30	0	19	76	7.3
泥岩	mudstone	1	3	8	25	3	7	47	4.5
石英岩	quartzite	0	6	10	25	0	2	43	4.11
辉绿岩	diabase	2	0	14	7	2	2	27	2.6
白云岩	dolomite	0	1	2	13	1	5	22	2.1
玢岩	porphyrite	0	3	4	4	0	5	16	1.53
辉长岩	gabbro	0	5	1	5	1	1	13	1.24
铝土矿	bauxite	0	0	2	5	3	0	10	0.96
大理岩	marble	1	0	4	2	1	1	9	0.86
闪长岩	diorite	1	2	1	2	0	2	8	0.76
斑岩	porphyry	0	1	1	2	1	0	5	
硅质岩	silicite	0	1	1	2	0	1	5	
流纹岩	rhyolite	0	1	0	4	0	0	5	
花岗岩	granite	0	1	0	3	0	0	4	
细晶岩	aplite	0	1	1	2	0	0	4	
片麻岩	gneiss	0	0	1	1	0	0	2	
脉石英	veinquartz	0	0	0	1	1	0	2	
基性熔岩	basiclava	0	0	0	1	0	1	2	
火山岩	volcanic rock	0	0	0	1	0	0	1	3.7
滑石岩	talcoserock	0	0	0	1	0	0	1	
绢云母千枚岩	phyllite	0	0	0	1	0	0	1	
玄武岩	basalt	0	1	0	0	0	0	1	
浅粒岩	leptite	0	1	0	0	0	0	1	
角闪岩	hornblendite	0	1	0	0	0	0	1	
石英粗面岩	trachyte	0	0	0	1	0	0	1	
板岩	slate	0	0	0	1	0	0	1	
角闪变粒岩	granulite	0	0	0	1	0	0	1	
透辉石岩	diopsidite	0	0	0	0	0	1	1	
合计		13	159	157	505	34	178	1046	100

由表6-8可以看出，在二里头遗址生活的先民利用周围石料的种类达到32种，十分丰富，基本包括了周围可用的所有类型，主要有砂岩、安山岩、英安岩、灰岩、白云岩、泥岩、片岩、石英岩、辉绿岩、辉长岩、铝土矿、玢岩、闪长岩、大理岩等共14种，共计比例96.3%，其余18种岩石类型仅占3.7%。

所有石料类型中，以砂岩为最多，达到382件，占总数的36.5%。这些砂岩中，包括中细粒砂岩、粉砂岩、泥砂岩、石英砂岩等多种。其次是安山岩，比例达到总数的22.75%；英安岩比例占3.44%，可以归入安山岩系统。灰岩和片岩也是非常重要的石料，所占比例分别为7.3%和7.65%。泥岩和石英岩比例稍小，分别为4.5%和4.11%。辉绿岩、白云岩、玢岩和辉长岩占有一定比例，但是比例较小，分别为2.6%、2.1%、1.53%和1.24%。而铝土矿、闪长岩、大理岩比例仅占0.96%、0.76%和0.86%。

其余18种岩石类型主要包括斑岩、花岗岩、硅质岩、流纹岩、细晶岩、片麻岩、脉石英、基性熔岩、火山岩、滑石岩、绢云母千枚岩、玄武岩、浅粒岩、角闪岩、石英粗面岩、板岩、角闪变粒岩、透辉石岩等。这些岩石类型利用率极低，仅占3.7%，每种石料类型分布于不同时期，数量极少，但也反映了石料选择的多样性。

2. 石料的利用率

（1）二里头文化

由表6-8、表6-9可知，二里头文化不同时期的石料利用类型有所差异，部分石料继续沿用，有些石料有所增减，有的被重新利用。二里头文化一期共有石器13件，石料利用类型7类；二期共有石器159件，所利用类型达19种，新利用石料有英安岩、片岩、石英岩、辉长岩、玢岩、白云岩等；三期共有鉴定标本157件，可利用类型有16种，部分石料从多到少或无，例如英安岩、辉长岩等，新增辉绿岩、大理岩、铝土矿等，辉绿岩还达到14件；四期鉴定标本有505件，可利用类型达28种，新出现石料如英安岩、流纹岩、花岗岩等12种。尽管目前还不能完全排除二里头文化四期晚段和二里岗文化早期早段并存的可能性，但所涉及相关遗存很少，对于我们判定二里头文化四期的石料利用率影响较小。为行文方便，我们仍然采用上述鉴定结论。

考虑到发掘面积对石器出土数量的影响，本文引入出土率的概念，即单位面积内出土标本数量，有利于更为科学的反映石料利用率及其变化。由表6-9可知，二里头文化时期，以四期的石器出土率最高，为10.2%，三期次之，为5.61%，一期、二期出土率基本相同，即3.25%和3.02%。

表 6-9　　　　　　　　　　二里头遗址各期石器出土率统计表

期别	一期	二期	三期	四期	岗早	岗晚
石料利用类型（类）	7	19	16	28	11	16
石器数量（件）	13	159	157	505	34	178
发掘面积（平方米）	400	5268.4	2798.8	4950.85	135	6790.04
出土率（%）	3.25	3.02	5.61	10.2	25.19	2.62

由此可以看出，二里头文化四期石料利用率、数量以及利用种类达到最大化。这一定程度上反映出随着社会生产的发展和人口的增加，人们对石料资源的数量与种类保有持续需求，并最大程度上寻求可利用的资源。

据统计材料，在二里头遗址可利用的石料中，砂岩和安山岩数量最为丰富，又以二里头文化四期为最多（表6-10）。但二里头文化三、四期对砂岩和安山岩的实际利用率远远高于这样的比例，这可能与当时建筑技术的变化相关。二里头遗址发现的早期大型建筑中（目前发现的主要属于二里头文化二期），未见使用柱础石（砂岩），而三、四期建筑中已开始使用砂岩材质的柱础石。二里头遗址在二里头文化三期、四期建造大型建筑基址使用了大量石料，例如面积近一万平方米的1号宫殿基址主体殿堂的基础部分所铺鹅卵石即达1500平方米，它们多为安山岩和砂岩。

表 6-10　　　　　　　　　　砂岩与安山岩数量统计表　　　　　　　　　　单位：件

质地	一期	二期	三期	四期	岗早	岗晚	合计
砂岩	4	72	49	198	16	43	382
安山岩	3	27	32	115	3	58	238

（2）二里岗文化

由表6-9可知，二里岗文化早期的石器出土率很高，达到25.19%，这与发掘区域和发掘面积有关：近年的发掘集中于二里岗文化晚期遗存相对集中的大型建筑集聚区，即宫城之内，而早期阶段遗存发掘面积小。故二里岗文化早期阶段的石器利用率不好准确的推断。结合遗址文化面貌的变迁，二里岗文化早期出土石器数量的减少也从侧面反映出二里头遗址在此时的衰落。

二里岗文化晚期的石器出土率为2.62%，较二里头文化各期都小。此期有些石料如英安岩、灰岩、石英岩、玢岩和闪长岩等得到了重新利用。考虑到二里头遗址的二里岗文化晚期遗存分布广泛，并且在制骨作坊中发现有大量这一时期的骨料，表明遗址在该时期仍有重要地位。但石器的出土率、出土数量与种类说明，遗址在二里岗文化晚期的石料利用率不及二里头文化四期。

3. 石料的来源地与获取方式

（1）洛阳盆地的地质分布与岩石类型

洛阳盆地的分布范围大致在黄河以南，西起渑池、洛宁、嵩县，东至巩县一带，现代的洛阳盆地基本形成于2600万年前后的新近纪（N），当时河南东部全面陷落，西部断块上升；距今约200—300万年的第四纪（Q），基本继承了新近纪的构造格局和地貌景观，由于豫西地区进一步抬升，盆地中主要为河流洪积和冲击相沉积；到距今1—1.2万年第四纪全新世（Q4）时，盆地中主要为伊河、洛河、涧水等河流冲击相沉积，并形成河漫滩及超河漫滩阶地。二里头遗址即建立在洛河河谷超河漫滩阶地之上。

洛阳盆地周围山群的地质构造较为复杂，有的形成于年代较近的第四系、新近系，还有较为年长的形成于古近系、三叠系、二叠系、石炭系、寒武系。这些不同地质年代的岩石类型可划分为汝阳群、熊耳群、嵩山群及登封群等。分析二里头遗址石料的岩性，主要涉及不同地质年代的岩石类型[①]。

遗址周围方圆几十千米范围内遍布有第四纪地层。其西部和北部地带盛产安山岩、英安岩等，属于熊耳群；西部熊耳群和第四纪交界处存在汝阳群地层，富产砂岩、泥岩等；在南部山区的西边缘，存在登封群的地层，是盛产片麻岩之地；南部山区的南部边缘存在嵩山群地层，主要产出大理岩和石英岩；南部山区北麓以及北部山区与第四纪交界区域出露寒武纪地层，主产灰岩和白云岩；洛阳盆地北部丘陵边缘东部出露二叠系地层，盛产砂岩（图6-28、表6-11）。

---

① 河南省地质矿产局：《中华人民共和国地质矿产部地质专报——河南省区域地质志》（区域地质第17号），附图一，地质出版社1989年版。

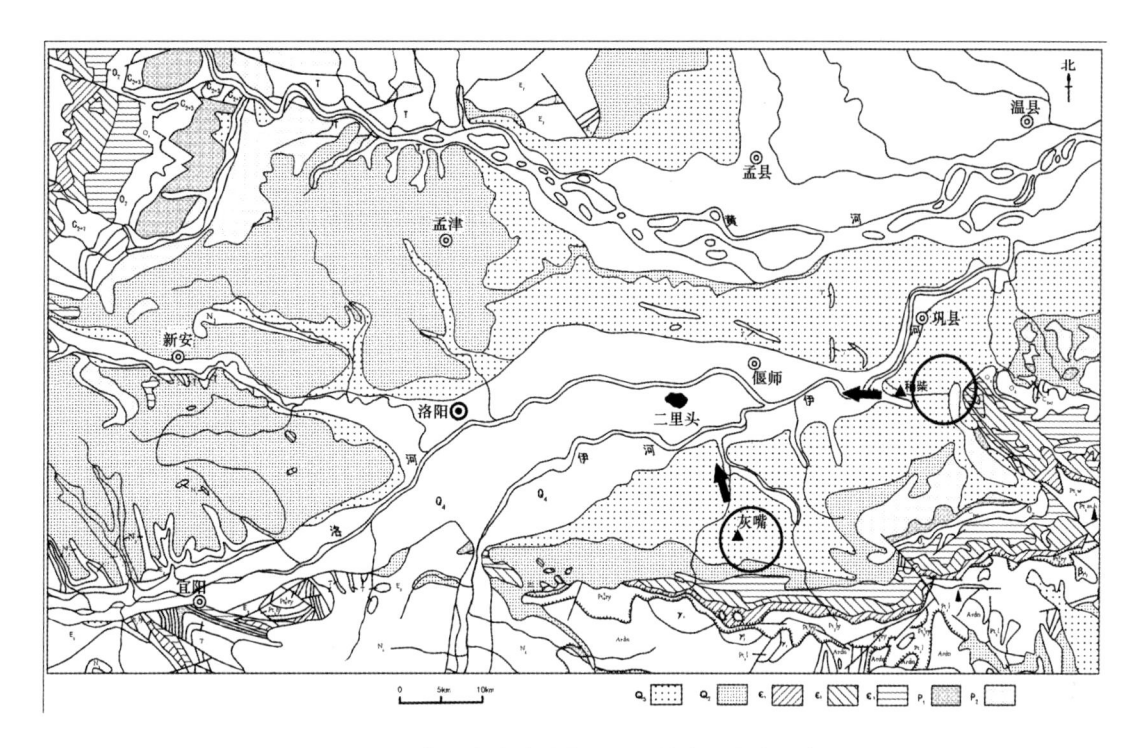

图 6-28 洛阳盆地地质类型及原料来源方式示意图

（底图据《河南省区域地质志》改绘）

图片来源：河南省地质矿产局：《中华人民共和国地质矿产部地质专报——河南省区域地质志》（区域地质第17号），附图一：中华人民共和国河南省地质图，地质出版社1989年4月北京第1版。

表 6-11　　　　　　　　　　洛阳盆地地质年代与岩石类型分布表

地层单位		地质年代	岩石类型
登封群 Ardn		太古界	片麻岩
嵩山群 $Pt_1 s$	花峪组	下元古界	绢云千板岩、白云石大理岩
	庙坡组	下元古界	石英岩夹磁铁矿条带
	五指岭组	下元古界	石英岩、绢云石英片岩夹大理岩
	罗汉洞组	下元古界	底砾岩及石英岩
熊耳群 $Pt_2^1 xn$	马家河组	中元古界下部	安山岩夹玄武安山岩、英安岩、凝灰岩
	鸡蛋坪组	中元古界下部	石英斑岩、流纹岩夹火山碎屑岩、大斑安山岩
	大古石组及许山组	中元古界下部	底部砂砾岩，主要为安山岩，夹玄武岩
寒武系 ϵ	上寒武统	寒武统	泥质条带灰岩、白云岩、薄层灰岩
	中寒武统	寒武统	鲕状灰岩、白云岩
	下寒武统	寒武统	紫红色页岩夹灰岩、白云岩、粉砂岩
二叠系 P	下二叠统	二叠系	砂岩、黄绿色灰色砂岩、长石砂岩、粉砂岩、煤
	上二叠统	二叠系	黄绿色砂岩、粉砂岩泥岩、上部紫红色长石石英砂岩、粉砂岩
汝阳群 $Pt_2^2 ry$		中元古界上部	轻微变质的石英砂岩、长石砂岩、粉砂岩、泥岩（页岩）、夹少量白云质灰岩
中上石炭统 C		晚古生界	下部铝土矿、耐火黏土、上部燧石条带灰岩，薄煤层

（2）石料来源地与获取方式

根据研究，古人类在开发利用石料资源上投入与产出之间的比例取决于三个因素：原料的分布、人类相对原料源地的迁徙运动方式和对获得原料所做出的时间及体力上的安排①。原料的分布与质量会对石器工业质量与石器类型产生影响。

洛阳平原河流纵横，河南龙山文化晚期，气候温暖湿润。二里头文化时期，正值全新世大暖期后期，属于温凉湿润气候②。在龙山时代晚期、新砦文化时期，中原地区发生了一场大的洪水，极大影响了本地区考古学文化的变迁，促生了中国的二里头文化和早期国家文明③。文献记载中传说的五帝时代晚期，也有"大禹治水"这种对于环境变迁事件的描述。据此，二里头文化形成之前，洛阳盆地很可能曾出现过洪灾事件。

洛阳盆地南有嵩山，西有熊耳山，北有邙山和黄河。盆地中的水系主要是洛河、伊河，二者汇合后形成伊洛河，另有其他大小支流多条，从四周山上发源由高到低汇聚到洛河、伊河和伊洛河中，由西向东流经洛阳盆地。当时的古河道西高东低，水流有足够的动力和下切力，将石料运输到洛阳盆地的下游，二里头遗址发现的几乎所有石料类型都可在伊洛河两侧出露的地层及岩体中找到，这些出露的岩石经过风化崩解后，经洪水搬运汇聚至洛阳盆地伊洛河及其支流的河床中，为古人就近取材，量材加工提供了便捷的条件。

二里头遗址共利用石料种类达32种，基本包括了周围可用的所有类型。安山岩的比例很高，尤其在二里头文化三期、四期使用数量最多，一号宫殿基槽内出土的大量鹅卵石均为安山岩。其主要发育于古阶地的下部粗碎屑层。现代的安山岩、流纹岩、安山玢岩主要分布于洛阳盆地西部熊耳群，西距二里头遗址约50—80千米，距离较远，大规模的运输似乎不大容易。位于二里头遗址南缘的洛河故道中存在大量的砾石原料，遗址出土的部分石料标本上保留有明显的河流砾石外形及表面特征。可见，二里头遗址所利用的安山岩极大可能就近取材于遗址周围的河流中，如古洛河。

二里头遗址中使用砂岩数量最多，比例高达36.5%，而且用砂岩制作的工具类型众多。在嵩山北麓分布有连续广泛的汝阳群，与寒武系地层相邻。较致密坚硬的砂岩、石英砂岩（紫红色）、粉砂岩以及浅灰岩、泥灰岩可能来自汝阳群。而结构相对

---

① 裴树文、侯亚梅：《东谷坨遗址石制品原料利用浅析》，《人类学学报》2001年第20卷第4期，第271—281页；Kuhn S. L. Mousterian Lithic Technology: An Ecological Perspective. Princeton: Princeton University Press, 1995.
② 宋豫秦、郑光等：《河南偃师市二里头遗址的环境信息》，《考古》2002年第12期，第75—79页。
③ 夏正楷、杨晓燕：《我国北方4kaB.P.前后异常洪水事件的初步研究》，《第四纪研究》2003年第23卷第6期，第667—674页；吴文祥、刘东生：《4000 a B.P.前后降温事件与中华文明的诞生》，《第四纪研究》2001年第21卷第5期，第443—451页。

疏松、硬度较低的黄绿色砂岩、泥质砂岩、粉砂岩则可能来自位于洛阳盆地北部山区一带的二叠系，但距离二里头遗址很远，直接获取不易。二里头遗址中蓝灰色与灰黑色晶质灰岩、鲕状灰岩、白云岩使用率都较高，这些石料都较为集中的出露于洛阳盆地北部山麓西南缘和嵩山北麓与东麓的寒武系地层中。洛阳盆地北部山麓西南缘寒武系地层距离二里头遗址90余千米，采集石料难度较大。从距离和运输可能性的角度考虑，二里头先民们很有可能向北约5千米到达邙山山底直接采集石料，但这一带属于第四纪地层，年代较晚，较少发育可用于制作石器的岩石类型。如果越过邙山到黄河边缘去采集砾石标本，直线距离近13千米，如果绕道，最近距离也近20千米，如果大规模采集和运输石料，成本很高，况且附近也无发育完善的可利用石料。

除灰岩、白云岩、砂岩主要发育于嵩山北麓外，二里头遗址中个别大理岩或白云石大理岩、石英岩及石英片岩类也均可能来自嵩山群中；其他如辉绿岩、闪长岩、花岗岩、脉石英、方解石等在出露的岩体和岩脉中也均可找到。嵩山北麓主要发育有灰岩、白云岩、砂岩、石英岩、辉绿岩、片麻岩等，曾有学者专门做过地质调查与分析[①]。

石料在夏商时期是十分重要的战略资源。夏商时期，核心地区的人口向外扩张并在周边地区建立起的据点或城池，体现了对重要资源的追逐和控制。当时的国家能够通过把人口迁移到生产这些物资的地区，在主要的交通要冲设立据点，控制生产者从而达到垄断这些物资的生产和流通的目的[②]。从历年来多次的区域系统调查和发掘可以看出，稍柴遗址和灰嘴遗址都是洛阳盆地二里头文化时期非常重要的二级遗址[③]。稍柴遗址位于坞罗河和伊洛河交汇的台地上，属于二里头文化一期、二期、三期[④]。稍柴遗址距离嵩山东麓广泛分布的寒武系灰岩和白云岩很近，仅5千米左右，"很可能是被二里头聚落控制的开采地方资源的地方中心聚落"[⑤]，至于采集石料后是否先在该遗址初步加工再运送二里头遗址，目前尚缺乏证据。

灰嘴遗址西址是单纯的二里头文化时期遗存，主要属于二里头文化二、三期，H1共出土有各类石制品8000多件，多见石料、半成品、石片、石屑等，还有砺石等与

---

① John Webb, Anne Ford and Justin Gorton, Influences on selection of lithic raw material sources at Huizui, a Neolithic/Early Bronze Age site in Northern China, *Indo-pacific Prehistory Association Bulletin*, 2007, 27, pp. 76–86.
② 刘莉、陈星灿：《城：夏商时期对自然资源控制的问题》，《东南文化》2000年第3期，第58页。
③ 中国社会科学院考古研究所二里头工作队：《河南洛阳盆地2001—2003年考古调查简报》，《考古》2005年第5期，第18—37页；陈星灿、刘莉等：《中国文明腹地的社会复杂化进程——伊洛河地区的聚落形态研究》，《考古学报》2003年第2期，第161—218页。
④ 河南省文物研究所：《河南巩县稍柴遗址发掘报告》，《华夏考古》1993年第2期，第1—45页。
⑤ 刘莉、陈星灿：《中国早期国家的形成：二里头和二里岗时期中心和边缘的关系》，《古代文明》第1卷，北京大学出版社2002年版，第71—134页。

石器加工相关的遗物，遗址中少见成品，证明成品主要供往其他地区。灰嘴的石制品原料主要是石灰岩（鲕状灰岩和白云质灰岩）、砂岩和辉绿岩，大多数石器半成品由灰岩制成，而石灰岩和砂岩多从嵩山上开采①。

二里头遗址发现的灰岩和白云岩主要用于石铲的制作，其中鲕状灰岩和白云岩有一定比例（表6-12）。灰嘴遗址灰坑内堆积的大量与石铲加工相关的鲕状白云岩石块、石片、石屑，证明这里也是以石铲加工为主的石器专业生产中心之一②。灰嘴遗址周围10千米的范围内，也调查发现4个类似的二里头文化时期的石铲专业制造场③。早在二里头文化早期就已经发现双轮车的车辙④，到商代已有交通道路的开辟和修筑，交通道路有陆路和水路之分，陆上交通工具主要是牛车和马车，而马车更多的是应用于狩猎和军事需要⑤。商代涉河的主要交通工具为舟⑥。根据民族学的调查估算出，大多数农耕群体的开发领域通常是在5千米或一小时步行的半径范围内⑦。灰嘴遗址属于二里头遗址的二级聚落，距嵩山北麓仅5千米左右。

表6-12 二里头遗址石铲岩性统计表 单位：件

名称	岩性				
石铲	白云岩	鲕状白云岩	鲕状灰岩	灰岩	砂岩
数量	9	6	14	30	14

同时我们又发现，二里头文化二、三期的生产废料和石坯发现较少，而四期则发现很多，是否说明二里头文化二、三期时大量石器生产主要由周围聚落供应，而四期因为政治的变迁，二里头遗址地位的变化导致功能的转变，大量的石器生产在遗址内完成。若此，该遗址很有可能承担着灰岩、白云岩、砂岩、辉绿岩等石料采集工作，同时还承担石器尤其石铲的初步加工，"至少部分是从灰嘴及其周围地区石器制造场

---

① 陈星灿、刘莉等：《中国文明腹地的社会复杂化进程——伊洛河地区的聚落形态研究》，《考古学报》2003年第2期，第201页。
② 中国社会科学院考古研究所河南第一工作队：《河南偃师市灰嘴遗址西址2004年发掘简报》，《考古》2010年第2期，第45页。
③ Liu, Li, Xincan Chen and Baoping Li, Non-state Crafts in the Early Chinese State: An Archaeological View from the Erlitou Hinterland, *Bulletin of the Indo-pacific Prehistory Association*, 2007, 27, pp. 93 – 102；陈星灿：《从灰嘴发掘看中国早期国家的石器工业》，《中国考古学与瑞典考古学——第一届中瑞考古学论坛文集》，科学出版社2006年版，第51—61页。
④ 中国社会科学院考古研究所二里头工作队：《河南偃师市二里头遗址宫城及宫殿区外围道路的勘察与发掘》，《考古》2004年第11期，第3—13页。
⑤ 刘志玲：《试论商代的交通》，《四川师范学院学报》1998年第3期，第118—123页。
⑥ 吴浩坤：《甲骨文所见商代的水上交通工具》，《陕西师范大学学报》1995年第24卷第4期，第110—113页。
⑦ Colin Renfrew and Paul Bahn, *Archaeology: Theories Methods and Practice*, London: Thames & Hudson Ltd., 2000, p. 242.

传播到二里头中心及其他遗址的"①。尽管二里头遗址南边有洛河故道相隔，考虑运输方式和采集成本，比直接去遗址北边采集标本要容易，成本低很多。

综上，二里头遗址石料的主要获取方式是就地取材，主要来源于周边河流，如古洛河；同时应当部分存在政治控制下的二级聚落的石料获取与初步加工模式，而稍柴和灰嘴遗址很有可能就承担这样的角色，直接从嵩山东麓和北麓获取石料并进行初步加工。至于在不同时期，各种获取方式所占比例、不同种类石器的制作各有怎样的专业化模式，采用何种方式路径进行传输和配送，按照什么样的原则来分配使用等，都有待进一步探讨。

4. 石料的开发策略

长期的生产实践中，人们对一些重要石料自然属性的认知度越来越高，开发石料过程中总能根据石器工具的功能需求选择合适的石材，以提高石器工具的生产效率和使用效率。对石料的选择性开发体现了二里头先民对自然资源的认知能力和利用程度的提升（表6-13）。

表6-13　　二里头遗址主要石料材质与工具类型分布表　　单位：件

石材质地	石镞	生产废料	使用废料	石坯	石锛	石铲	石杵	石斧	石钺	石镰	石刀	砺石	石凿	……	合计
砂岩		50	47	2	4	14	4			15	28	211	3	……	382
安山岩	24	26	33	9	17	5	3	54	7	40	4		8	……	238
英安岩	1	1	3		1	2		7		20				……	36
灰岩	3	4	11	1	3	44	2	1	2	1	1	1		……	76
片岩		2				6		1		2	64	1		……	80
泥岩	12	2	1		1	6		2	1	9	6		5	……	47
石英岩		17	1	3	2		1	2				1		……	43
辉绿岩					2			16	1	4	2		1	……	27
白云岩		2	1	2		15				1				……	22
玢岩	1	2	1		3	1		3		3	1			……	16
辉长岩								9		2	2			……	13
……	……	……	……	……	……	……	……	……	……	……	……	……	……	……	……
合计	41	106	98	20	31	92	10	95	11	97	108	214	17	……	1046

第一，对石料的开发有选择性。在二里头遗址所开发的石料中，主要集中于几种石材，以砂岩为最多，安山岩次之，其余还有灰岩、片岩、泥岩、石英岩和辉绿岩

---

① Liu, Li, Xincan Chen and Baoping Li, Non-state Crafts in the Early Chinese State: An Archaeological View from the Erlitou Hinterland, *Bulletin of the Indo-pacific Prehistory Association*, 2007, 27, pp. 93-102；陈星灿：《从灰嘴发掘看中国早期国家的石器工业》，《中国考古学与瑞典考古学——第一届中瑞考古学论坛文集》，科学出版社2006年版。

等。这一现象反映了二里头先民对石料特性已有清楚认识，并能够加以充分的利用。

第二，注重石材特性和石器功能的结合。影响工具形态的物理特性主要有硬度、密度、脆度和粗糙度[①]。石料开发和利用过程中，充分结合石材特性和石器功能，一种石料往往用于制作一种或几种主要石器工具类型。

砂岩是在二里头遗址是被开发和利用最多的石料，鉴定的砂岩中有55.2%被用来制作砺石；其次还被用来制作石刀、石镰和石铲等工具，在生产和使用废料中也发现有较多数量的砂岩。砺石作为打磨工具，石刀、石镰属于收割工具，用砂岩来制作能够充分发挥其岩性特点。

安山岩在二里头遗址发现的数量较多，其主要成分相当于闪长岩，常呈斑状岩理，颜色较深，密度较大，多为基性岩，硬度5—6。英安岩是石英闪长岩的喷出物，属火山岩系。二里头遗址发现的安山岩主要用来制作石斧、石镰，所占比重分别为22.7%、16.8%；其次安山岩用来制作石锛和石镞，所占比例分别为10.1%和7.1%。英安岩主要用来制作石镰，比重为55.6%。石斧和石锛等对石料的硬度有较高要求，石镰和石镞对石料密度有一定的要求。

灰岩属于沉积岩系列，有薄页状或薄片层状的节理，一般硬度为3度，颜色多为灰色，浅灰色，在二里头遗址周边的南山、北岭都成片分布，易于取材和制作。在二里头遗址，灰岩使用率不是太高，但遗址出土总数的57.9%用来制作石铲。同样性质的白云岩68.2%也用于制作石铲。

片岩是有片理构造的变质岩，一般为鳞片变晶结构、纤状变晶结构和斑状变晶结构。二里头遗址发现的片岩80%用于制作石刀。因为石刀器体较薄，片岩的层理构造有利于制作过程的完成，因而为专业化的生产提供了可能。泥岩和页岩同为泥质岩的一种，是分布最广的一类沉积岩。泥岩成分与构造和页岩相似但较不易碎，具有可塑性、耐火性、烧结性、吸附性、吸水性等。在二里头遗址，其总体利用率也不高，主要用于石镞和石镰、石刀。

辉绿岩多细中粒，含较多填隙石英，相对硬度达到7—8，具有高度的耐磨性。这种特性非常符合石斧作为工具的要求，所以主要用于石斧的制作。二里头遗址发现的辉绿岩中59.3%被用来制作石斧。因辉绿岩分布不如安山岩广泛，所以石斧的制作中主要采用安山岩，其次为辉绿岩。

第三，对沉积岩的选择性利用和开发。在石材的总数量中，沉积岩系列的比例达

---

① Wright K., A Classification System for Ground Stone Tools from the Prehistoric Levant, *Paléorient*, 1992, 18 (2), pp. 53 – 81.

到50.9%，火成岩比例为35.5%，变质岩只有13.6%。不同成因的岩石系列中，沉积岩系以砂岩为最多，火成岩系主要以安山岩为最多；而变质岩系的片岩居半。

以上信息说明，二里头文化至二里岗文化时期的人们已经很好的认识到各种岩石的物理属性，并能够充分利用石料特点进行高效率的石器制作与生产。人们对石料的选择性开发过程，反映了人们对石料的认知度和选择度的变化。值得注意的现象是，从二里头文化一期到四期，逐步出现部分石料集中开发的现象，而且不同时期集中开发的石料类型有所变化，尤其二里头文化四期多种石料类型集中于某类工具生产的比例达到最高，这种现象是否反映了二里头先民对石料的认知度和开发程度存在逐步提高的过程尚待分析。

五 漆木器

二里头遗址发现的漆器主要出土于高等级墓葬中，种类包括以觚、豆、钵、盒、匣、匕、勺为代表的生活物品，以漆鼓为代表的乐器及以漆棺为代表的葬具。1959—1978年间发现漆器数十件，其中漆觚数量最多。1999—2006年间共发现漆器23件，皆出土于较大型墓葬中，均属于二里头文化二期。

漆木器保存困难，出土数量较少。器类可辨者包括漆觚、漆豆、漆勺、漆匣等，主要涂以朱漆。另外在墓葬的一些随葬品上也发现了漆痕，如2002ⅤM3出土的圆陶片、铜铃和绿松石龙形器上皆发现了红色的漆痕[1]；2002ⅤM5的一组蚌饰局部也发现了红漆痕迹[2]。1995年在Ⅸ区与祭祀有关的建筑基址上发现了一处直径为11厘米带漆的"柱洞"，洞内有朱、黑双层漆，黑色漆在外，厚约1毫米，红色漆在内，厚度较黑漆薄[3]。

二里头文化时期的漆器表面已经装饰有精美的花纹，髹漆颜色主要有红、黑、褐、白四色，1980ⅢM2中发现的漆觚及1987ⅥM58中的漆觚皆装饰有饕餮纹，M58的漆觚口径约20厘米，高约30厘米，朱红地赭色花纹，线条圆润流畅，图案繁复美丽[4]。

二里头文化时期继承了龙山晚期以来漆器制作传统，在对陶寺文化和山东龙山文化漆器制作技术的吸收借鉴之上逐步发展出自身成熟的漆器制作技术。漆器作为二里头社会的高等级器物，仅少数贵族群体可以使用，具备明确的身份指示性，是二里头

---

[1] 中国社会科学院考古研究所：《二里头（1999—2006）》，文物出版社2014年版，第1003—1006页。
[2] 同上书，第1016页。
[3] 中国社会科学院考古研究所：《中国考古学·夏商卷》，中国社会科学出版社2003年版，第117页。
[4] 同上书，第117页。

文化礼器的重要组成部分。

六 纺织品

二里头遗址发现的纺织物实物或痕迹常见于铜器和玉器上，已公布的发现纺织物痕迹的铜器共10件，其中8件为铜铃，2件为铜牌饰；发现纺织物痕迹的玉器共3件，分别为玉圭、玉戈、玉刀。

纺织物中组织纤维较粗的推测为麻布，62ⅤM22铜铃上的麻布每平方厘米的经纬线为10×10根，另外，在75ⅥKM4的镶嵌圆铜器，80ⅢM2的玉圭、81ⅤM4的铜铃和铜牌饰上皆发现了麻布痕迹。二里头遗址中也发现了纤维较细的纺织品，如84ⅥM11的铜铃上发现的纺织品残片，每厘米纬线为42根。绝大部分纺织物为平纹织物，少部分采用"绞经"织法①。

七 骨、角、蚌、牙、贝、螺质遗物

二里头遗址发现了数量庞大的骨、角、蚌、牙、贝、螺质遗物，总数接近3200件。包括制成品和制作过程中的遗留物。制成品中，以骨镞与骨笄数量最多，约占总数的三分之一②（表6-14）。

表6-14 二里头遗址出土骨、角、蚌、牙类器物统计表 单位：件

发掘年度	骨质				角质	蚌、贝	牙	合计
	骨镞	骨笄	骨料	其他				
1959—1978年	423	403	2	616	13	361	6	1824
1999—2006年	183	91	317	261	136	344	41	1373
合计	606	494	318	878	147	705	47	3195

蚌质类遗物中多数为有加工痕迹的蚌器残件，可确认的蚌器数量比较少，主要包括刀、镰、铲、锯、锥、镞等，另外，还发现有蚌珠和穿孔蚌饰等器物。

牙质类器物数量相对较少，包括牙锥、牙镞、牙饰和不明器形牙器等，尤以后者为最。牙器多使用动物门齿或犬齿制成，横截面为三角形或为四边形。

贝、螺质类器物发现很少，见有贝饰、海贝串饰和螺壳等③。

---

① 中国社会科学院考古研究所：《中国考古学·夏商卷》，中国社会科学出版社2003年版，第120—121页。
② 陈国梁、李志鹏：《二里头遗址制骨遗存的考察》，《考古》2016年第5期，第59—79页。
③ 中国社会科学院考古研究所：《二里头（1999—2006）》，文物出版社2014年版，第143—146页。

动物考古工作者所研究的二里头遗址动物遗存中有加工痕迹的共462件，占全部动物遗存的1.11%。这些加工痕迹包括砍砸、切割、钻、磨光等，以切割痕迹最多，切割痕迹的动物遗存在全部有加工痕迹的动物遗存中约占47%。加工痕迹主要集中在蚌壳、鹿科动物的角以及哺乳动物的肢骨上。

蚌壳主要是加工其边缘，通常采用磨光的方法，有些蚌壳的上面带有钻孔，也有一部分带有切割痕迹。蚌壳是二里头遗址先民制造蚌器的原料来源，以上加工方法的使用，说明当时人蚌器制造技术已经非常成熟。

二里头遗址出土的鹿科动物的角具有人工痕迹的占50%左右，这批被人类利用的角料，除了一件属于麋鹿以外，其他均属于梅花鹿。这说明梅花鹿的角是当时人制造角器的主要原料。从遗址中出土的这批材料来看，上面的人工痕迹除了2件砍砸痕迹外，其余全部都是切割痕迹，说明切割法是二里头人加工角料的首选方法。而且切割痕迹分布非常有规律，绝大部分集中在眉枝与角干结合部位稍上处，在此部位眉枝及角干均被整齐切断，切割部以下的部分属于废料，以上的部分被用来制造角器。也有小部分切割痕迹集中在角环稍下的角柄处。砍砸痕迹仅在两件标本上发现，无法看出这种方法的使用规律，我们推断砍砸法只是截取角料时偶尔使用的辅助方法。

具有加工痕迹的哺乳动物骨骼所代表的动物种类共计7种，分别为：熊、大型猫科、猪、梅花鹿、小型鹿科、羊以及黄牛。经统计可知，黄牛的骨骼是二里头人骨器加工最主要的原料来源。被加工的黄牛骨骼有：下颌、肱骨、尺骨、桡骨、腕骨、掌骨、股骨、胫骨、距骨、跖骨等，各部位的加工件数及所占比例见表6-15。

表6-15　　　　　　　　　　　黄牛具有加工痕迹的骨骼统计表

骨骼部位	加工数（件）	所占比例（%）
下颌	5	5.68
肱骨	1	1.14
尺骨	1	1.14
桡骨	8	9.09
腕骨	1	1.14
掌骨	34	38.64
股骨	3	3.41
胫骨	7	7.95
距骨	1	1.14
跖骨	21	23.86
掌骨/跖骨	6	6.82

由此可见，当时人们主要选取长型管状骨进行骨器加工，而掌骨和跖骨是骨料的首选。通过掌骨和跖骨加工痕迹的观察，我们发现，这批骨料采用切割技术的占80.33%，一般是把掌骨或跖骨的两端整齐切割掉，取中间的骨干作为骨料，也有少数先切割一部分，然后把两端沿切割处折断。切割处距两端基本上都在45—70毫米之间。取料时也使用了砍砸技术，不过发现的材料很少，仅占13%左右，均全部集中在距掌骨或跖骨两端45—70毫米处。黄牛其他部位骨骼上的人工痕迹由于发现较少，无法看出一定的加工规律。

切割法可以保证按照取料人的意图截取骨角料，而且可以比较高效地对原料进行利用，是骨角器加工比较成熟的方法。以上分析表明二里头文化先民在加工骨角器时已经非常普遍地使用了切割的方法，同时切割痕迹的分布具有明显的规律性。由此表明，二里头人对骨、角、蚌器的加工技术已经相当成熟了。

第二节 动植物遗存

除了上述人工遗物之外，还有一些与人类生活息息相关的遗物，主要包括植物和动物遗存两大类。

一 植物资源的获取与利用

植物是人类生产生活中可以利用的重要资源，本部分主要从农作物和树木资源两个方面介绍二里头先民的生产与生活情况。

（1）农作物遗存分析

二里头遗址的植物考古工作开展的相对较晚，最早只能追溯到2000年度的考古发掘，但其属于我国最早开展系统植物考古研究的遗址之一①。自2000年起，伴随着二里头遗址历年的考古发掘，二里头工作队开展了持续的浮选工作②。目前已经完成

---

① 植物考古是科技考古中的一个重要研究领域，与其他主要科技考古研究领域（如人骨考古、环境考古、动物考古、冶金考古等）相比较，植物考古在我国的起步较晚。例如，作为植物考古最为有效的田野方法——浮选法，就是在本世纪初才刚刚开始在中国考古发掘工作中得到推广的。参见赵志军《植物考古学简史》，《中国文物报》2009年12月25日；赵志军《植物考古学及其新进展》，《考古》2005年第7期，第42—49页。

② 浮选工作的关键是样品采集，二里头遗址浮选样品采集结合了"针对性采样"和"剖面采样"两种方法。针对性采样方法是赵志军根据中国考古遗址的特点和发掘方法专门设计的浮选样品采集方法，即在发掘过程中针对出土性质比较明确的各种遗迹单位，如房址、灰坑、灰沟、灶穴、窑址等，伴随清理过程及时采取适量土样作为浮选样品。参见赵志军《植物考古学的田野工作方法—浮选法》，《考古》2004年第3期，第80—87页。剖面采样方法是世界通行的一种样品采集方法，是指在发掘结束后，在探方隔梁剖面上根据文化层的划分，采取系列地层的浮选土样。

实验室工作的包括2000—2006年度样品和2010年度样品。由于2000—2006年度的浮选结果分析报告已经发表在2014年出版的《二里头（1999—2006）》报告之中，所以此处仅介绍2010年度浮选样品的整理和鉴定结果。然后再整合这两批浮选结果，通过对浮选出土的植物遗存特别是农作物遗存的量化分析，复原二里头遗址古代先民的农业生产状况。

1. 2010年度浮选结果

2010年度二里头遗址考古发掘共采集到浮选样品120份，分别来自四个不同时期的文化堆积，即二里头文化一期、二期、四期，以及二里岗文化晚期，在二里头文化三期和二里岗文化早期文化堆积中未采集到浮选样品（表6-16）。

大多数浮选样品采自二里头文化二期的文化堆积中，共计89份样品，占浮选样品总数的74%；采自二里头文化一期的文化堆积的浮选样品共计19份，占浮选样品总数的16%；属于二里头文化四期和二里岗文化晚期的样品数量相对较少，分别是5份和7份，在浮选样品总数中所占比例很低。浮选样品的采集背景包括灰坑、灰沟、建筑等不同的遗迹，以及在探方隔梁上采取的系列地层土样，其中以采自灰坑的样品数量最多，达94份，其次为灰沟土样，计15份，采自地层和其他遗迹的样品数量较少，分别为4份和7份。

表6-16　　　　　　　　　　浮选样品的采集情况　　　　　　　　　　单位：份

	地层	灰坑	灰沟	其他	合计
一期		19			19
二期	2	66	15	6	89
四期	2	2		1	5
岗晚		7			7
合计	4	94	15	7	120

浮选工作是在二里头工作站内进行的，使用的浮选设备是水波浮选仪，收取浮出炭化物质的分样筛规格是80目（筛网孔径0.2毫米）。浮选结果在当地阴干后送交中国社会科学院考古研究所植物考古实验室，由杨金刚馆员进行整理、分类和植物种属鉴定。

二里头遗址浮选出土的植物遗存包括木屑、坚果壳、核果果核和植物种子四类。其中炭化木屑的含量较低，在总土量为1100余升的浮选土样中出土炭化木屑的总重仅为193克，平均每升土样中所含炭化木屑不到0.2克。坚果遗存均是果壳碎块，大小约 20 块，从中鉴定出了菱角（*Trapa sp.*）壳的残块。核果的果核共发现 14 粒，其中包括酸枣（*Ziziphus spinosa*）核 8 枚，桃（*Prunus persica*）核 5 枚，欧李（*Cerasus humilis*）核 1 枚。炭化植物种子总计 6482 粒，经鉴定，分别属于 20 余个不同的植物种类，其中大多数可以准确地鉴定到种（*species*），少数仅能鉴定到属（*genus*）（表 6-17）。

表 6-17　　　　　　　　　　2010 年度浮选出土植物种子统计表

分期	一期	二期	四期	岗晚	合计
浮选样品数量（份）	19	89	5	7	120
农作物					
粟（*Setaria italica*）（粒）	42	2303	7	452	2804
黍（*Panicum miliaceum*）（粒）	5	626	1	74	706
水稻（*Oryza sativa*）（粒）	506	1026	276	31	1839
完整稻粒（粒）	18	144	8	6	
残破稻粒（粒）	325	845	105	23	
稻谷基盘（粒）	163	37	163	2	
大豆（*Glycine max*）（粒）	1	46	1	2	50
完整豆粒（粒）		5			
残破豆粒（粒）	1	41	1	2	
小麦（*Triticum aestivum*）（粒）		1		11	12
完整麦粒（粒）		1		4	
残破麦粒（粒）				7	
其他植物					
禾本科（Poaceae）（粒）					
狗尾草（*Setaira viridis*）（粒）	5	20	1	63	89
马唐属（*Digitaria sanguinalis*）（粒）	9	6			15
稗（*Echinochloa crusgalli*）（粒）	4	5			9
荩草（*Arthraxon hispidus*）（粒）				1	1
虎尾草（*Chloris virgata*）（粒）				1	1
豆科（Leguminosae）（粒）					
野大豆（*Glycine sojo*）（粒）		1		5	6
胡枝子属（*Lespedeza* sp.）（粒）	2	10		21	33
草木樨（*Melilotus* sp.）（粒）	4	4	1	10	19
黄芪（*Astragalus membranaceus*）（粒）				1	1
唇形科（Lamiaceae）（粒）					
紫苏（*Perilla frutescens*）（粒）		1			1
藜科（Chenopodiaceae）（粒）					

续表

分期	一期	二期	四期	岗晚	合计
藜（*Chenopodium album*）（粒）	4	218	9	636	867
猪毛菜属（*Salsola collina*）（粒）		1			1
地肤（*Kochia scoparia*）（粒）		1			1
蓼科（Polygonaceae）（粒）					
红蓼（*Polygonum orientale*）（粒）	1	2			3
酸模（*Rumex acetosa*）（粒）		1			1
马鞭草科（Verbenaceae）（粒）					
荆条（*Vitex negundo*）（粒）		2			2
莎草科（Cyperaceae）（粒）					
宝蔺（*Scirpus juncoides*）（粒）		13			13
葫芦科（Cucurbitaceae）（粒）					
赤瓟（*Thladiantha dubia*）（粒）		1			
败酱科 Valerianaceae（粒）					1
败酱（*Patrinia scabiosifolia*）（粒）	2	1			3
眼子菜科 Potamogetonaceae（粒）					
眼子菜（*Potamogeton distinctus*）（粒）		4			4
合计（粒）	585	4293	296	1308	6482

总体看，2010年度浮选出土植物种子的情况与2000—2006年度的浮选结果①基本相同。出土有5种农作物，包括粟（*Setaria italica*）、黍（*Panicum miliaceum*）、水稻（*Oryza sativa*）、小麦（*Triticum aestivum*）和大豆（*Glycine max*），合计5411粒，占所有出土植物种子总数的83.5%。其中以粟和水稻的出土数量最为突出，前者计2804粟粒，占出土农作物总数的51.8%，后者（包括完整稻米、残缺稻米和稻谷基盘）合计1839，占出土农作物总数的34%。黍的出土数量较少，计706粒，占出土农作物总数的13%。大豆的出土数量更少，计60粒，占出土农作物总数的1%。而炭化小麦的出土数量最少，仅有12粒，在出土农作物总数中所占比例微不足道。

但是以上的统计数据反映的是2010年浮选结果的总体情况，如果按照不同时期样品分别进行统计，各种农作物在出土总数中所占比例明显有所不同。例如，在二里头文化一期的浮选结果中，水稻的出土数量据绝对优势，计506粒，占该期出土农作物总数的91.3%，而粟粒的出土数量却很少，计42粒，所占比例仅为7.6%。再如此次浮选出土的大豆粒和小麦粒的数量虽少，但出土层位却异常集中，大豆粒集中出土

---

① 中国社会科学院考古研究所：《二里头（1999—2000）》，文物出版社2014年版，第1295—1313页。

在二里头文化二期的浮选样品中，小麦粒则集中出土自二里岗文化晚期浮选样品中。

需要说明的是，浮选出土的水稻遗存包括炭化稻米和稻谷基盘两大类。生长中的稻谷籽粒是通过小穗与稻穗相连接的，稻谷籽粒的底部与小穗连接的圆环部位称作"基盘"。由于基盘不是种子，在我们以往对出土植物种子进行数量统计时一般不包含稻谷基盘的数量。但事实上每一个稻谷基盘是可以代表一粒稻谷或稻米的，而且二里头遗址浮选出土的稻谷基盘数量较多，所以此处将稻谷基盘也统计在稻谷遗存的出土数量中。

2010年度浮选出土的非农作物植物种子虽然种类繁多，但出土数量都很少。其中相对较多的有：藜科，共计869粒，占出土植物种子总数的13.4%；禾本科115粒，占出土植物种子总数的1.8%；豆科59粒，占出土植物种子总数的0.9%。其他植物种子分别属于唇形科、蓼科、莎草科、马鞭草科、葫芦科等，合计数量在出土植物种子总数中所占比例不到0.5%。值得指出的是，在出土的非农作物植物种子中农田杂草占了很大的比重。例如，狗尾草（*Setaira viridis*）和马唐（*Digitaria sanguinalis*）都是秋熟旱田的主要杂草种类，一般是与粟和黍两种小米共生。稗草（*Echinochloa crusgalli*）是现代水稻田中危害最大的杂草，由于其生长习性与水稻完全相同，伴随水稻的生长，与水稻争水、争肥、争光，严重影响水稻的收获。萤蔺（*Scirpus juncoides*）也是水稻田的恶性杂草，在某些区域，萤蔺对稻田的危害甚至超过了稗草。藜（*Chenopodium album*）是现今中国北方地区麦田中危害较大的一种田间杂草。

2. 量化分析

前面提到，2010年度浮选样品在二里头遗址六个文化期中的分配是不平衡的，采集到的120份样品中的绝大多数属于二里头文化二期，二里头文化一期的样品数量也占有一定的比例，但二里头文化四期和二里岗文化晚期样品数量极少，而在二里头文化三期和二里岗文化早期文化堆积中则没有采集到浮选样品。然而，已经发表的2000—2006年度浮选样品在各期的分布也是不平衡的，其中以二里头文化二期和二里头文化四期的样品数量最多，二里头文化三期和二里岗文化晚期的样品数量占有一定比例；属于二里头文化一期和二里岗文化早期的样品数量极少[1]。不难看出，这两批浮选样品在文化分期上具有一定的互补性，如果将二者合并，除了二里岗文化早期之外，其他五个时期的浮选样品数量都达到了两位数，具备开展科学量化统计的要求（表6-18）。

---

[1] 中国社会科学院考古研究所：《二里头（1999—2000）》，文物出版社2014年版，第1295—1313页。

表 6-18　　2000—2006 年与 2010 年两批浮选样品的采集情况　　单位：份

	地层	灰坑	灰沟	其他	合计
一期		20			20
二期	9	106	25	11	151
三期	3	8	1	4	16
四期	13	43	1	6	63
岗早	1				1
岗晚		26			26
合计	26	203	27	21	277

二里头遗址浮选出土的植物遗存包括 20 余个植物种属，其中大部分都与人类生活直接相关，特别是出土的 5 种农作物遗存，为复原和探讨华夏文明形成时期的农业生产特点及发展状况提供了重要的实物证据。据此，我们将 2010 年度和 2000—2006 年度两批浮选样品中出土的农作物进行合并，统一进行量化分析（表 6-19）。由于属于二里岗文化早期的样品仅有一份，不具备统计意义，因此不包含在内。

表 6-19　　2000—2006 年度和 2010 年度两批浮选样品出土农作物的绝对数量统计

分期	一期	二期	三期	四期	岗晚	合计
样品数量（份）	20	151	16	63	26	276
炭化粟粒（粒）	155	7956	599	3666	1506	13882
炭化黍粒（粒）	36	1603	24	343	241	2247
炭化水稻遗存（粒）	953	8742	87	4923	63	14768
完整稻粒（粒）	21	799	13	1286	11	
残破稻粒（粒）	337	3424	45	1185	40	
稻谷基盘（粒）	595	4519	29	2452	12	
炭化小麦粒（粒）		1		3	16	20
完整麦粒（粒）		1		3	8	
残破麦粒（粒）					8	
炭化大豆粒（粒）	1	69	39	39	28	176
完整豆粒（粒）		14	5	12	10	
残破豆粒（粒）	1	55	34	27	18	
合计（粒）	1145	18371	749	8974	1854	31093

从表 6-19 的统计数据可以看出，二里头遗址文化堆积中埋藏的农作物遗存非常丰富，在两批 276 份浮选土样中出土农作物的数量总计达到 31093 粒，平均每份浮选

样品出土农作物籽粒113粒。浮选出土的农作物遗存包括炭化粟粒、炭化黍粒、炭化水稻遗存（完整稻米、残缺稻米和稻谷基盘）、炭化大豆粒（完整豆粒和残缺豆粒）和炭化小麦粒（完整麦粒和残缺麦粒）。从表6-19不难看出，粟和水稻的出土数量占绝对优势，其中炭化粟粒共计13882粒，占出土农作物总数的44.6%；炭化稻粒和稻谷基盘合计14768粒，占出土农作物总数的47.5%。黍的出土数量很少，计2247粒，占出土农作物总数的7.2%。而大豆和小麦的出土数量极少，二者合计数量在出土农作物总数中所占比例不足百分之一。

由于炭化植物遗存在堆积过程中、埋藏过程中以及被提取过程中存在的各种自然或人为因素造成的损失和破坏，浮选出土植物遗存的数量是有误差的[①]。因此在对考古遗址出土植物遗存进行量化分析时，除了要考虑植物遗存的绝对数量外，还应该结合其他计量方法，如植物遗存的"出土概率"[②]做进一步的统计分析。表6-20是二里头遗址出土农作物遗存的出土概率统计结果。

表6-20　2000—2006年度和2010年度两批浮选样品出土农作物的出土概率统计表

	样品数量（份）	粟（%）	黍（%）	水稻（%）	大豆（%）	小麦（%）
一期	20	65	25	85	5	
二期	151	85	67	83	25	0.6
三期	16	94	50	94	25	
四期	63	94	56	76	30	3
岗晚	26	88	58	58	31	35

根据表6-19和表6-20的统计结果，在二里头遗址各期浮选结果中，粟和水稻不仅在绝对数量上明显地多于其他农作物品种，而且出土概率的统计数值上也是最突出的。两种统计方法的结果清楚地显示，作为谷物，粟和水稻与二里头遗址古代先民的关系非常密切，应该都是当时人们日常消费的主要粮食。粟是北方旱作农业的代表性农作物，水稻是南方稻作农业的主体农作物，这两种分别代表北方和南方农业生

---

① 赵志军：《考古出土植物遗存的误差》，《文物科技研究》（第一辑），科学出版社2004年版，第78—84页。
② 植物遗存的出土概率是指在遗址中发现某种植物种类的可能性，是根据出有该植物种类的样品在采集到的样品总数中所占的比例计算得出的，这种统计方法的特点是不考虑每份浮选样品所含的各种植物遗存的绝对数量，仅以"有"和"无"二分法作为计量标准，统计结果反映的是植物遗存在遗址内的分布范围和密度。考古遗址中所埋藏的植物遗存绝大多数应该属于文化堆积，即人类通过劳动主动地（如谷物）或被动地（如杂草）所获得的、而后又被人类有意识地遗弃或无意识地遗漏在遗址中的植物的遗存。从理论上讲，与人类生活关系越为密切的植物种类被带回居住地的可能性越大、频率越高，因而被遗弃或遗漏在遗址中的概率就越高，散布在遗址中的范围就越广，由此反映在浮选样品中的出土概率也就越高。据此可以根据不同植物遗存的出土概率即其在遗址内的分布范围和密度，再参考出土的绝对数量，推断出它们在当时人类生活和农业生产中的地位。

产特点的农作物品种同时出现在一处史前考古遗址的浮选结果中并不奇怪，但一般而言，分布在北方地区的史前考古遗址浮选出土的农作物遗存是以粟为主，水稻所占比重非常低；而分布在南方地区的史前考古遗址大多数仅出土水稻一种农作物遗存。所以在二里头遗址浮选结果中粟和水稻的统计数据不相上下的这种现象十分罕见。

相对粟而言，二里头遗址出土的炭化黍粒的绝对数量要少得多，除了二里岗文化晚期之外，在其他各期出土农作物中所占比例均不到5%，但出土概率却不低，统计数值基本都在50%以上。这说明黍的重要性虽然远不及粟和水稻，但在二里头遗址古代先民生活中的地位还是比较稳定的。粟和黍的农作物组合是典型的中国古代北方旱作农业的特点，在中国北方地区各遗址浮选出土的属于秦汉以前的植物遗存中，几乎都同时出土有粟和黍，显示出粟不离黍、黍不离粟的特点①。相对其他农作物品种而言，粟和黍都属于耐逆性较强的谷物品种，但如果粟和黍相比较，黍的耐逆性更强一些②。然而粟的单位面积产量高，作为食物口感好，并且易于储存。因此在古代北方旱作农业中，虽然粟和黍同为代表性农作物品种，但除了少数农业生产条件较差的干旱地区之外，大多数地区的古代旱作农业还是以种植粟为主。近些年来大量考古发现证实，自仰韶文化早期以降，北方旱作农业的种植制度一般都是以粟为主，以黍为辅。二里头遗址浮选结果显示，古代北方旱作农业的粟重黍轻种植特点在二里头文化时期和二里岗文化时期没有发生变化，而且更加突出。

大豆是当今世界上最为重要的豆类作物，国内外学术界普遍认为大豆应该是起源于中国，但以往有关大豆起源的研究却十分薄弱，其中一个重要原因就是缺乏考古出土的实物证据。但随着浮选法的广泛开展，目前在许多遗址都出土了大豆遗存，为探讨大豆在中国的起源和发展提供了条件。近期我们针对考古出土大豆遗存的鉴定方法开展过系统研究，据此建立了考古出土炭化大豆粒的鉴定标准③，其中最有效的鉴定标准应该是种皮的形态特征以及被炭化后的变化规律，子叶（豆瓣）被炭化后所发生的变化规律也具有很强的识别性。二里头遗址出土的大豆粒因炭化而严重变形，豆皮基本都已剥落，裸露的子叶出现了大小不同的蜂窝状凹坑，根据新建立的鉴定标准，二里头遗址出土大豆粒所表现出的形态特征和炭化后出现的变化完全符合栽培大豆的特点，应该属于栽培大豆。二里头遗址浮选出土大豆遗存的数量很少，但出土概率并不是很低，除了二里头文化一期之外，其他几期大豆的出土概率都达到了25%以上

---

① 赵志军：《从小米到小麦：北方旱作农业的形成和发展》，《第八届红山文化高峰论坛论文集》，辽宁大学出版社2014年版，第53—62页。
② 柴岩主编：《糜子》，中国农业出版社1999年版。
③ 赵志军、杨金刚：《考古出土炭化大豆的鉴定标准和方法》，《南方文物》2017年第3期，第149—159页。

(表6-20)。这说明在二里头文化时期和商代早期的农业生产中，大豆的种植规模虽然不突出，但也是当时的重要农作物品种之一。

与以上3种农作物相比较，二里头遗址浮选出土的水稻遗存和小麦遗存最值得关注。水稻遗存的关注点是数量，小麦遗存的关注点是年代。下面将分别给予分析和讨论。

3. 水稻遗存分析

从上述表格的统计数据可以看出，在二里头遗址浮选样品中，特别是在属于二里头文化四个时期的浮选样品中，水稻遗存不仅出土数量惊人，出土概率也非常高，与粟的统计数值不相上下。水稻遗存在浮选结果中所占比重如此之高，这在中国北方旱作农业分布区域内的所有史前考古遗址乃至商周时期考古遗址中都属于非常罕见的现象。

水稻起源于长江中下游地区，是中国南方稻作农业的代表性农作物[1]。以往的考古发现证实，早在仰韶文化时期，水稻（可能包括相应的稻作生产技术）向北已经传播到了黄河流域地区[2]。随着近些年来浮选法的广泛应用，在黄河中下游地区的龙山时代考古遗址中普遍出土有水稻遗存，有些遗址同时出土了水稻田杂草遗存。这说明，在龙山时代黄河中下游地区特别是在黄淮之间的广大区域内人们不仅食用稻谷，而且也在当地种植水稻，水稻是作为一种农作物品种传播到了古代北方旱作农业分布区域。

稻属植物原本是一种半水生的热带植物，但栽培稻在人的帮助下可以在多种多样的生态环境中生存，例如现今我国水稻种植的北界已达到黑龙江省的黑河市。水稻种植范围在我国大幅度向北延伸是得益于东亚季风气候的特点，即纬度越高，季节性气候反差越大。具体地讲，在我国的高纬度地区，不论冬季有多么寒冷，春季迅速提升的气温和夏季持续的高温足以保证一季水稻的良好生长。但是，水稻毕竟是湿地作物，生长期离不开水。由于整体水资源缺乏，在中国北方包括黄河中下游地区的农业生产中，水稻的种植规模在任何时期都不可能超过旱地作物，这在近些年来的考古发现中也得到了证实。

根据已经发表的浮选报告的统计数据，在黄河中下游地区的龙山时代考古遗址中，浮选出土水稻遗存的现象非常普遍，几乎没有例外。但是在各遗址出土的农作物中，水稻所占比重却非常低，尤其是与同出的炭化粟粒乃至炭化黍粒相比较，不论是

---

[1] 赵志军：《中国稻作农业起源研究的新认识》，《农业考古》2018年第4期，第7—17页。
[2] 吴耀利：《黄河流域新石器时代的稻作农业》，《农业考古》1994年第1期，第78—84页。

在绝对数量上还是在出土概率上都存在着显著差距。例如，登封王城岗遗址18份龙山时代晚期浮选样品中[1]，粟的出土概率是72%，黍的是44%，而水稻的仅为17%；禹州瓦店遗址255份龙山时代浮选样品中[2]，粟的出土概率是63%，黍的是48%，水稻的也是48%；襄汾陶寺遗址47份龙山时代浮选样品中[3]，粟的出土概率是94%，黍的是60%，而水稻的为17%；扶风周原遗址14份龙山时代晚期浮选样品中[4]，粟的出土概率是93%，黍的是50%，而水稻的仅为7%。

不仅是龙山时代考古遗址，新砦期和二里头文化时期考古遗址的浮选结果也显示出了同样的现象。例如，新密新砦遗址出土的属于新砦期的农作物遗存中，水稻的出土概率约为粟的一半，绝对数量不及粟的五分之一[5]；郑州东赵遗址浮选结果中，在属于新砦期的农作物遗存中没有发现水稻遗存，在属于二里头文化时期的农作物遗存中发现了炭化稻米，但比重不到1%[6]。二里头文化时期水稻遗存的比重甚至更低，例如在偃师灰嘴遗址出土农作物总数中，炭化稻米所占比例仅为2.1%[7]；洛阳皂角树遗址出土水稻遗存的出土概率不及粟的五分之一[8]；登封南洼遗址浮选出土的万余粒农作物中仅有10粒稻米[9]；在新密古城寨[10]、登封王城岗[11]等遗址中的二里头文化堆积中均没有发现水稻遗存。伊洛河支流调查工作中的浮选结果显示，稻在农作物中的比重仅占0.3%[12]。洛阳盆地调查的浮选结果中，稻在农作物中的比重约1.1%[13]。

对比以上各遗址浮选结果的统计数据，二里头遗址浮选出土水稻遗存的绝对数量和出土概率的统计数据确实大得惊人，在黄河中下游地区的龙山时代和二里头文化时

---

[1] 赵志军、方燕明：《登封王城岗遗址浮选结果及分析》，《华夏考古》2007年第2期，第78—89页。
[2] 刘昶、赵志军等：《河南禹州瓦店遗址2007/2009年度植物遗存浮选结果分析》，《华夏考古》2018年第1期，第95—102页。
[3] 赵志军、何努：《陶寺城址2002年度浮选结果及分析》，《考古》2006年第5期，第77—86页。
[4] 赵志军、徐良高：《周原遗址（王家嘴地点）尝试性浮选的结果及初步分析》，《文物》2004年第10期，第89—96页。
[5] 钟华、赵春青等：《河南新密新砦遗址2014年浮选结果及分析》，《农业考古》2016年第1期，第21—29页。
[6] 杨玉璋、袁增箭等：《郑州东赵遗址炭化植物遗存记录的夏商时期农业特征及其发展过程》，《人类学学报》2017年第1期，第119—130页。
[7] Gyoung-Ah Lee and Sheahan Bestel, Contextual Analysis of Plants at the Erlitou-Period Huizui Site, Henan, China, *Indo-Pacific Prehistory Association Bulletin*, 27, 2007.
[8] 洛阳文物工作队：《洛阳皂角树——1992—1993年洛阳皂角树二里头文化聚落遗址发掘报告》，科学出版社2002年版，第103—106页。
[9] 吴文婉、张继华等：《河南登封南洼遗址二里头到汉代聚落农业的植物考古证据》，《中原文物》2014年第1期，第109—117页。
[10] 陈微微、张居中等：《河南新密古城寨城址出土植物遗存分析》，《华夏考古》2012年第1期，第54—62页。
[11] 赵志军、方燕明：《登封王城岗遗址浮选结果及分析》，《华夏考古》2007年第2期，第78—89页。
[12] 李炅娥、[加]盖瑞·克劳福德等：《华北地区新石器时代早期至商代的植物和人类》，《南方文物》2008年第1期，第141—148页。
[13] 张俊娜、夏正楷等：《洛阳盆地新石器—青铜时期的炭化植物遗存》，《科学通报》2014年第59卷第34期，第3388—3397页。

期的浮选结果中属于异常现象。造成这种异常现象的原因有两种可能性：一是由于二里头遗址特殊的周边环境及农业生产条件导致的异常的农业种植方式，二是由于二里头遗址特殊的遗址属性及社会等级造成的异常的谷物来源途径。

二里头遗址坐落在洛河与伊河的交汇处，水源充足，地下水位高，湿洼地面积广。与中原地区大多数考古遗址所处地理环境比较，二里头遗址的周边微环境以及农业生产条件确实相对适合水稻的种植。还有，龙山时代至二里头文化时期正处在全新世大暖期刚刚结束之时，当时中原地区的气候应该比现今更加温暖湿润，降水也相对充足[①]。由此可见，二里头文化时期在二里头遗址周边曾经大规模种植过水稻是完全有可能的。再则，二里头遗址浮选结果中发现有水稻田杂草[②]，如稗草、宝蔺、红蓼等，而且均出土自二里头文化早期样品中，即二里头文化一期或二期的浮选样品。水田杂草的发现从一个侧面旁证二里头遗址二里头文化时期存在种植水稻的事实。另外，在文献记载中也可以找到一些蛛丝马迹。例如《史记·夏本纪》记载禹"令益予众庶稻，可种卑湿"。当然，司马迁的这段记载源自当时的传说，但应该具有相应的历史背景。

因为二里头遗址是一座具有一定规模的都城遗址，考虑到当时的农业生产力水平，要想保证人口相对集中、消费水平相对较高、浪费率相对较大的古代都城的粮食需求，仅依靠都城周边地区的农业生产是远远不够的，必需还要从远距离的臣属地广泛征集谷物，即《尚书·禹贡》记载的土贡制度。如是，二里头遗址浮选出土的农作物所反映的就不完全是当地的农业生产状况，而应该是二里头都城遗址当时居民的粮食消费情况。

《尚书·禹贡》记载"五百里甸服：百里赋纳总，二百里纳铚，三百里纳秸服，四百里粟，五百里米。"这段记载中虽然没有提及水稻，但传递了两个重要信息，其一，粮食是夏王朝贡赋中最为重要的内容，其二，夏王朝收取贡赋的地域范围很广阔。根据现有的考古发现，二里头文化的分布范围向南已经抵达南阳地区[③]。水稻的种植在南阳地区具有悠久的历史，现今仍然是当地农业生产中的主要农作物品种，南阳地区目前水稻种植面积仍然保持在5—6万公顷之间[④]。因此，在二里头文化时期，作为都城的二里头遗址通过收取贡赋的手段，从当时的水稻种植区域征集大量稻谷，满足都城居民的粮食消费，由此造成了浮选结果中水稻比重异常突出的现象。

---

① 周昆叔、张广如等：《中原古文化与环境》，《中国生存环境历史演变规律研究》，海洋出版社1993年版。
② 中国农田杂草原色图谱编委会：《中国农田杂草原色图谱》，农业出版社1990年版。
③ 中国社会科学院考古研究所：《中国考古学·夏商卷》，中国社会科学出版社2003年版，第90页。
④ 乔建礼：《南阳市水稻生产存在的问题及发展建议》，《现代农业科技》2016年第13期，第66、71页。

4. 小麦遗存分析

国外大量的考古证据和研究揭示，小麦起源于西亚的早前陶新石器时代（EP-PNB），绝对年代在距今 10500—9500 年间①。栽培小麦出现后开始向四周传播，并逐步成为世界几个主要古代文明的主体农作物品种，例如美索不达米亚文明、古埃及文明、古印度文明、古希腊和古罗马文明等。国内最新的考古证据和研究显示，小麦至迟在龙山时代已经传入到黄河中下游地区，绝对年代在距今 4500—4000 年间②。

截至目前，在黄河中下游地区通过浮选出土有龙山时代小麦遗存的考古遗址有：河南的禹州瓦店遗址③、博爱西金城遗址④、登封王城岗遗址⑤、邓州八里岗遗址⑥、淅川申明铺遗址⑦，山东的胶州赵家庄遗址⑧、烟台照各庄遗址⑨、日照两城镇遗址⑩和六甲庄遗址⑪、茌平校场铺遗址⑫、邹平丁公遗址⑬，安徽的蚌埠禹会村遗址⑭等。

具体到二里头文化时期，早在 20 世纪 90 年代，洛阳皂角树遗址就曾浮选出土了炭化小麦遗存⑮。随着本世纪浮选法的普遍应用，更多考古遗址出土了属于二里头文化时期的小麦遗存，例如新密新砦遗址⑯和古城寨遗址⑰、登封南洼遗址⑱、郑州东赵

---

① Weiss, Ehud and Daniel Zohary, The Neolithic southwest Asian founder crops-their biology and archaeobotany, *Current Anthropology*, Vol. 52, No. 4, 2011, pp. 237–254.
② 赵志军：《小麦传入中国的研究—植物考古资料》，《南方文物》2015 年第 3 期，第 44—52 页。
③ 刘昶、赵志军等：《河南禹州瓦店遗址 2007、2009 年度植物遗存浮选结果分析》，《华夏考古》2018 年第 1 期，第 95—102 页。
④ 陈雪香、王良智等：《河南博爱西金城遗址 2006—2007 年浮选结果分析》，《华夏考古》2010 年第 3 期，第 67—76 页。
⑤ 赵志军、方燕明：《登封王城岗遗址浮选结果及分析》，《华夏考古》2007 年第 2 期，第 78—89 页。
⑥ 邓振华、高玉：《河南邓州八里岗遗址出土植物遗存分析》，《南方文物》2012 年第 1 期，第 156—163 页。
⑦ 刘焕、宋国定等：《河南淅川申明铺遗址出土植物遗存的初步分析》，《华夏考古》2017 年第 1 期，第 54—68 页。
⑧ 靳桂云、王海玉等：《山东胶州赵家庄遗址龙山文化炭化植物遗存研究》，《科技考古》（第三辑），科学出版社 2011 年版，第 36—53 页。
⑨ 靳桂云、赵敏等：《山东烟台照格庄岳石文化遗址炭化植物遗存研究》，《东方考古·第 6 集》，科学出版社 2009 年版，第 331—342 页。
⑩ ［加］凯利·克劳福德、赵志军等：《山东日照市两城镇遗址龙山文化植物遗存的初步分析》，《考古》2004 年第 9 期，第 73—80 页。
⑪ 陈雪香：《山东日照六甲庄遗址 2007 年度浮选植物遗存分析》，《考古》2016 年第 11 期，第 23—26 页。
⑫ 赵志军：《两城镇与教场铺龙山时代农业生产特点的对比分析》，《东方考古》（第 1 集），科学出版社 2004 年版，第 210—216 页。
⑬ 吴文婉、姜仕炜等：《邹平丁公遗址（2014）龙山文化植物大遗存的初步分析》，《中国农史》2018 年第 3 期，第 14—20 页。
⑭ 尹达：《禹会村遗址浮选结果分析报告》，《蚌埠禹会村》，科学出版社 2013 年版，第 250—267 页。
⑮ 洛阳文物工作队：《洛阳皂角树——1992—1993 年洛阳皂角树二里头文化聚落遗址发掘报告》，科学出版社 2002 年版，第 122 页。
⑯ 钟华、赵春青：《河南新密新砦遗址 2014 年浮选结果及分析》，《农业考古》2016 年第 1 期，第 21—29 页。
⑰ 陈微微、张居中等：《河南新密古城寨城址出土植物遗存分析》，《华夏考古》2012 年第 1 期，第 54—62 页。
⑱ 吴文婉、张继华等：《河南登封南洼遗址二里头到汉代聚落农业的植物考古证据》，《中原文物》2014 年第 1 期，第 109—117 页。

遗址①等。但是，在这些龙山时代以及二里头文化时期的考古遗址中，浮选出土的炭化小麦粒的量化统计数据都非常低，绝对数量一般仅在个位数，出土概率也微不足道，此次二里头遗址的浮选结果也证明了这一点。例如，在属于二里头文化四个时期的 250 份浮选土样中仅发现了 4 粒炭化小麦粒，其中 3 粒出自二里头文化四期样品，还有一粒属于二里头文化二期。二里头遗址二里头文化时期的小麦遗存不仅出土数量少，出土概率也非常低，在二里头文化四期样品中的出土概率仅有 3%，而在二期样品中的出土概率几乎可以忽略不计。

根据以上统计的现有植物考古资料，我们可以得出这样的认识：小麦是在距今 4000 年前后的龙山时代传入黄河中下游地区的，随后开始逐渐扩散。然而，作为一种新的外来农作物品种，由于受到新环境的农业生产条件的制约，以及当地原有的农业种植传统乃至饮食习惯的阻碍，一直到二里头文化时期小麦都没有能够很快在黄河中下游地区的旱作农业生产中占有一席之地。

但是，到二里岗文化时期，小麦突然出现了快速发展的势头。例如，在二里头遗址的二里岗文化晚期的浮选样品中，小麦的比重大幅度提升，虽然出土数量仍然不是很多，但出土概率却达到了 35%，甚至超过了大豆的统计数据。在登封王城岗遗址的 11 份二里岗文化时期的浮选样品中，小麦的出土概率甚至达到了 100%②。这说明，从二里头文化时期向二里岗文化时期发展的过程中，小麦在黄河中下游地区农业生产中的地位和作用发生了一次跃进。

值得注意的是，二里头遗址小麦地位的提升伴随着水稻比重的下降，与二里头文化各期的浮选结果相比较，在二里岗文化晚期浮选结果中，水稻遗存不仅出土数量骤减，出土概率也显著缩小。考古学研究认为，二里头遗址在二里岗文化时期已经丧失了都城的地位，衰变成为二里岗文化时期的一个普通聚落③。据此，与二里头遗址的二里头文化时期浮选结果所反映的复杂的社会问题不同，二里岗文化晚期浮选结果所能够反映的仅是单纯的当地农业生产状况。根据二里岗文化晚期出土农作物的分析，在二里头遗址当地的农业生产中，水稻虽然确实占有一定的比重，但主要种植的仍然是旱地作物粟和黍两种小米。需要说明的是，环境考古研究揭示，在二里头文化时期至二里岗文化时期，中原地区并没有发生足以造成社会和经济变革的剧烈气候变化。因此，二里岗文化晚期浮选出土的农作物遗存不仅能够反映当时的农业生产状况，而

---

① 杨玉璋、袁增箭等：《郑州东赵遗址炭化植物遗存记录的夏商时期农业特征及其发展过程》，《人类学学报》2017 年第 1 期，第 119—130 页。
② 赵志军、方燕明：《登封王城岗遗址浮选结果及分析》，《华夏考古》2007 年第 2 期，第 78—89 页。
③ 赵海涛：《二里头遗址二里头文化四期晚段遗存探析》，《南方文物》2016 年第 4 期，第 115—121 页。

且也间接地证明了二里头遗址的二里头文化时期出土大量水稻遗存应该是一种异常现象，而且主要是由社会因素造成的。

事实上，不仅是二里岗文化时期，整个殷墟到周代小麦的比重都呈现出了显著的提升。例如，对于分布在黄河中下游地区的商周时期考古遗址（或遗址中属于商周时期的文化堆积），只要开展过浮选工作，基本都能够发现炭化小麦遗存，而且小麦遗存的出土数量明显有所增加，出土概率也显著提高。这说明，作为一种优良的高产旱地作物，小麦在龙山时代传入黄河中下游地区后，其价值逐步地被人们所认识，当发展到商周时期，小麦在当时农业生产中的地位明显有所提高，种植规模增加，取代水稻成为中国北方地区重要的农作物品种。

前面已经提及，由于中国北方生态环境特别是水资源的制约，水稻在任何时期都不可能替代粟和黍两种小米成为黄河中下游地区农业生产的主体农作物，但小麦却具有这种潜力。小麦作为一种优良的高产旱地粮食作物，传入黄河中下游地区后，势必对原有的主体粮食作物粟和黍产生巨大的冲击，促使当地的农业种植制度逐步地由依赖粟类作物向以种植小麦为主的方向转化。二里头遗址的浮选结果揭示，这一转化过程有可能起始于二里岗文化时期。

（二）树木资源的获取与利用

针对性取样取到的木炭，因为是人类短期活动的结果（如灶坑、灰坑里的木炭），因而反映了古人对植被的利用[①]。在2001—2003年取到的木炭样品中，二里头文化四期灰坑H84和H79内，所有的木炭为麻栎属和麻栎。在2010—2011年春季取到的木炭样品中无论在灰坑中，还是在房址和地层中，栎属的出土概率最高，因此栎属在二里头居民生活中占有重要作用（详见第二章第二节）。

麻栎和栎属木材具有很高的燃烧热值，如麻栎燃烧热值为4750千卡/公斤，较其他树种的燃烧热值高[②]，并且火力强大，燃烧持久，是重要的薪柴。木材强度大，耐冲击，有弹性，颇耐腐，适于用作枕木、坑木、篱柱、木桶；木材硬，用作农具柄、门框。因此，二里头遗址出土的栎属木炭很可能用做农具柄、门框和薪柴。在龙山文化晚期颍河上游的王城岗遗址和瓦店遗址中，无论在木炭百分比还是出现次数上栎属都明显高于其他种属[③]。

---

① I. Figueiral and V. Mosbrugger, A review of charcoal analysis as a tool for assessing Quaternary and Tertiary environments: achievements and limits, *Palaeogeography, Palaeoclimatology, Palaeoecology*, 2000, 164, pp. 397–407.

② 周泽生、董鸿运等：《黄土高原常见树草种热值、生物量与薪炭林的关系》，《陕西林业科技》1985年第4期，第11—14页。

③ 北京大学考古文博学院、河南省文物考古研究所：《登封王城岗考古发现与研究（2002—2005）》，大象出版社2007年版，第516—567页；王树芝、方燕明等：《龙山时代的植被、古气候及植物利用——以河南瓦店遗址的木炭分析为例》，《第四纪研究》2012年第2期，第226—235页。

栎属为壳斗科，其橡实主要由胚、种皮和果皮三部分组成，外面被覆着由花序总苞发育而形成的坚硬的壳斗（也叫橡碗）。种皮里面为种胚，细胞里充满了大小不等的淀粉粒，是食用的主要部分。由于栎橡实种仁营养丰富，自古以来就作为食用，素有"铁杆庄稼"、"木本粮食"的美称。例如近些年来，在各地广泛开展的植物考古研究中，常有橡实遗存的发现[1]，其中最著名的是浙江余姚田螺山遗址出土的距今7000年前后的栎果遗存，约94%的样品中出土橡子壳等残片，橡子是田螺山遗址的主食资源之一。在河南瓦店遗址，也出土了大量的壳斗[2]。而且，历史时期也有记载，如《山海经》曰"柞，楮子可食"。后魏《齐民要术》里也称："橡子，俭岁可食，以为饭；丰年放猪食之，可以致肥也。"[3] 二里头遗址各文化期都出土了栎属的木炭，说明二里头居民有可能采集栎属的橡实食用。

在2010—2011年春季取到的木炭样品（详见第二章第二节）中，属于第二位的是榉属，为7.5%。榉属木材坚韧耐腐，是贵重的用材树种。纹理细腻，适用做家具、器具，茎皮富含纤维，为绳索原料。木炭出自灰坑和沟，说明有可能做燃料和器具等。

第三位是杏属，为6.7%。杏属为蔷薇科，杏果实多汁，味美，营养丰富，杏仁是重要的药材。杏是我国原产，栽培历史悠久。关于中国古代杏的人工栽培，依据《夏小正》的记载，出现专业性的果园栽培，至今已有4000多年了。《管子》中记载："五沃之土，其土宜杏。"《山海经》记载："灵山之下，其木多杏。"《齐民要术》记载："文杏实大而甜，核无文彩。"此外《广志》、《西京杂记》、《王祯农书》、《本草纲目》、《群芳谱》等均有关于杏树栽培及其品种的记载[4]。从另一个侧面证明了二里头遗址居民有可能种植杏树并食用。

第四位是侧柏属，为5.8%。侧柏木材淡褐色，富树脂，有香气，材质细致，耐腐、耐湿，易加工，顺纹抗压极限强度（370千克/立方厘米）和静曲极限强度（882千克/立方厘米）大于圆柏，小于柏木，硬度大于圆柏，与柏木近似[5]。侧柏来自汉墓，可能古代人类有意选用。

第五位是桃属和朴属，为3.3%。桃属为蔷薇科，原产我国。木材木质细腻，木

---

[1] 浙江省文物考古研究所、萧山博物馆：《跨湖桥》，文物出版社2004年版，第192—217页；浙江省文物考古研究所：《河姆渡——新石器时代遗址发掘报告》，文物出版社2003年版，第216—217页；北京大学考古文博学院、浙江省文物考古研究所：《田螺山遗址自然遗存综合研究》，文物出版社2011年版，第47—72页。
[2] 王树芝、方燕明等：《龙山时代的植被、古气候及植物利用——以河南瓦店遗址的木炭分析为例》，《第四纪研究》2012年第2期，第226—235页。
[3] 罗伟祥、张文辉等：《中国栓皮栎》，中国林业出版社2009年版，第1—17页。
[4] 河北农业大学：《果树栽培学各论》，农业出版社1980年版，第153页。
[5] 《中国森林》编辑委员会：《中国森林》第2卷，中国林业出版社1998年版，第1071页。

体清香，可供工艺用材。桃属木材来自灰坑，可能是来自木器火烧后的遗存。桃果外观艳丽，肉质细腻，营养丰富，是我国人民普遍喜欢的鲜果。根、叶、花、仁可以入药，具有止咳、活血、通便、杀虫之效。甜仁可食用，核壳可作活性炭[1]。《大戴礼记·夏小正》："（一月）梅、杏、杝桃则华。""杝桃，山桃也。"《诗经·魏风·园有桃》中有记载："园有桃，其实之肴。心之忧矣，我歌且谣。"[2] 在中国新石器考古遗址中，桃的果核发现甚多。如湖南澧县八十垱、浙江余姚河姆渡、萧山跨湖桥、余杭茅山、上海青浦崧泽和吴兴钱山漾。殷商时期河北藁城台西村商代遗址中曾出土栽培桃的桃核。由此说明，桃在古代人类生活中占有重要地位。二里头文化二期、四期、二里岗文化晚期出现了大量的桃核，二里头文化四期、二里岗文化晚期出现了桃树木炭，从另一个侧面证明了二里头遗址居民有可能种植桃树并食用。

朴树木材淡褐色，纹理直，可供家具及薪炭材等用。木炭来自灰坑，可能是燃柴。另外，朴树果实在古代遗址中经常发现。如北京市房山区斋堂镇东胡林村东胡林遗址出土了黑弹树果核化石和大叶朴相似种果核化石；陕西西安半坡村遗址、渑池县班村遗址有朴属果实存在；赤峰市兴隆洼遗址和河北满城汉刘胜墓的车马坑中有小叶朴的果实，甚至在周口店北京人遗址灰坑中也出土了大量被定名为巴氏朴 Celti barbouri 的果核，其中至少一部分小粒的似是小叶朴。朴属木炭的发现，从另一个侧面证明了古代人类有可能采集朴属果实食用或当作饲料。

第六位是枣属，为1.7%。枣树木材坚重，纹理细致，耐腐，抗白蚁；可供农具、车辆、家具、木梳、雕刻、细木工等用。枣木炭出自灰坑，可能做燃柴或农具等的木材燃烧所致。枣属为鼠李科，枣的果实由果皮、果肉、坚硬具蜡质的种皮和种子四部分组成，枣的种子包括胚芽、子叶和胚乳，胚乳发达。其中果肉是主要的食用部分。枣果含有丰富的营养物质，是上等的滋补食品。《神农本草》和《本草纲目》对其医疗价值均有记载，认为枣有健脾养胃，益血壮神之功效。现代医学表明，红枣对气血不足、贫血、肺虚咳嗽、神经衰弱、失眠、高血压、败血病和过敏性紫癜等均有疗效[3]。而且，在黄河中下游多处新石器时代的遗址出土了枣属植物遗存。例如，黄河中下游的山东滕州市庄里西[4]、河南密县莪沟北岗[5]、河南灵宝

---

[1] 河北农业大学：《果树栽培学各论》，农业出版社1980年版，第153页。
[2] 冯广平、包琰等：《北京皇家园林·树木文化图考》，科学出版社2012年版，第243页。
[3] 曲泽洲、王永惠：《中国果树志》（枣卷），中国林业出版社1993年版，第1页。
[4] 孔昭宸、刘长江等：《山东滕州市庄里西遗址植物遗存及其在环境考古学上的意义》，《考古》1999年第7期，第59—62页。
[5] 河南省博物馆、密县文化馆：《河南密县莪沟北岗新石器时代遗址》，《考古学集刊》1988年第1期，第1—26页。

西坡①、河南登封王城岗②、河南瓦店③、山西襄汾陶寺④以及山东聊城教场铺遗址多处新石器时代的遗址出土了枣属植物遗存⑤。历史时期也有记载。如《诗经·豳风》中就有"八月剥枣，十月获稻"的诗句。《史记》中有"是岁大荒，百姓皆食枣菜"。《战国策》中有"枣栗之实，足食于民"。杜甫的诗"庭前八月梨枣熟，一日上树能千回"也生动地描绘了上树摘枣吃的情形。二里头文化四期出现了枣核和枣属的木炭。因此，二里头遗址的居民有可能采集枣果食用。

2010VH47样品中有桑属。桑树属于桑科桑属，落叶乔木或灌木，高达15米，胸径50厘米。桑树自古被奉为"东方自然神木"⑥，也称之为"众木之本"⑦。桑树全身是宝。根皮、叶、果及枝条药用，可清肺热、祛风湿、补肝肾；桑叶还可养蚕、缫丝；树皮纤维细柔，可做造纸及纺织原料，20世纪80年代以前使用的柔嫩、防虫、拉力强、不褪色、吸水力强的桑皮纸，古时又称"汉皮纸"，就是以桑树皮为原料造成的。桑葚可生食、制果酱及酿酒。桑树材质坚硬耐久，纹理美观；可做桩柱、农具、乐器、雕刻、家具等用材，如"桑弧，音胡，以桑木为弓。"⑧"鼓用黄牛皮，鼓圆径五尺七寸。瑟用桑木，瑟长五尺七寸。"⑨

桑树木质硬，发热值高、耐燃烧，是一种燧木。秦简《日书》《木忌》篇，962简：

木忌：甲乙榆，丙丁枣，戊己桑，庚辛李，壬辰〔癸〕岁〔漆〕。

此五木与古代燧木有关。《论语·阳货》："钻燧取火。"《乡言解颐》："春取榆柳之火，夏取枣杏之火，季夏取桑柘之火，秋取柞（栖）楢之火，冬取槐檀之火。一年之内，钻火各异木，故曰改火也。"⑩

从古代典籍中也可以知道桑树木质硬，发热值高。如《乡言解颐》载："何如丹

---

① 中国社会科学院考古研究所、河南省文物考古研究所：《灵宝西坡墓地》，文物出版社2010年版，第239—260页。
② 北京大学考古文博学院、河南省文物考古研究所：《登封王城岗考古发现与研究（2002—2005）》，大象出版社2007年版，第555—567页。
③ 王树芝、方燕明等：《龙山时代的植被、古气候及植物利用——以河南瓦店遗址的木炭分析为例》，《第四纪研究》2012年32卷第2期，第226—235页。
④ 王树芝、王增林等：《陶寺遗址出土木炭研究》，《考古》2011年第3期，第91—96页。
⑤ 中国社会科学院考古研究所：《新世纪的中国考古学——王仲殊先生八十华诞纪念论文集》，科学出版社2005年版，第984—1003页。
⑥ （清）汪灏等编：《广群芳谱》，佩文斋广群芳谱卷第十一，桑麻谱，清康熙刻本，第154页。
⑦ 同上书，第156页。
⑧ （汉）郑玄注、（唐）孔颖达疏：《礼记疏》，附释音礼记注疏卷第六十二，清嘉庆二十年南昌府学重刊宋本十三经注疏本，第1415页。
⑨ （汉）郑玄注：《易纬通卦验》卷上，清武英殿聚珍版丛书本，第5页。
⑩ （周）尸佼：《尸子》屍子卷下，清平津馆丛书本，第21页。

灶柴桑火，顷刻工夫得大还。"①《五杂组》记载"姑笔之凡炙艾以圆珠，承日得火者为上，钻槐取火，取之而熬药膏者，又以桑火为上，取其刚烈，能助药力。"②"桑火旋分蒸秝灶，松风时和煮茶汤。"③ 现如今，由于硬质木材生产出来的木炭的发热值高、耐燃烧、还原效果佳，桑树木材广泛用于工业炼铜加工企业，尤其是生产无氧铜杆、废铜等。

桑叶为家蚕饲料。树皮纤维细柔，可做造纸及纺织原料。桑树可长出可口的桑葚，果可生食、制果酱及酿酒。根皮、叶、果及枝条药用，可清肺热、祛风湿、补肝肾。

在2001—2003年取到的木炭样品（详见第二章第二节）中，有葡萄属。葡萄是起源最古老的植物之一，在数万年前已遍布北半球，由于大陆分离和冰河时期的影响，发展成了多个种。葡萄还是栽培历史最悠久的植物之一，在5000—7000年前，埃及和地中海沿岸就已经开始栽培葡萄并酿制葡萄酒。葡萄在世界果树生产中占据重要位置，其栽培面积和产量曾长期位居世界水果首位。在我国，葡萄也是重要的果树树种④。我国对葡萄野生种质资源的利用历史悠久，诗经中"六月食薁"（公元前6世纪）即是古代采食野生葡萄的证明。

值得一提的是，由于种子可以通过人为活动从一个地区搬运到另一个地区，而木炭几乎是本地的。因此葡萄属的出现，说明河南地区是葡萄属的一个分布区。另外，由于中国考古遗址中不断有葡萄种子，乃至果穗的发现，它们到底是源于中国丰富的野生种质资源的选择，还是一般认为的我国现在栽培的葡萄是汉武帝派遣张骞出使西域传入中国的，为什么目前我国栽培的葡萄只是欧亚种而我国本地的野生葡萄种而没被驯化为栽培种，这些问题都需要今后进一步研究。

总之，栎属在二里头居民生活中占有重要作用，可能做农具柄、门框和薪柴，而且居民有可能采集栎属的橡实食用。杏属木炭、大量的毛桃核、桃属木炭、酸枣核、枣木炭、桑树木炭和葡萄属木炭的出现，从侧面证明了二里头遗址居民有可能栽培这些果树并食用。朴属木炭的出现，也从侧面证明了二里头遗址居民有可能采集朴树的果实食用或当作饲料。东汉时期可能用侧柏做棺。

二 动物资源的获取与利用

动物是人类重要的生活资源之一。二里头工作队在2000—2006年的发掘中收集

---

① （清）李光庭撰：《乡言解颐》，卷四物部上，清道光刻本，第47页。
② （明）谢肇淛撰：《五杂组》卷十一，明万历四十四年潘膺祉如韦馆刻本，第193页。
③ （清）顾嗣立编：《元诗选》三集卷二，清文渊阁四库全书本，第2240页。
④ 孔庆山：《中国葡萄志》，中国农业科学技术出版社2004年版，第1页。

了一批动物骨骼遗存（详见第二章第一节），通过这批材料的综合研究，可以揭示当时人类获取肉食资源的方式及肉食结构，同时也可以了解当时人类对动物的利用方式及其所反映的文化现象等。

（一）动物种属

无脊椎动物　Invertebrate

 腹足纲　Gastropoda

  中腹足目　Mcsogastropoda

   田螺科　Viviparidae

    中国圆田螺　*Cipangopaludina chinedsis* Gray

 瓣鳃纲　Lamellibranchia

  真瓣鳃目　Eulamellibranchia

   蚌科　Unionidae

    圆顶珠蚌　*Unio douglasae* Gray

    鱼尾楔蚌　*Cuneopsis pisciculus* Heude

    三角帆蚌　*Hyriopsis cumingii* Lea

    剑状矛蚌　*Lanceolaria gladiola* Heude

    无齿蚌　*Anodonta* sp.

    背瘤丽蚌　*Lamprotula leai* Gray

    洞穴丽蚌　*Lamprotula caveata* Heudc

    拟丽蚌　*L.（P.）souria* Heude

    无齿蚌　*Anodonta sp.*

   帘蛤科　Veneridae

    文蛤　*Meretrix meretrix* Linne

脊椎动物 Vertebrate

 鱼纲　Pisces

  硬骨鱼纲　Osteichthyes

   鲤形目　Cypriniformes

    鲤科　Cyprinidae

     鲤　*Cyprinus carpio* Linne

 爬行纲　Reptilia

  鳄目　Crocodilia

  龟鳖目　Chelonia

龟科　Testudinidae

鳖科　Trionychidae

鸟纲　Aves

雁形目　Anseriformes

鸭科　Anatidae

雁亚科　Anserinae

鸭亚科　Anatinae

隼形目　Falconiformes

鹰科　Accipitridae

鹳形目　Ciconiiformes

鹳科　Ciconiidae

雉形目　Galliformes

雉科　Phasianidae

雉　*Syrmaticus* sp.

哺乳纲　Mammalia

啮齿目　Rodentia

鼠科　Muridae

豪猪科　Hystricidae

豪猪　*Hystrix hodgsoni* Gray

兔形目　Lagomorpha

兔科　Leporidae

兔　*Lepus* sp.

食肉目　Carnivora

犬科　Canidae

狗　*Canis familiaris* Linne.

貉　*Nyctereutes procyonoides* Gray

熊科　Ursidae

鼬科　Mustelidae

黄鼬　*Mustela sibirica* Pallas

猫科　Felidae

豹　*Felis pardus* Linne

虎　*Felis tigris* Linne

犀科　Rhinocerotidae
　　　犀　*Rhinoceros* sp.
　偶蹄目　Artiodactyla
　　猪科　Suidae
　　　野猪　*Sus scrofa* Linne.
　　　家猪　*Sus scrofa domesticus* Brisson
　　鹿科　Cervidae
　　　獐　*Hydropotes inermis* Swinhoe
　　　狍　*Capreolus pygarus* Pallas
　　　梅花鹿　*Cervus nippon* Te 毫米 inck
　　牛科　Bovidae
　　　黄牛　*Bos* sp.
　　　绵羊　*Ovis* sp.
　　　山羊　*Capra* sp.

二里头遗址出土的动物种属包括如下：中国圆田螺、背瘤丽蚌、洞穴丽蚌、剑状矛蚌、三角帆蚌、文蛤、无齿蚌、拟丽蚌、鱼尾楔蚌、圆顶珠蚌、丽蚌A、丽蚌B、鲤鱼、龟、鳖（从背甲来看，至少可以区分出两种大小不同的鳖，小型鳖的背甲厚度大约为2.3毫米，表面有细小的麻点状凹纹；大型鳖的背甲厚度大约为5.1毫米，表面有清晰较大的圆点状凹纹）、鳄、雉、鹰科、雁亚科、鸭亚科、鹭科、鹳科、兔、豪猪、鼠、熊、虎、豹科动物、狗、貉、豹猫、黄鼬、犀牛、家猪、野猪、梅花鹿、小型鹿科（至少包括两种鹿，分别是狍子、獐）、绵羊、山羊、黄牛。

（二）动物数量

从二里头遗址出土的动物数量看，主要以脊椎动物为主。在脊椎动物中以哺乳动物为绝大多数。若再考虑到肉量比例，当时人获取的肉食资源明显以哺乳动物为主。

依据测量结果及比较研究，猪、黄牛、羊（绵羊与山羊，以绵羊为绝大多数）和狗等都属于家养动物，其他都是野生动物[①]。二里头文化一期出土的家养动物的骨骼占此期全部可鉴定哺乳动物遗存的91%，二期占81%，三期占77%，四期占85%，二里岗文化早期占82%，二里岗文化晚期占82%，汉代占93%。由此可见，从二里头文化一期一直到汉代，家养动物在全部动物中一直都占有相当高的比例，野生动物始终没有超过25%。

---

① 中国社会科学院考古研究所：《二里头（1999—2000）》，文物出版社2014年版，第1328—1337页。

二里头文化一到四期的哺乳动物都以家畜为主。从它们各自的数量看，二里头文化一到四期的家养动物都以家猪为主，羊和黄牛从早到晚都有一个大致增多的过程，其中从二里头文化一到三期羊的可鉴定标本数居第二位，黄牛的可鉴定标本数到二里头文化四期超过羊的数量居第二位。狗的数量则较为稳定，但所占数量始终不到4%。

以下为动物标本可鉴定标本数和最小个体数的统计。这里需要指出的是，杨杰在对二里头遗址做动物骨骼种属鉴定时，根据骨骼形态学的观察和比较，确认某些骨骼遗存能够代表一个种属，比如丽蚌A、丽蚌B、二里头1号蚌以及小型鹿科A，但由于目前的比对标本有限，无法对这批动物遗存做进一步的种属鉴定，只能在现有研究水平的基础上对这类种属进行种属编号，以期将来有条件的时候对其做进一步的研究。

1. 可鉴定标本数

（1）全部动物

二里头文化一期遗存出土的贝类数量为7件，约占一期遗存出土全部动物总数的6%；鱼类、鸟类数量各为1件，各占1%；哺乳动物数量为108件，占92%。二里头文化二期遗存出土的贝类数量为5005件，约占二期遗存出土全部动物总数的43%；鱼类为12件，占0.1%；爬行类为65件，占1%；鸟类为93件，占1%；哺乳动物为6596件，占56%。二里头文化三期遗存出土的贝类为1664件，约占三期遗存出土全部动物总数的28%；鱼类、爬行类分别为8件，各占0.1；鸟类为92件，占2%；哺乳动物为4129件，占70%。二里头文化四期遗存出土的贝类为3730件，约占四期遗存出土全部动物总数的25%；鱼类为5件，占0.03%；爬行类为16件，占0.11%；鸟类为81件，占1%；哺乳动物为11381，占75%。二里头遗址二里岗文化早期遗存出土的贝类为170件，约占此期遗存出土全部动物总数的18%；鸟类为3件，占0.3%；哺乳动物为774件，占82%。二里头遗址二里岗文化晚期遗存出土的贝类为727件，约占二里岗文化晚期遗存出土全部动物总数的16%；鱼类为2件，占0.04%；爬行类为12件，占0.3%；鸟类为16件，占0.4%；哺乳动物为3778件，占83%。二里头遗址汉代遗存出土的贝类为30件，约占汉代遗存出土全部动物总数的4%；爬行类为1件，占0.1%；鸟类为2件，占0.3%；哺乳动物为738件，占96%。

（2）无脊椎动物

贝类在二里头文化一期出土7件，约占二里头遗址出土全部贝类的1%；二期为5005件，占44%；三期为1664件，占15%；四期为3730件，占33%；二里岗文化早期为170件，占2%；二里岗文化晚期为727件，占6%；汉代为30件，占0.3%。

二里头文化一期仅出土贝类7件，而且全部为中国圆田螺。二期中国圆田螺出土4746件，占二期出土可鉴定贝类总数的98%；圆顶珠蚌41件，占1%；丽蚌（蚌壳较破碎，带有丽蚌的特征，但无法做进一步的鉴定，我们不能确定这批遗存是否可以代表新的种属，为了保险起见，我们把这批遗存单独列出，以下类同）33件，占1%；丽蚌A 18件，占0.4%；三角帆蚌14件，占0.3%；剑状矛蚌9件，占0.2%；二里头1号蚌2件，占0.04%；洞穴丽蚌、多瘤丽蚌、丽蚌B各为1件，各占0.02%。三期中国圆田螺出土1522件，占三期出土可鉴定贝类总数的97%；丽蚌15件，占1%；圆顶珠蚌、丽蚌A均为13件，各占0.9%；三角帆蚌7件，占0.4%；剑状矛蚌2件，占0.1%；文蛤、拟丽蚌各为1件，各占0.07%。四期中国圆田螺出土3535件，占四期出土可鉴定贝类总数的98%；圆顶珠蚌29件，占0.8%；丽蚌15件，占0.4%；三角帆蚌、丽蚌A均为8件，各占0.2%；鱼尾楔蚌3件，占0.08%；无齿蚌2件，占0.05%；二里头1号蚌1件，占0.03%。二里岗文化早期出土中国圆田螺154件，占此期出土可鉴定贝类总数的96%；圆顶珠蚌3件，占2%；丽蚌2件，占1.25%；丽蚌A 1件，占0.6%。二里岗文化晚期中国圆田螺出土727件，占此期出土可鉴定贝类总数的92%；圆顶珠蚌32件，占4%；三角帆蚌、丽蚌均为9件，各占1%；丽蚌A 7件，占0.9%；鱼尾楔蚌3件，占0.4%；剑状矛蚌、文蛤、无齿蚌均为1件，各占0.1%。汉代遗存出土中国圆田螺8件，占此期出土可鉴定贝类总数的44%；三角帆蚌5件，占28%；圆顶珠蚌3件，占17%；文蛤、丽蚌A均为1件，各占6%。

（3）鱼纲

鱼类在二里头文化一期出土1件，约占二里头遗址出土全部鱼类的4%；二期为12件，占43%；三期为8件，占29%；四期为5件，占18%；二里岗文化晚期为2件，占7%。二里岗文化早期和汉代没有鱼类骨骼遗骸出土。

二里头文化二期出土的鱼骨可鉴定的仅有鲤鱼骨骼2件；三期出土的鱼骨可鉴定的仅有鲤科鱼类骨骼2件；四期出土的鱼骨可鉴定的仅有鲤科鱼类骨骼3件；二里头文化一期、二里岗文化晚期没有可鉴定的鱼骨，仅出土了少量碎骨，二里岗文化早期、汉代没有鱼骨出土。

（4）爬行纲

爬行类动物在二里头文化二期数量为65件，约占二里头遗址出土全部爬行类的64%；三期为8件，占8%；四期为16件，占16%；二里岗文化晚期为12件，占12%；汉代为1件，占1%；二里头文化一期和二里岗文化早期没有爬行类的骨骼遗骸出土。

二里头文化二期出土鳖29件，占二期出土可鉴定爬行纲总数的47%；龟23件，占37%，鳄10件，占16%；三期龟、鳖均为4件，各占三期出土可鉴定爬行纲总数的50%；四期鳖6件，占四期出土可鉴定爬行纲总数的43%；龟5件，占36%；鳄3件，占21%。二里岗文化晚期鳖7件，占此层出土可鉴定爬行纲总数的58%；龟3件，占25%；鳄2件，占17%。汉代仅出土1件鳖的背甲。二里头文化一期、二里岗文化早期均没有爬行纲骨骼遗存出土。

（5）鸟纲

鸟类在二里头文化一期数量为1件，约占二里头遗址出土全部鸟类的0.4%；二期为93件，占32%；三期为92件，占32%；四期为81件，占28%；二里岗文化早期为3件，占1%；二里岗文化晚期为16件，占6%；汉代为2件，占1%。

根据杨杰的统计，二里头文化一期仅出土1件雉的骨骼。二期有雉18件，占二期出土可鉴定鸟类总数的75%；雁4件，占17%；欧型目、雕科、雉均为1件，各占4%。三期有雉17件，占此期可鉴定鸟类总数的100%。四期有雉4件，占此期可鉴定鸟类总数的100%；二里岗文化早期有雉3件，占此期可鉴定鸟纲总类的100%；二里岗文化晚期有鹳科1件，占此期可鉴定鸟类总数的100%。汉代没有可鉴定的鸟类骨骼出土。但杨杰鉴定的一些鸟类种属可能存在问题，以上具体种属仅供参考。

（6）哺乳纲

哺乳动物在二里头文化一期为108件，占二里头遗址出土全部哺乳动物的0.4%；二期为6596件，占24%；三期为4129件，占15%；四期为11381件，占41%；二里岗文化早期为774件，占3%；二里岗文化晚期为3778件，占14%；汉代为738件，占3%。

二里头文化一期有猪15件，占一期出土可鉴定哺乳动物总数的45%；绵羊14件，占42%；梅花鹿2件，占6%；小型鹿科、黄牛均为1件，各占3%。

二里头文化二期有猪1428件，占二期出土可鉴定哺乳动物总数的52%；绵羊460件，占17%；梅花鹿296件，占11%；黄牛244件，占9%；小型鹿科131件，占5%；狗78件，占3%；兔39件，占1%；小型食肉动物（骨骼带有食肉动物的特征，而且尺寸相对较小，但由于缺乏比对标本，无法做进一步的鉴定，目前我们无法确定这批遗存的种属，只能暂时把这批遗存单独命名为小型食肉动物，以下类同）15件，占0.6%；鹿科14件，占0.5%；熊9件，占0.3%；麋鹿8件，占0.3%；犀牛4件，占0.1%；豪猪3件，占0.1%；猫科2件，占0.07%；鼠、黄鼬均为1件，各占0.04%。

二里头文化三期有猪681件，占三期出土可鉴定哺乳动物总数的44%；绵羊312件，占20%；梅花鹿226件，占15%；黄牛165件，占11%；小型鹿科91件，占6%；狗30件，占2%；兔20件，占1%；麋鹿7件，占0.5%；鹿科6件，占

0.4%；小型食肉类5件，占0.3%；熊、獐均为3件，各占0.2%；鼠、狍子均为1件，各占0.07%。

二里头文化四期有猪1828件，占四期出土可鉴定哺乳动物总数的40%；黄牛1162件，占25%；绵羊777件，占17%；梅花鹿430件，占9%；小型鹿科163件，占4%；狗129件，占3%；兔37件，占0.8%；鹿科18件，占0.4%，；麋鹿9件，占0.2%；熊5件，占0.1%；豪猪、小型食肉类均为3件，各占0.07%；虎、小型猫科、狍子均为2件，各占0.04%；鼠、貉、大型食肉动物（骨骼带有食肉动物的特征，而且尺寸相对较大，但由于缺乏比对标本，无法做进一步的鉴定，目前我们无法确定这批遗存的种属，只能暂时把这批遗存单独命名为大型食肉动物，以下类同）均为1件，各占0.02%。

二里岗文化早期有猪182件，占此期出土可鉴定哺乳动物总数的57%；黄牛48件，占15%；梅花鹿41件，占13%；绵羊28件，占9%；小型鹿科10件，占3%；狗5件，占2%；熊3件，占0.9%；麋鹿、鹿科均为2件，各占0.6%；豪猪1件，占0.3%。

二里岗文化晚期有猪613件，占此期出土可鉴定哺乳动物总数的43%；黄牛274件，占19%；羊（无法确定是绵羊还是山羊，以下类同）256件，占18%；梅花鹿142件，占10%；小型鹿科53件，占4%；兔、狗均为26件，各占2%；鹿科13件，占0.9%；麋鹿7件，占0.5%；小型食肉类6件，占0.4%；绵羊5件，占0.4%；熊4件，占0.3%；豹、山羊均为2件，各占0.1%；獐1件，占0.07%。

汉代有黄牛132件，占此期出土可鉴定哺乳动物总数的44%；羊75件，占25%；猪66件，占22%；梅花鹿14件，占5%；狗、小型鹿科均为4件，各占1%；鹿科3件，占1%；熊、狍子、绵羊均为1件，各占0.3%。

2. 哺乳动物的最小个体数

二里头文化一期有猪2件，占一期哺乳动物最小个体数总数的33%；梅花鹿、小型鹿科、绵羊、黄牛均为1件，各占17%。

二里头文化二期有猪74件，占二期哺乳动物最小个体数总数的53%；绵羊21件，占15%；梅花鹿15件，占11%；小型鹿科7件，占5%；兔、黄牛均为5件，各占4%；狗4件，占3%；豪猪、鼠、熊、猫科、小型食肉动物、犀牛、麋鹿均为1件，各占0.7%。

二里头文化三期有猪34件，占三期哺乳动物最小个体数总数的39%；绵羊17件，占19%；梅花鹿10件，占11%；小型鹿科7件，占8%；黄牛5件，占6%；兔4件，占5%；狗、麋鹿均为3件，各占3%；鼠、熊、小型食肉动物、狍子、獐均为

1件，各占1%。

二里头文化四期有猪209件，占四期哺乳动物最小个体数总数的63%；绵羊49件，占15%；黄牛22件，占7%；梅花鹿16件，占5%；狗9件，占3%；小型鹿科8件，占2%；兔6件，占2%；虎、小型猫科、麋鹿均为2件，各占0.6%；豪猪、鼠、熊、貉、大型食肉动物、小型食肉动物、狍子均为1件，各占0.3%。

二里岗文化早期有猪32件，占此期哺乳动物最小个体数总数的68%；梅花鹿、绵羊、黄牛均为3件，各占6%；小型鹿科2件，占4%；豪猪、熊、狗、麋鹿均为1件，各占2%。

二里岗文化晚期有猪49件，占此期哺乳动物最小个体数总数的47%；山羊/绵羊17件，占16%；梅花鹿8件，占8%，黄牛6件，占6%；狗、小型鹿科均为5件，各占5%；兔4件，占4%；小型食肉动物、绵羊均为2件，各占2%；鼠、熊、豹科、麋鹿、獐、山羊均为1件，各占1%。

汉代有山羊/绵羊7件，占此期哺乳动物最小个体数总数的27%；猪6件，占23%；黄牛5件，占19%；狗、梅花鹿均为2件，各占8%；熊、狍子、小型鹿科、绵羊均为1件，各占4%。

（三）年龄结构

以下分别阐述狗、猪、黄牛和绵羊的年龄状况。

1. 狗

二里头遗址出土的狗均已成年。

2. 猪

我们记录了猪的每一件下颌所代表的年龄，然后以第3臼齿的萌出作为分界线（第3臼齿萌出之前的属于未成年猪，萌出之后的属于成年猪）进行统计。同时，我们也对二里头遗址幼年猪（小于等于0.5岁）的个体数进行了统计，发现在所有未成年猪中，可以确定属于幼年的个体所占的比例比较高，例如，二里头文化一期出土的两件未成年猪下颌均属于幼年猪，二里头文化二期幼年猪占此期出土全部未成年猪的36%，二里头文化三期占29%，二里头文化四期占50%，二里岗文化早期占61%，二里岗文化晚期占38%。可见，从死亡年龄来看，二里头遗址未成年猪的数量占绝对的支配地位，而成年猪的数量仅占极少的一部分，同时，幼年猪的死亡率偏高。

3. 黄牛

二里头遗址中黄牛的死亡年龄分布为：6—14月龄2个，占3%；14—26月龄13个，占41%；大于6月龄18个，占56%。由此可见，黄牛的死亡年龄中小于2岁的未成年个体占总数的44%。

4. 绵羊

二里头文化羊的下颌牙齿萌出与磨蚀状况的分析主要是根据二里头遗址二里头文化二期与四期的资料。从二里头文化二期的资料来看，大部分的羊在三岁以前就被宰杀了。但到了二里头文化四期，大多数的羊在三岁以后才宰杀，年龄超过6岁的羊的比例也超过50%。

（四）碳、氮稳定同位素分析

选取二里头遗址二里头文化二期至二里岗文化时期的动物骨骼样品107例。其中，黄牛16例，绵羊31例，猪33例，狗6例，鹿21例。

二里头遗址所有动物的C、N同位素测试结果除个别猪的碳同位素值靠近C_3食物范围内以外，其余所有动物的同位素值较明显的聚为三组：猪、狗、牛聚为一组，鹿、羊各自成组。

梅花鹿的C同位素均值为 $-19.0±1.1‰$ （n=17），表明其生存的自然环境以C_3植物为主。对史前食草动物的食性研究表明，如果其主要以C_3类植物为食，则其稳定碳同位素值一般介于 $-21‰$ — $-19‰$。

绵羊组中的$\delta^{13}C$值介于 $-18.4‰$ — $-12.10‰$，平均值为 $-15.5±1.5‰$（n=28），$\delta^{15}N$值介于4.6‰—8.1‰，平均值为6.3±1.0‰（n=28）。

黄牛的C、N同位素范围分别为 $-12.3‰$ — $-7.4‰$，4.9‰—8.9‰，平均值分别为 $-9.2±1.4‰$（n=16），6.7±1.0‰（n=16）。

猪、狗C同位素数据分布较为相近且最为偏正，反映了C_4类食物在这两种家畜食物结构中的重要地位。

（五）锶同位素分析

通过测定二里头遗址二里头文化时期出土的猪、黄牛、绵羊牙釉质的锶同位素比值，经过计算得出猪的锶同位素比值的标准偏差远远小于其他动物，可以推断猪由当地饲养的可能性是最大的。这一结果与依据牙齿的测量数据、猪的死亡年龄以及猪遗骸出土时的考古学背景认为二里头遗址出土的大部分猪为家猪的动物考古学研究结果是一致的。根据二里头遗址出土猪牙釉质的锶同位素比值测定结果，经过计算得到10个猪牙釉质的锶同位素比值的平均值为0.712078，将该平均值加或减2倍标准偏差可以得到二里头遗址当地的生物可利用锶同位素比值范围在0.712256—0.711900之间。

将遗址出土的二里头文化不同时期的绵羊牙釉质的锶同位素比值与遗址当地的生物可利用锶同位素比值范围进行比较的结果是：来自二里头文化二期的绵羊牙釉质的锶同位素比值都不在当地的生物可利用锶同位素比值范围内；至二里头文化三期，绵羊牙釉质的锶同位素比值多数在当地的生物可利用锶同位素比值范围内，而且持续到二里头文化四期。二里头遗址的一些绵羊不是当地土生土长的。

将二里头遗址二里头文化不同时期出土黄牛的牙釉质锶同位素比值与遗址当地的生物可利用锶同位素比值范围进行比较得知，二里头文化二期有1个黄牛的牙釉质锶同位素比值在当地的生物可利用锶同位素比值范围内，而另外1个黄牛是在遗址当地的生物可利用锶同位素比值范围以外；二里头文化三期的2个黄牛的牙釉质锶同位素比值全在当地的生物可利用锶同位素比值范围内，至二里头文化四期出土的3头黄牛中有2个牙釉质样品的锶同位素比值在遗址当地的生物可利用锶同位素比值范围内，另外1个牙釉质样品的锶同位素比值则高于遗址当地的生物可利用锶同位素比值范围，不是当地土生土长的。

（六）古DNA研究

1. 黄牛

我们从15个黄牛样本里获得了9个黄牛的古DNA序列，共发现7个单倍型（表6-21）。单倍型H1和H2是最主要的两个单倍型，H1被3个二里头遗址的黄牛共享，H2被4个二里头遗址的黄牛共享。

表6-21　　　　　　　　古黄牛序列变异位点及mtDNA世系分布表

单倍型	变异位点										样品编号	mtDNA世系
	16042	16055	16057	16093	16113	16119	16141	16185	16255	16260		
V00654	T	T	G	G	T	T	T	G	T	C		T3
H1	.	C	.	.	.	.	.	.	.	.	ELTC6，ELTC8，ELTC13	T3
H2	.	.	.	.	.	C	.	.	.	.	ELT2，ELT9，ELT10，ELT14	T3
H3	.	.	C	.	.	.	A	C	.	.	ELTC1	T2
H4	C	.	.	A	.	.	.	.	.	.	ELTC5	T4

二里头遗址黄牛的线粒体DNA分析表明，所有黄牛都属于普通黄牛，部分黄牛共享相同的单倍型，从时间跨度上看，二里头遗址与我们分析的陶寺遗址的黄牛之间存在遗传连续性，反映出当时黄河流域古代家畜驯养情况比较稳定。对古代黄牛的线

粒体世系分析显示所有的黄牛都属于普通黄牛，T3世系占统治地位（86%），其次是T4（9%）和T2（5%）世系，T3和T2世系起源于近东[1]，T4世系也源自T3世系[2]，T4世系以东亚黄牛为主，有两种可能性：一、是由近东扩散而来的黄牛在东亚新形成的；二、在近东形成的少数T4型扩散到东亚后发展起来的。因此，关于T4的起源，今后尚需在更古老的样本分析中得到答案。但即使T4世系是否有本土驯化的因素，但其主源来自近东地区的世系，因此可以断定中国黄牛主要来自近东地区，中原地区饲养的黄牛不是本土起源的物种，而是中外文化交流的结果。

2. 绵羊

通过对二里头遗址出土的9个绵羊的下颌骨进行了古DNA分析，获得其中8个个体的古DNA序列（表6-22）。

表6-22　　　　　　　　　　二里头遗址古绵羊变异位点

位点	1545	1564	1584	1551	1554	1558	1559	1562	1563	1563	1563
	9	4	4	3	7	3	7	2	5	8	9
AF010406	C	T	G	C	G	C	T	T	A	C	A
ELS1，ELS2，ELS3	T	C	A	·	A	T	C	·	G	T	G
ELS4，ELS5，ELS7	T	·	A	·	A	T	C	C	G	T	G
ELS6，TS01	T	·	A	·	A	T	C	·	G	T	G
ELS8	T	·	A	T	A	T	C	·	G	T	G

变异位点分析和系统发育树分析均显示古绵羊属于亚洲谱系A[3]。

（七）讨论

1. 家畜研究

对动物的驯养是人类历史上所取得的最重要进步之一，这一创举促进了人类社会的迅速崛起。家畜首先可以为人类社会提供大量肉食资源，其次可以为人类提供各种劳役服务，动物躯体的很多部位还可以用作非营养目的（例如皮、毛可以用来做衣

---

[1] Achilli A, Bonfiglio S, Olivieri A, Malusa A, Pala M, Hooshiar Kashani B, Perego UA, Ajmone-Marsan P, Liotta L, Semino O et al.: The multifaceted origin of taurine cattle reflected by the mitochondrial genome, *PloS one* 2009, 4 (6), e5753.

[2] Achilli A, Olivieri A, Pellecchia M, Uboldi C, Colli L, Al-Zahery N, Accetturo M, Pala M, Kashani BH, Perego UA et al.: Mitochondrial genomes of extinct aurochs survive in domestic cattle, *Current Biology* 2008, 18 (4), R157-R158.

[3] 中国社会科学院考古研究所：《二里头（1999—2000）》，文物出版社2014年版，第1352—1355页。

服，骨骼可以用来制造工具），此外，很多家养动物被人类赋予某种文化属性，在宗教祭祀中被作为牺牲大量使用，有的还被作为宠物饲养以寄托人类的某种感情。因此，对家畜的研究是我们在二里头遗址开展动物考古学的重要内容，它对于复原古代人类社会生活有着重大意义。

（1）家畜认定

a. 二里头遗址的狗

二里头文化二期至汉代地层中均出土了一定数量的狗的骨骼遗存，通过形态观察、测量、数量统计和碳氮稳定同位素分析等，证明这些狗是家犬[1]。

b. 二里头遗址的猪

二里头遗址出土了大量猪的骨骼遗存，从二里头文化一期一直到二里岗文化晚期，猪骨遗存的可鉴定标本数在全部动物中都是最高的。通过形态观察、测量、年龄结构、数量统计、碳氮稳定同位素和锶同位素分析等[2]，我们认为这些猪骨绝大多数属于家猪，但也有极少猪骨可能属于野猪。

c. 二里头遗址的羊

二里头遗址七个地层中均出土了相对丰富的羊骨遗存，经过年龄结构、测量数据、数量统计、碳氮稳定同位素、锶同位素分析和DNA研究等[3]，我们认为二里头遗址的羊属于家羊。二里头先民的家羊饲养对象以绵羊为主，但也有部分山羊，山羊这种动物至少在二里头文化二期已经存在于二里头遗址了。

d. 二里头遗址的黄牛

二里头遗址中出土了比较丰富的牛骨遗存，经过形态观察、测量数据、年龄结构、数量统计、碳氮稳定同位素、锶同位素分析和DNA研究等[4]，这些牛骨均属于黄牛。

（2）饲养方法

二里头遗址的食性分析[5]则为探讨当时家畜的饲养方式提供了有力证据。猪和狗总体上都表现出以C_4类食物为主的食谱类型，以喂养C_4类粟黍作物及其副产品为主，猪和狗食物中的动物蛋白则主要为人类食物残余和生活垃圾，而从$\delta^{15}N$值可以看出，狗的食物中包含了更多的动物蛋白，显然，这当与其较之猪摄取了更多的人类残羹冷

---

[1] 同上书，第1328—1329、1355—1365页。
[2] 中国社会科学院考古研究所：《二里头（1999—2000）》，文物出版社2014年版，第1329—1332、1355—1365页。
[3] 同上书，第1332—1335、1355—1365页。
[4] 同上书，第1335—1337、1355—1365页。
[5] 同上书，第1355—1365页。

炙、剩骨残肉等生活垃圾有关。二里头文化的居民具有最高的 $\delta^{13}C$ 值和 $\delta^{15}N$ 值，表明粟作农业产品（包括粟类植物以及以粟类副产品为食的动物）在先民的食物中占主导。猪、狗的 $\delta^{13}C$ 值和 $\delta^{15}N$ 值，与人的数据均较为相近，这反映了粟作农业对这两种家畜的巨大影响。同时，考虑到先民养猪目的主要是获取肉食资源，为最快限度的增肥，先民可能会把谷糠、碎米和多余谷物用来饲养家猪。与养猪不同，如果残羹冷炙等生活垃圾足以保证狗的正常生长，在物质生产并不富裕的当时，先民应不会主动向其喂食其他食物。因此，与猪相比，狗与人类的食谱也更为接近。可见，狗与粟作农业之间的密切关系是经由人作为中介建立起来的，这与猪的情况有所差别。

二里头遗址的自然环境中以 C_3 类植物为主，而这两个遗址的草食性家畜的食物结构中，绵羊的食物以 C_3 类植物为主，表明绵羊的饲养方式应主要为野外放养，主要食用自然环境中大量存在的 C_3 类植物，偶尔也采食环境中自然存在的 C_4 类植物，并可能有少量的人工添加的粟黍等 C_4 类作物及其副产品；而黄牛食物中则以 C_4 类植物为主，当与粟作农业副产品如谷草等的摄取有关，也有一定量 C_3 类植物，这当是源于在草地环境中放养。显然，黄牛的饲养方式虽然也有放养，但主要为喂养，当是选择以谷草为主、青草和谷物等精饲料为辅的饲养方式。

黄牛和羊为草食性动物，所消耗的饲料以野草为主，谷物的秸秆和其他饲料为辅，其食物来源的特点导致它们基本不会与人类以及猪、狗等传统家畜争夺食物。因此，牛与羊的出现，代表人类开始饲养草食性动物来开发新的生计资源（草本植物），表明中国古代畜牧业发展到一个新的阶段。

可以看出，二里头文化时期先民对不同家畜采取的不同饲养模式较为稳定：绵羊以放养为主；黄牛既有放养，但以粟黍作物的副产品喂养为主；猪和狗以喂养粟黍作物及其副产品为主，猪和狗食物中的动物蛋白则主要为人类食物残余和生活垃圾。可以看出，当时的家畜饲养方式与粟作农业的发达有着紧密的联系，除了羊以野地放养为主以外，猪、狗、牛的食物都以粟黍作物或其副产品为主，羊也喂以少量的粟黍作物或其副产品。故没有发达的农业，是不可能形成这样的家畜饲养方式。可见这一时期的家畜饲养业是在发达的粟作农业的基础上发展起来的，同时也利用当时的野地植物资源放养绵羊、黄牛，并利用谷草等人与猪狗不能利用的粟黍作物的副产品喂养牛羊，体现出多样化的饲养方式。这种多样化的家畜饲养方式最大限度利用了各种食物资源和生态资源，为中国早期文明形成时期的畜牧业的发展奠定了基础。

另外，依据锶同位素的研究结果，可以发现二里头文化二期该遗址的先民们已经开始饲养黄牛，后期消费的黄牛可能大部分来自当地。二里头遗址最初的绵羊可能是外来的，而到了二里头文化四期，绵羊主要来自当地。

总的来说，草食性家畜动物的饲养是中国古代先民善于利用中外文化交流成果的体现。家畜中以中原地区的传统畜种家猪与狗为主，又逐步增加了引进外来的畜种黄牛与绵羊。绵羊是西亚起源的，对于中原地区是外来物种，二里头文化时期又出现了山羊的饲养，表明中原地区的家畜饲养经济是以本土饲养的畜种为基础，又充分利用引进外来的畜种资源的特点与优势，发展出适合于本地区的多种家畜饲养方式，并且持续发展下去。

（3）开发策略

人类从形成以来就与动物有着密切的关系，其中最重要的就是饲养动物可以为人类提供可靠的肉食资源。在与动物的接触中，随着饲养的家畜种类多样化与开发动物资源的知识与技术的发展，人们意识到动物还有很多其他资源可以利用，这其中包括奶、毛、畜力等，这些可以反复利用的资源被统称为动物的次级产品或次生产品[1]。黄牛和绵羊成为家畜以后，不但丰富了当时人的肉食资源，在宗教祭祀方面也开始发挥重要的作用，乃至成为后来区分等级身份的重要标志。此外黄牛与羊不仅可以产肉和脂肪，还可以开发肉产品之外的其他产品，如奶、毛、畜力等。

总的来看，二里头文化二期为以利用肉食为主要目的的畜产品开发策略，四期则存在为了产羊毛而养羊的畜产品开发策略[2]。可见中原地区这一阶段的家畜饲养业扩大了对动物畜产品的利用，除了利用动物的肉、脂肪以外，开始利用羊的毛作为毛制品[3]。羊还可以产奶，但目前的研究表明当时并不存在利用羊奶的养羊策略。

黄牛中未成年个体占有这么高的比例，与自然界中野生动物年龄组合明显不同，我们推测未成年黄牛绝大部分是二里头古代先民为了取得肉食而宰杀的，而相当多的黄牛在成年后被宰杀，既有可能是因为当时饲养黄牛到接近成年或刚成年时再宰杀，如比较集中于三岁左右宰杀，也有可能是为了利用畜力，如用来拉车、负重。从目前的资料来看尚不能断定。

此外，我们通过对二里头遗址的绵羊的死亡年龄结构研究表明，二里头遗址在二里头文化四期存在以开发羊毛为主要目的养羊的经济模式。二里头遗址在二里头文化二期则为以肉食开发为主要目的养羊模式。这两种不同的畜产品开发模式在中

---

[1] Sherratt, A. G., Plough and pastoralism: aspects of the Secondary Products Revolution. In *Pattern of the Past* (eds I. Hodder, G. Isaac and N. Hammond), Cambridge: Cambridge University Press, pp. 261–306, 1981; Sherratt, A. G., The Secondary Products Revolution of animals in the Old World, *World Archaeology*, Vol. 15 No. 1, pp. 90–104, 1983; Greenfield, H. J., The Secondary Products Revolution: The past, the present and the future, *World Archaeology*, Vol. 42 (1), pp. 29–54, 2010.

[2] 中国社会科学院考古研究所：《二里头（1999—2000）》，文物出版社2014年版，第1342—1348页。

[3] 李志鹏、Katherine Brunson 等：《中原地区新石器时代到青铜时代早期羊毛开发的动物考古学研究》，《第四纪研究》第34卷第1期，2014年，第149—157页。

原地区都城遗址的存在，表明二里头文化时期家畜饲养业的畜产品开发策略是复杂的，当时的先民对家畜的利用除了肉食之外，还尝试开发利用羊毛等畜产品，而且在某些时期某些遗址开发利用羊毛成为饲养羊的主要目的。这是当时的家畜饲养业进步的一个重要标志，也促进其他部门的发展如纺织业的进步，当时应当存在纺羊毛的纺织业。

二里头遗址的养牛业的主要目的则很可能主要是为了开发利用肉食，但二里头遗址相当多的黄牛在成年后被宰杀，并不能排除为了利用畜力或用于祭祀的可能性。

2. 获取肉食资源的方式

二里头遗址属于黄河中游地区，从二里头遗址出土的家养动物和野生动物的比例情况来看，二里头遗址所代表的区域，从二里头文化一期一直到汉代时期，家畜饲养业都非常发达，猪、牛、羊等家畜在当时居民肉食资源的获取中处于绝对的支配地位，而且猪自始至终都是二里头遗址居民肉食的首要来源，但野生动物也在人类的肉食结构中扮演一定的角色。总的来看，二里头遗址居民的肉食资源主要来自饲养家畜，但在一定程度上还依赖于捕获居住地周围自然环境中存在的野生动物，这种类型的肉食资源获取方式被称为"开发型"①。由此可见，二里头遗址居民获取肉食资源的方式与黄河中游地区新石器时代以来居民获取肉食资源的方式是一脉相承的。

"开发型"肉食资源获取方式在黄河中游地区的确立，并不是偶然的，与该地区所处的自然环境应该有一定的关系，但最根本的原因可能是这里经济文化发达，人口稠密，对肉食量的需求非常大。虽然黄河中游地区古代自然环境相对优越，野生动物资源丰富，但考古研究证明，到了仰韶文化时期，这个区域的人口规模迅速膨胀，而空间资源有限，因此，狩猎和小规模的家畜饲养活动可能已经无法满足越来越多的人口对肉食量的更大需求，肉食资源的获取只能依靠更大范围的家畜饲养活动。同时，随着时间的推移，人类家畜饲养的技术逐渐走向成熟，大规模家畜饲养的投入产出比越来越小，而且家畜饲养比狩猎获取肉食资源稳定的多，这也可能是当地居民选择开发型肉食资源获取方式的重要原因。

3. 肉食结构的复原

肉食结构是指人类在摄取肉食资源时所利用的各种动物提供的肉量多少以及由此形成的比例结构。因此只要能够算出每种动物所能提供的肉量，我们就能够复原古代人类的肉食结构。本文中所说的"肉量"是通过动物的总重量减去动物的皮革、内脏以及骨骼重量而得到，由此可见，这里的"肉"是指附着在骨骼上的肌肉和脂肪。

---

① 袁靖：《论中国新石器时代居民获取肉食资源的方式》，《考古学报》1999年第1期，第1—22页。

从二里头遗址出土动物遗存的可鉴定标本数来看，鱼类、爬行类、鸟类的骨骼遗存在全部遗存中所占的比例自始至终均非常小，而贝类虽然占有一定的比例，但考虑到这些动物单个个体所能提供肉量相对较小，因此这些动物在二里头遗址居民肉食结构中所占的比例有限。而哺乳动物自始至终在当时居民的肉食结构中占据着绝对的支配地位。

总的来看，二里头遗址各时期猪、黄牛、羊以及梅花鹿提供的肉食量明显高于其他动物，说明这4种动物是二里头遗址居民肉食的主要来源。同时，在这4种动物中，又以猪最为重要，因为从二里头文化二期一直到二里岗文化晚期猪的肉食量明显高于其他3种动物，虽然二里头文化一期和汉代时期猪的肉食量小于黄牛，但在肉食结构中也处于第二位。但二里头文化一期猪的肉食量小于黄牛很可能与遗址一期遗存遭到严重破坏有关。一期遗存的破坏导致出土动物骨骼较少，因此很难反映当时人类利用动物的原貌。因为从可鉴定标本数来看，猪的遗骸明显高于黄牛，黄牛骨骼只发现了一块，但最小个体数的统计原理是，一种动物即使是只有一块骨骼遗存，也可以代表一个个体。而恰好黄牛属于大型动物，其单个个体平均总重量明显高于其他动物，因此我们认为二里头文化一期黄牛肉食量高于猪具有偶然性，我们推测这一时期二里头遗址居民的肉食结构中可能仍以猪肉为主。汉代时期，黄牛无论从可鉴定标本数还是从肉食量来看都高于猪，说明这一时期黄牛在洛阳地区已经非常普及，可能已经成为当时人类肉食消费的主要对象。

值得注意的是，二里头遗址出土的鱼类骨骼非常少，这有可能低估了鱼类在当时居民肉食结构中的地位。因为，二里头遗址的田野发掘中出土了大量的鱼网坠、鱼钩和鱼叉等捕鱼工具，而且还发现了鱼型陶塑[①]，这些材料可以从侧面反映当时捕鱼业的发达，由此我们认为鱼类也是二里头遗址居民肉食来源的主要渠道之一。遗址中出土的鱼类骨骼遗骸之所以这么少，有可能与埋藏过程中的缺失有关，因为鱼类骨骼一般都非常小，而且骨质不是非常坚硬，因此在长时间的埋藏过程中很难大量保存下来，但最重要的原因很可能是动物遗存收集方法不科学导致的，因为二里头遗址在收集动物骨骼时基本上都是采用采集的方法，采集的对象一般都是肉眼很容易发现的形体较大的动物骨骼遗存，而对于鱼骨等小动物骨骼遗存则很难收集到，这就影响了遗址动物材料的完整性，进而影响我们复原古代人类利用动物的全貌。收集动物材料的科学方法应该是采集和筛选相结合，筛选是指对遗址中的土进行过筛。只要使用合适

---

① 中国社会科学院考古研究所：《偃师二里头（1959年—1978年考古发掘报告）》，中国大百科全书出版社1999年版，第238页。

网眼的筛子，我们就可以有效地收集鱼类等小动物骨骼遗骸，进而更加科学地认识古代居民利用动物的原貌。

总的来看，二里头遗址居民的肉食结构复杂、肉食来源丰富，贝类、鱼类、爬行类、鸟类等动物均是当时人类肉食消费的对象，但最主要的肉食来源是哺乳动物，哺乳动物在当时人类的肉食结构中占据了绝对的支配地位。同时，在所有哺乳动物中，又以猪、牛、羊、梅花鹿这四种动物最为重要，它们构成了二里头遗址居民最为重要而稳定的肉食来源。

综上所述，二里头遗址作为当时的超大型中心聚落或都城遗址，其获取的动物种类多达45种以上，包括贝类、鱼类、爬行类、鸟类、哺乳类等。自二里头遗址二里头文化一至四期，其获取肉食资源的方式都是饲养家畜为主，除肉食之外，家养动物还有作为祭祀动物的功能，个别家养动物还被进行二次开发。其获取家养动物的来源较为多样化，牛和羊皆有非本地来源，反映了城市与乡村之间或地区与地区的动物资源交流。这也是中国早期文明形成时期在动物资源利用方面的一个重要特点，即汇聚来自不同聚落或地区的资源，服务于都城遗址。这体现了当时遗址的等级性，即高等级中心聚落尤其是都城遗址汇聚了多个来源资源的特征。

第七章

人骨研究

第一节　性别年龄鉴定

2004年和2007年，有学者先后对二里头遗址2000年以后发掘的零星人骨材料进行鉴定（表7-1）和研究[①]。需要说明的是，这批材料皆为头骨碎片或肢骨残段，无一例完整的，这给骨骼鉴定和深入研究造成了极大的困难和遗憾。现将主要鉴定结果论述如下。

表7-1　　　　　　　　　　二里头遗址部分人骨性别年龄鉴定表

序号	出土单位	分期	性别	年龄	骨骼保存状况	骨骼病理和异常
1	2000ⅢH8人骨1	四晚	?	10—12	肢骨残段	
2	2000ⅢH8人骨2	四晚	?	2—3	肢骨残段	
3	2000ⅢH13②	四早	?	1—2	肢骨片	
4	2000ⅢH17人骨1	四晚	男	成年	髋骨，肢骨	
5	2000ⅢH17人骨2	四晚	男	成年	肢骨残段	
6	2000ⅢH17人骨3	四晚	?	1.5—2	头骨片，残破下颌	
7	2000ⅢH18人骨1	四晚	女	中年	下颌，肢骨残段	肱骨鹰嘴窝处有一个直径约4毫米的圆孔，周缘光滑，不像死后造成，而是像工具钻孔，原因不明，或可能是先天形成。一个大脚趾骨上直径约7毫米的腐蚀洞，推测感染形成
8	2000ⅢH18人骨2	四晚	女	成年	下颌，髋骨	
9	2000ⅢH18人骨3	四晚	?	未成年	肢骨残片	
10	2000ⅢH20人骨1	三晚	?	成年	两根肢骨残段	
11	2000ⅢH20人骨2	三晚	男?	成年	一块股骨下端	无关节炎

---

① 中国社会科学院考古研究所：《二里头（1999—2006）》，文物出版社2014年版，第1279—1283页。

续表

序号	出土单位	分期	性别	年龄	骨骼保存状况	骨骼病理和异常
12	2000ⅢH24	四晚	?	成年	一节胫骨下段	
13	2000ⅢT1⑦人骨1	四晚	男	壮年	头骨片，股骨，髋骨	股骨内外髁出现唇状关节炎
14	2000ⅢT1⑦人骨2	四晚	女	青壮年	头骨片	
15	2000ⅢT1⑦人骨3	四晚	?	青壮年	头骨片	
16	2000ⅢT1⑧人骨1	四晚	男	成年	髋骨，肢骨残段	
17	2000ⅢT1⑧人骨2	四晚	?	未成年	髋骨，肢骨残段	
18	2000ⅢT1⑨人骨1	四晚	男	16—17	髋骨，肢骨残段	
19	2000ⅢT1⑨人骨2	四晚	男	成年	一根股骨残段	
20	2000ⅢT1⑨人骨3	四晚	女	成年	头骨片，一根上肢骨残段	
21	2000ⅢT1⑨人骨4	四晚	男	成年	肢骨片段	
22	2000ⅢT1⑨人骨5	四晚	女	成年	肢骨片段	
23	2000ⅢT1⑨人骨6	四晚	?	未成年	肢骨片段	
24	2000ⅢT1⑩	四晚	?	成年	肢骨残片	
25	2000ⅢT3⑤B	四晚	?	?	一块头骨片	
26	2000ⅢT4⑪人骨1	四早	?	未成年	两根肢骨残段	
27	2000ⅢT4⑪人骨2	四早	男	15—17	髋骨，肢骨残段	
28	2000ⅢT4⑫	四早	女	15—17	髋骨，肢骨残段	一根股骨髁有轻度唇状关节炎
29	2000ⅢT4⑬	四早	女	成年	一块髋骨	
30	2001VH17	岗晚	女	30±	头骨（上下颌），部分肢骨、髋骨和体骨	腰椎上出现骨赘，肩胛窝有轻微关节炎，上肢的肱骨肌嵴比较发达，推测其上肢经常用力，并可能牵连到肩部股骨下端都有卷边关节炎，并患牙周病，齿根暴露，下颌齿槽外翻
31	2002VH78	岗晚	?	成年	肢骨残段	
32	2002VH92	四晚	女	40—45	头骨片，上下颌，两根股骨，一根胫骨	股骨内外髁有唇状关节炎；头骨片上有铜锈；生前患牙周病，齿根暴露严重；下颌齿槽边缘外翻
33	2002VH111	四晚	?	成年	一块下颌	
34	2002VH147	四晚	?	青年	头骨片	
35	2002VH160	岗晚	女	成年	头骨片，残破肢骨	患牙周病
36	2002VM3	二晚	男	30—35	残肢骨	下肢膝部卷边，唇状关节炎
37	2002VM6	四晚—岗晚?	?	0—1	头骨残片	
38	2002VT27④A	四晚	?	成年	一根残破肢骨	
39	2003VG14人骨1	四晚	男?	成年	一根残破肢骨	
40	2003VG14人骨2	四晚	?	4—8	头骨片，残髋骨	
41	2003VH198	四晚	?	成年	一块头骨片	
42	2003VH232	四晚	?	成年	肢骨和少量体骨残块	

续表

序号	出土单位	分期	性别	年龄	骨骼保存状况	骨骼病理和异常
43	2003VM7	二晚	?	成年	残破肢骨	
44	2003VM8	四晚	女?	中年	头骨片，残破肢骨和体骨	两个大脚趾有明显炎症，右股骨中段有肌炎骨化现象，椎骨无病理现象；牙齿磨耗相当严重，牙周病，齿根暴部分超过齿根的3/4
45	2003VM9	岗晚	?	未成年	残碎体骨等	
46	2003VM10	四晚	?	4—6	头骨片，残破肢骨	
47	2003VM12	四早	女	26—28	髋骨，部分椎骨和肋骨，较完整上下肢骨	肢骨比较粗壮，膝部和肘部无关节炎，椎骨上无病变
48	2003VM13	四晚	女	成年	残破肢骨，髋骨和体骨	股骨内外髁有比较明显（中—重度）、唇状关节炎和多孔关节炎；肢骨比较粗壮
49	2003VT31D4 柱坑6	三期	?	成年	肢骨残段，两节椎骨，颌骨	椎骨上无病理；有牙周病
50	2003VT35④A	四晚	女?	成年	三块残肢骨	
51	2003VT49 早期夯土	二晚	女	老年	头骨片，残破下颌	下颌齿孔全部闭合
52	2004VH262 人骨1	四晚	?	成年	头骨片，肢骨残段	
53	2004VH262 人骨2	四晚	?	2—4	颌骨	
54	2004VH262 人骨3	四晚	?	10±	肢骨残片	
55	2004VH267	四晚	女	35—40	上颌，头骨片	牙齿磨耗严重
56	2004VH305 人骨1	岗早	女	25—30	头骨片，上下颌，肢骨残段，部分体骨	右上肢肱骨的鹰嘴窝（肘部）出现关节炎；椎骨无病理现象；肢骨肌嵴比较明显，从上肢骨的形态推测，上肢经常用力
57	2004VH305 人骨2	岗早	女?	20—25	头骨片，上下颌，肢骨残段	上侧门齿和两个犬齿出现褐色变色状况，无龋齿
58	2004VH305 人骨3	岗早	女	25—30	上下颌骨	
59	2004VH305 人骨4	岗早	女	20—25	肢骨残片	
60	2004VH305 人骨5	岗早	男	16—17	残破肢骨和髋骨	
61	2004VH316	二晚	?	0—1	头骨片，一根肢骨	
62	2004VM16	四晚	?	7—8	肢骨残段	
63	2004VM17	四晚	男?	40—45	头骨片，肢骨残段	
64	2004VM18	四晚	?	6±	头骨片，肢骨残段	
65	2004VM19 人骨1	二晚	女	40—45	下颌残块，残肢骨、体骨、髋骨等	左右股骨内外髁有轻微唇状关节炎，两个髌骨有轻度关节炎，椎骨上无病理；牙齿磨耗严重，患牙周病
66	2004VM19 人骨2	二晚	男	40—45	肢骨残片	
67	2004VT79③人骨1	岗晚	女?	成年	肢骨残段	
68	2004VT79③人骨2	岗晚	?	3±	下颌块	

续表

序号	出土单位	分期	性别	年龄	骨骼保存状况	骨骼病理和异常
69	2004VT85④A	四晚	女	成年	肢骨残段	
70	2005VG23 人骨 1	岗晚	女？	10—12	保存有部分残肢和上下颌骨	
71	2005VG23 人骨 2	岗晚	女	25—30	带有上颌的头骨	
72	2006VT117 剖⑤D	二早	男	30—35	骨骼为残块，有部分上肢骨、下肢骨和髋骨、体骨	两侧股骨内外髁有唇状关节炎，下胸椎和腰椎周缘有骨赘
73	72VM52	三期	女	成年	肢骨残段	
74	72VM54	三期	女？	成年	碎肢骨	
75	72VM55	三期	男	青壮年	头骨片，体骨残块	锁骨骨折后错位愈合

注："?"表示性别不明；"成年"表示由于材料太少或保存太差，无法准确判断年龄段；"男？"或"女？"表示由于判断性别关键部位的缺失或性别特征不明显，倾向于判断为男性或女性；"±"表示大约年龄，如"20±"表示20岁左右；"未成年"在人类学上是指14岁以下；青年指15—24岁；壮年指25—34岁；中年指35—55岁，老年指56岁以上。

此次共鉴定了51个单位的75个个体，可判断性别的有44个，占总数的比例为58.67%，其中男性和倾向于男性的有15个，占可判断性别的34.09%，占总个体数量的20%；女性29个，占可判断性别的65.91%，占总数的38.67%；男女性别比例为0.52∶1，男性明显少于女性。这个比例明显不同于其他多数新石器时代和青铜时代遗址的性别比例①，原因可能有两个：一是可能与鉴定个体数量较少有关；二是可能与二里头城址和宫殿遗址的性质有关。

可准确判断年龄段的有42个（包括仅判断为青壮年、壮年、中年和老年年龄段的个体），占总数的56%。其中未成年人有20个，占总数的26.67%，最小的只有0—1岁，且属于刚出生不久就夭折的婴儿。仅有一例个体属于老年阶段，其余多数个体为中壮年。总体平均年龄为23.14岁，其中男性平均年龄为26.8，女性为30.28，平均寿命显然过低。这可能是由于这批材料中未成年人较多所造成的。

由于这51个单位包括了墓葬、灰坑、灰沟、地层等，其中墓葬只有15例，与考古发现的数百座墓葬相比，已鉴定的墓葬出土人骨数量严重不足。因此上述分析结果仅供参考，可能与二里头遗址总体人骨资料的真实情况尚有差异。

---

① 王仁湘：《我国新石器时代人口性别构成再研究》，《考古求知集》，中国社会科学出版社1997年版，第68—82页；陈铁梅：《中国新石器时代成年人骨性比异常的问题》，《考古学报》1990年第4期，第511—522页。

第二节 形态学研究

由于二里头遗址历年来的人骨材料没有经过系统、严格、科学的鉴定，外加人骨材料多保存较差，导致相关人骨的形态学研究进展缓慢，至今我们对该遗址古代人群的体质特征和种族类型仍然缺乏明晰的认识。但是根据二里头遗址出土的人骨材料表现的体质特征，以及中原地区史前和青铜时代居民体质特征的综合研究，还是能够对二里头遗址古代居民的体质特征进行初步的分析。

中原地区新石器时代居民的体质特征相对较为一致，主要表现为偏长的中颅型以及高而偏狭的颅型，中等的面宽和中等的上面部扁平度，较低的眶型和明显的低面阔鼻的倾向。从大人种上属于亚洲蒙古人种，与各区域类型比较，他们介于东亚类型和南亚类型之间的位置上，并且在若干体质特征上与现代华南地区的居民颇为近似。朱泓将这种类型命名为"古中原类型"[1]。这种类型的居民曾经广泛分布在新石器时代的黄河中下游地区，包括仰韶文化、大汶口文化、庙底沟二期文化、山东龙山文化、河南龙山文化、陶寺文化等居民的体质特征都属于该类型。另外在长江下游的江苏常州圩墩遗址、内蒙古乌兰察布盟察右前旗的庙子沟新石器时代遗址也有该类型居民的分布。这表明"古中原类型"人群活动范围较广，迁徙和文化交流频繁且影响深远。就现有材料而言，目前尚未发现其他大人种的混杂和侵入。

关于二里头文化先民的体质特征问题，目前还缺少充分的人类学资料，尚未见到有关二里头文化的人类学研究成果。在中原地区的周边，有些人类学材料如山西忻州游邀[2]和内蒙古赤峰大甸子夏家店下层文化遗址出土人骨[3]的年代与二里头文化的年代相近，他们的体质特征可代表这一时期中原地区周边居民的种族类型。另外，山西陶寺墓地晚期[4]和河南禹州瓦店龙山文化晚期遗址晚期[5]的人骨材料在体质形态属于"古中原类型"，与庙底沟二期文化居民[6]和殷墟中小墓中的自由民[7]以及

---

[1] 朱泓：《中原地区的古代种族》，《庆祝张忠培先生七十华诞学术文集》，科学出版社2004年版，第549—557页。
[2] 朱泓：《游邀遗址夏代居民的人类学特征》，《忻州游邀考古》，科学出版社2004年版，第188—214页。
[3] 潘其风：《大甸子墓葬出土人骨的研究》，《大甸子—夏家店下层文化遗址与墓地发掘报告》，科学出版社1998年版，第224—322页。
[4] 张雅君、何驽等：《陶寺中晚期人骨的种系分析》，《人类学学报》第28卷2009年第4期，第363—371页。
[5] 朱泓、王明辉等：《河南禹州市瓦店新石器时代人骨研究》，《考古》2006年第4期，第87—94页。
[6] 韩康信、潘其风：《陕县庙底沟二期文化墓葬人骨的研究》，《考古学报》1979年第2期，第255—270页。
[7] 韩康信、潘其风：《安阳殷墟中小墓人骨的研究》，《安阳殷墟头骨研究》，文物出版社1985年版，第50—81页。

陕西铜川瓦窑沟先周时期居民①关系最为密切，可能能够代表这一时期先民的体质特征。

根据安阳殷墟祭祀坑和中小墓两类墓葬出土人骨的形态特征，殷商时期中原地区人群的体质特征至少可分为四种类型：古中原类型、古华北类型、古东北类型和古华南类型，其中以接近现代东亚蒙古人种的古中原类型居民占绝对优势。这反映出在殷商后期安阳作为政治中心，有来自四面八方的人群生活在这里②。

另外，据考古学研究认为，二里头文化主体是从中原地区龙山文化基础上，吸收融合周边文化发展起来的，考古学文化保持了连续性，没有发生明显的灭亡或替代。有学者认为二里头文化是单一民族创造的文化共同体③。

因此，结合上述中原地区史前和青铜时代居民体质特征的描述，我们大体可以初步推断二里头遗址古代居民的体质类型应该还是以"古中原类型"为主，体质特征主要表现为颅长宽指数中等偏长、颅长高指数偏高、颅宽高指数中等偏狭、面宽中等、面高中等偏低、面部扁平度中等，眼眶较低、鼻型较阔等，体质特征介于现代蒙古人种的东亚类型和南亚类型之间，体质形态与现代华南地区居民比较相似。这种体质特征的人群在史前至汉代一直是中原地区古代人群的主要体质类型，他们应该是中原先秦两汉时期的原住民，代表了当时中原地区古代居民的主要体质特征。

同时，我们也不排除二里头遗址中有少量来自黄河下游、黄河上游、长江流域、北方地区古代居民的迁入或基因混杂，他们带来了不同的文化，使二里头文化呈现多元和多层次的繁荣。他们也有可能带来了不同程度的混血，但就目前而言，二里头遗址古代人群应该还是以"古中原类型"为主，其他体质类型居民的迁入或基因混杂处于次要地位。

此外还应该指出的是，目前研究表明中原地区史前和青铜时代遗址出土的人骨材料中尚未见到明显的其他大人种的混杂或侵入现象（关于殷墟西北岗祭祀坑中出现高加索人种的问题，学者有不同认识），也就是说虽然中原地区青铜文化可能受到了中亚、西亚等地古代文化的影响，但目前尚未发现来自中亚或西亚地区欧罗巴人种基因混杂或人群侵入的人类骨骼考古学的证据。

---

① 陈靓：《瓦窑沟青铜时代墓地颅骨的人类学特征》，《人类学学报》2000年第1期，第32—43页。
② 韩康信、潘其风：《安阳殷墟中小墓人骨的研究》，《安阳殷墟头骨研究》，文物出版社1985年版，第50—81页。
③ 张国硕：《从夏族北上晋南看夏族的起源》，《郑州大学学报》（哲学社会科学版）1998年第6期，第101—105页。

第三节 古病理研究

二里头遗址多数人骨保存较差，为骨骼病理学的研究造成了困难，且二里头遗址的人骨多数未经人类学鉴定，古病理学的研究尚处于材料描述的初步分析阶段。但是考古工作者收集了保存较好的人类骨骼，尤其是上下颌和牙齿，这为牙齿人类学和口腔病理学研究提供了基础。已有学者以二里头遗址出土的人骨材料进行了口腔病理学和牙齿磨耗等方面的研究。

一 龋齿的研究

有学者对二里头遗址出土的32例骨骼标本（男性22例，女性10例，观察恒齿总数为500枚）进行了观察和统计。分析表明，这批标本中龋齿患病率（患病个体/总个体数）为28.13%，患齿率（患牙数/牙齿总数）为4%，且上颌患齿率高于下颌，明显低于时代和地域相近的山西忻州游邀遗址的古代人群（相应的患病率和患齿率为54.17%和10.66%）。按照患病年龄分析，患有龋齿的9例个体皆属于中年（20—39岁），也与游邀遗址古代人群患病的年龄分布不一致（游邀遗址有近一半个体的龋齿患病者属于老年个体，即40岁以上）。在龋齿的患病齿位上看，二里头遗址的患病牙齿以上颌第三臼齿患病率最高（20.69%），其次是上颌第二臼齿（8.33%），再次是上颌第一臼齿、下颌第一前臼齿、下颌犬齿和下颌第一臼齿等，而对应的游邀遗址古代居民以下颌第二臼齿患病率最高（25.81%）。从患病部位看，二里头遗址以近远中颈龋齿最多，占35%，其次是单纯咬合面龋齿，占25%，再次是复面龋，占10%，游邀遗址以颈部龋齿最多，占66.67%。

从龋齿的发病率研究可以发现，新石器时代、青铜时代直至汉代以后，龋齿发病率呈逐渐上升的趋势，可能与碳水化合物的摄入逐渐增加有关，这也反映了农业经济在整体生业模式中逐渐占据越来越大的比重。龋齿的患病年龄随着年龄的增高有逐渐增加的趋势，与现代人群相似。而从性别考察，二里头遗址男女两性的龋齿患病率没有明显差异。从龋齿的患病部位看，二里头遗址以齿颈部龋齿最多，与宝鸡华县、安阳殷墟和北漂喇嘛洞等遗址古代人群的龋齿好发部位基本相同，而与现代人以咬合面龋齿为主的特点不完全一致，这可能与古代食物比较粗糙，牙齿咬合面磨耗较快，产生咬合面龋齿的机会减少等有关。从患病牙齿分析，二里头遗址以上颌第三臼齿发病率最高，与现代人以下颌第一臼齿患病率最高不同，这可能反映了随着人类的进化，承担咀嚼功能的牙齿逐渐前移，第一臼齿的咀嚼压力增大，牙齿磨耗增加，也提高了发生龋齿的机会和发病率[①]。

二 牙周病研究

牙周病自古以来就存在，是人类口腔三大疾病之一。对它的研究有助于我们了解古人类的体质、生活状况及食物结构，也有助于了解牙周病的发生与发展。国内外专家对我国旧石器时代、新石器时代、商周时期以及魏晋时期人类的牙周病做了广泛的研究，对当时古人类牙周病的患病状况有初步的了解[②]。

学者对二里头遗址居民颌骨牙齿进行观察，以了解当时人类牙周疾病的患病情况，为认识这一古老的疾病在人类社会中的发生发展积累了资料。作为同时期的材料，研究也对山西游邀遗址出土的人类牙齿进行了观察和统计。

材料选择时注意了颌骨必须与头骨相匹配，牙齿必须附着在齿槽窝内，死后脱落的牙齿必须准确复位等记录要点。二里头遗址参与观察和统计的有32例个体和500枚牙齿，均为恒齿，且都统计了患病率和患齿率。诊断标准以齿槽骨的吸收程度来确定牙周组织破坏的严重程度，该研究对牙周病的判断参照了毛燮均等1959年研究安阳殷墟人骨牙周病的诊断标准，以牙槽骨的明显病变为标准，牙槽骨吸收达牙根的1/2者，视为牙周病。

统计分析显示，二里头遗址以牙数计算牙周病的患齿率为14.20%，患病率为34.38%，低于游邀遗址古代人群的患病率（相应的为26.90%和54.17%）。患病年龄上，二里头遗址绝大多数个体为中年个体（20—39岁，比例为10/11），游邀遗址则多数为老年个体（8/13）。患病牙齿的统计显示，二里头遗址居民牙周病的发病牙齿以下颌第二前臼齿最多，占28.57%，其次是下颌第二臼齿，占28.00%，与游邀遗址也有差异（以上颌第一臼齿最多，占43.59%，其次是下颌第一臼齿，占41.67%）。同时，二里头遗址还存在牙齿生前缺失的情况，其中以牙周病的牙齿脱落占76.67%，与游邀遗址情况相近（占83.33%）。

牙周病的发病机理很复杂，生活环境、营养状况、卫生习惯、食物结构、牙齿磨

---

① 王魏：《中国夏代人牙齿疾病的研究》，硕士学位论文，北京大学口腔医学院，2004年。
② 毛燮均、颜訚：《安阳辉县殷代人牙的研究报告》，《古脊椎动物及古人类》1959年第2期，第81—85页；周大成：《河南成皋广武镇新石器时代人骨的口腔情况》，《中华口腔科杂志》1959年第5期，第285—288页；吴汝康：《陕西蓝田发现的猿人下颌骨》，《古脊椎动物及古人类》1964年第1期，第1—12页；Zhang Yuzhu: Dental disease of Neolithic Age skulls excavated in Shaanxi Province, *China Med J*, 1982, p.95；朱泓：《山东济宁潘庙汉代墓葬人骨研究》，《人类学学报》1990年第3期，第261—264页；李瑞玉、黄金芳等：《下王岗新石器时代人类的牙病》，《人类学学报》1991年第3期，第200—205页；Sakashita R、Inoue N、Pan Q etal: Dental diseaseinthe Chinese Yin—Shang period with respect to relationships between citizens and slaves, *Am. J. Phys Anthropol*, 1997, p.103；张全超：《北票喇嘛洞三燕文化墓地人骨的牙病》，《人类学学报》2003年第4期，第29—36页。

耗等都有可能导致牙周病。牙周病在人类社会中的发展趋势呈现出在较高的患病率水平上持续而缓慢发展的特征。二里头遗址较高的牙周病发病率可能与当时人类缺乏口腔清洁手段和口腔医疗条件等有关。二里头遗址和游邀遗址牙周病统计显示，当时人的牙周病患病率较现代人高，应该与现代社会良好的生活和医疗条件等有关。牙周病患病的两性差异，二里头遗址人群与现代人情况一致，即牙周病与性别关系不大。从患病年龄上看，一般而言，牙周病与年龄有密切关系，随着年龄的增长，发病率逐渐增高，二里头遗址牙周病患病率与现代人略有差异（以中年为主）。牙齿缺失统计显示，牙周病是导致牙齿生前缺失最主要原因[①]。

三 牙齿错𬌗畸形研究

错𬌗畸形是古代人类和现代人类都比较常见的口腔疾病。学者们根据二里头遗址出土骨骼上的牙齿排列、𬌗关系和第三臼齿位置研究了二里头遗址古代人群的错𬌗畸形现象。

观察统计显示，二里头遗址的39例上下颌中，11例牙齿排列异常，占28.21%，其中3例牙齿排列拥挤，5例牙齿有齿隙，3例有牙齿错位现象。齿列异常比例较游邀遗址高（相应的比例为19.15%）。𬌗关系显示，二里头遗址9例标本中，正常𬌗关系为5例，错𬌗4例，占44.4%，较游邀遗址错𬌗比例高（20.00%）。二里头遗址78枚第三臼齿中，异常萌出的占33.33%（26/78），主要表现为第三臼齿缺失和牙齿阻生，牙齿异常比例较游邀遗址比例较低（占43.48，40/92），但表现类型相似，也主要为第三臼齿缺失和牙齿阻生。

四 牙齿磨耗研究

牙齿磨耗研究是探讨不同历史时期或不同区域古代居民的食物结构及与之密切相关的社会经济模式并阐述人类社会文明发展的一个重要方面。二里头遗址居民牙齿磨耗研究主要采用的材料为二里头遗址出土的人骨标本，选择的原则是颌骨必须与头骨相匹配，牙齿必须附着在齿槽窝内，死后脱落的牙齿必须准确复位。观察的标本共32个个体，其中男性22例，女性10例，共观察牙齿494颗，均为恒齿。年龄分为青年、中年、老年三组。20岁以下为青年组，观察牙齿9颗；20—39岁为中年组，观察牙齿475颗；40岁以上为老年组，观察牙齿10颗。观察分级采用美国学者史密斯（Smith）制定的8级标准。

---

① 王巍：《中国夏代人牙齿疾病的研究》，硕士学位论文，北京大学口腔医学院，2004年。

咬合面磨耗分析显示上颌牙齿平均磨耗为 4.2 级，下颌牙齿平均磨耗为 3.9 级，上颌牙齿磨耗略重于下颌，所有牙齿的平均磨耗为 4.0 级。前牙的牙齿磨耗平均为 3.7 级，最重的磨耗甚至达到 7 级；而后牙的牙齿磨耗平均为 4.4 级，最重的磨耗甚至达到 8 级，后牙磨耗略重于前牙。上颌第一臼齿磨耗最重平均为 5.2 级，其次为下颌第一臼齿，上颌第一前臼齿及下颌犬齿。

研究认为二里头遗址人群牙齿磨耗非常严重，说明当时人类的食物特别粗糙。研究颅骨标本中相对现代人类而言，大部分年龄在 40 岁以下，所以年龄是磨耗的主要因素。食物结构与生活方式及生存环境也是影响古人类牙齿磨耗程度或速率及磨耗方式的主要因素，这种作用尤其在以狩猎—采集经济为主的古代居民表现明显[1]。二里头遗址居民上颌第一臼齿面磨耗最重，其次是下颌第一臼齿，说明当时已经完全进入农业社会，生活方式及食物结构的改变，牙齿磨耗的程度及方式也改变[2]。

五　其他部位骨骼疾病

学者们还对二里头遗址保存相对较好的其他部位的骨骼进行了骨骼病理学的初步鉴定，论述如下。

2000YLⅢT1H18：1　肱骨鹰嘴窝处有一个直径约 4 毫米的圆孔，周缘光滑，不是死后造成，也不是工具钻孔，原因不明，或可能是先天形成；一个大脚趾骨上有直径约 7 毫米的腐蚀洞，推测属于感染导致。

2000YLⅢT4⑫　一根股骨髁有轻度唇状关节炎。

2000YLⅢT1⑦：1　股骨内外髁出现唇状关节炎。

2001YLⅤT7 H17　腰椎上出现骨赘，肩胛窝有轻微关节炎。上肢的肱骨肌嵴比较发达，推测其上肢经常用力，并可能牵连到肩。股骨下端都有卷边关节炎。下颌有齿槽外翻。

72VM55 北　锁骨骨折后错位愈合。

2002YLⅤT13H92　股骨内外髁有唇状关节炎；患牙周病，齿根暴露严重，下颌齿槽边缘外翻。

2002YLVT15M3　下肢膝部卷边关节炎。

2003YLVT34M8　两个大脚趾有明显炎症，右股骨中段有肌炎骨化现象；牙齿磨

---

[1] Molnar S., Human tooth wear, tooth function and cultural variability, *Am. J. Phys Anthropol*, 1971, 34, pp. 175–190.

[2] 王巍、曾祥龙等：《中国夏代人牙齿磨耗的研究》，《口腔正畸学》2006 年第 3 期，第 127—129 页。

耗相当严重，患牙周病，齿根暴露部分超过齿根的3/4。

2003VT61M13　股骨内外髁有比较明显（中—重度）唇状关节炎和多孔关节炎。

2004YLVT86H305∶1　右上肢肱骨的鹰嘴窝（肘部）出现关节炎，肢骨肌嵴比较明显，从上肢骨的形态推测，上肢经常用力。

2004YLVT90M19∶1　左右股骨内外髁有轻微唇状关节炎，两个髌骨有轻度关节炎，椎骨上无病理。

2006VT117 解剖沟内⑤D 黄褐土（硬）北部　两侧股骨内外髁有唇状关节炎，下胸椎和腰椎周缘有骨赘。

上述骨骼上表现的病理现象多属于退行性关节炎，与年龄和劳动强度有关。由于二里头遗址多数个体的年龄相对较轻，因此这些骨骼上的关节炎可能与劳动强度较大有关。

第四节　食性分析

食性分析主要依赖同位素分析，包括碳氮稳定同位素分析和锶同位素分析两种，前者包括碳十三（$\delta^{13}C$）分析和氮十五（$\delta^{15}N$）分析。这些方法都以骨骼为基本研究材料，是分析人类食谱及迁徙情况的重要手段。

一　碳十三、氮十五分析

同位素碳十三、氮十五分析是用于研究古人食物结构状况的一种方法。人类吃什么与当时的社会生产力的发展水平，当地的自然环境状况，以及社会文化风俗等密切相关。同位素分析可以通过分析人骨中碳氮稳定同位素，获取与人类本身有关的食物结构的直接信息。

（一）碳十三分析

学者们曾对二里头遗址出土的22个人骨样品进行碳十三分析，这些样品的具体信息和碳十三值见表7-2。

表7-2　　　　　　　　　二里头遗址部分人骨碳十三分析结果

实验室编号	原编号	$\delta^{13}C$（‰）	C_4类百分比（%）	C_3类百分比（%）
SP1201	00YLIVT4H20⑥灰土带	-8.3	90	10
SP 1205	95YLⅣG3	-7.9	93	7
SP1208	85YLⅥT10M4	-8.3	90	10

续表

实验室编号	原编号	$\delta^{13}C$（‰）	C_4类百分比（%）	C_3类百分比（%）
SP1209	87YVIIT14M（M21?）	-7.7	95	5
SP1210	95YLIXM2	-8.9	85	15
SP1211	88YLVIIT3M1	-8.1	92	8
SP1213	85YLVIM6	-9.3	82	18
SP1214	95YLIXH3	-9.1	84	16
SP1217	89YLVIT5M55	-10.8	71	29
SP1220	87YLIXT6M9	-8.0	92	8
SP1224	2004YLVT72M17	-7.5	96	4
SP1225	2003YLVT35M12	-7.4	97	3
SP1226	87YLVIT2M23	-9.3	82	18
SP1227	2004YLVT1M1	-7.8	94	6
SP1229	95YLIXH3	-9.2	83	17
SP1232	04YLVT86H305M1	-9.2	83	17
SP1233	2003YLVT61M31	-8.4	89	11
SP1234	2004YLVT34M10	-8.2	91	9
SP1235	04YLVT86H305东部底层	-8.2	91	9
SP1238	2004YLVT86H305M3	-10.1	76	24
SP1236	89YLVIT95扩方	-17.5	19	81
SP1216	2002YLVT26M6	-15	38	62

表7-2显示，22个样品中只有两个比较例外，一个是样品SP1236，C_4类植物仅占19%，另一个是样品SP1216，C_4类植物为38%。而其他20个样品最高值为-7.4，最低值为-10.8，平均值为-8.6，相应地C_4类植物和C_3类植物百分比分别为97%，3%；71%，29%；88%，12%。可见明显地是以C_4类植物为主食。根据当地的环境状况以及考古学上的研究，C_4类植物中小米类的可能性比较大。

（二）氮十五分析

二里头遗址的氮十五分析完成5个（表7-3）。尽管氮十五分析个体数较少，但可以看出其中有两个是相对较高的，说明食肉程度较高。因为食草类动物的$\delta^{15}N$值一般在7、8左右，样品SP1209是属于比较高的，样品SP1216达到18以上则很少见，表明营养级非常高。SP1216是一名几岁儿童的骨样。再结合碳十三分析可以看出在他的主食中，C_4类植物的比例较低，C_3类植物的比例较高，明显地与众不同，很值得做进一步的考察。

表7-3　　　　　　　　　二里头遗址部分人骨氮十五分析结果

实验室编号	原编号	δ¹³C（‰）	C₄类百分比（%）	C₃类百分比（%）	δ¹⁵N（‰）
SP1205	95YLⅣG3	-7.9	93	17	10.8
SP1208	85YLⅥT10M4	-8.3	90	10	9.4
SP1209	87YLⅥT14M（M21?）	-7.7	95	5	12.4
SP1211	88YLⅦT3M1	-8.1	92	8	8.2
SP1216	2002YLⅤT26M6	-15	38	62	18.9

（三）与陶寺遗址的食性分析对比

从主食结构上看，陶寺遗址所分析的样品中 C_4 类植物百分比达到了97%，二里头遗址所分析的样品中 C_4 类植物百分比为88%，说明前者 C_4 类植物栽培程度应高于后者，而二里头遗址的 C_3 类植物的采集或栽培较之陶寺遗址多一些。但从总体上看，应该说这两个遗址与其他遗址，如安阳殷墟、北京房山琉璃河、山东教场铺、青海喇家等具有相类似的情况，即黄河流域是以粟类为主食的。如果所分析的遗址中人骨样品具有较强的代表性的话，二里头遗址与其他遗址相比还是 C_3 类植物稍多了一些，或许是来自采集，抑或是种植，也可能两者皆有。

氮十五分析可以显示食肉的情况，但由于二里头遗址所做的氮十五分析的数据较少，难以反映遗址的大致状况。仅由这几个数据相互比较，二里头遗址人类的食肉程度要高于陶寺遗址。与其他遗址相比较，如青海喇家遗址、山东教场铺遗址，这两个遗址虽有一定的食肉量，但其程度不是太高，而陶寺遗址比之明显还略低一些。

二　锶同位素比值分析

遗址出土的人体骨骼中的锶同位素比值反映的是个体去世前生活地区的特征，牙釉质中的比值则反映的是个体幼年时期生活地区的特征。同一个体的骨骼和牙釉质的锶同位素比值间存在着差别则表明个体发生过迁移。不同个体牙釉质的锶同位素比值在遗址当地的锶同位素比值范围内说明个体出生在本地，牙釉质的锶同位素比值在遗址当地的锶同位素比值范围外则说明个体出生在外地[1]。

研究选择了二里头遗址出土的39份人类遗骸样品作为研究对象，这些样品分别来自二里头文化二期、二里头文化三期、二里头文化四期、二里岗文化晚期地层，其时代特征、考古编号及取样部位等见于表7-4。

---

[1] Knudson K J, Tung T A, Nystrum K C et al., The origin of the Juch'uypampa cave mummies: Strontium isotope analysis of Archaeological human remains from Bolivia, *Journal of Archaeological Science*, 2005, 32（6）, pp. 903-913.

表7-4　　二里头遗址出土人类牙釉质和骨骼样品的背景

编号	出土单位	分期	性别	年龄	采样部位
1	2001YLⅤM1	二期	男	成年	肢骨
2	2002YLⅤM3	二期	男	30—35	肢骨
3	2004YLⅤM19：2	二期	男	45—50	肢骨
4	2004YLⅤM19：2	二期	男	45—50	牙
5	1972YⅤM55（北）	三期	男	青壮年	上肢骨
6	2003YLⅤT35④A	四期	女？	成年	下肢骨
7	2003YLⅤM13	四期	女	成年	下肢骨
8	2003 YLⅤM13	四期	女	成年	牙
9	2003YLⅤM12	四期	女	26—28	牙齿
10	2003YLⅤM12	四期	女	26—28	下肢骨
11	2004YLⅤM17	四期	男？	45 左右	下肢骨
12	2004YLⅤM17	四期	男？	45 左右	牙
13	2004YLⅤM18	四期	？	6 左右	上肢骨
14	2004YLⅤM18	四期	？	6 左右	牙
15	2004YLⅤM16	四期	？	7—8 岁	上肢骨
16	2003YLⅤM8	四期	女	中年	上肢骨
17	2003YLⅤM8	四期	女	中年	牙
18	2004YLⅤH305M2	岗早	女？	20—25	肢骨
19	2004YLⅤH305M2	岗早	女？	20—25	牙
20	2004YLⅤH305M1	岗早	女	25—30	肢骨
21	2004YLⅤH305M1	岗早	女	25—30	牙
22	2004YLⅤH305M3	岗早	男	25—30	头骨
23	2004YLⅤH305M3	岗早	男	25—30	牙
24	2002YLⅤH112	四期	男？	17—18	肢骨
25	2004 YLⅤH267	四期	女	35—40	牙
26	2004 YLⅤH267	四期	女	35—40	肢骨
27	2004YLⅤH262：2	四期	？	2—4	牙
28	2004YLⅤH262：2	四期	？	2—4	肢骨
29	2001YLⅤH17	岗晚	女	30 岁左右	肢骨
30	2001YLⅤH17	岗晚	女	30 岁左右	牙
31	2002YLⅤM6	岗晚	？	不到 1 岁	骨
32	2005 YLⅤG23：1	岗晚	女？	10—12 岁	牙
33	2005 YLⅤG23：1	岗晚	女？	10—12 岁	肢骨
34	2005 YLⅤG23：1	岗晚	女	25—30	牙
35	2005 YLⅤG23：1	岗晚	女	25—30	头骨
36	2002YLⅤH160	岗晚	女	成年	肢骨
37	2002YLⅤH160	岗晚	女	成年	牙

根据二里头遗址出土动物的考古学研究，选择了猪牙釉质样品来确定当地的生物可利用锶同位素比值范围。二里头遗址出土猪牙釉质的生物可利用锶同位素比值测定结果显示，二里头遗址当地的生物可利用锶同位素比值范围在 0.712276—0.711982 之间[①]，以此推断人类遗骸是当地的还是外来的。

根据二里头遗址出土古人类的 39 个牙釉质和骨密质样品的锶同位素比值测定数据所做柱状图（图 7-1）可明显看出，检测的 23 个个体的样品中，有 8 个个体的牙釉质和骨骼中锶同位素比值在遗址当地的锶同位素比值范围内，表明这些个体在遗址当地出生并度过一生。另外还应加上 7 个骨骼中锶同位素比值在遗址当地的锶同位素比值范围内的个体，因为这 7 名个体从年龄结构上看大多为青少年及幼儿，其外来的可能性较小。另有 1 个 45—50 岁的中年男性牙釉质中的锶同位素比值在遗址当地的锶同位素比值范围内，骨骼中的锶同位素比值在遗址当地的锶同位素比值范围外，表明该中年男性在遗址当地出生，牙釉质形成后迁移到其他地区生活，在去世前回到出生地或者死后又运回出生地埋葬。以上情况表明，本地个体占总数 69.6% 左右。

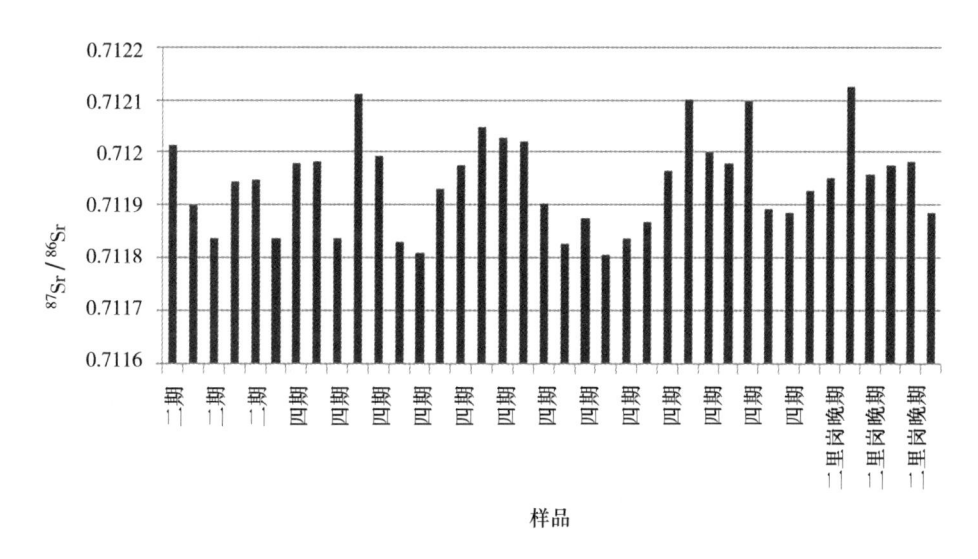

图 7-1 二里头遗址出土人类遗骸锶同位素比值柱状图

仅有 1 个青年女性牙釉质中的锶同位素比值在遗址当地的锶同位素比值范围外，而骨骼中的锶同位素比值在遗址当地的锶同位素比值范围内，表明此个体在其

---

① 赵春燕、李志鹏等：《二里头遗址出土动物的来源初探——根据出土动物牙釉质的生物可利用锶同位素比值分析》，《考古》2011 年第 7 期，第 68—75 页。

他地区出生，在牙釉质形成后迁入到遗址当地，并且生活一段时间，其骨骼中的锶同位素已经转换为当地的锶同位素。还有 4 个个体牙釉质和骨骼中的锶同位素比值都在遗址当地的生物可利用锶同位素比值范围外，表明个体在其他地区出生并生活，在进入到遗址当地不久后去世并埋葬在遗址当地，加上 2 个骨骼中的锶同位素比值都在遗址当地的锶同位素比值范围外的个体，外来者约占总数的 30.4% 左右。

此外，在本地个体中还有 5 名儿童，若从整体 23 个个体中减去 5 个儿童，成人个体就是 18 个，那么外来移民的比例将增至 38.9% 左右。总体而言，检测结果表明，二里头遗址的先民中本地人占多数，但也存在较高比例的外来移民。

检测的二里头遗址出土人类遗骸样品分别来自二里头文化二期、二里头文化三期、二里头文化四期、二里岗文化晚期。考虑到二里头文化二期、三期的个体数偏少，所以将样品划分为二里头文化时期和二里岗文化晚期两个大的时段来讨论。从图 7-1 不难看出，二里头文化时期的 18 个个体中，本地个体为 11 个，其余 7 个为移民，迁移比例高达 38.9%。而二里岗文化晚期出土的 5 个个体中，4 个是本地人，仅有 1 个是移民，迁移比例为 20%，与二里头文化时期相比明显减少。尽管检测的个体数不多，不一定代表二里头遗址人类迁移的全部情况，但仅以现有的结果论，二里头遗址居民的迁移比例在不同时期是有变化的。

第五节　古 DNA 分析[①]

人类分子考古学是基于对人类遗传多样性和分子进化速率的分析和研究，利用人类基因组的分子分析以及 DNA 遗传信息等分子生物学手段揭示人类起源、民族演化、古代人群的遗传结构、古代社会文化等多方面多层次的问题。利用分子考古学技术手段分析二里头遗址古代人群的遗传结构，追溯他们的历史与文化，对深入研究二里头文化具有重要意义。

一　材料与方法

本实验样本采集自河南省偃师市二里头遗址 1984 年到 1996 年间发掘出土的人骨材料，共 40 例个体，编号为 ELT01—ELT40（表 7-5）。

[①] 刘皓芳：《河南二里头遗址夏代人群的分子考古学研究》，博士学位论文，中国科学院，2011 年。

表 7-5　　　　　　　　　　　　　　　　本实验人骨样本信息

样品编号	采集部位	提取部位	样品所属区域和发掘年代
ELT01	肢骨	骨密质	Ⅸ区（1995年）
ELT02	头骨	骨密质	Ⅵ区（1984年）
ELT03	头骨	骨密质	Ⅵ区（1989年）
ELT04	头骨	骨密质	Ⅸ区（1987年）
ELT05	头骨	骨密质	Ⅳ区（1987年）
ELT06	头骨	骨密质	Ⅵ区（1986年）
ELT07	肢骨	骨密质	Ⅵ区（1989年）
ELT08	肢骨	骨密质	Ⅵ区（1987年）
ELT09	肢骨	骨密质	Ⅳ区（1986年）
ELT10	头骨	骨密质	Ⅸ区（1990年）
ELT11	肢骨	骨密质	Ⅸ区（1995年）
ELT12	肢骨	骨密质	Ⅵ区（1987年）
ELT13	肢骨	骨密质	Ⅸ区（1995年）
ELT14	肢骨	骨密质	Ⅸ区（1995年）
ELT15	肢骨	骨密质	Ⅳ区（1993年）
ELT16	牙齿	牙根	Ⅸ区（1995年）
ELT17	头骨	骨密质	Ⅸ区（1995年）
ELT18	头骨	骨密质	Ⅵ区（1987年）
ELT19	肢骨	骨密质	Ⅸ区（1995年）
ELT20	肢骨	骨密质	Ⅸ区（1995年）
ELT21	头骨	骨密质	TX区（1995年）
ELT22	肢骨	骨密质	TX区（1995年）
ELT23	头骨	骨密质	TX区（1995年）
ELT24	头骨	骨密质	Ⅸ区（1995年）
ELT25	头骨	骨密质	Ⅵ区（1989年）
ELT26	头骨	骨密质	Ⅵ区（1989年）
ELT27	头骨	骨密质	Ⅵ区（1989年）
ELT28	头骨	骨密质	Ⅸ区（1995年）
ELT29	头骨	骨密质	Ⅺ区（1988年）
ELT30	人骨	骨密质	Ⅵ区（1989年）
ELT31	头骨	骨密质	Ⅵ区（1985年）
ELT32	头骨	骨密质	Ⅳ区（1984年）
ELT33	肢骨	骨密质	Ⅵ区（1987年）
ELT34	肢骨	骨密质	Ⅵ区（1987年）
ELT35	肢骨	骨密质	Ⅸ区（1987年）
ELT36	肢骨	骨密质	Ⅳ区（1986年）
ELT37	肢骨	骨密质	Ⅸ区（1996年）
ELT38	肢骨	骨密质	Ⅵ区（1987年）
ELT39	肢骨	骨密质	Ⅵ区（1986年）
ELT40	头骨	骨密质	Ⅸ区（1995年）

为防止污染，样品采集时工作人员佩戴一次性无污染的手套、口罩、帽子，并使用一次性无污染工具采样。采集样本时，挑选保存状况较好、更小可能受到污染的样本，骨骼选用完整无裂缝的肢骨，牙齿选用表面光滑、无裂缝、牙根完好、粗壮且有下颌骨包裹的臼齿部位。同时为保证样本具有较好的代表性，尽可能排除有可能存在血缘关系的个体，并保证每个样本来自不同个体。研究者采用在距离较远的墓葬区分别采样，且对每个个体尽可能选择在相同的解剖学部位取样。

在整个实验过程中，样本采集和预处理、DNA提取、PCR扩增都严格按照古DNA操作规范和流程进行，以确保污染的控制和DNA数据的可靠性。DNA测序方法为Sanger法正反引物双向直接测序。获得的古DNA数据采用几种方法同时分析，包括序列比对、线粒体DNA单倍群/单倍型确定、群体遗传多样性分析、中介网络分析、群体历史动态分析、群体间分化程度分析、遗传距离计算、系统发育分析、多维尺度分析、主成分分析与主坐标分析等。

为了尽可能全面地从分子生物学的角度探讨二里头人群的去向问题，研究者选取了世界范围内的古今人群，遍布亚洲、欧洲、大洋洲、美洲、非洲等区域，并对中国大陆的人群进行了重点搜索，包括南北方汉族和少数民族（包括内蒙古蒙古族、达斡尔族、鄂温克族，青海蒙古族、藏族，西藏藏族，广西壮族，云南傣族、藏族等）。最终纳入对比分析的有110个古今人群、7732条个体序列。

二 结果与讨论

40个样本中，有28个样本的线粒体DNA高可变一区（HVRI）序列正反各测序结果一致，且不同对套叠引物扩增产物的重叠区域可以完全匹配，成功拼接成229bp（np 16155—16383）长度的连续片段。与CRS（剑桥标准序列）比较，这28个样本的DNA序列中共有20个变异位点，均为核苷酸取代，其中颠换3个，其余17个为转换。颠换均为A/C替代。这些变异位点在亚洲人群中都是常见变异类型。其中有27个样本进行了单倍群/单倍型归属，为A、B、D、M7、M*（D、M8、M10）N*（N9a）、F，均为亚洲特征性单倍群。此外，还在NCBI各数据库中对所得到的二里头人群样本序列进行BLAST搜索，寻找其在世界各地人群中的共享序列。

从二里头古代人个体序列的变异情况、单倍群/单倍型归属及频率、共享序列分布等方面的分析，初步认为二里头人群在序列变异模式和单倍群/单倍型分布上与亚洲人群非常接近，尤其是东亚东部、东北部和中国西北地区部分人群，说明他们之间遗传关系很近。从二里头人群内部关系分析看，其遗传多样性丰富，具有多母系起源，相互之间既有区别又有联系。核苷酸错配分布分析支持二里头人群经历了人口扩张，又经历了空间扩张。

从配对 F_{ST} 遗传距离来看，与二里头人群距离最近的是内蒙古东部蒙古族（F_{ST} = -0.0065）、山西汉族（F_{ST} = -0.0021）、山东青岛汉族（F_{ST} = -0.0018）和山东淄博汉族（F_{ST} = -0.0005）。说明二里头人群与这几个人群之间几乎没有遗传分化，他们的亲缘关系很近。

主坐标分析结果显示二里头人群与东亚人群聚在一起，并未看到二里头人群有涉足中亚、西亚、欧洲等中国境外以西地区的迹象，这与二里头遗址所处地理位置相符。与亚洲其他人群具体关系的主坐标分析结果显示，二里头人群与中国北方人群及其他东亚国家人群聚在一起。多维尺度分析、主成分分析与主坐标分析的结果一致。与中国北方人群以及日本本州、韩国、蒙古国蒙古人群一起重建系统发育树，结果显示二里头人群与内蒙古东部蒙古族、山西汉族和山东青岛汉族位于一个支系上，说明他们之间的遗传关系最近，这与配对 F_{ST} 距离值反映的关系一致。提示二里头人群对这些地区人群的基因库有更大的母系遗传贡献。除此之外，二里头人群与内蒙古中部蒙古族、青海汉族、陕西汉族和辽宁汉族的遗传关系也相对较近。

总之，本研究表明二里头人群遗传多样性丰富，且母系遗传来源丰富。这反映了二里头人群在种群发展历史上和所处历史时期都经历了人口扩张和空间扩张事件。此外，二里头遗址古代人群与现代山西、河南、山东汉族等黄河中下游地区人群有较近的遗传关系，这些地区恰是二里头文化分布的核心区和文化影响区。与内蒙古东部和中部的蒙古族人群、辽宁人群等也有较近的母系遗传关系，可能与二里头文化向北、东北方向的影响有关。

第八章

精神生活

第一节 墓葬

作为考古发掘中时常遇到的迹象,墓葬集中体现了古人的生死观、宗教观及礼制观等思想,是我们透视古代先民精神世界的重要窗口。本节在梳理二里头文化墓葬的考古发现及研究简史的基础上,对二里头文化墓葬的等级、分布形态及相关问题予以梳理,以了解其背后所反映的精神生活。

一 发现与研究概况

自二里头遗址发现迄今,考古工作者已在该遗址发现二里头文化墓葬400多座,具体情况如下。

1959—1978年在遗址共发掘108座[1]。

1980年在遗址Ⅴ区发掘1座,Ⅵ区发掘6座[2]。1980—1981年在Ⅲ区发掘6座[3]。1981年在Ⅴ区发掘6座[4]。1982—1983年在Ⅸ区发掘21座[5]。在Ⅳ区发掘近50座[6]。

---

[1] 中国社会科学院考古研究所:《偃师二里头（1959年—1978年考古发掘报告）》,中国大百科全书出版社1999年版,第69—74、122—137、240—259、335—346页。

[2] 中国社会科学院考古研究所二里头工作队:《1980年秋河南偃师二里头遗址发掘简报》,《考古》1983年第3期,第199—205、219页。

[3] 中国社会科学院考古研究所二里头工作队:《1980年秋河南偃师二里头遗址发掘简报》,《考古》1983年第3期,第199—205、219页;中国社会科学院考古研究所二里头工作队:《偃师二里头遗址1980—1981年Ⅲ区发掘简报》,《考古》1984年第7期,第582—590页。

[4] 中国社会科学院考古研究所二里头工作队:《1981年河南偃师二里头墓葬发掘简报》,《考古》1984年第1期,第37—40页。

[5] 中国社会科学院考古研究所二里头工作队:《1982年秋偃师二里头遗址九区发掘简报》,《考古》1985年第12期,第1085—1093、1108页。

[6] 郑光、杨国忠等:《偃师县二里头遗址》,《中国考古学年鉴·1984》,文物出版社1984年版,第128—129页。

1984年在Ⅳ区发掘40余座①，在Ⅵ区发掘十余座②。1985年在Ⅵ区发掘20多座③。1986年在Ⅵ区发掘18座④。1987年在Ⅵ区发掘56座⑤，在Ⅴ区发现铜器墓1座⑥。1989年在Ⅵ区发掘6座⑦。1994年在Ⅻ区发掘3座⑧。1995年在Ⅸ区发掘30座⑨。1997年在Ⅱ、Ⅴ区发现5座⑩。

在1999—2006年的发掘中，出土有人骨的遗迹单位共计61处，在Ⅲ、Ⅴ区均有发现，其中土坑竖穴墓22座（3座系早年清理，本轮发掘时补充清理，并提取人骨），瓮棺葬1座。此外，在灰坑、灰沟中出土有完整人骨的全尸葬遗迹9处（灰坑8处，灰沟1处），在地层、灰坑、灰沟中出土有人骨的遗迹30处。从年代上看，22座土坑竖穴墓中，有19座属于二里头文化，3座属于二里岗文化；瓮棺葬属于王湾三期文化；全尸葬自二里头文化四期晚段开始出现，二里岗文化晚期数量最多；乱葬现象在二里头文化二期开始出现，四期晚段数量最多⑪。

2011年，在遗址5号基址的北院和中院的院内分别发现有二里头文化二期的贵族墓葬，但除了笼统的随葬品器类简介之外，墓葬的详细情况尚未公布⑫。

此外，还在河南郑州洛达庙、上街，陕县七里铺，荥阳西史村、大师姑，巩县稍柴，登封王城岗、南洼，洛阳东干沟、东马沟、吉利东杨村，伊川白元、南寨，偃师灰嘴，渑池鹿寺、郑窑，淅川下王岗，驻马店杨庄、上坡；山西夏县东下冯；陕西商州东龙山等遗址发现有二里头文化墓葬⑬。

与墓葬的考古发现相比，对它的专门研究则相对滞后，始于20世纪80年代中期，迄今大体可以分为以下2个阶段。

---

① 郑光：《偃师县二里头遗址》，《中国考古学年鉴·1985》，文物出版社1985年版，第162—163页。
② 中国社会科学院考古研究所二里头工作队：《1984年秋河南偃师二里头遗址发现的几座墓葬》，《考古》1986年第4期，第318—323页。
③ 郑光、杨国忠等：《中国考古学年鉴·1986》，文物出版社1988年版，第146—147页。
④ 郑光、杨国忠等：《中国考古学年鉴·1987》，文物出版社1988年版，第178—180页。
⑤ 中国社会科学院考古研究所二里头工作队：《1987年偃师二里头遗址墓葬发掘简报》，《考古》1992年第4期，第294—303页。
⑥ 中国社会科学院考古研究所二里头工作队：《河南偃师二里头遗址发现新的铜器》，《考古》1991年第12期，第1138—1139页。
⑦ 杜金鹏：《偃师二里头遗址》，《中国考古学年鉴·1990》，文物出版社1991年版，第243—244页。
⑧ 岳洪彬：《偃师二里头遗址》，《中国考古学年鉴·1995》，文物出版社1997年版，第163—164页。
⑨ 郑光：《偃师二里头遗址》，《中国考古学年鉴·1996》，文物出版社1998年版，第167—168页。
⑩ 郑光：《偃师二里头遗址》，《中国考古学年鉴·1998》，文物出版社2000年版，第150—151页。
⑪ 中国社会科学院考古研究所编：《二里头（1999—2006）》，文物出版社2014年版，第46、50页。
⑫ 赵海涛、许宏等：《河南偃师二里头遗址宫殿区考古新收获》，《2011年中国重要考古发现》，文物出版社2012年版，第51页。
⑬ 李志鹏：《二里头文化墓葬研究》，《中国早期青铜文化——二里头文化专题研究》，科学出版社2008年版，第2页。

第一阶段是20世纪80年代中后期至90年代中期,这是二里头文化墓葬研究的起步阶段。此阶段的研究内容涉及墓葬发现、分类、葬式、随葬品、葬俗等方面,但研究的着眼点主要是二里头文化的性质和夏商文化分界等问题①。这与当时整个夏商文化研究大的学术背景和研究趋向有关。

第二阶段是20世纪90年代后期至今。这一阶段研究的主要内容涉及二里头文化墓葬在遗址内的分布、埋葬方式的来源②,特定地区如洛阳地区二里头文化时期墓葬研究③,综合研究④,用玉制度⑤,特殊墓葬研究⑥,与其他时期文化墓葬的比较研究⑦,及对相关葬俗葬仪的研究⑧。总体看来,这一时期呈现出综合与深化研究的趋势,资料统计更为详尽,研究的问题也更为全面细致。

二 墓葬等级及相关问题

等级分析是墓葬研究的基本内容之一。通过这一研究,可以了解当时社会的社会结构、礼制观念及它们的历时性变化等问题。

(一) 墓葬等级划分

李志鹏曾结合墓圹面积、葬具和随葬品的情况,对二里头文化墓葬做过等级划分⑨。从现有的资料来看,当时对二里头文化墓葬的等级划分大体还是比较合适的,这里仅略做调整。

---

① 刘绪:《从墓葬陶器分析二里头文化的性质及其与二里岗期商文化的关系》,《文物》1986年第6期,第48—54页;杨锡璋:《由墓葬制度看二里头文化的性质》,《殷都学刊》1987年第3期,第17—23页;缪雅娟、刘忠伏:《二里头遗址墓葬浅析》,《文物研究》第三期,黄山书社1988年版,第21—34页;郑若葵:《论二里头文化类型墓葬》,《华夏考古》1994年第4期,第63—81页;郑光:《二里头陶器文化论略》,《二里头陶器集粹》,中国社会科学出版社1995年版,第1—27页。

② 袁广阔:《河南二里头文化墓葬的几个问题》,《考古》1996年第12期,第62—69页。

③ 张剑:《关于洛阳二里头文化时期墓葬的几个问题》,《夏商周文明研究》,中国文联出版社1999年版,第150—171页。

④ 李志鹏:《二里头文化墓葬研究》,《中国早期青铜文化:二里头文化专题研究》,科学出版社2008年版,第1—123页。

⑤ 陈雪香:《二里头遗址墓葬出土玉器探析》,《中原文物》2003年第3期,第23—37页。

⑥ 黄建秋:《二里头遗址三座出土铜牌饰墓葬分析》,《东南考古研究》(第三辑),厦门大学出版社2003年版,第327—333页;许宏:《二里头遗址"1号大墓"学案综理》,《中原文物》2017年第5期,第37—46、76页。

⑦ 杨冠华:《二里头文化与二里岗文化墓葬比较研究》,硕士学位论文,北京大学,2004年;邰向平:《王湾三期文化至二里头文化埋葬方式的演进》,《早期夏文化与先商文化研究论文集》,科学出版社2012年版,第141—150页;燕飞:《龙山文化墓葬与二里头文化墓葬的比较研究》,硕士学位论文,郑州大学,2013年。

⑧ 方辉:《论史前及夏时期的朱砂葬——兼论帝尧与丹朱传说》,《文史哲》2015年第2期,第56—72页;张国硕、贺俊:《试析夏商时期的朱砂奠基葬》,《考古》2018年第5期,第79—89页;许鑫城:《资源与族群:史前至殷墟时期朱砂研究》,硕士学位论文,中国社会科学院研究生院,2018年。

⑨ 李志鹏:《二里头文化墓葬研究》,《中国早期青铜文化:二里头文化专题研究》,科学出版社2008年版,第1—123页。

需要注意的是，二里头遗址曾发现的所谓的"1号大墓"，可以确定并非墓葬①。该"墓"发现于1978年秋对二号宫殿基址的发掘中，最早见于发掘简报（以下简称《简报》）②，编号为M1，学术界习称"1号大墓"。《简报》的结语部分评述道："二号宫殿遗址北部有一与之同时的大墓。规模与殷墟妇好墓相当，这是我国迄今所知最早的大墓。它在整个建筑中所处的地位，它们之间有无主从关系，二号宫殿遗址是否属宗庙之类的建筑，都是值得我们思考的。"这一论断基本为学术界日后所沿用，凡较早对二里头文化墓葬进行系统梳理的论文，都将该"墓"作为唯一的大型墓加以讨论。

杜金鹏最早对该遗迹为墓葬说持否定态度③。中国社会科学院考古研究所二里头工作队2002年春季对已回填的"1号大墓"进行了再发掘，确认其并非一座大墓，并在《二里头（1999—2006）》报告中给出了推断意见："所谓的长方形墓坑及墓内'皆经过夯打'的填土，应为挖建水井之前为防止井壁坍塌而挖建、夯打的基础坑，所谓的盗洞，应为水井之井筒"④，即确认1号大墓实为水井。

剔除原来确定为1号大墓的墓葬后，二里头文化目前发现的墓葬可以分为Ⅰ级墓—Ⅴ级墓5个等级。

Ⅰ级墓：竖穴土圹墓，墓穴面积多在2平方米以上，墓圹长度一般在2米以上，宽度在1米左右。常见随葬品除了普通陶器外，有青铜器（包括爵、盉、斝、觚⑤、鼎等青铜容器，镶嵌绿松石铜牌饰，铜铃，戚、戈、钺⑥等青铜武器，工具类的青铜刀，铜圆形器等）、玉器（包括璧戚、圭、璋、钺、戈、多孔玉刀等礼仪用玉，柄形器等身份类佩玉，半月形器、尖状饰、管状镯、鸟首玉饰等装饰品玉器），绿松石饰品和绿松石龙形器等镶嵌绿松石片的大型器，比较精致的陶礼器（如爵、鬶、盉、觚等白陶器），通常还有漆器和圆陶片。有的墓葬随葬有较多海贝。墓中一般铺撒朱砂，多发现有木棺，有的为漆棺。

需要说明的是，由于被盗或被扰动的墓葬占了很大一部分，此类Ⅰ级墓中的随葬

---

① 许宏：《二里头遗址"1号大墓"学案综理》，《中原文物》2017年第5期，第37—46、76页。
② 中国社会科学院考古研究所二里头队：《河南偃师二里头二号宫殿遗址》，《考古》1983年第3期，第206—216页。
③ 杜金鹏：《二里头遗址宫殿建筑基址初步研究》，《考古学集刊》第16集，文物出版社2005年版，第170—236页。
④ 中国社会学院考古研究所：《二里头（1999—2006）》，文物出版社2014年版，第832页。
⑤ 1987YLVM1为被盗扰后清理，据现场目击者回忆，一件器形类似铜觚，但已无法追回。参见中国社会科学院考古研究所二里头工作队《河南偃师二里头遗址发现新的铜器》，《考古》1991年第12期，第1138—1139页。
⑥ 2000年二里头遗址曾发现一件采集的铜钺，据分析，出于墓葬的可能性较大。这是迄今为止所发现的中国最早的青铜钺。参见中国社会科学院考古研究所二里头工作队《河南偃师市二里头遗址发现一件青铜钺》，《考古》2002年第1期，第31—32页。

品的不少器类并不完整，有的铜器已经缺失。将此类墓葬归入Ⅰ级墓，主要是考虑到墓葬的规模和随葬的玉礼器等随葬品的数量和规格，同时结合保存较好、未遭盗扰的墓葬的形制规模和各类随葬品的关联性后所做出的推断。另外有个别出有玉礼器的墓，从随葬品的丰富程度和玉礼器的规格来看并不逊色于一般铜器墓，也可以考虑将其归入Ⅰ级墓。

Ⅱ级墓，一般都随葬有陶质酒礼器。此类墓一般只随葬有1件玉礼器，随葬品的丰富程度与Ⅰ级墓相差甚远，因此玉礼器的数量是该级别墓葬等级地位的一个重要表征。细致看来，可将此类墓进一步细分为ⅡA级墓和ⅡB级墓。

ⅡA级墓：竖穴土圹墓，墓穴面积一般在1.2平方米以上，有较多朱砂，一般随葬成组陶质酒器、玉礼器和圆陶片，或者一定数量的玉器、绿松石器饰品，有的随葬有漆器、海贝。经常发现木质葬具的痕迹。

ⅡB级墓：竖穴土圹墓，墓穴面积多数在1平方米左右，随葬有陶质酒礼器等。有的墓随葬有少量小件玉器、绿松石器饰品、漆器等，偶尔出有石质柄形器、石钺等或海贝。部分墓中有木棺、朱砂。

Ⅲ级墓，可以分为以下两类。

A类：竖穴土圹墓，墓穴面积在二里头文化四期以前一般在1平方米以下，四期一般超过1平方米（尤其是二里头遗址以外的地点），基本无木质葬具，仍有少量的墓有朱砂。随葬少量日用陶器或其他生活用品，基本不见陶质酒礼器。

B类：窑洞墓，即葬死者于废弃窑洞中，仅见于东下冯遗址。

Ⅳ级墓：竖穴土圹墓，墓穴面积一般在0.8平方米以下，无随葬品。

Ⅴ级墓：乱葬墓。即死者没有正常的墓穴，而是弃置于灰坑中与地层中，这些灰坑或是有意挖成的圆形浅穴，或为废弃的窖穴，或是一般的灰坑、灰沟。有的是单人独葬，有的是多人丛葬；有的尸骨完整，有的则凌乱不全或身首异处。

乱葬墓有一部分其实是祭祀坑，很多学者并不将其作为墓葬。但是无论称为乱葬墓还是称为乱葬坑或祭祀坑，这类对死者特殊处理的遗迹，其实和正常墓葬一样，反映了死者生前的社会地位，是研究社会等级结构不可或缺的资料。故而应该视之为特殊的墓葬。

（二）数量分析

截止到2003年年底，可以确定期别的二里头文化墓葬有265座。统计表明（表8-1），第Ⅰ级墓有24座，第ⅡA级墓有6座，第ⅡB级墓有54座，第Ⅲ级墓有76座，第Ⅳ级墓有61座，第Ⅴ级墓有44座。虽然2003年到2006年有些新增的材料，但各级墓葬的数量与比例没有大的变化。

第八章 精神生活

表8-1　　　　　　　　　　二里头文化不同等级墓葬数量统计表　　　　　　　　　　单位：座

	I	IIA	IIB	III	IV	V	合计
一期	0	0	5	4	2	0	11
二期	3	1	29	19	16	6	74
三期	13	4	11	21	23	23	95
四期	8	1	9	32	20	15	85
合计	24	6	54	76	61	44	265

此外在二里头遗址中，各级墓葬在遗址各区所发现的数量有多有少。统计表明（表8-2），I级墓一般分布于宫殿区（V区）及其周围，尤其是宫殿区和二里头遗址北部III、VI区较为集中。但是迄今为止几乎二里头遗址各个区域都发现过I级墓，似乎并不存在绝对的不同身份、不同等级的不同埋葬区域。II级墓相对集中于IV、V、VI、IX区，不过这也可能与考古工作开展得较多有关。III级、IV级墓则在多数区域都有发现。乱葬墓相对集中在祭祀区（VI、IX区南部）、铸铜作坊（IV区）或宫殿区及其附近（V、VI区），而尤以宫殿区及其附近与祭祀区数量最多。

表8-2　　　　二里头遗址各区不同等级墓葬数量统计表（截止到2006年年底）　　　　单位：座

墓葬等级＼区域	II	III	IV	V	VI	VII	VIII	IX	XII	二里头遗址合计
I级墓	1	5	1	10	5	1	1	1		25
IIA级墓			1	1	1			1		4
IIB级墓			9	10	8			11		38
III级墓	2	3	2	12	9		1	3		32
IV级墓		1	4	10	3			5		23
V级墓	3	3	5	46	若干		10		1	68以上
合计	6	12	22	89	26以上	1	12	21	1	190以上

（三）结构分析

从社会结构来看，I级墓的墓主身份可大致推断为中等贵族，若根据墓圹规模、随葬品数量还可以做更细密的划分，其内部应该有一定的身份差别；IIA、IIB级墓为小贵族墓，二者存在一定的身份差别；III、IV级墓的数量基本相当，前者一般随葬1—4件日用陶器，后者一无所有，墓主身份可能均为平民，二者之间的差别可能主要是贫富差别；V级墓为乱葬墓，墓主为非正常死亡者，多数身首异处，其死亡原因不一而定，不少可能为祭祀时的人牲。

因此，可将上述五个级别的墓葬又归为四个大等级：第Ⅰ级墓为甲类墓，ⅡA、ⅡB级墓为乙类墓，Ⅲ、Ⅳ级为丙类墓，Ⅴ级墓为丁类墓。甲、乙、丙三个等级的墓葬数量与其等级呈反比，墓葬等级越高，数量越少，形成了金字塔式的等级结构。至于丁类墓，数量略低于乙类墓。如果考虑到此类墓基本为非正常死亡者，且多数为遭暴力致死，这一数量还是比较大的。

分析表明，较之龙山时代的陶寺文化和山东龙山文化，二里头文化墓葬等级结构并没有显得更为复杂。陶寺文化和山东龙山文化各类墓葬在数量上已经呈现金字塔式的比例关系，说明龙山时期已经出现严重分化的等级制社会结构。二里头文化的墓葬等级结构与之相比，似乎并没有在其基础上向前发展。但这个问题需要具体分析。陶寺文化和海岱龙山文化发现的大型墓一般只有数座，凸现出墓主地位的特殊性，而二里头文化中Ⅰ级墓已发现20余座，从数量和墓葬内涵来看很可能不是二里头文化中最高等级的墓葬，大型墓葬还有待考古发现。因此，二里头文化墓葬等级结构的实际情况可能要比现在考古资料所见的更为复杂。

二里头文化社会的复杂性可能更多地体现在其社会等级的制度化和礼器制度的规范化上。首先，二里头文化不同墓葬等级差别表现在随葬品上不是以量区分，而是以铜器、玉器和白陶器等礼器的有无和组合来体现。这与龙山时代的所谓"前铜礼器"以量取胜的倾向截然不同。而二里头文化墓葬目前所发现的最高等级墓葬出现随葬青铜器尤其是青铜礼器的现象，这在龙山时代则不见或偶见。其次，礼制虽然在龙山时代各区域考古学文化中已经出现，但"前铜礼器"的种类、形制和组合各有特色，其分布地域往往有限，自身文化因素也未能像二里头文化那样做跨地域的播化①。但到了二里头文化时期，在其分布的广大区域内，不同层级的聚落遵守等次有序的墓葬等级制度，如Ⅰ级墓仅发现于二里头遗址，ⅡA、ⅡB、Ⅴ级墓也主要发现于二里头遗址，可以大体看出二里头文化墓葬等级和二里头文化遗址的聚落等级有相对应的关系。同时，在使用身份礼器上也严格一致，已形成礼仪制度跨地域的统一定制，表明当时社会可能由若干相互竞争的政治实体并存的局面迈入广域王权国家阶段。

二里头文化社会的进一步复杂化还反映在其墓葬等级构成上，主要表现为乱葬墓数量的增多。二里头文化乱葬墓仅在二里头遗址就发现了数十座，接近乙类墓的数量，这是二里头文化社会中暴力制度化和祭用人牲规模化的有力证据。虽然很多学者都认为龙山时代的暴力使用已经制度化②，但与之相关遗存的发现数量仍然有限，地

---

① 许宏：《礼制遗存与礼乐文化的起源》，《古代文明》第3卷，北京大学出版社2004年版，第87—101页。
② ［美］张光直：《古代中国考古学》，印群译，辽宁教育出版社2002年版，第299页。

点也较为分散，不少显示出战争或袭击的迹象。在二里头遗址中，从诸多考古现象来看，其社会内部显示出稳定的一面，大量的乱葬墓中的人骨不应是战争中死者的遗骸。乱葬墓往往分布在遗址的祭祀场所、铸铜遗址，从骨架保存状况来看，或肢骨残断，或身首异处，或头骨和零碎肢骨堆在一起，有的明显遭活埋，致死的方式虽然各不同，但显然都是暴力致死。

此外，墓主年龄构成的分析也是研究社会结构的一个重要方面。如果未成年人也随葬有身份标志物或奢侈品，处于较高的墓葬等级序列，一般认为与当时的社会分化与世袭制有关，因为人的社会地位不平等是与生俱来的。分析表明，二里头遗址中的一些未成年人墓葬属于第IIB等级墓，随葬有盉、爵、觚等陶质酒礼器，有的还随葬有漆器，铺有朱砂。除了I、IIA级墓外，其他等级都较齐全，和成年人墓葬等级结构大体相同。另外有一些墓，如二里头1984VIM6墓坑长度仅1.50米，但出土铜爵、玉柄形器、绿松石器、陶酒器，墓葬级别为第I等级墓葬。此墓墓主为成年女性和未成年人的可能性都有。这样看来，二里头文化中未成年人墓葬等级并不一定低，至少有的未成年人墓葬中随葬陶质酒礼器、漆器等，有的甚至可能随葬有更高级别的礼器如铜器、玉器等。这反映了当时社会的一个侧面，即社会的分层与分化已经发展到较高的阶段，出现社会地位世袭制[①]。

（四）随葬品分析

二里头文化墓葬中已经形成依照等级的高低而等差有序地随葬不同材质的器物尤其是礼器的制度，特别是青铜礼器的有无和数量业已成为等级身份的核心表征物。二里头文化I级墓中普遍使用青铜礼器、玉礼器、陶礼器、漆礼器，而II级墓中陶礼器使用则最为普遍，等级稍高的墓中还使用玉礼器、漆器等，只不过数量较之I级墓有所递减。二里头文化III级以下墓葬则只见日用陶器。

具体来讲，出土铜器的墓葬目前仅见于I级墓，主要包括爵、盉、斝、觚[②]、鼎、铜牌饰、铜铃、戚、戈、钺、刀、圆形器等。值得强调的是，爵是二里头文化墓葬发现的青铜酒礼器中的核心，发现数量最多，而其他器类发现的数量寥寥。

随葬的玉器主要有圭、璋、钺、璧戚、戈、多孔刀、柄形器、铲、圆箍形饰、板、铃舌、鸟首玉饰、月牙形器、坠饰、尖状饰，以及大量的绿松石片、管、串珠和其他镶嵌绿松石器等。这些玉器可分为礼仪用玉（包括礼仪类武器）、身份类佩玉、

---

① 李志鹏：《二里头文化墓葬研究》，《中国早期青铜文化：二里头文化专题研究》，科学出版社2008年版，第1—123页。

② 1987YLVM1为被盗扰后清理，据现场目击者回忆，一件器形类似铜觚，但已无法追回，参见中国社会科学院考古研究所二里头工作队《河南偃师二里头遗址发现新的铜器》，《考古》1991年第12期，第1138—1139页。

装饰品三大类。前者主要包括璧戚、圭、璋、钺、戈、多孔玉刀等,它们主要见于二里头文化三期以后的 I 级墓,常与铜器、陶礼器及漆器等共出。身份类佩玉主要指柄形器,迄今墓葬中出土了 16 件,数量远远高于其他器类,主要见于 I 级墓和 II 级墓中。装饰品玉器如果不计绿松石器,则数量甚少,种类包括半月形器、尖状饰、管状镯、鸟首玉饰等,在李志鹏统计的 32 座玉器墓中①,只有 4 座有玉器饰品,并且只出于 I 级墓。出土绿松石饰品的墓葬数量较多,在 32 座玉器墓中有 28 座有绿松石饰品出土,种类有珠、管、三角形饰、眼形饰等,其中最多是以珠、管、片的器形出现。绿松石片在 I 墓葬中出土往往大量出土,有的数百枚甚至更多,其中有些是由个体组合为一个整体出现,如 2002 年在二里头遗址宫殿区 M3 发现一件身用 2000 余片各种形状的绿松石片组合而成的龙形器。

随葬的陶质酒礼器是指爵、斝、盉、觚等。它们有不同功用,通常配套使用,成为完整的组合。其中陶爵为饮器,有可能兼做温器,斝、盉则为斟灌、盛储、温煮之酒器②,觚亦为饮器,但主要是作为陶礼器组合的辅助器类。二里头文化陶礼器不少为白陶制成。二里头文化一期晚段,白陶斝、盉、爵开始出现,二期大量流行,三、四期的陶礼器多为细泥灰陶,其原料中是否有高岭土的成分,还需要进一步分析。觚则未见有白陶制成的,这与觚在陶礼器中的地位是相应,即主要作为陶质酒礼器组合的辅助器类。

随葬的漆器主要有觚、匜、豆、盒、钵、匕、勺、瓢状器等,还有漆鼓、漆棺③。这些漆器可以大致分为四类,一类为酒器,如觚为盛酒器和饮具,勺、瓢状器可能为挹酒之器;一类为食器,如豆、钵;一类为乐器,如鼓;一类为日用杂器,如盒、匜等。其中某些漆器如觚是与铜、玉、陶器一起构成完整的礼器群,共同行使礼器的职能。I 级墓出土的漆器器类有觚、豆、盒、钵、鼓等,多数墓中出土漆器不止 1 件。漆器中数量最多的为漆觚,在 I 级墓中一般与铜爵、陶盉配组,也有与陶盉配套的。

(五)历时性变化

文化总是在发展演变之中,反映在墓葬上,就是墓葬的规模、随葬品数量与组合,以及不同等级的墓葬数量结构在不同时期存在着历时性的变化。

1. 墓葬规模、随葬品数量与组合

统计表明,二里头文化各期不同等级墓葬的墓圹长宽(尤以宽度反映更为明显)、

---

① 李志鹏:《二里头文化墓葬研究》,《中国早期青铜文化:二里头文化专题研究》,科学出版社 2008 年版,第 1—123 页。
② 杜金鹏:《陶爵——中国古代酒器研究之一》,《考古》1990 年第 6 期,第 519—530、564 页。
③ 中国社会科学院考古研究所:《中国考古学·夏商卷》,中国社会科学出版社 2003 年版,第 117—118 页。

圆陶片、铜器、玉器的数量随着墓葬等级由高往低呈递减趋势。具体而言，二里头文化三、四期Ⅰ级墓随葬的铜器、玉器数量要明显多于二期之前，这与二里头文化墓葬在三期以后才出现铜礼器以及文化的进一步繁荣、发展有关。二期Ⅱ级墓平均随葬的陶礼器数量远多于Ⅰ级墓，同时也多于三、四期同等级墓的陶礼器数量。主要原因可能是二里头文化二期晚段才出现铜器，在这一时期，墓葬的等级差别大概主要体现在陶礼器（主要是白陶器）的组合和数量上。直到二里头文化三期铜礼器出现，白陶礼器的地位才开始下降，三、四期的Ⅱ级墓内部陶礼器的数量差别不大，墓葬中尚未见有超过3件以上陶礼器的个例。

就随葬品组合来看，Ⅰ级墓的历时性变化最为显著。在二里头文化二期，铜器以单个铜铃或铜铃和牌饰为基本组合，同时未遭破坏的墓葬中都随葬有陶酒器盉或爵和圆陶片，陶爵、盉和漆器中的觚形成完整的酒器组合。同时有的墓有柄形器或钺等玉礼器伴出，但由于铜器墓葬数量太少，无法进行深入的讨论。

到二里头文化三期，铜爵在Ⅰ级墓中已十分流行，成为铜器组合的核心，与戚、戈、刀等武器、工具类铜器共出。这一期铜圆形器也较为流行。铜礼器只有单爵一种，个别墓随葬2件铜爵。铜礼器与陶质酒礼器相匹配的组合已基本成为定制，以铜爵、陶盉的组合最常见，另外也有铜爵与陶盉、爵相匹配的组合。出漆器的墓葬还以漆觚与铜爵、陶盉相配。总之，爵、盉（早期是鬶）是必出的组合，另外从此期开始，铜爵、陶盉在墓葬中也一般摆放在一起。圆陶片基本成为铜器墓必出的器物，而且其数量多寡一般与随葬品的丰富程度和墓葬等级高低有着对应关系。玉器则有柄形器、圭、璋、璧戚、戈、铲形器等，因为完整的铜器墓数量太少，很难看出哪类玉礼器和铜礼器构成固定的组合，或者铜礼器主要是和玉礼器形成一种群体上的组合。

二里头文化四期的8座Ⅰ级墓葬中，2座被扰，2座资料发表的不全。4座保存完整的墓中，铜礼器组合主要是爵；爵、斝；爵、铃、牌饰三种。另外鼎、斝、觚大概也出自同一座墓，可能代表一种新的组合，但还有待将来田野工作证实。铜礼器和陶礼器的组合和三期相同，仍然基本是铜爵、陶盉的组合，但也略有变化，如出现了铜爵1、斝1与盉2的组合，以及铜爵与陶爵、盉的组合。圆陶片的情况与三期类似，仍然是铜器墓必出的身份象征物。铜礼器与玉柄形器形成一个固定的组合，圭、璋、璧戚、钺、戈、刀等则与铜礼器的组合不固定。

二里头文化Ⅱ级墓一般只随葬有1件玉礼器，随葬品的丰富程度与Ⅰ级墓相差甚远。在二里头文化一期晚段此类墓葬中，陶鬶、爵、盉、觚都已经出现，虽然墓葬发现数量很少，但一些基本的组合形式已经大体形成，如陶觚、爵搭配以及陶觚搭配陶爵、盉。二里头文化二期阶段墓葬随葬的陶礼器组合形式比较丰富，以盉（或鬶）、爵（角是爵的一种变体）组合为主，鬶、盉为同类器，鬶主要见于二期早段，二期晚段逐渐少见。在二期的组合中盉（鬶）、爵（角）的重要性相当，单盉（鬶）出现的频率要高于爵。觚在此期也是一种较为常见的酒器，常与爵（角）、盉（鬶）构成组合。二里头文化二期墓葬陶礼器组合形式的丰富多样，反映了这一期陶礼器的重要性，即墓葬等级主要以陶礼器来区分。而且陶礼器数量越多和组合形式越复杂的墓葬，一般拥有的日用陶器也相应较多，有的还拥有少量的铜器、玉器、绿松石器饰品和圆陶片。可见在陶礼器墓中还以陶礼器的数量和组合来显示地位和财力的差别。二里头文化三期墓葬中陶爵与陶盉的组合成为唯一的陶礼器组合形式，鬶、角、觚都逐渐退出了陶礼器的行列，基本不见。单独出现的陶质酒礼器中，未见单爵的形式，除了三期早段偶尔见到单觚存在，单盉基本成为唯一的形式，这说明在陶质酒礼器中盉可能比爵的地位更为重要。四期陶礼器的组合形式与三期类似。此外，Ⅱ级墓一般只有1件漆器，能辨器形者只有觚，Ⅱ级墓中一般与陶爵、陶盉或仅与陶盉配组。

总的来看，在铜礼器未出现之前，二里头文化墓葬中的礼器系统主要由玉礼器和陶礼器组成。二里头文化一期只发现有陶礼器，二期则只发现了玉柄形器和钺。玉礼器和陶器的组合就目前的发现仅有两类：柄形器、陶爵、陶盉；柄形器、盉。白陶礼器在这一期最为普遍，组合形式丰富多样，在墓葬礼器系统中扮演了维系丧葬礼制的角色。玉礼器则在身份等级相对较高的墓葬中出现。二里头文化二期晚段开始出现铜铃和牌饰，礼器系统中铜器的重要性开始凸现。同时漆器也有发现。铜器、陶礼器、玉器、漆器在一些墓葬中共出，构成较为完整的礼器组合。二里头文化三期铜礼器开始出现，铜爵、陶盉、漆觚的组合成为Ⅰ级墓中最基本的酒礼器组合形式，铜爵与陶爵、陶盉的组合也较为常见。玉礼器到了三期，数量和器类都出现大的发展，出现用玉的高峰，成为二里头文化时期礼器群体的重要组成部分。除了玉柄形器之外，玉礼器和铜礼器主要是一种群体上的组合。二里头文化四期则基本延续了三期的发展。

2. 不同级别墓葬数量的变化

从图8-1可以看出，二里头文化一期因为墓葬发现数量较少，目前只能简单分为两个等级，无法做更多的讨论。

二里头文化二期晚段开始出现甲类墓，但数量仍然有限。乙类墓数量增多，只略低于丙类墓。丁类墓也开始出现。考虑到考古发掘工作的复杂性和偶然性，我们可以说，至迟不晚于二里头文化二期晚段，其墓葬结构形成了四个等级，墓葬等级结构呈现复杂化的趋势。

二里头文化三期延续了前一阶段的发展趋势，甲类墓、丁类墓数量增多，后者尤为明显。它们位于二里头文化墓葬等级结构的两端，数量上出现的新的变化，可能意味着社会分化的加剧。从总体上看，甲、乙两类墓与丙类墓相比，数量相差悬殊。所谓二里头文化不同等级的墓葬的数量与其层级呈金字塔式的结构，在这一期体现得最为明显。

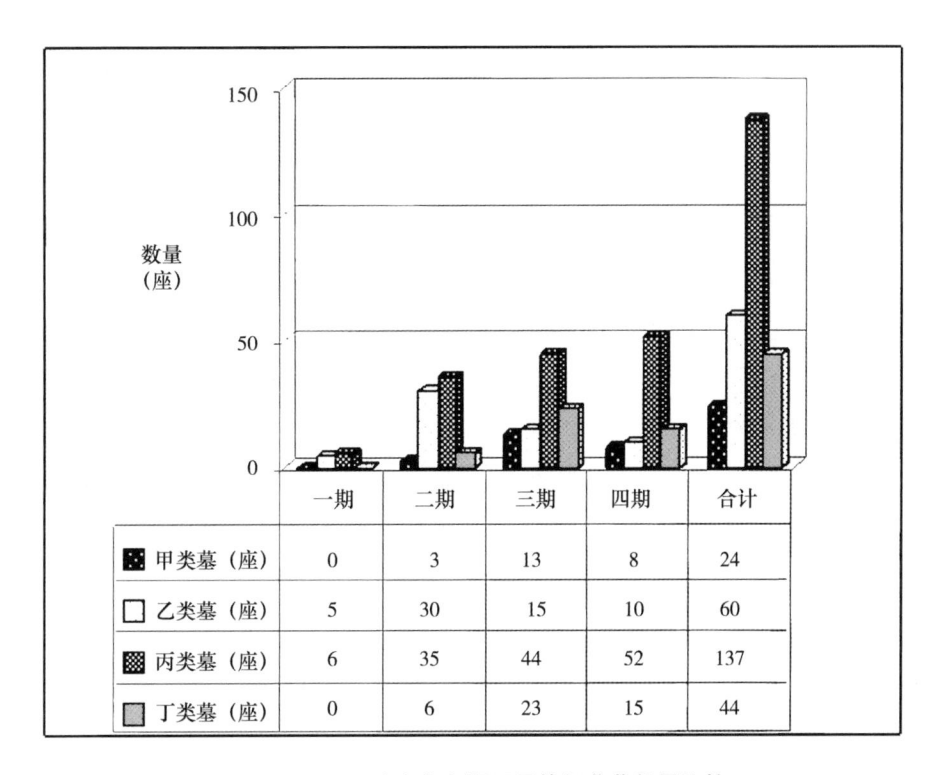

	一期	二期	三期	四期	合计
甲类墓（座）	0	3	13	8	24
乙类墓（座）	5	30	15	10	60
丙类墓（座）	6	35	44	52	137
丁类墓（座）	0	6	23	15	44

图 8-1 二里头文化各期不同等级墓葬数量比较

二里头文化四期的墓葬结构与三期十分相似，意味这一期社会结构并未发生彻底的变化。但是目前发现的墓葬主要是二里头文化四期早段，四期晚段墓葬数量较少。因此，至少在二里头文化四期早段墓葬等级结构仍呈现出与二里头文化二、三期的延续一体性。

三 墓葬分布形态及相关问题

考察墓葬的分布形态，有助于了解古代社会的亲属制度、墓葬择址、生死观念、礼制观念及宗教观念等内容。

（一）分布形态

二里头遗址虽然迄今未发现大型墓地，但除少数零星分布的墓葬外[①]，多数墓葬

---

① 这种零星分布的墓葬在殷墟墓地中也有发现，有学者称之为"散布墓"，此外殷墟的贵族墓也有在全殷墟范围内单独择地埋葬的。参见唐际根《殷墟家族墓地初探》，《中国商文化国际学术讨论会论文集》，中国大百科全书出版社1993年版，第205页。

的布局仍呈现出相对集中、分区分片的特征。此类墓葬群可暂且称之为墓区。

二里头遗址同一墓区的墓葬一般集中分布，东西成列，排列有序，方向保持着大体一致，墓葬之间基本未发现打破现象，因此同一个墓区的多数墓葬当属于同一个亲属集团。从学者对龙山时代和晚商时期的墓葬的研究来看，这两个时期的墓葬分布基本是以家族墓地的形式出现的，二里头文化时期也很可能具有同样的亲族组织形态和埋葬制度。二里头文化时期同一个墓区集中分布、排列有序的墓葬当大体属于同一个家族。至于个别墓区内方向与大多数墓葬有所偏离的墓葬，则需要进一步研究。

二里头遗址目前发现的每个墓区里的墓葬没有定数，少则数座，多则十几座乃至几十座不等，这很可能是因为家族的规模大小不一。在殷墟发现的各墓地，其中不同墓组的规模也不尽相同，通常为10余座或20—30座，最少者2、3座，最多者50—60座，正如有学者分析，这可能与当时所处社会发展阶段的家庭规模大体相适应[①]。二里头遗址各墓区发现的墓葬，多数在年代上有延续，时代从二—四期皆有，可见有的墓区长期沿用下来，而且同一墓区葬俗都基本接近，很可能是同一个亲属集团长期使用的墓地。

例如，1984年秋在Ⅵ区二里头村南进行了发掘，在250平方米的发掘范围里清理了十余座墓葬[②]（图8-2）。这些墓葬分布集中，时代皆属二里头文化四期早段，除M3、M5、M20外，方向基本一致，死者头皆向北。墓葬东西成列，排列较为有序。而M3、M5虽然都属于二里头文化四期早段，但可能与其他墓存在时间早晚上的差别，因此墓葬的方向与大多数墓的有些不一致。这些墓葬中M6、M9、M11都为铜器墓，随葬品丰富，相距也较近，特别是M6和M9相距仅1米，有可能属于同一个家庭。实际上，类似两两并列、等级相当且随葬品组合也大体接近的墓葬曾多次发现，虽多因墓葬人骨的保存状况无法识别性别年龄，但推测为夫妻并穴合葬当有较大的合理性，或可视之为同一个家庭的成员。

此外，二里头遗址同一个墓区内的墓葬往往呈现出等级差异，有的出有铜器、玉器等精美物品，墓葬规模较大，属于Ⅰ级墓；有的则为小型墓葬，仅有少数陶器或一无所有。可见，同一个亲属集团内部的社会分化较为严重。而在不同墓区之间，有的中型墓较多，有的则只见小型墓或中型墓数量极少，这当是不同亲属集团间地位差异的反映。

[①] 唐际根：《殷墟家族墓地初探》，《中国商文化国际学术讨论会论文集》，中国大百科全书出版社1998年版，第201—207页。
[②] 中国社会科学院考古研究所二里头工作队：《1984年秋河南偃师二里头遗址发现的几座墓葬》，《考古》1986年第4期，第318—323页。

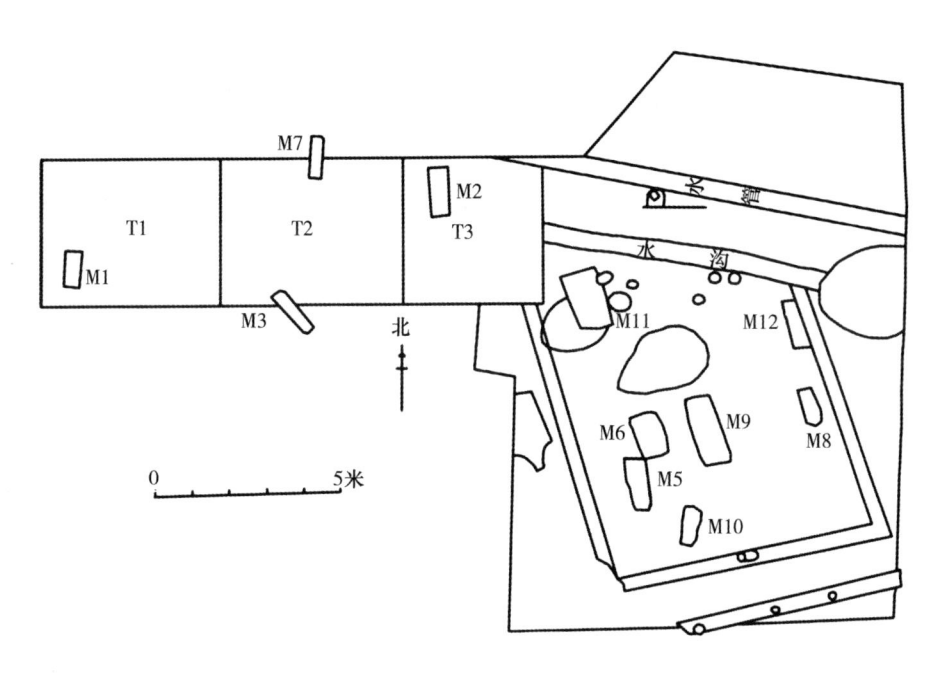

图 8-2　二里头遗址 1984 年 Ⅵ 区墓葬分布图

由此可以看出，二里头文化时期的社会分层现象仍带着血缘纽带。正如美国学者张光直所言："在中国古代，文明和国家起源转变的阶段，血缘关系不但未被地缘关系所取代，反而是加强了，即亲缘与政治的关系更加紧密地结合起来"[①]。在二里头文化中，血缘纽带的背后已经出现了亲属集团内部和不同亲属集团之间的分化，只是这种社会分层和等级分化并未脱离血缘关系的基础，这应该是中国古代早期国家独具特色的地方，或可称之为"裂变中的延续性"。

（二）墓葬与生活居住区的关系

二里头遗址中的墓葬区与生活区并不能截然分开，即墓葬分布在同时期的生活区附近，同一区域的生活区可能就是死者生前的居址或其亲属居住的地方。而且不少中型墓都发现于中型夯土建筑基址周邻，墓葬等级与附近建筑规格可能有一定的对应关系。

例如，1982—1983 年，在二里头遗址 Ⅸ 区中部东缘与 Ⅵ 区相接处发掘，揭露面积约 210 平方米，发现有二里头文化二期的较大型夯土建筑基址和小型房基，一到三期的灰坑 31 座，其中有的为窖穴和水井，说明这里是一个延续时间较长的生活区。此区较高规格的建筑和小型房基并存，则表明可能有不同身份的人共居一区。发现的

---

① ［美］张光直：《从商周青铜器谈文明与国家的起源》，《中国青铜时代》，生活·读书·新知三联书店 1999 年版，第 471 页。

墓葬时代为二里头文化二、三期。墓葬分布比较密集，在南北长 50 米，东西宽仅 5 米的狭长区域内即发现 20 余座，墓葬排列也较有序①。与不同规格的建筑并存一处相对应的是，这些墓葬中也既有出有铜器、玉器的甲类 I 级墓，也有 II 到 V 级墓。发掘者认为这里是二、三期小型墓的分布区，其实确切地说，该墓区除乱葬墓外，其他等级的墓葬均有。墓葬位于同时期的生活区附近，而且似乎和该区的建筑的等级格局一致。建筑格局和规格差异是现实世界的景象，墓地则是生前社会生活的缩影，IX 区的聚落、墓地形态似乎表明二里头遗址的居民生前聚族而居，死后归葬于附近，而且以合族而葬的方式，在死后的世界里和生前一样凸现其地位差别。

此外，有的区域则是生活区和墓葬区在不同时期发生转换，比如前一时期的居住区可能就是后一时期的墓葬区。总的来说，独立于居住区之外的墓地尚未发现。

（三）墓葬与手工业作坊的关系

二里头遗址 IV 区发现有 1 万多平方米的铸铜遗址，从二里头文化二期一直延续到四期②。1982—1983 年，在发掘铸铜遗址时发现有的墓葬与铸铜遗址夹杂、交错在一起。在一座半地穴式的铸铜场地（F9）中，分层埋葬有墓。初始时沿场地北缘埋小孩墓 5 座，工作面上有成人墓 1 座。第一次整修后，在工作面中部埋成人墓 3 座，此后第二、三次整修后，工作面上又各埋 2 座③。不同层埋入的墓方向一致，排列有序，均属正常埋葬。有学者认为初建时的儿童墓或许同奠基仪式有关，而其他成人墓死者的身份可能是正常死亡的铸铜工匠，也可能是铸造青铜过程中举行某种仪式所使用的牺牲④。

1984 年在继续发掘铸铜遗址时，发现遗址中各层路土之间埋入成人与小孩墓，反复出现，另外发现分为南北二个墓区的 40 余座墓葬⑤。如前文所述，同一墓区可能为同一个亲属集团。这些死者埋在铸铜遗址内，而二里头遗址的墓葬往往分布在其生活区附近，依同此理，墓主很可能为与青铜冶铸有关的工匠和其家人。其中有的墓葬出有铜器和玉器，表明墓主身份较高，或许是铸铜作坊的管理者。这说明二里头遗址手工业作坊工匠与管理者也可能是死后归葬于日常生活、工作的作坊附近甚至作坊区内。

---

① 中国社会科学院考古研究所二里头工作队：《1982 年秋偃师二里头遗址九区发掘简报》，《考古》1985 年第 12 期，第 1085—1094 页。
② 郑光：《二里头遗址与我国早期青铜文明》，《中国考古学论丛——中国社会科学院考古研究所建所 40 年纪念》，科学出版社 1993 年版，第 190—195 页。
③ 郑光、杨国忠等：《偃师县二里头遗址》，《中国考古学年鉴·1984》，文物出版社 1984 年版，第 162—163 页。
④ 中国社会科学院考古研究所：《中国考古学·夏商卷》，中国社会科学出版社 2003 年版，第 112 页。
⑤ 郑光：《偃师县二里头遗址》，《中国考古学年鉴·1985》，文物出版社 1985 年版，第 162—163 页。

（四）墓葬与祭祀遗迹的关系

二里头遗址发现的一些祭祀遗迹或祭祀场中也发现有二里头文化的墓葬。

1994—1995年，在Ⅸ区普遍发现类似半地穴式的祭祀遗迹①。此类遗迹系在地上挖一个长方形大坑，坑内由下而上层层铺垫净土，几乎每层垫土上都有因人们活动践踏而形成的路土面，往往还有成片的烧土面。在不同层次的路土间发现有排列比较整齐的墓葬，而且往往出有铜器、玉器、绿松石牌饰、绿松石器、漆器、贝饰和丝织品等。这类半地穴式遗迹和其间埋葬的墓葬年代从二里头文化二期到四期皆有。这些墓葬除小孩墓之外，头向皆朝南。Ⅸ区的这些长方形类半地穴式建筑，皆没有发现柱洞，顶部当无遮盖，可以肯定不具备居住功能。同时坑内铺垫净土，不见日常生活废弃物，应该经特殊处理。在每层埋入墓葬后，又在其上铺垫净土再形成路土面，然后再埋入墓葬，再铺垫净土形成路土面，反复进行，直到地面，显然是在这里频繁举行过某种特殊仪式的活动。而且路土面南北边缘有向上的坡道或梯道，因此应该可以从地面直接下到坑底，方便进行祭祀活动。发现的墓葬可能与某种特殊的祭献有关，借用前人的一种说法，或称之为"祭祀墓"②。

另外，在Ⅸ区一条四期的大灰沟里还发现不少非正常埋葬的人骨架，可能为祭祀时的人牲。1986年，在Ⅵ区发掘的一座半地穴式祭祀场所内，在活动面之间发现了一字排开的5座墓葬③，是否也有特殊的祭祀含义还有待进一步研究。

（五）墓葬与宫殿区的关系

在二里头遗址宫城城墙所圈起范围内（包括二里头文化一期时在后来的宫城范围内的Ⅱ·Ⅴ区），也有墓葬分布。

二里头文化一期时该区域就发现了数座出陶礼器的墓葬。二期宫殿区形成，在大型夯土建筑基址内发现的成组贵族墓，出有铜器、玉器、白陶器、漆器等。例如2001—2002年，在二里头遗址3号基址中院和南院内分别发现5座成排的中型墓葬。墓葬均为竖穴土坑，多铺朱砂、有棺痕，随葬品丰富，出有铜器、玉器、漆器、白陶器、印纹釉陶器（或原始瓷）、绿松石龙形器、蚌制工艺品、海贝等。它们多开口于3号宫殿院内的路土之间，可确认为三号基址使用时期的遗迹④，说明当时埋入死者后大型建筑仍然在使用。二里头文化三期宫城筑起，在一号宫殿东南角发现的三期早

---

① 郑光：《偃师二里头遗址》，《中国考古学年鉴·1996》，文物出版社1998年版，第167—168页。
② 中国社会科学院考古研究所：《偃师二里头（1959年—1978年考古发掘报告）》，中国大百科全书出版社1999年版，第150页。
③ 中国社会科学院考古研究所二里头工作队：《1987年偃师二里头遗址墓葬发掘简报》，《考古》1992年第4期，第294—303页。
④ 中国社会科学院考古研究所：《二里头（1999—2006）》，文物出版社2014年版，第991—1016页。

段的铜器墓，可能是二期特殊葬俗的延续。另外，祭祀坑性质的墓葬和乱葬墓的发现，则可能是宫殿区内祭祀活动的遗存。有学者指出，在宫殿区内进行祭祀活动在商周时是一种普遍的现象①，二里头文化时期看来也可能如此。

二里头文化四期的文化面貌比较复杂。二里头遗址并非一进入二里头文化四期就遽然衰落，至少四期早段仍然为都邑遗址。在1974年的简报中，报道1号建筑基址的台基上面发现墓葬10座，台基附近发现墓葬2座，共12座，时代属于二里头遗址四期②。后来的正式报告又发表了一号宫殿平面图，将打破夯土基址及其附近的灰坑、墓葬呈现在图上。其中M51、M59皆为四期晚段，M51则明确打破1号宫殿北墙外侧廊庑台基，说明此时1号宫殿开始废弃。M51为III级墓，长2.05米，宽0.9米，在二里头遗址四期晚段以前，除一期外，墓圹大小与此类似的墓等级皆在II级以上，而且绝大多数为I级墓。如三期的铜器墓1975VKM11墓长1.9米，宽0.94米，虽然被盗，仍出有数百绿松石片和绿松石珠和残留的铜片。这种墓圹大小规格偏离原来的常规定制，或许意味着二里头文化四期晚段二里头遗址中社会等级控制已经不再严格，社会发生了较大变化。2003年发现的M11，出土了6件日用陶器，为III级墓，时代属于二里头文化四期偏晚。该墓打破4号基址使用时期堆积，对宫城东墙内侧也略有破坏，表明4号基址和宫城墙已经开始遭到破坏。另外简报和报告中列为四期的墓葬中，有的为乱葬墓，有的为无随葬品的小型墓。

从宫殿区发现的墓葬来看，二到三期除了祭祀性质的墓葬外（包括乱葬墓），无随葬品的普通墓葬尚未见一例，甚至未见II级墓以下的小型墓。可见，葬于宫殿区的死者绝非普通平民。而四期晚段在宫殿区发现的小型墓，或意味着某些深刻的社会变化。

第二节　祭祀

二里头遗址历年发现了数量较多的可能与祭祀有关的遗迹，大体可分为三类：遗迹类、墓葬类和疑似祭祀遗迹类。

遗迹类集中发现于二里头遗址的祭祀遗存区与宫殿区；墓葬类主要发现于宫殿区大型建筑基址近旁及围垣作坊区内；疑似祭祀遗迹类主要包括灰坑或灰沟中出土的，性质未能定论的疑似为祭祀遗迹的现象，如乱葬墓等。下文以二里头遗址的不同功能

---

① 杨锡璋：《殷墟的年代及性质问题》，《中原文物》1991年第1期，第49—58页。
② 中国科学院考古研究所二里头工作队：《河南偃师二里头早商宫殿遗址发掘简报》，《考古》1974年第4期，第238页。

区为单位分别介绍。

一 祭祀区

二里头遗址的祭祀遗存区主要分布于遗址的第Ⅵ与第Ⅸ区，这些区域内发现的遗迹大体依照东西向排成一线，跨度约为200—300米。

在该区域内，发现了许多同祭祀有关的建筑及其他遗迹，主要包括圆形地面建筑、长方形半地穴建筑及附属于这些建筑的墓葬[①]。圆形地面建筑的直径一般在5米以内，形制似凸出地表的土坛，坛上分布着一圈或两圈大小相近的圆坑，坑内填土与坛体不同。在土坛表面及坛下皆发现路土，土坛的周围为平整干净的场地。以87ⅥF8土坛为例，其直径为8.5—9米，中部有一个圆形土坑，其周围环绕着内外两圈圆坑，内圈6个，外圈残存11个（原应为12个），圆坑的直径为0.8—1米，在土坛西侧约1米处发现一座中型墓葬，其内随葬有铜爵、漆器和陶礼器。祭祀区的长方形半地穴式建筑常被认为是"墠"类遗迹。这些长方形浅穴内层层铺垫净土，垫土上经常发现踩踏路土面和烧土面，有时还会发现排列整齐的Ⅰ级墓葬，墓中随葬有铜器、玉器、漆器及精美陶器。

郑玄注《礼记·祭法》曰："封土为坛，除地曰墠"，圆形地面建筑和长方形半地穴建筑形制与此相合，可能即为都邑祭祀场所中的坛和墠。另外这些建筑上极少发现日常生活遗迹，且往往同高等级墓葬相联系，进一步证实了其同祭祀活动之间的联系[②]。

二 宫殿区

在宫殿区内的多个区域（如大型夯土建筑基址、宫殿区北部）都发现有祭祀遗存。

（一）建筑基址附近

宫殿区内发现的祭祀遗存主要有1号、2号和3号建筑基址近旁的遗迹，尤其以1号宫殿基址最为集中。

1号建筑基址上发现的与祭祀相关的遗迹，绝大多数打破基址的上层夯土，应属于宫殿使用时期，例如庭院内发现的H80、H34、H39、H37、H38、H108、M27、M52、M54、M55、M57、M59、M60、M62及两个"兽骨坑"[③]。这些祭祀坑或墓中常

---

① 中国社会科学院考古研究所：《二里头（1999—2006）》，文物出版社2014年版，第1663页。
② 中国社会科学院考古研究所：《中国考古学·夏商卷》，中国社会科学出版社2003年版，第129页。
③ 杜金鹏：《二里头遗址宫殿建筑基址初步研究》，《考古学集刊》第16集，科学出版社2006年版，第200页。

常瘗埋着人骨和兽骨，如主殿南部庭院内的 H108 发现了俯身葬人骨及兽骨，主殿东南面 VM27 的墓主被砍去下肢和手足，并摆放为跪坐式等①。另外，主殿后方发现了一处"圆形夯土深坑"H80，其口部周围埋葬着三座墓葬，VM52 位于圆坑东南、VM54 位西、VM55 列北，三座墓葬中的人骨皆无随葬品，很可能为用于祭祀的人牲②。而 1 号宫殿总面积 1 万多平方米，始建于三期延续使用至四期晚段，其主殿很可能是一个没有空间分隔的空旷的厅堂，不适于居住，只适合举行典礼活动，考虑到基址上分布着的众多同期祭祀遗存，1 号宫殿很可能是一个以举行祭祀活动为主的礼仪建筑③。

宫殿区内发现的 2 号建筑也常同祭祀活动相联系，部分研究者认为其可能是当时祭祀先王的宗庙建筑④。2 号基址由主殿、廊庑、东厨、大门、庭院组成，始建于二里头文化三期晚段，使用至四期晚段，最迟于二里岗文化晚期彻底废弃⑤。2 号建筑的主殿后面编号为 2002VH463⑥的深坑内发现了烧过的骨头渣及盛放在漆匣中的狗，并在坑口出土有卜骨，很可能同祭祀活动有关⑦。此外，有研究者指出在二号宫殿主殿前后各有一个标注为"烧土坑"的圆坑，很可能是举行燎祭仪式的遗存⑧。

（二）宫殿区北部

2010 年在宫殿区东北部发现了 1 号巨型坑，东距宫城东墙 3—5 米，北距宫城北墙 4—6 米，总面积约 2200 平方米，平面近似圆角长方形⑨。

1 号巨型坑的使用时间为二里头文化一期晚段至四期晚段，其中二期为坑内主体堆积的形成时期，厚达 1—3 米，发现了多处以猪为牺牲的祭祀遗存。在这些祭祀遗存中，发现有完整的幼猪，或猪的某一部位，如下颌骨等。在其中一处祭祀遗迹内发现了 3 具完整的幼猪和若干块猪的下颌骨。三具猪骨集中摆放，面左背右侧身放置，其中两具距离接近，头向一正北一正南，幼猪的年龄皆在半岁之下⑩。

---

① 中国社会科学院考古研究所：《偃师二里头（1959 年—1978 年考古发掘报告）》，中国大百科全书出版社 1999 年版，第 149 页。
② 杜金鹏：《二里头遗址宫殿建筑基址初步研究》，《考古学集刊》第 16 集，科学出版社 2006 年版，第 199 页。
③ 同上书，第 209 页。
④ 中国社会科学院考古研究所：《中国考古学·夏商卷》，中国社会科学出版社 2003 年版，第 129 页；杜金鹏：《二里头遗址宫殿建筑基址初步研究》，《考古学集刊》第 16 集，科学出版社 2006 年版，第 227—228 页。
⑤ 中国社会科学院考古研究所：《二里头（1999—2006）》，文物出版社 2014 年版，第 637 页。
⑥ 2002VH463 原编号为 M1，后改为 2002VH463。参见中国社会科学院考古研究所《二里头（1999—2006）》，文物出版社 2014 年版，第 832—833 页。
⑦ 杜金鹏：《二里头遗址宫殿建筑基址初步研究》，《考古学集刊》第 16 集，科学出版社 2006 年版，第 226 页。
⑧ 同上书，第 231 页。
⑨ 中国社会科学院考古研究所二里头工作队：《河南偃师市二里头遗址宫殿区 1 号巨型坑的勘探与发掘》，《考古》2015 年第 12 期，第 18 页。
⑩ 同上书，第 19 页。

三 作坊区

在 4 号建筑基址南部的 1 号制骨作坊内发现了少量无圹墓及土圹竖穴墓,无圹墓多发现于地层中,埋葬女性、儿童,无随葬品①。另外,以 M54 为代表的墓葬中发现其墓主双脚被截,这些无圹墓和特殊墓葬很可能具有人牲的性质。

在围垣作坊区内也发现了一些可能同祭祀活动相关的遗存,主要为墓葬。其中 20 世纪 60 年代在铸铜作坊区发现了二里头文化时期墓葬 26 座,其中未成年人墓葬 8 座,占 31%。儿童墓葬多分布在铸造遗迹的工作面上,无墓圹,很可能是奠基墓或是生产过程中祭祀活动的遗留②。

除上文言及的区域外,二里头遗址中还发现了一些出土人骨的灰坑和灰沟。1999—2006 年间,在地层、灰坑及灰沟中发现了 30 处出土散乱人骨的遗迹,发现于遗址 III 区的地层、灰坑及遗址 V 区的地层、灰坑和灰沟之中,皆无随葬品③。不同遗迹单位内出土人骨个体数量不同,人骨多是散乱的肢体、颅骨及体骨残块,这类遗迹于二里头文化二期开始出现,四期晚段最多④。许多个体的性别无法判断,从可统计的数量来看,并无特殊的性别取向,且以成年人为主。这些乱葬坑的性质暂难以确认,仅可将其定为疑似祭祀遗迹。

综上所述,二里头遗址所见的与祭祀相关的遗迹现象包括圆形地面建筑、方形半地穴式建筑、人祭坑、人祭墓、动物祭祀坑等。祭祀活动进行的地点包括遗址北部的祭祀遗存区、大型宫殿基址、巨型坑、围垣作坊区等。宫殿区祭祀遗迹中常发现人牲,且存在若干人牲骨骼不完整的情况,同时也存在使用动物祭祀的情况,例如一号巨型坑内的祭祀就以幼猪为祭品。从祭祀遗迹出现的地点大致推测当时可能存在宫殿奠基祭祀、铸铜祭祀、祖先祭祀、社祭等情况,这些祭祀行为在随后的二里岗文化和殷墟晚商文化中都有发现。

第三节 占卜

占卜是中国古代极为常见的文化现象。二里头遗址自开展考古工作以来,已经发现了数量可观的卜骨,这些卜骨均为动物肩胛骨制成,属于古代占卜中的卜骨。它们

---

① 陈国梁、李志鹏:《二里头遗址制骨遗存的考察》,《考古》2016 年第 5 期,第 61 页。
② 陈国梁:《二里头遗址铸铜遗存再探讨》,《中原文物》2016 年第 3 期,第 41 页。
③ 中国社会科学院考古研究所:《二里头(1999—2006)》,文物出版社 2014 年版,第 46 页。
④ 同上书,第 50 页。

是反映二里头文化时期先民精神世界的重要载体。

一 相关发现

统计表明,二里头遗址出土的二里头文化及二里岗文化时期卜骨数量约600余件,1959—1978年间发现420件,1999—2006年间发现156件,多出土于灰坑、房址、路土及地层等遗迹[①]。

陈国梁、李志鹏曾对二里头文化的占卜制度进行了研究[②]。从他们的统计(表8-3)可知,卜骨原料主要为牛、羊、猪、鹿科的肩胛骨,1999—2006年间发现可辨别种属的150件卜骨中,以黄牛为主的牛类数量占50%以上,猪类为26.9%,羊类约为10.6%,鹿科仅为6.25%,且家养动物骨骼的数量远超野生动物。

总而言之,二里头文化的卜骨原料主要来源于以黄牛为主的牛类,其数量已经超过总数的一半。

表8-3　　　　　　　　1999—2006年二里头遗址出土卜骨类别统计表

	牛	猪	羊	鹿	不详
二期(件)	12	9	8	1	3
三期(件)	8	3	1	2	2
四期(件)	31	22	6	7	3
二里岗时期(件)	26	9	1	—	2
汉代及以后(件)	3	—	1	—	—
小计(件)	80	43	17	10	10
百分比(%)	50.0	26.9	10.6	6.25	6.25
总计(件)	160				

二 种属及部位选择

在肩胛骨的部位选择上,牛、羊类的左侧肩胛骨数量大于右侧,猪右侧肩胛骨的数量略多于左侧,总体看来,当时人们似乎更倾向于使用牛的左侧肩胛骨作为卜骨。二里头文化时期较多选取动物左侧肩胛骨作为卜骨可能是后世"尚左"求吉习俗的初始反映。

[①] 中国社会科学院考古研究所:《偃师二里头(1959年—1978年考古发掘报告)》,中国大百科全书出版社1999年版;中国社会科学院考古研究所:《二里头(1999—2006)》,文物出版社2014年版,第146页。
[②] 陈国梁、李志鹏:《二里头文化的占卜制度初探——以二里头遗址近年出土卜骨为例》,《三代考古》(五),科学出版社2013年版,第62—72页。以下相关内容出自此文者,不另加注。

二里头遗址的卜骨整治程度各异，主要修整部位包括肩胛冈、肩臼及肩胛骨的两个前角。对于用牛、猪肩胛骨制作的卜骨大体上存在3种整治情况，即不整治、轻微整治和整治较甚；用羊、鹿科动物肩胛骨制作的卜骨数量较少，没有进行任何整治，也没有施钻，仅有灼痕。

卜骨上均有灼烧痕迹，部分兼有钻孔和烧灼痕迹。烧灼痕迹和钻孔位置多位于肋面一侧，少数位于外侧和肩胛冈上，在肩胛冈两侧也偶有发现，其排列无明显规律。钻孔多为圆形，大小不一，深浅不同。灼痕为圆形或椭圆形，中间较重，边缘颜色较浅，形状可能与用来灼烧的蓍草捆绑粗细程度和松紧程度有关。

三　整治措施

没有整治仅有灼痕的牛卜骨贯穿二里头文化始终直至二里岗文化时期；简单整治，掏挖出坑，然后施灼的牛卜骨于二里头文化三期始现，此后数量逐渐增多；有钻后施灼现象的牛卜骨也于二里头文化三期始现，至二里岗文化时期，牛卜骨开始进行程度不一的整治，随后施钻施灼。未经任何整治仅施灼的猪卜骨贯穿二里头文化始终直至二里岗文化时期；存在锯掉肩胛臼和掏挖（钻孔）现象的猪卜骨在四期晚段出现；削去肩胛冈较厚处以及规整施钻现象的猪卜骨在二里岗文化晚期开始出现。卜骨上施钻的现象伴随着肩胛骨的局部整治同时出现。二里头文化三期时卜骨上最早出现类似钻痕的圆坑，其形状不甚规整，可能凿制或利用锐利工具掏挖形成；四期及二里岗文化早期出现的钻孔均为圜底圆钻。牛卜骨上的钻孔多较深较大，猪卜骨上的钻孔较小较浅，施钻工具目前不能确定，整治现象出现在牛肩胛骨上的概率比较高，可能与牛肩胛骨的形体较大，骨壁较厚有关，若不先整治及钻凿，牛肩胛骨在灼烧时很难显现兆纹及控制占验结果。二里头文化时期，尤其是二里头文化晚期铜质工具的大量使用为卜骨的整治和钻凿提供了客观条件，更为这个时期人为控制占卜结果提供了便利条件。"卜者"对卜骨进行整治，继而施钻和烧灼，其目的均是为了更好地掌控占卜的结果，这个过程或许就是占卜者由"卜者"走向"巫者"的过程。

四　占卜后的处理

在占卜之后，多数卜骨随意丢弃，少数卜骨可能掩埋于占卜对象附近。

另外，卜骨在占卜后还存在改制为骨器的现象，如VT84H273：8改制为骨器、2000ⅢT1⑦：47改制为刮削器，VT35④A：11、VT85④D：3改制为骨铲等，此类现象仅在牛肩胛骨制作的卜骨中见到。

第四节 刻符

二里头文化的刻划符号，可分为两类。一类刻划的是略为复杂的动物、器物形象，偏于写实象形；另一类多是用1—5笔纵、横线条刻划形成，相对简单，偏于抽象。①

第一类的形象有龙、鸟、鱼、乌龟、蛇及其他不明的动物形象（图8-3、图8-4），多为容器烧制之前刻划形成。鸟形纹见于一件大口尊的颈部外壁。鱼形纹

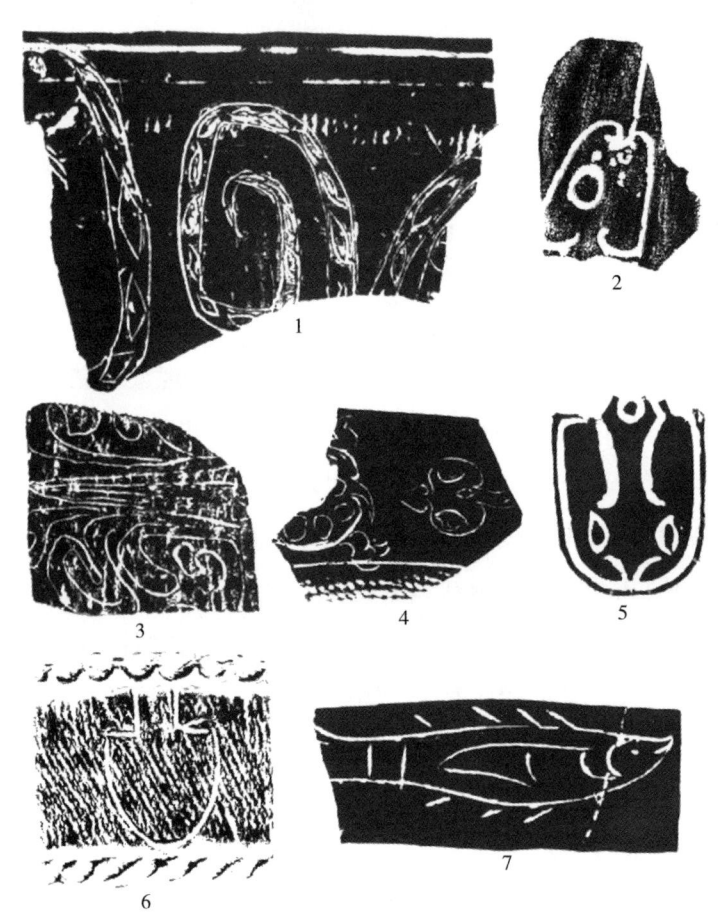

1.蛇纹（ⅣT17②：4） 2.刻符陶片（2004ⅤH312：4） 3.蝶纹（采：40）
4.龟蛇纹（Ⅴ·ⅡT107③：2） 5.变形兽面纹（采：26）
6.刻符陶片（2005ⅤT114④：1） 7.鱼纹（采：10）

图8-3 二里头遗址陶器上的刻划符号一

---

① 中国社会科学院考古研究所：《中国考古学·夏商卷》，中国社会科学出版社2003年版，第123—127页；中国社会科学院考古研究所：《二里头（1999—2006）》，文物出版社2014年版，第111页。

多见于敞口盆的内壁上端，少量见于大口尊的内壁上端。乌龟形纹见于一件深腹罐的颈部外壁，还有的见于方鼎的底部。蛇头形纹见于一件器物的錾部。另有一件尊类容器残片的内壁，烧制之后刻划有类似鱼钩钓鱼的形象。鱼纹在陶器烧成之后刻划。

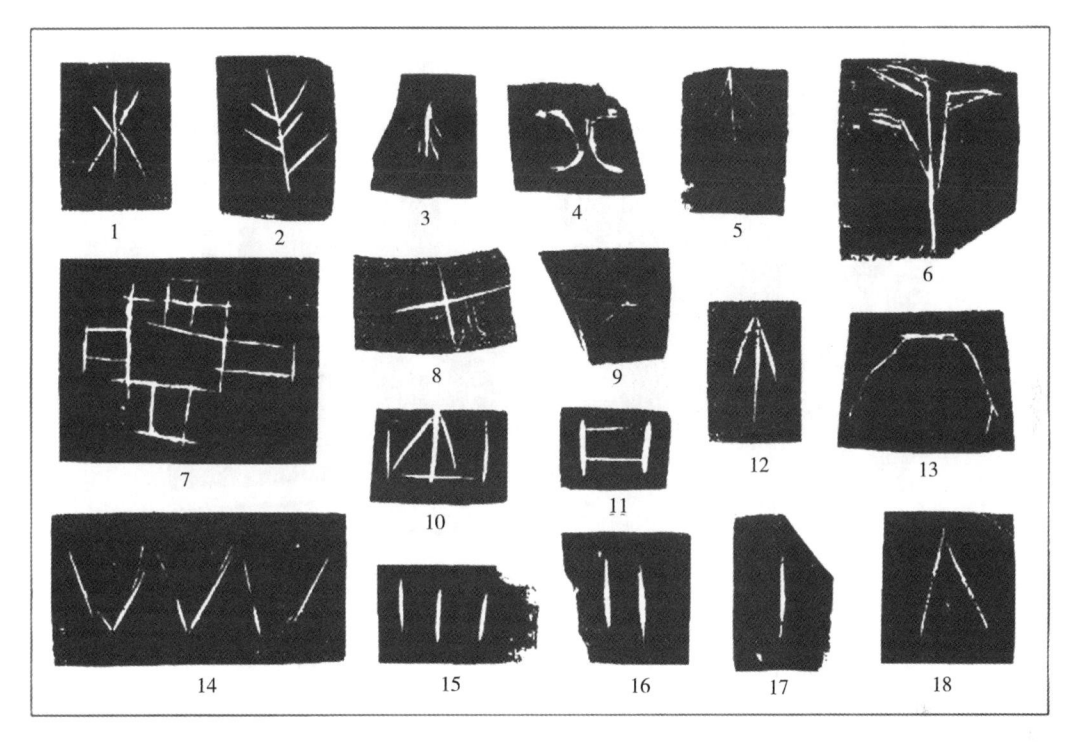

1.二里头队资料 2.ⅣT8③：7 3.ⅧT22③：4 4.ⅧT14④C：1 5.采：20 6.采：28 7.二里头队资料
8.ⅡH202：14 9.Ⅱ·ⅤT103采：19 10.ⅧH72：32 11.采：27 12.ⅤH52：4 13.ⅧT13⑥：20 14.Ⅱ·ⅤT104③：31
15.ⅤT201③：2 16.ⅤT201③：20 17.ⅣH60：45 18.二里头队资料

图8－4 二里头遗址陶器上的刻划符号二

第二类符号多见于大口尊的口沿内壁，一件见于大口尊的口沿外壁，均为烧成之后以锐器刻划形成（图8－5）。这一类刻划符号中，有些应起着标记的作用，如在公共场合使用时便于相互区分；有些很可能就是早期文字，分别表现数字、植物、建筑、器具以及自然现象等。有的学者指出这些刻符与后来的甲骨文有十分密切的渊源关系，进而释出"矢"、"井"、"皿"、"丰"、"道"、"行"、"来"（小麦）以及女阴和鞭子等的象形字。无论如何，它们还无法代表当时文字的发达程度。

1.鸟纹（2002VT27④A∶37）　　　　2.龙纹（2000ⅢT2⑤A∶25）
3.龙爪纹（VT212③∶1）　　　　　　4.羊头纹（ⅡT208⑤∶2）
5.龙纹（VT210④B∶3）

图 8-5　二里头遗址陶器上的刻划符号三

第九章

社会文化研究

第一节 二里头文化的社会生活

社会生活研究是考古学研究的重要内容，是追寻当时人类生产、生活的直接成果，是与古人最直接的对话形式。前文中已从墓葬、祭祀、占卜及刻符四个方面综述了学术界对二里头文化先民精神生活的研究概况（详见第八章）。除此之外，学术界还从其他方面对二里头文化社会生活状况进行了积极探索。

礼乐制度是衡量社会发展程度的关键指标。许宏以二里头文化礼制遗存为基点，对早期礼乐文化的起源进行了梳理①，并在之后的研究中对二里头文化的礼制特征进行了细致阐述②。董琦指出二里头文化时期礼制已经形成，意味着当时已经发展成文明社会③。余琳对二里头文化青铜礼器和陶礼器之间的内涵和意义进行了比较④，并将二里头文化的礼器分为以玉为代表的专属礼器和以铜、陶器为代表的日常礼器⑤。李春华则对二里头文化礼制特征进行了综述⑥。

都邑规划和居住形式研究是反映二里头文化社会生活的重要载体。张国硕对夏商时代的都城制度进行了系统研究，他结合文献和二里头遗址的考古资料，对二里头遗址的规划布局制度予以分析⑦。杜金鹏通过梳理考古材料，对二里头都邑的基本格局进行了分析，并总结了都邑区划的特点，即"择中立宫"、"工城居前"、"坛墠在

---

① 许宏：《礼制遗存与礼乐文化的起源》，《古代文明》第3卷，文物出版社2004年版，第87—101页。
② 许宏：《最早的中国》，科学出版社2009年版，第88—113页。
③ 董琦：《虞夏时期的社会发展阶段》，《中原文物》1996年第3期，第47—50页。
④ 余琳：《夏文化时期礼器生成的双重标准及内涵意义考论——以二里头文化遗址为例》，《文艺评论》2011年第6期，第4—9页。
⑤ 余琳：《试论二里头夏文化遗址中礼器符号类型与表意途径》，《南京艺术学院学报》（美术与设计版）2012年第1期，第16—21页。
⑥ 李春华：《从二里头遗址的主要发现看夏代礼制的几个特点》，《文物春秋》2006年第5期，第1—4页。
⑦ 张国硕：《夏商时代都城制度研究》，河南人民出版社2001年版，第109—198页。

后"、"显贵拱卫"、"居址墓葬混杂"。在此基础上，他还对与宫城、手工业作坊位置、内外交通网络等相关的问题进行了讨论①。此外，他还对二里头遗址的规划建设进行了研究，指出它的建设具备"辨方正位、井井有序"的特点，蕴含了许多具有政治意义和科学意义的思想理念，运用了当时相当先进的技术方法，是后世帝都建设若干重要制度、工程技术的源头②。王豪也对夏商时期城市的规划与布局进行了专题研究，其中涉及二里头遗址的选址、城垣的规划、布局等方面③。杜金鹏对二里头遗址的4号建筑基址进行了复原研究④。宋镇豪对夏商城邑的建制要素进行分析⑤，并结合考古发现的相关遗存，指出二里头遗址大型建筑的规划建制有两大特质：一是作为外朝所在的统治集团日常生活和施政的建筑群体呈四合院宫室建制，有序组合且占据邑中要位，同时产生了大庭门塾制度；二是设置具有相应社会功能和政治功能的"人神合一"的祭祀设施，借重神权强化王权⑥。戴尊德还对二里头文化的窑洞居住方式进行了介绍⑦。王学荣通过对比分析二里头遗址和偃师商城的资料，认为生活在二里头遗址和偃师商城遗址的人类群体之间，无论是居于社会上层的统治阶级，或普通民众，他们在意识形态、信仰及生活习惯等方面都存在较大差距⑧。李久昌在梳理相关历史文献的基础上，根据二里头遗址1号宫殿、广场的位置以及海贝等特殊遗物的存在，认为二里头都城内或许已经出现了比较固定的市场，且就位于1号宫殿东北部的广场⑨。

疆域控制体系是二里头王朝运行机制的核心之一。日本学者西江清高等根据二里头文化的聚落规模以及陶礼器的空间分布，对二里头文化的政治空间结构进行了分析⑩。何驽通过对二里头文化分布以及影响力等现象的考察，并结合江汉平原的相关

---

① 杜金鹏：《偃师二里头遗址都邑制度研究》，《夏商周考古学研究》，科学出版社2007年版，第107—128页。
② 杜金鹏：《偃师二里头夏都规划探论》，《夏商周考古学研究》，科学出版社2007年版，第129—149页。
③ 王豪：《夏商城市规划和布局研究》，硕士学位论文，郑州大学，2014年。
④ 杜金鹏：《偃师二里头遗址4号宫殿基址研究》，《文物》2005年第6期，第62—71页。
⑤ 宋镇豪：《夏商城邑的建制要素》，《商承祚教授百年诞辰纪念文集》，文物出版社2003年版，第149—168页。
⑥ 宋镇豪：《偃师二里头遗址大型建筑基址的历史学考察》，《二里头遗址与二里头文化研究》，科学出版社2006年版，第78—91页。
⑦ 戴尊德：《挖掘夏代人居住的土窑洞——参加夏县东下冯遗址发掘记》，《文物世界》2005年第3期，第79—80页。
⑧ 王学荣：《制度革新与文化融合——王朝更替与考古学文化变革关系的个案分析，以二里头和偃师商城遗址为例》，《二里头遗址与二里头文化研究》，科学出版社2006年版，第478—492页。
⑨ 李久昌：《偃师二里头遗址市场蠡测》，《文博》2007年第5期，第11—15页。
⑩ ［日］西江清高、久慈大介：《从地域间关系看二里头文化期中原王朝的空间结构》，《二里头遗址与二里头文化研究》，科学出版社2006年版，第444—456页。

遗存，指出二里头文化可能存在"五服"内政外交运作制作模式①。张国硕梳理历史文献和考古发现，对二里头文化时期国家军事防御体系进行了分析②。张海利用数字计算模型，对二里头文化早期国家的疆域控制做出讨论和解释③。

规模众多的人口是二里头文化发展的基础。宋镇豪在梳理文献的基础上，结合二里头遗址面积、墓葬数量，推断二里头遗址的人口总数当在95000上下，并认为当时人口的再生产属于高出生率、高死亡率和低自然增长率的"两高一低"类型④。王建华通过分析游邀二里头文化时期墓地，对当时社会人口的年龄和性别构成进行了讨论⑤。乔玉利用地理信息系统分析的结果，对伊洛地区二里头文化时期的人口和可耕地资源进行了分析⑥。

精神世界探索是二里头文化的研究内容之一。何驽认为二里头遗址宫城内2002VM3随葬的绿松石龙，很可能是宗庙祭祀时抱于怀中的绿松石龙牌，它是"禹"的化身仪仗。在进行宗庙祭祀的过程中，当2002VM3墓主之类的伶官手持龙牌、系铜铃、戴羽冠跳舞时，它则是萬舞的道具。二里头文化二期偏晚至四期，绿松石铜牌饰取代绿松石龙牌继续作为"禹"的化身仪仗和萬舞的核心道具。古文"夏"字表现的是跳萬舞的人，因此手执绿松石龙牌或铜牌仪仗祭祀"禹"、同时戴羽冠舞动龙牌或铜牌跳萬舞的"中国之人"被称为"夏人"⑦。

朱乃诚通过对二里头文化"龙"遗存的形制和年代的梳理，认为二里头文化的"龙"遗存，尤其是大型绿松石龙形器和绿松石铜牌饰，是当时社会贵族中个别人使用的一种表明其有专门技能、特殊身份的特殊物品，其拥有者与当时的王室或"王"有一定的关系，然而它不是当时社会的王室成员或"王"者使用的器物，并不具有显示"王"权的功能。大型绿松石龙形器应是陶器上"龙"图案进一步演变发展的结果。二里头文化"龙"遗存的直接源头可能是在陶寺文化中，但"龙"遗存的社会地位在二里头文化时期下降，这可能反映了"龙"意识观念的逐渐淡薄⑧。杜金鹏通

---

① 何驽：《夏王朝"五服"内政外交运作制度模式发微》，《二里头遗址与二里头文化研究》，科学出版社2006年版，第493—497页。
② 张国硕：《夏国家军事防御体系研究》，《中原文物》2008年第4期，第41—49页。
③ 张海：《数字计算模型与二里头早期国家的疆域》，《中国聚落考古的理论与实践（第一辑）——纪念新砦遗址发掘30周年学术研讨会论文集》，科学出版社2010年版，第79—92页。
④ 宋镇豪：《夏商人口初探》，《历史研究》1991年第4期，第92—106页。
⑤ 王建华：《黄河中下游地区史前人口性别构成研究》，《考古学报》2008年第4期，第415—439页；王建华：《黄河中下游地区史前人口年龄构成研究》，《考古》2007年第4期，第63—73页。
⑥ 乔玉：《伊洛地区裴李岗至二里头文化时期复杂社会的演变——地理信息系统基础上的人口和农业可耕地分析》，《考古学报》2010年第4期，第423—453页。
⑦ 何驽：《二里头绿松石龙牌、铜牌与夏禹、萬舞的关系》，《中原文化研究》2018年第4期，第31—39页。
⑧ 朱乃诚：《二里头文化"龙"遗存研究》，《中原文物》2006年第4期，第15—21、38页。

过梳理历史文献和相关考古遗存，认为二里头遗址出土的"龙文物"，可以视为华夏民族的最早龙图腾[1]。李德方[2]、王克林[3]、蔡运章[4]、张得水[5]亦有类似研究。顾问等通过对二里头文化、夏家店下层文化的龙、蛇形象进行梳理，认为二者联系密切，且对周边考古学文化的相关遗存产生过影响[6]。量博满认为二里头文化铜牌饰是以太阳神为其思想背景的龙形象的表达，应是二里头文化先民的族神[7]。有学者对二里头遗址出土的饰牌纹饰进行解读，认为狐面纹饰牌，源于夏代对尾宿星座的观察与交会男女；熊面纹饰牌，源于黄帝、禹对北斗星座的星占；鳞体兽面纹饰牌，是龙兽合体纹饰[8]。

陈芳妹从社会艺术史的角度，对二里头遗址 M3 进行了分析，认为 M3 拥有多种材质及复杂技艺，主要是因为不同社会阶层间的竞争，致使物质及特有技艺向特有阶层流动，并且 M3 见证了二里头文化从新石器时代向青铜时代转变的关键时刻，体现了时代变迁背景下二里头文化绿松石工艺特征[9]。

音乐艺术是二里头先民精神世界的反映之一。项阳对山西境内出土的部分新石器至商代特磬开展了测音分析，其中包含有二里头文化的特磬。结果表明，商代以前，特磬更多是具有节奏乐器功能的且有相对固定音高的信号乐器，其石质多样，琢磨磬表面的技术尚未得到广泛应用，说明当时人们对这种器物的制作还处在探索阶段，具有较强的随意性和不规范性[10]。高蕾分析了河南出土石磬的时代、分布、形制、纹饰、音乐性能等特征，其中包含二里头遗址出土的一件石磬[11]。随后，高蕾又对龙山晚期—二里头时代的 33 件石磬进行了分析，结果显示二里头时代的石磬形制已略显文化区域性特征，而龙山晚期的石磬与二里头磬之间存在着一定的传承关系，并对商代

---

[1] 杜金鹏：《中国龙，华夏魂——试论偃师二里头遗址"龙文物"》，《二里头遗址与二里头文化研究》，科学出版社 2006 年版，第 96—120 页。
[2] 李德方：《二里头遗址的龙纹与龙文化》，《二里头遗址与二里头文化研究》，科学出版社 2006 年版，第 143—151 页。
[3] 王克林：《龙图腾与夏族的起源》，《文物》1986 年第 6 期，第 55—56 页。
[4] 蔡运章：《绿松石龙图案与夏部族的图腾崇拜》，《二里头遗址与二里头文化研究》，科学出版社 2006 年版，第 135—142 页。
[5] 张得水：《夏部族图腾问题探索》，《中华第一龙》，中州古籍出版社 2000 年版，第 305—310 页。
[6] 顾问、胡继忠：《论二里头文化与夏家店下层文化中的龙、蛇》，《二里头遗址与二里头文化研究》，科学出版社 2006 年版，第 152—166 页。
[7] 量博满：《浅谈二里头文化的铜牌饰》，《二里头遗址与二里头文化研究》，科学出版社 2006 年版，第 180—183 页。
[8] 陆思贤：《二里头遗址出土饰牌纹饰解读》，《中原文物》2003 年第 3 期，第 38—43 页。
[9] 陈芳妹：《二里头 M3——社会艺术史研究的新线索》，《二里头遗址与二里头文化研究》，科学出版社 2006 年版，第 241—269 页。
[10] 项阳：《山西商以前及商代特磬的调查与测音分析》，《考古》2000 年第 11 期，第 58—64 页。
[11] 高蕾：《河南省出土石磬初探》，《中原文物》2001 年第 5 期，第 64—72 页。

石磬有所影响①。高炜总结了考古所见史前陶铃的时空分布，将其分为悬系铃和甬铃两大类。在此基础上，他对二里头文化铜铃的演变做了分析，认为其演变为商代鸟饰鎛②。

兵器是维护王朝稳固的重要物质手段。石晓霆等通过对戈与野战方式之间的关联进行分析，认为青铜戈是车战的产物，二里头遗址出土的青铜戈属于早期的青铜戈，但已经开始改进。此外二里头遗址出土的青铜戈数量不多，出土兵器多为石质、骨蚌质，说明当时车战的规模不会太大③。郭妍利认为二里头文化青铜兵器以双翼镞、有内钺、直内戈和曲内戈为代表，奠定了中国青铜兵器的基本格局。根据二里头文化兵器的地理分布格局可以看出，二里头遗址由于拥有先进的青铜兵器而率先进入王朝社会，并且先进的铜兵器也逐渐被升华到礼仪用器的高度，进而产生专门的玉质礼兵器④。

生产工具则是社会物质文化发展的基石之一。佟柱臣统计了二里头、七里铺、洛达庙、鹿寺等二里头文化遗址出土的石、骨、蚌器的种类，发现比龙山文化减少许多，他认为这种现象可能与铜器的使用有关⑤。陈振中梳理了先秦时期包括二里头文化在内的铜锥和铜钻，并对其功用进行探讨，认为是制皮、刻辞、钻孔的重要工具⑥。此外衡云花等根据二里头遗址发现的车辙、金属工具等现象，指出二里头文化时期已经开始了车辆制造的活动，至迟在二里头文化晚期畜力车已经开始得到应用⑦。

度量衡、历法等与社会生活息息相关。安金槐通过对二里头、二里岗文化陶大口尊的观察，注意到部分大口尊口沿内侧多刻划有一个或两个以数字为主的陶文记号。结合当时社会经济的发展状况，他认为陶大口尊很可能就是粮食交易过程中衡量谷物的量器⑧。冯时通过对两件二里头文化铜器图像的研究，首次揭示了迄今所知中国最古老的历法的基本面貌，并且其与尧典所保存的历法体系如出一辙⑨。

农业生产和饮食加工是社会生活的直接行为。安家瑗梳理了新石器、二里头、二

---

① 高蕾：《远古磬与夏代磬研究》，《文物》2003年第5期，第45—52、55页。
② 高炜：《史前陶铃及相关问题》，《二十一世纪的中国考古学——庆祝佟柱臣先生八十五华诞学术文集》，文物出版社2006年版，第223—241页。
③ 石晓霆、陶威娜：《夏商时期的戈与野战方式浅说》，《中原文物》2003年第5期，第39—50页。
④ 郭妍利：《二里头文化兵器初论》，《二里头遗址与二里头文化研究》，科学出版社2006年版，第222—240页。
⑤ 佟柱臣：《二里头文化和商周时代金属器代替石骨蚌器的过程》，《中原文物》1983年第2期，第1—14页。
⑥ 陈振中：《先秦的铜锥与铜钻》，《文物》1989年第2期，第90—95页。
⑦ 衡云花、黄富成：《技术发展与先秦古车起源蠡探》，《中原文物》2007年第6期，第51—53页。
⑧ 安金槐：《商代的粮食量器——对于商代陶大口尊用途的探讨》，《农业考古》1984年第2期，第312—322页。
⑨ 冯时：《〈尧典〉历法体系的考古学研究》，《文物世界》1999年第4期，第49—52页。

里岗文化的刻槽盆，认为应该称为擂钵，其功用可能是作为研块茎类或根茎类植物的一种用具①。叶文宽②、宋豫秦③支持类似观点，宋氏还提出了澄滤和倾倒的功能判断。赵春青通过新砦和皂角树遗址出土的植物遗存和石质生产工具的分析，认为从新砦期的稻作农业向二里头文化旱作农业的转变，可能是气候发生了变化导致而成的④。日本学者饭岛武次根据二里头文化与先商文化所见鼎、鬲、甑等陶制炊具资料，结合遗址中发现的植物遗存，探讨当时人们对谷物的料理方法及相关的饮食生活⑤。赵春燕等对二里头遗址出土陶容器残余物进行碳同位素分析，发现二里头文化居民食物中粟的比例可能更高⑥。

此外，宋镇豪利用文献、考古发现和甲骨文，系统阐述了夏商时期社会生活的运作体系和细节，对诸如居宅人口、婚姻、交通、饮食、服饰、农业礼俗、病患医疗、宗教信仰等方面都做了全面、深入的揭示。二里头文化作为夏商社会探讨的重要对象，在书中占有较大比例⑦。

通过数十年的努力，学术界对二里头文化社会的方方面面有了多角度的认识，相信随着自然科学技术和社会考古学理念的进一步应用，二里头文化社会生活研究将会进入更为广阔的阶段。

第二节　二里头文化源流问题研究

源流探索是二里头文化研究的关键课题之一，是了解二里头文化内涵和时空坐标的重要支撑。从研究主题来看，此议题可分为"来源"和"流向"两大方面。

一　来源研究

早在二里头遗址发掘之初，学术界就已经注意到二里头文化的来源问题。伴随着考古学资料的不断丰富、相关节点的不断突破，有关二里头文化来源的认识也更加

---

① 安家瑗：《擂钵小议》，《考古》1986年第4期，第344—347页。
② 叶文宽：《擂钵源流考》，《考古》1989年第4期，第456—462页。
③ 宋豫秦：《擂钵的功用》，《华夏考古》1993年第1期，第82—83页。
④ 赵春青：《夏代农业管窥——从新砦和皂角树遗址的发现谈起》，《农业考古》2005年第1期，第215—217页。
⑤ ［日］饭岛武次：《二里头文化与先商文化的陶炊器——鼎·鬲·甑·甗》，《考古学研究》（八），科学出版社2011年版，第159—178页。
⑥ 赵春燕、赵海涛等：《从陶容器内残留物的分析考察二里头遗址先民的饮食状况》，《三代考古》（四），科学出版社2012年版，第228—233页。
⑦ 宋镇豪：《夏商社会生活史》，中国社会科学出版社1994年版。

深化。

发掘者最初认为早期遗存（即二里头文化一期）"当属河南龙山文化晚期"①。随着发掘工作的深入，发掘者认识到二里头文化的来源并非单一，"应该是在继承中原河南龙山文化的基础上，吸取了山东龙山文化的一些因素而发展成的"②。这说明在二里头遗址发掘最初阶段，研究者们已经将视野投向了更为广阔的东方。20 世纪 80 年代，邹衡在《试论夏文化》中系统分析二里头文化因素的组成，比较二里头类型和河南龙山文化的异同，说明河南龙山文化并非直接过渡到二里头类型，他们属于不同性质的文化。在此基础上他探讨了二里头类型相关文化因素的源头，指出瓦足皿可能来自东方或北方地区的龙山文化；觚、爵、鸡彝也来自东方，或者同东方有着密切的关系③。李仰松明确指出，二里头文化早期系由王湾类型直接发展而来的，它们是同一文化先后承袭的关系④。李德方则认为二里头类型在继承煤山类型的同时又呈现出一定的文化变异性，二里头类型出现的变异性因素多源自它以东以北地区。他提出了文化交流、频繁冲突以及商部族方面的压力等三个原因对此进行解释⑤。郑杰详认为，二里头文化是在河南龙山文化煤山类型的基础上，吸收和继承周围各类型文化因素而发展起来的一种新型的考古学文化"⑥。吴汝祚⑦、张国硕⑧、赵春青⑨等也持相同的认识。

除了大多数学者认可本地起源、周边参与外，一些学者也特别强调了周边文化对二里头文化形成的贡献。刘起釪提到，其实（二里头文化二里头类型）一、二期并非继承河南龙山文化，而是继承东下冯类型二里头文化，不过受河南龙山文化的影响，因而二者之间有一些类似陶器⑩。王克林则认为，二里头文化是从夏族的发源地——东下冯类型主要分布的晋南地区，向河南豫西伊、洛一带发展，在其发展过程中融合

---

① 中国科学院考古研究所洛阳发掘队：《1959 年河南偃师二里头试掘简报》，《考古》1961 年第 2 期，第 81、82—85 页。
② 中国科学院考古研究所洛阳发掘队：《河南偃师二里头遗址发掘简报》，《考古》1965 年第 5 期，第 215—224 页。
③ 邹衡：《试论夏文化》，《夏商周考古学论文集》，文物出版社 1980 年版，第 95—182 页。
④ 李仰松：《从河南龙山文化的几个类型谈夏文化的若干问题》，《中国考古学会第一次年会论文集》，文物出版社 1979 年版，第 32—49 页。
⑤ 李德方：《二里头类型文化的来源及相关问题》，《青果集》，知识出版社 1993 年版，第 147—154 页。
⑥ 郑杰祥：《二里头文化商榷》，《河南文博通讯》1978 年第 4 期，第 9—14、22 页。
⑦ 吴汝祚：《关于夏文化及其来源的初步探索》，《文物》1978 年第 9 期，第 70—73 页。
⑧ 张国硕：《从夏族北上晋南看夏族的起源》，《郑州大学学报》（哲学社会科学版）1998 年第 6 期，第 101—105 页。
⑨ 赵春青：《中原龙山文化王湾类型再分析》，《洛阳考古四十年——一九九二年洛阳考古学术研讨会论文集》，科学出版社 1996 年版，第 95—115 页。
⑩ 刘起釪：《由夏族原居地纵论夏文化始于晋南》，《华夏文明》第一集，北京大学出版社 1987 年版，第 18—52 页。

并吸收当地和外来文化因素影响的结果①。

与之类似，也有学者提出二里头文化来源于山东龙山文化，甚至河南龙山文化就是大汶口文化西进的过程中与当地文化结合而产生的。比如吕琪昌认为，二里头文化来自王城岗类型龙山文化，该文化又源于大汶口文化颍水类型，而颍水类型的来源则是海岱地区的大汶口文化，所以"夏族是在大汶口文化中晚期时由海岱地区进入中原的史前东夷族的一支，是可以肯定的"②。杜在忠则系统分析了二里头文化的陶器、纹饰、建筑技术、玉石制作工艺等，认为二里头文化与山东龙山文化有密切的关系，并且是山东大汶口—龙山文化的某一支，西迁河南颍水流域一带，与当地土著文化融合形成了二里头文化③。同时，陈剩勇从饕餮纹、玉钺、圭等器物入手④，闻惠芳以玉器为视角⑤，认为良渚文化是二里头文化的重要源头。

其实，尽管晋南说、山东说或东南说，都强调各自区域因素对二里头文化起源的贡献，但多数学者承认各自强调的区域文化都是与本地的河南龙山文化融合后才形成了二里头文化，所以二里头文化本地起源、周边参与代表了多数学者的观点，只不过关于周边文化的参与程度和贡献比例有不同的认识。值得注意的是，在探索二里头文化来源的过程中，把考古材料所见的外来文化因素和文献中记载的夏商夷关系相比附，是阐释这些外来文化因素出现的主要手段。

至此，河南龙山文化是二里头文化的重要来源，同时周边因素在二里头文化中的存在也得到了学术界的关注。然而，河南龙山文化与二里头文化之间存在缺环亦是不争的事实。二里头遗址在首次发掘之时，发掘者就注意到，二里头早期"与常见的河南龙山文化还不能衔接起来，尚有缺环"⑥。那么，河南龙山文化如何发展到二里头文化？非本地文化因素如何被二里头文化吸收？这两大问题的探索被提上日程。

关于这些问题，随着新砦遗址的发现和发掘而取得突破。1981 年，新砦遗址试掘简报发表，发掘者发现新砦遗址出土的陶器具有二里头文化早期的特征，但有的陶器还保留有一些龙山文化的色彩，因此是属于龙山文化晚期和二里头文化早期的遗存⑦。

---

① 王克林：《略论夏文化的源流及其有关问题》，《夏史论丛》，齐鲁书社 1985 年版，第 56—82 页。
② 吕琪昌：《从夏文化的礼器探讨夏族的起源》，《中原文物》1998 年第 3 期，第 24—35 页。
③ 杜在忠：《试论二里头文化的渊源——兼述泰山周围大汶口—龙山文化系统的族属问题》，《史前研究》1985 年第 3 期，第 27—33 页。
④ 陈剩勇：《夏文化东南说》，《寻根》1995 年第 1 期，第 10—13 页。
⑤ 闻惠芳：《夏代礼玉制度探源》，《东南文化》2001 年第 5 期，第 24—31 页。
⑥ 中国科学院考古研究所洛阳发掘队：《1959 年河南偃师二里头试掘简报》，《考古》1961 年第 2 期，第 82—85、81 页。
⑦ 中国社会科学院考古研究所河南二队：《河南密县新砦遗址的试掘》，《考古》1981 年第 9 期，第 398—408 页。

随后，发掘者赵芝荃根据已有资料，将煤山、新砦等遗址这类介于河南龙山文化和二里头文化一期之间的遗存命名为"新砦期二里头文化"，认为"它把河南龙山文化晚期和二里头文化一期基本连接起来了。如果打破人为的考古资料命名的界限，就会发现河南龙山文化晚期、新砦期文化和二里头文化一期一脉相传，文化面貌比较相似"①。稍后，尽管赵芝荃的提法与前述有所不同，认为应把"新砦遗址的二里头文化早期文化"从二里头早期文化中区别出来，另立一期，称为新砦期文化，但他依然坚持新砦期遗存作为二里头文化主要来源的认识，并且处于河南龙山文化发展到二里头文化之间的过渡阶段。此外，他还将二里头文化早期陶器上的纹饰、鸭形鼎等元素，与山东两城镇、浙江马桥等遗址的相关遗存进行了比较，论证二里头文化在继承河南龙山文化的同时，还吸收周围地区其他文化的因素②。

不过，学术界就"新砦期"遗存的独立性提出了质疑。隋裕仁在分析二里头文化早期遗存的来源时认为，"新砦期"与二里头遗址二里头文化一期文化是处在同时期而文化性质不同的遗存，是具有地域特征的过渡性文化。其中二里头遗址二里头文化一期则是这个转变过程中的局部性部分质变的文化遗存，"新砦期"遗存则是王湾三期文化在自身发展中逐渐衰弱的表现③。邹衡明确表示"新砦期"是"把不同地区、不同时期甚至不同文化的陶器放在一起"，但认为"新砦期"是"把二里头文化一期补齐了"④。也有学者将这些具有过渡性质的单位归入龙山文化晚期最晚阶段，剩余部分则属于二里头文化一期典型遗存⑤。

在这一时期，"新砦期"概念虽然已经提出，但由于材料有限，对其文化性质的归属问题，学术界仍莫衷一是。

20世纪90年代末期，随着夏商周断代工程的启动，关于二里头文化来源问题的讨论迅速升级。这一阶段对新砦遗址的重新发掘获得了更多"新砦期"遗存。以新砦遗址发掘者为代表的一些学者确定"新砦期"的存在，且是王湾三期文化向二里头文化的过渡阶段⑥。其他学者就其文化属性的认识上仍存在一些不同的认识，有学者认为"新砦期"遗存是二里头文化一期的最早阶段或地方类型，除此之外，二里头文化一期的文化因素主要源自豫西地区的王湾三期文化，还包含一些可以溯源到豫东地区

---

① 中国社会科学院考古研究所河南二队：《河南密县新砦遗址的试掘》，《考古》1981年第9期，第398—408页。
② 赵芝荃：《试论二里头文化的源流》，《考古学报》1986年第1期，第1—19页。
③ 隋裕仁：《二里头类型早期遗存的文化性质及其来源》，《中原文物》1987年第1期，第49—55、23页。
④ 邹衡：《综述夏商四都之年代和性质》，《殷都学刊》1988年第1期，第2—16页。
⑤ 韩建业、杨新改：《王湾三期文化研究》，《考古学报》1997年第1期，第1—22页。
⑥ 赵春青：《新砦期的确认及其意义》，《中原文物》2002年第1期，第21—23、27页；顾问：《"新砦期"研究》，《殷都学刊》2002年第4期，第26—40页。

的造律台类型文化因素、豫北地区后冈二期文化因素和鲁中、鲁东及苏北、淮北地区的龙山文化因素①。

此外，有学者注意到二里头文化一期和二期之间存在明显差异，故重新反思二里头文化一期遗存的属性，主张将它从二里头文化中分离出去，将之与"新砦期"文化合并成一个单独的考古学文化②；亦有学者坚持"'河南龙山文化'向二里头文化的转折，当在二里头文化的一、二期之际"③。尽管学者们对于"新砦期"、二里头文化一期遗存的属性认识不同，但基本认可河南龙山文化—新砦期—二里头文化的演进之路，只不过关于新砦期、二里头文化一期是单独作为过渡遗存，还是划分到河南龙山文化的问题存在不同看法。至此，二里头文化来源于新砦类遗存成为学术界的基本认识④。

随着资料的增多、研究的深入，学者们不仅关注二里头文化的来源，而且开始讨论不同的文化因素如何参与到二里头文化的形成过程，同时认识到河南龙山文化、"新砦期"与二里头文化之间并非简单的单线进化，实际情况可能更为复杂。

许宏仔细梳理了"新砦文化"的研究历程，同意新砦文化过渡阶段的划分⑤，但他进一步强调二里头文化一期和新砦期遗存在时间上有所重合，空间分布地域不同，应将新砦文化纳入二里头文化系统的大概念范围内。他将王湾三期文化演变为二里头文化这一进程称为"二里头化"，在这一过程中来自东方（含东北方）和来自西方（含西北方）两大系统的文化因素随时间的推移各自出现过高潮，显著的东方文化因素的渗入出现于"新砦期"伊始，与此同时，二里头文化的若干要素也开始萌生，并将二里头文化早期的外来文化因素归纳为广义的东方文化因素和广义的西方文化因素。"新砦文化"和二里头文化所见的高等级遗存多可溯源于东方文化。日常陶器特征则继续承袭当地龙山文化的传统，文化交流以吸纳大量的东方文化因素为主，形成了这种高层次遗存的"华东化"与日常用器的"华西化"的现象。这项研究回答了河南龙山文化如何发展到二里头文化、周边考古学文化如何参与二里头文化的形成两

---

① 李维明：《二里头文化一期遗存与夏文化初始》，《中原文物》2002年第1期，第33—42页。
② 杜金鹏：《新砦文化与二里头文化——夏文化再讨论随笔》，《三代考古》（一），科学出版社2004年版，第66—72页。
③ ［日］饭岛武次：《关于二里头文化——二里头类型第一期不属于二里头文化》，《夏商文明研究——91年洛阳"夏商文化国际研讨会"专集》，中州古籍出版社1995年版，第141—145页。
④ 中国社会科学院考古研究所：《中国考古学·夏商卷》，中国社会科学出版社2003年版。
⑤ 许宏：《"新砦文化"研究历程述评》，《三代考古》（二），科学出版社2006年版，第146—158页；许宏：《嵩山南北龙山文化至二里头文化演进过程管窥》，《中原地区文明化进程学术研讨会论文集》，科学出版社2006年版，第212—222页。

个问题。最新出版的《何以中国》对这一问题进行了更为系统的分析①。

与许宏的研究方法类似，王立新同样使用了文化因素分析法探讨二里头文化的形成过程。将二里头文化基本陶器组合从来源或产生机制的角度划分为五群：来自于嵩山南北龙山文化晚期遗存，煤山文化，王湾三期文化，西部晋西南东下冯文化和渭河流域夏代文化，以及二里头文化创新的器物②。

与大多数学者不尽相同，袁广阔另辟蹊径。他发现洛阳盆地没有典型的"新砦期"遗存，而二里头文化聚落1段（一期早段）主要分布在洛阳盆地。从遗迹相关性、埋葬制度和建筑所反映出的礼制等方面来看，二里头文化从晋南地区的到来打断了"新砦期"向前发展的步伐，同时强调二里头文化主要源头来自晋南地区的陶寺文化和稍后的东下冯文化，2段（一期晚段）才向嵩山南麓的淮河流域推进③。张国硕、贺俊将二里头文化中在墓底铺撒朱砂的葬仪称为朱砂奠基葬，并对这种葬仪的来源问题予以讨论，认为与晋南地区的陶寺文化关系密切④。

此外，栾丰实⑤、宋建⑥等分别对二里头文化的东方因素、南方因素进行了系统论述，为学术界理解二里头文化的形成背景提供了重要信息。

除了直接的物质文化层面的探讨之外，一些学者开始从社会演变、地理环境的角度阐释以二里头文化为载体的社会的形成。刘莉和陈星灿发现中国最早的国家以核心地区的庞大城市中心支配富有重要自然资源的边缘地区为特征。在此基础上认为没有哪个模式可以单独用来概括中国早期国家的形成。经过某些调整，地域国家模式似乎相对接近我们从考古材料观察到的情况⑦。许宏从洛阳盆地所处的地理环境，阐述了二里头文化诞生的"客观条件"。二里头文化是在一个新的高度上接续和整合了龙山时代逐鹿中原的"群雄"的文化遗产⑧。张弛则从欧亚全球化带来的半月形地带的兴起、新石器时代核心区域的衰落等多个方面，对夏商周三代以中原为中心的中国历史

---

① 许宏：《何以中国——公元前 2000 年的中原图景》，生活·读书·新知三联书店 2014 年版。
② 王立新：《从嵩山南北的文化整合看夏王朝的出现》，《二里头遗址与二里头文化研究》，科学出版社 2006 年版，第 410—426 页。
③ 袁广阔：《二里头文化研究》，博士学位论文，郑州大学，2005 年。
④ 张国硕、贺俊：《试析夏商时期的朱砂奠基葬》，《考古》2018 年第 5 期，第 79—89 页。
⑤ 栾丰实：《二里头遗址中的东方文化因素》，《华夏考古》2006 年第 3 期，第 46—53 页。
⑥ 宋建：《二里头文化中的南方因素》，《二里头遗址与二里头文化研究》，科学出版社 2006 年版，第 374—386 页。
⑦ 刘莉、陈星灿：《中国早期国家的形成——从二里头和二里岗时期的中心和边缘之间的关系谈起》，《古代文明》（第 1 卷），文物出版社 2002 年版，第 71—134 页；陈星灿、刘莉等：《中国文明腹地的社会复杂化进程——伊洛河地区的聚落形态研究》，《考古学报》2003 年第 2 期，第 161—217 页。
⑧ 许宏：《最早的中国》，科学出版社 2010 年版。

形成的时代背景进行了概括①。这些研究虽未专门探源二里头文化，但从地缘、时代背景、社会复杂化的角度阐释了二里头文化的形成原因。

总体来看，尽管学术界就新砦期的属性、二里头文化的内涵、二里头化的形成过程以及对于外来文化因素的源头等方面的认识不同，但二里头文化来源于新砦期遗存、周边文化广泛参与无疑是大多数学者探讨二里头文化来源的重要基点。二里头文化渊源的探讨、外来因素的分析，逐渐与文化互动、中心边缘关系、地域交流、资源获取等宏观的经济、文化发展模式研究相结合，从而进一步探讨文明演化和国家的形成。

二 流向研究

二里头文化的去向一直是学术界关注的热点问题。早在二里头遗址调查发现之时，调查者即指出"这一遗址的遗物与郑州洛达庙、洛阳东干沟的遗物性质相类似，大约属于商代早期"②。随后发掘者进一步指出，"二里头类型遗址的相对年代，上限晚于河南龙山文化，下限早于郑州二里头期的商代文化"，"二里头遗址是商汤都城西亳的可能性很大的"③。这也是间接地表明二里头类型是商文化的一支。1974年的发掘简报明确将二里头遗址发现的宫殿基址定为早商宫殿，并且认为该基址属于二里头文化三期。而此次发掘新发现的叠压于基址之上的二里头文化四期遗存，"把三期和二里岗期的陶器紧紧地连在一起了，好像是一个长链中的三个毗邻的环节"④。至此，二里头—二里岗的文化序列得以完善。

后来，长期主持二里头遗址发掘工作的赵芝荃撰文指出，"探讨二里头文化的去向问题，实际就是研究二里岗期文化和二里头文化的关系问题"。他通过对二里头文化四期、二里岗期的陶器进行比较，发现二者共有的陶器类型达二十四种之多，不同的仅有两、三种。而且二里头文化发展为二里岗文化，深腹罐、盆、鼎、鬲、大口尊等器类演变最为突出，存在明显的逻辑演变关系，所以认为二里头文化的去向应该是二里岗文化⑤。

不过，也有学者不完全支持这一看法。佟柱臣认为，二里头文化整体上看，仍然与二里岗期文化有明显区别。他发现鬶、盉、觚、三足盘、四系壶等器物不见于二里岗

---

① 张弛：《龙山—二里头——中国史前文化格局的改变与青铜时代全球化的形成》，《文物》2017年第6期，第50—59页。
② 徐旭生：《1959年夏豫西调查"夏墟"的初步报告》，《考古》1959年第11期，第592—600页。
③ 中国科学院考古研究所洛阳发掘队：《河南偃师二里头遗址发掘简报》，《考古》1965年第5期，第223页。
④ 中国科学院考古研究所二里头工作队：《河南偃师二里头早商宫殿遗址发掘简报》，《考古》1974年第4期，第248页。
⑤ 赵芝荃：《试论二里头文化的源流》，《考古学报》1986年第1期，第1—19页。

期，部分器类也不及二里岗期复杂。由此他认为二里头文化既与河南龙山晚期文化相区别，又与二里岗期文化不同，是一个单一文化①。邹衡亦持此观点②。尽管这些研究并未对二里头文化的流向做出具体分析，但关于二里头文化与二里岗文化差异的比较，则为后来二里头、二里岗文化之间的关系探讨提供了多种解释的可能。基于二里头、二里岗文化的这些差异现象，学术界关于两者衔接的具体时代仍存在不同意见。

20世纪80年代中期，郑光依据二里头遗址2号宫殿基址的发掘材料，在以往将二里头文化划分为四期的基础上，又提出了五期说。他认为"二里头一至五期"是一脉相承的，是同一文化的不同发展阶段，并指出"二里头五期"遗存的年代大体相当于二里岗文化晚期③。如果"二里头五期"成立，似乎说明二里头文化与二里岗文化在相当长的时间内并行发展。

然而，关于二里头文化五期的判断并未成为学术界的共识。《中国考古学·夏商卷》在讨论二里头文化的时候，明确提到二里头文化五期"已经超出二里头文化的范畴"④。靳松安专门撰文对二里头文化五期遗存进行分析，认为这类遗存实际包含了不同年代、不同时期遗存的混合体，文化性质属于二里岗文化⑤。

与之相近，二里头文化四期的内涵和下限成为学术界讨论的问题之一。王立新认为二里头遗址二里头文化四期偏晚的遗存可能有部分单位从组合上已不宜归入二里头文化四期，从性质上也不能归入二里头文化，进而指出二里头文化四期偏晚遗存是一种过渡性质的遗存⑥。随后，岳洪彬专门针对二里头文化四期进行研究，认为原"第四期遗存"应分成两期，而不是简单地细分为早晚两段，并认为二里头文化原第四期偏早时期及以前的二里头文化为同一文化体系，可能是夏人的遗存，而偏晚时期已进入商代⑦。宋豫秦则指出，来自豫东的漳河型先商文化因素和具有岳石文化特征的器物进入郑州地区和洛阳盆地是导致二里头文化终结的重要原因⑧。耿杨在分析了二里头遗址二里头文化第四期遗存之后，指出它可以分为早晚两段。两段之间不仅在陶器、铜器形制方面发生了很大的变化，而且还出现了大量的下七垣、岳石文化等外来

---

① 佟柱臣：《夏代和夏文化问题》，《河南文博通讯》1979年第2期，第2—12、16页。
② 邹衡：《试论夏文化》，《夏商周考古学论文集》，文物出版社1980年版，第95—182页。
③ 郑光：《二里头陶器文化论略》，《二里头陶器集粹》，中国社会科学出版社1995年版，第1—27页。
④ 中国社会科学院考古研究所：《中国考古学·夏商卷》，中国社会科学出版社2003年版，第70页。
⑤ 靳松安：《"二里头五期"遗存分析及相关问题》，《江汉考古》2004年第1期，第65—73页。
⑥ 王立新：《早商文化研究》，高等教育出版社1998年版；王立新：《也谈文化形成的滞后性——以早商文化和二里头文化的形成为例》，《考古》2009年第12期，第47—55页。
⑦ 岳洪彬：《二里头文化第四期及相关遗存再认识》，《21世纪中国考古学与世界考古学》，中国社会科学出版社2002年版，第238—257页。
⑧ 宋豫秦：《论杞县与郑州新发现的先商文化》，《中国商文化国际学术讨论会论文集》，中国大百科全书出版社1998年版，第133—148页。

文化因素，并且它们广泛地分布在二里头遗址宫殿区和围垣作坊区内。这很可能是商夷联盟势力推翻夏王朝的反映。同时强调，夏商王朝更替应该在二里头遗址二里头文化四期早晚段之间，但夏商文化并没有明确的界限，早商文化仍是以二里岗下层早段为开端①。赵海涛对二里头遗址二里头文化四期晚段的遗存进行了分析，指出在四期晚段第2段时，二里头都城的陶器构成发生了重要变化——下七垣文化和岳石文化特征的陶器成组出现于包括核心区在内的二里头都城，这可能是商汤灭夏的结果②。不过，也有学者对二里头文化第四期进行了文化因素定性分析，认为二里头文化第四期仍然是以二里头类型文化因素为主导③。

关于"第四期遗存"文化内涵和性质的讨论，虽然是考古学文化范围内的比较研究，但有着深刻的史料学投影，核心问题是夏商分界是以第四期遗存的结束为节点，还是以第四期遗存早晚段之间为划分。现在看来，二里头遗址第四期晚段遗存确实包含二里头、下七垣、岳石等文化因素的器物，如何解释这些现象成为学术界关心的话题。产生这些现象的原因，是正常的考古学文化交流，抑或与王朝更替有关的重大历史事件，目前仍不能形成定论。不过，二里头文化四期晚段遗存中，二里头文化主体因素有所下降，恰为二里头文化的去向提供了线索。

偃师商城的发掘者认为，偃师商城一期第1段遗存属于"将二里头文化和下七垣文化有机融合的基础上，发展产生的一种新文化"④。这为二里头文化的流向探索提供了解释，即与下七垣文化融合而不断被"二里岗化"，直至消亡。最近的一项研究显示，二里头文化四期晚段遗存的年代下限不尽相同，豫东最早，郑州商城稍晚，二里头遗址最晚。研究者推测，三者呈现出的时间差异可能跟地域空间以及统治策略的不同有关⑤。

第三节　二里头文化与其他文化关系研究

二里头文化的周围乃至更远的区域分布着若干各具特色的考古学文化，它们与二里头文化之间存在着不同程度的联系和交流。这种联系与交流表现在两个方面：一方面是，在二里头文化中也包含着来自四面八方不同区域的文化因素；与此同时，在二

---

① 耿杨：《二里头遗址第四期遗存研究》，硕士学位论文，吉林大学，2016年。
② 赵海涛：《二里头遗址二里头文化四期晚段遗存探析》，《南方文物》2016年第4期，第115—123页。
③ 钱燕：《二里头文化第四期性质研究》，硕士学位论文，郑州大学，2011年。
④ 中国社会科学院考古研究所河南第二工作队：《河南偃师商城宫城北部"大灰沟"发掘简报》，《考古》2000年第7期，第1—12页。
⑤ 李宏飞：《二里头文化第四期晚段遗存年代下限的探讨》，《考古》2018年第10期，第82—91页。

里头文化周围甚至边缘地区的一些考古学文化中，经常可以见到二里头文化因素。

一 汇聚与辐辏

二里头文化兼收并蓄，汇集了中华大地早期文明的精粹。早在二里头遗址发掘之初，发掘者就已经认识到二里头类型应该是在继承河南龙山文化的基础上，吸取了山东龙山文化的一些因素而发展成的。其中有的器形是在河南龙山文化和山东龙山文化中都可以见到的，如平底盆。有的器形能够在山东龙山文化中找到它们的祖型，如三足盘和鬶等[1]。后来，邹衡对二里头文化的三足盘、觚、爵、盉等陶器因素与东方地区文化的关系做了进一步论证[2]。有学者提出东北方的后冈二期龙山文化、东部的王油坊类型和西部的齐家文化对二里头文化都施加了影响[3]。郑光则较全面地讨论了二里头文化中的外来文化因素[4]。高天麟则指出二里头文化与豫东地区晚期龙山文化存在密切关系[5]。这些成果反映了非本地传统因素对二里头文化的垂直影响，为相关问题的探索提供了答案和信息。

20世纪80年代开始，伴随着对二里头文化族属的争议，一些学者对二里头文化的陶器类型进行了全面比较，试图从外来因素的分析角度，探讨夏、商更替的史学问题，核心焦点则是二里头遗址出现商文化因素器物及其进入时间。比如，殷玮璋系统讨论了二里头文化三、四期出现的商文化风格的鬲、盆、深腹平底罐等器物[6]，认为二里头文化晚期应属于商文化或进入商代纪年的夏文化遗存。与之不同，李维明则认为这些外来陶器因素只是不同文化之间影响与交流的结果[7]。抛开这些史学背景的解释，二里头遗址二里头文化晚期出现商文化风格器物，应是不争的事实。

进入新世纪，学术界逐渐开始关注周边区域同时期考古学文化对二里头文化施加的影响。栾丰实从陶器、玉器等文化遗物出发，探讨了二里头文化各个时期存在的来自东方海岱地区的文化因素。研究显示，二里头文化一期中的东方因素以来自龙山文化的为主，只有极少量因素是从岳石文化传播而来。二里头文化二期及以后，岳石文

---

[1] 中国科学院考古研究所洛阳发掘队：《河南偃师二里头遗址发掘简报》，《考古》1965年第5期，第215—224页。
[2] 邹衡：《试论夏文化》，《夏商周考古学论文集》，文物出版社1980年版，第95—182页。
[3] 隋裕仁：《二里头类型早期遗存的文化性质及其来源》，《中原文物》1987年第1期，第49—55、23页。
[4] 郑光：《二里头陶器文化论略》，《二里头陶器集粹》，中国社会科学出版社1995年版，第1—27页。
[5] 高天麟：《浅议豫东龙山文化与二里头文化的关系——兼谈豫东地区先商文化探索的前途》，《二里头遗址与二里头文化研究》，科学出版社2006年版，第270—278页。
[6] 殷玮璋：《二里头文化探讨》，《考古》1978年第1期，第1—4页；殷玮璋：《二里头文化再探讨》，《考古》1984年第4期，第352—356页。
[7] 李维明：《从二里头文化晚期遗存与先商文化异同看其文化性质归属》，《华夏考古》1994年第3期，第79—86、112页。

化的因素明显增多①。朱君孝等通过对二里头文化三、四期外来陶器的分析，认为二里头文化四期时先商、岳石文化对二里头文化施加了"嵌入式"的影响②。

除了东方因素之外，南方因素对于二里头文化的影响也是学术界关注的话题。安志敏讨论了二里头遗址发现的鸭形陶器的来源和传播③。宋建重点比较了二里头文化与南方地区的云雷纹，认为二里头文化的云雷纹以及其他一些因素是在南方影响下产生的④。

西北及北方地区是欧亚大陆文化交流的重要通道，该区域及更广阔的西亚、中亚考古学文化对二里头文化的影响备受关注。李学勤较早指出伊朗沙赫达德出土的红铜爵、斝形器与二里头文化相关器物类似⑤。胡博列举了二里头文化与齐家文化共出的带首刀、绿松石镶嵌图案、铜圆形器等器物，并比较了伊朗巴克特利亚圆柱形炊器、带管状流金属器与二里头陶斝、封顶盉之间区别，提出了中亚或西亚青铜时代文化对二里头文化可能存在的影响，扩展了二里头文化研究的世界视野，并认为朱开沟文化、齐家文化对二里头文化都有所影响⑥。随后有学者对此做出进一步补充，认为齐家文化对二里头文化产生过多方面的影响⑦。

林沄分析了二里头文化环首刀和斧等工具，认为北方地区对二里头文化的青铜器有所影响⑧。刘学堂、李文瑛指出二里头遗址出土铜铃、铜圆形器等均是西北青铜文化影响的结果⑨。韩建业亦同意西来因素的影响，认为二里头文化青铜文明是在具有兼容并蓄特征的中原文化的基础之上，接受西方文化的间接影响而兴起。二里头文化的形成以西进的新砦类型为基础，又融合了洛阳盆地附近部分土著因素和束颈圆腹花边罐等齐家文化因素，二里头文化中双轮车等器物的出现以及青铜冶金术的发展也应当归因于齐家文化的东渐带来的西方影响。其环境背景则与距今4000年左右的气候

---

① 栾丰实：《二里头遗址中的东方因素》，《华夏考古》2006年第3期，第46—53页；栾丰实：《二里头遗址出土玉礼器中的东方因素》，《中原地区文明化进程学术研讨会文集》，科学出版社2006年版，283—298页。
② 朱君孝、李清临：《二里头晚期外来陶器因素试析》，《考古学报》2007年第3期，第295—312页。
③ 安志敏：《记二里头的鸭形陶器》，《河南博物院落成暨河南省博物馆建馆七十周年纪念论文集》，中州古籍出版社1998年版，第55—68页。
④ 宋建：《二里头文化中的南方因素》，《二里头遗址与二里头文化研究》，科学出版社2006年版，第374—386页。
⑤ 李学勤：《谈伊朗沙赫达德出土的红铜爵、斝形器》，《欧亚学刊》第一辑，中华书局1999年版，第118—121页。
⑥ 胡博：《齐家与二里头：远距离文化互动的讨论》，《远方的时习——〈古代中国〉精选集》，上海古籍出版社2008年版，第3—54页。
⑦ 易华：《从齐家到二里头：夏文化探索》，《学术月刊》2014年第12期，第134—144页。
⑧ 林沄：《商文化青铜器与北方地区青铜器关系之再研究》，《考古学文化论集》（一），文物出版社1987年版，第129—155页。
⑨ 刘学堂、李文瑛：《中国早期青铜文化的起源及其相关问题新探》，《藏学学刊》第3辑，2007年，第1—63页。

干冷事件有关，同时他也指出了造律台类型对二里头文化的形成也有一定影响①。

单类器物的梳理与分析是探究二里头文化外来因素的重要手段。制作精美的绿松石龙和铜牌饰是二里头文化的标志性器物。刘学堂等认为二里头文化绿松石牌饰是西来文化因素②。陈小三持类似观点，但认为是河西走廊对二里头文化影响的结果③。王青对铜牌饰进行过系统分析，认为牌饰的性质、纹饰和镶嵌技术可能源于海岱地区，部分因素来自晋南地区④。不过，铜牌饰本土起源也得到了一些学者的支持。张天恩曾撰文认为牌饰源于二里头文化，并向齐家文化、三星堆文化传播⑤。陈国梁指出，西方或北方的冶金术、海岱地区的绿松石加工技术、龙山时代的粘嵌技术、新砦和陶寺文化的龙纹主题图案，是二里头文化铜牌饰产生的重要原因⑥。

此外，贺俊将二里头文化铜圆形器分为 A、B 两型，指出其中 A 型包含了来自东方、西方与北方的影响，而 B 型则来源于西北地区⑦。邓聪等通过对石峁、二里头遗址出土牙璋的比较，认为前者对后者有所影响⑧。李永强对二里头文化早期遗存进行排比分析，认为花边装饰起源于客省庄文化，经东龙山文化传播至二里头文化⑨。

二　影响与辐射

根据地域和文化特征，我们分别对中原北部和北方地区，关中及甘青地区，黄淮下游，四川盆地、汉中及峡江地区，长江中下游及华南地区的同时期诸考古学文化与二里头文化之间的交流研究进行论述。

（一）中原北部和北方地区

中原北部和北方地区二里头文化时期的考古学文化错综复杂，主要分布在晋南、晋中、晋陕高原、内蒙古中南部、冀南、燕山南北、辽中及辽东半岛等地。其中，晋南地区的文化遗存比较接近二里头文化，其他地区的文化遗存则与二里头文化有别，地方特点鲜明。

---

① 韩建业：《论二里头青铜文明的兴起》，《中国历史文物》2009 年第 1 期，第 37—47 页。
② 刘学堂、李文瑛：《中国早期青铜文化的起源及其相关问题新探》，《藏学学刊》第 3 辑，第 1—63 页。
③ 陈小三：《试论镶嵌绿松石牌饰的起源》，《考古与文物》2013 年第 5 期，第 91—100 页。
④ 王青：《镶嵌铜牌饰的初步研究》，《文物》2004 年第 5 期，第 65—72 页；王青：《镶嵌铜牌饰所见中国早期文明化进程问题》，《东方考古》第 1 集，科学出版社 2004 年版，第 348—361 页；王青：《国外所藏 5 件镶嵌铜牌饰的初步认识》，《华夏考古》2007 年第 1 期，第 88—93 页；王青：《镶嵌铜牌饰的寓意诸问题再研究》，《东方考古》第 9 集，科学出版社 2012 年版，第 223—242 页。
⑤ 张天恩：《天水出土的兽面铜牌饰及有关问题》，《中原文物》2002 年第 1 期，第 43—46 页。
⑥ 陈国梁：《二里头文化嵌绿松石铜牌饰的来源》，《三代考古》（七），科学出版社 2017 年版。
⑦ 贺俊：《试论二里头文化的铜圆形器》，《文物春秋》2018 年第 5 期，第 11—17 页。
⑧ 邓聪、王方：《二里头牙璋（VM3∶4）在南中国的波及——中国早期国家政治制度起源和扩散》，《中国国家博物馆馆刊》2015 年第 5 期，第 6—22 页。
⑨ 李永强：《二里头文化花边装饰溯源》，《华夏考古》2017 年第 4 期，第 80—84 页。

晋南发现的二里头文化时期遗存，表现出二里头文化的诸多特征，也带有少许的地方因素，被学术界称为二里头文化东下冯类型[1]，二者的关系是学术界关注的热点[2]。佟伟华在考察二里头文化的分布及移动轨迹的基础上，讨论二里头文化向晋南扩张的进程及其背景，将二里头与东下冯两个类型文化分布区的分界大体确定在中条山一带。而且位于中条山以北的东下冯类型，既存在着来自二里头类型的因素，又有着来自东、北方向的先商、光社文化的因素[3]。秦小丽则对这一文化类型中的多种文化因素做了定性和定量的统计分析，对各种文化因素的比例在不同文化期的消长进行了考察[4]。

晋中地区的二里头文化时期考古材料较为零散，学者们大多认为该地区二里头文化时期遗存应是一支独立的考古学文化，称之为光社文化[5]、东太堡文化[6]等。不过，也有学者将晋中相当二里头文化时期的文化归入二里头文化，称之为晋中类型[7]、东下冯类型[8]、东太堡类型[9]。从游邀、白燕、杏花村、许坦、东太堡、狄村等遗址的出土陶器来看，这些遗存继承了本地龙山时代文化的主体因素，也吸收了二里头文化的部分因素。

二里头文化时期的冀南地区主要被下七垣文化漳河类型和岳各庄类型所控制，它们与分布在豫东的下七垣文化鹿台岗类型、豫北的"潞王坟—宋窑类遗存"（也有学者称为辉卫文化或下七垣文化辉卫类型等）共同构成学术界探索先商文化的主要对象。由于夏商更替的史学投影，学术界对二里头文化与下七垣文化之间的差异与联系关注较多。李伯谦认为二里头文化与下七垣文化之间的交往关系表明，两者是各自独立的考古学文化，且有着密切的交往，主要表现在二里头文化对下七垣文化的强烈影响[10]。杨贵金对沁水下游的二里头文化与下七垣文化分布状况进行了观察[11]。李维明则

---

[1] 中国社会科学院考古研究所：《中国考古学·夏商卷》，中国社会科学出版社2003年版，第91页。
[2] 于孟洲：《东下冯文化与二里头文化比较及相关问题研究》，《文物春秋》2004年第1期，第11—21页。
[3] 佟伟华：《二里头文化向晋南的扩张》，《二里头遗址与二里头文化研究》，科学出版社2006年版，第361—373页。
[4] 秦小丽：《二里头文化的地域间交流——以山西省西南部的陶器动态为中心》，《考古与文物》2000年第4期，第43—55页。
[5] 邹衡：《关于夏商时期北方诸邻境文化的初步探讨》，《夏商周考古学论文集》，文物出版社1980年版，第253—294页。
[6] 宋建忠：《晋中地区夏时期考古遗存研究》，《山西省考古学论文集》（二），山西人民出版社1994年版，第91—99页。
[7] 王克林：《晋国建立前晋地文化的发展》，《中国考古学会第三次年会论文集》，文物出版社1984年版，第195—206页。
[8] 王克林：《略论夏文化的源流及其有关问题》，《夏史论丛》，齐鲁书社1985年版，第56—82页。
[9] 侯毅：《试论太原东太堡类型》，《山西省考古学会论文集》（二），山西人民出版社1994年版，第100—103页。
[10] 李伯谦：《夏文化与先商文化关系探讨》，《中原文物》1991年第1期，第1—7页。
[11] 杨贵金：《沁水下游的夏文化与先商文化》，《中原文物》1997年第2期，第32—38、59页。

对二里头文化与先商文化之间的文化差异进行了比较①。张渭莲等从社会考古的角度，指出在二里头文化的影响下，下七垣文化的社会结构发生了重大变化，由原来落后的简单社会迈向更复杂的社会，并最终进入文明社会②。

二里头文化与燕山北部的夏家店下层文化保持着密切关系。大甸子墓地的高规格墓葬中出土了富有二里头文化特色的鬶、盉、爵等陶礼器，不仅表明二者之间曾发生过直接的交往，而且意味着二里头文化的礼乐制度曾对夏家店下层文化产生过强烈影响③。杜金鹏撰文认为，这种考古学现象发生的时间在公元前1700年前后，大约在夏、商之际，很可能与史载夏遗民北徙草原地区有关④。邓聪通过对夏家店下层文化与二里头文化出土玉器比较，发现二里头文化玉器的一些因素在辽河流域中有所表现，但并未产生强烈影响⑤。此外，吉迪对二里头文化与夏家店下层文化的社会形态进行了比较研究，认为二里头文化与夏家店下层文化的社会制度没有根本差异⑥。顾问、胡继忠等还对二里头文化与夏家店下层文化中的龙、蛇形象进行了比较，指出二者有着密切的联系⑦。

（二）关中及甘青地区

本文所指的关中及甘青地区包括陕西中部以及甘肃、宁夏、青海的全部。从地理位置上来看，该地区为东西狭长地带，东部与二里头文化的核心区毗邻，向西可入中亚，是东西方远程交往乃至物资输送的关键通道，也是农牧文明的碰撞和融合带。这样的地理布局和人文景观显然使其成为二里头文化西扩的首选对象，但豫西沟壑、潼关天险以及该区域内部的空间分立和文化格局又给二里头文化西进增加了困难，也进一步强化了该地区二里头—二里岗文化时期文化态势的复杂性。

考古资料表明，二里头文化所代表的政治实体的势力在其晚期很可能已渗透到了关中东部的蓝田、渭南一带，但在早期时，关中东部有着自身的文化特色⑧。发现于西安老牛坡、商洛东龙山等遗址的"老牛坡远古文化类型"（或称东龙山文化）在年

---

① 李维明：《从二里头文化晚期遗存与先商文化异同看其性质归属》，《华夏考古》1994年第3期，第79—86、112页。
② 张渭莲、宋白桦：《论二里头文化在商文明形成中的作用》，《河北师范大学学报》（哲学社会科学版）2007年第3期，第99—102页。
③ 刘观民：《夏家店下层文化》，《新中国的考古发现和研究》，文物出版社1984年版，第340—345页。
④ 杜金鹏：《试论夏家店下层文化中的二里头文化因素》，《华夏考古》1995年第3期，第57—62、40页。
⑤ 邓聪：《夏家店下层文化中的二里头文化玉器因素举例》，《三代考古》（三），科学出版社2009年版，第171—175页。
⑥ ［以色列］吉迪：《青铜时代早期中国北方的社会形态——关于二里头文化和夏家店下层文化的比较研究》，刘景岚译，《昭乌达蒙族师专学报》1996年第17卷第3期，第8—24页。
⑦ 顾问、胡继忠：《论二里头文化与夏家店下层文化中的龙、蛇》，《二里头遗址与二里头文化研究》，科学出版社2006年版，第152—166页。
⑧ 张天恩：《试论关中东部夏代文化遗存》，《文博》2000年第3期，第3—10页。

代上可能与二里头文化早期相近，一些器物的形制和装饰明显受到了二里头文化的影响①。关中西部相当二里头文化时期的考古遗存尚不明朗，有学者根据陶器形制的分析，指出二里头文化时期的关中西部存在着早晚两类性质不同的文化遗存，早的属于客省庄二期文化，晚的被命名为"望鲁台—乔家堡类型"②。尽管这些探索为我们初步勾勒出了二里头时代关中地区的文化格局，但必须承认，与仰韶、龙山时代相比，关中地区可以明确断定为属于二里头文化时期的遗址数量确实不多，由此制约了二里头文化与本土文化之间关系的研究。

二里头文化时期的甘青地区主要分布着齐家文化和四坝文化。在齐家文化分布的天水地区，曾发现过带有二里头文化风格的铜牌饰和陶盉（或其仿制品）③，说明二里头文化的影响力已进入到齐家文化的势力范围，且二者之间可能存在着广泛的文化交流。近年来，随着东西方早期文化交流研究的推进，愈来愈多的学者对二里头文化与齐家文化之间的文化交流进行了分析④。不过，分布于河西走廊的四坝文化是否接受了二里头文化的影响，以及它们在二里头时代东西方早期文明交流中所扮演的角色至今仍不是十分清晰，这也是我们以后应予以关注的课题。

（三）黄淮下游

黄淮下游地区包括今天的鲁、皖、苏北及豫东的广大地区，该地区位于二里头文化以东，与文献记载的"东夷"和"淮夷"的活动范围大致相近，也与甲骨文提及的"东土"有所暗合，因此对于这一地区的二里头文化时期古遗存进行探索有着重要的学术意义。迄今为止，考古学已证实的二里头文化时期活动于该地区的考古学文化主要有岳石文化、斗鸡台文化。

岳石文化主要分布在山东及邻近的苏北、皖北和豫东地区。方辉认为岳石文化与二里头文化处于同一历史发展阶段，包含着一些相同的因素和内在的联系⑤。宋豫秦则指出二者长期拉锯于以杞县为中心的豫东地区，导致这一地区出现二里头文化、岳石文化和下七垣文化相交汇的现象⑥。整体来看，很可能由于岳石文化的抵制，二里头文化的势力一直未能进入资源丰富的海岱地区，二者也仅限个别器物的交流和相互影响。不过到了二里头文化四期，不少具有岳石文化风格的器物出现在二里头遗址，

---

① 胡平平：《试论陕东南地区东龙山文化》，《江汉考古》2018年第6期，第76—87、104页。
② 张天恩：《关中西部夏代文化遗存的探索》，《考古与文物》2000年第3期，第44—50、84页。
③ 张天恩：《天水出土的兽面铜牌饰及有关问题》，《中原文物》2002年第1期，第43—46页。
④ 胡博：《齐家与二里头：远距离文化互动的讨论》，《远方的时习——〈古代中国〉精选集》，上海古籍出版社2008年版，第3—54页；易华：《从齐家到二里头：夏文化探索》，《学术月刊》2014年第12期，第134—144页。
⑤ 方辉：《二里头文化与岳石文化》，《中原文物》1987年第1期，第56—64页。
⑥ 宋豫秦：《夷夏商三种考古学文化交汇地域浅谈》，《中原文物》1992年第1期，第11—19页。

这意味着当时的文化格局发生了大的变动。

二里头文化时期的安徽江淮地区盘踞着斗鸡台文化。王迅曾指出，在斗鸡台文化各遗址中均发现有二里头文化因素，如陶器中的花边罐、鸡冠耳盆或甑、觚形杯、盆形鼎、铜器中的单扉铃等①。宫希成②、何长风③、秦小丽④等亦对江淮地区的考古学文化与二里头文化之间的交流现象有所分析。由于学术界多认为江淮地区与史料记载的夏桀奔南巢有关，在此视角下，学者们对该地区考古学文化中包含的二里头文化因素也进行了比较分析⑤。杜金鹏更是指出江淮地区二里头文化因素虽在总体数量上并不处于主导地位，但并非星星点点，而是十分醒目地占有相当的比重⑥。

（四）四川盆地、汉中及峡江地区

二里头文化时期的四川盆地、汉中及峡江地区活动着多种考古学文化，尽管这些考古学文化都呈现出自身的特色和风格，但它们之间有着非常紧密的联系和共性，应属于一个比较大的文化圈。

四川盆地相当于二里头文化时期的考古学遗存主要是三星堆文化，学术界多主张该文化与古蜀国有关。三星堆遗址群是三星堆文化早期的中心城址，建有规模宏大的古城，曾发现多处"祭坛"类遗存、器物坑、墓葬以及结构复杂的木结构建筑。三星堆文化在陶器、青铜器和玉器方面都体现出了与中原地区文化关联，这也是诸多学者讨论的重要话题⑦。江章华等认为三星堆文化与二里头文化的关系绝非一般⑧，孙华甚至推断"建立三星堆王国的统治阶级的一支，可能是来源于山东地区的古族，并且该古族很可能与二里头王国即夏王朝有密切的关系"⑨。段渝认为三星堆文化中包含的二里头文化因素，恰是属于夏时帝颛顼之后的两支亲缘文化⑩。有学者认为二里头文化因素应是从长江中游的鄂西地区沿长江西进然后进入四川盆地的⑪。此外也有学者指

---

① 王迅：《东夷文化与淮夷文化研究》，北京大学出版社1994年版，第48页。
② 宫希成：《夏商时期安徽江淮地区的考古学文化》，《东南文化》1991年第2期，第122—127页。
③ 何长风：《安徽江淮地区夏时期文化初析》，《文物研究》第4辑，黄山书社1988年版，第73—80页。
④ 秦小丽：《夏商时期江淮河地区与中原地区的地域间文化动态关系——以陶器资料分析为中心》，《江汉考古》2013年第2期，第54—72页。
⑤ 邹衡：《大城墩遗址与江淮地区的古代历史的关系》，《安徽省考古学会会刊》（第一至第八辑合订本），1979年，第24—29页；安徽省文物考古研究所、含山县文物管理所：《安徽含山大城墩遗址第四次发掘报告》，《考古》1989年第2期，第103—117、193页。
⑥ 杜金鹏：《关于夏桀奔南巢的考古学探索及其意义》，《华夏考古》1991年第2期，第22—32页。
⑦ 孙华、苏荣誉：《神秘的王国》，巴蜀书社2003年版；于孟洲：《夏商西周时期成都平原与中原地区文化交流的考古发现与研究论述》，《徐州工程学院学报》（社会科学版）2016年第31卷第4期，第42—48、108页。
⑧ 江章华、李明斌：《古国寻踪：三星堆文化的兴起及其影响》，巴蜀书社2002年版，第86—89页。
⑨ 孙华、苏荣誉：《神秘的王国》，巴蜀书社2003年版，第129页。
⑩ 段渝：《玉垒浮云变古今——古代的蜀国》，四川人民出版社2001年版，第136—137页。
⑪ 江章华、李明斌：《古国寻踪：三星堆文化的兴起及其影响》，巴蜀书社2002年版，第86—89页。

出,三星堆文化不是成都平原土生土长的文化,而是二里头文化与三峡地区土著文化联盟进入成都平原征服当地原有文化后形成的①。

峡江地区是指重庆市和湖北省西部的长江沿岸地区。目前学术界对于这一地区二里头文化时期考古学文化面貌的认识尚未达成统一意见,但根据现有资料,暂可称为朝天嘴类型文化②。它在整个峡江地区都有分布,与成都平原的三星堆文化有着较多的共性,也包含了江汉平原、中原地区以及当地龙山文化、二里头文化的因素。朝天嘴类型文化出土的部分盉、鬶以及圆腹罐具有明显的二里头文化风格,受到了二里头文化的强烈影响,这些现象也被多位学者所注意③。

(五)长江中下游及华南地区

长江中游地区与二里头文化分布区毗邻,是二里头文化影响和传播的直接区域。何驽认为荆州荆南寺类型受到了二里头文化的强烈影响,岳阳铜鼓山出土的尊、爵、瓮、鬲等器类也是二里头文化影响的结果④。张昌平认为长江以北的中游地区在二里头三、四期已处于二里头文化的势力范围内,可定为一个新的地方类型,并通过荆南寺向南对湘北地区、向西对三峡地区甚至更西地区产生影响⑤。向桃初支持这一观点,并建议称为"二里头文化盘龙城类型"。同时,向氏认为湘西、湘东、赣鄱地区的一些土著文化也受到了二里头文化的影响,但部分遗存的年代可能比二里头文化要晚⑥。不过,段天璟认为以盘龙城一至三期为代表的这类遗存虽受到了二里头文化的强烈影响,但其内部仍保存着本地的石家河文化的传统⑦。

二里头文化时期的长江下游主要有分布于太湖地区的马桥文化、宁镇地区的点将台下层文化。邹衡早已指出,马桥文化中的一些陶器的风格与二里头文化的同类器物相近,说明它们之间曾发生过文化交流⑧。而且马桥文化的几何印纹、鸭形壶在二里头遗址有所发现,其与二里头文化的关系可见一斑。曹峻梳理了相关资料后认为,与

---

① 向桃初:《三星堆文化的形成与夏人西迁》,《江汉考古》2005年第1期,第60—67页。
② 林春:《宜昌地区长江沿岸夏商时期的一支新文化类型》,《江汉考古》1984年第2期,第29—38、22页。
③ 罗二虎:《论鄂西地区的夏商时期文化》,《东南文化》1994年第1期,第42—51页;余西云:《三峡库区先秦时期的文化变迁》,《2003三峡文物保护与考古学研究学术研讨会论文集》,科学出版社2003年版,第82—100页;王宏、余介方等:《浅论三峡地区夏商周时期的文化及其变迁》,《重庆·2001三峡文物保护学术研讨会论文集》,科学出版社2003年版,第144—154页;于孟洲:《鄂西峡江地区朝天嘴文化研究》,《考古》2010年第3期,第57—70、111页。
④ 何驽:《荆南寺遗址夏商时期遗存分析》,《考古学研究》(二),北京大学出版社1994年版,第98—100页。
⑤ 张昌平:《夏商时期中原与长江中游地区的文化联系》,《华夏考古》2006年第3期,第54—60页。
⑥ 向桃初:《二里头文化向南方的传播》,《考古》2011年第10期,第47—61页。
⑦ 段天璟:《二里头文化时期长江中游沿岸地区的考古学文化结构》,《中国国家博物馆馆刊》2011年第6期,第6—15页。
⑧ 邹衡:《江南地区诸印纹陶遗址与夏商周文化的关系》,《文物集刊》第三集,文物出版社1981年版,第46—51页。

其他地区的考古学文化对二里头文化的吸收有所不同，马桥文化中觚、尊等酒器上体现出的二里头文化"礼"的观念是比较单薄的，它与中原的传播和交流，更多的应该是单纯的文化交流①。不过，向桃初认为，马桥文化中大量二里头文化因素的存在甚至已经不能仅仅解释为影响了，而是二里头文化直接参与的结果②。

张敏分析指出，点将台文化中除极个别器类受二里头文化影响之外，其他相同或相近的文化因素极少③。这表明二里头文化的影响力虽已抵达宁镇地区，但较为微弱。

华南闽、粤、桂的广阔地域内的二里头文化时期考古学文化遗存的发现大都比较零星，相对隔绝的自然地理环境又使其文化面貌各具特色。其中与二里头文化存在明显交流关系的是分布于闽西北的马岭类遗存和广西地区二里头文化时期的部分遗存，马岭类遗存的典型器物"长嘴盉"曾在二里头遗址出现。同时，邓聪指出福建漳州虎林山墓地出土的牙璋应是二里头文化牙璋的变种，两者在文化传承上有着一脉相承的关系④。除此之外，尽管分布于华南地区的其他文化亦具有极强的地方特色，但二里头文化的影响力也已到达了这一地区，如广东东莞村头、香港南丫岛等地出土的二里头文化牙璋，引起了多位学者的关注和探讨⑤。

此外，有学者注意到二里头文化牙璋在越南地区的传播，可能是冯原文化对三星堆文化牙璋的仿制品⑥。

除了上述针对各地区考古学文化与二里头文化的关系研究之外，一些研究专著也对二里头与诸考古学文化之间的关系进行了系统分析和综合研究，如《中国考古学·夏商卷》⑦、《最早的中国》⑧、《二里头文化时期的中国》⑨ 等。

综上所述，二里头文化对周边其他考古学文化产生了强烈的辐射和影响，二里头文化凭借先进的生产力和礼乐制度，以凶猛的势头对周边文化进行了强烈冲击。这种"华夏"与"边缘"之间的互动关系和礼仪行为最终促使中华文明由多元走向一体。

---

① 曹峻：《试论马桥文化与中原夏商文化的关系》，《中原文物》2006年第2期，第41—45页。
② 向桃初：《二里头文化向南方的传播》，《考古》2011年第10期，第47—61页。
③ 张敏：《试论点将台文化》，《东南文化》1989年第3期，第125—140页。
④ 邓聪、王方：《二里头牙璋（VM3:4）在南中国的波及——中国早期国家政治制度起源和扩散》，《中国国家博物馆馆刊》2015年第5期，第6—22页。
⑤ 商志䫺：《香港大丫湾牙璋及其相关问题——兼论中原地区的圭璋礼制》，《南中国及邻近地区古文化研究——庆祝郑德坤教授从事学术活动六十周年论文集》，香港中文大学出版社1994年版，第167—172页；李伯谦：《香港南丫岛出土牙璋的时代和意义》，《南中国及邻近地区古文化研究——庆祝郑德坤教授从事学术活动六十周年论文集》，香港中文大学出版社1994年版，第155—158页；裴安平：《中原商代"牙璋"南下沿海的路线与意义》，《南中国及邻近地区古文化研究——庆祝郑德坤教授从事学术活动六十周年论文集》，香港中文大学出版社1994年版，第69—76页。
⑥ 彭长林：《越南北部牙璋研究》，《华夏考古》2015年第1期，第63—71页。
⑦ 中国社会科学院考古研究所：《中国考古学·夏商卷》，中国社会科学出版社2003年版，第132—137页。
⑧ 许宏：《最早的中国》，科学出版社2009年版，第208—228页。
⑨ 段天璟：《二里头文化时期的中国》，社会科学文献出版社2014年版。

第四节　二里头文化与国家、文明关系研究

国家、文明的起源与形成问题，是考古学研究中的重大课题。中国古代国家、文明起源与形成的考古学探索，始于中国考古学的诞生与形成时期（20世纪20年代至40年代），50年代之后逐渐展开。在这一过程中，随着二里头遗址的发现、发掘与二里头文化的确立，它们在这一议题研究中的地位日渐受到学术界重视。需要指出的是，对这一议题的研究率先源自对二里头文化古史属性的讨论①（详见第九章第五节），同时二者长期相互交织；而主动地、有意识地讨论这一问题，大概始于20世纪70年代。综合来看，可以分为以下三个阶段。

一　第一阶段：1959—1976年

1959年，在二里头遗址发现之初，调查者就指出："此次我们看见此遗址颇广大，但未追求四至。如果乡人所言不虚，那在当时实为一大都会，为商汤都城的可能性很不小。"② 这开辟了二里头遗址为早商都邑的先河，尽管没有明确指出二里头遗址与国家、文明之间的关系问题，但实际上已经推测该遗址所代表的文化达到了国家、文明社会的水准。后续对二里头文化遗址的调查与发掘，则不断加深了这一认识。

1975年，佟柱臣结合二里头遗址的考古材料和传世文献指出，生产力的提高、社会分工与交换的发展、贫富差别及奴隶与奴隶主两大对立阶级的出现是夏代奴隶制国家存在的标志。同时他还强调，二里头遗址在二里头文化三期出现的大片夯土建筑基址，更进一步证实了在商代早期的时候国家已发展到成熟阶段，生产力的显著提高，社会分工与贸易的进一步发展，阶级斗争的加剧以及按照居住地区来划分国民则是这一阶段的显著特征③。

---

① 在讨论二里头文化古史属性的过程中，学术界多强调其在中国古代国家、文明起源与形成问题研究中的重要性，兹举三例。如有人指出："夏代在我国历史上，就是首先进入文明时期的第一个奴隶制国家。因此探索夏文化，不仅可以补充三代早期的历史空白，而且可以研究国家起源的理论。"参见佟柱臣《夏代和夏文化问题》，《河南文博通讯》1979年第2期，第2—12、16页。另有学者认为："探讨中原地区的文明起源问题，也即是探索夏文化的上限问题，这两个问题实际上是一个问题。"参见方酉生、赵连生《试论中原地区的文明起源》，《史学月刊》1989年第2期，第8—12页。还有学者强调："今后必须把中国古代文明起源的研究与夏文化的研究紧密地结合起来，这样不仅能使夏文化的研究深入一步，而且也才能更好地解决中国古代文明起源问题。而忽视夏文化研究，必将使中国古代文明起源问题的研究失去基础与归宿，最终也是不能很好地解决的。"参见李先登《中国古代文明起源与夏文化》，《中国历史博物馆考古部纪念文集》，科学出版社2000年版，第127—130页。
② 徐旭生：《1959年夏豫西调查"夏墟"的初步报告》，《考古》1959年第11期，第592—600页。
③ 佟柱臣：《从二里头类型文化试谈中国的国家起源问题》，《文物》1975年第6期，第29—33、84页。

同年，李民、文兵（张文彬）在结合相关考古材料和传世文献的基础上，认为二里头遗址是商代早期的重要遗址，强调其对研究我国古代国家的形成具有重要意义。进而指出，二里头遗址中的遗物与遗迹已经表明当时社会分工、商品生产与商品交换、奴隶与奴隶主两大对立阶级已经出现，这些是国家出现的标志①。

在后续的研究中，李民结合文献与考古材料后指出，二里头遗址是夏代的一个政治中心，同时在此基础上强调该遗址考古发掘所发现的遗物与遗迹表明，当时的农业、手工业、商品交换已出现，并且存在着阶级和阶级斗争。这些现象表明夏代已经进入阶级社会，国家也就是在这个阶段出现的②。

这一时期是二里头文化与国家、文明关系研究的起步阶段，仅有少数学者谈到二者之间的关系问题，研究文献较少。他们的研究有着共同之处：在理论上，都运用了马克思主义国家理论；在方法上，都将考古材料与文献材料相结合；在结论上，都认为二里头文化已经进入了国家、文明社会。

二 第二阶段：1977—1995 年

1979 年，吴汝祚反对唐兰将中国国家的出现上溯到距今六千多年的大汶口文化早期，在结合文献与考古材料的基础之上，认为煤山类型与二里头文化是夏文化，而夏代才标志着我国国家的出现③。1980 年，李民依据考古材料、参考文献记载指出，河南龙山文化晚期和二里头文化应属于夏文化。较之河南龙山文化早、中期，夏文化时期生产力发展、社会分工进一步扩大、私有制不断加强，二里头遗址宫殿基址的发现表明当时已有了奴隶制的国家机构，而原始文字的出现，意味着自这个阶段开始进入到"文明时代"④。

1983 年，夏鼐在日本围绕着中国文明起源问题做了三次公开演讲，演讲的具体内容后来经过整理以论著的形式发行了中文版。关于中国文明的起源，他先从分析安阳小屯殷商文化入手，由此上溯，依据二里头文化中已经发现的宫殿遗迹、似乎已有文字制度及冶炼青铜器等证据，指出"我们认为至少它的晚期是够得上称为文明，而又有中国文明的一些特征。它如果不是中国文明的开始，也是接近开始点了。比二里头更早的各文化，似乎都是属于中国的史前时期"⑤。

---

① 李民、文兵：《从偃师二里头文化遗址看中国古代国家的形成和发展》，《郑州大学学报》（哲学社会科学版）1975 年第 4 期，第 80—84 页。
② 李民：《简论夏代国家的形成——从二里头遗址看夏代国家的出现》，《历史教学》1979 年第 11 期，第 2—6 页。
③ 吴汝祚：《夏文化初论》，《中国史研究》1979 年第 2 期，第 132—141 页。
④ 李民：《夏代文化》，中华书局 1980 年版，第 26 页。
⑤ 夏鼐：《中国文明的起源》，文物出版社 1986 年版，第 95—96 页。

夏鼐的这一认识随后得到不少学者的认同。佟柱臣认为，中国新石器时代文化存在若干文化系统，它们的发展具有不平衡性，脱胎于庙底沟文化系统的二里头文化是探索夏文化与国家起源的对象。考古材料显示，生产力新的飞跃、社会分工加剧、阶级出现分化及各种文字符号表明二里头文化在同时代的文化中发展水平最高，已经进入文明时代，是最早出现的王国文明①。安志敏在分析"文明"概念的基础上，反驳当时的"文明的曙光"与"满天星斗"等关于中国文明起源的"新说"，进而赞同中国文明始于二里头文化②。邹衡从文明的概念及标志出发，同时在结合考古材料与文献材料的基础上，对当时存在的"仰韶—龙山文化文明说"予以反驳，指出二里头文化即夏文明进入到了一个新的时代——文明时代③。蔡凤书在明确文明的定义及标志的基础上，认为公元前3000年前后我国没有一个区域存在完备的文明因素，同时强调夏鼐关于中国文明形成于二里头文化的论断是比较符合客观实际的④。

与之相对，另一种观点虽然也认为二里头文化已经进入国家、文明社会，但强调其并非中国最早的国家、文明社会。田昌五认为夏代已发展到文明社会，二里头文化属于夏文化，其前身来自郑洛类型与三里桥类型的中原龙山文化，而这种中原龙山文化的晚期已进入夏代，即中原龙山文化晚期已经进入文明社会⑤。郑光认为二里头文化已经进入文明社会，但其之前必然存在一个较长的从诞生至成长的过程，可以上溯至中原龙山文化中晚期⑥。方酉生等人认为二里头文化已经进入文明社会，但河南龙山文化中已经出现的文字、城墙、青铜器、占卜、专业酒器、用人"奠基"等现象表明河南龙山文化晚期已经进入文明的初期⑦。严文明在对3500B.C.以来的一些重要的考古学文化进行分析的基础上，指出龙山时代的每个考古学文化大概都已走进文明社会的门槛，有的甚至已经迈入早期文明社会。具体说来，他强调中国的铜石并用时代的后一阶段更接近文明社会，或者就是最早的文明社会，但这要看对文明一词如何

---

① 佟柱臣：《中国新石器时代文化的多中心发展论和发展不平衡论——论中国新石器时代文化发展的规律和中国文明的起源》，《文物》1986年第2期，第16—30、39页；佟柱臣：《中国夏商王国文明与方国文明试论》，《考古》1991年第11期，第1003—1018、1031页。

② 安志敏：《试论文明的起源》，《考古》1987年第5期，第453—457页；安志敏：《谈谈中国文明的起源》，《河南师范大学学报》（哲学社会科学版）1991年第3期，第67—72页；安志敏：《中国文明起源始于二里头文化——兼议多元说》，《寻根》1995年第6期，第7—8页。

③ 邹衡：《中国文明的诞生》，《文物》1987年第12期，第69—74、85页。

④ 蔡凤书：《中国文明起源"新说"驳议》，《文史哲》1988年第4期，第12—15页。

⑤ 田昌五：《对中国文明起源的探索》，《殷都学刊》1986年第4期，第1—12页。

⑥ 郑光：《中国新石器时代与中国古代文明》，《华夏考古》1988年第2期，第51—61页；郑光：《二里头遗址与我国早期青铜文明》，《中国考古学论丛（中国社会科学院考古研究所建所40年纪念）》，科学出版社1993年版，第190—195页。

⑦ 方酉生、赵连生：《试论中原地区文明的起源》，《史学月刊》1989年第2期，第8—12页。

理解①。认同或倾向此类认识的学者不在少数②。

还有部分学者对二里头文化所代表的国家、文明社会出现与发展的动力、背景进行了研究。学术界普遍认为生产力的发展、优越的自然环境与地理区位、不同文化之间的交流等因素是促使二里头文化进入国家、文明社会的重要原因，但这类认识大多散见于前述相关论著之中。此外，有少数学者对这一问题给予了专门讨论，如宋豫秦认为青铜在二里头文化的经济中根本不可能起到任何显著的作用，早期青铜也不是促使夏代奴隶制国家巩固和发展的根本动因之一③。

这一时期是二里头文化与国家、文明关系研究的初步发展阶段，参与的学者较多，论著数量增加，研究内容也有所拓展，研究方法依然主要是文献与考古材料相结合。此外需要强调的是，这一议题是在学术界热烈探讨中国文明起源与形成这一重大的考古学课题背景下展开的④，大多数研究是在探讨与论证"文明"概念及其要素的基础上来分析二里头文化是否具备这些要素。同时其与探索夏文化这一学术命题关系密切，对夏文化上限的不同认识直接或间接地影响了相关学者对二里头文化是不是中国最早的国家、文明社会的看法。

三 第三阶段：1996年至今

进入到20世纪90年代后半期，对二里头文化与国家、文明关系的问题，部分研究延续了上一阶段的方法与主题。如陈旭结合文献与考古材料指出，中国文明起源是多元且有中心的，二里头文化是目前我国境内所发现的年代最早的文明时代遗存⑤。李先登结合文献与考古材料认为河南龙山文化王湾类型晚期和二里头文化是夏文化，其代表了中国古代文明的诞生，同时也是探索中国古代文明起源的基础和

---

① 严文明：《略论中国文明的起源》，《文物》1992年第1期，第40—49、25页。
② 王克林：《中国古代文明与龙山文化》，《华夏文明》第一集，北京大学出版社1987年版，第124—153页；李先登：《关于中国古代文明起源的若干问题》，《天津师大学报》1988年第2期，第44—50页；安金槐：《试论河南地区龙山文化的社会性质》，《中原文物》1989年第1期，第20—24页；孙广清：《从考古发现谈中国古代文明的起源问题》，《中原文物》1989年第2期，第7—14页；马世之：《黄河流域文明起源问题初探》，《中州学刊》1989年第4期，第103—106页；杨肇清：《试论中原地区国家的起源》，《夏商文明研究——91年洛阳"夏商文化国际研讨会"专集》，中州古籍出版社1995年版，第23—39页。
③ 宋豫秦：《试析早期青铜的发明在中国文明诞生过程中的作用》，《郑州大学学报》（哲学社会科学版）1990年第3期，第78—84页。
④ 学术界曾在1989年9月、1991年11月先后举行过中国文明起源问题的学术讨论会，会议上不少学者都谈到二里头文化与中国古代文明起源与形成之间的关系问题。参见白云翔、顾智界《中国文明起源座谈纪要》，《考古》1989年第12期，第1110—1120、1097页；白云翔、顾智界《中国文明起源研讨会纪要》，《考古》1992年第6期，第526—549页。
⑤ 陈旭：《中原文明起源多元论与中心论》，《洛阳考古四十年——一九九二年洛阳考古学术研讨会论文集》，科学出版社1996年版，第156—163页。

出发点①。类似研究不在少数②，此不赘述。与此同时，此议题的研究也逐渐发生了一些新的变化。

1996年，河南省文物考古研究所和美国密苏里州立大学人类学系开展合作，采用地面踏查等调查方法，同时结合美方提供的GPS和GIS对颍河上游两岸龙山晚期到二里头文化时期的聚落进行调查，主要目的是为探讨中华文明的起源及夏王朝的产生提供新的线索和证据③。这是国内较早的以中外合作的方式、在区域田野调查的基础之上、从聚落形态的视角来研究中国文明起源与形成问题，无疑具有重要的学术意义，标志二里头文化与国家、文明关系的研究进入到一个新的阶段。此后随着21世纪初期国家重点科研项目"中华文明探源工程"的启动，二里头文化与国家、文明关系的研究取得长足的进步，产生了诸多重要的研究成果。综合看来，主要包括以下几个方面。

遗物遗迹研究。秦小丽从国家形成过程这一视角出发，通过分析陶器来阐明地域间交流的方法来研究二里头时代的社会构成状况，进而指出二里头文化伊洛系陶器的扩张和下一阶段下七垣文化漳河系陶器的抬头，不仅仅是陶器组合变化的简单归纳，在这一背后还隐藏着国家形成这样一个大的社会变革和中心集团的对外扩张这样一个地域间变化的背景④。邓聪、王方指出，牙璋是二里头时代国家政治制度的一种象征。二里头遗址VM3:4牙璋在南中国产生了广泛影响，这可以视为原生国家向次生国家波及的一种表现。牙璋等实物，足以论证夏王朝政治理念的实践，也是东亚广域国家起源的关键⑤。许宏在辨析"宫室建筑"的基础上，以二里头文化宫室建筑为重点，详细梳理了龙山至西周时期的宫室建筑，进而对宫室建筑要素的肇始及宫室建筑的渊

---

① 李先登：《中国古代文明起源与夏文化》，《中国历史博物馆考古部纪念文集》，科学出版社2000年版，第127—131页；李先登：《夏文化与中国古代文明起源》，《中原文物》2001年第3期，第11—17页；李先登：《再论中国古代文明起源与夏文化》，《石璋如院士百岁祝寿论文集——考古·历史·文化》，南天书局（台北）2002年版，第105—122页。
② 王迅：《二里头文化与中国古代文明》，《考古与文物》1997年第3期，第61—68页；谢高文：《从二里头文化探索中国文明的起源》，《文物考古论集——咸阳市文物考古研究所成立十周年纪念》，三秦出版社2000年版，第38—46页；王克林：《陶寺晚期龙山文化与夏文化——论华夏文明的形成》，《文物世界》2001年第5、6期，第17—23、23—31页；张国硕：《论中国古代文明的起源与形成》，《文明起源与夏商周文明研究》，线装书局2006年版，第35—43页；程艄、段小宝：《河洛与中国文明的起源》，《中原文物考古研究》，大象出版社2003年版，第117—125页；李伯谦：《夏文化探索与中国古代文明形成研究》，《古代文明研究通讯》总第三十七期，2008年，第1—16页；郑杰祥：《夏王朝的建立与我国古代文明的形成》，《黄河科技大学学报》2009年第4期，第24—27页；李之龙：《对"中国文明史二里头起始论"的质疑》，《华夏考古》2009年第4期，第87—94、135页。
③ 河南省文物考古研究所、密苏里州立大学人类学系等：《颍河文明——颍河上游考古调查试掘与研究》，大象出版社2008年版。
④ 秦小丽：《中国初期王朝国家形成过程中的地域关系——二里头、二里岗时代陶器动态研究》，《古代文明》第2卷，文物出版社2003年版，第154—163页。
⑤ 邓聪、王方：《二里头牙璋（VM3:4）在南中国的波及——中国早期国家政治制度起源和扩散》，《中国国家博物馆馆刊》2015年第5期，第6—22页。

源进行分析，强调宫室建筑的封闭性、独占性与秩序性特征，是早期国家政治组织形式的物化反映，构成中国早期文明若干特质的一个侧面①。

微观聚落研究。许宏认为二里头遗址作为东亚地区最大的都邑性聚落，是迄今可以确认的中国乃至东亚地区最早的具有明确规划的都邑，表现出高度集权、阶层分化及专业分工等早期国家所应有的特征。以二里头遗址为代表的二里头文化是东亚地区首次出现的强势核心文化，已迈入真正的国家阶段，对其他青铜文化影响甚巨，并奠定了中国古代文明的基础②。韩建业对二里头古都分析后，指出其在二里头文化一期已经成为中原地区规模最大的聚落，二期以后在整个早期中国也具有无与伦比的地位；二里头文化极具包容性与开放性，对外拓展和影响的力度大；同时将其与陶寺古都、良渚古都进行比较后勾勒出早期中国文明的演进之路，即最先形成良渚古国为代表的各邦国文明，随后的陶寺类型进入雏形王国文明，后期的二里头青铜文明则进入王国阶段③。戴向明从文化分布、聚落数量、聚落层级、聚落内涵等方面认为二里头代表的夏人集团进入王朝国家是在二里头二期之后，而此前的二里头一期聚落可能是一处大型的区域中心；但无论如何，该遗址都是中国早期国家起源探索中的一个重要基点④。

宏观聚落研究。刘莉、陈星灿二人从介绍西方国家理论模式及其应用出发，讨论了二里头这一中国最早国家出现所体现出的社会变化，同时在分析地区自然背景（包括重要资源的分布及其主要流通路线）的基础上，以探索早期国家的政治经济结构为主要目标，考察了区域聚落形态特征、首都和主要地区中心之间的聚落分布模式、中心和边缘地区的关系以及各地区中心之间的关系、重要物品如青铜礼器的生产与流通等问题，进而认为二里头文化在二里头文化二期前后一个很短的时间内，社会组织发生了很多变化，发展到了早期国家水平，而在此之前的龙山文化大概是以酋邦性质的社会组织为特征⑤。陈星灿等人在伊洛河地区开展区域系统调查的基础之上，以聚落形态研究为视角，对这一地区的社会复杂化进程做了考察，结

---

① 许宏：《宫室建筑与中原国家文明的形成》，《三代考古》（五），科学出版社2013年版，第3—18页。
② 许宏：《从二里头遗址看华夏早期国家的特质》，《中原文物》2006年第3期，第39—40、51页；许宏：《二里头：中国早期国家形成中的一个关键点》，《中原文化研究》2015年第4期，第52—57页。
③ 韩建业：《良渚、陶寺与二里头——早期中国文明的演进之路》，《考古》2010年第11期，第71—78页。
④ 戴向明：《中原地区龙山时代社会复杂化的进程》，《考古学研究》（十），科学出版社2012年版，第539—581页；戴向明：《陶寺、石峁与二里头——中原及北方早期国家的形成》，《夏商都邑与文化》（二），中国社会科学出版社2014年版，第46—60页。
⑤ 刘莉、陈星灿：《中国早期国家的形成——从二里头和二里岗时期的中心和边缘之间的关系谈起》，《古代文明》第1卷，文物出版社2002年版，第71—134页。

果表明二里头文化时期出现了明显的社会政治转型，出现了国家水平的社会①。刘莉对黄河中下游地区的社会复杂化进程予以关注，她首先着重分析了这一区域龙山文化的聚落形态，探讨了"前国家社会"到"国家"的发展道路，进而指出二里头是最早的国家社会，它具有人口集中、集权的政治与宗教控制、手工业生产专业化与对外领土扩张等特点②。

二里头国家、文明出现与发展的动力研究。宋豫秦、虞琰认为夏民族随着生境的不断优化而步入文明时代，建立起作为政治、经济、文化中心的二里头王都，从而开启了中国城市文明的先河③。张海借助有关早期国家统治疆域研究的数学计算模型和计算机模拟技术，指出河流交通对二里头早期国家对外影响力的扩张起到了关键性的作用，并对二里头早期国家疆域从不同角度予以阐释④。夏正楷指出，距今4000年前后的北方异常洪水给一些区域的人类生存环境带来严重的破坏，导致这些地区早期文明的衰落，而处在我国一、二级阶梯之间的中原地区的先民通过与洪水的斗争，促使龙山文化演变为二里头文化，并最终在中原地区建立了我国历史上的第一个王朝——夏王朝⑤。同时通过对二里头遗址所在区域的环境考察，夏正楷等人指出4000aB.P.异常洪水事件及其对伊洛河水系的影响是二里头都邑出现的重要因素⑥。

理论与方法论的反思。陈淳在对中国文明与国家探源思考的过程中，指出将二里头文化看作夏代遗存是建立在时空对证的基础之上，但《史记》中提到的夏是否符合现代科学定义的早期国家还值得探讨，因此在参照史料来进行早期国家探源研究时不应将考古材料变成对文献记载进行考证的依据，必须在社会科学理论的指导下来进行独立的研究⑦。在回顾二里头遗址发掘及夏文化研究的基础上，陈淳等人剖析了中外学者在中国早期国家研究中存在歧见的原因，强调中国学者在早期中国探源的研究上与国外同类研究存在差距，迫切需要在理论与方法上进行更新⑧。对此，随后即引发

---

① 陈星灿、刘莉等：《中国文明腹地的社会复杂化进程——伊洛河地区的聚落形态研究》，《考古学报》2003年第2期，第161—218页。
② 刘莉：《中国新石器时代：迈向早期国家之路》，陈星灿等译，文物出版社2007年版。
③ 宋豫秦、虞琰：《夏文明崛起的生境优化与中国城市文明的肇始》，《中原文物》2006年第4期，第41—43、51页。
④ 张海：《数字计算模型与二里头早期国家的疆域》，《中国聚落考古的理论与实践（第一辑）——纪念新砦遗址发掘30周年学术研讨会论文集》，科学出版社2010年版，第79—92页。
⑤ 夏正楷：《我国黄河流域距今4000年的史前大洪水》，《中华文明探源工程文集》环境卷（Ⅰ），科学出版社2009年版，第245—264页。
⑥ 夏正楷、张俊娜等：《伊洛河水系变迁和二里头都邑的出现》，《夏商都邑与文化》（二），中国社会科学出版社2014年版，第346—364页。
⑦ 陈淳：《中国文明与国家探源的思考》，《复旦学报》（社会科学版）2002年第1期，第45—52、70页。
⑧ 陈淳、龚辛：《二里头、夏与中国早期国家研究》，《复旦学报》（社会科学版）2004年第4期，第82—91页。

了相关讨论①。许宏对仰韶时代后期至二里头时代我国不同区域的考古学文化进行观察后提出，中国早期国家形成过程中存在"多元的古国文明时期"和以二里头文化为代表的"一体的王朝文明"时期两大发展阶段，二者之间存在着"文明的断裂"现象②，东亚大陆的国家起源进程则呈现出非连续性和多歧性，不支持东亚文明与国家数千年来由小到大、单线进化的认知模式③。

此外，这一时期还出现了一些重要的综合性研究专著。如许宏的《最早的中国》一书对二里头都邑及其代表的文明兴起的背景、发展的动力、物质文明成就、精神文明成就、社会生活等方面做了系统地阐述④。作为《最早的中国》的姊妹篇，《何以中国》一书描绘了公元前2000年左右中原地区及相关地区的社会图景，着力探讨了二里头广域王权国家诞生的原因⑤。

这一时期是二里头文化与国家、文明关系研究的深入发展阶段。较之上一阶段，这一阶段的特点主要有以下几点：其一，开展了"中华文明探源工程"，集中学术界力量联合攻关；其二，在研究内容上更多是关注二里头国家、文明出现与发展的背景、动力、模式与机制等方面；其三，自然科学技术在这一过程中被广泛应用；其四，聚落形态视角下的研究逐渐受到学术界重视。

第五节　关于二里头遗址与二里头文化古史属性的讨论

根据文献记载，中国历史上曾先后存在夏、商两个王朝。在相当长的时期内，中国古代发达的文献史学传统使人们对此深信不疑。这一状况在20世纪初被以顾颉刚为代表的古史辨派所打破。客观来看，古史辨派一方面破除了以三皇五帝为代表的旧史学传统、开启了中国史学研究的新纪元，但另一方面也使中国上古史真空化、面临着如何重建上古史的困境。在此前后，由于甲骨文的发现、释读及研究，证明了《史记·殷本纪》中商王世系基本可靠，而殷墟遗址的考古发掘及种种发现，则确立了其作为晚商都邑的重要地位。这使殷商文明成为信史。那么能否从考古学上追寻或确认

---

① 方酉生：《略论二里头遗址的文化性质——兼与〈中国文明与国家探源的思考〉等文商榷》，《东南文化》2003年第3期，第6—13页；沈长云：《夏代是杜撰的吗——与陈淳先生商榷》，《河北师范大学学报》（哲学社会科学版）2005年第3期，第89—96页。
② 许宏：《"连续"中的"断裂"——关于中国文明与早期国家形成过程的思考》，《文物》2001年第2期，第86—91页。
③ 许宏：《中国考古学界国家起源探索的心路历程与相关思考》，《中原文化研究》2016年第2期，第13—17页；许宏：《从证经补史到独步史前：考古学对"中国"诞生史的探索》，《南方文物》2016年第1期，第7—11页。
④ 许宏：《最早的中国》，科学出版社2009年版。
⑤ 许宏：《何以中国——公元前2000年的中原图景》，生活·读书·新知三联书店2014年版。

殷商文明的源头或其之前的古老王朝——夏王朝，自然就成为学术界所普遍关心的问题。建立在 20 世纪 20—30 年代考古发现的基础之上，学术界先后出现仰韶文化为夏文化①、龙山文化为夏文化②等多种提案。

在上述学术背景之下，对二里头文化古史属性的关注，在此类遗存发现伊始就初现端倪。1953 年，针对首次在河南登封玉村遗址发现的二里头文化遗存，发掘者就认识到其与郑州二里岗遗址分属于两个文化系统，尽管二者发展水平近似，但"至于下层文化，应列入我国历史中的哪一阶段，颇值研究"③。在随后发表的郑州洛达庙遗址发掘简报中，发掘者将新发现的与郑州二里岗商文化存在明显不同且相对年代早于它的文化层称为"郑州洛达庙商代文化层"，并强调它"有其独立的特征，是一个新发现的商代文化层"④。从"应列入我国历史中的哪一阶段，颇值研究"到"是一个新发现的商代文化层"，表明发掘者不仅提出了二里头文化古史属性这一议题，而且已经初步给出了答案。此外，一些研究指出它可能是夏代文化遗存⑤，或是探索夏文化的重要对象与线索⑥。这些认识是在徐旭生一行踏查"夏墟"报告发表之前提出的，代表了当时学术界对此类遗存的初步认识。此后相关研究与讨论逐步展开，呈现出鲜明的特色，大致可以分为以下三大阶段。

一 第一阶段：1959—1976 年

二里头遗址是徐旭生一行在调查"夏墟"的过程中发现的。当时认为该遗址的出土遗物与郑州洛达庙、洛阳东干沟的遗物性质类似，判断其年代为商代早期。同时考虑到文献中有偃师为汤都西亳之说，外加遗址范围大，故推断其为一大都会，为商汤都城的可能性不小⑦。这一认识开辟了二里头遗址为早商都邑说的先河，影响深远。

1961 年，二里头遗址的发掘者指出："遗址内以晚期文化层分布最广，这是值得注意的，或许这一时期相当于商汤建都阶段。更早的文化遗存可能是商汤建都以前

---

① 徐中舒：《再论小屯与仰韶》，《安阳发掘报告》第三期，"中央研究院"历史语言研究所 1931 年版，第 523—558 页；丁山：《由三代都邑论其民族文化》，《中央研究院历史语言研究所集刊》第五本第一分册，1935 年，第 87—129 页；翦伯赞：《诸夏的分布与鼎鬲文化》，《中国史论集》，文风书局 1947 年版，第 48—69 页。
② 范文澜：《中国通史简编》（修订本）第一编，人民出版社 1955 年版，第 107—109 页。
③ 韩维周、丁伯泉等：《河南登封县玉村古文化遗址概况》，《文物参考资料》1954 年第 6 期，第 18—24 页。
④ 安金槐：《郑州地区的古代遗存介绍》，《文物参考资料》1957 年第 8 期，第 16—20 页；河南省文化局文物工作队第一队：《郑州洛达庙商代遗址试掘简报》，《文物参考资料》1957 年第 10 期，第 48—51 页。
⑤ 李学勤：《近年考古发现与中国早期奴隶制社会》，《新建设》1958 年第 8 期，第 47—58 页。
⑥ 安志敏：《试论黄河流域新石器时代文化》，《考古》1959 年第 10 期，第 559—565 页；石兴邦：《黄河流域原始社会考古研究上的若干问题》，《考古》1959 年第 10 期，第 566—570 页。
⑦ 徐旭生：《1959 年夏豫西调查"夏墟"的初步报告》，《考古》1959 年第 11 期，第 592—600 页。

的"①。1965年，发掘者又认为"二里头遗址是商汤都城西亳的可能性是很大的。遗址中有早、中、晚三期之分，其早期（按：相当于二里头文化一期）的堆积，推测当早于商汤的建都时期"②。

1974年，发掘者明确指出年代属于二里头文化三期的二里头1号建筑基址"是一座商代早期的宫殿建筑，为汤都西亳说提供了有力的实物证据，从而二里头遗址的性质问题也就清楚了"，同时强调二里头遗址二里头文化一期与二、三期文化差异较大，前者测年较三期早300多年，这反映了其间或许有重大变化③。另外，重要遗物的出土也被视为推断二里头遗址为汤都西亳的有力证据④。

除发掘者的认识之外，这一阶段有少数研究者也发表了相关意见。

1960年，许顺湛认为偃师二里头遗址发现的两层文化遗存，上层是商代早期文化，与郑州仲丁时期文化直接衔接；二里头下层文化，反映着龙山晚期文化的极大特点，同样也反映着商代早期文化的极大特点，其有可能是夏代文化⑤。不久后，他进一步强调二里头遗址为汤都西亳，洛达庙期（按：二里头文化三期）文化遗存属于商代早期，而早于洛达庙期的二里头期（按：二里头文化二期）与龙山期（按：二里头文化一期）遗存则为夏代文化⑥。对此，贾峨提出商榷意见，认为不能肯定说二里头遗址就是商汤的西亳⑦。

1964年，夏鼐在综述新中国成立以来近五年的考古新收获的时候，认为根据文献记载，二里头可能为商灭夏后第一个帝王成汤的都城西亳。同时强调，如果二里头遗址晚期是属于商汤时代的遗存，那么较早的早、中期遗存便是商代先公先王时代的遗存；如果事实上夏、商二文化并不像文献上所表示的那样属于两种不同的文化，那么这里的早、中期便有属于夏文化的可能。但他谨慎地表示这些还有待于今后继续的工作⑧。

1975年，佟柱臣在讨论中国国家起源问题中，结合二里头遗址中出现的大片宫殿

---

① 中国科学院考古研究所洛阳发掘队：《1959年河南偃师二里头试掘简报》，《考古》1961年第2期，第82—85、81页。
② 中国科学院考古研究所洛阳发掘队：《河南偃师二里头遗址发掘简报》，《考古》1965年第5期，第215—224页。
③ 中国科学院考古研究所二里头工作队：《河南偃师二里头早商宫殿遗址发掘简报》，《考古》1974年第4期，第234—248页。
④ 中国科学院考古研究所二里头工作队：《河南偃师二里头遗址三、八区发掘简报》，《考古》1975年第5期，第302—309、294页；中国科学院考古研究所二里头工作队：《偃师二里头遗址新发现的铜器和玉器》，《考古》1976年第4期，第259—263页。
⑤ 许顺湛：《关于中原新石器时代文化几个问题》，《文物》1960年第5期，第36—39页。
⑥ 许顺湛：《夏代文化探索》，《史学月刊》1964年第7期，第15—21页。
⑦ 贾峨：《对〈夏代文化探索〉一文的商榷》，《史学月刊》1965年第5期，第30、19页。
⑧ 夏鼐：《我国近五年来的考古新收获》，《考古》1964年第10期，第485—497、503页。

夯土基址、测年数据及文献记载等，认为二里头遗址在二里头文化三期为汤都西亳的可能性很大①。同年，李民、文兵指出二里头文化一期的文化面貌保存了龙山文化的风格，二、三期的一些陶器完全反映了商代文化的特征，碳十四测年数据也表明其大体属于商代早期，因而二里头文化二、三期无疑是商代早期的一种文化堆积，同时结合文献认为二里头遗址是商代早期的重要遗址②。

这一时期是二里头遗址与二里头文化性质研究的起步阶段，研究文献数量较少。在具体认识上，绝大多数学者认为二里头遗址为汤都西亳，二里头文化一部分是商代文化、一部分是或者可能是夏代文化，唯有在细节方面存在一些差异。

二 第二阶段：1977—1995 年

1977 年，国家文物局在河南登封召开告城遗址发掘现场会③。会议上，邹衡做了长篇发言，随后发表系列论著，论证郑州商城遗址应为商汤所都之亳，二里头遗址西亳说不能成立。在强调二里头文化一至四期为夏文化的前提下，结合文献记载，认为二里头遗址为夏都④。对此，赞同者有之，反驳者有之，进而引发了旷日持久的夏商文化大讨论，出现了形形色色的观点。若以偃师商城发现为契机，可以将这一时期的讨论进一步分为两个时段。

（一）第一时段：1977—1984 年

这一阶段的讨论主要围绕着二里头遗址与郑州商城遗址及以它们为代表的二里头文化和二里岗文化所展开。归纳看来，主要形成了以下几类认识。

其一，认为二里头文化一至四期全为夏文化，二里头遗址为夏都。此说由邹衡首创之后，得到诸多学者认同。如郑杰祥支持"郑亳说"，认为二里头文化一至四期全为夏文化。二里头文化三期上承二里头文化一、二期，下接二里头文化四期，处于整个文化的繁荣期，或反映着夏王朝自"少康中兴"以后社会政治、经济全面发展的阶段⑤。佟柱臣在分析文献资料和考古材料后认为，二里头文化一至四期既与河南龙山文化晚期相区别，而又与二里岗商文化不同，它是探索夏文化的重要对象⑥。陈旭认为河南龙山文化可能孕育着一定的阶级关系，但还不是阶级社会，更

---

① 佟柱臣：《从二里头类型文化试谈中国的国家起源问题》，《文物》1975 年第 6 期，第 29—33、84 页。
② 李民、文兵：《从偃师二里头文化遗址看中国古代国家的形成与发展》，《郑州大学学报》（哲学社会科学版）1975 年第 4 期，第 80—84 页。
③ 余波：《国家文物局在登封召开告成遗址发掘现场会》，《河南文博通讯》1978 年第 2 期，第 22—23 页。
④ 邹衡：《夏商周考古学论文集》，文物出版社 1980 年版；邹衡：《综述夏商四都之年代和性质》，《殷都学刊》1988 年第 1 期，第 2—16 页。
⑤ 郑杰祥：《二里头文化商榷》，《河南文博通讯》1978 年第 4 期，第 9—14、22 页。
⑥ 佟柱臣：《夏代和夏文化问题》，《河南文博通讯》1979 年第 2 期，第 2—12、16 页。

不可能产生国家,因而它不是夏文化,是先夏文化,同时强调二里头文化才是夏文化,且二里头遗址是夏代后期都邑所在地的可能性是很大的①。另外还有一些学者纷纷对此进行论证②。

其二,认为二里头文化主体为夏文化,二里头遗址为夏都。孙华首倡此说,他认为二里头文化一至三期为夏文化,四期为早商文化。二里头遗址1号宫殿应该是夏人的遗存,它的废弃也应该与商灭夏的事件有关。压在宫殿上的四期遗存,可能就是商人灭夏以后的遗存,二里头文化第四期的文化性质与二里岗文化是一致的;二里头遗址可能为夏都平阳③。田昌五认为:"如果就夏朝而言,它开始是在河南龙山文化发展的基础上建立的;在开国后的社会动乱期间继续保留着河南龙山文化,直到少康中兴前后才创造出二里头一类的夏文化;二里头文化不断发展,到三期达到繁荣阶段;四期因社会动乱而衰落,继之而起的则是商文化",但他同时强调,"我们不能完全按朝代来划分考古文化。因此,二里头文化即使到四期已进入商代,仍然是一个独具风貌的文化体系,即夏文化"④。按照学术界对"夏文化"概念内涵的界定,田氏的认识仍然要归入到二里头文化主体为夏文化的范畴之中。

其三,认为二里头文化前期为夏文化、后期为商文化,二里头遗址为商都西亳。此说大体延续了第一阶段(1959—1976年)的认识。殷玮璋在分析二里头文化内涵的基础上指出,二里头文化一、二期与三、四期文化面貌上存在差异与变化,前者是夏代后期文化,后者是商文化;而文献记载表明,二里头遗址与汤都西亳的地望是一致的,故二里头遗址在二里头文化三期可能为汤都西亳⑤。方酉生结合文献与考古材料强调,二里头文化的三期就是商汤建都西亳时期的早商文化,而一、二期文化则是夏代晚期文化⑥。安金槐指出二里头文化晚期与商代二里岗期文化之间关系密切,二者属于同一种文化范畴,考虑到文献中记载的汤居亳的地望就在偃师二里头一带,

---

① 陈旭:《关于夏文化问题的一点认识》,《郑州大学学报》(社会科学版)1980年第3期,第67—79页。
② 吴汝祚:《关于夏文化及其来源的初步探索》,《文物》1978年第9期,第70—73页;吴汝祚:《夏文化初论》,《中国史研究》1979年第2期,第132—141页;李民:《简论夏代国家的形成——从二里头遗址看夏代国家的形成》,《历史教学》1979年第11期,第2—6页;李民:《夏代文化》,中华书局1980年版,第26页;许顺湛:《夏代文化的再探索》,《河南文博通讯》1979年第3期,第13—20页。
③ 孙华:《关于二里头文化》,《考古》1980年第6期,第521—525页。
④ 田昌五:《夏文化探索》,《文物》1981年第5期,第18—26、58页。
⑤ 殷玮璋:《二里头文化探讨》,《考古》1978年第1期,第1—4页;殷玮璋:《二里头文化再探讨》,《考古》1984年第4期,第352—356页。
⑥ 方酉生:《论汤都西亳——兼论探索夏文化的问题》,《河南文博通讯》1979年第1期,第6—9页;方酉生:《夏都探索》,《中国史研究》1980年第4期,第22—24页。

"那么二里头晚期就是属于商代的早期"①。持此说学者众多②。

(二) 第二时段：1985—1995 年

正当学术界对二里头遗址与二里头文化性质的讨论渐呈胶着之势的时候，1983 年河南偃师商城的发现为深入探讨这一议题提供了新的契机③。这一重大的考古发现，不可避免地对当时持不同观点的学者带来冲击，使他们都不得不重新审视、修正甚至改变原有的认识。综合来看，这一时期的主要看法有以下几类。

第一，认为二里头文化一至四期全为夏文化，二里头遗址为夏都。邹衡提出偃师商城为太甲桐宫说，认为二里头遗址绝非汤之亳都，同时强调偃师商城的发现证明了郑亳说的可靠性，又由于郑州商城与偃师商城都晚于二里头文化遗址，进而表明二里头文化二至四期皆在夏年的范围内④。陈旭结合文献与考古材料，认为二里头遗址并非西亳，二里头文化三、四期也非早商文化，同时指出二里头遗址为夏都斟寻⑤。李伯谦认为二里头文化二里头类型是一支独立的考古学文化，进而剖析"西亳说"与"郑亳说"之后，强调二里头文化应该就是夏文化⑥。

第二，认为二里头文化主体为夏文化，二里头遗址为夏都。赵芝荃指出偃师商城应为汤之西亳，它的发现对确定二里头遗址的性质问题提供了极为可靠的依据，通过分析考古材料后强调二里头遗址并非西亳，而是夏代晚期的一处都邑，二里头文化一至三期属于夏代晚期⑦。方酉生从文献记载和考古材料出发，认为偃师商城为汤都西亳，其始建年代为二里头文化四期，因而二里头文化一至三期就应为夏文化，二里头遗址为夏代晚期的都邑，或具体指出二里头遗址第三期遗存是桀都斟鄩⑧。另有学者

---

① 安金槐：《豫西夏代文化初探》，《河南文博通讯》1978 年第 2 期，第 38—39、41 页。
② 孟凡人：《试谈夏文化及其与商文化的关系问题》，《郑州大学学报》(哲学社会科学版) 1979 年第 1 期，第 13—22 页；陈显泗、戴可来：《偃师二里头——汤都西亳》，《郑州大学学报》(哲学社会科学版) 1979 年第 1 期，第 99—102 页；李仰松：《从河南龙山文化的几个类型谈夏文化的几个问题》，《中国考古学会第一次年会论文集》，文物出版社 1980 年版，第 32—49 页；孙飞：《论南亳与西亳》，《文物》1980 年第 8 期，第 78—84 页；杨育彬：《谈谈夏代文化的问题——兼对〈郑州商城即汤都亳说〉一文商榷》，《河南文博通讯》1980 年第 4 期，第 18—23 页。
③ 中国社会科学院考古研究所洛阳汉魏故城工作队：《偃师商城的初步勘探和发掘》，《考古》1984 年第 6 期，第 488—504、509 页；中国社会科学院考古研究所河南第二工作队：《1983 年秋季河南偃师商城发掘简报》，《考古》1984 年第 10 期，第 872—879 页。
④ 邹衡：《偃师商城即太甲桐宫说》，《北京大学学报》(哲学社会科学版) 1984 年第 4 期，第 17—19 页。
⑤ 陈旭：《二里头遗址是商都还是夏都》，《夏史论丛》，齐鲁书社 1985 年版，第 321—334 页。
⑥ 李伯谦：《二里头类型的文化性质与族属问题》，《文物》1986 年第 6 期，第 41—47 页。
⑦ 赵芝荃：《论二里头遗址为夏代晚期都邑》，《华夏考古》1987 年第 2 期，第 196—217 页；赵芝荃：《二里头遗址与偃师商城》，《考古与文物》1989 年第 2 期，第 76—83、89 页；赵芝荃：《洛阳三代都邑考实及其文化异同》，《河洛文明论文集》，中州古籍出版社 1993 年版，第 115—125 页。
⑧ 方酉生：《试论偃师商城的发现及重大学术意义》，《史学月刊》1990 年第 1 期，第 1—6 页；方酉生：《论二里头遗址的文化性质——兼论夏代国家的形成》，《华夏考古》1994 年第 1 期，第 60—67 页；方酉生：《偃师二里头遗址第三期遗存与桀都斟鄩》，《考古》1995 年第 2 期，第 160—169、185 页。

从其他角度来对此予以论证①。

第三，认为二里头文化一、二期为夏文化，三、四期为商文化，二里头遗址为夏都。如黄石林认为偃师商城即汤都西亳，其始建年代为二里头文化三期。同时分析二里头文化的陶器之后指出，二里头文化一、二期带有龙山文化因素，三、四期文化中龙山文化因素已经消失，而与二里岗文化早期的文化特征基本相近，因此二里头文化三、四期为商文化；从文献上来看，二里头遗址落在桀都斟寻的范围之内②。

第四，认为二里头文化主体是商文化，二里头遗址为西亳。郑光明确表示，在二里头遗址的性质问题上，他属于西亳论者。具体看来，他认为夏商分界在二里头文化一、二期之间，即二里头文化一期属于夏文化，二、三期属于早商文化，四期属于中商文化。在此基础上强调二里头遗址在二里头文化二、三期时具备王都的条件，而四期的文化内涵已经反映出衰落的气象，说明此时的二里头遗址已经不是王都③。杨宝成也持此说，他认为从地域分布、碳十四年代及文化特征等情况来看，二里头文化二、三、四期是商文化，商汤建都的时间始于二里头文化二期；二里头文化一期为夏文化④。

第五，认为二里头文化一、二期为夏文化，三、四期为商文化，二里头遗址为西亳。安金槐对豫西龙山文化中期到殷墟文化时期的陶器发展序列及其特征进行综述后指出，以二里头文化二、三期之间为界，前后文化差异很大，可能是夏、商文化的区别，进而强调二里头文化一、二期属于夏文化，三、四期属于早商文化⑤。杨育彬通过分析考古与文献材料认为，二里头文化一、二期是夏文化的下限，三、四期文化是商汤灭夏后建都西亳的商代早期文化⑥。

综上，这一阶段是二里头遗址与二里头文化性质研究的深化阶段，参与学者较多，文献数量激增。尽管歧见纷呈，但随着偃师商城的发现及相关研究的深入，二里头文化全为或主体为夏文化、二里头遗址为夏都的认识，逐渐得到越来越多的学者（包括部分原来坚持或倾向二里头文化前夏后商的学者）的支持，这为下一阶段的到

---

① 杨锡璋：《由墓葬制度看二里头文化的性质》，《殷都学刊》1987年第3期，第17—23页。
② 黄石林：《关于偃师商城的几个问题》，《中原文物》1985年第3期，第85—91页。
③ 郑光：《试论二里头商代早期文化》，《中国考古学会第四次年会论文集》，文物出版社1985年版，第18—24页；郑光：《二里头遗址与夏文化》，《华夏文明》第一集，北京大学出版社1987年版，第212—223页；郑光：《二里头遗址的性质和年代》，《考古与文物》1988年第1期，第18—25页；郑光：《二里头陶器文化略论》，《二里头陶器精粹》，中国社会科学出版社1995年版，第1—27页。
④ 杨宝成：《二里头文化试析》，《中原文物》1986年第3期，第60—63、93页。
⑤ 安金槐：《河南夏商考古综述》，《华夏考古》1987年第1期，第159—223页。
⑥ 杨育彬：《从考古发现探索夏文化的上限与下限》，《华夏文明》第一集，北京大学出版社1987年版，第224—233页。

来奠定了基础。

三 第三阶段：1996 年至今

20 世纪 90 年代后半期以来，不少学者纷纷著文支持二里头文化全为或主体为夏文化和二里头遗址为夏都说。如高炜等人强调偃师商城的出现可以当作夏商文化分界的界标，二里头文化主体是夏文化，唯其第四期（至迟其晚段）已经进入商代早期，它的特征以继承二里头文化一至三期的传统为主流，同时部分吸收并融合了商文化（以及少量岳石文化）因素，应视为商代初年夏遗民的遗存[①]。张国硕认为二里头文化一至四期为夏文化，二里头遗址一至四期文化紧密相连、一脉相承且中间不存在缺环与中断的现象，表明该遗址从二里头文化一期至四期之末一直作为夏都存在，其始建于太康时期、终于夏桀之时，即古都斟寻[②]。赵海涛在提出都城废弃标准的前提下，对二里头遗址二里头文化四期晚段遗存的存、废情况进行了考察，进而指出在二里头文化四期晚段之初，二里头都邑的主体要素均正常使用。此后不仅，多数始建于二、三期且一直在使用的主体要素被破坏。而与之同时，下七垣文化和岳石文化特征的陶器成组地出现于二里头都城的核心区域，这一变化应是商汤灭夏的结果[③]。孙庆伟倡导"历史语境下的考古学研究"，在分析文献与考古材料的基础之上，认为"夏商王朝的更替应该发生在二里头文化四期晚段或二里岗下层一期阶段（两者应有部分重叠），二里头文化一至四期都可以归入夏文化范畴"[④]。另有学者从其他角度予以论证[⑤]。

在这一过程中，"夏商周断代工程"于 1996 年启动。在随后召开的"夏、商前期

[①] 高炜、杨锡璋等：《偃师商城与夏商文化分界》，《考古》1998 年第 10 期，第 66—79 页。

[②] 张国硕：《夏纪年与夏文化遗存刍议》，《中国文物报》2001 年 6 月 20 日；张国硕：《夏商时代都城制度研究》，河南人民出版社 2001 年版；张国硕：《论二里头遗址的性质》，《二里头遗址与二里头文化研究》，科学出版社 2006 年版，第 37—44 页；张国硕：《夏王朝都城新探》，《东南文化》2007 年第 3 期，第 23—28 页。

[③] 赵海涛：《二里头遗址二里头文化四期晚段遗存探析》，《南方文物》2016 年第 4 期，第 115—123 页。

[④] 孙庆伟：《鼏宅禹迹——夏代信史的考古学重建》，生活·读书·新知三联书店 2018 年版。

[⑤] 王学荣：《偃师商城与二里头遗址的几个问题》，《考古》1996 年第 5 期，第 51—60 页；张楷生：《桀都管窥》，《河南文物考古论集》，河南人民出版社 1996 年版，第 231—235 页；袁广阔：《试论夏商文化的分界》，《考古》1998 年第 10 期，第 80—89 页；岳洪彬：《二里头文化第四期及相关遗存再认识》，《21 世纪中国考古学与世界考古学》，中国社会科学出版社 2002 年版，第 238—257 页；杨育彬：《偃师二里头遗址相关问题的几点思考》，《二里头遗址与二里头文化研究》，科学出版社 2006 年版，第 1—5 页；陈旭：《偃师二里头遗址近年考古新发现的意义》，《二里头遗址与二里头文化研究》，科学出版社 2006 年版，第 6—11 页；方酉生：《河南偃师二里头遗址为夏都斟寻及相关问题讨论》，《二里头遗址与二里头文化研究》，科学出版社 2006 年版，第 29—36 页；李先登：《二里头遗址与夏文化》，《二里头遗址与二里头文化研究》，科学出版社 2006 年版，第 92—95 页；谢肃：《对夏商分界的一点看法》，《考古与文物》2012 年第 4 期，第 60—65、100 页；耿杨：《二里头遗址第四期遗存研究》，硕士学位论文，吉林大学，2016 年；贾洪波：《夏王朝年代的另类推测和夏都钩迹——兼论夏文化有关问题》，《中原文物》2017 年第 5 期，第 45—55 页。

考古年代学研讨会"上，二里头文化为夏文化得到绝大多数与会学者的认同①。2000年，夏商周断代工程专家组在主要依据文献并参考二里头文化与龙山文化的碳十四测年数据的前提下，推定出夏代的基本年代框架②。在随后出版的《中国考古学·夏商卷》一书中，编者认为二里头文化的主体（一至三期）是相当于夏代中、晚期的夏文化，二里头文化四期至迟其晚段应该是商代初年夏遗民的遗存，或称"后夏文化"③。

上述例证表明，"二里头文化全为或主体为夏文化、二里头遗址为夏都"已成为这一时期学术界的"基本共识"。然而在这一背景之下，仍存在相关不同意见，主要分为以下几类。

其一，重提或依然坚持"二里头前夏后商说"。仇士华、蔡莲珍、张雪莲等测年专家在新的测年数据的基础上，指出夏商周断代工程中将商的始年推断于1600B.C.不可能再有大的出入，二里头文化三、四期可能不是夏代文化，而是商代文化④。黄石林认为从考古与古史对比可看出："龙山中晚期相当于夏代早、中期，二里头一、二期相当于夏代晚期文化，二里头晚期（三、四期）文化相当于商代早期文化"⑤。殷玮璋在对夏文化探索过程中出现的诸多观点予以剖析的基础上，重申夏商分界在二里头文化二、三期之间，并指出这也得到最新年代学研究成果的支持⑥。姜寅虎⑦、程一凡⑧、朱乃诚⑨、李锋⑩、毕经纬⑪等学者也持相似观点。

其二，依然坚持或倾向"二里头文化主体商文化说"。如郑光仍坚持其之前提出的夏商分界在二里头文化一、二期之间的观点，认为从古文献的角度来看，二里头遗

---

① 杨育彬：《"夏、商前期考古年代学研讨会"记略》，《寻根》1997年第6期，第43—44页。
② 夏商周断代工程专家组：《夏商周断代工程1996—2000年阶段成果报告（简本）》，世界图书出版公司2000年版，第74—82页。
③ 中国社会科学院考古研究所：《中国考古学·夏商卷》，中国社会科学出版社2003年版，第45页。
④ 张雪莲、仇士华：《关于夏商周碳十四年代框架》，《华夏考古》2001年第3期，第59—72页；张雪莲、仇士华等：《郑州商城和偃师商城的碳十四年代分析》，《中原文物》2005年第1期，第34—51页；仇士华、蔡莲珍等：《关于二里头文化的年代问题》，《二里头遗址与二里头文化研究》，科学出版社2006年版，第321—332页。
⑤ 张立东、任飞主编：《手铲释天书——与夏文化探索者的对话》（参见黄石林访谈），大象出版社2001年版，第36页。
⑥ 殷玮璋：《再论早商文化的推定及相关问题——断代工程结题后的反思》（一），《二里头遗址与二里头文化研究》，科学出版社2006年版，第511—522页；殷玮璋：《夏文化探索中的方法问题——"夏商周断代工程"结题后的反思》（二），《河北学刊》2006年第4期，第89—97页；殷玮璋、曹淑琴：《在反思中前行——为"夏商都邑暨偃师商城发现30年学术研讨会"而作》，《南方文物》2014年第1期，第24—30页。
⑦ 姜寅虎：《对二里头遗址最新测年报告的学术思考》，《二里头遗址与二里头文化研究》科学出版社2006年版，第343—360页。
⑧ 程一凡：《亳与偃师二遗址的关系》，《二里头遗址与二里头文化研究》，科学出版社2006年版，第45—63页。
⑨ 朱乃诚：《时代巅峰 冰山一角——夏时期玉器一瞥》，《玉魂国魄：玉器·玉文化·夏代中国文明展》，浙江古籍出版社2013年版，第12—65页。
⑩ 李锋：《郑州大师姑城址研究》，科学出版社2018年版。
⑪ 毕经纬：《"中期质变"视野下的夏代考古学文化》，《历史研究》2018年第1期，第37—51页。

址不应该是夏都斟寻,而应是汤都西亳①。冯时认为陶寺文化的中晚期恰与传统认为的夏代纪年重合,陶寺文化与夏文化关系密切②,同时结合文献与新的测年数据认为:"二里头文化第一期的年代恰好落在商汤六世祖上甲微变求地中的时代。很明显,文献记载与碳十四测年数据及考古学研究三者的契合使我们相信,不仅早晚地中变迁的史实可以得到印证,而且正是由于这一史实的得以澄清,使我们得以据中而治及以邑制为王庭的传统思考认为,二里头一期文化属于夏文化晚期的结论更具意义"③。

其三,有学者认为目前"二里头文化前夏后商说"与"二里头文化主体商文化说"这两种观点所代表的可能性都不能够排除,如许宏从学史、测年、文献、聚落及理论五个方面综合考虑后认为,"排除了二里头文化的'商王朝考古学编年'和'商代史',未必是完整的商王朝编年和完整的商代史。仍想强调的是,'以往的相关讨论研究还仅限于推论和假说的范畴。二里头都邑王朝归属之谜的最终廓清,仍有待于包含丰富历史信息的直接文字材料的发现和解读'"④。

这一时期是"二里头文化全为或主体为夏文化、二里头遗址为夏都"取得主流共识的阶段。与之共存的相关不同意见的存在,或是基于新的考古材料与研究成果,或是建立在理论与方法论反思的基础之上,这些将有助于拓展二里头文化研究的广度与深度。

---

① 张立东、任飞主编:《手铲释天书——与夏文化探索者的对话》(参见郑光访谈),大象出版社2001年版,第445—447页。
② 冯时:《夏社考》,《21世纪中国考古学与世界考古学》,中国社会科学出版社2002年版,第223—237页。
③ 冯时:《〈保训〉故事与地中之变迁》,《考古学报》2015年第2期,第129—156页。
④ 许宏:《关于二里头为早商都邑的假说》,《南方文物》2015年第3期,第1—7、22页。

第十章

二里头遗址的保护与利用

第一节 遗址沿革与破坏原因分析

二里头都邑遗址经历了3000多年的风雨洗礼，其遭遇到不同时期人群的破坏。此外，自然因素也是遗址被破坏的重要原因之一。

一 古代沿革与破坏原因

洛阳被称为"十三朝古都"，洛阳盆地也久为京畿重地，人口众多，经济繁盛，历朝历代的生产、生活和建设活动虽然丰富了遗址的文化内涵，但对遗址的主体文化遗存有较大的破坏，其中尤以二里岗文化和东汉时期先民的破坏最为严重。

（一）二里岗文化时期

作为二里头文化都城的二里头遗址，道路系统、宫城城墙、宫室建筑等政治性、礼仪性遗存和整个都城的格局，在二里头文化末期时受到破坏而废弃。但是上述政治性、礼仪性遗存仅是局部受到破坏，二里岗文化早期堆积分布范围不大，表明二里头遗址未受到彻底毁灭性破坏。同时，铸铜作坊和绿松石作坊仍然使用，修建了6号基址、10号基址、3号墙等大型夯土工程，表明二里头遗址在二里头文化末期至二里岗文化早期时地位仍较高。

大致相当于偃师商城商文化第4段，郑州商城和偃师商城铸铜作坊兴建；二里头遗址上一阶段修建的6号、10号基址及3号墙等大型夯土工程受到破坏，铸铜作坊和绿松石作坊废弃。此后，二里头遗址出现了短暂的无人期。

到了二里岗文化晚期（大致相当于偃师商城文化第6段），二里头遗址上重新出现居民，文化特征为典型的二里岗晚期文化，此时聚落的规模约30万平方米，集中于二里头都邑的宫殿区周边。二里岗文化晚期堆积普遍覆盖和打破30万平方米内的二里头文化遗存，对其下的二里头都邑造成毁灭性的破坏。

（二）战国和东汉时期

二里岗文化之后直到东汉时期，二里头遗址范围内仅见到少量战国文化遗存，普遍见到东汉时期遗存，表明其他时期二里头遗址范围很可能是农田。

战国时期遗存较少，集中于遗址南部，近洛河故道地带。

东汉时期，遗址范围内多见东汉墓葬。除一座面积约1万平方米的墓葬之外，其他多为带一条墓道的小型墓葬组成的多个家族墓地，成组成片分布。此外，还有车辙和大沟。东汉时期遗存遍布整个遗址，对二里头文化和二里岗文化聚落造成了毁灭性的破坏。

（三）东汉时期以后

东汉之后直到近代，仅遗址东部发现宋元和清代时期遗物，未见其他文化遗存，其他时期二里头遗址范围内很可能为农田。

二 自然原因

遗址坐落于伊河、洛河之间，特别是洛河的改道和河水的泛滥对遗址的破坏尤为严重。目前，遗址的东南边缘以外、南部至西南边缘以外皆因古洛河的冲刷有一定程度的破坏，遗址北部及东北部边缘以外，系改道后洛河的泛滥冲刷区，遗址在这一带遭严重破坏，其北部的原始边缘已无法廓清。相关水文资料显示，紧邻遗址北缘的洛河每二十年左右就有大规模的洪水发生，是遗址保护最大的潜在威胁。

三 当代人为原因

遗址范围内分布着二里头、圪垱头、四角楼三个自然村，村庄建筑破坏、压占遗址面积约100万平方米，占遗址总面积的1/3。虽然对遗址范围内的民用及工业建筑和道路压占用地、耕作刮削、大规模取土挖坑、地下管线铺设、现代墓地掏挖等行为采取了一定的管控措施，但这种积少成多，不断蚕食的现象仍是目前遗址保护面临的最直接的问题。

此外，盗墓等犯罪行为也是防不胜防，近年在发掘的多座贵族墓葬周围，发现有早年或近期盗墓者遗留的探孔，甚至墓葬的形制范围已被廓出。

第二节 保护措施

随着二里头遗址田野和研究工作的开展，学术界认识到此遗址的重要地位与学术价值，采取了一系列的保护措施。

一 积极开展考古工作

1959年春季，徐旭生先生调查"夏墟"发现二里头遗址，认为"遗址颇广大"，"那在当时实为一大都会，为商汤都城的可能性很不小。"当年秋季，中国科学院考古研究所即派队进行发掘。1988年由国务院公布为第三批全国重点文物保护单位。通过60年的田野工作和相关研究，目前对二里头遗址的年代、性质、范围、布局、社会结构、生态环境等方面有了深入认识。

二 颁布保护法规

《中华人民共和国文物法》、《〈中华人民共和国文物保护法〉实施条例》是对二里头遗址进行科研、保护和开发的法律基础。此外，河南省和洛阳市也相继出台有《河南省〈文物保护法〉实施办法》、《河南省文物保护条例》和《洛阳市文物保护法实施条例》。

同时基于二里头遗址重要的学术、历史和科学价值，偃师市（县）人民政府于1994、2002年，分别发布《关于进一步加强二里头文化遗址、汉魏故城遗址和尸乡沟商城遗址保护的通知》和《关于切实保护二里头遗址的紧急通知》。2009年，偃师市委、市政府更是推动河南省人民代表大会常务委员会颁布了《洛阳市偃师二里头遗址和尸乡沟商城遗址保护条例》。

三 确立保护范围

2006年10月，国家文物局批准的《二里头遗址保护总体规划》中，"划二里头遗址已探明的遗存分布范围及其安全所需范围为保护范围"，划宫城西、北、东墙址外缘外扩30米（含道路遗迹），宫城南墙外扩90米（含绿松石作坊区）为重点保护区；重点保护区之外的保护范围内用地均属一般保护区，并划定了建设控制地带。此规划划定的保护范围合理、有据，但重点保护区仅包括宫城及作坊区北部，而未包括祭祀区、官营手工业作坊区全部、贵族墓葬区等，显然过小；建设控制地带北界划在遗址范围线上，显然也不合适。

2009年7月31日，河南省第十一届人民代表大会常务委员会第十次会议批准的《洛阳市偃师二里头遗址、尸乡沟商城遗址保护条例》，基本根据遗存分布范围划定遗址保护范围，划宫殿区、铸铜作坊区、祭祀区、绿松石作坊区、贵族墓葬区为重点保护范围，保护范围周边向四周各扩100米为建设控制地带，并明确规定了保护措施。但是保护范围北界在遗存分布范围内百米左右，重点保护区未包括官营作坊区整体，显然也需要调整。

四 建立保护机构

中国社会科学院考古研究所河南二里头工作队和偃师市文物局分别承担着二里头遗址的发掘、研究和日常保护、管理工作，两者各司其职，在二里头遗址的研究和保护中发挥了重要作用。

然而，由于两个机构之间的行政隶属和主要职责不同，相应的协调村民、村集体与遗址保护之间利益保障和补偿机制的缺乏，使得在遗址工作过程中出现的新问题难以得到迅速有效的解决，制约了二里头遗址各项工作的开展。随着二里头遗址博物馆的建成，考古遗址公园项目的推进，遗址的日常保护和管理工作必将更加合理有效。

第三节 保护成果与现状

在各级政府和文物部门的支持下，依照"保护为主，抢救第一，合理利用，加强管理"的十六字方针，积极开展实施文物遗址保护工作，在以下各方面取得了相应成绩：建立了文物"四有"档案、确立了保护范围、树立保护标志、建成了固定的考古工作站、开展文物法规宣传、征集流散文物、打击文物犯罪、开展遗址文物调查、进行文物科研活动、建设遗址博物馆及考古遗址公园。

从保护现状来看，可以分为遗址本体和出土文物两部分。

就前者而言，历年发掘中皆注重对晚期遗迹剖面的观察利用，以最小限度的发掘，争取获取最多的古代社会信息，最大限度地保护文化遗存。考古发掘结束后，及时回填保护。近年来，更是通过征收宫殿区耕地，管控村民建筑用地等措施，来加强遗址保护，目前，除自然历史等因素，现代村庄建筑等对遗址原貌造成的破坏外，遗址现存状况较为稳定。

就后者而言，出土文物以陶器为大宗，另有青铜器、玉器、绿松石器、漆器、石器、骨角蚌器等。它们皆分别存放在博物馆和研究机构中，有着妥善、安全的保存。

第四节 保护原则和意义

二里头遗址的保护原则是按照《中华人民共和国文物保护法》规定，遵照"保护为主，抢救第一，合理利用，加强管理"的文物工作方针，对遗址的保护与利用进行科学、合理的统筹策划，使其真实性、完整性获得有效的保护和延续。同时，注重对与遗址相关的生态环境、历史风貌等方面的保护。在遗产保护所涉及的社会领域，遵照"坚持以人为本，全面、协调、可持续的科学发展观"，正确处理遗产保护与文化、经济、社会、生态环境的统筹协调，谋求遗产保护与社会各方面的和谐发展关系。

在上述原则下，对二里头遗址的保护有着重要的意义，包括以下三个方面。

其一，历史意义。二里头遗址是迄今为止可确认的中国最早的王国都城遗址。二里头遗址和以其为代表的二里头文化在中国早期国家和文明形成史上具有重要地位。在华夏文明与国家形成史上，二里头文化是中华文明形成历史上最早出现的核心文化，与后来的商周文明共同构成早期华夏文明发展的主流，确立了华夏文明的基本特质。

其二，学术意义。二里头遗址是公元前18—前16世纪中国乃至东亚地区最大的聚落，拥有迄今所知我国最早的城市干道系统、宫室建筑群和宫城、最早的青铜礼器群、以青铜冶铸作坊和绿松石器制造为代表的最早的官营作坊区等诸多重要遗存，为研究中国城市和聚落布局、城市规划与建筑史、礼器及礼仪制度发展史、手工业和科技发展史、社会生活史、政治结构、文化生活等重要问题提供了珍贵的实物资料。

其三，社会生态意义。二里头遗址的保护和管理，是彰显华夏文明底蕴，打造洛阳城市名片，建设博物馆之都的重要环节，在转变发展方式、优化城市功能结构、完善旅游配套设施、带动地方就业、保护生态环境、协调城乡和区域发展等方面意义重大。

第五节 保护与利用思路

作为全国重点文物保护单位，经过60年的发掘和研究，二里头遗址在保护和利用中有着诸多优势，同时也存在着各种不容忽视的劣势和不足。

一 优势

1988年，二里头遗址由国务院公布为第三批全国重点文物保护单位；2001年，入选"中国20世纪100项考古大发现"，又先后入选"十一五"期间国家重点保护的100处大遗址，"十二五"、"十三五"期间国家重点保护的150处大遗址，有着国家政策方面的支持。

经过60年的发掘研究，围绕遗址的考古学文化研究、年代学研究、都邑建筑研究、墓葬研究、遗物、纹饰与刻符文字研究、宏观态势研究、地理环境研究、聚落形态研究、社会结构研究、文献与考古材料整合基础上的历史复原研究等问题进行了广泛、深入的探讨，达成了一定共识，为遗址的保护利用提供了坚实的学术支撑。

二里头遗址与东周王城、隋唐洛阳城、汉魏洛阳城、偃师商城等都邑遗址沿洛河一线分布，龙门石窟、白马寺等人文景观错落其间，形成了极佳的集群效果。

遗址本身布局规整，主要遗迹分布集中，规模宏大，便于规划展示。

二 劣势与不足

遗址内容皆位于地下，可视性、观赏性较差；出土遗物以陶器为大宗，青铜器、玉器等高等级文物较少，类型单一；遗址地处农村，基础设施落后，服务接待水平较低，传统手工工艺缺失，传统民居保留较少，产业结构单一，传统文化产业尚待发掘弘扬。

三 保护利用思路

综合二里头遗址的优势和劣势，我们认为，将二里头遗址内居民生产生活发展需求纳入偃师市的城市发展总体规划和城镇规划体系之中，在统筹策划遗址分布区内外的居民社会调控、土地利用调整、道路系统调整等规划措施，在调控保护区划内村落布局，促进土地利用的合理化，及改善环境与道路等基础设施的基础上，以博物馆和考古遗址公园为核心，推进乡村旅游业、文化创意产业、观光农业、特色休闲业发展。在促进遗址保护的同时，调整经济结构、保护生态环境、完善基础配套设施、提高服务业和农业附加值，改善居民生活水平和生活质量。

结　　语

本书从不同方面系统梳理了二里头考古六十年来的田野考古与综合研究收获。从研究对象及侧重点来看，又可将全书的主要内容归纳为五大领域，即分期与年代、聚落考古研究、遗迹研究、遗物研究和社会文化研究。现分别从这五个方面出发对全书主要内容进行总结归纳。

第一节　分期与年代

本书对与二里头文化的分期与年代相关的研究进行了梳理。

一　分期

通过梳理二里头文化的分期研究简史可知，随着田野工作的开展和研究的深入，二里头文化一至四期的演变脉络已基本清楚，得到学术界的认同。同时，研究者将每期细化到早、晚两段，共八个阶段。但因各期遗存在演变过程中存在着极强的连续性，很难做绝对确切的阶段划分。因此，具体遗存所属期别的划定，尤其是前后相继的遗存之期段归属问题，尚存歧见。同时，本书还梳理了分期的地层依据与陶器特征。

二　年代

二里头文化的年代包括相对年代和绝对年代两个方面。

前者是指二里头文化与其他文化的相对早晚关系，主要是通过相关遗址中的地层叠压关系来确定。20世纪50年代以来，在洛阳东干沟、矬李、临汝煤山、偃师灰嘴、伊川白元、郑州大河村、荥阳竖河、新密新砦、登封王城岗、平顶山蒲城店、郾城郝家台等遗址均发现二里头文化叠压或打破龙山时代晚期文化堆积的地层关系，特别是平顶山蒲城店和郾城郝家台遗址，发现二里头文化、过渡期和龙山文化的地层关系。在郑州董砦、偃师二里头等多处遗址都发现二里岗文化叠压或打破二里头文化晚期遗存的地层关系。由此证明，二里头文化的相对年代介于龙山时代晚期文化和二里岗早期文化之间。

后者主要是指二里头文化乃至其各期的比较准确的年代。本书对二里头文化绝对年代的研究历程进行了梳理；同时在此基础上，指出二里头遗址二里头文化一期的年代上限为公元前1735年，不早于公元前1750年，二期的年代约为公元前1680—前1610年，三期的年代约为公元前1610—前1560年，四期的年代约为公元前1560—前1530年。

确立二里头遗址各期的年代框架，有着重要的学术价值，即它可以为考古学的比较研究奠定可靠的年代学基础。研究人员不但可以知道二里头遗址各期的年代范围，认识考古学文化的各种内涵发展变化的时间节点，而且还可以依据二里头遗址不同年代范围内的考古学文化特征，开展与其他地区同时期或不同时期的多个遗址的考古学文化特征的比较研究。

第二节　聚落考古研究

本书对与二里头遗址自然环境相关的研究成果、二里头遗址的现存状态及微观聚落形态进行了梳理总结；此外，还对以二里头遗址为中心的洛阳盆地中东部地区二里头文化时期的区域聚落形态进行了考察。

一　自然环境

对二里头遗址自然环境的探讨，主要涉及当时的气候及遗址周边的地貌、河流和动植物资源等方面。

研究人员依据二里头遗址的文化层和遗址附近自然剖面的孢粉、遗址出土的木炭碎块和野生动物遗存，对当时的气候进行推测。通过文化层的孢粉分析，发现二里头遗址在河南龙山文化末期的气候是温暖湿润的，从水生植物含量推断，遗址周围可能存在较大规模的水面。二里头文化一期前段，当时的气温略有降低，湿度变化不明显，为温凉湿润气候。到一期后期，植被覆盖率大大降低，水生植物大量减少，旱生植物增加，说明当时气候转为温暖较干。从二里头文化二期至三期，气候干旱程度不断加深，从而形成了稀树草原植被。到二里头文化四期，干旱程度有所减缓，植被中含有一定数量的水生植物，并形成了以落叶阔叶林为主的针阔叶混交林草原，气候温凉较湿。而通过对二里头遗址出土的木炭进行树种鉴定，发现在二里头文化时期，遗址附近分布有以栎为优势种的落叶阔叶栎林，由此可以推测当时的气候总体上是温暖湿润的，但是栎属从二里头文化一期到四期逐渐减少，说明气候可能发生过变化。动物考古学研究也提供了相应的证据，一些喜湿喜暖野生动物的发现，证明当时的气候环境较现在温暖湿润。

由此可知，二里头遗址存在时期的气候总体上处于温暖湿润的环境之中，当时大致属于北亚热带湿润气候，其间也有过一些干凉化的波动。当时的气候与现在的洛阳盆地属于北亚热带湿润气候暖温带半湿润气候是有差别的。

二里头遗址所在的洛阳地区地貌类型比较简单，主要有基岩山地、黄土覆盖的低山丘陵、黄土台塬和河流阶地等，它们由高到低依次分布，具有明显的成层性。洛阳盆地的北侧为连绵起伏的邙山，盆地南侧为嵩山的余脉万安山，黄河主要支流洛河和伊河分别从西向东和由西南向东北方向从盆地底部流过，盆地底部为伊洛河冲积平原，由河流阶地和河漫滩组成，东西长约40千米，南北最宽处约15千米，呈枣核形，海拔一般在110米左右，地势平坦开阔，洛河和伊河于二里头以东汇流，汇流后称伊洛河，在盆地最东端的巩义附近注入黄河。具体到二里头遗址，它位于伊河和洛河之间一个东西展布的狭长台地东端。从地形上看，海拔高度从遗址向外围的北、东、南三个方向上降低。地貌类型包括二级阶地、一级阶地和河漫滩。

实际上，现在我们看到的二里头遗址的地貌与当时二里头遗址的实际状况差别很大。伊洛河流域多次发生洪水事件，其中公元前2000年左右的洪水事件直接与二里头遗址的兴起相关。洪水过后，这里出现了广阔平坦的泛滥平原，平原上由洪水形成的冲积土，土质肥沃，有利于农业的发展，特别是泛滥平原上多积水洼地，利于稻作。另外，洪水还促成了古洛河的决口和改道，古洛河的决口和改道导致洛河在二里头遗址以西注入伊河，并造成二里头遗址北侧的洛河断流，成为废弃河道，这个地区一改先前两河相夹、地域狭小的封闭状况，从而在二里头遗址以北形成了一个统一的冲积平原。二里头遗址位于冲积平原最南端的一个高地，高地四周为地势平坦，土地肥沃的泛滥平原，伊洛河水从高地南侧流过，从高地一直向北，则是连绵起伏的邙山。这种从宏观上看呈现出来的依山靠水的地势及优越的自然环境条件，为二里头遗址居民建立聚落及发展创造了极好的自然环境。

二 现存状态

钻探与勘查结果表明，遗址略呈西北—东南向，东西最长约2400米，南北最宽约1900米，现存面积约300万平方米。需要说明的是，现洛河北岸的古城村西发现有二里头文化时期的遗物,但与现遗址北缘有600余米宽的洛河河滩相隔,钻探中也未发现连片的文化堆积,其是否属二里头遗址的分布范围已不得而知。在约300万平方米的现遗址范围内,二里头、圪垱头和四角楼诸行政村现代建筑的压占面积近100万平方米。

经钻探得知,二里头遗址的北部及东北部边缘以外,堆积以黄沙土或沙土夹黄褐、红褐黏土为主,系改道后的洛河泛滥冲刷区。遗址在这一带遭到严重破坏,其北部边缘已经无法廓清。

遗址东缘外也分布着大范围的淤土、淤沙层,地势渐低。淤土、淤沙层系清代及其以后现洛河泛滥所致。外围淤积区与二里头文化时期的文化堆积之间,尚有10余米以上的生土地带。因此,现存二里头遗址的东缘应属遗址的原始边缘,而非晚期破坏所致。

遗址的东南边缘外,以红褐或黄褐黏土淤积层为主,这一带仍有高差在2—3米左右的断崖,虽受到一定程度的自然和人为的破坏,但遗址原边缘应距现存断崖不远,当时即为临古伊洛河的高地。

遗址南部至西南部边缘以外的堆积以红黏土及灰褐淤泥(俗称青渍泥)为主,这一带系伊洛河故道河床内及近旁的低洼沼泽区,上述灰褐淤泥应即长期静态积水浸泡所致。此处河道的摆动对遗址有一定的破坏,但遗址临河的南部边缘应大体在这一线(南缘偏东尚有断崖)。遗址西南缘向北大面积收缩,其外即为灰褐色淤泥堆积,这与洛阳矬李、皂角树遗址的发现相同,二里头遗址西南缘应临古伊洛河旁的牛轭湖。

遗址西部和西北部一线,文化堆积以外即为生土,局部为晚期遗存所扰,这一带应大体为遗址的原始边缘。西缘较其外的地域无明显高差,与汉魏故城南郊一带古伊洛河北岸的条状微高地连为一体。

三 微观聚落形态

综合60年的勘察与发掘材料,可将二里头遗址先秦时期的遗存分为6大阶段,各阶段聚落形态的演变情况可做如下的归纳。

遗址第一、二期分别为仰韶时代和龙山时代。根据已有发现,可知仰韶文化晚期至龙山文化早期阶段的遗存以沿古伊洛河北岸的近河台地一线最为丰富,当时这里应分布着若干临河的小型聚落;相当于龙山时代后期的王湾三期文化时期,二里头遗址曾有零星的人类活动迹象。

遗址第三期为二里头文化一期。这一时期的遗存在作为聚落中心区的二里头遗址中东部区域有广泛的分布,但究竟属于一个大型聚落抑或是由数个聚落组成的一个大遗址群，尚不得而知。无论上述哪种情况，这一时期的遗存已显现出不同于同时期一般聚落的规模和分布密度。遗存中已有青铜工具、象牙器、绿松石器等规格较高的器物和刻划符号发现。此期的二里头遗址很有可能已经成为中心聚落，它们的出现为二里头遗址日后的全面兴盛奠定了基础。

遗址第四期为二里头文化二期。此期遗存基本上遍布已发掘区域，文化堆积丰厚。遗址总面积应该已经达到数百万平方米，遗址东南部的微高地成为宫殿区。已在宫殿区的东、中部发现了大型夯土建筑基址群和基址群外纵横交错的大路。宫殿区东北部的1号巨型坑已经形成，其内文化堆积主要属于此期，包括活动面、道路、房址及祭祀遗迹等。此外，宫殿区以南兴建了铸铜作坊遗址。在宫殿区东北至西北以及1号基址以西、以南存在此期的夯土遗存或贵族墓葬。这些情况表明，遗址在二里头文化二期进入全面兴盛的阶段。此外，遗址东缘的沟状遗迹也形成于此期；种种迹象表明，它作为二里头文化时期文化堆积和其外生土的分界线，应具有区划的作用，是二里头遗址的东部边界。

遗址第五期为二里头文化三期。从遗存的分布范围和内涵看，二里头文化三期持续着二期以来的繁荣。宫殿区、铸铜作坊与道路网络系统等重要遗存的总体布局基本上一如其旧。但值得注意的是，与上一期相比，此期遗存也出现了若干显著变化，具体如下：（1）此期在宫殿区周围增筑了宫城城墙，新建了一批夯土基址。（2）二里头文化二期的夯土建筑基址（3号基址）废弃于二、三期之交，其后始建于此期的2号基址，以及位于其正前方的4号基址是在3号基址的废墟上做了平毁、夯填处理的基础上重新兴建的。两个时期的建筑格局不同，即由一体化的多重院落布局演变为复数单体建筑纵向排列。同时，二、三期建筑又基本上保持着统一的建筑方向和建筑规划轴线。（3）位于宫城西南的1号和7号、宫城东部的2号和4号基址，分别依据同一条建筑轴线而建，显示出明确的中轴对称的建筑理念。4座基址夯土台基大体相近的长宽比例则表明当时的宫室建筑已存在明确的营造规制。（4）随着宫城城墙与1号、2号、4号、7号、8号等新的大型夯土建筑基址的兴建，宫殿区内富有生活气息的遗迹如水井、窖穴等骤然减少。

遗址第六、七期分别是二里头文化第四期和二里岗文化早期。二里头文化四期早段的遗存在遗址中心区分布密集，周围地区则较此前有所减少，但遗址规模并未缩小。这表明，二里头遗址在这一时期仍处在持续繁荣的时期。至二里头文化四期晚段（这一阶段在分期上可能与二里岗文化早期早段存在共时性），宫殿区仍延续使用，始建于三期的一些夯土建筑基址、宫城城墙及周围大路均未见到遭遇毁灭性破坏的迹象，且新建了一些重要建筑。及至该段的最后阶段，方最终废弃。遗址中罕见相当于二里岗文化早期晚段的遗存，仅在宫殿区东部和南部发现少量地层、灰坑，表明此时遗址已全面衰败，人烟稀少。

遗址第八期为二里岗文化晚期。在周边区域虽偶有发现此期遗存，但它主要分布于宫殿区一带，集中分布区的面积约 30 万平方米。其文化层及小型房址、灰坑（沟）、墓葬等遗迹叠压或打破二里头文化时期的大型夯土建筑基址。无高等级的遗物发现。至此，二里头遗址沦为一般聚落。

除上述之外，本书还对二里头遗址的结构与布局大势进行了总结。

遗址范围的地理中心点应在现二里头村南、汉家以西一带。重要遗存分布区均位于该地理中心点及其以东、以南的微高地，即遗址的东南部。从这一认识出发，可以根据已知的材料粗略地将二里头遗址兴盛期（二里头文化二至四期）的布局大势和总体结构分为中心区和一般居住活动区两大部分。

遗址的中心区位于遗址的东南部至中部一带。由宫殿区、若干贵族聚居区、围垣作坊区和祭祀活动区组成。

宫殿区的重要遗存主要包括大型夯土建筑基址、贵族墓葬、宫城城垣等，它们主要集中分布于东部和西南两大区域。

东部区域包括 1 号巨型坑，3 号、4 号、5 号、6 号等大型宫殿建筑及贵族墓葬等遗存。它们的始建和存续时间如下：（1）二里头文化一期晚段：宫殿区东北部 1 号巨型坑一带开始有挖深坑取土的活动。（2）二期早段：宫殿区东侧大路开始出现，3 号、5 号基址始建，院内贵族墓出现。1 号巨型坑已经形成，并开始存在居住等活动。（3）二期晚段：3 号基址持续使用，仍有贵族墓埋入，偏晚阶段废弃；5 号基址也在二期晚段偏晚阶段废弃。（4）二三期之交：小型房址和灰坑等出现。宫城城墙建于大路内侧，开始形成墙外新道路。（5）三期早段：4 号基址可能已兴建。（6）三期晚段：3 号基址北院的大型池状遗迹被夯实填平，依托宫城东墙建起了 2 号基址。（7）四期早段：无大规模建筑活动。（8）四期晚段：4 号基址东庑至少在偏晚阶段废毁。4 号基址主殿、2 号基址沿用至本期段结束。6 号基址在偏晚阶段依托宫城东墙兴建，但在该期段结束前即废毁。1 号巨型坑基本填满。

西南区域的核心遗迹是以 1 号基址为中心的大型夯土建筑群和宫城城墙。1 号基址的始建年代不早于三期早段，在整个第四期的时间里一直延续使用。与少见第三期遗存的情况形成鲜明的对比，第四期遗存反而比较丰富。考虑到二里头文化各期所跨时间一般仅有数十年，除去三期早段，似乎第四期才是其主要的使用时期。1 号基址南的 7 号基址跨建于宫城南墙之上，应是一座大型门塾基址，它与 1 号基址组成另一组具有同一中轴线的大型建筑群。考虑到 1 号基址是二里头文化晚期最大的单体宫室建筑，7号基址很可能是宫城南墙上最重要的门塾基址。另外，这一区域还发现了跨建于宫城西墙上的8号基址，和位于1号基址右前方的中型建筑9号基址。

除上述之外，在20世纪70年代的钻探中，已经发现1号、2号基址之间分布着若干处零星的夯土基址。而近来的钻探，又在这一区域发现有大面积的路土遗迹、数百平方米的卵石活动面（广场？）、若干条小型道路及数处夯土基址。

贵族聚居区位于遗址东部、东南部和中部，即宫城周围。中小型夯土建筑基址主要发现于这些区域。

围垣作坊区位于宫殿区以南。其中，铸铜作坊遗址位于宫殿区以南200余米处、临近古伊洛河的高地上，遗址的面积约1.5—2.0万平方米左右。绿松石器制造作坊位于宫殿区以南、铸铜作坊以北，范围不小于1000平方米。绿松石器制造作坊以北、宫城以南，发现有向南呈圈围之势的夯土围垣设施的北墙和东墙北段。围墙分别沿宫城南大路的南缘和宫城东大路向南延伸部分的西缘而建，其东墙与宫城东墙在同一直线上。它应该形成一个封闭的空间，绿松石器制造作坊在其范围之内，铸铜作坊也可能被圈围在内。近的发掘，发现了二里头文化时期墙垣（Q7）、道路、建筑、墓葬等遗迹。

祭祀活动区位于遗址中、东部，宫殿区北和西北一带。这一带集中分布着一些可能与宗教祭祀有关的建筑和其他遗迹。主要包括圆形的地面建筑和长方形的半地穴建筑及附属于这些建筑的墓葬。目前已经掌握的范围东西连绵约二三百米。

一般性居住活动区位于遗址西部和北部区域。这一区域常见小型地面式和半地穴式房基及随葬品以陶器为主的小型墓葬，文化堆积不甚丰厚，且遭晚期遗存破坏严重。

此外，墓葬散见于二里头遗址各处，一般与居住区无严格的区分。往往与早于或晚于它的二里头文化堆积相互打破叠压，说明墓地与居址随时间的推移可相互转换。同时，还常见墓葬分布于当时的居住区或日常活动区内，如路土之间、建筑的近旁、庭院内甚至房屋内的情况。迄今尚未发现集中分布而长期沿用的墓地。陶窑在遗址上分布较为分散，尚未发现成片的制陶窑址。与制作骨器相关的遗存（出有废骨料、骨器半成品和砺石的灰坑等）在多处地点都有发现，而以宫城内东南部、宫城以东和以北最为集中，其周围应有制骨作坊。

四　宏观聚落形态

本书依据洛阳盆地中东部地区区域系统调查的材料，在对包含有二里头文化遗存的遗址进行分期及对每期遗址的数量、面积、分布进行统计之后，对该区域二里头文化时期的社会状况予以了讨论。

从聚落分层看，二里头遗址的大型建筑、高规格墓葬、精美铜器和玉器的发现，表明二里头文化的社会复杂化程度已经较高。区域内发现的二里头文化遗址的规模也与二里头社会的复杂程度相匹配。其中，在二里头文化一期时，区域内的遗址点较少，但是面积逾100万平方米的二里头遗址已经出现，四级聚落体系已经基本建立。二里头文化二期时，随着二里头遗址规模的剧增及二里头文化范围的扩张，区域内二里头文化遗址点的数量急剧上升，四级聚落体系渐趋完善。这一状态一直持续到四期。在稳定的聚落分层体系中，"基层聚落"的数量在二里头文化快速发展的二期和三期表现出明显的增加，而金字塔式的聚落体系之中，中心聚落的建设、贵族阶层的维持所带来的不断上升的资源需求要求更多的基层供应，是二里头文化四级聚落体系赖以存在的基础。

从社会整合来看，龙山文化晚期和二里头文化一期之间、二里头文化四期和二里岗文化早期之间，区域内的遗址数量和规模发生了较大的变化，而这背后则反映了人群的聚合及离散。具体看来，调查结果显示区域内二里头文化一期的遗址数量要较之前龙山文化晚期的遗址数量大为减少，这一现象的产生可能是多方面原因所造成的，其中一个重要原因可能是与区域人群的重组有关。同时，调查结果还显示，区域内可确认为二里岗文化早期的遗址数量为29处，较二里头文化四期的73处减少了44处，有60%的数量减少。聚落数量的大规模减少，是区域内考古学文化发生更替的直接体现。同时，二里头文化四期晚段，郑洛地区的聚落格局发生了极大的变化，偃师商城宫殿区和小城开始兴建，大师姑城址废弃，郑州一带出现了面积达80万平方米的聚落。伴随着这一格局的出现，洛阳盆地内原有的二里头社会逐渐崩塌。

从聚落功能来看，二里头文化核心区内的聚落除了在规模上有差异外，不同遗址在整个社会体系中扮演着不同的角色，发挥着不同的功能。区域内不同层级的聚落除了给中心聚落提供所需的人力支撑和食物供给外，还在手工业生产的不同环节发挥着不同的作用。比如区域内的灰嘴遗址为二里头社会提供石器生产的原料、半成品或成品。其他遗址在陶器生产和骨制品等加工等方面也扮演着相应的角色。二里头文化构建的四级聚落体系，随着二里头文化从二期开始的大规模扩张也被复制到其他区域，而新的拓展区也成为二里头社会获取资源的基地，如晋南地区的铜矿资源、豫西南地区的绿松石资源和玉、石器资源等。

第三节　遗迹研究

本书对与二里头遗址的大型工程、手工业作坊、墓葬等遗迹相关的研究进行了综述。

一 大型工程遗迹

大型工程遗迹指的是二里头遗址中心区的主干道路网络、大规模夯土围垣设施、大型夯土建筑群以及大型沟渠、坑池类遗迹。

（一）主干道路网络

二里头遗址中心区已发现2条南北向、2条东西向道路，纵横交错呈井字形，构成中心区主干道路网络。这些大路的走向与大中型建筑基址的方向基本一致，其围起的空间恰好是勘探发掘所知大中型夯土建筑基址的集中区。在这其中，发现了中国最早的中轴线布局的大型"四合院"式宫室建筑群，以及中国最早的多进院落宫室建筑群，应属宫殿区，面积逾10万平方米。鉴于此，这4条大路构成了二里头都邑功能分区的重要界限，形成"九宫格"的宏大格局。这4条道路自二里头文化二期早段至晚段先后形成，二期晚段之末在其内侧修建了宫城城墙之后，在宫城城墙内、外两侧分别形成了使用时期的道路，后者一直延续使用到四期晚段。

保存最好的宫殿区东侧大路，已探明的长度近700米。早期路土宽度在20米左右；二里头文化三期时在大路上偏内侧建成宫城东墙后，又在外侧的早期路土上形成了宫城使用时期的路土。晚期大路路土宽度缩至10余米。宫殿区北侧和南侧的东西向大路，与前述南北向大路垂直相交，两者已探明的长度均超过300米。其早、晚期路土的情况，与东侧大路略同。宫殿区西侧大路被破坏较多，残存长度仅200余米，早期路土的宽度在12米以上。此外，在宫殿区范围内的多处地点，如宫殿区东部的早期建筑3号、5号基址之间，晚期建筑2号、4号、6号和11号基址之间，宫城西墙与1号基址之间以及宫城中部一带，都发现了道路遗迹。

另外，在南侧大路的早期路土中，发现南、北两道大体平行的东西向凹槽痕迹，应为车辙痕迹。

（二）夯土围垣设施

围垣设施目前共发现3处，分别为宫城城墙、作坊区围墙、作坊区以西另一区域的东墙。

组成宫城的4面围墙分别修建于二里头遗址中心区早期的四条主干道路之上，靠近内侧，使二里头文化二期时以四条大路为界的宫殿区形成了一个封闭的空间。宫城大致呈纵长方形，四面围墙圈围起的面积约10.8万平方米。宫城四个拐角中仅残存东北角，东南、西北角被破坏，西南角为民房所压。东、南、西、北四面城墙的复原长度分别约为378、295、359、292米。

宫城城门发现5处，其中3处位于宫城东墙上。宫城南墙跨建于7号基址东、西两端，8号基址建于宫城西墙南段上，7号和8号基址或有门道的作用。此外，2号和6号基址均使用宫城东墙作为基址的东墙，但均重新修整、增建。

宫城城墙修建于二里头文化二期晚段之末，一直延续使用到四期晚段。

围垣作坊区位于宫殿区以南，已发现的围墙位于整个作坊区的北部，主要包括营建于不同时期的两段墙体：始建于二期的5号墙（Q5）和四期的3号墙（Q3）及其使用时期的路土。

5号墙位于作坊区东北角，由垂直相交的东墙北段、北墙东段和东北拐角组成，其中北墙与宫城南墙隔路相望，大体平行，东墙位于宫城东墙的南向延长线上。东墙南北长度已达88米，且继续向南延伸；北墙与宫城南墙大体平行，两者之间由道路隔开，东西长度已达92.5米，且继续向西延伸。5号墙东侧的道路即是宫城东墙外的道路，北侧的道路即是宫城南墙外的道路。该墙的始建年代为二里头文化二期，至少东部地段延续使用至二里头文化四期或稍晚。

3号墙（Q3）位于Q5北墙以南约7米余，与其大体平行，与宫城南墙外的道路与宫城南墙相望。已发掘可确认的部分长212米。该墙由墙体、基槽两部分组成。因始建年代为二里头文化四期晚段，推测该墙应为围垣设施北墙的加固增筑部分。

此外，近年来还在作坊区以西发现了一段墙垣（Q7）。它的方向为355度，与宫城西墙（QW）大致平行，位于后者延长线以西17.5—20米。墙体被破坏较多，经钻探知残存长度约147米，复原长度约228米。始建年代不晚于二里头文化二期晚段，废弃年代为四期晚段。墙垣Q7可能是作坊区西侧另一大型围垣设施的东垣。

（三）夯土建筑（群）

夯土建筑主要分布于宫殿区，其中钻探出数十块夯土，共发掘编号12座大中型夯土建筑基址。其中的9座基址，以1号、2号基址为中心，形成了2个大的建筑群。我们称其为宫殿区西部建筑群和东部建筑群。在与Ⅴ区相邻的Ⅲ、Ⅵ、Ⅸ区，也有大、中型的建筑。中型建筑基址主要发现于Ⅲ、Ⅵ、Ⅸ区。

西部建筑群集中分布于宫城的西南部，包括1号、7—9号基址4座建筑和2号墙（2004ⅤQ2）。其中7号基址位于1号基址正南方的宫城南墙上，二者共有一条中轴线。

1号基址是宫殿区西部基址群的核心建筑，由四围廊庑和围墙、主体殿堂、宽阔的庭院和正门门塾等单元组成，规模宏大，结构复杂，布局谨严，主次分明。1号基址始建于二里头文化三期之初，使用至四期晚段，废弃于四期晚段。

7号基址位于1号基址正前方，两者相距31.8米。宫城南墙嵌建于7号基址东、西两端，推测 7 号基址应为宫城南门的门塾建筑。7 号基址由台基、基槽及其外围路土组成。7 号基址的始建年代不早于二里头文化二期，延续使用至四期，至迟在四期晚段已经废弃。

8 号基址跨建于宫城西墙南端，南部被现代建筑压占。现仅存台基基槽、台基外围路土。8 号基址可能与宫城西墙同时始建于二里头文化三期之初，延续使用至四期，至迟在四期晚段已经废弃。

9 号基址在 1 号基址之南、8 号基址之东。仅发掘西端一小部分，东部未经发掘，整体形制不甚清楚，残存基槽部分。该建筑建于二里头文化二期或三期，废弃于四期晚段。

此外，2 号墙位于 1 号基址和 8 号基址之间，仅余基槽。Q2 的始建不早于二里头文化二期晚段，延续使用至四期，至迟在四期晚段已经废弃。

东部建筑群包括 2—6 号、11 号、12 号 7 座建筑，集中分布于宫殿区的东部偏北，分属于二里头文化二期至四期。其中，2 号、4 号两座基址有共同的建筑中轴线。

3 号、5 号基址属二里头文化二期，二者东西并列，中间以通道和暗渠间隔，均为多进院落式夯土建筑，每进院落包括主殿、院内路土，各进院落的主殿均为以窄墙间隔成不同房间的连间排房，院内有同时期的贵族墓葬。

3 号基址位于宫殿区东部偏北，多在 2 号、4 号、6 号基址之下，是一座（组）至少由南、中、北三进院落组成的大型基址。其西侧有经统一规划、在同一建筑轴线上的西庑，包括南院、中院及北院三段。宫殿区东侧大路内可能为东庑，仅存部分基槽。南院大部分位于 4 号基址之下，中院位于 2 号基址庭院及南庑之下，北院位于中院主殿之后。

5 号基址台基最上层夯土总面积超过 2700 平方米，坐北朝南，方向约为南偏东 4.5 度，由 4 进院落组成。每进院落包括主殿、院内路土，第 2—4 进院落内共发现 3 排 5 座同期的贵族墓葬。各进院落的主殿均为以窄墙间隔成不同房间的连间排房，南侧多有门道，部分主殿北侧有门道。多数南北向墙体中间有缺口，缺口中间有东西向窄墙，东西向窄墙与南北向隔墙垂直但不相连。

2 号基址为长方形夯土台基，南北长 72.8 米，东西宽 57.5—58 米，方向 174 度，包括四面的围墙和东、南、西三面的回廊，主体殿堂，庭院，南面的门道。东围墙利用了宫城东墙，南北两端有门，全长为 72.8 米，从北往南发现有四个缺口。2 号基址的始建年代可能为二里头文化三期晚段，延续使用至二里头文化四期晚段。

4 号基址位于 2 号基址正前方，为单体台基式建筑。它由主殿和东庑组成。此基址可能始建于二里头文化三期早段，延续使用至二里头文化四期晚段。

6号基址位于宫殿区东部偏北、2号基址北侧。其最晚阶段为一座庭院式建筑，由主殿、东围墙、西庑、南侧建筑、门道，以及它们圈围起的庭院和外围的路土组成，方向约为173度。仅残存有部分基槽和少量地面以上部分。6号基址的始建、使用和废弃年代均为二里头文化四期晚段。

11号基址位于6号西侧，与6号基址东西并列。被发掘揭露出的11号基址范围较小，仅为其东缘，且其被后期堆积破坏严重，因此无法知道它的整体形制。11号基址始建于二里头文化四期。

12号基址被6号基址西庑及其路土所叠压，因此无法知道其平面形状。其年代为二里头文化三期至四期晚段。

此外，10号基址位于宫殿区南侧道路东段道路之上，其南缘嵌入5号墙。仅存基槽，整体形状为圆角长方形。该基址始建、使用和废弃年代均为二里头文化四期晚段。因其修建在宫殿区南侧大道之上，破坏了二里头都邑的格局，推测其修建和使用当是在二里头都邑废弃之后。

（四）其他大型遗迹

包括排水渠、池、沟状遗迹、巨型坑。

在宫殿区东部建筑群的3号和5号2座大型基址之间，有宽约3米的通道相隔。通道的路土下，局部发现木结构的排水暗渠（2001VG1）。

大致在2号基址中北部基础之下，发现一座大型坑池（2001ⅤD2HC）。其中遗迹内填土堆积形成的年代不早于二里头文化三期早段，可能为三期晚段。

遗址东北部至东缘一带断续发现的多处沟状遗迹，这些沟状遗迹南北大致呈一直线，已知长度达500、宽10米左右，平均深度在3.5、最深超过4米。由发掘可知，这条沟状遗迹主要为二里头文化早期取土所致，至晚期尤其是二里头文化四期时成为垃圾集中倾倒处。因其间有多处中断，可初步排除其作为防御性壕沟存在的可能，但它作为二里头文化时期文化堆积和其外生土的分界线，应具有区划的作用，是服从都邑整体规划的二里头遗址的东部边界。

1号巨型坑位于宫殿区东北部。平面形状近似圆角长方形，总面积约2200平方米。坑内存在从二里头文化一期晚段到四期晚段的连续堆积，应是为了解决大型夯土基址的建筑用土问题而挖掘形成，其挖掘形成时间不晚于二里头文化二期。

此外，在宫殿区北侧道路以北、铸铜作坊南部等区域也发现有沟状遗迹。

二 手工业作坊

二里头遗址至迟在二里头文化二期已经出现了分门别类的各式作坊，如制陶作坊、制骨作坊、铸铜作坊、绿松石器作坊等。

二里头遗址专门的制陶作坊尚不能完全确认，但是在历年的发掘中发现了不少与陶器烧制有关的遗存，主要为陶窑等，可能与制陶作坊有关。但陶窑在二里头遗址内的分布比较分散，尚未发现连接成片的规模较大的陶窑群。根据目前的研究来看，二里头遗址不同发掘区内出土陶器的成分和物相不同，陶土来源具有多样性，据此推测二里头遗址不同活动区域应该有各自较为固定的制陶原料来源及所属的制陶作坊遗址。

二里头遗址历年的发掘中陆续有制骨遗存发现，集中分布在两个区域。第一处位于宫殿区东部4号基址的南侧，为1号制骨作坊。第二处位于二里头遗址北部的祭祀区附近，为2号制骨作坊。另外，在遗址东部、南部和宫殿区西侧也发现不少制骨遗物，这些地点很可能为骨器加工点。在制骨作坊内发现了大量的骨制品，以易损耗的骨簪和骨镞为主，两类器物的数量超过了出土骨制品的一半以上，为制骨作坊的主要产品。其中属于二里头文化一期的遗物很少，二期至四期应该是骨制品大规模生产的时期。

此外，骨角蚌牙类遗物中有相当数量的坯料和余料发现，揭示了器物制作的大体程序和工艺特征，其中骨器原料主要选择大型哺乳动物骨骼，以家养黄牛为主，数量占90%左右，家养猪、羊、狗的骨骼仅偶尔使用，极少使用野生鹿的骨骼。角器制作多选用鹿科动物的角，绝大多数为大型或中大型以梅花鹿及麋鹿为主的鹿科动物。黄牛长骨常用作制作条形器物；肋骨主要用来制作骨匕、骨板、刮抹器等片状器物；下颌骨常用来制作骨铲；肩胛骨少见，主要用于占卜，仅见少量由卜骨改制而成的骨器。同时，从技术上来看，骨料的截取采用片切割技术，使用金属工具如刃部小于2毫米的铜片对骨料进行锯割。在骨器的加工过程中，利用片状工具进行局部切割和刮削，使用尖状工具镂刻及剔挖，以带尖片状工具或竹管进行钻孔，以砺石类或毛皮工具进行打磨抛光。

总之，当时的骨器制作技术已经十分娴熟及先进，在骨角原料的高效利用及骨角器的规范化制作上都有所成就。制骨作坊和加工点同时并存显示了当时的手工业生产存在着不同的生产方式，即作坊式生产和零星加工共存。宫城内的制骨作坊相对封闭，而位于祭祀遗存区的2号作坊附近是否存在围护设施未知，但是制骨作坊的位置看，他们都表现出同上层贵族之间的密切联系。

目前发现的冶炼遗存主要集中于二里头遗址的作坊区和宫殿区。作坊区内发现的冶铸场所与铸造活动残留物之间明确存在着共存关系，而宫殿区内虽发现有铜渣、铜矿石等冶炼遗物，但尚未发现冶铸场所，仅可认为宫城内可能存在冶炼活动，暂无法判断是否存在具体的铸铜作坊。故而围垣作坊区南部的铸铜作坊是二里头遗址至今唯一可确认的铸铜作坊遗址，它东西最大跨度约200米，南北最大跨度约为100米，总面积为 1.5—2.0 万平方米左右。考古工作者在其中发现了大量与冶铜相关的遗迹与遗物，比如冶铸场所、陶范预热场所、窑址及陶范、铜渣、小铜块、坩埚残片等。除生产空间之外，作坊区内还发现有 18 处普通的建筑基址，这些建筑基址的等级较低，可能是管理人员及从业人群的居住场所。作坊区内的灶址或依附房址或单独存在，推测为从业人员日常生产、生活遗留。区域内发现的二里头文化时期墓葬有 26 座，其中未成年人墓葬 8 座，占 31%。儿童墓葬多分布在铸造遗迹的工作面上，无墓圹，很可能是奠基墓或是生产过程中祭祀活动的遗存。成人墓葬中多数以陶器为随葬品，少数发现了铜器、玉器、象牙器等高等级随葬品，这些墓葬的墓主很可能是掌握冶铸技术的工人，而等级较高的墓主可能是管理层或高等技术人员。

从制铜手工业生产状况来看，二里头遗址在二里头文化二期至四期少有铜矿石的出现，据此推测铸铜作坊主要使用铜锭进行铜器生产，其生产的产品从早期的简单铜质工具发展到后期的铜容器，经历了冶金技术提高的过程，是当时铸造活动的中心。另外从动态的角度来看，二里头铸铜手工业已经实现了专门化生产，在短时期内完成了小规模分散式生产到较大规模作坊式生产的转变，附属于宫殿区内社会上层的独立作坊区的出现不仅表明二里头文化时期对于铜器生产的高度重视，也是二里头文化发展到国家阶段，对于青铜礼器消费需求急剧上升的外在表现。

绿松石器作坊位于围垣作坊区的东北部，面积 1000 平方米以上，存续时间为二里头文化二期至四期。作坊区内发现的同绿松石器生产相关的遗迹主要为料坑，出土有大量小块绿松石原料、石核、半成品、残次品、废料等。此外，作坊内还分布有小型房址，这些建筑可能同绿松石器的加工有关。根据现有的研究来看，二里头文化绿松石加工业中所使用的原料主要来自于位于湖北、陕西和河南三省交界处的北矿带上。绿松石器制成品中的片、管、珠采用不同产出的绿松石矿料，或为叶脉状，或为块粒状，表明当时的加工者对于绿松石矿石原料的物理属性多有了解。而片状绿松石制成品和采用大量片状绿松石加工而成的铜牌饰与龙形器，显示了当时极为高超的剥片技术。

制铜作坊和绿松石器作坊的确认，作坊区围垣设施的发现，表明了二里头遗址南部存在着围垣作坊区。根据勘探和发掘情况来看，围垣作坊区的面积在 12 万平方米左右。二里头遗址围垣作坊区布局科学、规划缜密，其生产呈现出四个特点：其一，种类齐全、器形繁多；其二，技术先进、造型完美；其三，分工细密、生产有序；其四，集中管理、分区进行。根据相关遗存的时代来看，二里头文化二期晚段，伴随着作坊区围垣设施的修建，技术含量较高的铸铜及绿松石手工业生产作坊逐渐集中至围垣作坊区内，除已确认的铸铜作坊和绿松石作坊之外，还发现了零星的骨器加工点和陶器生产场所。另外，在作坊区内可能还存在玉器作坊。在具有防卫设施的空间内积聚了当时最尖端的手工业技术，并逐渐步入专业化生产阶段，在相当程度上显示了不同手工业门类之间的通力合作，也显示出了二里头文化时期手工业发展的高度。

从制成品的年代来看，二里头文化二期是围垣作坊区的初始期；三期及四期早段是作坊区的兴盛期；四期晚段时，随着二里头遗址格局上的变化，作坊区的绿松石作坊和铜器作坊虽仍在使用，但已经步入了转型期；四期晚段之后，作坊区北垣废弃，遗址中发现晚于四期的铜器和绿松石制品数量剧减，显示出作坊区内大规模的生产活动已经停止，作坊区逐渐废弃。

三 墓葬

自二里头遗址发现迄今，考古工作者已在该遗址发现二里头文化墓葬400多座；此外，在二里头文化其他遗址也有不少发现。迄今为止，二里头文化墓葬的发现数量应有500多座。

二里头文化目前发现的墓葬可以分为 I 级墓—V 级墓 5 个等级。

从数量上看，不同级别墓葬在数量上存在差别，且存在历时性变化。此外，各级墓葬在二里头遗址各区所发现的数量有多有少。

从社会结构来看，I 级墓的墓主身份可大致推断为中等贵族，若根据墓圹规模、随葬品数量还可以做更细密的划分，其内部应该有一定的身份差别；IIA、IIB 级墓为小贵族墓，二者存在一定的身份差别；III、IV 级墓的数量基本相当，前者一般随葬 1—4 件日用陶器，后者一无所有，墓主身份可能均为平民，二者之间的差别可能主要是贫富差别；V 级墓为乱葬墓，墓主为非正常死亡者，多数身首异处，其死亡原因不一而定，不少可能为祭祀时的人牲。

从随葬品来看，二里头文化墓葬中已经形成依照等级的高低而等差有序地随葬不同材质的器物尤其是礼器的制度，特别是青铜礼器的有无和数量业已成为等级身份的核心表征物。二里头文化 I 级墓中普遍使用青铜礼器、玉礼器、陶礼器、漆礼器，而 II 级墓中陶礼器使用则最为普遍，等级稍高的墓中还使用玉礼器、漆器等，只不过数量较之 I 级墓有所递减。二里头文化 III 级以下墓葬则只见日用陶器。此外，随葬品的数量与组合存在历时性的变化。

从分布形态上看，二里头遗址虽然迄今未发现大型墓地，但除少数零星分布的墓葬外，多数墓葬的布局仍呈现出相对集中、分区分片的特征。此类墓葬群可暂且称之为墓区。二里头遗址同一墓区的墓葬一般集中分布，东西成列，排列有序，方向保持着大体一致，墓葬之间基本未发现打破现象，因此同一个墓区的多数墓葬当属于同一个亲属集团。每个墓区里的墓葬没有定数，少则数座，多则十几座乃至几十座不等，这很可能是因为家族的规模大小不一。此外，二里头遗址同一个墓区内的墓葬往往呈现出等级差异。

二里头遗址中的墓葬区与生活区并不能截然分开，即墓葬分布在同时期的生活区附近，同一区域的生活区可能就是死者生前的居址或其亲属居住的地方。而且不少中型墓都发现于中型夯土建筑基址周邻，墓葬等级与附近建筑规格可能有一定的对应关系。此外，还在手工业作坊区、宫殿区、祭祀区发现一些墓葬。

四 祭祀遗迹

二里头遗址历年发现了数量较多的可能与祭祀有关的遗迹，大体可分为三类：遗迹类、墓葬类和疑似祭祀遗迹类。遗迹类集中发现于二里头遗址的祭祀遗存区与宫殿区；墓葬类主要发现于宫殿区大型建筑基址近旁及围垣作坊区内；疑似祭祀遗迹类主要包括灰坑或灰沟中出土的，性质未能定论的疑似为祭祀遗迹的现象，如乱葬墓等。

二里头遗址的祭祀遗存区主要分布于遗址的第Ⅵ与第Ⅸ区，这些区域内发现的遗迹大体呈东西向分布，跨度约为200—300米。在该区域内，发现了许多同祭祀有关的建筑及其他遗迹，主要包括圆形地面建筑、长方形半地穴建筑及附属于这些建筑的墓葬。

在宫殿区内的多个区域（如大型夯土建筑基址、宫殿区北部）都发现有祭祀遗存。其中，一部分分布在建筑基址附近，尤其以1号宫殿基址最为集中。1号建筑基址上发现的与祭祀相关的遗迹中常常瘗埋着人骨和兽骨。此外，在宫殿区东北部发现了1号巨型坑，该坑的使用时间为二里头文化一期晚段至四期晚段，其中二期为坑内主体堆积的形成时期，厚达1—3米，发现了多处以猪为牺牲的祭祀遗存。

在作坊区内发现了一些与祭祀活动相关的墓葬。

除此之外，二里头遗址中还发现了一些出土人骨的灰坑和灰沟。1999—2006年间，在地层、灰坑及灰沟中发现了30处出土散乱人骨的遗迹。这些乱葬坑的性质暂难以确认，仅可将其定为疑似祭祀遗迹。

总之，二里头遗址所见的与祭祀相关的遗迹现象包括圆形地面建筑、方形半地穴式建筑、人祭坑、人祭墓、动物祭祀坑等。祭祀活动进行的地点包括遗址北部的祭祀遗存区、大型宫殿基址、巨型坑、围垣作坊区等。宫殿区祭祀遗迹中常发现人牲，且存在若干人牲骨骼不完整的情况，同时也存在使用动物祭祀的情况，例如一号巨型坑内的祭祀就以幼猪为祭品。从祭祀遗迹出现的地点大致推测当时可能存在宫殿奠基祭祀、铸铜祭祀、祖先祭祀、社祭等情况。

五 其他遗迹

此处其他遗迹包括中小型房址（含灶址）、水井、灰坑与灰沟等。

二里头遗址历年发掘中发现的中小型房址共计44座。受发掘面积的影响，它们主要集中发现于Ⅲ区、Ⅳ区及Ⅴ区。从类别上看，中小型房址主要为平地起建的小型夯土建筑基址和半地穴式建筑，它们形制多样，多为方形或长方形。

中小型房址的功能及性质同其所处的功能区（位置）息息相关。目前发掘区域较为集中的为宫殿区和作坊区。宫殿区中小型建筑基址的功能比较多样，已知功能的建筑基址大体归为两类，一类为大型建筑的附属部分，另一类为二里头遗址主体文化遗存废弃后兴建的小型建筑基址，等级较低。作坊区内的中小型建筑基址集中发现于铸铜作坊区，这些建筑基址可能是作坊区内的管理人员及铸铜从业人群的居住场所。

二里头遗址已公布的灶址共17座，在二里头遗址的各个区域均有发现。少数灶址独立存在，大部分依附于建筑基址。

二里头遗址发掘出的水井仅10余座。平面形状多为圆角长方形，也有少量圆角近方形，井壁多斜直，口大底小。基础较好的，直接挖掘形成井壁。在早期的灰土上挖掘的，一般先在预备挖井的地方挖出一个12—20平方米的方坑，直到把灰土掏挖干净，挖到生土或夯土为止，然后在方坑中部向下挖掘井壁。水井间距较近的两壁中部一般有对称的脚窝，供上下水井时使用。

此外，在二里头遗址中还发现了数量较多的灰坑和一些灰沟。它们形状不一，用途与性质也多有差别。

这些灰坑绝大部分为一般垃圾坑。少数可推断其原为窖穴、取土坑、排水沟、祭祀坑等，废弃后成为垃圾倾倒处。还有一些灰坑填土中有完整的人骨或残断、散乱的人骨，可能为乱葬坑。

大部分灰沟原应为一般排水沟，废弃后成为垃圾倾倒处；也有原应为取土沟，后来成为垃圾沟的。个别灰沟则可能具有特殊的用途。

第四节 遗物研究

本书对二里头文化的遗物及其所反映的生产生活进行了总结梳理。

一 陶器

二里头文化陶容器的器类有深腹罐、圆腹罐、鼎、甗、鬲、盆、刻槽盆、平底盆、豆、三足皿、捏口罐、敛口罐、高领罐、高领尊、矮领尊、大口尊、小尊、缸、瓮、鬶、盉、爵、觚、杯、器盖等。炊具由罐、鼎、甑的组合，到罐、鼎、甑与少量的鬲共存；甗始终存在，但是一直非常少见。食器中豆始终为主体，三足皿亦常见，圈足盘只在一期流行，而簋则主要见于三、四期，尤以四期为多。酒器中饮器以爵、觚为主，从流行夹砂陶爵，多见管流爵；演变为流行泥质陶爵，只见槽流爵。斟灌器从鬶、盉并存到只见陶盉。盛储器以盆、尊、瓮为主，折沿盆逐渐为卷沿盆取代，二期以后盛行大口尊。器形从流行折沿、平底器，少见空三足器；到流行翻沿、卷沿、圜底、凹圜底器，空三足器渐多。

二里头文化陶器的质料主要是普通易熔黏土，还有少量是瓷石。普通黏土陶器又可分为夹砂和泥质两类，泥质陶中细泥陶的比例由多变少，夹砂陶的比例由少变多。陶色以灰色为主，灰黑色较少，黑陶、黑皮陶由多到少，灰褐、红褐陶比例极低，主要是四期晚段的岳石文化特征的夹砂褐陶鬲和深腹罐。二里头遗址陶器的质料、陶色和主要器类的比例随时期不同而有所变化。如二里头文化一至四期、二里岗文化时期陶器制作技术的主体比较相近，羼合料均为岩石矿物，包括基性火成岩、燧石、长石、石英、白云母、黑云母等。陶器的成型方法以泥条筑成为主，模制为辅，存在少量捏制和拉坯制成的器物。陶器表面常见的纹饰有篮纹、方格纹、绳纹、附加堆纹、凹凸弦纹、刻划纹、指甲纹、戳刺纹，和云纹、雷纹、"S"纹、回形纹、花瓣纹、圆圈纹，以及龙、蛇、鸟、鱼、蝌蚪、兽面等多种特殊花纹。器物表面的纹饰多是两种以上组合使用。各期的纹饰有一定的特征，如一期的纹饰以篮纹为主，二期以后以篮纹和绳纹为主，还有种类繁多的其他纹饰。

此外，在一些陶器上发现了一些刻符。二里头文化的刻划符号，可分为两类。一类刻划的是略为复杂的动物、器物形象，偏于写实象形；另一类多是用1—5笔纵、横线条刻划形成，相对简单，偏于抽象。第一类的形象有龙、鸟、鱼、乌龟、蛇及其他不明的动物形象，多为容器烧制之前刻划形成。第二类符号多见于大口尊的口沿内壁，一件见于大口尊的口沿外壁，均为烧成之后以锐器刻划形成。这一类刻划符号中，有些应起着标记的作用，如在公共场合使用时便于相互区分；有些很可能就是早期文字，分别表现数字、植物、建筑、器具以及自然现象等。

二里岗文化陶器的种类、数量均大量减少，这种情况与该遗址在两个大的文化时期的规模大小、盛衰情况相一致。二里岗文化早期遗存较少，晚期遗存较多，出土遗物也较丰富。

二里岗文化早期陶器以夹砂和泥质灰陶为主，有少量夹砂灰褐、红褐陶，泥质黑陶和红陶很少。纹饰主要是细绳纹，弦纹也较多，还有少量附加堆纹。器类主要有深腹罐、鬲、甗、盆、敛口罐、高领罐、捏口罐、豆、簋、大口尊、瓮等。

二里岗文化晚期的陶器主要是夹砂和泥质浅灰陶，还有少量夹砂灰褐、红褐陶、泥质红褐陶、夹砂白陶。纹饰以绳纹为主，凹弦纹也较多，附加堆纹主要见于大口尊、缸等器物上，还有少量云纹、雷纹和兽面纹。器类主要有深腹罐、甑、甗、鬲、盆、刻槽盆、平底盆、敛口罐、高领罐、捏口罐、豆、簋、大口尊、瓮、缸等。

在龙山至二里头文化时期，以郑州到洛阳一线为界，东部地区为快轮制陶传统，西部地区为手制陶器传统，而二里头遗址正处于两大技术传统的交汇区域，其制作技术受到两边的影响。从成型技术的组合方式看，二里头遗址出土陶器的技术模式可大致归为泥条筑成＋拍打（滚压）、泥条筑成＋刮削、模制＋泥条筑成、泥条拉坯成型、快轮一次拉坯成型等。在不同时期，这些技术模式的使用频率有所不同，并且与器物的形制功能有着很大的联系。同时，二里头文化一至四期的一些器类经历了由"圆饼上筑腹"到"底腹连续筑成"的渐进过程；而从四期到二里岗文化晚期，一些陶器又回复到"圆饼上筑腹"的方式。此外，二里岗文化时期的鬲与二里头文化三期的鬲的成型技术明显不同，尽管都采用模制，但二里岗文化时期的鬲的模制技术较为发达。

当时主要以还原气氛烧制陶器，二里头遗址四期时的少量岳石风格的陶器可能采用氧化气氛。二里头遗址出土白陶的烧成温度在900℃—1000℃之间，原始瓷胎的烧成温度应该在1100℃之上。

从微量元素、痕量元素的元素组成上看，日常用陶器和个别属于二里头遗址一期至二期早段的陶礼器属于一组，二期至四期的陶礼器及原始瓷器属于另一组，还有一件属于四期的陶礼器单独成组。另外，二里头遗址大部分原始瓷和印纹硬陶胎料组成属于南方瓷石的高硅低铝特征，但也有少部分原始瓷与二里头遗址泛灰色的白陶关系密切。

尽管聚类分析显示出二里头遗址不同发掘区出土陶器的元素和物相组成明显不同，这表明它们的矿料来源有所不同，由此可以推测，二里头遗址可能存在两个或多个不同的活动区域，每个区域内都有各自较为固定的制陶原料来源及自己的制陶作坊。日用陶器的制作技术具有极强的多样性，经历了渐进的变化过程。但要强调的是陶礼器制作技术的主体演变并不是很大，结合元素分析结果，可以推测陶礼器的生产可能是在王权或贵族的控制下，由专门的陶工进行的。

二 铜器

目前所发现的二里头文化铜器大体可以分为容器、乐器、武器、工具和其他礼仪用器五类。

容器类器形有爵、角、斝、盉、鼎、觚等。乐器类器形主要为铜铃。武器类包括戈、钺、戚、镞等。工具类包括刀、凿、锥、锛、锯、纺轮、鱼钩、钻等。其他礼仪用器主要包括铜牌饰和圆形器。其中，铜容器、铃、武器、铜牌饰、圆形器多出于墓葬之中，工具类铜器多出于遗址的地层及灰坑中。

二里头文化一期铜器数量较少，包括铜块和铜刀等，皆属小型工具。二期的铜制品和冶铸遗物数量相比前一期较多。铜制品包括铜刀、铜锥、铜铃、铜牌饰、铜块等。冶炼遗物包括铜渣、坩埚碎片、陶范。三期时铜制品的数量和种类较二期都有所提升。种类包括容器、武器和工具等，器形主要有铜爵、铜铃、铜戈、铜戚、铜镞、铜刀、铜锛、铜凿、铜锯、铜纺轮、铜鱼钩、圆形器等。这奠定了二里头文化中铜器的主要器类。冶炼遗物数量丰富，主要包括铜炼渣、坩埚碎片、陶范等。四期铜制品种类更为丰富，新出现了铜鼎、铜鬲、铜斝、铜盉、铜觚、铜钺等器形。

从二里头文化一期到四期，纯铜所占的比例不断减少，青铜的比例不断增加，含砷青铜的量相对在减少，但存在波动。此外，二里头青铜器普遍含有微量的砷，有些还有铋、银等。二里头三、四期显著地出现大量应用铅锡青铜的情况，特别是四期，铅含量有较大的提高，说明合金材质发生了较大变化，这可能与使用的矿料来源和冶炼技术的变化有关。二里头遗址各期的合金材质显示其具有早期冶金技术从发端迈向成熟和规范的发展期的特点。

二里头遗址出土的59件青铜器的铅同位素比值数据显示，二里头文化二、三期具有同一个矿源，但四期发生了矿产地的转移。这种矿料来源的重大变化可能与这段时间内发生了重大的社会变化相关。

二里头文化时期的铜器材质与器类有一定的对应关系，比如红铜制作的器物以刀、凿、锥、纺轮、笄等生产和生活工具类居多，而青铜合金的制品中，包括工具类的刀、凿，武器类的戈、钺、镞以及容器等，这些器物对于机械性能有一定的要求，故可以认为当时对铜、锡、铅和砷等合金元素的配比与金属器物的功能关系有一定认识，但是其合金比例很不稳定，显示出原始性。

二里头文化时期已经具备陶范铸造的基本技术特征：按照垂直和水平方向进行分范设计；纹饰的设计沿水平方向展开、在范上制作等。陶范材料来自当地黄土，并经过淘洗，有较高的粉砂含量，较低的黏土含量，较高的孔隙率。这意味着造型材料的选择和制备工艺的基本规范和方法在二里头文化时期已经形成。二里头时期的铸铜技术存在一个发展的过程，比如从单面范铸造到多范合铸，从早期的素面到后期出现弦纹、乳钉纹、方格纹、圆圈纹或镂孔装饰等。二里头时期大部分铜器都由浑铸成形，目前尚未见到分铸的器物，兵器、工具类多采用双面范浇注，容器、铜铃等则采用组合陶范的办法制作。锥、镞、刀等一部分器物经过了热、冷加工，根据用途改变器件的机械性能。二里头文化时期已经有泥芯撑的使用。二里头遗址出土的镶嵌绿松石的圆形器和牌饰，显示出高超的镶嵌工艺。

目前在二里头遗址发现的全部都是熔炼渣，说明在二里头遗址中只进行熔炼和铸造的活动，而获取矿料和冶炼是在其他地区完成的。对豫西晋南地区采矿和冶炼遗址的研究证实了这个推测，在这个地区存在采矿、冶炼遗址分离现象，采矿在山上，冶炼靠近河流，二者相隔距离很远，目前仅初步探明红铜从采矿到冶炼的产业链，锡和铅的产业链尚有待于今后的研究。

二里头遗址的青铜器作坊规模大，延续时间长，浇铸工场、烘烤陶范的陶窑展现出铸铜工艺设施已有较高的专门化水平。

三　玉器

二里头文化的玉器可分为礼器和仪仗、工具和武器、装饰品、其他四大类。礼器和仪仗类主要包括璧戚、琮、圭、牙璋、戈、钺、刀等。工具和武器类主要包括铲、凿、镞、纺轮等。装饰品类主要包括柄形器、圆箍形饰、环、坠饰、尖状饰、管等。其他类包括一些目前尚不好断定其功能和残破的玉器，如板、月牙形器、铃舌、圭形器等。

与玉器较发达的史前诸文化相比，二里头文化玉器的巫觋风格不太浓重，似乎更侧重于庄重和严肃的场合用来做祭祀和举行仪式。二里头文化玉器以礼器仪仗和装饰类为主，而其中的璧戚、牙璋、钺、刀、柄形器等尤为引人注目。它们中的多数为发掘出土，大型玉礼器等往往出土于规格较高的墓葬之中，且通常与青铜器、陶礼器、漆器共存，组合成二里头文化礼器的核心，是国家礼仪制度的物质代表。

二里头文化玉器的工艺技术包括锯片切割、钻孔、减地、阴刻及打磨等。锯片切割技术是二里头文化玉器工艺的大型玉料开片技术，切割痕在后期加工中通常会被磨去，观察二里头遗址出土的大型玉器如刀、璋、戈等，可知仅在其背面或者侧面偶尔残留着锯片切割痕迹。钻孔技术，有管钻和实心钻两类。实心钻的钻孔尺寸通常较小，可小至2毫米左右，钻孔方向包括对向和单向。一个完整的钻孔形状，相当于填充孔洞凝固形成的印模形状，印模表面上均匀或不均匀地分布着圆周状凹槽。减地也叫起凸，玉工通常手持砺石类工具摩擦玉器表面某些部位，使之成为地底，未磨部位以某种图案或纹样突出底面。阴刻工艺用于玉器表面刻划线条以构成图案纹饰，通常是手持具有锋利的尖端或短刃部的工具，在玉器表面做点状或线状刻、划运动，此类工艺常见于二里头文化的大型玉兵器。阴刻时通常不便使用解玉砂，工具必须致密且坚硬，可能是石英岩、石英片岩等制成，因此刻划痕迹的纵剖面通常比较光滑。打磨的方式和工具近似于减地，但二者加工目的完全不同。打磨的目的是为了修整破裂面或二次加工成的毛坯表面，包括减地造成的加工面。经过打磨可将玉器表面因前期加工造成的痕迹除去，使之看起来更加光滑圆润，最终呈现出玉器独特的光泽。

根据二里头遗址出土玉器技术微痕 SEM 分析结果，未发现使用砂绳切割技术和轮盘切割技术的相关证据。另外，经考察二里头遗址的出土玉器，发现钻孔技术非常成熟稳定。考虑龙山时期制陶业已相当先进，快速转动的轮盘装置是其关键技术之一，结合实验考古，有研究推测二里头文化时期的玉器钻孔技术中，应当使用了轮盘和辘轳轴承器装置。

绿松石器是二里头文化玉器的重要组成部分。二里头遗址内绿松石制作的发展可分为初始期（二里头文化二期）、兴盛期（二里头文化三期至四期早段）、转型期（二里头文化四期晚段）三个阶段。二里头遗址绿松石管、珠相关器物的制作可能使用了打制或磨制、对向实心钻穿孔等技术；嵌片相关器物可能使用了打击或研磨等技术。二里头遗址中绿松石的矿源与鄂豫陕绿松石矿中的云盖寺、文峰、秦古三个矿点关系密切，此外学术界对洛南河口等遗址的研究为二里头遗址绿松石矿源问题的探讨提供了有益的线索。

除上述之外，本书还对不同阶段二里头文化玉器的发现与研究概况做了综述，总结了几十年来二里头文化玉器的研究态势。同时，对二里头遗址玉柄形器的雕刻方法等问题进行了讨论，此外还对牙璋、鸟形笄等玉器的制作工艺、痕迹及纹饰开展了个案研究。

四 石器

二里头遗址的石器包括砍伐工具、挖掘工具、收割工具、制作工具、加工工具、武器和装饰品等。从二里头文化一期到二里岗文化晚期时期，石器的数量和种类发生了较为明显的变化。四期出土石器数量最多，种类最为丰富，反映这一时期对石器工具的需求度最高，石器工具的适用面最广泛，这可能与农业生产的发展相关。此外，四期出土的石钺最多，反映出以青铜礼器、玉石礼器为主要载体的礼仪系统达到初步完善的程度。三期出现的石戈和四期出现的石矛都是一种新的武器类型，与同期和后期的青铜武器戈和矛有很重要的源流关系。

二里头遗址利用的石料种类达 32 种，几乎所有的石料类型都可在伊洛河两侧出露的地层及岩体中找到。二里头遗址出土的部分石料标本上保留有明显的河流砾石外形及表面特征，这也证明二里头遗址所用石料部分直接来源于周边河流中。二里头遗址的居民对于石料的开发是有选择的，主要集中于几种石材，以砂岩为最多，安山岩次之，其余还有灰岩、片岩、泥岩、石英岩和辉绿岩等。这一现象反映了二里头遗址的居民对石料特性已经有了比较清楚的认识，并能够加以充分的利用。

二里头遗址的居民在对石料的开发和利用过程中，充分结合石材特性和石器功能，一种石料都用于制作一种或者几种主要的石器工具类型。比如石镞主要以安山岩、泥岩制作，石锛主要采用安山岩制作，石铲则主要以灰岩和砂岩制成，石斧主要用安山岩和辉绿岩制成，石镰采用安山岩和英安岩的比例都很高，而细粒砂岩和泥岩的比例较低，石刀主要以片岩，其次以细粒砂岩制成，而制作砺石的主体岩性为砂岩。

二里头遗址的石器制作技术比较成熟，以磨制为主。通过对石器宽度、厚度和刃部角的测量，发现石刀、石铲、石斧等器类的专业化制作程度较高，石镰和石钺次之。需要指出的是，石刀的专业化制作程度之所以最高，其原因可能与石刀原料主要是片岩，具备较好的层理性有关。

五　漆木器和纺织品

二里头遗址的漆器主要出土于高等级墓葬中，种类包括以觚、豆、钵、盒、匣、匕、勺为代表的生活物品，以漆鼓为代表的乐器及以漆棺为代表的葬具。均属于二里头文化二期。漆器表面装饰有精美的花纹，髹漆颜色主要有红、黑、褐、白四色，漆器表面装饰有饕餮纹。漆器作为二里头社会的高等级器物，仅少数贵族群体可以使用，具备明确的身份指示性，是二里头礼器的重要组成部分。

二里头遗址的纺织物实物或痕迹常见于铜器和玉器上，纺织物中组织纤维较粗的推测为麻布，也发现了纤维较细的纺织品。绝大部分纺织物为平纹织物，少部分采用"绞经"织法。

六　骨、角、蚌、牙、贝、螺质遗物

二里头遗址发现了数量庞大的骨、角、蚌、牙、贝、螺质遗物，包括制成品和制作过程中的遗留物。制成品中，以骨镞与骨簪数量最多，约占总数的三分之一。

蚌质类遗物中多数为有加工痕迹的蚌器残件，可确认的蚌器数量比较少，主要包括刀、镰、铲、锯、锥、镞等。

牙质类器物数量相对较少，包括牙锥、牙镞、牙饰和不明器形牙器等。

贝、螺质类器物发现很少，有贝饰、海贝串饰和螺壳等。

通过对骨角器的研究发现，当时人们主要选取长型管状骨进行骨器加工，而掌骨

和跖骨是骨料的首选。黄牛的骨骼是二里头人骨器加工最主要的原料来源。当时已经普遍使用切割法，可以保证按照取料人的意图截取骨角料，而且可以比较高效地对原料进行利用。二里头遗址的居民在加工骨角器时的切割痕迹具有明显的分布规律，由此可以推测当时加工骨、角、蚌器的技术已经比较成熟。

二里头文化卜骨的原料主要为牛、羊、猪、鹿科的肩胛骨，其中以黄牛为主的牛类，其数量已经超过总数的一半。在肩胛骨的部位选择上，牛、羊类的左侧肩胛骨数量大于右侧，猪右侧肩胛骨的数量略多于左侧，总体看来，当时人们似乎更倾向于使用牛的左侧肩胛骨作为卜骨。

二里头遗址的卜骨整治程度各异，主要修整部位包括肩胛冈、肩臼及肩胛骨的两个前角。对于用牛、猪肩胛骨制作的卜骨大体上存在 3 种整治情况，即不整治、轻微整治和整治较甚；用羊、鹿科动物肩胛骨制作的卜骨数量较少，没有进行任何整治，也没有施钻，仅有灼痕。

卜骨上均有灼烧痕迹，部分兼有钻孔和烧灼痕迹。烧灼痕迹和钻孔位置多位于肋面一侧，少数位于外侧和肩胛冈上，在肩胛冈两侧也偶有发现，其排列无明显规律。钻孔多为圆形，大小不一，深浅不同。灼痕为圆形或椭圆形，中间较重，边缘颜色较浅，形状可能与用来灼烧的蓍草捆绑粗细程度和松紧程度有关。

在制作方法上，到了二里头文化四期，卜骨上除灼痕外，还发现了灼、钻兼施的肩胛骨。在占卜之后，多数卜骨随意丢弃，少数卜骨可能掩埋于占卜对象附近。

七 人骨研究

人骨的考古研究主要包括性别、年龄、病理、DNA 研究、食物结构分析等。

此次鉴定的人骨总共为 75 个个体，分别出自二里头遗址二里头文化二、三、四期和二里岗文化晚期的墓葬、灰坑、灰沟、地层等 51 个单位。其中出自墓葬的只有 15 例，与考古发现的二里头遗址的 500 多座墓葬相比，已鉴定的墓葬出土人骨数量严重不足。因此，这里的分析结果可能与二里头遗址古代人群的真实状况有一定的差异。

这批人骨中可以判断性别的有 44 个，约占总数比例的 59%，其中男性和倾向于男性的有 15 个，占可判断性别的 34%，占总个体数量的 20%；女性 29 个，约占可判断性别的 66%，占总数的 39%；男女性别比例约为 0.5∶1，男性比女性少一半。这个比例明显不同于其他多数新石器时代和青铜时代遗址的性别比例，研究人员推测原因可能有两个：一是可能与鉴定个体数量较少有关；二是可能与二里头城址和宫殿遗址的性质有关。

结　语

这批人骨中可准确判断年龄段的有42个（包括仅判断为青壮年、壮年、中年和老年年龄段的个体），占总数的56%。其中未成年人有20个，约占总数的27%，最小的只有0—1岁，且属于刚出生不久就夭折的婴儿。仅有一例个体属于老年阶段，其余多数个体为中壮年。总体平均年龄约为23岁，其中男性平均年龄为27，女性为30岁，平均寿命显然过低。这是由于这批材料中未成年人较多所造成的。

由于二里头遗址历年来的人骨材料没有经过系统、严格、科学的鉴定，外加人骨材料多保存较差，导致相关人骨的形态学研究进展缓慢，至今我们对该遗址古代人群的体质特征和种族类型仍然缺乏明晰的认识。但是根据二里头遗址出土的人骨材料表现的体质特征，以及中原地区史前和青铜时代居民体质特征的综合研究，还是能够对二里头遗址古代居民的体质特征进行初步的分析。二里头遗址古代居民的体质类型应该还是以"古中原类型"为主，主要表现为颅骨较长、面部扁平，眼眶较低、鼻型较阔等，体质特征介于现代蒙古人种的东亚类型和南亚类型之间，体质形态与现代华南地区居民比较相似。另外，还有少量来自黄河下游、黄河上游、长江流域、北方地区古代居民的迁入或基因混杂。

从健康状况的角度对二里头遗址出土的32例骨骼标本（男性22例，女性10例，观察恒齿总数为500枚）进行了观察和统计。这批标本中龋齿患病率（患病个体/总个体数）约为28%，患齿率（患牙数/牙齿总数）为4%，且上颌患齿率高于下颌。从龋齿的发病率研究可以发现，新石器时代、青铜时代直至汉代以后，龋齿发病率呈逐渐上升的趋势，可能与碳水化合物的摄入逐渐增加有关，这也反映了农业经济在整体生业模式中逐渐占据越来越大的比重。龋齿的患病年龄随着年龄的增高有逐渐增加的趋势，与现代人群相似。二里头遗址以牙数计算牙周病的患齿率约为14%，患病率为34%，牙周病是导致牙齿生前缺失最主要的原因。二里头遗址人群牙齿磨耗非常严重，说明当时古人的食物比较粗糙。在12例个体的骨骼上发现的病理现象多属于退行性关节炎，这些个体的年龄均较轻，可能与劳动强度较大有关。

利用分子考古学技术手段分析二里头遗址古代人群的遗传结构，对深入研究二里头文化具有重要意义。通过对二里头遗址于1984—1996年发掘出土的40例个体人骨样品进行了古DNA分析。从40个样品中成功提取了28个样本序列。在这28个样本的线粒体DNA的HVRI序列中共有20个变异位点，均为亚洲人群中常见的变异类型。初步分析认为，世界范围内与二里头遗址古代人群有相似的单倍群类型和频率分布的人群基本都分布在东亚地区，二里头遗址古代人群在序列变异上与亚洲东部人群最为接近，与现代山西、河南、山东等黄河中下游地区的汉族人群有较近的遗传关系。此外，二里头遗址古代人群具有丰富的遗传多样性和多母系起源的特点。

通过碳氮稳定同位素分析，对当时一些人的食物结构开展研究。此次选取的22个样品中，有20个样品的碳十三值可以归入一类，他们的最高值为 -7.4‰，最低值为 -10.8‰，平均值为 -8.6‰，相应地 C_4 类植物和 C_3 类植物百分比分别为 97%：3%；71%：29%；88%：12%，可见明显地是以 C_4 类植物为主食。碳氮稳定同位素分析的原理中，有一个很重要的因素是小米为 C_4 类植物，自然植被中主要以 C_3 类为多数，由此可以推测那些个体的主要食物为小米。另外也有两个个体比较例外，可以归入另一类，其中一个是样品的 C_4 类植物仅占 19%，C_3 类植物占 81%，另一个样品的 C_4 类植物为 38%，C_3 类植物占 62%，可见当时的食物是以 C_3 类为主的。C_3 类中的农作物包括水稻和小麦，这对我们是一个很重要的启示，因为我们认为在当时以食用农作物为主的大背景下，这两个以 C_3 类植物为主的人基本上没有可能以食用自然植被中的 C_3 类植物为生，他们当时不是吃水稻，就是吃小麦，因此在骨骼中留下了 C_3 类植物为主的印记，而当时整个中国境内的农作物中还不存在大量的小麦，因此如果推测 C_3 类植物为农作物的话，则非水稻莫属。另外，从现有的5个样品的氮十五的比值看，均偏高。尤其是那例 C_3 类植物占 62% 的人骨样品的氮十五值明显偏高，约占 19%，其碳十三中以 C_3 类为主和氮十五的数值偏高等两个指数放到一起，明显具有我们所知的新石器时代以来长江流域地区古人的食性特点。尽管考古背景提示，全部人骨样品的出土位置不存在特殊性，基本都在同一区域内，结合后面提到的锶同位素的研究结果证实，二里头遗址中存在外来人口，我们认为这两个人骨样品出现的特殊的碳氮稳定同位素结果，很可能是因为他们来自食用以水稻为主的南方地区。当然，这个事实的确认及其背后形成的原因，尚有待于日后的深入研究。

锶同位素的分析是科学地探讨人类迁徙的最佳途径。此次检测的二里头遗址出土人类遗骸样品分别来自二里头文化二期、二里头文化三期、二里头文化四期、二里岗文化晚期。由于二里头文化二期和三期的个体数偏少，不具备讨论的全面性，所以，将全部样品划分为二里头文化时期和二里岗文化晚期两个大的时段来讨论。二里头文化时期的18个个体中，本地个体为11个，其余7个为外来个体，迁移比例高达39%；而二里岗文化晚期出土的5个个体中，4个是本地个体，仅有1个是外来个体，迁移比例为20%；相比二里头文化时期是减少了。尽管样本有限，我们不能对于当时外来人口的比例做出准确的判断，但当时存在人口流动的现象是没有任何问题的。

八　植物遗存

二里头遗址浮选样品采自二里头文化的一至四期，以及二里岗文化的早晚期等六个不同时期的文化堆积，共进行了两次浮选和研究，这两批浮选样品在文化分期上具

◆ 结 语 ◆

有一定的互补性，如果将二者合并，除了二里岗文化早期之外，其他五个时期的浮选样品数量都达到了两位数，具备开展科学量化统计的要求。二里头遗址浮选出土的植物遗存包括粟、黍、水稻、小麦、大豆、狗尾草、马唐属、稗、苘草、虎尾草、野大豆、胡枝子属、草木樨、黄芪、紫苏、藜、猪毛菜属、地肤、红蓼、酸模、荆条、宝葫、赤瓟、败酱、眼子菜等25个植物种属，其中大部分都与人类生活直接相关，特别是出土的粟、黍、水稻、小麦和大豆等五种农作物遗存，为复原和探讨华夏文明形成时期的农业生产特点及发展状况提供了重要的实物证据。

在两批276份浮选土样中出土农作物的数量总计达到31093粒，平均每份浮选样品出土农作物籽粒113粒。浮选出土的农作物遗存包括炭化粟粒、炭化黍粒、炭化水稻遗存（完整稻米、残缺稻米和稻谷基盘）、炭化大豆粒（完整豆粒和残缺豆粒）和炭化小麦粒（完整麦粒和残缺麦粒）。其中炭化粟粒共计13882粒，约占出土农作物总数的45%；炭化稻粒和稻谷基盘合计14768粒，占出土农作物总数的48%。黍的出土数量很少，计2247粒，占出土农作物总数的7%。而大豆和小麦的出土数量极少，二者合计数量在出土农作物总数中所占比例不足百分之一。

在二里头遗址各期浮选结果中，粟和水稻不仅在绝对数量上明显地多于其他农作物品种，而且在出土概率的统计数值上也是最突出的。两种统计方法的结果清楚地显示，作为谷物，粟和水稻与二里头遗址古代先民的关系非常密切，但是，粟和水稻是否都是当时人们日常消费的主要粮食，还要结合考古发掘背景进行判别。其中，粟在当时人们日常的粮食消费中占据第一位，当地旱作农业生产很可能施行的是以粟为主的种植方式。根据稻谷的形态特征和测量数据判断，出土的稻谷遗存似乎应该属于粳稻。考虑到环境考古学研究证实，龙山时代乃至二里头文化时期黄河中下游地区的气候条件比现代温暖湿润，当时这个地区多为积水洼地，利于稻作，在二里头遗址周边曾经大规模种植水稻是有可能的。还有一种可能是反映了特殊的社会现象，因为采集土样的区域都是在贵族生活区，这些稻谷也有可能是从其他种植水稻的地区调入，供贵族食用的。如果是这样，二里头遗址出土谷物的量化统计结果所反映的就不完全是当地的农业生产状况，而应该是当时包括贵族在内的人们的粮食消费情况。有一点需要强调的是二里头遗址22例人骨的碳氮稳定同位素检测结果证实，当时20例人骨的食性中主要是以小米为主的C^4类植物，食用以水稻为主的C^3类植物的人骨仅发现2例，其中有1例的氮同位素的比例也极高，反映出生活在南方地区的人的食性特征。因此，二里头遗址的古代先民是普遍较多地食用水稻，还是仅有贵族身份的人才能享用，尚有待于今后在一般居民生活区内采集土样，进行定性定量分析后再做结论。

相对粟而言，二里头遗址出土的炭化黍粒的绝对数量要少得多，除了二里岗文化晚期之外，在其他各期出土农作物中所占比例均不到5%，但出土概率却不低，统计数值基本都在50%以上。这说明黍的重要性虽然远不及粟和水稻，但在二里头遗址古代先民生活中的地位还是比较稳定的。

二里头遗址浮选出土大豆遗存的数量很少，但出土概率并不是很低，除了二里头文化一期之外，其他几期大豆的出土概率都达到了25%以上。这说明在二里头文化时期和商代早期的农业生产中，大豆的种植规模虽然不突出，但也是当时的重要农作物品种之一。

浮选发现了3粒属于二里头文化四期的炭化小麦遗存，数量虽少，但仍然具有研究价值。在二里头遗址的二里岗文化晚期浮选结果中发现了10余粒炭化小麦遗存，数量虽然也不多，但出土概率并不低，达26%，与同时期的稻谷和大豆的出土概率统计数据相差不大。这也许说明，当小麦传入中原地区后，其价值是逐步被人们所认识的，到了二里岗文化晚期，小麦的种植规模和在当时农业生产中的地位明显有所提高。

还有一点要强调的是通过对二里头遗址出土陶容器内残余物的碳同位素分析表明，二里头遗址的居民食物中兼具C_3类和C_4类两种植物，C_4类植物的比例高于C_3类植物。尽管这是从个别器物中发现的结果，但也证明当时至少在特定范围内存在多品种的主食。C_4类植物的比例高于C_3类植物这一结果，与植物考古研究中发现的当时人的主食是小米是一致的，人骨的食性分析研究的主要结果也是如此。

根据对各时期浮选样品出土农作物遗存的量化分析结果，我们认识到二里头遗址的农业生产始终保持着以种植粟类作物为主的特点，同时也种植数量不等的其他几种农作物，但是比例极低，可谓是延续着中国古代北方地区旱作农业传统。另外，在贵族生活区域内，水稻的比例与小米不相上下，可见至少在特定人群中，食用水稻的比例相当高，但这些水稻是全部由当地种植的，还是通过收取贡赋的方式从其他地区调入的，还有待于今后的研究。

通过木炭研究，发现栎属在二里头居民生活中占有重要作用，可能做农具柄、门框和薪柴，而且居民有可能采集栎属的橡实食用。杏亚属木炭、大量的毛桃核、桃亚属木炭、杏亚属木炭、酸枣核、枣木炭、桑树木炭和葡萄属木炭的出现，从侧面证明了二里头遗址居民有可能栽培这些果树并食用。朴属木炭的出现，也从侧面证明了二里头遗址居民有可能采集朴树的果实食用或当作饲料。

九 动物遗存

二里头遗址出土的动物种类有中国圆田螺、多瘤丽蚌、洞穴丽蚌、剑状矛蚌、三角帆蚌、文蛤、无齿蚌、拟丽蚌、鱼尾楔蚌、圆顶珠蚌、丽蚌、蚌（种属未定）、鲤鱼、龟、鳖、鳄、雉、鸡、雕科、欧型目、雁、兔、豪猪、鼠、熊、貉、狗、黄鼬、虎、猫科、大型食肉动物、小型食肉动物、犀牛、家猪、野猪、麋鹿、梅花鹿、狍子、獐、小型鹿科、羊、黄牛等，共计42种。其中，可以确认的家养动物有狗、猪、羊（包括山羊和绵羊）和黄牛。从二里头文化一至四期，直到汉代，二里头遗址居民的肉食结构复杂、肉食来源丰富，贝类、鱼类、爬行类、鸟类等动物均是当时人类肉食消费的对象，但最主要的肉食来源是哺乳动物，哺乳动物在当时人类的肉食结构中占据了绝对的支配地位。同时，在所有哺乳动物中，又以猪、牛、羊、梅花鹿这四种动物最为重要，它们构成了二里头人最为重要而稳定的肉食来源。家养动物中狗、猪、羊（包括山羊和绵羊）和黄牛在各期中的比例也有一定规律，如羊和黄牛的数量自二里头文化一期至四期有逐渐增多的趋势。

二里头文化时期家畜饲养业是古代人类获取动物资源的主要来源，这为当时居民生活所需肉食来源及其他畜产品提供了稳定的保证。而且牛、羊这两类家畜为食草性动物，所消耗的饲料包括野草及谷物的秸秆等，其食物来源的特点导致它们不会与猪、狗等传统家畜与人争夺食物。黄牛、绵羊和山羊等食草性牲畜的数量在家畜中所占比例的逐步增加，表示当时的居民逐步以食草性动物来开发草本植物这种新的生计资源，显示出当时的畜牧业发展到一个新的阶段，这也为当时家畜饲养业规模的扩大与多畜种的家畜饲养制度的发展提供了重要条件。

另外，通过对羊的年龄结构的研究，发现二里头文化二期的资料显示出大部分羊在三岁以前就被宰杀了，这应该是以开发肉食资源为主要的畜产品开发策略。但到了二里头文化四期，大多数的羊在三岁以后才宰杀，年龄超过6岁的羊的比例也超过50%，这种宰杀模式与产羊毛为目的宰杀模式十分相近。

二里头遗址动物的线粒体DNA分析表明，所有黄牛都属于普通黄牛，部分黄牛共享相同的单倍型，谱系T3占统治地位，其次是谱系T4和T2，谱系T3和T2起源于近东，谱系T4则源自谱系T3，因此可以断定中国黄牛的祖先主要来自近东地区，中原地区饲养的黄牛不是本土起源的物种，而是中外文化交流的结果。对二里头遗址出土的古绵羊进行的古DNA分析均显示古绵羊属于包括东亚和中亚地区在内的谱系A。值得注意的是在公元前2000年左右的青海地区发现了起源于西亚的谱系B的绵羊，这对于我们认识中原地区绵羊的来源也是一个重要的启示，这个地区至少存在饲养绵羊技术交流的可能性。

二里头遗址动物的食性分析则为探讨当时家畜的饲养方式提供了有力证据。猪和狗总体上都表现出以C_4类植物为主的食谱类型，可能与粟、黍作物相关，猪和狗食物中的动物蛋白则主要为人类食物残余和生活垃圾，而从氮十五值可以看出，狗的食物中包含了更多的动物蛋白，这当与其较之猪摄取了更多的人类残羹冷炙、动物骨骼等生活垃圾有关。猪、狗的碳十三值和氮十五值都与人的同类数据较为相近，反映了粟作农业对这两种家畜食物的影响。二里头遗址的自然环境中以 C_3 类植物为主，绵羊的食物以 C_3 类植物为主，C_4 类植物为辅，表明绵羊的饲养方式应主要为野外放养，也包括少量的人工添加的 C_4 类植物。而黄牛食物中明显以 C_4 类植物为主，与当时人的食性十分接近，当与粟作农业副产品如谷草等的摄取有关。显然，黄牛的饲养方式主要是人工喂养。

将遗址出土的二里头文化不同时期的绵羊和黄牛牙釉质的锶同位素比值与遗址当地的锶同位素比值范围进行比较的结果也有与人的结果相似之处。比如，二里头文化二期的绵羊牙釉质的锶同位素比值不在当地的锶同位素比值范围内，其应该是外来的，至二里头文化三期和四期，绵羊牙釉质的锶同位素比值多数在当地的锶同位素比值范围内，说明当地的绵羊数量可能已经占多数。二里头文化二期有1个黄牛的牙釉质锶同位素比值在当地的锶同位素比值范围内，而另外1个黄牛是在遗址当地的锶同位素比值范围以外，当地的和外来的黄牛都存在；自二里头文化三期和四期，当地的黄牛明显占据了多数。当时的二里头遗址除了有外来的人以外，黄牛和绵羊这些在中原地区龙山时代新出现的家畜，也有从二里头遗址以来的地方传入的证据。

二里头遗址作为当时的超大型中心聚落或都城遗址，其获取的动物种类多达45种以上，包括贝类、鱼类、爬行类、鸟类、哺乳类等。自二里头遗址一至四期，其获取肉食资源的方式都是饲养家畜为主，渔猎活动仅占相当从属的地位。除肉食之外，家养动物也有作为祭祀动物的功能，还有通过剪羊毛对绵羊进行二次开发。家猪来自当地，而黄牛和绵羊皆有非本地来源，反映出城市与乡村之间或地区与地区之间的动物资源交流。这也是中国早期文明形成时期在动物资源利用方面的一个重要特点，体现了二里头遗址的等级性，即都邑遗址汇聚了外来资源的特征。

第五节　社会文化研究

本书对与二里头文化相关的社会文化研究进行了梳理。

一　二里头文化的社会生活

自20世纪80年代起，二里头文化的本体研究进入到一定阶段之后，学术界开始对当时的社会生活状况进行了积极探索，涉及礼乐制度、都邑规划和居住形式、疆域控制体系、人口、精神生活、音乐艺术、社会生产、天文历法、农业生产、饮食加工、婚姻生活、交通等内容。总之，通过数十年的努力，学术界对二里头文化社会的方方面面有了多角度的认识，相信随着自然科学技术和社会考古学理念的进一步应用，二里头文化社会生活研究将会进入更为广阔的阶段。

二 二里头文化的源流问题

从研究主题来看，此议题可分为"来源"和"流向"两大方面。

就"来源"而言，尽管学术界就新砦期的属性、二里头文化的内涵、二里头化的形成过程以及对于外来文化因素的源头等方面的认识不同，但二里头文化来源于新砦期遗存、周边文化广泛参与无疑是大多数学者探讨二里头文化来源的重要基点。总体看来，学术界对二里头文化渊源的探讨、外来因素的分析，逐渐与文化互动、中心边缘关系、地域交流、资源获取等宏观的经济、文化发展模式研究相结合，从而进一步探讨文明演化和国家的形成。

从"流向"来看，学术界关注的焦点主要集中在二里头文化与二里岗文化之间的关系之上，对二者衔接的具体时代存在多种意见。尽管如此，二里头文化四期晚段遗存中，二里头文化主体因素有所下降，恰为二里头文化的去向提供了线索。偃师商城的发掘者认为，偃师商城一期第1段遗存属于"将二里头文化和下七垣文化有机融合的基础上，发展产生的一种新文化"。这为二里头文化的流向探索提供了解释，即与下七垣文化融合而不断被"二里岗化"，直至消亡。

三 二里头文化与其他文化的关系

二里头文化的周围乃至更远的区域分布着若干各具特色的考古学文化，它们与二里头文化之间存在着不同程度的联系和交流。这种联系与交流表现在两个方面：一方面是，在二里头文化中也包含着来自四面八方不同区域的文化因素；与此同时，在二里头文化周围甚至边缘地区的一些考古学文化中，经常可以见到二里头文化因素。

二里头文化兼收并蓄，汇集了中华大地四面八方早期文明的精粹。在早期的研究中，相关研究就指出山东龙山文化、后冈二期龙山文化、王油坊类型和齐家文化等都曾对二里头文化产生影响。这反映了非本地传统因素对二里头文化的垂直影响，为相关问题的探索提供了答案和信息。

20世纪80年代开始，伴随着对二里头文化族属的争议，一些学者对二里头文化的陶器类型进行了全面比较，试图从外来因素的分析角度，探讨夏、商更替的史学问题，核心焦点则是二里头遗址出现商文化因素器物及其进入时间。撇开相关争议，二里头遗址二里头文化晚期出现商文化风格器物，应是不争的事实。

进入新世纪，学术界逐渐开始关注周边区域同时期考古学文化对二里头文化施加的影响。研究表明，二里头文化的相关陶器、玉器、铜器、纹饰、冶金术等文化因素的出现，与周边地区考古学文化存在密切联系。

与此同时，二里头文化也对周边地区的文化产生了重要影响。在中原北部及北方地区、关中及甘青地区、黄淮下游、四川盆地、汉中及峡江地区、长江中下游及华南地区都发现有与二里头文化相关的文化因素。总之，二里头文化对周边其他考古学文化产生了强烈的辐射和影响，二里头文化凭借先进的生产力和礼乐制度，以凶猛的势头对周边文化进行了强烈冲击。这种"华夏"与"边缘"之间的互动关系和礼仪行为，最终促使中华文明由多元走向一体。

四 二里头文化与国家、文明的关系

学术界对这一议题的研究，总体上可以分为三个阶段。

1959—1976年是第一阶段。这一时期是二里头文化与国家、文明关系研究的起步阶段，仅有少数学者谈到二者之间的关系问题，研究文献较少。他们的研究有着共同之处：在理论上，都运用了马克思主义国家理论；在方法上，都将考古材料与文献材料相结合；在结论上，都认为二里头文化已经进入了国家、文明社会。

1977—1995年是第二阶段。这一时期是二里头文化与国家、文明关系研究的初步发展阶段，参与的学者较多，论著数量增加，研究内容也有所拓展，研究方法依然主要是文献与考古材料相结合。此外需要强调的是，这一议题是在学术界热烈探讨中国文明起源与形成这一重大的考古学课题背景下展开的，大多数研究是在探讨与论证"文明"概念及其要素的基础上来分析二里头文化是否具备这些要素。同时其与探索夏文化这一学术命题关系密切，对夏文化上限的不同认识直接或间接地影响了相关学者对二里头文化是不是中国最早的国家、文明社会的看法。

1996年至今是第三阶段。这一时期是二里头文化与国家、文明关系研究的深入发展阶段。较之上一阶段，这一阶段的特点主要有以下几点：其一，开展了"中华文明探源工程"，集中学术界力量联合攻关；其二，在研究内容上更多是关注二里头国家、文明出现与发展的背景、动力、模式与机制等方面；其三，自然科学技术在这一过程中被广泛应用；其四，聚落形态视角下研究逐渐受到学术界重视。

五 二里头遗址与二里头文化的古史属性

对二里头文化古史属性的关注，在此类遗存发现伊始就初现端倪。1959年之后，

相关研究与讨论逐步展开，呈现出鲜明的特色，大致可以分为以下三大阶段。

1959—1976年是第一阶段。这一时期是二里头遗址与二里头文化性质研究的起步阶段，研究文献数量较少。在具体认识上，绝大多数学者认为二里头遗址为汤都西亳，二里头文化一部分是商代文化、一部分是或者可能是夏代文化，唯有在细节方面存在一些差异。

1977—1995年是第二阶段。以偃师商城发现为契机，可以将这一时期的讨论进一步分为两个时段：（1）1977—1984年是第一时段。这一时期的讨论主要围绕着二里头遗址与郑州商城遗址及以它们为代表的二里头文化和二里岗文化所展开，形成了"二里头文化一至四期全为夏文化、二里头遗址为夏都"、"二里头文化主体为夏文化、二里头遗址为夏都"、"二里头文化前夏后商、二里头遗址为商都西亳"等不同的看法。（2）1985—1995年是第二时段。正当学术界对二里头遗址与二里头文化性质的讨论渐呈胶着之势的时候，1983年河南偃师商城的发现为深入探讨这一议题提供了新的契机。这一重大的考古发现，不可避免的对当时持不同观点的学者带来冲击，使他们都不得不重新审视、修正甚至改变原有的认识。除上述观点之外，还有"二里头文化前夏后商、二里头遗址为夏都"、"二里头文化主体为商、二里头遗址为西亳"等看法。

总之，第二阶段是二里头遗址与二里头文化性质研究的深化阶段，参与学者较多，文献数量激增。尽管歧见纷呈，但随着偃师商城的发现及相关研究的深入，二里头文化全为或主体为夏文化、二里头遗址为夏都的认识，逐渐得到越来越多的学者（包括部分原来坚持或倾向二里头文化前夏后商的学者）的支持，这为下一阶段的到来奠定了基础。

1996年至今是第三阶段。"二里头文化全为或主体为夏文化、二里头遗址为夏都"已成为这一时期学术界的"基本共识"。然而在这一背景之下，仍存在相关不同意见。这主要表现在重提或依然坚持"二里头前夏后商说"、"二里头文化主体商文化说"，及"有条件的不可知论"等声音的持续出现。要之，这一时期是"二里头文化全为或主体为夏文化、二里头遗址为夏都"取得主流共识的阶段。至于相关不同意见的存在，或是基于新的考古材料与研究成果，或是建立在理论与方法论反思的基础之上。

二里头考古六十年，一甲子倏忽之间。六十年间，几代考古人的辛勤努力，揭示出了二里头都邑与二里头文化辉煌与绵厚的过去。但六十年间，我们在二里头遗址的发掘面积只有遗址现存总面积的百分之一强，二里头文化的总体面貌仍有深入揭示的空间。我们虽取得了重大的收获，但二里头遗址和二里头文化的神秘面纱，只是被揭开了一个角。近年，我们在国家有关部门和所属单位的部署下，制定了二里头遗址田野考古工作的中长期规划。覆盖整个遗址的系统勘探工作和田野考古数据库建设已在有条不紊地进行；重点发掘将从中心区推进到包括一般居住活动区在内的其他都邑功能区，以期对各时期的聚落有全方位的了解。田野工作将进一步精细化；除了对人工遗迹和遗物的形状特征进行研究之外，碳十四年代测定、环境考古、人骨考古、动物考古、植物考古、冶金考古、陶器和玉石器的科技考古等将对相关遗存进行深入研究，丰富考古学研究的内容，对二里头的历史开展全面的探讨，成果可期。

二里头见证了中国考古学的发展历程，二里头考古则是中国考古学长足发展的一个缩影。随着夏商周断代工程和中华文明探源工程的开展，关于二里头遗址与二里头文化的研究也方兴未艾。作为探索夏商文化及其分界的关键性遗址和考古学文化，二里头遗址与二里头文化成为相关学术讨论的焦点，由此引发的理论方法论探讨，相信有裨于中国考古学学科的健康发展。作为在中国古代文明史上占有重要地位的大遗址，二里头将在新时期面向世界的社会考古洪流中，彰显新的辉煌。

二里头考古六十年，也是其从考古圈的象牙塔走向整个学术界乃至公众的六十年。从这个意义上讲，二里头又见证了中国学术与社会的长足发展。它从考古人的手铲之下，走进考古报告、走进学术论著，又由此起步，走进教科书、走进科普读物、走进网络，成为公众历史认知的一个组成部分。随着二里头遗址考古公园、遗址博物馆的建设开放，二里头也成为考古人回馈社会、回馈公众的一个重要平台。大力推动文化遗产保护工作，探索大遗址保护与民生发展双赢的新途径，也是新时代考古人的重要使命。任重道远，我们意识到了肩上担子的分量，也对后继有人的二里头田野考古与多学科研究乃至公众考古的未来充满信心。在可持续发展的理念下，二里头考古将谱写出新的篇章，为学术界提供更丰富的研究素材、思路与镜鉴，为公众提供更有历史文化魅力的精神食粮。

附　录

附录一　二里头遗址与二里头文化学术史年表
（1953—2019 年）

注：本年表主要包括以下几个方面的内容：第一，与二里头文化有关的比较重要的田野调查、发掘与发现；第二，具有里程碑性质的出版物；第三，重要的学术会议及相关活动；第四，在田野发掘与研究工作中为二里头文化研究做出杰出贡献的学者的事迹。未列于第一和第二部分者，可详见本书第一章与附录二"二里头遗址与二里头文化中文文献存目"。

1953 年

4月，河南省人民政府文化事业管理局文物工作队分派由韩维周等四人组成的清理小组，对河南登封玉村遗址进行发掘。当时已经认识到该遗址下层文化遗存有着独特的文化面貌，属于一种与郑州二里岗文化、安阳殷墟文化性质不同的"文化系统"，同时还指出此类遗址在禹州、登封之间"为数众多"。这揭开了二里头文化田野考古与研究工作的序幕。

1954 年

春，中国科学院考古研究所洛阳发掘队在河南洛阳东干沟村发现二里头文化遗存。

秋，原郑州市文物工作组在对河南郑州市区和郊区进行文物普查时，发现洛达庙遗址。

1956 年

5月，河南省文化局文物工作队第一队开始对郑州洛达庙遗址进行首次发掘，在该遗址发现了早于郑州商代二里岗期下层的文化层。通过比较，认为这类文化层有独立的特征，是一个新发现的商代文化层。

1958 年

赵芝荃任中国科学院考古研究所洛阳发掘队队长。

秋，洛阳发掘队开始对东干沟遗址进行较大面积的发掘，认识到该遗址所出遗物与郑州洛达庙所出遗物比较接近。

李学勤发表《近年考古发现与中国早期奴隶制社会》，认为在郑州洛达庙、南关外等地发现的介于郑州二里岗文化层和龙山文化层之间的文化层——"南关外期"或"洛达庙期"最可能是夏代的。

1959 年

4 月，中国科学院考古研究所徐旭生一行在豫西调查"夏墟"。5 月 16 日，在偃师县境内发现二里头遗址。依据在该遗址所采集到的遗物，判断其与郑州洛达庙、洛阳东干沟的遗物性质类似，大约属于商代早期。同时考虑到文献中有偃师为汤都的记载，认为二里头遗址为商汤都城的可能性不小。

夏，洛阳发掘队赵芝荃、高天麟对二里头遗址进行复查，确认这是一处堆积丰厚的大型遗址。

秋，河南省文物局文物工作队在二里头遗址进行试掘。参与工作的是由 10 位女队员组成的"刘胡兰小队"，赵青云任辅导员。他们在遗址上试掘了两条探沟，将文化堆积分为"上下 2 层文化"，发现陶窑等遗迹，可惜未公布相关资料。

秋，中国科学院考古研究所洛阳发掘队在二里头遗址进行试掘。清理了房基、墓葬与灰坑等遗迹，出土了丰富的遗物，同时找到了从龙山晚期到商代早期连续发展的三层文化堆积。依据地层关系及遗物将之分为早、中、晚三期。早期属于河南龙山文化晚期，但与常见的河南龙山文化尚有缺环；中期虽仅残留有若干龙山文化因素，但基本接近商文化；晚期则是洛达庙类型商文化。

在二里头遗址 1959 年夏季试掘工作结束之后，洛阳发掘队沿洛河、伊河的中下游和汝河上游进行田野调查，发现数处二里头文化遗址。

中国科学院考古研究所山西工作队在山西涑水流域进行田野调查，发现和复查古文化遗址 89 处，其中包括不少东下冯类型遗址。

安志敏、石兴邦分别发表《试论黄河流域新石器时代文化》与《黄河流域原始社会考古研究的若干问题》，指出"洛达庙层"是探索夏文化值得注意的对象或线索。

1960 年

春，为了便于开展田野考古工作，洛阳发掘队依据二里头遗址中的主要道路、较大的灌溉水渠和自然村之间的地界，将整个遗址分为九个发掘区，每区约30万平方米。编号的次序是以遗址的东南角为Ⅰ区，向北为Ⅱ、Ⅲ区，中排顺序由南向北为Ⅳ、Ⅴ、Ⅵ区，西排顺序由南向北为Ⅶ、Ⅷ、Ⅸ区。

春秋，洛阳发掘队在二里头遗址Ⅳ、Ⅴ、Ⅷ区发掘，揭露面积936平方米。

6月，为配合河南省考古普查，北京大学历史系洛阳考古实习队在河南偃师伊河南岸开展田野调查和试掘工作。试掘二里头文化遗址1处，调查二里头文化遗址1处。

秋冬，洛阳发掘队殷玮璋等人通过钻探与发掘工作，确认了二里头遗址的大型夯土建筑基址——1号基址的存在。

许顺湛发表《关于中原新石器时代文化的几个问题》，首次提到"二里头文化"这一名称。

1961年

秋，洛阳发掘队开始发掘二里头遗址1号基址。此次工作属试掘性质，主要目的是为了探索基址的四至。

河南省文化局文物工作队刘东亚在河南鄢陵、扶沟、商水等县进行调查，在6处遗址采集到与"郑州商代早期洛达庙类型"相似的遗物。

1962年

春秋，洛阳发掘队继续发掘二里头遗址1号基址，揭露面积分别为900、850平方米。

洛阳发掘队在伊河以南进行田野工作，调查二里头类型遗址8处。

1963年

春，洛阳发掘队继续发掘二里头遗址1号基址，揭露面积850平方米；在1号基址南约50米处，钻探出3片小型夯土基址，面积各为数百平方米；在Ⅳ区和Ⅸ区进行发掘，发现了坩埚残块、铜渣和残陶范及陶窑等遗存。

春，徐旭生顺访二里头遗址。

春，河南省文化局文物工作队杨育彬等人对偃师县进行重点调查，新发现二里头文化遗址1处。

6月，二里头遗址被河南省公布为省级文物保护单位。

秋，洛阳发掘队继续发掘二里头遗址1号基址，揭露面积300平方米；在Ⅳ区

（1号基址南）发掘259平方米，夯土建筑基址破坏严重。

秋，北京大学教师李伯谦率1960级本科生7人参与了二里头遗址发掘。方酉生、殷玮璋参加了辅导工作。

1964 年

春，洛阳发掘队继续发掘二里头遗址1号基址，揭露面积3300平方米。

徐旭生在二里头工作队小住，考察二里头遗址的发掘工作。

秋，洛阳发掘队队员参加"四清"运动，二里头遗址的田野工作中断。

1966 年

1月，洛阳博物馆发掘洛阳东马沟遗址，共清理出二里头文化二里头类型墓葬11座及灰坑、房基等遗迹。

1967 年

偃师圪垱头大队第十四生产队在其村北建砖瓦窑，在距地面深2米处，挖出一组玉器，包括刀、戈、镯、铲和若干绿松石饰等。据说出土时被裹在朱砂层里，可能是墓葬的随葬器物。该组玉器已于1972年10月全部交给在二里头遗址发掘的洛阳发掘队，这是二里头遗址首次出土的成组玉器。

1972 年

秋，中国科学院二里头工作队（以下简称二里头工作队）继续发掘二里头遗址1号基址，此次工作找到了基址北部的边缘和主体建筑的西北角，同时在基址上面发现了所谓的晚于晚期和早于郑州二里岗期的文化层，在发掘简报中被定为"二里头遗址四期的文化"。

1973 年

3月，圪垱头村村民郭振亚在二里头遗址1号基址西北发现铜爵1件，随即上交二里头工作队。这是二里头遗址首次出土的青铜礼器。

春，二里头工作队在二里头遗址Ⅲ区玉器出土地点发掘57平方米，发现房基9座、灰坑11个、墓葬3座、石子路面1段；在Ⅷ区铜爵出土地点发掘38平方米，清理灰坑2个、墓葬1座；在Ⅲ区钻探出夯土基址3座。

秋，二里头工作队继续发掘二里头遗址1号基址，找到其南部和西部边缘，以及与之平行的成排柱洞和木骨墙。发掘完主体建筑和南面的门道，补齐西北角的建筑遗址；在1号基址东北200米处钻探出夯土基址3座。

1974年

10月，在二里头遗址1号基址的南部采集到残铜爵1件。

秋，二里头工作队继续清理二里头遗址1号基址，发掘其东北角的廊庑建筑遗迹和东北角的两个侧门。

秋，由中国社会科学院考古研究所、中国历史博物馆等单位共同组成的东下冯考古队开始对山西夏县东下冯遗址进行发掘。

冬，河南省新郑县新村公社社员在望京楼东南百米附近发现铜器、玉器等遗物。

二里头工作队在《河南偃师二里头早商宫殿遗址发掘简报》中首次公布了二里头遗址二里头文化一期和三期的碳十四测年数据。

1975年

春，二里头遗址1号基址全部发掘完毕。

8月，偃师县文化馆收获一组二里头遗址出土的铜器和玉器。

秋，二里头工作队铲探二里头遗址，并发掘高等级墓葬数座。

年底，中国科学院考古研究所洛阳工作队沿着1959年徐旭生踏查"夏墟"的路线，再次调查了登封石羊关、禹县阁砦等遗址。

冬，洛阳博物馆在洛阳市和孟津县内开展田野调查，发现古文化遗址28处，其中包括二里头文化遗址9处。

佟柱臣发表《从二里头类型文化试谈中国的国家起源问题》，从二里头遗址的考古发现出发谈论"中国的国家起源"问题。

李民、文兵发表《从偃师二里头文化遗址看中国古代国家的形成与发展》，从二里头遗址的考古发现出发谈论"中国古代国家的形成和发展"问题。

1976年

二里头遗址的发现者、中国科学院考古研究所研究员徐旭生去世。

春，二里头工作队铲探和发掘二里头遗址中的部分高等级墓葬。

秋，二里头工作队在二里头遗址1号基址东面和南面探出大小不同的夯土基址33块，包括后来发掘的2号基址。此次勘探中还发现基址以东的大路，长度逾200米。

1977 年

4 月,河南省博物馆登封工作站开始对登封告成遗址进行重点调查与试掘,发现了二里岗文化、二里头文化与河南龙山文化晚期的地层叠压关系。

5 月,中国社会科学院成立。10 月,该院考古研究所二里头工作队开始发掘二里头遗址 2 号基址,年底其轮廓已基本显露。

11 月,国家文物局召开"河南登封告成遗址发掘现场会"。这次会议是 1949 年以来第一次在遗址发掘现场召开的会议,同时也是第一次以探讨夏文化为主题的会议。夏鼐对"夏文化"概念予以界定,指出其应该是指夏王朝时期夏民族的文化,这决定了后续夏文化探讨的路向。邹衡在会上首倡二里头文化一至四期皆为夏文化的观点,进而引发了旷日持久的夏商文化大讨论。

11 月,夏鼐及"河南登封告成遗址发掘现场会"的部分代表考察二里头遗址。

秋,二里头工作队在二里头遗址 VI 区开展田野发掘工作。

夏鼐发表《碳-14 测定年代和中国史前考古学》,在文中使用"二里头文化"这一命名,后为学术界广泛接受,影响深远。同时讨论了二里头文化的碳十四测年数据,指出二里头文化一至四期的年代约自公元前 1900 至前 1600 年。

1978 年

5 月,中国社会科学院考古研究所河南二队、河南省周口地区文物管理委员会开始在周口地区开展田野调查,发现二里头文化遗址 16 处。

二里头工作队继续清理二里头遗址 2 号基址的主体建筑、廊庑和南部门道、"大墓"(M1)等遗迹。同年年底 2 号基址基本清理完毕。

殷玮璋发表《二里头文化探讨》,论证了"二里头遗址西亳说、夏商分界在二里头文化二、三之间"的观点。

1979 年

3—4 月,中国社会科学院考古研究所河南二队对新密新砦遗址进行调查与试掘,发现了介于河南龙山文化与二里头文化之间的过渡型遗存。

春,河南省文物研究所、禹县文管会开始在禹县境内沿着颍河两岸进行调查,新发现二里头文化遗址 10 处,并对部分遗址进行了试掘。

北京大学历史系考古教研室商周组编著的《商周考古》出版。此书系统论述了二里头文化的命名、年代、分期、特征及考古材料所反映出的社会发展阶段等问题。

1980 年

春，郑光任中国社会科学院考古研究所二里头工作队队长。

春，二里头工作队在二里头遗址Ⅳ区发掘铸铜遗址。

秋，在Ⅲ、Ⅴ、Ⅵ区发掘建筑基址、墓葬、房基、水井等遗迹。

邹衡的《夏商周考古学论文集》出版。该文集收录《试论夏文化》、《夏文化分布区域内有关夏人传说的地望考》、《关于夏商时期北方地区诸邻文化的初步探讨》等论文，全面且系统地论证了二里头文化一至四期为夏文化的观点。

李民著《夏代文化》出版。此书结合文献与二里头文化的考古材料论述了夏代历史。

孙华发表《关于二里头文化》，首倡"夏商分界在二里头文化三、四期之间"的观点。

1981 年

二里头工作队在二里头遗址Ⅲ区、Ⅳ区和Ⅴ区发掘夯土基址、墓葬及铸铜遗址。

1982 年

4月，由香港中文大学中国文化研究所主办的"夏文化研讨会"在香港中文大学召开，出席会议的学者约70人，郑德坤、饶宗颐、严耕望等学者就夏文化的相关问题做了专题论述。这是首次在中国大陆以外举行夏文化学术会议。

秋冬，二里头工作队在二里头遗址在Ⅳ区发掘铸铜遗址；在Ⅸ区发掘夯土基址、小型房基、墓葬、灰坑等遗迹。

1983 年

5月，中国考古学会在郑州召开第四次年会，会议的主题是"商文化的研究与夏文化的探索"和"中国各地的青铜文化"，会议共收到论文近80篇。

春，二里头工作队在二里头遗址Ⅸ区清理墓葬、灰坑各2座。

春，中国社会科学院考古研究所汉魏故城工作队发现偃师商城，这为推进二里头文化研究提供了新的契机。

秋，二里头工作队在Ⅳ区东南清理仰韶文化晚期房基1座。

在Ⅳ区发掘了一处属于二里头文化二期偏晚的范围较为清楚的铸铜作坊地点，面积约为55平方米。作坊内及附近发现有路土、房基、灶址、烧土面、灰坑（沟）

等遗迹，出土了坩埚、陶范、铜渣、铜锈、铜片、铜块、砺石等遗物。这是首次比较完整地揭露出一座铸铜作坊"工场"的基本面目。另外在该地点东南发现有另外两处铸铜作坊地点。在Ⅳ区还清理了小型陶窑一座、长方形水井两眼、壕沟遗迹一处及墓葬几十座。在Ⅵ区发现了骨料坑。

仇士华、蔡莲珍等发表《有关所谓"夏文化"的碳十四年代测定的初步报告》。此文首先分析了碳十四测年技术的局限性，在此基础上对二里头等遗址的测年数据进行讨论，指出二里头遗址的时代应该不早于公元前1900年、不晚于公元前1500年，前后延续300多年或400年。

1984年

5—11月，洛阳市文物普查队对河南孟津县、新安县、偃师县及郊区（含市属5个区）进行文物普查，调查二里头文化遗址33处。

10月，中国社会科学院考古研究所李敏生发表《先秦用铅的历史概况》。文中公布了他用化学法对二里头遗址出土的几件青铜器成分的分析结果。

二里头工作队在二里头遗址Ⅳ区清理了4处较为完整的二里头文化二期铸铜遗迹以及墓葬40余座。此外，在Ⅵ区清理墓葬、中型房址、灰坑等遗迹。

郑州大学孙仲田、金国樵等对二里头遗址出土的陶器开展了穆斯堡尔谱分析。

1985年

10月，山西临汾地区文化局文物张文君、蒲县文管所高青山等人对山西侯马、曲沃、翼城三县市的古文化遗址进行复查和调查，其中包括二里头文化遗址29处。

二里头工作队在二里头遗址Ⅴ区和Ⅵ区进行发掘。Ⅴ区的发掘确认了1号和2号基址之间既有二期、四期的遗存，也存在二里岗文化的地层。在Ⅵ区清理了墓葬、长方形房基、小型半地穴式房基及圆墩或圆坑等特殊遗迹。此外还在Ⅲ区采集到铜盉、铜爵等遗物。

中国考古学会编辑的《中国考古学会第四次年会论文集》出版。该文集收录了中国考古学第四次年会上的部分论文，其中有数篇涉及二里头文化。

河南省考古学会、河南省博物馆编辑的《夏文化论文选集》一书出版。该文集收录了20世纪30年代以来探索夏文化的代表性论文26篇，其中多数涉及二里头文化与夏文化的关系问题。

中国先秦史学会编辑的《夏史论丛》出版。该文集收录了与夏文化、夏代历史相关的论文20篇。

1986 年

二里头工作队分别在二里头遗址 IV 区和 VI 区发掘。在 IV 区发现部分仰韶文化、龙山文化遗存，另外又在铸铜遗址南部边缘区发现大量灰土堆积和灰坑，出土若干木炭、坩埚等与青铜冶铸相关的遗物。在 VI 区清理了半地穴房基、灰坑、水井、水沟、陶窑、墓葬等遗迹。

二里头工作队从圪垱头村民手中追讨回铜盉、铜爵共两件青铜器（圪垱头村村民在二里头遗址 II 区挖出）。

夏鼐的《中国文明的起源》一书出版。在书中，夏鼐从安阳小屯殷商文化入手，由此上溯，强调二里头文化、至少是它的晚期已经达到了文明的阶段。此说得到不少学者认同，影响深远。

1987 年

春，在二里头遗址 V 区东缘圪垱头村偃师第二橡胶厂内发现可能出自墓葬的铜鼎、铜斝等。

3—12 月，二里头工作队先后在二里头遗址 II 区、IV 区、VI 区、VII 区、IX 区进行发掘，清理遗迹包括窖穴、水井、灰坑、房基、墓葬等遗迹，出土了一批包括铜爵在内的重要遗物。

二里头工作队开始在二里头村建设驻地。

孙淼著《夏商史稿》出版。书中专辟一章"夏代考古学文化的发现与研究"，对二里头文化的发现、学术界对其性质的讨论及考古材料所反映出的社会面貌进行了综合论述。

田昌五主编的《华夏文明》第一集出版。该文集收录与夏文化探索、夏史研究等相关的论文 24 篇。

1988 年

1 月，国务院将二里头遗址公布为第三批全国重点文物保护单位，划定遗址保护范围和建设控制地带。

中国社会科学院考古研究所、中国历史博物馆等单位编著的《夏县东下冯》出版。该报告公布了 1974—1979 年发掘该遗址所获得的考古材料，包括大量的东下冯类型遗存，对研究二里头文化的分布、类型及扩张等问题有重要的学术价值。

郑杰祥著《夏史初探》出版。此书回顾了夏文化探索的历程，对河南龙山文化、二里头文化进行了分析。

1989 年

2—12 月，二里头工作队在二里头遗址 VI 区进行发掘，清理灰坑、房基、墓葬等遗迹。

20 世纪 80 年代末，二里头工作队为时任二里头村支书、全国人大代表的王中岳代笔了《建设二里头博物苑建议书》。该方案经合法数量的全国人大代表联署后，成为正式提案提交全国人民代表大会。

河南省文物研究所、长江流域规划办公室考古队河南分队编著的《淅川下王岗》出版。该报告公布了该遗址所出土二里头文化遗存的相关材料，对研究二里头文化的分布、类型及与其他区域的文化交流等问题有重要的学术价值。

1990 年

4—5 月，二里头工作队在二里头遗址 VI 区做了小规模发掘，清理了少数灰坑与墓葬，发现有夯土基址。

5 月，美国加州大学洛杉矶分校亚洲环太平洋研究中心与东亚语言文化学系联合主办了"夏文化国际研讨会"。来自中国（包括中国台湾和中国香港）、美国、英国、日本等国的 30 多位学者参与此次会议。

10—12 月，二里头工作队在二里头遗址 IX 区进行磁探和铲探，发现了一大片建筑基址，同时清理了一座出土物较为丰富的朱砂墓。

1991 年

6—7 月，二里头工作队在二里头遗址 IX 区（二里头村内）配合基建进行钻探和发掘，清理了一批灰坑，发现了一些建筑遗迹。

9 月，中国殷商文化学会、河南省洛阳市海外联谊会等单位在洛阳共同发起并主办了"中国夏商文化国际学术研讨会"，国内外学者 150 余人参加。

10 月，二里头工作队开始在二里头遗址 VI 区配合基建进行发掘，工作持续到 1992 年 1 月。清理了一批灰坑、残房基和墓葬。同时还铲探到一片汉代夯土基址，此基址打破且叠压着一片二里头文化二期的夯土基址。

1992 年

3—6 月，二里头工作队继续去年的发掘，清理灰坑、解剖汉代夯土基址。同时在二里头遗址 II 区配合基建清理了一个直径 8—9 米的大灰坑，出土陶器等甚丰。

夏至冬，二里头工作队在二里头遗址 IX 区的 3 处发掘地点都发现有二里头文化时期的夯土。

1993 年

4—5 月，二里头工作队在二里头遗址 IX 区（二里头村内）配合基建进行发掘，清理了一些灰坑。同时还在 IV 区配合基建发掘，除了清理二里头文化遗存外，还发现有龙山早期遗存。

10—12 月，二里头工作队继续在二里头遗址 IV 区进行大范围的钻探和发掘。

1994 年

4—5 月，为配合首阳山电厂输水管道工程，二里头工作队在 XII 区（洛河河滩）进行抢救性发掘，揭露面积 250 平方米。清理灰坑、墓葬及一些与建筑有关的遗迹，发现一段二里头文化三期的双轮车辙印。

10—12 月，为配合次年中国商文化国际学术讨论会的召开，二里头工作队在二里头遗址 IX 区进行了发掘。

10 月，中国先秦史学会、《中原文物》编辑部等共同发起的"全国夏文化学术研讨会"在河南洛阳市召开，国内考古学界和历史学术界 80 余人参会。

偃师市人民政府发布《关于进一步加强二里头文化遗址、汉魏故城遗址和尸沟商城遗址保护的通知》。

1995 年

5 月，由中国社会科学院考古研究所主办、洛阳市文管会等单位协办的"中国商文化国际学术研讨会"在河南偃师市举行。除偃师商城外，偃师二里头遗址也是本次会议研讨的重点。有来自全国 30 多个考古、文博研究机构、高等院校的学者参与此次会议。

二里头工作队在二里头遗址 IX 区继续进行发掘，清理灰沟、灰坑、墓葬、房基及形制、结构和内涵十分特色的遗迹数处。

中国科学院地质研究所周昆叔考察了二里头遗址的地质地貌。

中国社会科学院考古研究所编著的《二里头陶器集粹》出版。该书公布了二里头遗址出土的陶器 500 余件，它们是从 1980 年以来二里头遗址所出数千件完整陶器和复原陶器中精选出来的，基本上概括了本遗址自 1959 年开始发掘以来所出陶器的全貌。此书是与二里头遗址有关的第一本图录，对二里头文化研究具有重要的学术价值。

洛阳市第二文物工作队编辑的《夏商文明研究——91年洛阳"夏商文化国际研讨会"专集》出版。此书收录了"中国夏商文化国际研讨会"上的部分论文。

1996 年

5月，国家重点科技攻关项目"夏商周断代工程"正式启动。该项目共设置9大课题、36个专题，"二里头文化分期与夏商分界"等是其中的重要组成部分。

6月，河南省文物考古研究所与美国密苏里州立大学人类学系开始在颍河上游谷地开展田野调查，相关工作一直持续到2000年。共调查二里头文化遗址21处，并对几处遗址进行了试掘。

二里头工作队在二里头遗址IX区继续进行发掘。

中国先秦史学会、洛阳市第二文物工作队编辑的《夏文化研究论集》出版。该书主要收录了部分在"全国夏文化学术研讨会"上所提交的论文。

1997 年

3—7月，为配合国家重点项目"夏商周断代工程"，二里头工作队在二里头遗址II区和V区开展田野工作，发掘到二里头文化一至四期及二里岗期商文化的连续地层，清理灰坑、墓葬、房基等遗迹，采集了大量的测年标本。

11月，夏商周断代工程项目办公室在河南召开了"夏商周断代工程"夏、商前期考古年代学研讨会。有50余位学者参与了会议。会议就"偃师商城的始建年代与夏商分界"、"二里头文化是否最早的夏文化"等议题展开讨论。

12月，中国社会科学院考古研究所与澳大利亚拉楚布大学考古系等单位合作，开始在伊洛河下游地区开展拉网式考古调查，相关工作持续到2007年。

北京大学环境科学中心宋豫秦、郑光等对二里头遗址所在区域进行了环境考古调查，并对遗址进行了孢粉样品采集和鉴定工作。

1998 年

北京大学考古系、驻马店市文物保护管理所编著的《驻马店杨庄——中全新世淮河上游的文化遗存与环境信息》出版。该报告公布了1992年发掘杨庄遗址所获取的资料，阐述了该遗址的石家河文化、中原龙山文化、二里头文化的分期、特征与年代等问题，并报道了孢粉、植硅石、黏土矿物、炭化稻粒及果核等分析获得的古环境、古农业信息，对解决中国南北文化交汇地带的新石器文化、二里头文化的特征、性质等问题有重要意义，对研究中国全新世环境变迁和人地关系机理也有一定的参考价值。

邹衡著《夏商周考古学论文集》（续集）出版。文集收录了作者自1977—1997年间所撰写的论文57篇，其中包括与夏文化有关的12篇论文。

河南博物院许天申利用陆地卫星标准假彩色相片合成的1∶50万影像，并结合考古发掘资料和文献记载，对洛阳盆地夏商至隋唐时期的古河道变迁进行了研究。

1999年

3月，许宏任中国社会科学院考古研究所二里头工作队队长。

10—11月，二里头工作队开始对二里头遗址上的各种现代建筑物的占地情况进行系统摸底，并做了全面测绘。在此基础上，首次对遗址的边缘地区及其外围进行了系统钻探，结合对地形、地貌的考察，确认了遗址的现存范围、遗址边缘区的现况与成因。同时，对遗址西部Ⅺ、Ⅻ、ⅩⅣ、ⅩⅤ区进行了布网式钻探，初步确认地势偏低的遗址西部为一般居住活动区，而以往认定的重要遗存集中分布的聚落中心区均位于遗址东部高地而非遗址中部。

中国社会科学院考古研究所编著的《偃师二里头（1959年—1978年考古发掘报告）》出版。该报告共分八章，一、二章介绍了二里头遗址的地理地貌、发掘经过和文化分期，三至八章介绍了二里头文化一至四期和二里岗文化上下层的遗存，结语部分就二里头文化的渊源、类型、去向和二里头遗址的性质等问题做了探讨。此书对研究夏文化、夏代历史、国家起源、早期都城等问题均有重要的参考价值。此外，在报告中还附录有遗址出土铜器成分表、出土石器鉴定表及出土坩埚碎片鉴定表。

2000年

春，二里头工作队在二里头遗址的东部Ⅲ区进行重点钻探，发现一处规模较大的沟状堆积。

春，中国国家博物馆考古部开始对山西垣曲盆地开展田野调查与试掘工作，一直持续到2003年。共调查遗址85处，其中二里头文化时期遗址有45处。

秋，二里头工作队对遗址东部钻探发现的沟状堆积进行解剖，弄清其结构与时代，初步排除了其作为防御性壕沟存在的可能性，确认其具有区划作用，是二里头遗址的东部边界。

二里头工作队和该所植物考古专家赵志军开始在遗址采集浮选样品，随后赵志军在实验室开展研究。相关工作持续到2006年。

郑州大学文博学院、开封市文物工作队编著的《豫东杞县发掘报告》出版。报告公布了1989—1990年在豫东杞县境内的段岗、鹿台岗二遗址发掘所获资料，时代从仰韶到东周时期，尤其以龙山和二里头时代的文化遗存最为丰富，对研究二里头文化、下七垣文化及岳石文化的分布及相互关系有重要的价值。

夏商周断代工程专家组编著的《夏商周断代工程1996—2000年阶段成果报告（简本）》一书出版。书中公布了二里头文化每期的碳十四测年数据，并依据文献记载与天文学研究成果，推定了夏代基本的年代框架。

2001年

3月，二里头工作队开始对以二里头遗址为中心的洛阳盆地之大部分区域进行系统踏查。相关工作持续到2003年。调查共收录编号遗址222处，其中二里头文化时期遗址有125处。

4月，河南省省长李克强考察二里头遗址。

春，二里头工作队对20世纪70年代由于地下水位而未能清理到底的二里头遗址1号基址主殿后的深坑以及西围墙外的两口水井进行补充发掘。

秋，二里头工作队为了确认二里头遗址1号基址东北角外的遗迹，布方了解了这一带的堆积与遗迹分布情况。同时，在2号基址所在区域开展工作，发掘确认一座二里头文化早期的大型建筑基址（3号基址）的存在。该基址至少由三重庭院组成，三重庭院的西庑经过统一规划。中殿主殿上有连间房屋和前廊遗迹，中院院内发现两座贵族墓葬，北院内发现一处有积水迹象的大型池状遗迹。

二里头工作队对二里头遗址III、IV、V、VI区展开钻探与发掘工作，钻探面积40余万平方米。在宫殿区的东侧、北侧和南侧发现3条垂直相交的大道，遗址中心区道路网络系统初步探明。在宫殿区内还钻探出若干夯土基址、数条小型道路及大面积的路土和卵石活动面。

二里头遗址被评为"中国20世纪百项考古大发现"之一。

陈旭著《夏商考古》一书出版。书中较为全面地介绍了二里头文化的发现、分布、特征、分期、重要考古发现及性质等问题。

张国硕著《夏商时代都城制度研究》出版。该书结合文献材料和考古材料，对夏商时代的都城制度的相关问题进行了系统研究。

张立东、任飞主编的《手铲释天书——与夏文化探索者的对话》出版。此书对25位活跃在20世纪下半叶夏文化研究前沿的考古学者分别进行专题访谈，这对了解夏文化探索历程乃至口述史研究等都有重要的学术价值。

河南省科学院地理研究所杨瑞霞、郭仰山等利用航摄的 1∶2.5 万比例尺黑白全色相片对洛阳盆地的古河道进行了识别。

2002 年

春，二里头工作队在二里头遗址宫殿区东部布方追寻 3 号基址及其相关遗迹。在该基址南院内发现 3 座贵族墓，包括出土绿松石龙形器的墓葬 2002VM3。同时，利用已发掘的 2 号基址主殿北的"大墓"（1978VD2M1）剖面追寻早期建筑及相关遗迹，并了解该遗迹的相关情况，推断其应为带有夯土井坑的水井。在 2 号基址北墙外发现另一眼夯土井，还在 2 号基址以南发现了与其属同一建筑群的 4 号基址。在 3 号基址以西，发现与其同时期的另外一座夯土建筑基址（5 号基址），以及 3、5 号建筑间通道下的木结构排水暗渠。

10 月，郑州市文物考古研究所、荥阳市文物保护管理所对郑州荥阳大师姑遗址进行试掘，发现了一座二里头文化时期的城址。

秋，二里头工作队继续探寻二里头遗址 3 号基址及相关遗迹的线索，基本确认大型池状遗迹 D2HC 的范围。在 2 号基址以北，首次发现始建于二里头文化四期的大型建筑基址（6 号基址）。另外，布方全面揭露 4 号建筑基址。

中国科学院上海硅酸盐研究所陈尧成、张福康等选择二里头遗址二里头文化二、三期的 7 件印纹硬陶和普通泥质陶，开展了化学组成、气孔率、吸水率、体积密度、烧成温度、岩相分析。

偃师市人民政府发布《关于切实保护二里头遗址的紧急通知》。

洛阳市文物工作队编著的《洛阳皂角树——1992—1993 年洛阳皂角树二里头文化聚落遗址发掘报告》出版。此书公布了洛阳皂角树二里头文化遗址 1992—1993 年间的考古发掘研究成果，其中除了考古学研究之外，还着重介绍了田野发掘过程中所进行的地质与考古学文化层的对比研究以及古环境信息的收集与研究成果，揭示了遗址先民赖以生存的自然环境和农业经济状况。

郑杰祥主编的《夏文化论集》出版。此书收录了 20 世纪 90 年代末之前发表的与夏文化探索有关的重要论文 60 余篇。

2003 年

春，二里头工作队继续清理二里头遗址 4 号基址，搞清该建筑东庑的结构，并布设探沟横剖整个基址。布方了解 3 号基址、6 号基址东缘及其他相关遗迹的情况，20

世纪 70 年代钻探中发现的 2 号基址以东大路的情况，以及宫殿区防御设施的有无。分别在 2 号基址东北角和东南角发现宫城城墙，并向南、北追寻新发现的宫城墙。同时了解 2 号基址排水管道的去向。此外还配合圪垱头村村民建房工程，对 III 区北部的一处夯土建筑基址进行了抢救性发掘，发掘面积为 100 平方米。

秋，二里头工作队继续向南、向北追寻宫城东墙，在偏南处发现门道遗迹。在发现宫城东北角后，追寻宫城北墙及其外的大路。布方确认宫城南墙，并在南墙外大路上发现车辙。在 1 号基址的正前方发现大型夯土基址（7 号基址），同时布方寻求宫城西墙及其外大路的线索。确认宫城西墙外也有二里头文化时期的夯土遗存。

秋，中国国家博物馆、山西省考古研究所等单位在山西运城盆地东部开展区域系统调查。相关工作持续到 2006 年。共发现二里头文化时期遗址 57 处。

中国社会科学院考古研究所编著的《中国考古学·夏商卷》出版。本书全面地介绍了夏文化探索的相关情况，同时系统地论述了与二里头文化相关的考古发现与研究成果。

北京大学考古文博学院编辑的《考古学研究——庆祝邹衡先生七十五寿辰暨从事考古研究五十年论文集》（五）出版。该书收录论文 70 余篇，内容涉及包括二里头文化、夏文化研究在内的中国考古学研究中的诸多领域。此外书末还附有邹衡教授的学术事迹年表和论著目录。

2004 年

春，二里头工作队对二里头遗址宫城的北、东、南墙及其外大路进行解剖清理，确认宫城墙的结构与年代、宫城东墙上的门道和宫殿区南侧大路上的车辙等。继续追探并确认宫城南墙和西墙，在宫城西墙内外确认了路土的存在。全面揭露 7 号基址，弄清其与宫城南墙的关系。在钻探的基础上，确认宫城西墙的位置、结构与年代，发现并揭露 8 号、9 号基址及一堵夯土隔墙（Q2）。发现宫城南的条状夯土，确认其为建于二里头文化四期的夯土墙（Q3），在该墙以南发现一处绿松石石料坑。确认东部又有一道夯土墙（Q4）的存在。

夏，二里头遗址的考古发掘与研究工作正式纳入到国家科技支撑计划项目——"中华文明探源工程"之中。

秋，二里头工作队布方追寻夯土 Q3，发现了宫城以南存在更早的夯土围垣设施（Q5）的线索。以新发现的绿松石石料坑为线索，初步确认了这一带是一处绿松石器制造作坊遗址。同时布方确认宫城东南角及其外大路情况。

中国社会科学院考古研究所王明辉对二里头遗址 2000 年以后发掘的零星人骨材

料进行鉴定和研究。

北京大学口腔医学院王巍、曾祥龙等对二里头遗址人骨的口腔健康状况进行观察和研究。

中国科学技术大学研究生院朱君孝、李清临等人利用电感耦合等离子体发射光谱（ICP—AES）等方法测定了二里头遗址的陶器样品，对其主量和微量元素进行聚类和因子分析和 XRD 分析。

郑州市文物考古研究所编著的《郑州大师姑（2002—2003）》出版。报告系统介绍了该遗址 2002 年度的发掘成果，阐述了大师姑二里头文化、早商文化的分期、特征与年代，详细报道了大师姑二里头文化城址的形制、结构与建造方法，同时就城址的始建、废弃等相关问题进行了讨论。大师姑二里头文化城址的发现，为深化二里头文化研究、夏文化探索等问题提供了重要的材料。

2005 年

春，二里头工作队继续寻找夯土墙（Q3）的去向。以去年新发现的早期条状夯土遗迹为线索，找到了 Q5 的东北角，并向南、向西追踪 Q5。在围垣作坊区的北墙外发现了一座中型夯土基址（10 号基址）。布方了解 6 号基址的布局结构，在 6 号基址以西发现了与其同时期的 11 号基址。

秋，二里头工作队布方向西追寻围垣作坊区北墙 Q5。在 6 号基址区域布方，除庭院外基本上完整揭露并局部解剖了这一大型单体建筑，了解了其结构与年代。又发现了叠压在其下的 12 号基址。

10 月，中国社会科学院考古研究所、河南省偃师市人民政府在河南偃师举办了"中国·二里头遗址和二里头文化国际学术研讨会"。这是二里头遗址发现发掘 40 余年来，首次召开的以二里头遗址和二里头文化命名的学术研讨会。会议议题涉及多个方面，包括族属与王朝分界、方法论、人地关系、聚落形态、早期国家态势、文物制度、宗教艺术、文化交流和生产技术等课题。

12 月，北京大学教授邹衡去世。

杜金鹏、许宏主编的《偃师二里头遗址研究》一书出版。该书是二里头遗址与二里头文化研究的综合性文集，包括研究论文、发掘简报与文献存目等内容，极具资料性与学术性。

中国社会科学院研究生院杨杰对二里头遗址历年发掘出土的动物遗存开展整理与研究。

吉林大学生命科学学院蔡大伟对二里头遗址的 15 个黄牛、9 个绵羊标本进行取样,开展 DNA 研究。

香港中文大学中国考古与艺术研究中心邓聪拍摄二里头出土玉器,做相关合作研究的准备。

2006 年

春,二里头工作队继续向西追探二里头遗址围垣作坊区早期北墙（Q5）。同时在 2005 年宫城东北部发掘区内开多条解剖沟,以了解 6 号基址等夯土夯土建筑的时代、结构与建筑方法等。

秋,二里头工作队开始进行国家社科基金重点项目、中国社会科学院重点课题"偃师二里头（1999—2006 田野考古报告）"的资料整理和报告编写工作。工作持续到 2013 年。

国家文物局批准、公布了《二里头遗址保护总体规划（2006—2025）》。此规划遵照文物工作 16 字方针、贯彻科学发展观、运用文化遗产保护理念,重点针对二里头遗址重大遗产价值的整体保护和充分传播进行了深入的探讨和规划。

杜金鹏、许宏主编的《二里头遗址与二里头文化研究》一书出版。该文集收录了提交给"中国·二里头遗址和二里头文化国际学术研讨会"的论文（或提要）50 余篇。

中国社会科学院考古研究所赵春燕、杜金鹏等人发表《偃师二里头出土铜器的化学组成分析》。此文是作者利用电感耦合等离子体发射光谱技术对 18 件二里头遗址出土铜器进行了分析与研究的成果。

郑州大学历史学院考古系编著的《新乡李大召：仰韶文化至汉代遗址发掘报告》出版。报告系统公布了郑州大学考古专业于 2002—2003 年在新乡李大召遗址进行的 4 次考古发掘所获资料,包括仰韶文化、龙山文化、二里头文化、二里岗文化等遗存,为研究豫北地区龙山文化向二里头文化、二里岗文化的发展及与周邻地区古代文化的关系提供了新材料。

中国社会科学院考古研究所夏商周考古研究室编辑的《三代考古》（二）出版。此书收录了中国社会科学院考古研究所夏商周考古研究室在职科研人员 2005 年度撰写的关于夏商周三代考古的研究论文,其中多篇涉及二里头文化研究。

2007 年

中国社会科学院考古研究所张雪莲、仇士华等发表《新砦—二里头—二里岗文化考古年代序列的建立与完善》一文。此文对相关测年数据进行长系列拟合之后,认为二里头文化一期的年代上限应不早于公元前 1750 年，二里头文化四期的年代为公元前 1565—前 1530 年。这是二里头文化最新的年代学研究成果，为深化相关问题的研究提供了新的契机。

北京科技大学李延祥、许宏发表《二里头遗址出土冶铸遗物初步研究》，对二里头遗址出土的 16 件炉渣、坩埚残片进行了检测分析。

赵春燕对二里头遗址的 14 个绵羊、10 个家猪和 7 个黄牛标本进行取样，开展锶同位素分析。

中国社会科学院考古研究所王树芝、王增林等发表《二里头遗址出土木炭碎块的研究》，对二里头遗址 2001—2003 年采集到的木炭碎块进行鉴定、统计与分析。

二里头工作队与北京大学城市与环境学院夏正楷教授团队合作，开始在二里头遗址及周边进行环境考古调查及钻探取样工作。相关工作持续至 2009 年。

中国社会科学院考古研究所王增林选取了二里头遗址 72 件样品开展中子活化研究（NAA），分析了陶器中的微量元素和痕量元素。

中国科学院上海硅酸盐研究所吴瑞、吴隽等采用能量色散 X 荧光能谱仪（EDXRF）对二里头遗址出土的普通陶器进行了测定与分析。

北京大学考古文博学院、河南省文物考古研究所编著的《登封王城岗考古发现与研究（2002—2005）》出版。报告公布了一批该遗址中所发现的二里头文化遗存，包括壕沟、灰坑、墓葬等遗迹和陶器、石器、骨器等遗物；同时，还发表了研究者对部分二里头文化石器、陶器等开展研究所得到的相关认识。此外，报告还公布了考古工作者于 2004—2005 年在颍河中上游地区开展区域考古调查所获得的相关资料，深化了对该地区二里头文化聚落形态的认识。

中国国家博物馆考古部编著的《垣曲盆地聚落考古研究》出版。此书运用聚落考古的研究方法，对晋南垣曲盆地自史前至商代的诸古代文化遗址进行了系统的聚落确认、划分与记录，在此基础上，对盆地内前仰韶、仰韶、庙底沟二期、龙山、二里头和二里岗文化时期的聚落进行了系统的研究，进而揭示了垣曲盆地从定居的开始到进入早期国家阶段社会组织结构的复杂化进程。

郭引强主编的《洛阳大遗址》出版。书中综述了二里头遗址的基本情况及重要考古发现。

2008 年

7 月，北京大学震旦古代文明研究中心、河南省文物考古研究所等单位主办的"早期夏文化研讨会"在河南郑州召开。有来自国内外科研院所的 100 多位学者参加了此次会议。会议就早期夏文化的研究历程、成果及热点问题等进行了讨论。

中国社会科学院考古研究所与香港中文大学中国考古艺术研究中心的合作研究项目"二里头遗址玉石礼器的工艺学研究"启动，由二里头工作队负责具体实施。自本年度起，二里头工作队与该中心主任邓聪教授团队对二里头出土玉石器进行工艺学考察。该项目持续至2012年。

中国社会科学院考古研究所编辑的《中国早期青铜文化——二里头文化专题研究》一书出版。书中共收录5篇硕士学位论文，分别对二里头文化的墓葬、铜器、玉器及二里头遗址出土的石器功能、动物遗存进行了系统的研究。这对从不同角度了解二里头文化及中国早期青铜文明有重要学术价值。

赵芝荃著《赵芝荃考古文集》出版。该文集选编了赵芝荃关于中国考古研究的论文30余篇，内容涉及"二里头遗址与夏文化"、"偃师商城与商文化"等方面。

北京大学震旦古代文明研究中心、郑州市文物考古研究院编著的《新密新砦——1999—2000年田野考古发掘报告》出版。报告公布了1999—2000年对该遗址发掘所获资料及初步认识，为深化二里头文化的相关研究提供了重要材料。

河南省文物考古研究所、密苏里州立大学人类学系、华盛顿大学人类学系编著的《颍河文明——颍河上游考古调查试掘与研究》出版。此书公布了在颍河上游进行考古调查和试掘所获取的资料，对中国文明起源研究和探索夏文化有重要的学术价值。

2009 年

8月，中国社会科学院考古研究所、洛阳市文物管理局等单位联合主办"走进二里头 感知早期中国"公共考古活动。这次活动旨在宣传与弘扬二里头都邑的重要历史地位，通过现场考察，实物观摩，聆听讲座，参与讨论等形式，让公众感知早期中国的独特魅力。

澳大利亚悉尼大学中国研究中心李宝平、刘莉等使用高精度的电感耦合等离子体质谱法（ICP—MS）测试比较了二里头与登封南洼两遗址出土的共24块白陶片的40余种微量元素含量，用热电离质谱法（TIMs）测试了其锶同位素含量。

二里头遗址主要发掘者之一、武汉大学教授方酉生去世。

河南省人民代表大会常务委员会颁布了《洛阳市偃师二里头遗址和尸乡沟商城遗址保护条例》。

许宏著《最早的中国》出版。该书主要利用考古发掘与研究成果，辅之以出土与传世文献及相关学科的材料，以二里头遗址为切入点，系统地阐述了东亚历史上最早的广域王权国家的形成与发展等问题。

2010 年

春，二里头工作队在二里头遗址宫殿区开展系统地钻探和发掘，工作持续到 2011 年。钻探面积约 1 万平方米，对宫殿区北部的遗存分布情况有更多的了解。发现一处大型坑状遗迹，编号为 1 号巨型坑。通过发掘可知，该坑内存在二里头文化一期晚段至四期晚段的连续堆积，其丰富了二里头遗址宫殿区的文化内涵，为进一步细化二里头文化的分期、年代、环境等情况提供了重要支撑。此外，还对建造和使用于二里头文化二期的大型夯土基址（5 号）进行了正式揭露，初步了解了其平面布局、结构和时代等情况。

9 月，郑州市文物考古研究院开始对新郑望京楼遗址进行勘探与发掘，随后确认了一座二里头文化城址。

中国科学院研究生院司艺等对二里头遗址的 33 个猪、31 个绵羊、21 个鹿、16 个黄牛和 6 个狗的标本取样，开展碳氮稳定同位素分析。

二里头工作队采集到浮选样品 120 份，赵志军在实验室开展研究。

首都师范大学钱益汇选取 1959—1978 年间出土的部分石器资料，并全部整理分析了 1999—2006 年间出土的石器资料，结合考古与地质调查结果，利用微痕分析、统计学等方法，系统研究了二里头遗址石料来源、资源选择策略、石器技术与功能等。

2011 年

6 月，国家科技支撑项目"中华文明探源及其相关文物保护技术研究"项目执行专家组在二里头遗址召开了现场工作会议。与会者均认为，应该在二里头遗址协同开展研究，从不同的角度对二里头都邑的时代、古代环境、经济形态、社会结构等方面进行深入研究，在今后的工作中，应该加强交流和协调，尽快制定具体的实施规划。

秋，二里头工作队开始对二里头遗址围垣作坊区进行勘探，工作持续到 2012 年。共完成钻探面积 9 万余平方米，勘探区域基本覆盖了作坊区，对围垣作坊区内的遗迹现象有了整体了解，发现有夯土建筑、疑似夯土墙等重要遗迹。

上海博物馆廉海萍等研究了二里头遗址出土的未公开发表的青铜器的铸造技术，也检测了二里头遗址出土的陶范。

中国社会科学院考古研究所彭小军对二里头遗址出土陶器的指纹痕迹进行了采集和分析。

中国社会科学院考古研究所叶晓红、中国地质大学任佳等对二里头遗址出土绿松石碎料开展了铜同位素、稀土元素和微量元素等检测分析,对其矿源进行了探讨。相关工作持续到 2013 年。

中国科学院研究生院刘皓芳等对二里头遗址 40 例人骨个体进行了古 DNA 分析,最终得到 28 个样本序列。

陕西省考古研究院等单位编著的《商洛东龙山》出版。该报告公布了 1997—2002 年期间发掘东龙山遗址所获得的考古材料,其中包括一批二里头文化遗存,对深化研究二里头文化的分布范围、地域类型等问题具有重要学术价值。

中国国家博物馆田野考古研究中心等单位编著的《运城盆地东部聚落考古调查与研究》出版。该书公布了 2003—2006 年在山西运城盆地东部开展田野调查所获取的资料,对研究此区域聚落形态及中国早期国家与文明起源有重要学术价值。

2012 年

8 月,二里头工作队驻地外院临时库房拆除,建设新办公楼,相关工作持续到 2013 年。

秋,二里头工作队在二里头遗址作坊区西部进行发掘,工作持续到 2013 年。主要目的是为了进一步了解作坊区的整体布局及确认墙垣是否存在。此次发掘发现二里头文化时期的墙垣、道路、墓葬、灰坑等遗迹。

中国科学院上海硅酸盐研究所鲁晓珂等采用能量色散 X 荧光能谱仪（EDXRF）对二里头遗址出土的 24 件白陶、印纹硬陶和原始瓷的化学组成进行了测定,并对它们的烧成工艺进行了观察。

河南省文物考古研究所编著的《伊川考古报告》出版。此书公布了 1990—1992 年发掘南寨、北寨、白土疙瘩三处遗址所获得的考古资料,其中包括一批二里头文化的资料,对深化二里头文化研究有重要意义。

北京大学震旦古代文明研究中心等单位编辑的《早期夏文化与先商文化研究论文集》出版。文集收录了提交给"早期夏文化学术研讨会"和"先商文化学术研讨会"的部分论文。

2013 年

3 月,赵海涛任中国社会科学院考古研究所二里头工作队副队长。

国家社科基金重点项目"偃师二里头（1999—2006 田野考古报告）"结项,鉴定等级为优秀。

9 月,郑州中华之源与嵩山文明研究会等单位主办的"纪念登封玉村二里头文化遗存发现 60 周年研讨会"在郑州召开，有近 50 名专家学者与会。

10 月，中国社会科学院考古研究所等单位在河南偃师举办了"夏商都邑考古暨纪念偃师商城发现 30 周年国际学术研讨会"。会议议题主要有夏商考古研究史与夏商文化分界、中原早期国家文明的结构与形成、夏商都邑布局等多个方面。

12 月，良渚遗址遗产价值对比研究之"玉器·玉文化·夏代中国文明"学术研讨会暨中华玉文化中心第四届年会在浙江杭州开幕。"玉器·玉文化·夏代中国文明"玉器精品展同时在良渚博物院开展。展览集中展示二里头、夏家店、石峁等著名遗址出土的精美玉器 150 余件，如此大规模的夏时期出土玉器集中展示在国内尚属首次。

袁广阔著《二里头文化研究》出版。此书内容包括二里头文化的考古发现与研究状况概述、二里头文化的分布状况、二里头文化的内涵、二里头文化再分期、二里头文化的来源、洛达庙类型的兴起与二里头文化的结束、二里头文化与周边考古学文化的关系等，是第一部系统研究二里头文化的专著。

井中伟、王立新编著的《夏商周考古学》一书出版。此书为吉林大学考古专业商周考古的教材，书中系统地介绍了二里头文化研究的状况。

2014 年

4 月，许宏携圪垱头村村民、二里头遗址文物保护员郭振亚做客中央电视台"读书"栏目，解读"最早的中国"。该节目随后在央视科教频道播出。

10 月，中国社会科学院考古研究所主办的"纪念二里头遗址发现 55 周年学术研讨会"在北京举行。这次会议以夏商都邑考古为主要议题，来自中国（包括中国香港和中国台湾）、日本、美国等国家的百余位专家学者参与其中。相关论文被收录到许宏主编的《夏商都邑与文化》（二）。

冬，二里头工作队在宫殿区南半部开展钻探工作。同时，为配合大遗址保护展示工程，二里头工作队对二里头遗址 2 号、3 号和 5 号基址进行局部复查、重新发掘工作。

中国社会科学院考古研究所编著的《二里头（1999—2006）》大型考古发掘报告出版。该报告共分 5 大册，总字数 420 万余字，在内容上共计 11 章。其中第 1 至第 6 章是遗存论述，第 7 至第 10 章是多学科研究，第 11 章是整个报告的结语部分。该报告创国内考古学界遗址类考古报告规模最大、参与编写者人数最多、参与学科最为齐全的历史记录。

《二里头（1999—2006）》报告入选"中国社会科学院创新工程 2014 年度重大科研成果"。

许宏主编的《夏商都邑与文化》（一）出版。该书收录了2013年"夏商都邑考古暨纪念偃师商城发现30周年国际学术研讨会"参会学者的论文40篇。

郑州大学历史文化遗产保护研究中心编著的《登封南洼——2004—2006年田野考古报告》出版。此书系统地报道了郑州大学考古学系于2004—2006年在登封南洼遗址进行的考古发掘所获取的资料，包括二里头文化、殷墟文化、春秋时期、汉代、唐宋及金元诸时期文化遗存，以及各时期的植物和动物等自然遗存。其中，二里头文化遗存最为丰富，基本涵盖了该文化的各个阶段，尤以带有两道环壕的防御设施与丰富的白陶遗存为其显著特征，为进一步探讨二里头文化分期、聚落形态及白陶生产中心等课题提供了重要资料。

许宏著《何以中国——公元前2000年的中原图景》出版。该书主要以考古材料为基础，向读者展示了公元前2000年中原地区的社会图景，深入地探讨了最早的中国——二里头国家出现的历史背景。

地方政府启动二里头遗址宫殿区北半部区域内的"井"字形道路系统和宫殿区复原展示工程，确定展示设计方案；启动二里头遗址博物馆建设前期工作。

2015年

二里头工作队继续钻探宫殿区南半部、宫殿区以东，在宫殿区以东钻探到一座中型墓葬。

春，二里头工作队在二里头遗址1号巨型坑南、北缘开设解剖沟，旨在了解南、北缘的文化堆积、年代、结构等情况。同时，继续清理2014年秋季重新揭露开的已发掘过的探方，进行航拍，对整个2号、3号、5号基址发掘区进行航拍，随后清理打破基址、路土的灰坑，以了解与基址、路土相关的时代等问题。

秋，二里头工作队在二里头遗址5号基址第3进院及其北侧发掘，旨在了解该区域的堆积、第3进院的形制、结构、布局、时代等情况。在第3进院北侧发掘一座中型墓葬。

冬，对宫殿区以东钻探到的一座中型墓葬进行抢救性发掘，并套箱提取。

遗址公园建设工程启动对二里头遗址宫殿区北半部区域内的"井"字形道路垫土、压实；二里头遗址博物馆建设前期工作继续进行。

2016年

二里头工作队钻探作坊区北部、以东和圪当头学校以北的农田。在圪当头学校以北钻探到一座中型墓葬，进行抢救性发掘，并整体套箱提取。

二里头工作队在二里头遗址5号基址的发掘继续向北推进，发现、揭露第4进院，确定5号基址夯土北缘。清理打破基址的灰坑，以了解发掘区的基址分布情况、与基址相关的时代等问题。重新揭露2号基址南墙一带，以拍照、测绘定位。

10月，二里头和偃师商城两大遗址首任考古工作队队长、中国社会科学院考古研究所研究员赵芝荃去世。

冬，对圪当头学校以北钻探到的一座中型墓葬进行抢救性发掘，并套箱提取。该墓葬上部多被二里头文化四期的夯土建筑基坑整体削去。

二里头遗址博物馆建设工程被列入国家"十三五"规划重大文化建设项目，博物馆建设前期工作继续进行。

2017年

二里头工作队继续发掘二里头遗址5号基址，重新揭露第1、2进院，并向南发掘，以追寻5号基址夯土南缘。

春，对圪当头学校以北的中型墓葬周边发掘，以了解破坏该中型墓葬的夯土建筑的范围、布局、时代等问题。

二里头工作队钻探圪当头学校和公坟北侧。

6月，"十三五"期间国家重大文化工程——二里头遗址博物馆开工建设。6月11日举行奠基仪式，国务院总理李克强发来贺信。

12月，二里头考古遗址公园入选第三批国家考古遗址公园立项名单，开始启动建设程序。

夏商时期玉文化国际学术研讨会在四川金沙举行，"玉汇金沙——夏商时期玉文化特展"同期开展。

"夏商玉器与玉文化学术研讨会"在广州举行。

2018年

二里头工作队在二里头遗址西南边缘、遗址东侧、洛河南岸河堤北侧进行钻探。

二里头工作队对二里头遗址5号基址南缘进行发掘，确定5号基址的南部边缘所在。2015年以来，在5号基址区域新发现的层位关系，丰富了对发掘区域遗存分布及其演变情况的认识；新发现丰富的四期晚段前后的遗存单位，为确定二里头文化与二里岗文化的时代关系提供了可靠资料。

秋，二里头考古遗址公园开工建设。

中国社会科学院考古研究所等单位编辑的《夏商玉器及玉文化学术研讨会论文

集》出版。

成都金沙遗址博物馆等单位编辑的《夏商时期玉文化国际学术研讨会论文集》（2017·四川成都）出版。

2019 年

为配合二里头国家考古遗址公园建设，二里头工作队在二里头遗址Ⅳ、Ⅵ、Ⅷ、Ⅸ区进行钻探。

二里头工作队重新揭露 1 号基址四面边缘，拍照、测绘定位。新发掘"井"字形道路系统西南交叉口和宫城西南角一带，"井"字形道路系统东侧的南北向大道南、北两端。

秋，二里头遗址博物馆、考古遗址公园建成开放。

附录二　二里头遗址与二里头文化研究中文文献存目
（1954年6月—2019年6月）

说明：

本目录资料部分对二里头文化遗址的收录以《中国考古学·夏商卷》第二章第三节所述二里头文化的分布为准。

原则上仅收录首次刊发者，同文分别发表于中国大陆和中国港台地区，则均收录。

一　资料部分

（一）二里头遗址

文物出版社编：《中国重大考古发现》，文物出版社1990年版。

《河南出土商周青铜器》编辑组编：《河南出土商周青铜器》（一），文物出版社1981年版。

偃师县志编纂委员会：《偃师县志》，生活·读书·新知三联书店1992年版。

中国社会科学院考古研究所：《考古精华》，科学出版社1993年版。

中国社会科学院考古研究所：《二里头陶器集粹》，中国社会科学出版社1995年版。

河南省偃师市人民政府：《古都偃师》，河南画报社2001年版。

《中国青铜器全集》编辑委员会编：《中国青铜器全集·第一卷：夏、商（一）》，文物出版社1996年版。

中国社会科学院考古研究所：《中国社会科学院考古研究所考古博物馆洛阳分馆》，文化艺术出版社1998年版。

中国社会科学院考古研究所：《偃师二里头（1959年—1978年考古发掘报告）》，中国大百科全书出版社1999年版。

洛阳市文物局编：《古都洛阳》，朝华出版社1999年版。

夏商周断代工程专家组：《夏商周断代工程1996—2000年阶段成果报告（简

本)》，世界图书出版公司2000年版。

中国社会科学院考古研究所：《中国考古学·夏商卷》，中国社会科学出版社2003年版。

王绣主编：《魅力洛阳·河洛地区文物考古成果精华》，大象出版社2005年版。

郭引强主编：《洛阳大遗址》，河南美术出版社2006年版。

中国社会科学院考古研究所：《二里头（1999—2006）》，文物出版社2014年版。

徐旭生：《1959年夏豫西调查"夏墟"的初步报告》，《考古》1959年第11期。

中国科学院考古研究所洛阳发掘队：《1959年河南偃师二里头试掘简报》，《考古》1961年第2期。

中国科学院考古研究所洛阳发掘队：《河南偃师二里头遗址发掘简报》，《考古》1965年第5期。

中国科学院考古研究所二里头工作队：《河南偃师二里头早商宫殿遗址发掘简报》，《考古》1974年第4期。

中国科学院考古研究所二里头工作队：《河南偃师二里头遗址三、八区发掘简报》，《考古》1975年第5期。

中国科学院考古研究所二里头工作队：《偃师二里头遗址新发现的铜器和玉器》，《考古》1976年第4期。

偃师县文化馆：《二里头遗址出土的铜器和玉器》，《考古》1978年第4期。

中国社会科学院考古研究所二里头队：《河南偃师二里头二号宫殿遗址》，《考古》1983年第3期。

中国社会科学院考古研究所二里头队：《1980年秋河南偃师二里头遗址发掘简报》，《考古》1983年第3期。

中国社会科学院考古研究所二里头工作队：《1981年河南偃师二里头墓葬发掘简报》，《考古》1984年第1期。

中国社会科学院考古研究所二里头工作队：《偃师二里头遗址1980—1981年Ⅲ区发掘简报》，《考古》1984年第7期。

郑光、杨国忠等：《偃师县二里头遗址》，《中国考古学年鉴·1984》，文物出版社1984年版。

中国社会科学院考古研究所二里头队：《1982年秋偃师二里头遗址九区发掘简报》，《考古》1985年第12期。

郑光：《偃师县二里头遗址》，《中国考古学年鉴·1985》，文物出版社1985年版。

中国社会科学院考古研究所二里头工作队：《1984年秋河南偃师二里头遗址发现的几座墓葬》，《考古》1986年第4期。

郑光、杨国忠等：《偃师县二里头遗址》，《中国考古学年鉴·1986》，文物出版社1988年版。

郑光、杨国忠等：《偃师县二里头遗址》，《中国考古学年鉴·1987》，文物出版社1988年版。

杜金鹏：《偃师县二里头遗址》，《中国考古学年鉴·1988》，文物出版社1989年版。

中国社会科学院考古研究所二里头工作队：《河南偃师二里头遗址发现新的铜器》，《考古》1991年第12期。

杜金鹏：《偃师二里头遗址》，《中国考古学年鉴·1990》，文物出版社1991年版。

中国社会科学院考古研究所二里头工作队：《1987年偃师二里头遗址墓葬发掘简报》，《考古》1992年第4期。

郑光：《二里头遗址勘探发掘取得新进展 二里头早期建筑基址出土具有突破性价值》，《中国文物报》1992年10月18日。

杜金鹏：《二里头早期大型建筑基址的发现及其意义》，《中国文物报》1993年2月28日。

杜金鹏：《偃师县二里头遗址》，《中国考古学年鉴·1993》，文物出版社1995年版。

岳洪彬：《偃师二里头遗址》，《中国考古学年鉴·1995》，文物出版社1997年版。

郑光：《偃师二里头遗址》，《中国考古学年鉴·1996》，文物出版社1998年版。

郑光：《偃师二里头遗址》，《中国考古学年鉴·1998》，文物出版社2000年版。

许宏、陈国梁：《二里头遗址现存范围及成因初步廓清》，《中国文物报》2001年3月7日。

中国社会科学院考古研究所二里头工作队：《河南偃师市二里头遗址发现一件青铜钺》，《考古》2002年第11期。

北京科技大学冶金与材料史研究所 梁宏刚、孙淑云：《二里头遗址出土青铜钺分析测试报告》，《考古》2002年第11期。

宋豫秦、郑光等：《河南偃师市二里头遗址的环境信息》，《考古》2002年第12期。

杨林：《遥感与航空摄影考古在中国的首次尝试——河南洛阳地区航空摄影考古勘察工作追记》，《中国历史文物》2002年第3期。

许宏、陈国梁：《偃师市二里头遗址》，《中国考古学年鉴·2001》，文物出版社 2002 年版。

许宏、陈国梁等：《二里头遗址宫殿区考古又有重要发现》，《中国文物报》2003 年 1 月 17 日。

中国社会科学院考古研究所二里头工作队：《二里头遗址宫殿区考古取得重要成果》，《中国社会科学院古代文明研究中心通讯》第 5 期，2003 年。

许宏、陈国梁：《偃师二里头遗址宫殿区》，《中国考古学年鉴·2002》，文物出版社 2003 年版。

中国社会科学院考古研究所二里头工作队：《河南偃师市二里头遗址宫城及宫殿区外围道路的勘察与发掘》，《考古》2004 年第 11 期。

中国社会科学院考古研究所二里头工作队：《河南偃师市二里头遗址 4 号夯土基址发掘简报》，《考古》2004 年第 11 期。

许宏、赵海涛：《二里头遗址发现宫城城墙等重要遗存》，《中国文物报》2004 年 6 月 18 日。

许宏、陈国梁等：《洛阳盆地区域系统调查取得丰硕成果》，《中国文物报》2004 年 7 月 2 日。

许宏、陈国梁等：《二里头遗址宫殿基址群》，《中国考古学年鉴·2003》，文物出版社 2004 年版。

中国社会科学院考古研究所二里头工作队：《河南洛阳盆地 2001—2003 年考古调查简报》，《考古》2005 年第 5 期。

中国社会科学院考古研究所二里头工作队：《河南偃师二里头遗址中心区的考古新发现》，《考古》2005 年第 7 期。

《河南偃师二里头遗址中心区》，《2004 中国重要考古发现》，文物出版社 2005 年版。

许宏、李志鹏等：《河南偃师二里头遗址发现大型绿松石龙形器》，《中国文物报》2005 年 1 月 21 日。

许宏、赵海涛等：《偃师二里头遗址》，《中国考古学年鉴·2004》，文物出版社 2005 年版。

许宏、何驽等：《中华文明探源工程新进展：二里头遗址中心区的继续探索》，《中国社会科学院院报》2006 年 2 月 28 日。

赵海涛、陈国梁等：《二里头遗址发现大型围垣作坊区 全面揭露一处二里头文化末期大型庭院建筑》，《中国文物报》2006 年 7 月 21 日。

中国社会科学院考古研究所二里头工作队：《二里头遗址2004—2006年田野考古的主要收获》，《中国社会科学院古代文明研究中心通讯》第12期，2006年。

许宏、赵海涛等：《偃师二里头遗址中心区遗存》，《中国考古学年鉴·2005》，文物出版社2006年版。

许宏、赵海涛等：《偃师市二里头遗址》，《中国考古学年鉴·2006》，文物出版社2007年版。

赵海涛：《偃师二里头遗址6号基址》，《中国考古学年鉴·2007》，文物出版社2008年版。

董俊卿、干福熹等：《河南境内出土早期玉器初步研究》，《华夏考古》2011年第3期。

赵海涛、许宏等：《二里头遗址宫殿区2010—2011年度勘探与发掘新收获》，《中国文物报》2011年1月4日。

赵海涛、许宏等：《河南偃师二里头遗址宫殿区考古新收获》，《2011中国重要考古发现》，文物出版社2012年版。

许顺湛：《刘胡兰、黄继光考古小队的故事》，《脚印》，海燕出版社2012年版。

赵青云：《河南考古战线上的一支生力军——记刘胡兰小队》，《岁月如歌：一个甲子的回忆》，大象出版社2012年版。

赵海涛、许宏等：《偃师市二里头遗址宫殿区》，《中国考古学年鉴·2012》，文物出版社2013年版。

中国社会科学院考古研究所二里头工作队：《河南偃师市二里头遗址墙垣和道路2012—2013年发掘简报》，《考古》2015年第1期。

中国社会科学院考古研究所二里头工作队：《河南偃师市二里头遗址宫殿区1号巨型坑的勘探与发掘》，《考古》2015年第12期。

（二）其他遗址

杨育彬：《河南考古》，中州古籍出版社1985年版。

中国社会科学院考古研究所、中国历史博物馆考古部等：《夏县东下冯》，文物出版社1988年版。

中国社会科学院考古研究所：《洛阳发掘报告（1955—1960年洛阳涧滨考古发掘资料）》，北京燕山出版社1989年版。

河南省文物研究所、长江流域规划办公室考古队河南分队：《淅川下王冈》，文物出版社1989年版。

国家文物局主编：《中国文物地图集·河南分册》，中国地图出版社1991年版。

河南省文物研究所编：《郑州商城考古新发现与研究（1985—1992）》，中州古籍出版社1993年版。

河南省地方史志编纂委员会：《河南省志·文物志》，河南人民出版社1993年版。

山西省考古研究所：《山西考古四十年》，山西人民出版社1994年版。

洛阳市地方史志编纂委员会编：《洛阳市志·文物志》，中州古籍出版社1995年版。

中国历史博物馆考古部、山西省考古研究所等：《垣曲商城（一）：1985—1986年度勘察报告》，科学出版社1996年版。

北京大学考古学系、驻马店市文物保护管理所：《驻马店杨庄——中全新世淮河上游的文化遗存与环境信息》，科学出版社1998年版。

河南省文物管理局、水利部小浪底水利枢纽建设管理移民局编：《黄河小浪底水库文物考古报告集》，黄河水利出版社1998年版。

开封市文物工作队编：《开封考古发现与研究》，中州古籍出版社1998年版。

河南省巩义市钱币学会编：《巩义史话》，科学出版社1999年版。

郑州历史文化丛书编纂委员会编：《郑州市文物志》，河南人民出版社1999年版。

郑州大学文博学院、开封市文物工作队：《豫东杞县发掘报告》，科学出版社2000年版。

郑州市文物考古研究所：《郑州大河村》，科学出版社2001年版。

河南省文物考古研究所：《郑州商城（1953—1985年考古发掘报告）》，文物出版社2001年版。

洛阳市文物工作队：《洛阳皂角树——1992—1993年洛阳皂角树二里头文化聚落遗址发掘报告》，科学出版社2002年版。

河南省文物考古研究所：《禹州瓦店》，世界图书出版公司2004年版。

郑州市文物考古研究所：《郑州大师姑（2002—2003）》，科学出版社2004年版。

山西省考古研究所：《翼城枣园》，科学技术文献出版社2004年版。

郑州大学历史学院考古系：《新乡李大召：仰韶文化至汉代遗址发掘报告》，科学出版社2006年版。

垣曲县博物馆：《垣曲考古》，中国社会出版社2006年版。

中国国家博物馆考古部：《垣曲盆地聚落考古研究》，科学出版社2007年版。

北京大学考古文博学院、河南省文物考古研究所：《登封王城岗考古发现与研究（2002—2005）》，大象出版社2007年版。

北京大学震旦古代文明研究中心、郑州市文物考古研究院：《新密新砦——1999—2000年田野考古发掘报告》，文物出版社2008年版。

河南省文物考古研究所、密苏里州立大学人类学系等：《颍河文明——颍河上游考古调查试掘与研究》，大象出版社2008年版。

河南省文物局：《河南省文物志》，文物出版社2009年版。

河南省文物考古研究所：《三门峡南交口》，科学出版社2009年版。

陕西省考古研究院、商洛市博物馆：《商洛东龙山》，科学出版社2011年版。

中国国家博物馆田野考古研究中心、山西省考古研究所等：《运城盆地东部聚落考古调查与研究》，文物出版社2011年版。

河南省文物考古研究所：《伊川考古报告》，大象出版社2012年版。

河南省考古研究所：《郾城郝家台》，大象出版社2012年版。

郑州大学历史文化遗产保护研究中心：《登封南洼——2004—2006年田野考古报告》，科学出版社2014年版。

河南省文物考古研究院：《郑州商城陶器集萃》，大象出版社2015年版。

郑州市文物考古研究院：《新郑望京楼：2010—2012年田野考古发掘报告》，科学出版社2016年版。

河南省文物局：《鲁山杨南遗址》，科学出版社2016年版。

陕西省考古研究院：《华县东阳遗址考古报告》，科学出版社2018年版。

韩维周、丁伯泉等：《河南登封县玉村古文化遗址概况》，《文物参考资料》1954年第6期。

河南文物工作队第二队孙旗屯清理小组：《洛阳涧西孙旗屯古遗址》，《文物参考资料》1955年第9期。

寇金昌：《洛阳专区文管会勘察偃师县灰嘴村古文化遗址》，《文物参考资料》1956年第1期。

中国科学院考古研究所洛阳发掘队：《洛阳涧滨古文化遗址及汉墓》，《考古学报》1956年第1期。

安金槐：《郑州地区的古代遗存介绍》，《文物参考资料》1957年第8期。

河南省文化局文物工作第一队：《郑州洛达庙商代遗址试掘简报》，《文物参考资料》1957年第10期。

黄河水库考古队河南分队：《河南陕县七里铺第一、二区发掘概要》，《考古》1959年第4期。

考古研究所洛阳发掘队：《1958年洛阳东干沟遗址发掘简报》，《考古》1959年第10期。

河南省文化局文物工作队：《河南偃师灰嘴遗址发掘简报》，《文物》1959年第12期。

河南省文化局文物工作队：《郑州上街商代遗址的发掘》，《考古》1960年第6期。

黄河水库考古工作队陕西分队：《陕西华阴横阵发掘简报》，《考古》1960年第9期。

黄河水库考古队河南分队：《河南陕县七里铺商代遗址的发掘》，《考古学报》1960年第1期。

中国科学院考古研究所洛阳发掘队：《1959年豫西六县调查简报》，《考古》1961年第1期。

河南省文化局文物工作队：《河南偃师县灰嘴商代遗址的调查》，《考古》1961年第2期。

河南省文化局文物工作队：《河南荥阳河王新石器时代遗址》，《考古》1961年第2期。

倪自励：《临汝夏店发现商代文化遗址》，《文物》1961年第1期。

中国科学院考古研究所山西队：《晋西南地区新石器时代和商代遗址的调查与发掘》，《考古》1962年第9期。

中国科学院考古研究所洛阳发掘队：《河南偃师商代和西周遗址调查简报》，《考古》1963年第12期。

杨育彬：《河南偃师仰韶及商代遗址》，《考古》1964年第3期。

河南省文化局文物工作队：《河南渑池鹿寺遗址试掘简报》，《考古》1964年第9期。

北京大学历史系洛阳考古实习队：《河南偃师伊河南岸考古调查试掘报告》，《考古》1964年第11期。

刘东亚：《河南鄢陵扶沟商水几处古文化遗址的调查》，《考古》1965年第2期。

河南省文化局文物工作队：《河南郑州上街商代遗址发掘报告》，《考古》1966年第1期。

河南省博物馆、长办考古队河南分队：《河南淅川下王岗遗址的试掘》，《文物》1972年第10期。

洛阳博物馆：《河南临汝煤山遗址调查与试掘》，《考古》1975年第5期。

洛阳博物馆：《洛阳矬李遗址试掘简报》，《考古》1978年第1期。

洛阳博物馆：《洛阳东马沟二里头类型墓葬》，《考古》1978年第1期。

中国社会科学院考古研究所洛阳工作队：《1975年豫西考古调查》，《考古》1978年第1期。

河南省博物馆登封工作站：《一九七七年上半年告成遗址的调查发掘》，《河南文博通讯》1977年第2期。

河南省博物馆登封工作站：《一九七七年下半年登封告成遗址的调查发掘》，《河南文博通讯》1978年第1期。

河南省博物馆登封工作站：《一九七八年上半年登封告成遗址的发掘》，《河南文博通讯》1978年第3期。

郑州市博物馆：《郑州大河村遗址发掘报告》，《考古学报》1979年第3期。

新乡地区博物馆：《新乡地区文物普查的主要收获》，《河南文博通讯》1979年第3期。

北京大学考古教研室华县报告编写组：《华县、渭南古代遗址调查与试掘》，《考古学报》1980年第3期。

东下冯考古队：《山西夏县东下冯遗址东区、中区发掘简报》，《考古》1980年第2期。

中国社会科学院考古研究所山西工作队：《晋南二里头文化遗址的调查与试掘》，《考古》1980年第3期。

魏殿臣、谷洛群：《密县古文化遗址概述》，《河南文博通讯》1980年第3期。

洛阳市博物馆：《一九七五年洛阳考古调查》，《河南文博通讯》1980年第4期。

中国社会科学院考古研究所河南二队：《河南密县新砦遗址的试掘》，《考古》1981年第5期。

新郑县文化馆：《河南新郑县望京楼出土的铜器和玉器》，《考古》1981年第6期。

洛阳博物馆：《洛阳西高崖遗址试掘简报》，《文物》1981年第7期。

商县图书馆、西安半坡博物馆：《陕西商县紫荆遗址发掘简报》，《考古与文物》1981年第3期。

郑州市博物馆：《河南荥阳西史村遗址试掘简报》，《文物资料丛刊》（5），文物出版社1981年版。

中国社会科学院考古研究所河南二队：《河南临汝煤山遗址发掘报告》，《考古学报》1982年第4期。

北京大学考古专业商周组、山西省考古研究所等：《晋豫鄂三省考古调查简报》，《文物》1982年第7期。

赵会军、曾晓敏：《河南登封程窑遗址试掘简报》，《中原文物》1982年第2期。

洛阳地区文物处：《伊川白元遗址发掘简报》，《中原文物》1982年第3期。

陕西省商洛地区图书馆：《陕西洛河上游两处遗址的试掘》，《考古》1983年第1期。

洛阳市文物工作队：《河南洛阳吉利东杨村遗址》，《考古》1983年第2期。

河南省文物研究所、中国历史博物馆考古部：《登封王城岗遗址的发掘》，《文物》1983年第3期。

河南省文物研究所、郑州大学历史系考古专业：《禹县瓦店遗址发掘简报》，《文物》1983年第3期。

王宜涛：《商县紫荆遗址发现二里头文化陶文》，《考古与文物》1983年第4期。

中国社会科学院考古研究所河南二队、河南省周口地区文物管理委员会：《河南周口地区考古调查简报》，《考古学集刊》第4集，中国社会科学出版社1984年版。

叶万松、余扶危：《洛阳市东杨村遗址》，《中国考古学年鉴·1984》，文物出版社1984年版。

中国社会科学院考古研究所山西工作队：《山西垣曲古文化遗址的调查》，《考古》1985年第10期。

张松林：《郑州市西北郊区考古调查简报》，《中原文物》1986年第4期。

中国社会科学院考古研究所山西工作队：《山西襄汾大柴遗址发掘简报》，《考古》1987年第7期。

河南省文物研究所：《渑池县郑窑遗址发掘报告》，《华夏考古》1987年第2期。

方孝廉：《洛阳市一九八四年古文化遗址调查简报》，《中原文物》1987年第3期。

张文君、高青山：《晋西南三县市古文化遗址的调查》，《考古与文物》1987年第4期。

中国社会科学院考古研究所山西工作队：《山西垣曲丰村新石器时代遗址的发掘》，《考古学集刊》第5集，中国社会科学出版社1987年版。

郑州市文物工作队：《郑州岔河商代遗址调查简报》，《考古》1988年第5期。

河南省文物研究所：《武陟县保安庄遗址调查简报》，《中原文物》1988年第3期。

张居中：《渑池县郑窑二里头文化遗址》，《中国考古学年鉴·1986》，文物出版社 1988 年版。

陈嘉祥：《郑州黄委会食堂商代遗址》，《中国考古学年鉴·1987》，文物出版社 1988 年版。

高天麟、李健民：《襄汾县大柴二里头文化遗址》，《中国考古学年鉴·1987》，文物出版社 1988 年版。

曹桂岑、翟继才：《郾城县郝家台龙山文化和二里头文化遗址》，《中国考古学年鉴·1987》，文物出版社 1988 年版。

河南省文物研究所：《陕县西崖村遗址的发掘》，《华夏考古》1989 年第 1 期。

河南省文物研究所：《郑州洛达庙遗址发掘报告》，《华夏考古》1989 年第 4 期。

中国社会科学院考古研究所山西工作队：《晋南考古调查报告》，《考古学集刊》第 6 集，中国社会科学出版社 1989 年版。

河南省文物研究所：《河南偃师灰嘴遗址发掘报告》，《华夏考古》1990 年第 1 期。

河南省文物研究所、周口地区文化局：《河南乳香台遗址的发掘》，《华夏考古》1990 年第 4 期。

侯马市博物馆：《侯马市东阳呈遗址调查简报》，《考古与文物》1990 年第 6 期。

刘绪：《论卫怀地区的夏商文化》，《纪念北京大学考古专业 30 周年论文集》，文物出版社 1990 年版。

河南省文物研究所、禹县文管会：《河南禹县颍河两岸考古调查与试掘》，《考古》1991 年第 2 期。

李维明：《试论曲梁、岔河夏商文化遗址的分期》，《华夏考古》1991 年第 2 期。

河南省文物研究所：《临汝煤山遗址 1987—1988 年发掘报告》，《华夏考古》1991 年第 3 期。

陈立信、马德峰：《荥阳县高村寺商代遗址调查简报》，《华夏考古》1991 年第 3 期。

袁广阔：《邓州市陈营二里头文化遗址》，《中国考古学年鉴·1990》，文物出版社 1991 年版。

河南省文物研究所、中国历史博物馆考古部：《登封王城岗与阳城》，文物出版社 1992 年版。

赵炳焕、白秉乾：《河南省新郑县新发现的商代铜器和玉器》，《中原文物》1992 年第 1 期。

郑州市文物工作队：《河南荥阳县阎河遗址的调查与试掘》，《中原文物》1992 年第 1 期。

巩义市文管所：《巩义市坞罗河流域二里头文化、商、周文化遗存调查》，《中原文物》1992 年第 4 期。

郑州大学历史系考古专业、开封市博物馆等：《河南杞县朱岗遗址试掘简报》，《华夏考古》1992 年第 1 期。

河南省文物研究所、郾城县许慎纪念馆：《郾城郝家台遗址的发掘》，《华夏考古》1992 年第 3 期。

侯马市博物馆：《山西侯马市古文化遗址调查报告》，《文物季刊》1992 年第 1 期。

山西省考古研究所：《翼城四遗址调查报告》，《文物季刊》1992 年第 2 期。

山西省考古研究所：《山西翼城枣园新石器时代早期遗址调查报告》，《文物季刊》1992 年第 2 期。

山西省考古研究所：《塔儿山南麓古遗址调查简报》，《文物季刊》1992 年第 3 期。

北京大学历史系考古专业山西实习组、山西省文物工作委员会等：《翼城、曲沃考古勘察记》，《考古学研究》（一），文物出版社 1992 年版。

宋豫秦：《杞县段岗龙山文化、二里头文化及东周遗址》，《中国考古学年鉴·1991》，文物出版社 1992 年版。

宋豫秦：《杞县朱岗、牛角岗二里头文化遗址》，《中国考古学年鉴·1991》，文物出版社 1992 年版。

河南省文物研究所：《河南巩县稍柴遗址发掘报告》，《华夏考古》1993 年第 2 期。

河南省文物研究所：《河南密县黄寨遗址的发掘》，《华夏考古》1993 年第 3 期。

宋豫秦、李亚东：《豫南考古有新篇 驻马店杨庄遗址告捷》，《中国文物报》1993 年 4 月 11 日。

杨贵金、张立东等：《河南武陟大司马遗址调查简报》，《考古》1994 年第 4 期。

郑州大学考古专业、开封市文物工作队、杞县文物管理所：《河南杞县鹿台岗遗址发掘简报》，《考古》1994 年第 8 期。

河南省社会科学院河洛文化研究所、河南省巩义市文物保护管理所：《洛汭地带河南龙山与二里头文化遗存调查》，《中原文物》1994 年第 1 期。

郑州大学历史系考古专业、开封市博物馆考古部等：《河南杞县牛角岗遗址试掘报告》，《华夏考古》1994 年第 2 期。

吴耀利、陈星灿：《汝州李楼龙山文化遗址》，《中国考古学年鉴·1992》，文物出版社1994年版。

北京大学考古系、驻马店市文物保护管理所：《河南驻马店市杨庄遗址发掘简报》，《考古》1995年第10期。

河南省社会科学院河洛文化研究所、河南省巩义市文物保护管理所：《河南巩义市洛汭地带古代遗址调查》，《考古学集刊》第9集，1995年。

乔宝同：《南阳发掘方城八里桥遗址》，《中国文物报》1995年3月26日。

张玉石：《济源留庄古遗址及东周墓地》，《中国考古学年鉴·1993》，文物出版社1995年版。

张玉石：《驻马店市高明楼、高桥、党楼新石器时代至商代遗址》，《中国考古学年鉴·1993》，文物出版社1995年版。

宋豫秦、李亚东：《驻马店市杨庄龙山时期与二里头文化遗址》，《中国考古学年鉴·1993》，文物出版社1995年版。

郑州市文物工作队、郑州市大河村遗址博物馆：《郑州大河村遗址1983、1987年发掘报告》，《考古学报》1996年第1期。

北京大学考古系、驻马店市文物保护管理所：《河南驻马店市党楼遗址的发掘》，《考古》1996年第5期。

河南省文物考古研究所：《河南伊川县南寨二里头文化墓葬发掘简报》，《考古》1996年第12期。

洛阳市第二文物工作队、偃师县文物管理委员会：《洛阳市偃师县高崖遗址发掘报告》，《华夏考古》1996年第4期。

河南省文物研究所：《河南荥阳竖河遗址发掘报告》，《考古学集刊》第10集，地质出版社1996年版。

山西省考古研究所侯马工作站：《山西侯马乔山底遗址Ⅱ区发掘报告》，《文物季刊》1996年第2期。

杨贵金：《沁水下游的夏文化与先商文化》，《中原文物》1997年第2期。

安金槐：《豫西颍河上游在探索夏文化遗存中的重要地位》，《考古与文物》1997年第3期。

中国历史博物馆考古部、山西省考古研究所：《1991—1992年山西垣曲商城发掘简报》，《文物》1997年第12期。

叶万松、方孝廉：《洛阳市皂角树二里头文化遗址》，《中国考古学年鉴·1994》，文物出版社1997年版。

郑州市文物考古研究所：《1982、1985 年河南郑州市大河村遗址发掘报告》，《考古学集刊》第 11 集，1997 年。

王昌富、杨亚长：《商州发现一处大型夏商遗址》，《中国文物报》1997 年 10 月 26 日。

洛阳市文物工作队、新安县文物保护管理所：《河南新安县太涧遗址发掘简报》，《考古与文物》1998 年第 1 期。

中国河南省文物考古研究所、美国密苏里州立大学人类学系：《河南颍河上游考古调查中运用 GPS 与 GIS 的初步报告》，《华夏考古》1998 年第 1 期。

佟伟华：《商代前期垣曲盆地的统治中心——垣曲商城》，《中国历史博物馆馆刊》1998 年第 1 期。

河南省文物考古研究所：《河南省登封矿区铁路登封伊川段古遗址调查发掘报告》，《华夏考古》1998 年第 2 期。

张天恩：《陕西商周考古发现和研究概述》，《考古与文物》1998 年第 5 期。

张志清、王然等：《罗山姚台子遗址发掘获重要成果》，《中国文物报》1998 年 3 月 1 日。

张玉石：《黄河小浪底水库文物考古工作硕果累累》，《中国文物报》1998 年 5 月 3 日。

杨亚长、王昌富：《商州东龙山遗址考古获重要成果》，《中国文物报》1998 年 11 月 25 日。

李昌韬：《郑州市大河村遗址发掘记实》，《河南文史资料》1998 年第 3 期。

陕西省考古研究所：《陕西省文物考古五十年》，《新中国考古五十年》，文物出版社 1999 年版。

河南省文物考古研究所：《河南孟县许村新石器时代遗址》，《考古》1999 年第 2 期。

北京大学考古学系、南阳市文物研究所等：《河南方城县八里桥遗址 1994 年春发掘简报》，《考古》1999 年第 12 期。

河南省文物考古研究所：《河南邓州市穰东遗址的发掘》，《华夏考古》1999 年第 2 期。

魏兴涛：《三门峡南交口遗址发掘收获》，《中国文物报》1999 年 8 月 24 日。

北京大学考古文博院、郑州市文物考古研究所：《河南新密市新砦遗址 1999 年试掘简报》，《华夏考古》2000 年第 4 期。

蔡全法、马俊才等：《河南省新密市发现龙山时代重要城址》，《中原文物》2000

年第 5 期。

樊温泉：《关家遗址发掘获重要成果》，《中国文物报》2000 年 2 月 13 日。

杨亚长：《东龙山遗址的年代与文化性质》，《中国文物报》2000 年 8 月 9 日。

陈彦堂、胡永庆等：《济源发掘二里头文化大型水井》，《中国文物报》2000 年 9 月 10 日。

杨亚长：《陕西夏时期考古的新进展——商州东龙山遗址的发掘收获》，《古代文明研究通讯》总第五期，2000 年。

中国社会科学院考古研究所山西工作队：《山西垣曲小赵遗址 1996 年发掘报告》，《考古学报》2001 年第 2 期。

河南省文物考古研究所、新密市炎黄历史文化研究会：《河南新密市古城寨龙山文化城址发掘简报》，《华夏考古》2002 年第 2 期。

蔡全法、马俊才：《新密市古城寨龙山城址》，《中国考古学年鉴·2001》，文物出版社 2002 年版。

北京大学考古文博学院：《河南新密曲梁遗址 1988 年春发掘报告》，《考古学报》2003 年第 1 期。

陈星灿、刘莉等：《中国文明腹地的社会复杂化进程——伊洛河地区的聚落形态研究》，《考古学报》2003 年第 2 期。

河南省文物考古研究所：《郑州商城新发现的几座商墓》，《文物》2003 年第 4 期。

郑州市文物考古研究所、荥阳市文物保护管理所：《大师姑遗址 2002 年度的发掘收获》，《古代文明研究通讯》总第十六期，2003 年。

顾万发、张松林：《巩县花地嘴遗址发现"新砦期"遗存》，《古代文明研究通讯》总第十八期，2003 年。

中国社会科学院考古研究所河南一队：《河南偃师灰嘴遗址发掘的新收获》，《中国社会科学院古代文明研究中心》第 5 期，2003 年。

河南省文物考古研究所、驻马店市文物工作队等：《河南西平县上坡遗址发掘简报》，《考古》2004 年第 4 期。

北京大学古代文明研究中心、郑州市文物考古研究所：《河南省新密市新砦遗址 2000 年发掘简报》，《文物》2004 年第 3 期。

郑州市文物考古研究所、荥阳市文物保护管理所：《河南荥阳大师姑遗址 2002 年度发掘简报》，《文物》2004 年第 11 期。

郑州市文物考古研究所、荥阳市文物保护管理所：《河南郑州大师姑夏代城址》，

《文物天地》2004 年第 5 期。

薛新民、宋建忠：《山西垣曲宁家坡遗址发掘纪要》，《华夏考古》2004 年第 2 期。

王文华、丁兰坡：《夏代考古新突破　郑州大师姑发现二里头文化中晚期城址》，《中国文物报》2004 年 2 月 27 日。

赵春青、张松林等：《河南新密新砦遗址发现城墙和大型建筑》，《中国文物报》2004 年 3 月 3 日。

陈星灿、李永强等：《偃师市灰嘴新石器时代至商周遗址》，《中国考古学年鉴·2003》，文物出版社 2004 年版。

方燕明：《登封王城岗二里头文化至唐宋时期遗址》，《中国考古学年鉴·2003》，文物出版社 2004 年版。

中国社会科学院考古研究所二里头工作队：《河南洛阳盆地 2001—2003 年考古调查简报》，《考古》2005 年第 5 期。

北京大学考古系：《郑州市岔河遗址 1988 年试掘简报》，《考古》2005 年第 6 期。

郑州市文物考古研究所、北京大学考古文博学院：《河南巩义市花地嘴遗址"新砦期"遗存》，《考古》2005 年第 6 期。

周昆叔、张松林等：《论嵩山文化圈》，《中原文物》2005 年第 1 期。

方燕明：《河南登封王城岗遗址发现龙山晚期大型城址》，《中国文物报》2005 年 1 月 28 日。

中国社会科学院考古研究所、郑州市文物考古研究所：《河南新密市新砦城址中心区发现大型浅穴式建筑》，《考古》2006 第 1 期。

魏兴涛、赵文军等：《河南平顶山蒲城店发现龙山文化与二里头文化城址》，《中国文物报》2006 年 3 月 3 日。

张松林、张莉：《嵩山与嵩山文化圈》，《中原地区文明化进程学术研讨会文集》，科学出版社 2006 年版。

韩国河、赵海洲等：《新乡李大召遗址发掘收获概述》，《中原地区文明化进程学术研讨会文集》，科学出版社 2006 年版。

韩国河、张继华等：《2004 年春季登封南洼遗址钻探试掘工作概述》，《中原地区文明化进程学术研讨会文集》，科学出版社 2006 年版。

郑振香：《西安老牛坡遗址发掘的意义》，《二十一世纪的中国考古学——庆祝佟柱臣先生八十五华诞学术文集》，文物出版社 2006 年版。

郑州大学历史学院考古系、郑州市文物考古研究所：《河南登封南洼遗址 2004 年春试掘简报》,《中原文物》2006 年第 3 期。

赵春青、张松林等:《河南新密新砦城址发掘城墙西北角与浅穴式大型建筑》,《中国文物报》2006 年 6 月 30 日。

任广:《洛阳市矬李仰韶文化至二里头文化遗址》,《中国考古学年鉴·2005》,文物出版社 2006 年版。

吴业恒:《洛阳发现龙山晚期至二里头早期环壕聚落遗址》,《中国文物报》2007 年 3 月 16 日。

河南省文物考古研究所:《河南荥阳市薛村遗址 2005 年度发掘简报》,《华夏考古》2007 年第 3 期。

任广:《洛阳市瀍州路矬李仰韶文化至二里头文化遗址》,《中国考古学年鉴·2006》,文物出版社 2007 年版。

李素婷:《三门峡市南家庄仰韶文化二里头文化及宋代遗址》,《中国考古学年鉴·2006》,文物出版社 2007 年版。

魏兴涛、赵文军:《平顶山市蒲城店龙山文化及二里头文化城址》,《中国考古学年鉴·2006》,文物出版社 2007 年版。

河南省文物考古研究所:《河南三门峡市南家庄遗址的调查与试掘》,《华夏考古》2007 年第 4 期。

河南省文物考古研究所、平顶山市文物局:《河南平顶山蒲城店遗址发掘简报》,《文物》2008 年第 5 期。

省普办:《河南郑州发现二里头文化时期芦村河遗址》,《中国文物报》2008 年 10 月 1 日。

河南郑州市普查办:《河南郑州芦村河遗址》,《2008 年第三次全国文物普查重要新发现》,科学出版社 2009 年版。

中国社会科学院考古研究所河南新砦队、郑州市文物考古研究院:《河南新密市新砦遗址 2002 年发掘简报》,《考古》2009 年第 2 期。

中国社会科学院考古研究所河南新砦队、郑州市文物考古研究院:《河南新密市新砦遗址东城墙发掘简报》,《考古》2009 年第 2 期。

中国社会科学院考古研究所河南新砦队、郑州市文物考古研究院:《河南新密市新砦遗址浅穴式大型建筑基址的发掘》,《考古》2009 年第 2 期。

河南省文物考古研究所、新密市黄帝文化历史研究会等:《河南新密市黄帝宫新石器时代遗址调查》,《华夏考古》2009 年第 2 期。

陕西省考古研究院、商洛市博物馆:《陕西商洛市东龙山遗址仰韶与龙山时代遗存发掘简报》，《考古》2009 年第 12 期。

山西大学文博学院、山西省考古研究所：《垣曲苗圃遗址发掘报告》，《而立集——山西大学考古专业成立 30 周年纪念文集》，科学出版社 2009 年版。

中国社会科学院考古研究所河南第一工作队：《河南偃师市灰嘴遗址西址 2004 年发掘简报》，《考古》2010 年第 2 期。

山西省考古研究所、国家博物馆考古部等：《山西绛县柳庄夏商遗址发掘报告》，《华夏考古》2010 年第 2 期。

陕西省考古研究院、商洛市博物馆：《商洛东龙山遗址Ⅰ区发掘简报》，《考古与文物》2010 年第 4 期。

中国社会科学院考古研究所河南第一工作队：《2002—2003 年河南偃师灰嘴遗址的发掘》，《考古学报》2010 年第 3 期。

丁兰坡、吴倩等：《郑州市佛岗新居住宅小区二里头文化与战国遗址及汉至清代墓葬》，《中国考古学年鉴·2009》，文物出版社 2010 年版。

河南省文物考古研究所、漯河市文化局等：《河南郾城县庙岗遗址调查简报》，《华夏考古》2010 年第 4 期。

河南省文物考古研究所、武汉大学考古学系：《河南淮滨县黄土城地区区域考古调查简报》，《华夏考古》2010 年第 4 期。

杨亚长：《丹江岸边的夏商古址——商洛东龙山遗址发掘记》，《三秦 60 年重大考古亲历记》，三秦出版社 2010 年版。

王宜涛：《商县紫荆遗址首次发掘的回顾》，《三秦 60 年重大考古亲历记》，三秦出版社 2010 年版。

《专家论证新郑望京楼古城址考古新发现》，《中国文物报》2011 年 1 月 12 日。

张松林、吴倩：《新郑望京楼发现二里头文化和二里岗文化城址》，《中国文物报》2011 年 1 月 28 日。

董俊卿、干福熹等：《河南境内出土早期玉器初步研究》，《华夏考古》2011 年第 3 期。

中国国家博物馆、山西省考古研究所：《浊漳河流域 2010 年夏季考古调查》，《中国国家博物馆馆刊》2011 年第 9 期。

雷生霖：《山西浊漳河流域出土七足陶瓮》，《中国文物报》2011 年 3 月 4 日。

郑州大学历史学院考古系、郑州市文物考古研究院：《登封南洼 2004—2006 年二里头文化聚落发掘简报》，《中原文物》2011 年第 6 期。

中国国家博物馆田野考古研究中心、山西省考古研究所等：《山西绛县周家庄遗址第一次发掘报告》,《中国国家博物馆馆刊》2012 年第 12 期。

郑州市文物考古研究院、河南省文物管理局南水北调文物保护办公室:《荥阳娘娘寨遗址二里头文化遗存发掘简报》,《中原文物》2014 年第 1 期。

郭智勇:《岚县荆峪堡遗址发掘简报》,《中国国家博物馆馆刊》2014 年第 5 期。

中国国家博物馆、山西省考古研究所:《绛河流域史前文化考古调查》,《中国国家博物馆馆刊》2014 年第 7 期。

张小虎:《河南尉氏新庄二里头遗址的发掘收获》,《中国文物报》2014 年 12 月 19 日。

鲍颖建:《郑州市中原区常庄夏商遗址》,《中国考古学年鉴·2013》,文物出版社 2014 年版。

高赞岭:《郑州市航空港去银河办事处夏商遗址》,《中国考古学年鉴·2013》,文物出版社 2014 年版。

黄富成:《郑州市新兴置业有限公司二期项目夏商遗址》,《中国考古学年鉴·2013》,文物出版社 2014 年版。

杨树刚、曾晓敏:《郑州市商城黄委会幼儿园二里头文化及商代遗存》,《中国考古学年鉴·2013》,文物出版社 2014 年版。

《郑州市龙湖调蓄工程二里头文化及唐代遗址》,《中国考古学年鉴·2013》,文物出版社 2014 年版。

张小虎:《西平县上坡二里头文化及周代遗址》,《中国考古学年鉴·2013》,文物出版社 2014 年版。

顾万发、雷兴山等:《夏商周考古的又一重大收获 河南郑州东赵遗址发现大中小三座城址、二里头祭祀坑和商代大型建筑遗址》,《中国文物报》2015 年 2 月 27 日。

张家强、郝红星:《沧海遗珠 郑州东赵城发掘记》,《大众考古》2015 年第 8 期。

王金平、杨及耘等:《临汾市西赵夏代至明清时期遗址》,《中国考古学年鉴(2014)》,中国社会科学出版社 2015 年版。

张小虎:《尉氏县新庄二里头文化遗址》,《中国考古学年鉴·2014》,中国社会科学出版社 2015 年版。

北京科技大学冶金与材料史研究所、陕西省考古研究院:《陕西洛南河口绿松石矿遗址调查报告》,《考古与文物》2016 年第 3 期。

河南省文物考古研究院、首都师范大学历史学院:《河南郾城县皇寓遗址二里头文化遗存发掘简报》,《考古》2017 年第 2 期。

河南省文物考古研究院、河南省文物局南水北调文物保护办公室:《河南淅川下寨遗址龙山时代末期至二里头早期墓葬发掘简报》,《华夏考古》2017 年第 3 期。

西安半坡博物馆、陕西师范大学历史文化学院:《陕西省华县南沙遗址 1983—1984 年发掘报告》,《三代考古》(七),科学出版社 2017 年版。

戴向明、田伟等:《山西绛县西吴壁遗址发现大量夏商时期冶铜遗存》,《中国文物报》2018 年 12 月 14 日。

刘莉、陈星灿等:《河南偃师灰嘴遗址新石器时代和二里头文化时期工具残留物及微痕分析》,《中原文物》2018 年第 6 期。

曹艳朋、齐雪义:《驻马店市驿城区国楼新石器时代遗址》,《中国考古学年鉴·2017》,中国社会科学出版社 2018 年版。

王豪:《信阳市孙寨龙山文化二里头文化及西周时期遗址》,《中国考古学年鉴·2017》,中国社会科学出版社 2018 年版。

黄富成:《新郑市百荣绿建城项目二里头文化遗址》,《中国考古学年鉴·2017》,中国社会科学出版社 2018 年版。

山西省考古研究所、山西大学历史文化学院:《山西灵石县逍遥遗址发掘简报》,《考古》2019 年第 1 期。

南阳市文物考古研究所:《河南南阳市王营二里头文化水井发掘》,《华夏考古》2019 年第 3 期。

(三)采集品

蒋大沂:《说早期青铜器中的"角"》,《文物》1960 年第 7 期。

天津市文化局文物组:《天津市新收集的商周青铜器》,《文物》1964 年第 9 期。

安徽省博物馆:《遵循毛主席的指示,做好文物博物馆工作》,《文物》1978 年第 8 期。

《河南出土商周青铜器》编辑组编:《河南出土商周青铜器》(一),文物出版社 1981 年版。

杨德彪、杨立新:《安徽江淮地区的商周文化》,《中国考古学会第四次年会论文集》,文物出版社 1985 年版。

上海博物馆编:《中国博物馆丛书第八卷·上海博物馆》,文物出版社 1986 年版。

李学勤:《论二里头文化的饕餮纹铜饰》,《中国文物报》1991 年 10 月 20 日。

朱仁星:《海外掠影——檀香山艺术学院收藏中国文物选介》,《故宫文物月刊》

第 10 卷第 5 期（总第 113 期），1992 年。

邓淑苹：《也谈华西系统的玉器（五）——饰有线纹的礼器》，《故宫文物月刊》总第 129 期，1993 年。

国家文物局主编：《中国文物精华大辞典·青铜卷》，上海辞书出版社、香港商务印书馆 1995 年版。

李学勤、艾兰：《欧洲所藏中国青铜器遗珠》，文物出版社 1995 年版。

朱凤瀚：《古代中国青铜器》，南开大学出版社 1995 年版。

《中国青铜器全集》编辑委员会编：《中国青铜器全集·第一卷：夏、商（一）》，文物出版社 1996 年版。

李学勤：《从一件新材料看广汉铜牌饰》，《中国文物报》1997 年 11 月 30 日。

任义玲：《南阳独玉牙璋》，《中国文物报》1999 年 3 月 28 日。

张天恩：《天水出土的兽面铜牌饰及有关问题》，《中原文物》2002 年第 1 期。

陈佩芬：《夏商周青铜器研究》，世纪出版集团、上海古籍出版社 2004 年版。

王青：《镶嵌铜牌饰的初步研究》，《文物》2004 年第 5 期。

夏宏茹、梁泽峰：《山西襄汾县张槐遗址出土大型石磬》，《考古》2007 年第 12 期。

安徽省文物局：《安徽馆藏珍宝》上册，中华书局 2008 年版。

陈洋、冶玉：《酒礼重光——青铜角刍议》，《辽宁省博物馆馆刊》，辽海出版社 2009 年版。

江伊莉、古方：《玉器时代：美国博物馆藏中国早期玉器》，科学出版社 2009 年版。

王青：《记保罗·辛格医生所藏第二件镶嵌铜牌饰》，《中国文物报》2010 年 9 月 17 日。

张昌平：《玫茵堂收藏的二里头文化青铜器》，《南方文物》2014 年第 3 期。

二 论著部分

（一）既刊论著

1958 年

唐云明：《龙山文化与殷文化陶器的关系》，《文物参考资料》1958 年第 6 期。

李学勤：《近年考古发现与中国早期奴隶制社会》，《新建设》1958 年第 8 期。

1959 年

安志敏：《试论黄河流域新石器时代文化》，《考古》1959 年第 10 期。

石兴邦：《黄河流域原始社会考古研究的若干问题》，《考古》1959 年第 10 期。

1960 年

徐旭生：《略谈研究夏文化的问题》，《新建设》1960 年第 3 期。

许顺湛：《关于中原新石器时代文化的几个问题》，《文物》1960 年第 5 期。

安志敏：《我国新石器时代的仰韶文化和龙山文化》，《历史教学》1960 年第 8 期。

1961 年

中国科学院考古研究所：《新中国的考古收获》，文物出版社 1961 年版。

水湛：《找商都"西亳"》，《河南日报》1961 年 8 月 27 日。

水湛：《到底有没有夏代》（夏代文化探索），《河南日报》1961 年 9 月 21 日。

水湛：《"夏都"阳城在那里》（夏代文化探索），《河南日报》1961 年 9 月 28 日。

水湛：《"夏都"斟鄩在那里》（夏代文化探索），《河南日报》1961 年 10 月 5 日。

水湛：《"少康中兴"与迁原》（夏代文化探索），《河南日报》1961 年 10 月 8 日。

水湛：《找商都"西亳"补记》，《河南日报》1961 年 10 月 19 日。

水湛：《怎样识别出土的夏代文物》（夏代文化探索），《河南日报》1961 年 10 月 29 日。

1962 年

佚名：《夏代文化性质问题的探讨》，《光明日报》1962 年 2 月 10 日。

夏鼐：《新中国的考古学》，《红旗》1962 年第 17 期。

夏鼐：《新中国的考古学》，《考古》1962 年第 9 期。

1963 年

齐觉生：《夏代文化之探微》，《台湾文献》1963 年第 2 卷。

1964 年

夏鼐：《我国近五年来的考古新收获》，《考古》1964 年第 10 期。

许顺湛：《夏代文化探索》，《史学月刊》1964 年第 7 期。

1965 年

贾峨：《对〈夏代文化探索〉一文的商榷》，《史学月刊》1965 年第 5 期。

1970 年

王恢：《夏商都邑考——附汤征诸侯与伐夏》，《中国历史学会史学集刊》（台湾）第二期，1970 年。

1972 年

河南省博物馆：《建国以来河南考古的重要收获》，《文物》1972 年第 10 期。

1975 年

佟柱臣：《从二里头类型文化试谈中国的国家起源问题》，《文物》1975 年第 6 期。

李民、文兵：《从偃师二里头文化遗址看中国古代国家的形成和发展》，《郑州大学学报》（哲学社会科学版）1975 年第 4 期。

1976 年

杨鸿勋：《从盘龙城商代宫殿遗址谈中国宫廷建筑发展的几个问题》，《文物》1976 年第 2 期。

北京市玉器厂技术研究组：《对商代琢玉工艺的一些初步看法》，《考古》1976 年第 4 期。

1977 年

夏鼐：《碳–14 测定年代和中国史前考古学》，《考古》1977 年第 4 期。

1978 年

殷玮璋：《二里头文化探讨》，《考古》1978 年第 1 期。

吴汝祚：《关于夏文化及其来源的初步探索》，《文物》1978 年第 9 期。

夏鼐：《谈谈探讨夏文化的几个问题——在〈登封告成遗址发掘现场会〉闭幕式上的讲话》，《河南文博通讯》1978年第1期。

邹衡：《关于探索夏文化的途径》，《河南文博通讯》1978年第1期。

黄石林：《关于探索夏文化问题》，《河南文博通讯》1978年第1期。

安金槐：《豫西夏代文化初探》，《河南文博通讯》1978年第2期。

方孝廉：《对探索夏文化的一点看法》，《河南文博通讯》1978年第2期。

余波：《国家文物局在登封召开告成遗址发掘现场会》，《河南文博通讯》1978年第2期。

赵芝荃：《二里头考古队探索夏文化的回顾与展望——在〈登封告成遗址发掘现场会〉上的发言》，《河南文博通讯》1978年第3期。

郑杰祥：《二里头文化商榷》，《河南文博通讯》1978年第4期。

陈显泗、戴可来：《河南地区的夏文化》，《郑州大学学报》1978年第2期。

[美]张光直：《从夏商周三代考论三代关系与中国古代国家的形成》，《屈万里先生七秩荣庆论文集》，联经出版事业公司（台北），1978年。

1979年

北京大学历史系考古教研室商周组：《商周考古》，文物出版社1979年版。

张长寿：《殷商时代的青铜容器》，《考古学报》1979年第3期。

邹衡：《关于探讨夏文化的几个问题》，《文物》1979年第3期。

方酉生：《论汤都西亳——兼论探索夏文化的问题》，《河南文博通讯》1979年第1期。

孙作云：《关于夏初史》，《河南文博通讯》1979年第1期。

佟柱臣：《夏代和夏文化问题》，《河南文博通讯》1979年第2期。

许顺湛：《夏代文化的再探索》，《河南文博通讯》1979年第3期。

吴汝祚：《夏文化初论》，《中国史研究》1979年第2期。

徐中舒：《夏史初曙》，《中国史研究》1979年第3期。

唐兰：《中国青铜器的起源与发展》，《故宫博物院院刊》1979年第1期。

安金槐：《豫西夏代文化初探》，《中国历史博物馆馆刊》总第1期，1979年。

李民：《简论夏代国家的形成——从二里头遗址看夏代国家的出现》，《历史教学》1979年第11期。

陈显泗、戴可来：《偃师二里头——汤都西亳》，《郑州大学学报》（哲学社会科学版）1979年第1期。

孟凡人：《试谈夏文化及其与商文化的关系问题》，《郑州大学学报》（哲学社会科学版）1979年第1期。

赵希鼎：《夏代是中国国家的起源》，《开封师范学院学报》1979年第1期。

高木森：《夏文化——试从黄帝至周初诸王系年问题看二里头及二里冈文化》，《华学月刊》第95期，1979年；《艺坛》第142期，1980年。

1980年

李民：《夏代文化》，中华书局1980年版；1997年修订、再版。

邹衡：《试论夏文化》，《夏商周考古学论文集》，文物出版社1980年版；科学出版社2001年二版。

邹衡：《夏文化分布区域内有关夏人传说的地望考》，《夏商周考古学论文集》，文物出版社1980年版；科学出版社2001年二版。

邹衡：《关于夏商时期北方地区诸邻境文化的初步探讨》，《夏商周考古学论文集》，文物出版社1980年版；科学出版社2001年二版。

孙华：《关于二里头文化》，《考古》1980年第6期。

邵望平：《铜鬵的启示》，《文物》1980年第2期。

方酉生：《谈夏文化探索中的几个问题》，《河南文博通讯》1980年第1期。

邹衡：《关于探讨夏文化的方法问题——答方酉生同志质疑》，《河南文博通讯》1980年第2期。

黄盛璋：《所谓"夏虚都"三玺与夏都问题》，《河南文博通讯》1980年第3期。

柯秋：《殊为可疑之处》，《河南文博通讯》1980年第3期。

杨育彬：《谈谈夏代文化的问题——兼对〈郑州商城即汤都亳说〉一文商榷》，《河南文博通讯》1980年第4期。

李民：《〈禹贡〉与夏史》，《史学月刊》1980年第2期。

李先登：《关于探索夏文化的若干问题》，《中国历史博物馆馆刊》总第2期，1980年。

方酉生：《夏都探索》，《中国史研究》1980年第4期。

陈旭：《关于夏文化问题的一点认识》，《郑州大学学报》（哲学社会科学版）1980年第3期。

王克林：《从龙山文化的建筑技术探索夏文化》，《山西大学学报》（哲学社会科学版）1980年第3期。

李绍连：《夏文化研究的轨迹》，《社会科学评论》1980年第4期。

董琦：《从解放以来的考古发掘论证禹都八说》，《历史与文物资料》（5），1980年。

周永珍：《略谈夏文化》，《历史教学》1980年第9期。

李仰松：《从河南龙山文化的几个类型谈夏文化的若干问题》，《中国考古学会第一次年会论文集（1979）》，文物出版社1980年版。

严耕望：《夏代都居与二里头文化》，《大陆杂志》第61卷第5期，1980年；《严耕望史学论文选集》，（台北）联经出版事业公司1991年版。

王仲孚：《大禹与夏初传说试释》，《台湾师范大学历史学报》第8期，1980年。

1981年

北京钢铁学院冶金史组：《中国早期铜器的初步研究》，《考古学报》1981年第3期。

安志敏：《中国早期铜器的几个问题》，《考古学报》1981年第3期。

高广仁、邵望平：《史前陶鬶初论》，《考古学报》1981年第4期。

田昌五：《夏文化探索》，《文物》1981年第5期。

严文明：《龙山文化与龙山时代》，《文物》1981年第6期。

李伯谦：《东下冯类型的初步分析》，《中原文物》1981年第1期。

安金槐：《试论商代"汤都亳"与"仲丁都隞"》，《中原文物》1981年特刊。

胡顺利：《读〈夏都探索〉一文的意见》，《中国史研究》1981年第2期。

许顺湛：《夏王朝前夕的社会形态》，《中州学刊》1981年第1期。

萧兵：《从神话传说看夏王朝之建立》，《徐州师范学院学报》1981年第2期。

金良年：《夏史研究概况》，《历史教学问题》1981年第4期。

李先登：《探索夏文化的回顾与展望》，《天津师范学院学报》1981年第6期。

顾颉刚、王树民：《"夏"和"中国"》，《中国历史地理论丛》第一辑，1981年。

程德祺：《夏为东夷说略》，《中国古代史论丛》第3辑，1981年。

安金槐：《夏商古都》，《解放军画报》1981年第1期。

田昌五：《最早统一中国的是夏朝》，《人民日报》1981年24日。

高木森：《对夏文化的新看法》，《世界华学季刊》第2卷第4期，（台北）中国文化大学出版部1981年版。

1982年

李经汉：《河南陕县七里铺遗址内涵的再分析》，《考古》1982年第2期。

邓昌宏：《夏文化的探讨》，《考古与文物》1982年第5期。

谢维扬：《论华夏族的形成》，《社会科学战线》1982年第3期。

杨国勇：《黄炎华夏考》，《山西大学学报》1982年第4期。

姚政：《论夏族的起源》，《西南师范学院学报》1982年第4期。

姚政：《试论夏代国家的形成》，《人文杂志》1982年增刊。

安金槐：《试论河南"龙山文化"与夏商文化的关系》，《中国考古学会第二次年会论文集（1980）》，文物出版社1982年版。

杨建芳：《夏文化的探索——中国考古学当前主要研究课题之一》，（香港）《明报》第17卷第9期，1982年。

游学华（记录）：《夏文化讨论专辑》（1982年香港中文大学"夏文化讨论会"纪要），《大公报》（香港）1982年17日副刊。

1983年

[美] 张光直：《中国青铜时代》，生活·读书·新知三联书店1983年版。

金岳：《河南新郑望京楼铜器断代》，《考古》1983年第5期。

仇士华、蔡莲珍等：《有关所谓"夏文化"的碳十四年代测定的初步报告》，《考古》1983年第10期。

安金槐：《近年来河南夏商文化考古的新收获——为中国考古学会第四次年会而作》，《文物》1983年第3期。

佟柱臣：《二里头文化和商周时代金属器代替石骨蚌器的过程》，《中原文物》1983年第2期。

高天麟、孟凡人：《试论河南龙山文化"王湾类型"》，《中原文物》1983年第2期。

殷玮璋：《中国考古学会在郑州举行第四次年会 探讨夏商文化和青铜器文化》，《中原文物》1983年第2期；《史前研究》1983年第2期。

杨育彬：《从郑州新发现的商代窖藏铜器谈起》，《中原文物》1983年第3期。

方孝廉、李德方等：《试析煤山矬李两遗址的河南龙山文化和二里头文化》，《中原文物》1983年特刊。

李昌韬：《郑州地区龙山、二里头和商文化浅探》，《中原文物》1983年特刊。

曾意丹：《漫谈父系氏族社会与夏文化的问题》，《中原文物》1983年特刊。

郑杰祥：《夏文化探索讨论综述》，《先秦史研究动态》1983年第2期。

李德方：《夏王朝与洛阳》，《河洛春秋》1983年第1期。

李先登：《豫西地区与夏文化》，《河洛春秋》1983年第1期。

李民：《〈禹贡〉"冀州"与夏文化探索》，《社会科学战线》1983年第3期。

杨宝成：《商代纪年新议》，《史学月刊》1983年第3期。

段士朴：《夏墟初探》，《山西师范学院学报》1983年第4期。

于保田：《漫话夏文化》，《历史知识》1983年第4期。

李先登：《探索夏文化的新收获》，《北京日报》1983年19日。

郑德坤：《夏文化》，《欧华学报》1983年第1期。

金达凯：《夏都出土是对疑古论和唯物史观的重大否定》，《中原文献》第15卷第5、6期，1983年。

严耕望：《传说中之夏代与二里头文化》，《唐君毅先生纪念论文集》，（台北）学生书局1983年版。

1984年

中国社会科学院考古研究所编：《新中国的考古发现和研究》，文物出版社1984年版。

殷玮璋：《二里头文化再探讨》，《考古》1984年第4期。

殷玮璋：《有关夏文化探索的几个问题》，《文物》1984年第2期。

方酉生：《河南龙山、二里头与二里岗》，《考古与文物》1984年第3期。

李先登：《试论中国古代青铜器的起源》，《史学集刊》1984年第1期。

严文明：《论中国的铜石并用时代》，《史前研究》1984年第1期。

曲英杰：《近年来夏史与夏文化研究概述》，《中国史研究动态》1984年第1期。

郑杰祥：《夏文化探索讨论介绍》，《中国史研究动态》1984年第2期。

安金槐：《商代的粮食量器——对于商代陶大口尊用途的探讨》，《农业考古》1984年第2期。

孙仲田、金国樵等：《河南偃师二里头文化时期陶片的穆斯堡尔谱研究》，《核技术》1984年第4期。

黄石林：《夏文化探索的开拓者徐旭生先生》，《文物天地》1984年第4期。

[美] 张光直：《夏商周三代都制与三代文化异同》，《中央研究院历史语言研究所集刊》第55本1分册，1984年。

1985年

杨育彬：《河南考古》，中州古籍出版社1985年版。

河南省考古学会、河南省博物馆编：《夏文化论文选集》，中州古籍出版社 1985 年版。

李民：《夏商史探索》，河南人民出版社 1985 年版。

中国先秦史学会编：《夏史论丛》，齐鲁书社 1985 年版。

李京华：《关于中原地区早期冶铜技术及相关问题的几点看法》，《文物》1985 年第 12 期。

孙仲田、金国樵等：《二里头文化与龙山文化陶片的穆斯堡尔谱研究》，《中原文物》1985 年第 1 期。

牛克成：《二里头文化一、二期遗存的性质问题》，《中原文物》1985 年第 2 期。

高煦：《略论二里冈期商文化的分期和商城年代——兼谈其与二里头文化的关系》，《中原文物》1985 年第 2 期。

陈振中：《我国古代的青铜削刀》，《考古与文物》1985 年第 4 期。

孙华：《夏代都邑考》，《河南大学学报》1985 年第 1 期。

杜在忠：《试论二里头文化的渊源——兼论泰山周围大汶口—龙山文化系统的族属问题》，《史前研究》1985 年第 3 期。

徐中舒：《关于夏商史研究——〈夏商史论集〉序言》，《郑州大学学报》1985 年第 1 期。

李民：《〈禹贡〉"豫州"与夏文化探索——兼议夏代的中心区域》，《中州学刊》1985 年第 1 期。

陈旭：《河南古代青铜冶铸业的兴起》，《中州今古》1985 年第 2 期。

杨育彬：《河南发现的夏商古城》，《中州今古》1985 年第 5 期。

田继周：《夏代的民族和民族关系》，《民族研究》1985 年第 4 期。

尹振环、尹彦：《夏代国家起源初探》，《贵州文史丛刊》1985 年第 4 期。

赵恩语：《夏初年代的勘定》，《安徽史学》1985 年第 5 期。

李先登：《夏代有文字吗》，《文史知识》1985 年第 7 期。

孟世凯：《夏文化的发掘与夏王朝的建立》，《文史知识》1985 年第 7 期。

曹淑琴：《夏文化探索和早商文化研究》，《中国考古学年鉴·1984》，文物出版社 1985 年版。

赵芝荃：《略论新砦期二里头文化》，《中国考古学会第四次年会论文集（1983）》，文物出版社 1985 年版。

郑光：《试论二里头商代早期文化》，《中国考古学会第四次年会论文集（1983）》，文物出版社 1985 年版。

王克林：《试论东下冯类型文化的渊源》，《中国考古学会第四次年会论文集（1983）》，文物出版社1985年版。

杨升南：《汤放桀之役中的几个地理问题》，《全国商史学术讨论会论文集》，《殷都学刊》增刊，1985年。

1986年

夏鼐：《中国文明的起源》，文物出版社1986年版。

孟世凯：《夏商史话》，中国青年出版社1986年版、贯雅文化事业（台北）1990年版。

安家瑗：《擂钵小议》，《考古》1986年第4期。

赵芝荃：《试论二里头文化的源流》，《考古学报》1986年第1期。

李伯谦：《二里头类型的文化性质与族属问题》，《文物》1986年第6期。

王克林：《龙图腾与夏族的起源》，《文物》1986年第6期。

刘绪：《从墓葬陶器分析二里头文化的性质及其与二里冈期商文化的关系》，《文物》1986年第6期。

杨宝成：《二里头文化试析》，《中原文物》1986年第3期。

何建安：《从王湾类型、二里头文化与陶寺类型的关系试论夏文化》，《考古与文物》1986年第6期。

李先登：《"探索夏文化"工作概述》，《江汉考古》1986年第3期。

李先登：《探索夏文化讨论综述》，《文物天地》1986年第4期。

何长风：《关于"夏文化"和"二里头文化"》，《文物研究》第2期，黄山书社1986年版。

黎原：《夏史研究的崭新阶段——读〈夏史论丛〉》，《先秦史研究动态》1986年第2期。

朱绍侯、孙英民：《夏文化探讨的回顾与展望》，《文史知识》1986年第3期。

张诚：《〈夏商史探索〉评介》，《殷都学刊》1986年第3期。

赵世超：《〈夏史论丛〉评介》，《史学月刊》1986年第4期。

亮工：《〈夏史论丛〉简介》，《东岳论丛》1986年第5期。

黎原：《夏史研究的新成果——〈夏史论丛〉简介》，《学术资料》1986年第5期。

李绍连：《夏文化研究的轨迹——兼评〈夏文化论文选集〉》，《社会科学评论》1986年第4期。

李民：《夏史研究断想》，《社会科学评论》1986年第7期。

李民：《释斟寻》，《中原文物》1986年第3期。

田昌五：《先夏文化探索》，《文物与考古论集（文物出版社成立三十周年纪念）》，文物出版社1986年版。

张长寿：《陶寺遗址的发现和夏文化的探索》《文物与考古论集（文物出版社成立三十周年纪念）》，文物出版社1986年版。

张亚初：《对商周青铜盉的综合研究》，《中国考古学研究——夏鼐先生考古五十年纪念文集》，文物出版社1986年版。

赵芝荃：《关于二里头文化类型与分期的问题》，《中国考古学研究》（二集），科学出版社1986年版。

杨建芳：《二里头文化玉器：拟议中的夏代玉雕》，《中国文物世界》1986年第2期。

陈昭容：《从陶文探索汉字起源问题的总检讨》，《中央研究院历史语言研究所集刊》第50本4分，1986年。

1987年

孙淼：《夏商史稿》，文物出版社1987年版。

田昌五主编：《华夏文明》第一集，北京大学出版社1987年版。

高天麟、李健民：《就大柴遗址的发掘试析二里头文化东下冯类型的性质》，《考古》1987年第7期。

邹衡：《中国文明的诞生》，《文物》1987年第12期。

方辉：《二里头文化与岳石文化》，《中原文物》1987年第1期。

隋裕仁：《二里头类型早期遗存的文化性质及其来源》，《中原文物》1987年第1期。

宋豫秦：《夏文化探索评议》，《中原文物》1987年第2期。

黄崇岳：《虞代与龙山文化》，《中原文物》1987年第2期。

方孝廉：《夏王朝建都洛阳初探》，《中原文物》1987年第3期。

日讯：《〈夏商文化的考古学研究〉评论》，《中原文物》1987年第4期。

安金槐：《河南夏商考古综述》，《华夏考古》1987年第1期。

赵芝荃：《论二里头遗址为夏代晚期都邑》，《华夏考古》1987年第2期。

殷玮璋：《期待夏文化探索取得突破性进展》，《史学情报》1987年第1期。

郑德坤：《中国青铜器的起源》，白云翔译，《文博》1987年第2期。

杨锡璋：《由墓葬制度看二里头文化的性质》，《殷都学刊》1987年第3期。

田昌五：《夏商文化中的年代问题》，《殷都学刊》1987年第4期。

郑光：《二里头遗址与中国古代史》，《北京社会科学》1987年第1期。

傅淑敏：《我对二里头文化的看法》，《山西大学学报》1987年第2期。

李学勤：《从传出商丘地区的二里头文化铜爵谈起》，《商丘师专学报》1987年第2期。

杨鸿勋：《初论二里头宫室的复原问题——兼论"夏后氏世室"形制》，《建筑考古学论文集》，文物出版社1987年版。

安金槐：《探索夏代文化的新进展》，《文物报》1987年7月10日。

邵望平：《〈禹贡〉九州的考古学研究——兼说中国文明的多源性》，《九州学刊》第2卷第1期，香港中国文化促进中心1987年版；《考古学文化论集》（二），文物出版社1989年版。

陈芳妹：《从考古资料论青铜爵风格发展的主要趋势》，《故宫学术季刊》第4卷第4期，1987年。

杜正胜：《从考古资料论中原国家的起源及其早期的发展》，《中央研究院历史语言研究所集刊》第58本1分，1987年。

万家保：《陶寺发掘出土的和二里头发掘出土的铜铃：早期技术演进的一个例子》，《大陆杂志》第七十五卷第五期，1987年。

1988年

郑杰祥：《夏史初探》，中州古籍出版社1988年版。

李龙章：《下王岗晚二期文化性质及相关问题探讨》，《考古》1988年第7期。

郑光：《中国新石器时代与中国古代文明》，《华夏考古》1988年第2期。

王永波：《牙璋新解》，《考古与文物》1988年第1期。

郑光：《二里头遗址的性质和年代》，《考古与文物》1988年第1期。

方酉生：《二里头文化渊源探索》，《江汉考古》1988年第1期。

邹衡：《综述夏商四都之年代和性质》，《殷都学刊》1988年第1期。

华泉：《中国早期铜器的发现与研究》，《史学集刊》1988年第3期。

缪雅娟、刘忠伏：《二里头遗址墓葬浅析》，《文物研究》第3期，1988年。

王宇信：《夏文化研究的新成果——读〈华夏文明〉第一集》，《光明日报》1988年8月10日。

盛榆：《夏代至秦汉的陶器浅谈》，《中国文物报》1988年11月18日。

杨贵:《对夏商周亩产量的推测》,《中国农史》1988年第2期。

邵望平:《〈禹贡〉九州风土考古学丛考》,《九州学刊》第2卷第2期,香港中国文化促进中心1988年版。

叶达雄:《夏文化之谜》,《庆祝王任光教授七秩嵩庆·中西历史与文化研讨会论文集》,(台北)文史哲学出版社1988年版。

故宫文物月刊资料室:《认识古玉(5):二里头玉器》,《故宫文物月刊》第六卷第九期,1988年。

1989年

叶文宽:《擂钵源流考》,《考古》1989年第4期。

陈振中:《先秦的铜锥和铜钻》,《文物》1989年第2期。

赵芝荃:《简析淅川下王岗晚二期文化和先商文化》,《中原文物》1989年第2期。

郑杰祥:《建国以来的夏文化探索》,《中原文物》1989年第3期。

安金槐:《十年来河南夏商考古的发现与研究》,《华夏考古》1989年第3期。

赵芝荃:《二里头遗址与偃师商城》,《考古与文物》1989年第2期。

金岳:《中国商代前期青铜容器分期》,《考古学集刊》第6集,中国社会科学出版社1989年版。

方建军:《考古发现先商磬初研》,《中国音乐学》1989年第1期。

宋豫秦:《试论豫东地区夏商时代的文化性质》,《郑州大学学报》1989年第1期。

张德光:《对探索夏文化的一点看法》,《文物季刊》1989年第1期。

曲英杰:《夏都考述》,《文物季刊》1989年第2期。

史道祥:《关于夏文化源的探索——由古本〈竹书纪年〉夏代"西河"地望谈起》,《郑州大学学报》1989年第2期。

俞伟超:《早期中国的四大联盟集团》,《中国历史博物馆馆刊》第13—14期合刊,1989年。

滕铭予:《中国早期铜器有关问题的再探讨》,《北方文物》1989年第2期。

刘绪:《从夏代各部族的分布和互相关系看商族的起源》,《史学月刊》1989年第3期。

王飞:《论黄河流域在中华文明起源中的地位——兼谈夏王朝建立的契因》,《中国人民大学学报》1989年第3期。

阎忠：《夏文化概念新解》，《松辽学刊》1989年第4期。

马世之：《歧见纷纭的二里头文化》，《学术百家》1989年第5期。

赵芝荃：《二里头文化与二里冈文化》，《庆祝苏秉琦考古五十五年论文集》，文物出版社1989年版。

陈铁梅、何努：《计算机技术对河南省二里头二期至人民公园期陶豆分类的尝试》，《考古学文化论集》（二），文物出版社1989年版。

胡厚宣：《甲骨文土方为夏民族考》，《古代城邦史研究》，人民出版社1989年版。

万家保：《二里头青铜爵形器的铸造及其相关问题》，《第二届国际汉学会议论文集·历史与考古组上册》，"中央研究院"历史语言所1989年版。

1990年

[美]张光直：《中国青铜时代·二集》，生活·读书·新知三联书店1990年版。

杜金鹏：《陶爵——中国古代酒器研究之一》，《考古》1990年第6期。

庄春波：《羿浞代夏少康中兴轶史与年代学和考古学解释》，《中原文物》1990年第2期。

邹衡：《夏文化研讨的回顾与展望》，《中原文物》1990年第3期。

李伯谦：《中国青铜文化的发展阶段与分区系统》，《华夏考古》1990年第2期。

庄春波：《二里头文化与夏纪年》，《史学月刊》1990年第2期。

方酉生：《夏商历史谱新篇——评〈夏商史稿〉》，《江汉考古》1990年第3期。

李学勤：《夏商周离我们有多远？》，《读书》1990年第3期。

宋豫秦：《试析早期青铜的发明在中国文明诞生过程中的作用》，《郑州大学学报》1990年第3期。

张立东：《二里头文化渊源探析》，《青年考古学家》1990年第3期。

谷建祥、贺云翱：《中国新石器时代海洋文化体系中不同文化圈之形成与交融》，《东南文化》1990年第5期。

纪仲庆：《良渚文化的影响与古史传说》，《东南文化》1990年第5期。

李元：《论夏代文化的特质》，《求是学刊》1990年第5期。

杜金鹏：《二里头文化的传播与夏遗民的迁徙》，《河洛文化论丛》（一），河南大学出版社1990年版。

郭伯南：《镶嵌艺术的起源——虎纹护身符》，《文物纵横谈》，文物出版社1990年版。

刘绪：《论卫怀地区的夏商文化》，《纪念北京大学考古专业三十周年论文集》，文物出版社 1990 年版。

王震中：《夏商周文化中的东方渊源》，《华夏文明》第二集，北京大学出版社 1990 年版。

张忠培：《中国早期铜器的发现与研究》，《中国北方考古文集》，文物出版社 1990 年版。

郑光：《谈谈中国上古史的年代学问题》，《中国第四纪冰川与第四纪地质论文集》第六辑，地质出版社 1990 年版。

方酉生：《忆徐旭生先生"夏墟"之行》，《中国文物报》1990 年 3 月 8 日。

王宇信：《美国"夏文化国际研讨会"侧记》，《中国史研究动态》1990 年第 8 期。

周鸿翔编：《夏史与夏文化研究书目》，香港大学中文系文史丛书之四，1990 年。

马先醒：《"二里头"与华夏文化源头》，《简牍学报》第 13 期，1990 年。

杜正胜：《夏文化可以讨论吗？：1990 年洛杉矶加大"夏文化国际研讨会"纪要》，《新史学》第 1 卷第 2 期，1990 年。

[日] 林巳奈夫：《关于二里头遗址发现的玉器》，徐朝龙译，《台湾大学美术史研究集刊》1990 年第 3 期。

1991 年

杜正胜：《夏代考古及其国家发展的探索》，《考古》1991 年第 1 期。

佟柱臣：《中国夏商王国文明与方国文明试论》，《考古》1991 年第 11 期。

李维明：《二里头遗址二里头文化陶器编年辨微》，《中原文物》1991 年第 1 期。

段宏振：《豫东地区考古学文化初探》，《中原文物》1991 年第 1 期。

李伯谦：《夏文化与先商文化关系探讨》，《中原文物》1991 年第 1 期。

杜金鹏：《关于夏桀奔南巢的考古学探索及其意义》，《华夏考古》1991 年第 2 期。

李维明：《试论曲梁、岔河夏商文化遗址的分期》，《华夏考古》1991 年第 2 期。

王韩钢、侯宁彬：《试论中国青铜器的起源——兼谈中国早期铜器的产生与发展途径》，《考古与文物》1991 年第 2 期。

李健民、吴加安：《中国古代青铜戈》，《考古学集刊》第 7 集，科学出版社 1991 年版。

宋镇豪：《夏商人口初探》，《历史研究》1991 年第 4 期。

刘绪：《简论陶寺类型不是夏文化——兼谈二里头文化的性质》，《史前研究（辑刊）1990—1991》，1991年。

陈剩勇：《东南地区：夏文化的萌生与崛起——从中国新石器时代晚期主要文化圈的比较研究探寻夏文化》，《东南文化》1991年第1期。

陈国庆：《中原地区和东南地区的鸭形壶》，《东南文化》1991年第5期。

王鑫：《夏文化渊源初探》，《青年考古学家》1991年第4期。

李维明：《夏商考古方法散论》，《青年考古学家》1991年第6期。

阎敏：《洛杉矶"夏文化国际研讨会"英文本论文译述》，《人文杂志》1991年第4期。

金德文：《关于偃师二里头遗址开发的设想》，《河洛春秋》1991年第1期。

杨向阳：《二里头宫殿遗址非商人宫殿遗址辨》，《上海教育学院学报》1991年第1期。

郑光：《考古学上的一颗明珠——二里头遗址》，《中国文物报》1991年9月8日。

郑杰祥：《关于二里头文化的性质问题》，《中国文物报》1991年9月8日。

杨升南：《纵谈夏文化研究》，《中国文物报》1991年9月8日。

李学勤：《论二里头文化的饕餮纹铜牌饰》，《中国文物报》1991年10月20日。

马承源：《夏商之间过渡期间的青铜容器》，《东方杂志》（香港）1991年第2期。

王仲孚：《对于夏史教学应有的认识》，《中等教育双月刊》第42卷第3期，1991年。

徐明福：《由二里头的两个上古建筑遗址论中国传统四合院的原型》，《成功大学学报》（人文·社会篇）第二十五期，1991年。

1992年

何光岳：《夏源流史》，江西教育出版社1992年版。

杜正胜：《考古学与中国古代史研究——一个方法学的探讨》，《考古》1992年第4期。

芮国耀、沈岳明：《良渚文化与商文化关系三例》，《考古》1992年第11期。

杜金鹏：《封顶盉研究》，《考古学报》1992年第1期。

宋豫秦：《夷夏商三种考古学文化交汇地域浅谈》，《中原文物》1992年第1期。

刘绪：《东下冯类型及其相关问题》，《中原文物》1992年第2期。

韩玉玲：《谈二里头文化时期的青铜冶铸业》，《中原文物》1992年第2期。

黄克映：《谈谈中国早期铜器的锻造、铸造技术》，《中原文物》1992年第2期。

赵玉安、廖永民：《洛汭考》，《中原文物》1992 年第 4 期。

崔璿：《夏商周三代三足瓮》，《考古与文物》1992 年第 6 期。

池田末利：《中国夏商文化研究的回顾与展望》，《殷都学刊》1992 年第 1 期。

方酉生：《夏与东夷族关系新探》，《东南文化》1992 年第 2 期。

李学勤：《郭沫若先生对夏代的研究》，《中国史研究》1992 年第 3 期。

方酉生：《田野考古学与夏代史研究》，《史学周刊》1992 年第 3 期。

傅晔：《金爵新论》，《文博》1992 年第 4 期。

李先登：《禹铸九鼎辨析》，《中国历史博物馆馆刊》总第 18、19 期，1992 年。

俞伟超：《龙山文化与良渚文化衰变的奥秘》，《文物天地》1992 年第 3 期。

杜金鹏：《试论夏商之际的民族迁徙与融合——关于九州"禹迹"的考古学研究》，《郑州大学学报》1992 年第 2 期。

史善刚、刘天厚等：《夏族族源及河洛在夏文化中的地位》，《河南图书馆学刊》1992 年第 3 期。

杜金鹏：《关于山西境内夏文化的辨析》，《纪念山东大学考古专业创建 20 周年文集》，山东大学出版社 1992 年版。

何介钧：《中国古代陶鬲研究》，《中国考古学会第七次年会论文集》，文物出版社 1992 年版。

徐中舒：《夏代的历史与夏商之际夏民族的迁徙》，《先秦史论稿》，巴蜀书社 1992 年版。

王光尧：《嵌绿松石兽面纹青铜牌饰》，《中国文物报》1992 年 8 月 9 日。

王永波：《中国上古瑞圭研究》，《故宫学术季刊》第 10 卷第 2 期，1992 年。

王仲孚：《〈夏史与夏文化研究书目〉评介》，《台湾师范大学历史学报》第 20 期，1992 年。

王仲孚：《民国以来夏史研究的回顾与展望》，《民国以来国史研究的回顾与展望论文集》，台湾大学（台北），1992 年。

1993 年

雷从云：《夏代都邑文化研究》，《河洛文明论文集》，中州古籍出版社 1993 年版。

陈旭：《洛阳与三代文明》，《河洛文明论文集》，中州古籍出版社 1993 年版。

赵芝荃：《洛阳三代都邑考实及其文化异同》，《河洛文明论文集》，中州古籍出版社 1993 年版。

安志敏：《试论中国的早期铜器》，《考古》1993 年第 12 期。

杜金鹏：《夏商文化断代新探》，《中原文物》1993年第1期。

林木：《八十年代河南夏商考古的新发现》，《中原文物》1993年第3期。

宋豫秦：《擂钵的功用》，《华夏考古》1993年第1期。

王克林：《试论东下冯类型文化的渊源》，《文物春秋》1993年第3期。

杜金鹏：《二里头早期宫殿基址的发现与其科学价值》，《河洛春秋》1993年第3期。

程传斌：《河洛在夏代政治疆域中的地位》，《河洛春秋》1993年第3期。

张诚：《夏代早期都城今何在》，《河洛春秋》1993年第4期。

周苏平：《夏氏族邦考》，《中国史研究》1993年第4期。

赵芝荃：《探索夏文化三十年》，《中国考古学论丛（中国社会科学院考古研究所建所40年纪念）》，科学出版社1993年版。

郑光：《二里头遗址与我国早期青铜文明》，《中国考古学论丛（中国社会科学院考古研究所建所40年纪念）》，科学出版社1993年版。

陈剩勇：《夏文化发祥地在东南——试以夏族埋葬礼俗及其礼祭器作证》，《中华民族史研究》（一），广西人民出版社1993年版。

陈志达：《夏商玉器综述》，《中国玉器全集》（2），河北美术出版社1993年版。

李德方：《二里头类型文化的来源及相关问题》，《青果集》，知识出版社1993年版。

姚政：《关于夏文化的几个问题》，《大禹与夏文化研究》，巴蜀书社1993年版。

郭水林：《从禹封夏邑到夏王朝的建立》，《大禹与夏文化研究》，巴蜀书社1993年版。

杜金鹏：《二里头早期大型建筑基址的发现及其意义》，《中国文物报》1993年2月28日。

王仲孚：《最近三十年夏代考古与夏文化探索的检讨（1959—1992）》，《台湾师范大学历史学报》第21期，1993年。

1994年

宋镇豪：《夏商社会生活史》，中国社会科学出版社1994年版。

陈剩勇：《中国第一王朝的崛起：中华文明和国家起源之谜破译》，湖南出版社1994年版。

杜金鹏：《论临朐朱封龙山文化玉冠饰及相关问题》，《考古》1994年第1期。

林秀贞：《试论稍柴下层遗存的文化性质》，《考古》1994年第12期。

杜金鹏：《商周铜爵研究》，《考古学报》1994年第3期。

吴汝祚：《后岗二期文化煤山类型与二里头文化的关系以及桀奔南巢》，《中原文物》1994年第2期。

方酉生：《论二里头遗址的文化性质——兼论夏代国家的形成》，《华夏考古》1994年第1期。

孙广清、杨育彬：《从龙山文化城址谈起——兼论夏代国家的形成》，《华夏考古》1994年第2期。

李维明：《从二里头文化晚期遗存与先商文化异同看其性质归属》，《华夏考古》1994年第3期。

郑若葵：《论二里头文化类型墓葬》，《华夏考古》1994年第4期。

肖冰：《夏文化内涵特征疑问》，《华夏考古》1994年第4期。

邹衡：《与肖冰先生商谈夏文化的内涵问题》，《华夏考古》1994年第4期。

沈长云：《夏后氏居于古河济之间考》，《中国史研究》1994年第3期。

杨伯达：《牙璋述要》，《故宫博物院院刊》1994年第3期。

周述椿：《四千年前黄河北流改道与鲧禹》，《中国历史地理论丛》1994年第1期。

陈昌远：《河洛地区——华夏文明的策源地》，《史学月刊》1994年第1期。

杜金鹏：《夏商考古新的发现与思考》，《郑州大学学报》1994年第1期。

黄盛璋：《中国青铜时代最早形成的地域和年代初论》，《传统文化与现代化》1994年第1期。

杜迺松：《论夏代青铜器》，《文史知识》1994年第2期。

郑光：《从二里头遗址的牙璋谈起》，《文物天地》1994年第2期。

李笑野：《斧钺的文化释义》，《社会科学战线》1994年第5期。

沈长云：《论禹治洪水真相兼论夏史研究诸问题》，《学术月刊》1994年第6期。

王宁：《夷夏关系新论》，《东岳论丛》1994年第6期。

李炳海：《明水玄酒频繁蕴藻：从祭品看夏文化特征及影响》，《山西大学学报》（哲学社会科学版）第17卷第3期，1994年。

河南省文物研究所：《河南考古四十年（1952—1992）·夏商时代》，河南人民出版社1994年版。

吴诗池：《试论中国铜器和青铜文化本土起源》，《中国文物世界》1994年第8期。

郑光：《略论牙璋》，《南中国及邻近地区古文化研究——庆祝郑德坤教授从事学术活动六十周年论文集》，香港中文大学出版社1994年版。

李学勤：《试论牙璋及其文化背景》，《南中国及邻近地区古文化研究——庆祝郑德坤教授从事学术活动六十周年论文集》，香港中文大学出版社1994年版。

王克林：《论玉璋的起源与功能》，《南中国及邻近地区古文化研究——庆祝郑德坤教授从事学术活动六十周年论文集》，香港中文大学出版社1994年版。

商志䅽：《香港大丫湾牙璋及其相关问题——兼论中原地区的圭璋礼制》，《南中国及邻近地区古文化研究——庆祝郑德坤教授从事学术活动六十周年论文集》，香港中文大学出版社1994年版。

邓淑苹：《牙璋研究》，《南中国及邻近地区古文化研究——庆祝郑德坤教授从事学术活动六十周年论文集》，香港中文大学出版社1994年版。

李伯谦：《香港南丫岛出土牙璋的时代和意义》，《南中国及邻近地区古文化研究——庆祝郑德坤教授从事学术活动六十周年论文集》，香港中文大学出版社1994年版。

裴安平：《中原"牙璋"南下沿海的路线与意义》，《南中国及邻近地区古文化研究——庆祝郑德坤教授从事学术活动六十周年论文集》，香港中文大学出版社1994年版。

张学海：《牙璋杂谈》，《南中国及邻近地区古文化研究——庆祝郑德坤教授从事学术活动六十周年论文集》，香港中文大学出版社1994年版。

1995 年

朱凤瀚：《古代中国青铜器》，南开大学出版社1995年版。

苏荣誉、华觉明等：《中国上古金属技术》，山东科学技术出版社1995年版。

洛阳市第二文物工作队编：《夏商文明研究——91年洛阳"夏商文化国际研讨会"专集》，中州古籍出版社1995年版。

方酉生：《偃师二里头遗址第三期遗存与桀都斟寻》，《考古》1995年第2期。

李维明：《尸乡沟夏商遗址年代解析与综合》，《中原文物》1995年第1期。

吉琨璋：《晋南龙山期文化同东下冯类型的关系》，《中原文物》1995年第2期。

杨新改、韩建业：《禹征三苗探索》，《中原文物》1995年第2期。

张得水：《河洛地区的文明起源》，《中原文物》1995年第3期。

王宇信：《一部充满探索精神和开拓性的著作——读宋镇豪〈夏商社会生活史〉》，《中原文物》1995年第3期。

李伯谦：《中国文明的起源与形成》，《华夏考古》1995年第4期。

柴晓明：《商周青铜面饰的用途及相关问题》，《文物季刊》1995年第2期。

［美］洛沙·冯·福尔肯霍森：《论中国考古学的编史倾向》，陈淳译，《文物季刊》1995年第2期。

朱凤瀚：《评〈夏商社会生活史〉》，《中国史研究》1995年第3期。

陈潜之：《走向世界学坛——评陈剩勇著〈中国第一王朝的崛起〉》，《东南文化》1995年第2期。

陈剩勇：《夏文化东南说》，《寻根》1995年第1期。

李友谋、陈旭：《从殷墟到二里头——夏文化探索述略》，《寻根》1995年第1期。

杨育彬：《夏文化的上下时限——兼论郑州商城的属性》，《寻根》1995年第1期。

安志敏：《中国文明起源始于二里头文化——兼谈多元说》，《寻根》1995年第6期。

李先登：《洛阳建都从夏代开始》，《河洛春秋》1995年第1期。

李健民：《1994年夏文化研究的几个方面》，《先秦史研究动态》1995年第2期。

秦慧密：《全国夏文化学术研讨会在洛阳召开》，《先秦史研究动态》1995年第2期。

仁言：《开拓与探索——读宋镇豪〈夏商社会生活史〉》，《先秦史研究动态》1995年第2期。

徐良高：《夏商周关系的考古学探索的几点思考》，《先秦史研究动态》1995年第2期。

杨育彬：《文明起源·夏文化·河南古城新发现》，《先秦史研究动态》1995年第2期。

张立东：《关于夏文化的年代上限》，《先秦史研究动态》1995年第2期。

郑光：《二里头遗址的发掘与夏文化的探讨》，《先秦史研究动态》1995年第2期。

陈天心：《中华文明起源研究的新视野：评陈剩勇〈中国第一王朝的崛起〉的学术价值》，《浙江社会科学》1995年第2期。

郭洪涛：《试析二里头遗址与夏代三都》，《古都文化》第8期，1995年。

赵芝荃：《论夏商三都》，《古都文化》第8期，1995年。

郑光：《二里头陶器文化论略》，《二里头陶器集粹》，中国社会科学出版社1995

年版。

晁华山：《夏代考古与大禹治水（提纲）》，《大禹论》，浙江大学出版社 1995 年版。

葛剑雄：《从夏文化看中华文明多源、一元和多样的特点》，《大禹论》，浙江大学出版社 1995 年版。

金子：《二里头类型探源——兼论早期夏文化》，《中国文物报》1995 年 4 月 16 日。

刘学顺：《〈夏商社会生活史〉简评》，《中国文物报》1995 年 4 月 23 日。

杨贵金、张立东：《武陟大司马遗址的剥头皮遗痕及其意义》，《中国文物报》1995 年 8 月 27 日。

杜金鹏：《纵横交织的阴阳网络——夏商时期的男女社会关系》，《阳刚与阴柔的变奏——两性关系和社会模式》，中国社会科学出版社 1995 年版。

马承源：《夏商青铜器考古成就的若干探讨》，《文物考古论丛——敏求精舍三十周年纪念论文集》，（香港）敏求精舍·两木出版社 1995 年版。

杨美莉：《细述二里头文化的玉器风格》（上、下），《故宫文物月刊》第 144、145 期，1995 年。

1996 年

晁福林：《夏商西周的社会变迁》，北京师范大学出版社 1996 年版。

李纯一：《中国上古出土乐器综论》，文物出版社 1996 年版。

中国先秦史学会、洛阳市第二文物工作队编：《夏文化研究论集》，中华书局 1996 年版。

许顺湛：《神秘的洛汭》，《河南文物考古论集》，河南人民出版社 1996 年版。

李友谋：《如何评估夏文化探索取得的进展》，《河南文物考古论集》，河南人民出版社 1996 年版。

叶万松、李德方：《三代都洛水系考辨》，《河南文物考古论集》，河南人民出版社 1996 年版。

秦文生、杨振威：《试谈夏文化的起源及其传播》，《河南文物考古论集》，河南人民出版社 1996 年版。

刘春迎：《浅谈河南杞县境内的二里头文化》，《河南文物考古论集》，河南人民出版社 1996 年版。

杨肇清：《原城考》，《河南文物考古论集》，河南人民出版社 1996 年版。

张锴生：《桀都管窥》，《河南文物考古论集》，河南人民出版社 1996 年版。

安金槐：《王城岗、二里头、尸乡沟商城和郑州商城的文化分期与发展序列》，《河南文物考古论集》，河南人民出版社 1996 年版。

安金槐：《对于偃师二里头商代早期遗址和偃师商城"西亳"说的进一步认识》，《洛阳考古四十年——一九九二年洛阳考古学术研讨会论文集》，科学出版社 1996 年版。

李仰松：《王湾遗址有关学术问题的探索》，《洛阳考古四十年——一九九二年洛阳考古学术研讨会论文集》，科学出版社 1996 年版。

赵春青：《中原龙山文化王湾类型再分析》，《洛阳考古四十年——一九九二年洛阳考古学术研讨会论文集》，科学出版社 1996 年版。

李绍连：《伊洛系文化是中国早期文明的主源》，《洛阳考古四十年——一九九二年洛阳考古学术研讨会论文集》，科学出版社 1996 年版。

陈旭：《中原文明起源多元论与中心论》，《洛阳考古四十年——一九九二年洛阳考古学术研讨会论文集》，科学出版社 1996 年版。

霍宏伟：《中国夏代艺术构成》，《洛阳考古四十年——一九九二年洛阳考古学术研讨会论文集》，科学出版社 1996 年版。

严文明：《中国王墓的出现》，《考古与文物》1996 年第 1 期。

王学荣：《偃师商城与二里头遗址的几个问题》，《考古》1996 年第 5 期。

袁广阔：《河南二里头文化墓葬的几个问题》，《考古》1996 年第 12 期。

王永波：《耜形端刃器的分类与分期》，《考古学报》1996 年第 1 期。

方酉生：《偃师尸乡沟商城是"夏桀所筑，商代利用的城邑"吗？》，《中原文物》1996 年第 1 期。

董琦：《虞夏时期的社会发展阶段》，《中原文物》1996 年第 3 期。

韩建业：《中国上古时期三大集团交互关系探讨》，《北京大学学报》1996 年第 1 期。

刘国城：《夏史四论》，《河洛春秋》1996 年第 1 期。

王青：《试论华夏与东夷集团文化交流及融合的地理背景》，《中国史研究》1996 年第 2 期。

晁福林：《我国文明时代初期社会发展道路及夏代社会研究》，《史学理论研究》1996 年第 3 期。

方酉生：《夏王朝中心在伊洛和汾浍河流域考析——兼与〈夏后氏居于古河济之间考〉一文商榷》，《武汉大学学报》（哲学社会科学版）1996 年第 3 期。

刘春迎：《河南杞县境内夏商夷三族之考古学文化》，《史学月刊》1996年第3期。

张诚：《试论夏都变迁地域》，《郑州大学学报》（哲学社会科学版）1996年第3期。

杨生民：《夏商周时期铜犁、石犁与牛耕试探》，《首都师范大学学报》（社会科学版）1996年第6期。

王志俊：《中国早期铜器的起源与发展》，《文博》1996年第6期。

安金槐：《河南夏商考古与"夏商断代工程"》，《寻根》1996年第5期。

李学勤：《多学科结合的"夏商周断代工程"》，《寻根》1996年第5期。

李伯谦：《考古学研究与"夏商周断代工程"》，《寻根》1996年第5期。

张国硕：《夏商周三族起源研究综述》，《中国史研究动态》1996年第10期。

戴彤心：《夏商考古收获》，《考古文物研究——纪念西北大学考古专业成立四十周年文集（1956—1996）》，三秦出版社1996年版。

［以色列］吉迪：《青铜时代早期中国北方的社会形态——关于二里头文化和夏家店下层文化的比较研究》，刘景岚译，《昭乌达蒙族师专学报》1996年第3期。

杨育彬：《夏和商早、中期青铜器概论》，《中国青铜器全集·夏商1》，文物出版社1996年版。

李学勤：《夏商周年代学的新希望》，《中国文物报》1996年9月29日。

刘春迎：《河南杞县境内的二里头文化》，《中国文物报》1996年10月27日。

殷志强：《夏代玉器初探》，《故宫文物月刊》第162期，1996年。

［日］林巳奈夫：《关于偃师二里头遗址发现玉器》，《台湾大学美术史研究集刊》第三期，1996年。

1997年

［日］林巳奈夫：《中国古玉研究》，杨美莉译，（台北）艺术图书公司1997年版。

陈星灿：《青铜时代与玉器时代——再论中国文明的起源》，《考古求知集——'96考古研究所中青年学术讨论会文集》，中国社会科学出版社1997年版。

唐际根：《也谈中国青铜时代的形成与中国青铜器的特点》，《考古求知集——'96考古研究所中青年学术讨论会文集》，中国社会科学出版社1997年版。

张立东：《山西夏都考辨》，《考古求知集——'96考古研究所中青年学术讨论会文集》，中国社会科学出版社1997年版。

中国社会科学院考古研究所夏商周考古研究室：《考古研究所夏商周考古二十年》，《考古》1997年第8期。

韩建业、杨新改：《王湾三期文化研究》，《考古学报》1997年第1期。

李仲操：《对武王克商年份的更正——兼论夏商周年代》，《中原文物》1997年第1期。

杨贵金：《沁水下游的夏文化与先商文化》，《中原文物》1997年第2期。

李维明：《再议东下冯类型》，《中原文物》1997年第2期。

郑杰祥：《论禹、戎禹和九州的关系》，《中原文物》1997年第3期。

赵成甫、董全生：《试论桐柏月河春秋墓出土的牙璋》，《中原文物》1997年第4期。

王迅：《二里头文化与中国古代文明》，《考古与文物》1997年第3期。

安金槐：《豫西颍河上游在探索夏文化遗存中的重要地位》，《考古与文物》1997年第3期。

李桃元：《青铜封口盉》，《江汉考古》1997年第2期。

方酉生：《偃师尸乡沟城址是商汤灭夏之后始建之西亳》，《江汉考古》1997年第4期。

王克林：《论夏族的起源》，《文物季刊》1997年第3期。

曹兵武：《夏商周国家的特点及其启示》，《南方文物》1997年第1期。

蔡凤书：《城址、文字及文明的起源》，《中国史研究》1997年第1期。

高大伦、李峰等：《夏史物证——兼论歧锋端刃器的定名》，《中国史研究》1997年第2期。

董楚平：《夏杼钩沉》，《浙江社会科学》1997年第1期。

吴少珉、郭洪涛：《二里头遗址即夏都斟寻考》，《洛阳大学学报》1997年第1期。

李学勤：《二里头陶器的一个奇异符号》，《华学》1997年第2辑。

尤中：《夏朝的建立和华夏民族的形成及与周边民族的关系》，《思想战线》1997年第3期。

范琪：《论夏商周三代青铜礼器的工艺文化特征》，《史学月刊》1997年第4期。

姚一彬：《洪水传说与中国早期国家的形成》，《史学月刊》1997年第4期。

韩建业：《夏文化的起源与发展阶段》，《北京大学学报》（哲学社会科学版）1997年第4期。

常耀华：《走进夏商》，《读书》1997年第3期。

杨育彬：《"夏商前期考古年代学研讨会"记略》，《寻根》1997年第6期。

张立东：《1995年夏代考古与夏史研究》，《中国史研究动态》1997年第10期。

王仲孚：《试论夏史研究的考古学基础》，《中国考古学与历史学之整合研究》（上），"中央研究院"历史语言研究所1997年版。

1998年

李民、张国硕：《夏商周三族源流探索》，河南人民出版社1998年版。

邹衡：《夏商周考古学论文集》（续集），科学出版社1998年版。

中国社会科学院考古研究所编：《中国商文化国际学术讨论会论文集》，中国大百科全书出版社1998年版。

路迪民、王大业：《中国古代冶金与金属文物》，陕西科学技术出版社1998年版。

李伯谦：《中国青铜文化结构体系研究》，科学出版社1998年版。

高炜、杨锡璋等：《偃师商城与夏商文化分界》，《考古》1998年第10期。

袁广阔：《试论夏商文化的分界》，《考古》1998年第10期。

贾洪波：《爵用新考》，《中原文物》1998年第3期。

吕琪昌：《从夏文化的礼器探讨夏族的起源》，《中原文物》1998年第3期。

刘莉：《龙山文化的酋邦与聚落形态》，星灿译，《华夏考古》1998年第1期。

李文杰、张居中：《渑池县郑窑遗址二里头文化制陶工艺研究》，《华夏考古》1998年第2期。

周军、朱亮：《驻马店杨庄遗址发现的兽骨及其意义》，《考古与文物》1998年第5期。

李学勤：《多学科相结合的"夏商周断代工程"及其新进展》，《中国史研究》1998年第4期。

吴晋生、吴薇薇：《夏商周三代纪年考辨：兼评〈竹书纪年〉研究的失误》，《天津师大学报》（社会科学版）1998年第1期。

赵光贤：《夏商周年代考》，《人文杂志》1998年第2期。

黄历鸿、吴晋生：《古代日食与古代纪年》，《人文杂志》1998年第4期。

方燕明：《追寻早期夏文化的踪迹》，《民族艺术》1998年第3期。

王明钦：《〈归藏〉与夏启的传说——兼论台与祭坛的关系及钧台的地望》，《华学》第3辑，1998年。

赵芝荃：《洛阳夏商周三代都邑发掘记》，《河南文史资料》1998年第3辑。

杨贵金：《大司马遗址保护发掘追记》，《文物天地》1998年第4期。

谭继和:《禹文化西兴东渐简论》,《四川文物》1998 年第 6 期。

朱玲玲:《夏代的疆域》,《史学月刊》1998 年第 4 期。

张国硕:《从夏族北上晋南看夏族的起源》,《郑州大学学报》(哲学社会科学版) 1998 年第 6 期。

安志敏:《记二里头的鸭形陶器》,《河南博物院落成暨河南省博物馆建馆七十周年纪念论文集》,中州古籍出版社 1998 年版。

许天申:《洛阳盆地古河道变迁初步研究》,《河南博物院落成暨河南省博物馆建馆七十周年纪念论文集》,中州古籍出版社 1998 年版。

杜金鹏:《试论夏文化探索》,《刘敦愿先生纪念文集》,山东大学出版社 1998 年版。

高大伦:《对二里头文化的几点认识》,《四川大学考古专业创建三十五周年纪念文集》,四川大学出版社 1998 年版。

李合群:《开封地区夏商文化探索》,《开封考古发现与研究》,中州古籍出版社 1998 年版。

刘春迎:《浅谈开封地区的早期考古学文化》,《开封考古发现与研究》,中州古籍出版社 1998 年版。

郑光:《二里头遗址的发掘与研究》,《中国社会科学院考古研究所考古博物馆洛阳分馆》,文化艺术出版社 1998 年版。

杨育彬:《从考古发现谈夏、商年代学研究及其相关问题》,《徐中舒先生百年诞辰纪念集》,巴蜀书社 1998 年版。

张强禄:《龙山时代与二里头文化时期——中国文明起源的两个阶段》,《广州文物考古集》,文物出版社 1998 年版。

赵清:《偃师商城与桀都斟寻》,《跋涉集》,北京图书馆出版社 1998 年版。

何宏波:《夏商周三族起源说之再审视——简评〈夏商周三族源流探索〉》,《中国文物报》1998 年 9 月 9 日。

林沄:《早期北方系青铜器的几个问题》,《林沄学术文集》,中国大百科全书出版社 1998 年版。

[日] 冈村秀典:《公元前二千年前后中国玉器之扩张》,《东亚玉器》第 1 册,香港中文大学,1998 年。

郑光:《二里头玉器与中国玉器文化》,《东亚玉器》第 2 册,香港中文大学,1998 年。

吕琪昌:《谈"斝"说"柱"话始源》,《故宫文物月刊》第 15 卷第 11 期,

1998年。

张忠培：《夏、商、周三代及其前期考古学的进展与前瞻》，《故宫学术季刊》第15卷第4期，1998年。

陈力：《徐中舒先生与夏文化研究》，《新学术之路——中央研究院历史语言研究所七十周年纪念文集》，"中央研究院"历史语言研究所1998年版。

朱歧祥：《论夏文字与夏文化》，《甲骨文研究——中国古文字与文化论稿》，里仁书局1998年版。

朱歧祥：《说羌——评估甲骨文的羌是夏遗民说》，《甲骨文研究——中国古文字与文化论稿》，里仁书局1998年版。

杨美莉：《石、玉戈的研究》（上），《故宫学术季刊》第十六卷第一期，1998年。

1999年

宋镇豪：《夏商时期的饮食》（中国饮食史·卷一），华夏出版社1999年版。

王巍：《夏商周考古学五十年》，《考古》1999年第9期。

谭德睿：《中国青铜时代陶范铸造技术研究》，《考古学报》1999年第2期。

李学勤：《夏商周年代学研究的历史任务》，《文物》1999年第3期。

李伯谦：《夏商周断代工程考古课题的新进展》，《文物》1999年第3期。

王清：《大禹治水的地理背景》，《中原文物》1999年第1期。

赵芝荃：《简论夏朝的断代问题——为纪念二里头遗址发掘四十周年而作》，《中原文物》1999年第1期。

吕琪昌：《从史前陶鬶与商代铜斝的关系探讨夏、商文化的分际》，《华夏考古》1999年第1期。

赵芝荃：《论夏、商文化的更替问题——为纪念二里头遗址发掘40周年而作》，《考古与文物》1999年第2期。

邹衡：《关于夏文化的上限问题——与李伯谦先生商讨》，《考古与文物》1999年第5期。

程鹏、朱斌：《试论文化中断的成因及其方向》，《东南文化》1999年第4期。

冯时：《〈尧典〉历法体系的考古学研究》，《文物世界》1999年第1期。

田昌五：《中国古史中的年代问题》，《殷都学刊》1999年第4期。

周南泉：《中国古玉料定义和产地考》，《文博》1999年第6期。

李少龙：《青铜爵的功用、造型及其与商文化的关系》，《南开学报》1999年第1期。

刘正云：《对"夏代有无文字不得而知"的质疑》，《曲靖师专学报》1999年第2期。

李建党：《夏商周三族发展轨迹的再现——读〈夏商周三族源流探索〉》，《郑州大学学报》1999年第2期。

郑慧生：《斟寻地望考》，《许昌师专学报》1999年第3期。

李伯谦：《关于夏王朝始年的一些思考》，《古代文明研究通讯》总第三期，1999年。

李维明：《夏代铜器群研究》，《首都师范大学史学研究》，首都师范大学出版社1999年版。

王浩：《最早的冶铸容器——铜爵》，《文史知识》1999年第4期。

艾兰：《夏之谜》，《早期中国历史思想与文化》，辽宁教育出版社1999年版。

方孝廉：《从考古学文化看豫西地区古环境的变迁》，《耕耘论丛》（一），科学出版社1999年版。

李虹、刁淑琴：《关于夏代立国前后的一点浅思》，《耕耘论丛》（一），科学出版社1999年版。

赵芝荃：《论夏、商三都的更迭问题》，《洛阳博物馆建馆四十周年纪念文集（1958—1998）》，科学出版社1999年版。

田昌五、方辉：《"景亳之会"的考古学观察》，《夏商周文明研究》，中国文联出版社1999年版。

张剑：《关于洛阳二里头文化时期墓葬的几个问题》，《夏商周文明研究》，中国文联出版社1999年版。

王献本：《二里头一期文化的社会性质》，《洛阳博物馆建馆四十周年纪念文集（1958—1998）》，科学出版社1999年版。

许宏：《论夏商西周三代城市之特质》，《三代文明研究》（一），科学出版社1999年版。

张国硕：《论夏商周三族的起源》，《三代文明研究》（一），科学出版社1999年版。

张剑：《商周柄形玉器（玉圭）考》，《三代文明研究》（一），科学出版社1999年版。

徐昭峰：《"夏商周断代工程"启动以来有关夏商分界研究概述》，《中国文物报》1999年6月16日。

江林昌：《夏商周断代工程的实施与进展》，《中国文物报》1999年6月23日。

高炜：《关于夏商分界研究的补白》，《中国文物报》1999年7月7日。

陈彦堂：《原城遗址的发掘与夏都原城》，《中国文物报》1999年11月10日。

果美侠、李维明：《聚合夏年》，《中国文物报》1999年11月24日。

董琦：《王朝更替与文化融合》，《中国文物报》1999年11月24日。

李学勤：《谈伊朗沙赫达德出土的红铜爵、觚形器》，《欧亚学刊》第一辑，中华书局1999年版。

孙华：《中原青铜文化系统的几个问题》，《中国考古学的跨世纪反思》，（香港）商务印书馆有限公司1999年版。

冰白：《从龙山晚期的中原态势看二里头文化的形成——兼谈早期夏文化的几个问题》，《中国考古学的跨世纪反思》，商务印书馆（香港）有限公司1999年版。

王仲孚：《从夏都地望看夏代的中央与地方》，《中华民国史专题第五届讨论会论文集——国史上中央与地方的关系》，国史馆，1999年版。

2000年

夏商周断代工程专家组：《夏商周断代工程1996—2000年阶段成果报告（简本）》，世界图书出版公司2000年版。

李学勤：《夏商周年代学札记》，辽宁教育出版社2000年版。

陈旭：《夏商文化论集》，科学出版社2000年版。

董琦：《虞夏时期的中原》，科学出版社2000年版。

安金槐主编：《中国陶瓷全集·2：夏、商、周、春秋、战国（中国美术分类全集）》，上海人民美术出版社2000年版。

杜金鹏：《读〈偃师二里头〉》，《考古》2000年第8期。

项阳：《山西商以前及商代特磬的调查与测音分析》，《考古》2000年第11期。

金正耀：《二里头青铜器的自然科学研究与夏文明探索》，《文物》2000年第1期。

夏商周断代工程专家组：《夏商周断代工程1996—2000阶段成果概要》，《文物》2000年第12期。

李伯谦：《关于早期夏文化——从夏商周王朝更迭与考古学文化变迁的关系谈起》，《中原文物》2000年第1期。

顾万发：《试论新砦陶器盖上的饕餮纹》，《华夏考古》2000年第4期。

赵芝荃：《夏商分界界标之研究》，《考古与文物》2000年第3期。

郑光：《夏商文化是二元还是一元——探索夏文化的关键之二》，《考古与文物》

2000年第3期。

秦小丽：《二里头文化的地域间交流——以山西省西南部的陶器动态为中心》，《考古与文物》2000年第4期。

刘莉、陈星灿：《城：夏商时期对自然资源的控制问题》，《东南文化》2000年第3期。

张天恩：《试论关中东部夏代文化遗存》，《文博》2000年第3期。

李维明：《20世纪夏史与夏文化探索综论》，《河南大学学报》（社会科学版）2000年第3期。

温玉春、张进良：《夏氏族起于山东考》，《河北师范大学学报》2000年第4期。

武家璧：《新砦遗址发掘的一点认识》，《青年考古学家》第12期，2000年。

周书灿：《夏代早期国家结构探析》，《中州学刊》2000年第1期。

高光晶：《中国国家形成于夏代吗?》，《湖南师范大学社会科学学报》2000年第2期。

徐建春：《大禹、会稽与夏文化》，《杭州师范学院学报》2000年第2期。

安金槐：《河南豫西夏文化探索记略》，《河南文物考古论集》（二），中州古籍出版社2000年版。

杨贵金：《商人灭夏的进军路线新探》，《河南文物考古论集》（二），中州古籍出版社2000年版。

李先登：《中国古代文明起源与夏文化》，《中国历史博物馆考古部纪念文集》，科学出版社2000年版。

李学勤：《夏商周断代工程的新进展（提要）》，《文化的馈赠：汉学研究国际会议论文集》（考古学卷），北京大学出版社2000年版。

傅仁杰、张国维：《河东与夏文化的关系》，《山西省考古学会论文集》（三），山西古籍出版社2000年版。

谢高文：《从二里头文化探索中国文明的起源》，《文物考古论集——咸阳市文物考古研究所成立十周年纪念》，三秦出版社2000年版。

袁广阔：《从古文献与考古资料看夏文化的起始年代》，《河南大学学报》（社会科学版）第40卷第1期，2000年。

殷玮璋：《三代年代学研究的新进展》，《中国文物报》2000年1月10日。

李维明：《关于夏商分界的标准及其它》，《中国文物报》2000年3月29日。

徐基：《岳石文化与二里头文化、商文化研究的切入点——两则不容忽视的考古材料》，《中国文物报》2000年5月17日。

陈旭：《邹衡先生与夏文化探索》，《中国文物报》2000 年 6 月 14 日。

董琦：《说夏年》，《中国文物报》2000 年 6 月 21 日。

杨亚长：《东龙山遗址的年代与文化性质》，《中国文物报》2000 年 8 月 9 日。

何驽：《从异质性文化斑块角度看早期夏文化问题——景观生态学理论与考古学研究思考之四》，《中国文物报》2000 年 8 月 30 日。

董琦：《关于早期夏文化问题》，《中国文物报》2000 年 9 月 20 日。

仇士华：《夏商西周的 ^{14}C 年代学框架》，《中国文物报》2000 年 10 月 11 日。

李维明：《夏商周断代工程期间的夏商文化研究综述》（一、二），《中国文物报》2000 年 10 月 11、18 日。

李卫、解冰：《夏商周断代工程成果重大 〈夏商周年表〉正式公布》，《中国文物报》2000 年 11 月 12 日。

王巍：《近年来夏商周考古学研究的主要进展》（上、下），《光明日报》2000 年 2 月 25 日、3 月 3 日。

李伯谦：《夏商周年代学的考古学基础》，《光明日报》2000 年 11 月 24 日。

王克林：《陶寺晚期龙山文化与夏文化》，《黄河文化论坛》第四辑，中国戏曲出版社 2000 年版。

张得水：《夏部族图腾问题探索》，《中华第一龙》，中州古籍出版社 2000 年版。

2001 年

李先登：《夏商周青铜文明探研》，科学出版社 2001 年版。

陈旭：《夏商考古》，文物出版社 2001 年版。

张国硕：《夏商时代都城制度研究》，河南人民出版社 2001 年版。

江林昌：《夏商周文明新探》，浙江人民出版社 2001 年版。

张立东、任飞主编：《手铲释天书——与夏文化探索者的对话》，大象出版社 2001 年版。

岳南：《千古学案：夏商周断代工程纪实》，浙江人民出版社 2001 年版。

杨鸿勋：《宫殿考古通论》，紫禁城出版社 2001 年版。

郑光：《浅谈中国玉器文化与上古文明》，《海峡两岸古玉学会议论文专辑》，台湾大学理学院地质科学系，2001 年。

高大伦：《古玉中的远古文明资讯举隅》，《海峡两岸古玉学会议论文专辑》，台湾大学理学院地质科学系，2001 年。

李健民：《论夏商周玉戈及相关问题》，《海峡两岸古玉学会议论文专辑》，台湾大学理学院地质科学系，2001 年。

杨亚长：《陕西夏代玉器的发现与初步研究》，《海峡两岸古玉学会议论文专辑》，台湾大学理学院地质科学系，2001 年。

仇士华、蔡莲珍：《夏商周断代工程中的碳十四年代框架》，《考古》2001 年第 1 期。

殷玮璋：《三代年代学研究的新突破》，《考古》2001 年第 1 期。

江林昌：《来自夏商周断代工程的报告》，《中原文物》2001 年第 1 期。

杨育彬：《^{14}C 年代框架与三代考古学文化分期——夏商周断代工程课题研究札记》，《中原文物》2001 年第 1 期。

郑杰祥：《二里头二期文化与后羿代夏问题》，《中原文物》2001 年第 1 期。

仇士华：《夏商周断代工程与中国科技测年技术的发展》，《中原文物》2001 年第 2 期。

方燕明：《夏商周断代工程中的早期夏文化研究》，《中原文物》2001 年第 2 期。

李伯谦：《我们还有很多工作要做》，《中原文物》2001 年第 2 期。

刘绪：《有关夏代年代和夏文化测年的几点看法》，《中原文物》2001 年第 2 期。

杨育彬：《夏商周断代工程与夏商考古》，《中原文物》2001 年第 2 期。

殷玮璋：《年代学研究的新进展》，《中原文物》2001 年第 2 期。

张国硕：《夏商周断代工程中与夏商周族源研究》，《中原文物》2001 年第 2 期。

李先登：《夏文化与中国古代文明起源》，《中原文物》2001 年第 3 期。

王金秋：《谈二里头遗址出土的铜牌饰》，《中原文物》2001 年第 3 期。

方燕明：《早期夏文化研究中的几个问题》，《中原文物》2001 年第 4 期。

高蕾：《河南省出土石磬初探》，《中原文物》2001 年第 5 期。

张雪莲、仇士华：《关于夏商周碳十四年代框架》，《华夏考古》2001 年第 3 期。

王克林：《从出土文物看夏遗民的迁徙》，《考古与文物》2001 年第 2 期。

何驽：《青铜时代与青铜文明概念管锥》，《考古与文物》2001 年第 3 期。

赵芝荃：《夏社与桐宫》，《考古与文物》2001 年第 4 期。

叶万松、李德方：《偃师二里头遗址兽纹铜牌考识》，《考古与文物》2001 年第 5 期。

方酉生：《评〈偃师二里头〉及相关问题》，《殷都学刊》2001 年第 1 期。

曹定云：《中国文字起源试探》，《殷都学刊》2001 年第 3 期。

贾洪波：《关于商周青铜爵用途之说的检讨》，《殷都学刊》2001 年第 4 期。

阎向东：《情系夏商周——邹衡先生访谈录》，《文物世界》2001 年第 2 期。

王克林:《陶寺晚期龙山文化与夏文化——论华夏文明的形成》,《文物世界》2001年第5、6期。

黄石林:《陶寺遗址乃尧至禹都论》,《文物世界》2001年第6期。

薛瑞泽:《先秦秦汉河洛地区的冶铸业》,《四川文物》2001年第3期。

高西省:《洛阳三代青铜器综论》,《文博》2001年第4期。

杨亚长:《试论牙璋》,《文博》2001年第4期。

刘持平:《中国原始指纹画的发现与研究》,《东南文化》2001年第5期。

梅建军:《关于中国冶金起源及早期铜器研究的几个问题》,《吐鲁番学研究》2001年第2期。

杜金鹏:《新砦文化与二里头文化——夏文化再探讨随笔》,《中国社会科学院古代文明研究中心通讯》第2期,2001年。

陈星灿、刘莉:《夏商周断代工程引起的网上讨论纪实》,《古代文明研究通讯》总第九期,2001年。

高西省:《典雅 古朴 肃穆 凝重——洛阳博物馆夏商周青铜器述略》,《文物天地》2001年第4期。

关晓武:《青铜编钟起源的探讨》,《文物保护与考古科学》2001年第2期。

果美侠、李维明:《夏年新证》,《首都师范大学学报》2001年第2期。

杜金鹏:《关于二里头文化刻画符号问题》,《中国书法》2001年第2期。

王蕴智:《从远古刻划符号谈汉字的起源·二里头文化刻划符号》,《中国书法》2001年第2期。

王芸:《陶埙》,《乐器》2001年第11期。

华觉明:《从陶寺铜铃到中华和钟——双音青铜编钟的由来、衍变和创新》,《清华大学学报》(哲学社会科学版)第15卷第5期,2000年;《青铜文化研究》(二集),2001年。

黄盛璋:《中国文明时代青铜时代形成的地域和年代的综合研究》,《青铜文化研究》(二集),2001年。

杨育彬:《河南出土夏商青铜器研究》,《青铜文化研究》(二集),黄山书社2001年版。

郑光:《二里头斧类玉礼器的装柄及相关问题》,《出土玉器鉴定与研究》,紫禁城出版社2001年版。

程平山:《关于早期夏文化问题》,《中国文物报》2001年1月24日。

李维明:《释传说为信史的力作——评董琦博士〈虞夏时期的中原〉》,《中国文物报》2001 年 2 月 21 日。

刘星：《缺席的对话——夏商周断代工程引起的海外学术讨论纪实》，《中国文物报》2001 年 6 月 6 日。

张国硕：《夏纪年与夏文化遗存刍议》，《中国文物报》2001 年 6 月 20 日。

张雪莲：《夏商周断代工程中 ^{14}C 测年是怎样参与解决历史时期年代问题的》，《中国文物报》2001 年 12 月 28 日。

李永迪：《与张光直先生谈夏文化考古》，《古今论衡》第六期，2001 年。

陈芳妹：《艺术与宗教——以商代青铜艺术的发展与随葬礼制的变迁为例》，《故宫学术季刊》第十八卷第三期，2001 年。

2002 年

郑杰祥编：《夏文化论集》，文物出版社 2002 年版。

缪雅娟：《读〈虞夏时期的中原〉》，《考古》2002 年第 8 期。

李维明：《二里头文化一期遗存与夏文化初始》，《中原文物》2002 年第 1 期。

王青：《浅议新砦残器盖纹饰的复原》，《中原文物》2002 年第 1 期。

赵春青：《新砦期的确认及其意义》，《中原文物》2002 年第 1 期。

杜金鹏：《华夏文明之根——嵩山地区在华夏文明起源及早期发展中的地位》，《中原文物》2002 年第 2 期。

王建中：《南阳古代独玉初探》，《中原文物》2002 年第 2 期。

李丽娜：《也谈新砦陶器盖上的兽面纹》，《中原文物》2002 年第 3 期。

杨育彬：《夏商周断代工程与夏商考古学文化研究》，《华夏考古》2002 年第 2 期。

朱光华：《早夏国家形成时期的聚落形态考察》，《考古与文物》2002 年第 4 期。

郭旭东：《夏商时代都城制度的有益探索——〈夏商时代都城制度研究〉评介》，《殷都学刊》2002 年第 1 期。

杨树刚、高江涛：《夏代都制管窥——从〈竹书纪年〉说起》，《殷都学刊》2002 年第 1 期。

陈玲玲：《徐中舒先生与夏商史研究》，《殷都学刊》2002 年第 3 期。

李维明：《学风濯濯　学史昭昭——关于"新砦期"论证三题》，《殷都学刊》2002 年第 3 期。

顾问：《"新砦期"研究》，《殷都学刊》2002 年第 4 期。

李学勤：《论遂公盨及其重要意义》，《中国历史文物》2002 年第 6 期。

李零：《论遂公盨发现的意义》，《中国历史文物》2002年第6期。

叶文宪：《新夷夏东西说》，《中国史研究》2002年第3期。

温玉春：《夏氏族迁至河南的考古学证明》，《文物春秋》2002年第6期。

白云翔：《中国的早期铜器与青铜器的起源》，《东南文化》2002年第7期。

方酉生：《略论新砦期二里头文化——兼评〈来自"新寨期"论证的几点困惑〉》，《东南文化》2002年第9期。

仇士华、蔡莲珍：《夏商周断代工程中的多学科合作》，《文物保护与考古科学》第14卷，2002年。

冯时：《文字起源与夷夏东西》，《中国社会科学院古代文明研究中心通讯》第3期，2002年。

孙淑云：《有关冶金起源研究的思考》，《中国社会科学院古代文明研究中心通讯》第3期，2002年。

蒋南华：《武王克商问题再讨论——也谈夏商周断代问题》，《贵州社会科学》2002年第1期。

刘庞生：《二里头遗址是中晚夏城、晚夏后期都——〈全夏都初探之五〉》，《延安大学学报》2002年第1期。

严斯信：《夏史探索的再思考》，《昭通师范高等专科学校学报》2002年第1期。

戈志强：《试论夏的起源及其与东夷的关系》，《苏州大学学报》2002年第2期。

［美］罗伯特·L.杜朴：《二里头遗址与夏文化探索》，张良仁译，《夏文化论集》（下），文物出版社2002年版。

刘莉、陈星灿：《中国早期国家的形成——从二里头和二里岗时期的中心和边缘之间的关系谈起》，《古代文明》第1卷，文物出版社2002年版。

岳洪彬：《二里头文化第四期及相关遗存再认识》，《21世纪中国考古学与世界考古学》，中国社会科学出版社2002年版。

白云翔：《中国早期铜器的考古发现与研究》，《21世纪中国考古学与世界考古学》，中国社会科学出版社2002年版。

罗琨：《夏墟大夏考》，《揖芬集：张政烺先生九十华诞纪念文集》，社会科学文献出版社2002年版。

孙淑云：《河南驻马店杨庄出土二里头文化二期铜凿形器的检测》，《中国冶金史论文集》（三·A），北京科技大学，2002年版。

俞伟超：《中国考古学中夏、商、周文化的新认识》，《古史的考古学探索》，文物出版社2002年版。

叶文宪：《"禹娶涂山"的考古学考察》，《中原文物》2002年第4期。

孟世凯：《夏文化与涂山》，《蚌埠塗山与华夏文明》，黄山书社2002年版。

姚政：《略论夏文化节录》，《蚌埠塗山与华夏文明》，黄山书社2002年版。

郑洪春：《涂山氏文化与夏文化关系探微》，《蚌埠塗山与华夏文明》，黄山书社2002年版。

李维明：《来自"新寨期"论证的几点困惑》，《中国文物报》2002年1月11日。

赵春青、王文华等：《关于"新砦期"论证的几个问题——兼答〈来自"新寨期"论证的几点困惑〉》，《中国文物报》2002年2月20日。

许宏：《走近一群人　留住一段史——读〈手铲释天书：与夏文化探索者的对话〉》，《中国文物报》2002年2月22日。

周昆叔、叶万松等：《中国最早大豆的发现》，《中国文物报》2002年3月22日。

张立东：《面对面的对话——"夏商周断代工程"的美国之旅》，《中国文物报》2002年5月24日。

苏辉整理：《美国之行答问——关于"夏商周断代工程"》，《中国文物报》2002年8月16日。

陈尧成、张福康等：《河南偃师二里头夏商陶器研究》，《'02古陶瓷科学技术国际讨论会论文集》，上海科学技术文献出版社2002年版。

王子初：《石磬续篇》，《乐器》2002年第4期。

［日］成家彻郎：《读〈夏商周断代工程1996—2000年阶段成果报告（简本）〉》，（台北）《大陆杂志》第104卷第5期，2002年。

李先登：《再论中国古代文明起源与夏文化》，《石璋如院士百岁祝寿论文集——考古·历史·文化》，（台北）南天书局2002年版。

2003年

中国社会科学院考古研究所：《中国考古学·夏商卷》，中国社会科学出版社2003年版。

李伯谦编：《商文化论集》，文物出版社2003年版。

王仲孚主编：《中国上古史研究专刊》第三期，兰台出版社2003年版。

张国硕：《论夏商时代的主辅都制》，《考古学研究——庆祝邹衡先生七十五寿辰暨从事考古研究五十年论文集》（五），科学出版社2003年版。

彭适凡：《中国冶铜术起源的若干问题》，《考古学研究——庆祝邹衡先生七十五寿辰暨从事考古研究五十年论文集》（五），科学出版社2003年版。

邹衡：《我和夏商周考古学》，《考古学研究——庆祝邹衡先生七十五寿辰暨从事考古研究五十年论文集》（五），科学出版社 2003 年版。

蒋祖棣：《20 世纪夏商周研究的进展》，《考古学研究——庆祝邹衡先生七十五寿辰暨从事考古研究五十年论文集》（五），科学出版社 2003 年版。

董琦：《二十年的论战》，《考古学研究——庆祝邹衡先生七十五寿辰暨从事考古研究五十年论文集》（五），科学出版社 2003 年版。

王迅：《五帝时代与夏代史迹的考古学观察》，《考古学研究——庆祝邹衡先生七十五寿辰暨从事考古研究五十年论文集》（五），科学出版社 2003 年版。

李维明：《夏文化解析与史实释读》，《考古学研究——庆祝邹衡先生七十五寿辰暨从事考古研究五十年论文集》（五），科学出版社 2003 年版。

刘绪：《夏商文化分界探讨的思考》，《考古学研究——庆祝邹衡先生七十五寿辰暨从事考古研究五十年论文集》（五），科学出版社 2003 年版。

张立东：《夏都斟寻与商都亳合考》，《考古学研究——庆祝邹衡先生七十五寿辰暨从事考古研究五十年论文集》（五），科学出版社 2003 年版。

孙华：《中国青铜文化体系的几个问题》，《考古学研究——庆祝邹衡先生七十五寿辰暨从事考古研究五十年论文集》（五），科学出版社 2003 年版。

方酉生：《关于夏代始年的几个问题》，《华夏文明的形成与发展——河南省文物考古研究所五十周年庆祝会暨华夏文明的形成与发展学术研讨会论文集》，大象出版社 2003 年版。

袁广阔：《试论夏文化的起始年代》，《华夏文明的形成与发展——河南省文物考古研究所五十周年庆祝会暨华夏文明的形成与发展学术研讨会论文集》，大象出版社 2003 年版。

赵芝荃：《综论夏商分界的问题》，《华夏文明的形成与发展——河南省文物考古研究所五十周年庆祝会暨华夏文明的形成与发展学术研讨会论文集》，大象出版社 2003 年版。

秦小丽：《中国初期王朝国家形成过程中的地域关系——二里头、二里岗时代陶器动态研究》，《华夏文明的形成与发展——河南省文物考古研究所五十周年庆祝会暨华夏文明的形成与发展学术研讨会论文集》，大象出版社 2003 年版。

李润权：《交流与争鸣：记中外学者关于夏商周年代的一场论战》，《考古》2003 年第 2 期。

冯时：《遂公盨铭文考释》，《考古》2003 年第 5 期。

陈星灿、刘莉等：《中国文明腹地的社会复杂化进程——伊洛河地区的聚落形态研究》,《考古学报》2003 年第 2 期。

赵芝荃:《夏代前期文化综论》,《考古学报》2003 年第 4 期。

高蕾:《远古磬与夏代磬研究》,《文物》2003 年第 5 期。

陈雪香:《二里头遗址墓葬出土玉器探析》,《中原文物》2003 年第 3 期。

陆思贤:《二里头遗址出土饰牌纹饰解读》,《中原文物》2003 年第 3 期。

石晓霆、陶威娜:《夏商时期的戈与野战方式浅说》,《中原文物》2003 年第 5 期。

杨育彬、孙广清:《河南出土三代玉器及相关问题》,《中原文物》2003 年第 5 期。

王蕴智:《远古符号综类摹萃》,《中原文物》2003 年第 6 期。

张立东:《李济与西阴村和夏文化》,《华夏考古》2003 年第 1 期。

李维明:《学风濯濯 学史昭昭——例证方酉生教授谪难》,《东南文化》2003 年第 1 期。

方酉生:《略论二里头遗址的文化性质——兼与〈中国文明与国家探源的思考〉等文商榷》,《东南文化》2003 年第 3 期。

贾洪波:《爵用平议——兼与〈青铜爵的功用、型制及其与商文化的关系〉一文商榷》,《江汉考古》2003 年第 1 期。

李维明:《寻逝岁流年 续学术长河——夏商周断代工程阶段成果公布后有关学术动态示要》,《殷都学刊》2003 年第 1 期。

顾问、张松林:《二里头遗址所出玉器"扉牙"内涵研究——并新论圭、璋之别问题》,《殷都学刊》2003 年第 3 期。

李维明:《学患无疑 疑则有进——读〈新砦期研究〉一文初问》,《殷都学刊》2003 年第 4 期。

朱凤瀚:《论中国考古学与历史学的关系》,《历史研究》2003 年第 1 期。

赵芝荃:《夏商周考古步入新纪元》,《中国社会科学院古代文明研究中心通讯》第 6 期,2003 年。

孙庆伟:《三代考古与古史重建》,《历史教学问题》2003 年第 4 期。

王宁:《"夏居河南说"之文献考辨——兼说二里头文化非夏文化》,《枣庄学院学报》2003 年第 1 期。

王青:《中国早期文明进程中的镶嵌铜牌饰》,《东方考古研究通讯》第一期,2003 年。

夏正楷、王赞红等:《我国中原地区 3500aBP 前后的异常洪水事件及其气候背景》,《中国科学》(D) 第 33 卷第 9 期,2003 年。

梁亮、夏正楷等:《中原地区距今 5000—4000 年间古环境重建的软体动物化石证据》,《北京大学学报》(自然科学版) 第 39 卷第 4 期,2003 年。

李学勤:《遂公盨与大禹治水传说》,《中国社会科学院院报》2003 年 23 日。

程㧑、段小宝:《河洛与中国文明的起源》,《中原文物考古研究》,大象出版社 2003 年版。

叶万松、李德方:《夏都二里头遗址龙纹述考》,《中原文物考古研究》,大象出版社 2003 年版。

方酉生:《略论二里头遗址第一期遗存与夏代纪年——兼评〈二里头文化一期遗存与夏文化初始〉》,《中国史前考古学研究——祝贺石兴邦先生考古半世纪暨八秩华诞文集》,三秦出版社 2003 年版。

黄建秋:《二里头遗址三座出土铜牌饰墓葬分析》,《东南考古研究》(第三辑),厦门大学出版社 2003 年版。

李民:《晋南与夏文化探源》,《黄河文化论坛》,山西人民出版社 2003 年版。

宋镇豪:《夏商城邑的建制要素》,《商承祚教授百年诞辰纪念文集》,文物出版社 2003 年版。

陈淳:《环境考古学研究的典范——读〈洛阳皂角树〉》,《中国文物报》2003 年 3 月 7 日。

李维明:《二里头考古——揭开夏王朝尘土封千载的神秘面纱》,《中国艺术报》2003 年 11 月 7 日。

张明华:《巫礼玉盛极一时的夏商周时代玉器》,《中国文物世界》第 197 期,2003 年。

2004 年

中国国家博物馆:《文物中国史·夏商周时代》(李维明执笔),中华书局(香港)有限公司 2004 年版。

陈佩芬:《夏商周青铜器研究》,上海古籍出版社 2004 年版。

王星光:《生态环境变迁与夏代的兴起探索》,科学出版社 2004 年版。

王巍:《公元前 2000 年前后我国大范围文化变化原因探讨》,《考古》2004 年第 1 期。

许宏、陈国梁等:《二里头遗址聚落形态的初步考察》,《考古》2004 年第 11 期。

许宏:《二里头遗址发掘和研究的回顾与思考》,《考古》2004 年第 11 期。

曹定云：《夏代文字求证——二里头文化陶文考》，《考古》2004 年第 12 期。

王青：《镶嵌铜牌饰的初步研究》，《文物》2004 年第 5 期。

王文华、陈万卿等：《河南荥阳大师姑夏代城址的发掘与研究》，《文物》2004 年第 11 期。

梁宏刚、孙淑云：《二里头遗址出土铜器研究综述》，《中原文物》2004 年第 1 期。

程一凡：《中国考古学中的动静异同》，《中原文物》2004 年第 2 期。

李维明：《二里头文化动物资源的利用》，《中原文物》2004 年第 2 期。

赵春青：《新密新砦城址与夏启之居》，《中原文物》2004 年第 3 期。

程平山：《夏代纪年考》，《中原文物》2004 年第 3 期。

李京华：《〈偃师二里头〉有关铸铜技术的探讨——兼谈报告存在的几点问题》，《中原文物》2004 年第 3 期。

王克林：《从后羿代夏论二里头二期文化的变化》，《中原文物》2004 年第 4 期。

许顺湛：《寻找夏启之居》，《中原文物》2004 年第 4 期。

马世之：《新砦遗址与夏代早期都城》，《中原文物》2004 年第 4 期。

袁广阔：《关于"南关外期"文化的几个问题》，《中原文物》2004 年第 6 期。

李维明：《学术批评要实事求是——再正方酉生教授谪难》，《考古与文物增刊》（先秦考古），2004 年。

张良仁：《论二里头文化分期与性质》，《考古学集刊》第 14 集，文物出版社 2004 年版。

靳松安：《"二里头五期"遗存分析及其相关问题》，《江汉考古》2004 年第 1 期。

于孟洲：《东下冯文化与二里头文化比较及相关问题研究》，《文物春秋》2004 年第 1 期。

李维明：《夏文化分布态势量化与信息初现》，《东南文化》2004 年第 3 期。

顾问：《学患无疑，狐疑学患》，《殷都学刊》2004 年第 4 期。

杨杨：《夏商关系考》，《殷都学刊》（安阳甲骨学会论文专辑），2004 年。

朱君孝、李清临等：《二里头遗址陶器产地的初步研究》，《复旦学报》（自然科学版）第 43 卷第 4 期，2004 年。

陈淳、龚辛：《二里头、夏与中国早期国家研究》，《复旦学报》（社会科学版）2004 年第 4 期。

王建华：《新夷夏东西说商榷》，《东方论坛》2004 年第 1 期。

何炳棣、刘雨：《"夏商周断代工程"基本思路质疑——古本〈竹书纪年〉史料价值的再认识》,《燕京学报》新十六期,2004年。

夏正楷:《豫西—晋南地区华夏文明形成过程的环境背景研究》,《古代文明》(第3卷),文物出版社2004年版。

顾问、张松林:《花地嘴遗址所出"新砦期"朱砂绘陶瓷研究》,《古代文明研究通讯》总第二十三期,2004年。

程一凡:《商源东方的精神文明线索》,《东方考古研究通讯》第二期,2004年。

朱君孝、李清临:《试析二里头文化晚期陶器中的外来因素》,《东方考古研究通讯》第二期,2004年。

许宏:《略论二里头时代》,《2004年安阳殷商文明国际学术研讨会论文集》,社会科学文献出版社2004年版。

王文华:《大师姑夏代城址的发掘与研究》,《2004年安阳殷商文明国际学术研讨会论文集》,社会科学文献出版社2004年版。

宋国定:《论郑州地区夏商文化的时空框架》,《郑州商都3600年学术论文集》,中州古籍出版社2004年版。

卜工:《黄河流域古礼传统东西论》,《庆祝张忠培先生七十岁论文集》,科学出版社2004年版。

方燕明:《颍河上游早夏文化遗存的聚落形态考察》,《庆祝张忠培先生七十岁论文集》,科学出版社2004年版。

王青:《镶嵌铜牌饰所见中国早期文明进程问题》,《东方考古》第1集,科学出版社2004年版。

王青:《距今四千年前后环境灾变与洪水事件的新思考》,《中国文物报》2004年7月23日。

赵春青:《新砦遗址谱系与聚落研究的新进展》,《中国文物报》2004年9月10日。

许宏:《二里头遗址考古新发现的学术意义》,《中国文物报》2004年9月17日。

刘莉:《中国新石器时代和铜器时代早期礼器的生产》,《桃李成蹊集:庆祝安志敏先生八十寿辰》,香港中文大学中国考古艺术研究中心2004年版。

张德光、王春兰:《为加大夏文化的考古研究力度而努力奋斗——纪念东下冯夏文化发掘30周年》,《文物世界》2004年第6期。

邵望平、高广仁:《从海岱系玉礼器的特征看三代礼制的多源一统性》,《浙江省文物考古研究所学刊·第六辑——第二届中国古代玉器与传统文化学术讨论会专辑》,杭州出版社2004年版。

姬乃军：《关于夏文化发祥地的再思考》，《考古与文物》2004年第3期。

方酉生：《略论夏王朝的始年约为公元前2070年》，《考古与文物增刊·先秦考古》，2004年。

邹衡：《郑州商城是现在可以确定的我国最早的首都——成汤亳城》，《江汉论坛》2004年第8期。

2005年

杜金鹏、许宏主编：《偃师二里头遗址研究》，科学出版社2005年版。

郑杰祥：《新石器文化与夏代文明》，江苏教育出版社2005年版。

程平山：《夏商周历史与考古》，人民出版社2005年版。

杨宝成：《夏商考古的总结与展望——读〈中国考古学·夏商卷〉》，《考古》2005年第4期。

许宏：《一部合力集成的总结之作——〈中国考古学·夏商卷〉编写侧记》，《考古》2005年第4期。

杜金鹏：《偃师二里头遗址4号宫殿基址研究》，《文物》2005年第6期。

方燕明：《河南龙山文化和二里头文化碳十四的若干问题讨论》，《中原文物》2005年第2期。

李维明：《试析二里头遗址》，《中原文物》2005年第5期。

张锟：《论东下冯类型的族属》，《中原文物》2005年第3期。

赵志军：《关于夏商周文明形成时期农业经济特点的一些思考》，《华夏考古》2005年第1期。

方酉生：《偃师二里头遗址第一期文化应比新砦期二里头文化为晚》，《江汉考古》2005年第1期。

常怀颖：《淅川下王冈遗址龙山至二里头时期陶器群初探》，《四川文物》2005年第2期。

戴尊德：《挖掘夏代人居住的土窑洞——参加夏县东下冯遗址发掘记》，《文物世界》2005年第3期。

顾问：《论二里头遗址新发现的大型绿松石龙形器》，《古代文明研究通讯》总第二十五期，2005年。

霍雨杰：《中国考古学中的主流与暗流——读〈手铲释天书〉偶得》，《中国文物报》2005年1月5日。

赵春青：《夏代农业管窥——从新砦和皂角树遗址的发现谈起》，《农业考古》

2005 年第 1 期。

沈长云：《说"夏族"——兼及夏文化研究中一些亟待解决的认识问题》，《文史哲》2005 年第 3 期。

赵芝荃：《试论二里头夏文化前后两端的过渡期文化——探索夏商文化 50 年小结之三》，《安金槐先生纪念文集》，大象出版社 2005 年版。

杜金鹏：《偃师二里头遗址一号宫殿基址再认识》，《安金槐先生纪念文集》，大象出版社 2005 年版。

吕琪昌：《从河南龙山文化到二里头文化的转折——兼论"大禹治水"的年代及夏王朝的起点》，《安金槐先生纪念文集》，大象出版社 2005 年版。

叶文宪：《从夏商文化的渊源看华夏文明的形成》，《安金槐先生纪念文集》，大象出版社 2005 年版。

吴文祥、葛全胜：《夏朝前夕洪水发生的可能性及大禹治水真相》，《第四纪研究》第 25 卷第 6 期。

陈星灿：《何以中原?》，《读书》2005 年第 5 期。

秦艳培：《偃师：中国古都之源》，《寻根》2005 年第 2 期。

王青：《神秘的夏代遗宝：镶嵌铜牌饰》，《寻根》2005 年第 2 期。

高江涛、魏继印：《二里头遗址宫殿区建筑格局的变与不变》，《中国文物报》2005 年 3 月 18 日。

袁广阔：《郑州大师姑二里头城址发现的意义》，《中国文物报》2005 年 3 月 25 日。

李存信：《二里头墓葬龙形器饰物的清理与保护》，《中国文物报》2005 年 5 月 10 日。

袁广阔：《再思二里头文化的来源》，《中国文物报》2005 年 6 月 24 日。

李维明：《二里头遗址发现年代择辨》，《中国文物报》2005 年 7 月 29 日。

郝炎峰：《二里头文化玉器的考古学研究》，《中国文物报》2005 年 11 月 11 日。

谢礼晔：《微痕分析在磨制石器功能研究中的初步尝试——二里头遗址石斧和石刀的微痕分析》，《中国文物报》2005 年 11 月 25 日。

陈国梁：《二里头文化的铜器》，《中国文物报》2005 年 12 月 23 日。

李水城：《西北与中原早期冶铜业的区域特征及交互作用》，《考古学报》2005 年第 3 期。

徐燕：《豫西地区夏文化的南传路线初探》，《江汉考古》2005 年第 3 期。

沈长云：《夏代是杜撰的吗——与陈淳先生商榷》，《河北师范大学学报》（哲学社会科学版）2005 年第 3 期。

沈长云：《说"夏族"：兼及夏文化研究中一些亟待解决的问题》，《文史哲》2005 年第 3 期。

刘绪：《2004 年度夏商周考古重大发现点评》，《古代文明研究通讯》第二十六期，2005 年。

韩康信：《中国夏、商、周时期人骨种族特征之研究》，《新世纪的中国考古学——王仲殊先生八十华诞纪念论文集》，科学出版社 2005 年版。

唐际根：《重建公元前 16—前 11 世纪中国史的过程与经验》，《新世纪的中国考古学——王仲殊先生八十华诞纪念论文集》，科学出版社 2005 年版。

刘一曼：《对中国文字起源的几点看法》，《古代文明研究》（第一辑），文物出版社 2005 年版。

孙淑云：《关于冶金起源研究的思考》，《古代文明研究》（第一辑），文物出版社 2005 年版。

王学荣：《夏商王朝更替与考古学文化变革关系分析——以二里头和偃师商城遗址为例》，《古代文明研究》（第一辑），文物出版社 2005 年版。

朱明歧、刘心田：《夏代"启"字祭台遗址与图腾组合的发现和初考》，《绵阳师范学院学报》第 24 卷第 1 期（2005 年）。

惠富平：《再现远古及夏代生态环境与社会文明——〈生态环境变迁与夏代的兴起探索〉评介》，《中国农史》2005 年第 3 期。

方燕明：《河南地区夏文化考古发现与研究——古中原王朝秘宝展专题之二》，《历史文物》2005 年第 3 期。

林淑心：《古中原王朝三代玉器——古中原王朝秘宝展专题之三》，《历史文物》2005 年第 3 期。

2006 年

杜金鹏、许宏主编：《二里头遗址与二里头文化研究：中国·二里头遗址与二里头文化国际学术研讨会论文集》，科学出版社 2006 年版。

靳松安：《河洛与海岱地区考古学文化的交流与融合》，科学出版社 2006 年版。

艾丹：《玉器时代：新石器晚期至夏代的中国史前玉器》，中国青年出版社 2006 年版。

谌中和：《夏商时代的社会与文化》，甘肃人民出版社 2006 年版。

杜金鹏：《夏商分界研究中"都城界定法"的理论与实践》，《三代考古》（二），科学出版社2006年版。

杜金鹏：《关于夏商界标研究几个问题的讨论》，《三代考古》（二），科学出版社2006年版。

许宏：《"新砦文化"研究历程述评》，《三代考古》（二），科学出版社2006年版。

宋江宁：《三代大型建筑基址的几点讨论》，《三代考古》（二），科学出版社2006年版。

赵海涛：《二里头遗址宫城区域考古收获初步综理》，《三代考古》（二），科学出版社2006年版。

李志鹏：《二里头文化祭祀遗迹初探》，《三代考古》（二），科学出版社2006年版。

陈国梁：《二里头文化铜器制作技术概述》，《三代考古》（二），科学出版社2006年版。

王学荣：《偃师商城废弃研究——兼论与偃师二里头、郑州商城和郑州小双桥遗址的关系》，《三代考古》（二），科学出版社2006年版。

刘庆柱：《当前中国古代早期都城（或都邑）考古的新进展与新思考》，《中国考古学与瑞典考古学——第一届中瑞考古学论坛文集》，科学出版社2006年版。

白云翔：《中国古代冶金术起源的考古学观察——以铜和铁为中心》，《中国考古学与瑞典考古学——第一届中瑞考古学论坛文集》，科学出版社2006年版。

许宏：《二里头遗址及其周边区域的聚落考古学研究》，《中国考古学与瑞典考古学——第一届中瑞考古学论坛文集》，科学出版社2006年版。

陈星灿：《从灰嘴发掘看中国早期国家的石器工业》，《中国考古学与瑞典考古学——第一届中瑞考古学论坛文集》，科学出版社2006年版。

许宏：《嵩山南北龙山文化向二里头文化演进过程管窥》，《中原地区文明化进程学术研讨会文集》，科学出版社2006年版。

袁广阔：《试论豫西南地区的二里头文化》，《中原地区文明化进程学术研讨会文集》，科学出版社2006年版。

顾问：《二里头文化兽面纹牌饰的内涵、来源及其在中原及周边地区文明化进程中的地位与作用》，《中原地区文明化进程学术研讨会文集》，科学出版社2006年版。

栾丰实：《二里头遗址出土玉礼器中的东方因素》，《中原地区文明化进程学术研讨会文集》，科学出版社2006年版。

王文华：《郑州大师姑二里头文化城址发现的意义》，《中原地区文明化进程学术研讨会文集》，科学出版社 2006 年版。

朱乃诚：《二里头遗址大型绿松石龙形器探源及其发现意义》，《中国社会科学院古代文明研究中心通讯》第 11 期，2006 年。

秦小丽：《晋西南地区二里头文化到二里冈文化的陶器演变研究》，《考古》2006 年第 2 期。

张雪莲、仇士华：《夏商周断代工程中应用的系列样品方法测年及相关问题》，《考古》2006 年第 2 期。

顾问、张松林：《花地嘴遗址所出"新砦期"朱砂绘陶瓮研究》，《中国历史文物》2006 年第 1 期。

邹衡：《二里头文化的首和尾》，《中国历史文物》2006 年第 2 期。

陈旭：《偃师二里头遗址考古新发现的意义》，《中国历史文物》2006 年第 2 期。

胡进驻、肖小勇：《浅谈中国先秦葬俗中的几个问题》，《华夏考古》2006 年第 1 期。

高炜：《史前陶铃及其相关问题》，《二十一世纪的中国考古学——庆祝佟柱臣先生八十五华诞学术文集》，文物出版社 2006 年版。

谢礼晔、陈星灿：《二里头遗址的改制石器初探》，《二十一世纪的中国考古学——庆祝佟柱臣先生八十五华诞学术文集》，文物出版社 2006 年版。

佟伟华：《晋南垣曲盆地二里头时期聚落形态的初步考察》，《二十一世纪的中国考古学——庆祝佟柱臣先生八十五华诞学术文集》，文物出版社 2006 年版。

赵春青：《文明之火 照耀中国 四、禹都阳城添新证》，《中国文物报》2006 年 3 月 22 日。

赵春青：《文明之火 照耀中国 五、启居黄台在何方?》，《中国文物报》2006 年 3 月 24 日。

赵春青：《文明之火 照耀中国 六、神秘的花地嘴》，《中国文物报》2006 年 3 月 29 日。

赵春青：《文明之火 照耀中国 七、探索夏方化的里程碑：偃师二里头》，《中国文物报》2006 年 3 月 31 日。

赵春青：《文明之火 照耀中国 八、"大师姑"的新发现及其意义》，《中国文物报》2006 年 4 月 5 日。

周昆叔：《历史学的创新——评〈生态环境变迁与夏代的兴起探索〉》，《中原文物》2006 年第 3 期。

许宏：《从二里头遗址看华夏早期国家的特质》，《中原文物》2006 年第 3 期。

许宏:《二里头文化时期人地关系研究的考古学检讨》,《新世纪的考古学——文化、区位、生态的多元互动》,紫禁城出版社2006年版。

宋豫秦、虞琰:《夏文明崛起的生境优化与中国城市文明的肇始》,《中原文物》2006年第3期。

朱君孝:《二里头文化与夏商分界再探》,《中原文物》2006年第3期。

李锋:《郑州大师姑城址商汤灭夏前所居亳说新论——读李伯谦先生〈对郑州商城的再认识〉》,《华夏考古》2006年第2期。

朱乃诚:《二里头文化"龙"遗存研究》,《中原文物》2006年第4期。

李存信:《二里头遗址绿松石龙形器的清理与仿制复原》,《中原文物》2006年第4期。

张国硕:《论二里头遗址的性质》,《文明起源与夏商周文明研究》,线装书局2006年版。

王学荣、许宏:《"中国·二里头遗址与二里头文化国际学术研讨会"纪要》,《考古》2006年第9期。

李维明:《"新砦期"已经"确认"了吗?》,《殷都学刊》2006年第2期。

李维明:《学术诚信是立论之本——三正方酉生教授谪难》,《江汉考古》2006年第3期。

栾丰实:《二里头遗址中的东方文化因素》,《华夏考古》2006年第3期。

袁靖:《公元前2500年—公元前1500年中原地区经济形态研究》,《中国文物报》2006年10月27日。

殷玮璋:《夏文化探索中的方法问题——"夏商周断代工程"结题后的反思》(二),《河北学刊》第26卷第4期,2006年。

刘庆柱:《中国古代都城遗址布局形制的考古发现所反映的社会形态变化研究》,《考古学报》2006年第3期。

刘庆柱:《中国古代都城考古学史述论》,《考古学集刊》第16集,科学出版社2006年版。

杜金鹏:《二里头遗址宫殿建筑基址初步研究》,《考古学集刊》第16集,科学出版社2006年版。

仇士华、张雪莲:《夏商周碳十四年代框架的再讨论》,《东方考古研究通讯》第七期,2006年。

赵新平、张志清:《辉县孟庄遗址夏代墓葬及其相关问题》,《东方考古研究通讯》第七期,2006年。

王文华:《浅论大师姑二里头文化城址的性质》,《东方考古研究通讯》第七期,2006年。

李春华:《从二里头遗址的主要发现看夏代礼制的几个特点》,《文物春秋》2006年第5期。

张国硕:《晋南"夏墟"考》,《中原文物》2006年第6期。

罗琨:《"乡有夏之境"试析》,《考古学研究》(六),科学出版社2006年版。

王建华:《东下冯遗址与夏商文化分界》,《殷都学刊》2006年第4期。

李民、王健:《夏代域限探讨综述》,《中国史研究动态》2006年第3期。

高西省:《夏代铜爵:中国青铜酒礼器之源》,《寻根》2006年第2期。

张文:《爵、斝铜柱考:兼论禘礼中用尸、用器问题》,《西部考古》第一辑,三秦出版社2006年版。

郑杰祥:《二里头遗址新发现的一些重要遗迹的分析》,《平顶山学院学报》2006年第3期。

赵春燕、杜金鹏等:《河南偃师二里头出土部分铜器的化学组成分析》,《文物保护与科技考古》,三秦出版社2006年版。

王巍、曾祥龙等:《中国夏代人牙齿磨耗的研究》,《口腔正畸学》13卷第3期(2006年)。

施琳、曾祥龙:《古代人类牙齿DNA的提取和扩增条件研究》,《中华医学研究杂志》第6卷第6期,2006年。

2007年

詹子庆:《夏史与夏代文明》,上海科学技术文献出版社2007年版。

刘莉:《中国新石器时代:迈向早期国家之路》,陈星灿等译,文物出版社2007年版。

吕琪昌:《青铜爵、斝的秘密——从史前陶鬶到夏商文化起源并断代问题研究》,浙江大学出版社2007年版。

李久昌:《国家、空间与社会——古代洛阳都城空间演变研究》,三秦出版社2007年版。

杜金鹏:《夏商周考古学研究》,科学出版社2007年版。

王青:《纽约新见两件镶嵌铜牌饰辩伪》,《中国文物报》2007年2月16日。

董琦:《邹衡先生与夏商文化分界》,《中原文物》2007年第1期。

王青、李慧竹:《国外所藏五件镶嵌铜牌的初步认识》,《华夏考古》2007年第

1 期。

赵志军、方燕明：《登封王城岗遗址浮选结果及分析》，《华夏考古》2007 年第 2 期。

石艳艳、吴倩：《也论二里头类型二期遗存的变化——兼与王克林先生商榷》，《中原文物》2007 年第 3 期。

马世之：《郑州大师姑城址性质试探》，《中原文物》2007 年第 3 期。

王树芝、王增林等：《二里头遗址出土木炭碎块的研究》，《中原文物》2007 年第 3 期。

朱君孝、李清临：《二里头晚期外来陶器因素试析》，《考古学报》2007 年第 3 期。

杜金鹏：《湮没的墨宝 永恒的纪念——胡绳院长为偃师二里头遗址题词有感》，《中国社会科学院院报》2007 年 7 月 24 日。

张雪莲、仇士华等：《新砦—二里头—二里冈文化考古年代序列的建立与完善》，《考古》2007 年第 8 期。

王晓毅：《山西夏时期文化研究综述》，《文物世界》2007 年第 4 期。

张渭莲、宋白桦：《论二里头文化在商文明形成中的作用》，《河北师范大学学报》（哲学社会科学版）2007 年第 3 期。

方燕明：《登封王城岗遗址聚落形态再考察》，《中原文物》2007 年第 5 期。

杨育彬：《夏商周断代工程与夏商考古学的发展》，《中原文物》2007 年第 6 期。

衡云花、黄富成：《技术发展与先秦古车起源蠡探》，《中原文物》2007 年第 6 期。

韩国河、赵维娟等：《用中子活化分析研究南洼白陶的原料产地》，《中原文物》2007 年第 6 期。

赵志军：《公元前 2500 年—公元前 1500 年中原地区植物考古学研究》，《科技考古》第二辑，科学出版社 2007 年版。

袁靖、黄蕴平等：《公元前 2500 年—公元前 1500 年中原地区动物考古学研究——以陶寺、王城岗、新砦和二里头遗址为例》，《科技考古》第二辑，科学出版社 2007 年版。

蔡大伟、韩璐等：《陶寺和二里头遗址古绵羊线粒体 DNA 序列多态性分析》，《科技考古》第二辑，科学出版社 2007 年版。

张雪莲、仇士华等：《二里头遗址、陶寺遗址部分人骨碳十三、氮十五分析》，《科技考古》第二辑，科学出版社 2007 年版。

吴小红、肖怀德等:《河南新砦遗址人、猪食物结构与农业形态和家猪驯养的稳定同位素证据》,《科技考古》第二辑,科学出版社2007年版。

李延祥、许宏:《二里头遗址出土冶铸遗物初步研究》,《科技考古》第二辑,科学出版社2007年版。

王增林、许宏:《二里头遗址陶器样品中子活化分析与研究》,《科技考古》第二辑,科学出版社2007年版。

吴瑞、吴隽等:《河南偃师二里头遗址出土陶器的科技研究》,《科技考古》第二辑,科学出版社2007年版。

邓聪、许宏等:《二里头文化玉工艺相关问题试释》,《科技考古》第二辑,科学出版社2007年版。

刘建国、张蕾:《遥感与GIS支持的洛阳盆地聚落与环境研究》,《科技考古》第二辑,科学出版社2007年版。

李清临、朱君孝:《二里头文化研究的新视角——从青铜器的铅同位素比值看二里头四期的文化性质》,《江汉考古》2007年第4期。

李久昌:《偃师二里头遗址市场蠡测》,《文博》2007年第5期。

尚友萍:《"二里头四期为夏遗民文化"置疑》,《文物春秋》2007年第5期。

李久昌:《偃师二里头遗址的都城空间结构及其特征》,《中国历史地理论丛》2007年第4辑。

李丽娜:《二里头文化的发现与研究》,《河南博物院建院80周年论文集》,大象出版社2007年版。

薛雷:《夏商陶埙研究综述》,《艺术百家》(南京)2007年第5期。

张天恩:《二里头文化青铜铸造业发展基础管窥》,《西部考古》第二辑,三秦出版社2007年版。

顾万发、张松林:《论花地嘴遗址所出墨玉璋》,《郑州文物考古与研究》(二),科学出版社2010年版。

刘学堂、李文瑛:《中国早期青铜文化的起源及其相关问题新探》,《藏学研究》第3辑,四川大学出版社2007年版。

李维明:《郑州出土商代牛肋骨刻辞再发现写实》,《寻根》2007年第3期。

2008年

中国社会科学院考古研究所编:《中国早期青铜文化——二里头文化专题研究》,科学出版社2008年版。

赵芝荃：《赵芝荃考古文集》，科学出版社2008年版。

许宏、刘莉：《关于二里头遗址的省思》，《文物》2008年第1期。

庞小霞、高江涛：《关于新砦期遗存研究的几个问题》，《华夏考古》2008年第1期。

秦小丽：《豫北地区二里头时代的地域间关系——以陶器资料分析为中心》，《华夏考古》2008年第1期。

曹楠：《三代时期出土柄形玉器研究》，《考古学报》2008年第2期。

刘莉：《夏代—二里头关系问题的争论》，《中国文物报》2008年6月13日。

刘雨：《"杀人越货"和"夏鼎"——答罗琨先生》，《考古与文物》2008年第3期。

方酉生：《夏文化探索已经取得硕果——兼评某些不恰当的言论》，《河洛文化论丛》第四辑，北京图书馆出版社2008年版。

魏兴涛：《蒲城店二里头文化城址若干问题探讨》，《中原文物》2008年第3期。

方酉生：《以田野考古为主探索夏文化已经取得硕果——纪念徐旭生先生赴豫西考古调查"夏墟"49周年》，《华夏考古》2008年第2期。

李先登：《试论青铜鬶》，《中原文物》2008年第4期。

张国硕：《夏国家军事防御体系研究》，《中原文物》2008年第4期。

陕西省考古研究院商周考古研究部：《陕西夏商周考古发现与研究》，《考古与文物》2008年第6期。

李伯谦：《夏文化探索与中国古代文明形成研究》，《古代文明研究通讯》总第三十七期，2008年。

徐昭峰、杨远：《郑州大师姑发现的早商文化与商汤灭夏》，《考古与文物》2008年第5期。

赵新平、范永禄：《河南辉县孟庄遗址夏代墓葬及其相关问题》，《东方考古》第4集，科学出版社2008年版。

方燕明：《"早期夏文化学术研讨会"纪要》，《中原文物》2008年第5期。

常怀颖：《"早期夏文化学术研讨会"纪要》，《古代文明研究通讯》总第三十八期，2008年。

周彦卿：《从夏遗民的迁徙看夏商决战之鸣条地望》，《中原文物》2008年第5期。

李丽娜：《关于郑州洛达庙期与南关外期文化性质的讨论》，《华夏考古》2008年第4期。

许宏:《发掘最早的"中国"》,《三十年三十人之激扬文字》,中信出版社 2008 年版。

周书灿:《走出夏史研究的误区——评沈长云先生的夏史研究》,《南方文物》2008 年第 4 期。

叶舒宪:《二里头铜牌饰与夏代神话研究:再论"第四重证据"》,《民族艺术》2008 年第 4 期。

胡博:《齐家与二里头:远距离文化互动的讨论》,《远方的时习——〈古代中国〉精选集》,上海古籍出版社 2008 年版。

王巍、曾祥龙等:《二里头与游邀遗址出土的夏代人颅骨标本的龋病研究》,《中华口腔医学杂志》第 43 卷第 5 期,2008 年。

李炅娥、[加]盖瑞·克劳福德等:《华北地区新石器时代早期至商代的植物和人类》,葛人译,《南方文物》2008 年第 1 期。

许顺湛:《夏都"河南"在偃师》,《中原文物》2008 年第 6 期。

2009 年

中国国家博物馆编:《文物夏商周史》,中华书局 2009 年版。

许宏:《最早的中国》,科学出版社 2009 年版。

朱凤瀚:《中国青铜器综论》,上海古籍出版社 2009 年版。

侯仰军:《考古发现与夏商起源研究》,黑龙江人民出版社 2009 年版。

艾兰:《二里头与中华文明的形成:一种新的思维》,《多维视域——商王朝与中国早期文明研究》,科学出版社 2009 年版。

刘莉:《中国早期国家政治格局的变化》,《多维视域——商王朝与中国早期文明研究》,科学出版社 2009 年版。

[日]中村愿:《探求神秘的夏王朝——记北京大学考古系教授邹衡先生》,华国强译,《中国文物报》2009 年 1 月 16 日。

钱耀鹏:《中国古代斧钺制度的初步研究》,《考古学报》2009 年第 1 期。

秦小丽:《河南焦作府城遗址陶器研究——对二里头·二里冈文化陶器数量分析的尝试》,《考古与文物》2009 年第 1 期。

许宏:《二里头的"中国之最"》,《中国文化遗产》2009 年第 1 期。

方燕明:《夏代前期城址的考古学观察》,《新果集——庆祝林沄先生七十华诞论文集》,科学出版社 2009 年版。

段天璟:《从文化变迁看二里头文化的排他式殖民扩张及影响——以中条山南北

和江汉平原地区为例》,《新果集——庆祝林沄先生七十华诞论文集》,科学出版社2009年版。

邹衡:《我与夏商周考古学》,《中国历史文物》2009年第2期。

井中伟:《铜戈起源考》,《考古与文物》2009年第3期。

韩建业:《〈新密新砦〉与早期夏文化探索》,《中国文物报》2009年5月20日。

[美] 贝格立:《商时期青铜铸造业的起源和发展》,奚国胜译,《南方文物》2009年第1期。

袁广阔:《略论二里头文化的聚落特征》,《华夏考古》2009年第2期。

徐燕:《豫南地区二里头时期遗存的相关问题试析》,《华夏考古》2009年第2期。

许宏:《方法论视角下的夏商分界研究》,《三代考古》(三),科学出版社2009年版。

[日] 德留大辅、钟ヶ江贤二、赵海涛、陈国梁:《关于中国早期青铜时代陶器色调的研究——以二里头遗址为例》,《三代考古》(三),科学出版社2009年版。

王震中:《夏史和夏文化研究的魅力与困惑》,《中国社会科学报》2009年24日。

易华:《玉振金声二里头 扑朔迷离夏王朝——读许宏博士新著〈最早的中国〉有感》,《中国文物报》2009年10月16日。

常怀颖:《夏商之际豫北诸遗存的年代与性质》,《中国历史文物》2009年第6期。

方燕明:《简论嵩山地区的夏文化考古研究》,《中华文明与嵩山文明研究》(第一辑),科学出版社2009年版。

蔡全法:《夏早期都邑"阳城"与"阳翟"探索》,《中华文明与嵩山文明研究》(第一辑),科学出版社2009年版。

郭伟民:《论二里头文化的发生——嵩山文化圈文明形成过程解读》,《中华文明与嵩山文明研究》(第一辑),科学出版社2009年版。

袁广阔:《关于二里头文化遗址的发现与分布规律的认识》,《中华文明与嵩山文明研究》(第一辑),科学出版社2009年版。

张本昀、陈常优等:《洛阳盆地平原区全新世地貌环境演变》,《中华文明与嵩山文明研究》(第一辑),科学出版社2009年版。

杨瑞霞、陈嘉秀:《嵩山北部伊洛盆地古河道遥感考古研究》,《中华文明与嵩山文明研究》(第一辑),科学出版社2009年版。

李之龙:《对"中国文明史二里头起始论"的质疑》,《华夏考古》2009年第

4 期。

王立新：《也谈文化形成的滞后性——以早商文化和二里头文化的形成为例》，《考古》2009 年第 12 期。

刘莉：《中国考古学中的学术自由、政治思想正确和早期文明：关于夏—二里头关系的讨论》，付永旭译，星灿校，《南方文物》2009 年第 1 期。

李维明：《二里头遗址考古五十载掠影》，《文史知识》2009 年第 12 期。

张忠培：《关于二里头文化和夏代考古学遗存的几点认识》，《中国历史文物》2009 年第 1 期。

韩建业：《论二里头青铜文明的兴起》，《中国历史文物》2009 年第 1 期。

李维明：《二里头遗址二里头文化一期遗存试析》，《中国历史文物》2009 年第 1 期。

李维明：《夏代、商前期牛骨刻辞释读二例》，《中国文物报》2009 年 2 月 27 日。

陈旭：《二里头一期文化是早期夏文化》，《中国历史文物》2009 年第 1 期。

李丽娜：《中原地区虞夏时期城址的比较研究》，《中原文物》2009 年第 4 期。

张国硕：《晋南"夏墟"考》，《鹿鸣集——李济先生发掘西阴遗址八十周年山西省考古研究所侯马工作站五十周年纪念文集》，科学出版社 2009 年版。

郭妍利：《二里头遗址出土兵器初探》，《江汉考古》2009 年第 3 期。

朱志荣、明光昊：《夏代青铜器的审美特征》，《东岳论丛》第 30 卷第 9 期。

高去寻：《试论夏文化的探索》，《潜德幽光：高去寻院士百岁冥诞纪念集》，"中央研究院"历史语言研究所 2009 年版。

叶舒宪：《中华文明探源的人类学视角——以二里头与三星堆铜铃铜牌的民族志解读为例》，《文艺研究》2009 年第 7 期。

李宝平、刘莉等：《偃师二里头遗址出土白陶产地的初步探讨及锶同位素分析的重要意义》，《'09 古陶瓷科学技术 7：国际学术讨论会论文集（ISAC'09）》，上海科学技术文献出版社 2009 年版。

2010 年

戴向明：《陶器生产、聚落形态与社会变迁——新石器至早期青铜时代的垣曲盆地》，文物出版社 2010 年版。

李素婷：《蜿蜒的夏商离火：河南南水北调文物保护项目中夏商时期的考古发现与研究》，《中国文物报》2010 年 3 月 5 日。

靳松安：《王湾三期文化的南渐及其相关问题》，《中原文物》2010 年第 1 期。

冯时：《二里头文化"常旜"及相关诸问题》，《考古学集刊》第17集，科学出版社2010年版。

贾宾、朱君孝：《二里头文化陶器成型工艺初步观察》，《文物鉴定与鉴赏》2010年号（创刊号）。

刘正：《二里头与中国早期文明》，《文景》2010年号。

杜迺松：《夏代青铜器》，《中国文物报》2010年4月7日。

于孟洲、夏微：《东下冯文化的源流及相关问题》，《文物世界》2010年第1期。

张良仁：《精烹细调 可以咀嚼》，《中国文物报》2010年4月30日。

方燕明：《寻找夏代早期的城址》，《寻根》2010年第3期。

许宏：《二里头：华夏王朝文明的开端》，《寻根》2010年第3期。

朱乃诚：《龙形器与龙的崇拜》，《寻根》2010年第3期。

张国硕：《"周代杜撰夏王朝说"考辨》，《中原文物》2010年第3期。

张国硕：《论夏王朝存在的依据》，《中国历史文物》2010年第4期。

石荣传：《再议考古出土的玉柄形器》，《四川文物》2010年第3期。

赵春燕：《东下冯遗址圆形建筑土壤的化学成分分析》，《考古学集刊》第18集，科学出版社2010年版。

赵春青：《试论新砦遗址出土的"猪首形陶器盖"》，《考古学集刊》第18集，科学出版社2010年版。

李宏飞：《中国古典意义的"大同"·"小康"社会》，《社会学研究》2010年第4期。

李维明：《重访八里桥》，《中国文物报》2010年8月6日。

李迎年：《从方城八里桥夏商遗址看曲烈的封地——曾地》，《寻根》2010年第1期。

余华贵、祝一志：《东龙山遗址夏代早期文化的^{14}C—AMS年代学研究》，《考古与文物》2010年第4期。

许宏：《国之大事：从铜玉礼器解读早期中国》，《中国社会科学报》2010年24日。

许宏、赵海涛：《二里头遗址文化分期再检讨——以出土铜、玉礼器的墓葬为中心》，《南方文物》2010年第3期。

许宏：《"快餐时代"的一品高汤——读李维明博士新著〈豫南及邻境地区青铜文化〉》，《中国文物报》2010年7月23日。

许宏：《高度与情结——夏鼐关于夏商文化问题的思想轨迹》，《南方文物》2010

年第 2 期。

许宏：《二里头时代：众星拱月的王朝》，《中华遗产》2010 年第 11 期。

许宏、彭小军等：《二里头时代洛阳盆地环境考古的实践与思考——以孟津寺河南、大阳河剖面的研究为例》，《东方考古》第 7 集，科学出版社 2010 年版。

赵春燕、赵海涛等：《二里头遗址出土陶容器内残余物的碳同位素分析》，《中国社会科学院古代文明研究中心通讯》第 20 期，2010 年。

乔玉：《伊洛地区裴李岗至二里头文化时期复杂社会的演变——地理信息系统基础上的人口和农业可耕地分析》，《考古学报》2010 年第 4 期。

张海：《数字计算模型与二里头早期国家的疆域》，《中国聚落考古的理论与实践（第一辑）——纪念新砦遗址发掘 30 周年学术研讨会论文集》，科学出版社 2010 年版。

许顺湛：《晋中、晋南夏文化聚落群》，《中国聚落考古的理论与实践（第一辑）——纪念新砦遗址发掘 30 周年学术研讨会论文集》，科学出版社 2010 年版。

韩建业：《良渚、陶寺与二里头——早期中国文明的演进之路》，《中国聚落考古的理论与实践（第一辑）——纪念新砦遗址发掘 30 周年学术研讨会论文集》，科学出版社 2010 年版。又见《考古》2010 年第 11 期。

赵春青、张松林：《新砦聚落考古的回顾与展望——纪念新砦遗址发掘 30 周年》，《中国聚落考古的理论与实践（第一辑）——纪念新砦遗址发掘 30 周年学术研讨会论文集》，科学出版社 2010 年版。

蔡全法：《"黄台"、"黄水"与"启都"新论》，《中国聚落考古的理论与实践（第一辑）——纪念新砦遗址发掘 30 周年学术研讨会论文集》，科学出版社 2010 年版。

郑杰祥：《新砦遗址和夏代"启室"》，《中国聚落考古的理论与实践（第一辑）——纪念新砦遗址发掘 30 周年学术研讨会论文集》，科学出版社 2010 年版。

顾万发：《花地嘴遗址聚落问题的初步研究》，《中国聚落考古的理论与实践（第一辑）——纪念新砦遗址发掘 30 周年学术研讨会论文集》，科学出版社 2010 年版。

顾万发、张松林：《论花地嘴遗址所出墨玉璋》，《商都文明》2007 年第 4 期。又见《郑州文物考古与研究》（二），科学出版社 2010 年版。

张国硕：《试析"夏王朝否定说"形成的原因》，《华夏考古》2010 年第 4 期。

傅晓霞：《试探镶嵌铜牌饰与商吉青铜器在"礼"上的融合》，《文物世界》2010 年第 6 期。

张锴生：《河南夏代青铜器综论》，《红叶集》，中州古籍出版社 2010 年版。

李伯谦：《中国古代文明进程的三个阶段》，《古代文明研究通讯》总第四十七期，2010 年。

徐昭峰：《试论社会有序性的需求是夏国家建立的根本原因》，《四川文物》2010年第4期。

徐昭峰：《夏家店下层文化类型辨析——基于二里头文化类型的对比研究》，《东北史地》2010年第2期。

方孝廉、方媛媛等：《二里头遗址都邑探讨》，《洛阳师范学院学报》2010年第3期。

2011年

王建华：《黄河中下游地区史前人口研究》，科学出版社2011年版。

赵志军：《中华文明形成时期的农业经济发展特点》，《中国国家博物馆馆刊》2011年第1期。

彭小军：《古代指纹与陶工年龄分析——以二里头遗址出土陶器资料为例》，《南方文物》2011年第1期。

尚友萍：《关于王朝文化滞后于王朝建立理论的商榷》，《文物春秋》2011年第1期。

陈隆文：《夏族起源、活动区域与禹都阳城探索》，《殷都学刊》2011年第4期。

许宏：《二里头：开启华夏王朝文明篇章》，《中国社会科学报》2011年5月10日。

刘绪：《夏商文化分界与偃师西亳的若干问题》，《考古学研究（八）：邹衡先生逝世五周年纪念文集》，科学出版社2011年版。

魏继印：《也谈早期夏文化》，《考古与文物》2011年第3期。

《新郑望京楼古城址考古发现专家论证会会议纪要》，《古代文明研究通讯》总第四十八期，2011年。

李维明：《二里头文化"手"形陶刻符浅谈》，《中国文物报》2011年7月8日。

赵春燕、李志鹏等：《二里头遗址出土动物来源初探——根据牙釉质的锶同位素比值分析》，《考古》2011年第7期。

段天璟：《二里头文化时期长江中游沿岸地区的考古学文化结构》，《中国国家博物馆馆刊》2011年第6期。

李宏飞：《二里头文化设防聚落的环壕传统》，《中国国家博物馆馆刊》2011年第6期。

赵海涛、陈国梁等：《河南偃师二里头遗址》，《中国大遗址保护调研报告》（一），科学出版社2011年版。

廉海萍、谭德睿等：《二里头遗址铸铜技术研究》，《考古学报》2011 年第 4 期。

李德方、吴倩：《夏末商汤居亳与韦地同域说——议新郑望京楼二里头文化城址性质》，《中国国家博物馆馆刊》2011 年第 10 期。

秦小丽：《二里头文化时期中原东部地区的地域间动态关系——以陶器资料分析为中心》，《考古一生——安志敏先生纪念文集》，文物出版社 2011 年版。

高江涛：《陶寺遗址与二里头遗址聚落形态之比较研究》，《三代考古》（四），科学出版社 2011 年版。

陈国梁：《二里头遗址出土小件文物漫谈》，《三代考古》（四），科学出版社 2011 年版。

李宏飞：《关于中国广域王权国家形成年代的思考》，《三代考古》（四），科学出版社 2011 年版。

吕琪昌：《青铜爵与良渚陶鬶的关系再议》，《华夏考古》2011 年第 4 期。

王震中：《夏商分界、夏文化分期及"夏文化"定义诸题新探》，《华夏考古》2011 年第 4 期。

李宏飞：《铜器对早期中国社会变迁的作用试析》，《南方文物》2011 年第 4 期。

陈钰：《试论马桥文化鸭形壶的来源与传播》，《南方文物》2011 年第 4 期。

［日］饭岛武次：《二里头文化与先商文化的陶炊器——鬲·鼎·甑·甗》，《考古学研究（八）：邹衡先生逝世五周年纪念文集》，科学出版社 2011 年版。

向桃初：《二里头文化向南方的传播》，《考古》2011 年第 10 期。

朱志荣、朱媛：《夏代二里头陶器的审美特征》，《清华大学学报》（哲学社会科学版）2011 年第 5 期。

余琳：《夏文化时期礼器生成的双重标准及内涵意义考论——以二里头文化遗址为例》，《文艺评论》2011 年第 6 期。

动物考古课题组：《中华文明形成时期的动物考古学研究》，《科技考古》第 3 辑，科学出版社 2011 年版。

农业研究课题组：《中华文明形成时期的农业经济特点》，《科技考古》第 3 辑，科学出版社 2011 年版。

鲁晓珂、李伟东等：《河南偃师二里头遗址特殊陶器的科技研究》，《科技考古》第 3 辑，科学出版社 2011 年版。

2012 年

北京大学震旦古代文明研究中心、河南省文物考古研究所等编：《早期夏文化与先商文化研究论文集》，科学出版社 2012 年版。

袁广阔、马保春等：《河南早期刻画符号研究》，科学出版社 2012 年版。

周立、张剑：《洛阳史前与夏商周考古探索》，中州古籍出版社 2012 年版。

王青：《镶嵌铜牌饰的寓意诸问题再研究》，《东方考古》第 9 集，科学出版社 2012 年版。

李小燕、井中伟：《玉柄形器名"瓒"说——辅证内史亳同与〈尚书·顾命〉"同瑁"问题》，《考古与文物》2012 年第 3 期。

张莉：《新砦期年代与性质管见》，《文物》2012 年第 4 期。

王立新：《关于文明探源研究的一点思考》，《中国文物报》2012 年 8 月 1 日。

谢肃：《对夏商分界的一点看法》，《考古与文物》2012 年第 4 期。

刘学堂：《中国早期青铜器的起源与传播》，《中原文物》2012 年第 4 期。

王力之：《20 世纪夏文化探索》，《纪念国博百年考古文集》，科学出版社 2012 年版。

佟伟华：《垣曲盆地二里头文化若干问题的探讨》，《纪念国博百年考古文集》，科学出版社 2012 年版。

田建文：《东下冯遗址遗存分析及相关问题研究》，《中国考古学会第十四次年会论文集 2011》，文物出版社 2012 年版。

庞小霞、高江涛：《先秦时期封顶壶形盉初步研究》，《考古》2012 年第 9 期。

李维明：《二里头文化陶字符量化分析》，《考古与文物》2012 年第 6 期。

袁靖：《中华文明探源工程十年回顾：中华文明起源于早期发展过程中的技术与生业研究》，《南方文物》2012 年第 4 期。

袁广阔：《从稍柴遗址看二里头文化的形成》，《考古学研究》（十），科学出版社 2012 年版。

张俊娜、夏正楷：《洛阳二里头遗址南沉积剖面的粒度和磁化率分析》，《北京大学学报》（自然科学版）第 48 卷第 5 期，2012 年。

鲁晓珂、李伟东等：《二里头遗址出土白陶、印纹硬陶盉原始瓷的研究》，《考古》2012 年第 10 期。

余琳：《试论二里头夏文化遗址中礼器符号类型与表意途径》，《南京艺术学院学报》（美术与设计版）2012 年第 1 期。

余琳：《试论夏族精神符号的内涵与起源——以传世文献与考古发现相结合的解读》，《中国社会科学院研究生院学报》2012 年第 3 期。

2013 年

袁广阔：《二里头文化研究》，线装书局 2013 年版。

李维明：《郑州青铜文化研究》，科学出版社 2013 年版。

郭静云：《夏商周：从神话到史实》，上海古籍出版社 2013 年版。

魏继印：《玉柄形器功能新识》，《考古与文物》2013 年第 1 期。

刘俊男：《石家河文化的北渐及其对豫中西地区的影响》，《中原文物》2013 年第 1 期。

刘绪：《夏末商初都邑分析之一——二里头遗址与偃师商城遗存比较》，《中国国家博物馆馆刊》2013 年第 9 期。

袁广阔：《古河济地区与早期国家形成》，《中原文化研究》2013 年第 5 期。

吕琪昌：《卞家山出土漆觚的启示》，《华夏考古》2013 年第 3 期。

赵东升：《论鄂豫陕间二里头文化时期的文化格局及势力变迁》，《中原文物》2013 年第 5 期。

杨育彬：《嵩山地区与夏文化几个相关问题的探讨》，《中华之源与嵩山文明研究》，科学出版社 2013 年版。

李维明：《玉村遗址下层遗存与二里头文化》，《郑州青铜文化研究》，科学出版社 2013 年版。

李维明：《试谈郑州市及郊区二里头文化分期特征》，《郑州青铜文化研究》，科学出版社 2013 年版。

李维明：《新砦遗址二里头文化遗存初议》，《郑州青铜文化研究》，科学出版社 2013 年版。

李维明：《郑州 97：ZSC8IIT166M6 试谈》，《郑州青铜文化研究》，科学出版社 2013 年版。

许宏：《宫室建筑与中原国家文明的形成》，《三代考古》（五），科学出版社 2013 年版。

彭小军：《陶爵的制作与生产——以二里头遗址出土资料为例》，《三代考古》（五），科学出版社 2013 年版。

陈国梁、李志鹏：《二里头文化的占卜制度初探——一二里头遗址近年出土卜骨为例》，《三代考古》（五），科学出版社 2013 年版。

张海、陈建立：《史前青铜冶铸业与中原早期国家形成的关系》，《中原文物》2013 年第 1 期。

许宏：《大都无城——论中国古代都城的早期形态》，《文物》2013 年第 10 期。

郭宏涛：《浅谈偃师二里头遗址的保护与展示》，《中国古都研究》第 1 辑，2013 年。

张俊娜、夏正楷：《粟作农业在华夏文明形成中的意义》，《早期中国研究》第 1 辑，文物出版社 2013 年版。

胡可佳、凌勇：《早期冶金与中华文明探源》，《早期中国研究》第 1 辑，文物出版社 2013 年版。

黄可佳：《贡纳与贸易——早期国家的玉石器生产与流通问题初探》，《早期中国研究》第 1 辑，文物出版社 2013 年版。

李维明：《郑州大师姑遗址二里头文化五段一组地层单位文化性质分检》，《早期中国研究》第 1 辑，文物出版社 2013 年版。

张东：《编年与阐释——二里头文化年代学研究的时间观》，《文物》2013 年第 6 期。

张东：《试论洛阳盆地二里头文化的形成背景》，《中原文物》2013 年第 3 期。

[日] 宫本一夫：《夏商交替期的青铜器生产与商文化的形成》，《金玉交辉——商周考古、艺术与文化论文集》，"中央研究院"历史语言研究所 2013 年版。

刘煜：《技术选择和技术风格的形成：以鼎为例考察二里头时期到晚商青铜器的技术演进》，《金玉交辉——商周考古、艺术与文化论文集》，"中央研究院"历史语言研究所 2013 年版。

2014 年

许宏：《何以中国——公元前 2000 年的中原图景》，生活·读书·新知三联书店 2014 年版。

中国社会科学院考古研究所编，许宏主编：《夏商都邑与文化（一）——夏商都邑考古暨纪念偃师商城发现 30 周年国际学术研讨会论文集》，中国社会科学出版社 2014 年版。

中国社会科学院考古研究所编，许宏主编：《夏商都邑与文化（二）——纪念二里头遗址发现 55 周年学术研讨会论文集》，中国社会科学出版社 2014 年版。

段天璟：《二里头文化时期的中国》，社会科学文献出版社 2014 年版。

吴文婉、张继华等：《河南登封南洼遗址二里头到汉代聚落农业的植物考古证据》，《中原文物》2014 年第 1 期。

鲍颖建：《试论娘娘寨遗址发现的二里头文化遗存》，《中原文物》2014 年第 1 期。

马今洪：《上海博物馆藏二里头文化束腰爵新探》，《中国国家博物馆馆刊》2014年第3期。

徐昭峰：《试论郑州地区的筒腹鬲》，《中国国家博物馆馆刊》2014年第3期。

王子孟：《洛阳盆地二里头文化聚落的控制网络与模式——基于遗址资源域和泰森多边形的分析》，《华夏考古》2014年第3期。

蔡杰：《二里头文化铜铃的类型与铸造分析》，《中原文物》2014年第4期。

戴向明：《中原龙山到二里头时期文化与社会发展阶段的两个问题》，《庆祝张忠培先生八十岁论文集》，科学出版社2014年版。

段天璟：《"新砦期"遗存的性质及相关问题》，《庆祝张忠培先生八十岁论文集》，科学出版社2014年版。

钱益汇、陈国梁等：《中国早期国家阶段石料来源与资源选择策略——基于二里头遗址的石料分析》，《考古》2014年第7期。

张国硕：《夏都老丘考略》，《中国国家博物馆馆刊》2014年第9期。

孙洋、蔡大伟等：《二里头遗址出土黄牛线粒体DNA研究》，《北方文物》2014年第3期。

许宏：《金玉共振：中原青铜时代伊始玉兵器的演变态势》，《百色学院学报》第27卷第3期，2014年。

章米力：《从玉器传播论华夏早期国家的建立》，《百色学院学报》第27卷第3期，2014年。

李永强：《陕西东部二里头时期遗存分区研究》，《文博》2014年第3期。

张忠培：《夏王朝时期中国文化的探索——〈二里头文化时期的中国〉序》，《中国文物报》2014年12月12日。

裴安平：《聚落群聚形态视野下的三种文明起源模式研究》，《无限悠悠远古情——佟柱臣先生纪念文集》，科学出版社2014年版。

袁广阔：《从二里头文化的分布形势认识夏文化》，《洛阳考古》2014年第4期。

邓淑苹：《史前至夏时期玉器文化的新认知》，《玉器考古通讯》2014年第2期。

侯彦峰、张继华等：《河南登封南洼遗址二里头时期出土骨器简析》，《动物考古》第2辑，文物出版社2014年版。

罗汝鹏：《从"象鼻盉"到原始瓷大口折肩尊——论夏商时期东南地区对中原王朝的一种贡赋模式》，《南方文物》2014年第1期。

方孝廉、方小兵等：《二里头遗址夏都（斟鄩）成因解——一个失去记忆的湖泊、洛池再现与"洛神"传说》，《方孝廉考古文集》，中州古籍出版社2014年版。

叶晓红、任佳等：《二里头遗址出土绿松石器物的来源初探》，《第四纪研究》2014年第1期。

易华：《从齐家到二里头：夏文化探索》，《学术月刊》2014年第12期。

2015年

郭画晓：《偃师二里头文化考古学研究》，中州古籍出版社2015年版。

易华：《齐家华夏说》，甘肃人民出版社2015年版。

李维明：《一部留驻学史的考古报告——初读〈二里头1999—2006〉》，《中国文物报》2015年3月6日。

彭长林：《越南北部牙璋研究》，《华夏考古》2015年第1期。

栾丰实：《评〈登封南洼——2004—2006年田野考古报告〉》，《中国文物报》2015年4月10日。

邓聪、王方：《二里头牙璋（VM3∶4）在南中国的波及——中国早期国家政治制度起源和扩散》，《中国国家博物馆馆刊》2015年第5期。

魏凯：《二里头文化年代学研究的反思——多元证据的分歧与互校》，《中国国家博物馆馆刊》2015年第5期。

孙庆伟：《顾颉刚夏史研究与夏文化早期探索》，《中国国家博物馆馆刊》2015年第5期。

李昶、张书峰：《夏都军事防御体系之考古学观察》，《中原文物》2015年第3期。

刘学堂：《夏文明研究的困局与突破》，《中原文物》2015年第3期。

李玉洁：《夏初都城文明研究》，《嵩山文明研究通讯》总第4期，2015年。

赵春燕：《先秦时期中原地区都城遗址人口迁移的初步研究——以陶寺遗址与二里头遗址为例》，《中华之源与嵩山文明研究》第二辑，科学出版社2015年版。

袁广阔：《早期夏文化新探》，《中华之源与嵩山文明研究》第二辑，科学出版社2015年版。

张继华：《略论二里头文化研究的几个问题——从南洼二里头聚落的发现谈起》，《中华之源与嵩山文明研究》第二辑，科学出版社2015年版。

钱燕：《二里头文化第四期应该仍为夏文化》，《中华之源与嵩山文明研究》第二辑，科学出版社2015年版。

许宏：《关于二里头为早商都邑的假说》，《南方文物》2015年第3期。

许宏：《二里头：中国早期国家形成中的一个关键点》，《中原文化研究》2015年第 4 期。

许宏：《二里头：中国最早的"核心文化"》，《世界遗产》2015 年第 7 期。

许宏：《学术史视角下的二里头"商都说"与"夏都说"》，《中国文物报》2015 年 11 月 20 日。

张天恩：《齐家文化对中原地区文化的影响》，《中国社会科学院古代文明研究中心通讯》第 28 期，2015 年。

曹兵武：《共识中国的形成：二里头化与华夏文明架构的突破》，《中国文物报》2015 年 9 月 11 日、18 日。

刘煜、张昌平等：《技术选择和技术风格的形成：以鼎为例考察二里头时期到晚商青铜器的技术演进》，《科技考古》第 4 辑，科学出版社 2015 年版。

辛爱罡：《二里头文化非镶嵌类绿松石制品的功能分析》，《中原文物》2015 年第 12 期。

2016 年

许宏：《大都无城——中国古都的动态解读》，生活·读书·新知三联书店 2016 年版。

张国硕、李昶：《论二里头遗址发现的学术价值与意义》，《华夏考古》2016 年第 1 期。

李鑫：《夏王朝时期的城市布局与功能特征》，《华夏考古》2016 年第 1 期。

李维明：《方城八里桥遗址在二里头文化中的地位》，《华夏文明》2016 年第 8 期（中）。

丁大涛、刘丁辉：《二里头文化花边罐及相关问题研究》，《华夏文明》2016 年第 8 期（中）。

张海：《考古学中时间的不确定性及其数学解决方案》，《江汉考古》2016 年第 4 期。

王汇文：《二里头镶嵌绿松石铜牌图像与制作工艺考》，《装饰》2016 年第 8 期。

董亚梅、彭爱杰：《驻马店二里头文化探索》，《中国民族博览》2016 年第 9 期。

崔天兴：《先秦时期锯齿刃石钺的考古学研究》，《中原文物》2016 年第 6 期。

张国硕：《聚落考古研究的典范——读〈二里头（1999—2006）〉有感》，《聚落考古通讯》第 1 期，2016 年。

鲁晓珂、李伟东：《印纹硬陶和原始瓷的组成特征再研究》，《印纹硬陶与原始瓷研究》，故宫出版社 2016 年版。

陈国梁、李志鹏：《二里头遗址制骨遗存的考察》，《考古》2016 年第 5 期。

陈国梁：《二里头遗址铸铜遗存再探讨》，《中原文物》2016 年第 3 期。

赵海涛：《二里头遗址二里头文化四期晚段遗存探析》，《南方文物》2016 年第 4 期。

方燕明：《对夏文化探索的一些思考》，《"城市与文明"学术研讨会论文集》，上海古籍出版社 2016 年版。

李志鹏、［日］江田真毅：《二里头遗址的野生动物资源获取与利用》，《南方文物》2016 年第 3 期。

武庄、袁靖等：《中国新石器时代至先秦时期遗址出土家犬的动物考古学研究》，《南方文物》2016 年第 3 期。

杜金鹏：《夏商都邑水利文化遗产的考古发现及其价值》，《考古》2016 年第 1 期。

史宝琳：《公元前两千纪前后中原地区的水道设施》（上、下），《文物春秋》2016 年第 1、2 期。

张昌平：《二里头文化至殷墟文化时期青铜器鋬的铸造技术及其发展》，《文物》2016 年第 9 期。

许宏：《二里头 M3 及随葬绿松石龙形器的考古背景分析》，《古代文明》第 10 卷，上海古籍出版社 2016 年版。

许宏：《从仰韶到齐家——东亚大陆早期用铜遗存的新观察》，《2015 中国·广河齐家文化与华夏文明国际研讨会论文集》，文物出版社 2016 年版。

许宏：《前中国时代与"中国"的初兴》，《读书》2016 年第 4 期。

张童心、叶亦帆：《二里头遗址三期"新因素"再审——兼论二里头遗址鬲的来源》，《史志学刊》2016 年第 1 期。

2017 年

陈旭：《夏商文化研究续集》，科学出版社 2017 年版。

许宏：《先秦城邑考古》，金城出版社、西苑出版社 2017 年版。

任佳：《湖北十堰地区绿松石的产出特征及河南二里头遗址出土绿松石的源区示踪研究》，地质出版社 2017 年版。

张立东：《〈容成氏〉夏都"中庭"试论》，《华夏考古》2017 年第 1 期。

张立东：《论夏商文化的年代分界》，《三代考古》（七），科学出版社 2017 年版。

陈国梁：《二里头文化嵌绿松石牌饰的来源》，《三代考古》（七），科学出版社2017年版。

王爱民：《二里头81YLVM4：5镶嵌铜牌饰为鸱鸮说》，《华夏考古》2017年第1期。

楚小龙：《二里头文化至西周文化时期青铜爵铸型分范技术的演进》，《华夏考古》2017年第1期。

李永强：《二里头花边装饰溯源》，《华夏考古》2017年第4期。

马世之：《缯国故城的未解之谜》，《华夏文明》2017年第5期（中）。

魏继印：《从夏、夷、商三族关系看夏文化》，《中原文化研究》2017年第5期。

魏继印：《碳十四系列测年视角下夏文化的年代问题》，《华夏文明》2017年第18期（中）。

张贺君：《试论早期夏文化的来源》，《中原文物》2017年第4期。

许宏：《二里头遗址"1号大墓"学案综理》，《中原文物》2017年第5期。

贾洪波：《夏王朝年代的另类推测和夏都钧迹——兼论夏文化有关问题》，《中原文物》2017年第5期。

李翔：《青铜时代早期陶方鼎（杯）研究》，《中原文物》2017年第6期。

桑栎：《文化冲突论视角下二里头文化城址变迁》，《江汉考古》2017年第5期。

郜向平：《试论夏商周考古中"文化"概念的阶段性差异》，《南方文物》2017年第3期。

谢肃：《对夏商三都年代与性质的看法》，《南方文物》2017年第3期。

孙蕾、张小虎等：《河南尉氏新庄遗址二里头人骨种系初探》，《文物春秋》2017年第5期。

张驰：《龙山—二里头——中国史前文化格局的改变与青铜时代全球化的形成》，《文物》2017年第6期。

杨玉璋、袁增箭等：《郑州东赵遗址炭化植物遗存记录的夏商时期农业特征及其发展过程》，《人类学学报》2017年第1期。

顾万发：《二里头陶方鼎特殊图案太阳大气光象内涵图解》，《华夏文明》2017年第4期（中）。

2018年

孙庆伟：《鼏宅禹迹——夏代信史的考古学重建》，生活·读书·新知三联书店2018年版。

张国硕:《中原地区早期城市综合研究》,科学出版社2018年版。

李锋:《郑州大师姑城址研究》,科学出版社2018年版。

成都金沙遗址博物馆、成都文物考古研究院等编:《夏商时期玉文化国际学术研讨会论文集》(2017·四川成都),科学出版社2018年版。

中国社会科学院考古研究所、广东省博物馆等编:《夏商玉器及玉文化学术研讨会论文集》,岭南美术出版社2018年版。

李健西、李延祥等:《东下冯遗址冶铸遗存研究》,《考古与文物》2018年第1期。

艾兰:《对公元前1920年积石峡洪水与古代中国洪水传说的初步思考》,《文史哲》2018年第1期。

张国硕、贺俊:《试析夏商时期的朱砂奠基葬》,《考古》2018年第5期。

张国硕、缪小荣:《试论夏商都城遗址的认定方法》,《江汉考古》2018年第5期。

张国硕、郑龙龙:《论夏商时期的改制石器》,《文物》2018年第5期。

张国硕:《早期中国都邑遗址认定标准》,《中国社会科学报》2018年9月28日。

贺俊:《试论二里头文化的铜圆形器》,《文物春秋》2018年第5期。

常怀颖:《夏商都邑铸造作坊的空间规划》,《中国文物报》2018年9月21日。

常怀颖:《夏商都邑铸铜作坊空间规划分析》,《中原文物》2018年第5期。

付永旭:《绳纹施制技术的分析和实验》,《考古学集刊》第21集,社会科学文献出版社2018年版。

许宏:《中国青铜时代始于何时?》,《人民日报》2018年5月2日。

赵海涛、许宏:《二里头的王朝气象》,《光明日报》2018年11月24日。

赵海涛、许宏:《新探索与新收获:近十年二里头遗址田野考古概述》,《南方文物》2018年第4期。

先怡衡、樊静怡等:《陕西洛南绿松石的锶同位素特征及其产地意义——兼论二里头出土绿松石的产源》,《西北地质》2018年第2期。

杨远:《二里头遗址出土漆器及其制作产地蠡测》,《文博》2018年第4期。

孙庆伟:《界说与方法——夏代信史考古学重建的途径》,《中国文化研究》2018年第3期。

张莉:《文献之外的夏代历史——考古学的视角》,《中国文化研究》2018年第3期。

陈民镇:《信史抑或伪史——夏史真伪问题的三次论争》,《中国文化研究》2018

年第 3 期。

何驽：《二里头绿松石龙牌、铜牌与夏禹、萬舞的关系》，《中原文化研究》2018 年第 4 期。

于有光：《中原地区夏商城市的分布特征与选址的地理考量》，《三门峡职业技术学院学报》2018 年第 1 期。

姚智辉、吴倩：《望京楼遗址出土青铜器研究》，《文物保护与考古科学》2018 年第 4 期。

谷斌：《牙璋的起源与龙蛇崇拜——以二里头、三星堆、石寨山遗址为例》，《三峡大学学报》（人文社会科学版）2018 年第 4 期。

于孟洲：《中国早期国家进程关键阶段述论——以二里头文化为视角》，《郑州大学学报》（哲学社会科学版）2018 年第 3 期。

刘绪：《夏文化探讨的现状与任务》，《中原文化研究》2018 年第 5 期。

薛桢雷、吴朋飞：《夏代文化遗址分布与夏都地望的耦合性分析》，《地域研究与开发》2018 年第 5 期。

李中轩、吴国玺等：《4.2—3.5 ka B.P. 嵩山南麓的史前社会对逆向环境的适应》，《山地学报》2018 年第 6 期。

陈国梁：《赵芝荃先生与淮左地区考古调查和二里头文化探索》，《中国文物报》2018 年 4 月 6 日。

毕经纬：《"中期质变"视野下的夏代考古学文化》，《历史研究》2018 年第 1 期。

张法：《三足酒器在远古中国的文化和美学内蕴——基于对鬵盉—鬵鬶—盉—鸡彝演进历程的探讨》，《首都师范大学学报》（社会科学版）2018 年第 1 期。

魏继印：《论新砦文化的源流及性质》，《考古学报》2018 年第 1 期。

刘莉、Maureece J. Levin 等：《河南偃师灰嘴遗址新石器时代和二里头文化时期工具残留物及微痕分析》，《中原文物》2018 年第 6 期。

尹海洁、黄鹰航：《中国古代青铜器铸焊技术探源》，《自然辩证法研究》2018 年第 12 期。

王子孟、李昶：《伊洛平原二里头文化期聚落群聚形态研究》，《华夏文明》2018 年第 11 期（中）。

李宏飞：《二里头文化第四期晚段遗存年代下限的探讨》，《考古》2018 年第 11 期。

孙亚男、杨玉璋等：《郑州地区东赵先民植物性食物结构及遗址出土部分陶器功能分析：来自植物淀粉粒的证据》，《第四纪研究》2018 年第 2 期。

闫付海：《新砦二期文化性质新论》（上、下），《华夏文明》2018年第6、7期（中）。

宋锐：《浅析二里头遗址青铜爵的铸造工艺》，《华夏文明》2018年第9期（中）。

赵春燕：《嵩山地区二里头文化时期牛和羊来源蠡测——以二里头遗址与望京楼遗址为例》，《华夏考古》2018年第6期。

赵春燕、赵志军：《河南二里头遗址出土陶容器内残留物的碳氮稳定同位素分析》，《第四纪研究》2018年第6期。

陈淳：《从考古学理论方法进展谈古史重建》，《历史研究》2018年第6期。

张得水：《辐辏与辐射：嵩山地区早期文明发展模式探索》，《中原文物》2018年第6期。

唐博豪：《牙璋研究综述》，《客家文博》2018年第4期。

陈国梁：《中国早期铃形器——以新石器时代至二里岗文化的陶铃和铜铃为例》，《古代文明》，2018年。

马萧林：《近十年中国骨器研究综述》，《中原文物》2018年第2期。

刘绪：《若干田野考古现象分析》，《南方文物》2017年第4期。李久昌：《夏王朝时期崤函古道交通的初创》，《三门峡职业技术学院学报》2018年第2期。

2019年

朱凤瀚：《夏文化考古学探索六十年的启示》，《历史研究》2019年第1期。

钟华、吴业恒等：《河南洛阳王圪垱遗址浮选结果及分析》，《农业考古》2019年第1期。

张仕男：《黄河中下游地区夏商铜铃研究》，《人文天下》2019年第4期。

陈胜前：《为什么夏是一个问题》，《读书》2019年第2期。

陈民镇：《作为社会记忆的夏文明》，《读书》2019年第2期。

崔宗亮：《陶爵起源新探》，《中国陶瓷》2019年第3期。

何驽：《二里头2005VT111出土的陶水管"筒瓦"解》，《华夏文明》2019年第2期（中）。

李维明：《新砦遗址新砦期花边罐及其启示》，《中国文物报》2019年5月5日。

赵海涛、许宏：《中华文明总进程的核心与引领者：二里头文化的历史位置》，《南方文物》2019年第2期。

许宏、贺俊：《二里头：从田野到阐释》，《南方文物》2019年第2期。

董琦：《夏文化探索与夏代信史说》，《南方文物》2019年第2期。

贺俊：《二里头文化古史属性研究的新动态及相关问题》，《南方文物》2019 年第 2 期。

[日] 宫本一夫：《二里头遗址二里头文化至二里岗文化过渡期的青铜器生产》，《南方文物》2019 年第 2 期。

李宏飞、赵海涛等：《试论二里头遗址出土陶器化学成分所见选料传统》，《南方文物》2019 年第 2 期。

郜向平、覃覃：《二里头遗址三号建筑院内墓葬探讨》，《南方文物》2019 年第 2 期。

唐丽雅、李凡等：《龙山—二里头时期环嵩山地区农业演变》，《华夏考古》2019 年第 3 期。

洪石：《先秦两汉嵌绿松石漆器研究》，《考古与文物》2019 年第 3 期。

王俭：《中原地区龙山至二里头时期未成年人墓葬研究》，《西部学刊》2019 年第 4 期。

（二）学位论文

1991 年

[德] 曹碧琴（Bettina Zorn）：《二里头文化及其"社会复杂性"分析》，博士学位论文，北京大学，1991 年。

1992 年

董琦：《论中原地区龙山文化时期与夏代的考古学文化》，博士学位论文，北京大学，1992 年。

1996 年

张良仁：《论二里头文化分期与性质》，硕士学位论文，中国社会科学院研究生院，1996 年。

1998 年

翟杨：《二里头遗址二里头文化陶器研究》，硕士学位论文，吉林大学，1998 年。

2000 年

张国硕：《夏商时代都城制度研究》，博士学位论文，郑州大学，2000 年。

2001 年

于孟洲：《试析东下冯文化》，硕士学位论文，吉林大学，2001 年。

2002 年

吴玉新：《中原地区早期文明的人地关系探索》，硕士学位论文，北京大学，2002 年。

赵海涛：《试论岳石文化与周围同时期文化的关系》，硕士学位论文，中国社会科学院研究生院，2002 年。

杨树刚：《早期夏文化研究》，硕士学位论文，郑州大学，2002 年。

2003 年

王星光：《黄河中下游地区生态环境变迁与夏代的兴起和嬗变探索》，博士学位论文，郑州大学，2003 年。

高江涛：《二里头遗址与夏都》，硕士学位论文，郑州大学，2003 年。

2004 年

梁宏刚：《二里头遗址出土铜器的制作技术研究》，博士学位论文，北京科技大学，2004 年。

朱君孝：《二里头文化若干问题的研究》，博士学位论文，中国科学技术大学，2004 年。

杨冠华：《二里头文化及二里岗文化墓葬比较研究》，硕士学位论文，北京大学 2004 年。

王巍：《中国夏代人牙齿疾病的研究》，硕士学位论文，北京大学，2004 年。

楚小龙：《二里头文化初步研究——以陶器遗存为中心》，硕士学位论文，武汉大学，2004 年。

庞小霞：《试论新砦文化》，硕士学位论文，郑州大学，2004 年。

2005 年

袁广阔：《二里头文化研究》，博士学位论文，郑州大学，2005 年。

段天璟：《二里头文化时期的文化格局》，博士学位论文，吉林大学，2005 年。

王建华：《黄河中下游地区史前人口研究》，博士学位论文，山东大学，2005 年。

宋爱平：《郑州地区史前至商周时期聚落形态分析》，硕士学位论文，山东大学，2005 年。

李永强：《试论陕西东部地区二里头时期遗存及相关问题》，硕士学位论文，南京大学，2005年。

常怀颖：《龙山时期至二里头早期的社会复杂化进程初探》，硕士学位论文，四川大学，2005年。

谢礼晔：《微痕分析在磨制石器功能研究中的初步尝试——二里头遗址石斧和石刀的微痕分析》，硕士学位论文，中国社会科学院研究生院，2005年。

郝炎峰：《二里头文化玉器的考古学研究》，硕士学位论文，中国社会科学院研究生院，2005年。

陈国梁：《二里头文化铜器研究》，硕士学位论文，中国社会科学院研究生院，2005年。

李志鹏：《二里头文化墓葬研究》，硕士学位论文，中国社会科学院研究生院，2005年。

2006年

高江涛：《中原地区文明化进程的考古学研究》，博士学位论文，中国社会科学院研究生院，2006年。

徐燕：《豫南地区二里头时期遗存及相关问题》，硕士学位论文，南京大学，2006年。

虞琰：《中原地区中全新世人地系统过程研究及变化机制探讨》，硕士学位论文，北京大学，2006年。

杨杰：《河南偃师二里头遗址的动物考古学研究》，硕士学位论文，中国社会科学院研究生院，2006年。

姚政权：《襄汾陶寺等遗址的植硅石分析》，博士学位论文，中国科学技术大学，2006年。

牛韵星：《从夏代的出土乐器看夏代艺术的特征》，硕士学位论文，山西大学，2006年。

戴良燕：《夏商西周宫殿建筑文化研究》，硕士学位论文，广西师范大学，2006年。

2007年

刘建国：《GIS支持的聚落考古研究》，博士学位论文，中国地质大学（北京），2007年。

杨海燕：《史前农业、冶炼活动对环境的影响——以辽西、中原地区为例》，硕士学位论文，北京大学，2007 年。

吴倩：《试论二里头文化的来源》，硕士学位论文，郑州大学，2007 年。

2008 年

张东：《洛阳盆地二里头文化来源初探》，硕士学位论文，中国社会科学院研究生院，2008 年。

仲溪：《二里头文化青铜酒器造型设计探析》，硕士学位论文，苏州大学，2008 年。

高良：《论夏代器物的审美特征》，硕士学位论文，苏州大学，2008 年。

2009 年

刘羽阳：《二里头遗址的城市布局研究》，硕士学位论文，中国社会科学院研究生院，2009 年。

李萌：《三代宫室和宫城研究》，硕士学位论文，中国社会科学院研究生院，2009 年。

童萌：《郧县辽瓦店子遗址龙山时代晚期——二里头文化早期遗存初步研究》，硕士学位论文，武汉大学，2009 年。

褚金刚：《新砦期遗存辨析》，硕士学位论文，吉林大学，2009 年。

齐磊：《夏代早期都城变迁研究》，硕士学位论文，郑州大学，2009 年。

郑璐璐：《论夏代手工业》，硕士学位论文，郑州大学，2009 年。

2010 年

李丽娜：《龙山至二里头时代城邑研究》，博士学位论文，郑州大学，2010 年。

韩香花：《史前至夏商时期中原地区手工业研究》，博士学位论文，郑州大学，2010 年。

[日] 久慈大介：《二里头遗址出土陶器制作技术研究》，博士学位论文，中国社会科学院研究生院，2010 年。

张小虎：《中全新世黄河流域不同区域环境考古研究》，博士学位论文，北京大学，2010 年。

赵俊杰：《豫东地区夏商时代文化研究》，硕士学位论文，郑州大学，2010 年。

李锋：《郑州大师姑遗址研究》，博士学位论文，郑州大学，2010 年。

贾兵：《登封南洼遗址二里头文化制陶工艺研究》，硕士学位论文，郑州大学，2010年。

王子孟：《洛阳盆地二里头文化期聚落形态考察》，硕士学位论文，山东大学，2010年。

2011年

刘皓芳：《河南二里头遗址夏代人群的分子考古学研究》，博士学位论文，中国科学院大学，2011年。

彭小军：《二里头遗址出土陶器空间比较研究》，硕士学位论文，中国社会科学院研究生院，2011年。

常苊心：《郑州地区二里头文化研究》，硕士学位论文，首都师范大学，2011年。

王琼：《"后羿代夏"的考古学观察》，硕士学位论文，郑州大学，2011年。

韦姗杉：《二里头早期国家兴衰的聚落考古学研究》，硕士学位论文，河北师范大学，2011年。

崔宗亮：《二里头文化与周边地区考古学文化交流研究》，硕士学位论文，郑州大学，2011年。

钱燕：《二里头文化第四期性质研究》，硕士学位论文，郑州大学，2011年。

刘雪红：《论夏商时期河洛集团与苗蛮集团的文化交流与融合》，硕士学位论文，郑州大学，2011年。

2012年

张莉：《从龙山到二里头——以嵩山南北为中心》，博士学位论文，北京大学，2012年。

高华光：《二里头遗址的热红外遥感探测方法研究》，硕士学位论文，中国科学院大学，2012年。

贾耀祺：《古代陶器物理属性研究方法初探——以南洼遗址二里头文化陶器为例》，硕士学位论文，郑州大学，2012年。

2013年

司艺：《2500BC—1000BC中原地区家畜饲养策略与先民肉食资源消费》，博士学位论文，中国科学院大学，2013年。

孙洋：《陶寺和二里头遗址古代黄牛分子考古学研究》，硕士学位论文，吉林大学，2013 年。

陈卓：《湖北竹山绿松石与河南偃师二里头出土绿松石宝石学对比研究》，硕士学位论文，中国地质大学（北京），2013 年。

李小龙：《夏县东下冯遗存再研究》，硕士学位论文，山西大学，2013 年。

冯伟：《夏代会计的存在及表现研究》，硕士学位论文，湖南大学，2013 年。

王龙霄：《夏都斟寻研究》，硕士学位论文，郑州大学，2013 年。

燕飞：《龙山文化墓葬与二里头文化墓葬的比较研究》，硕士学位论文，郑州大学，2013 年。

2014 年

史宝琳：《中原地区公元前三千纪下半叶和公元前两千纪的聚落分布研究》，博士学位论文，吉林大学，2014 年。

常淑敏：《二里头王都的龙文化研究》，硕士学位论文，中国社会科学院研究生院，2014 年。

王豪：《夏商城市规划和布局研究》，硕士学位论文，郑州大学，2014 年。

赵昱：《夏商时期遗址展示利用研究——以河南新郑望京楼为例》，硕士学位论文，北京建筑大学，2014 年。

2015 年

邓玲玲：《铃的研究——从新石器时代晚期至二里头文化》，硕士学位论文，中国社会科学院研究生院，2015 年。

张文君：《基于多源遥感 NDVI 时间序列重建的中原地区典型遗址探测研究》，硕士学位论文，中国科学院大学，2015 年。

孙华强：《登封南洼遗址保护规划研究》，硕士学位论文，郑州大学，2015 年。

李毅：《河流与洛阳古代都城互动关系研究》，硕士学位论文，郑州大学，2015 年。

周宇杰：《夏代玉器的初步研究》，硕士学位论文，辽宁师范大学，2015 年。

李高勇：《夏商西周宫殿建筑比较研究》，硕士学位论文，郑州大学，2015 年。

2016 年

李昶：《中原早期城市与文明研究》，博士学位论文，郑州大学，2016 年。

李翔：《青铜时代早期陶方鼎（杯）研究》，硕士学位论文，中国社会科学院研究生院，2016年。

耿扬：《二里头遗址第四期遗存研究》，硕士学位论文，吉林大学，2016年。

田青：《中原地区早期文明进程研究》，硕士学位论文，重庆师范大学，2016年。

张国英：《石峁文化与二里头文化玉器比较研究》，硕士学位论文，河北师范大学，2016年。

白梅：《二里头文化花边口圆腹罐初步研究》，硕士学位论文，陕西师范大学，2016年。

2017年

董苗：《中原地区青铜时代初期铜、玉礼器关系初探》，硕士学位论文，中国社会科学院研究生院，2017年。

张超华：《豫西北地区夏商时期考古学文化研究》，硕士学位论文，郑州大学，2017年。

王雪：《中原地区夏代族群迁徙研究》，硕士学位论文，郑州大学，2017年。

2018年

葛韵：《试论东亚大陆复合范铜铸件的起源与初步扩散》，硕士学位论文，中国社会科学院研究生院，2018年。

许鑫城：《资源与族群：史前至殷墟时期朱砂葬研究》，硕士学位论文，中国社会科学院研究生院，2018年。

郑龙龙：《中原地区夏商时期石器工业研究》，博士学位论文，郑州大学，2018年。

张远：《中原地区夏商陶窑研究》，硕士学位论文，郑州大学，2018年。

张雪菲：《晋东南地区二里头时期考古遗存研究》，硕士学位论文，辽宁师范大学，2018年。

毛智周：《新郑望京楼遗址夏商城址研究》，硕士学位论文，武汉大学，2018年。

孙亚男：《郑州地区仰韶至青铜时代先民植物资源利用与陶器功能的淀粉粒分析——以青台遗址和东赵遗址为例》，硕士学位论文，中国科学技术大学，2018年。

潘禾玮奕：《新石器时代晚期至夏商时代黄河中上游玉器研究——兼论早期玉石之路的形成》，硕士学位论文，南京大学，2018年。

2019 年

夏培朝：《中原地区夏商时期窖穴遗存研究》，硕士学位论文，郑州大学，2019 年。

赵腾飞：《中原地区史前至夏商时期毁器葬研究》，硕士学位论文，郑州大学，2019 年。

王俭：《中原地区龙山至殷墟时期未成年人墓葬研究》，硕士学位论文，郑州大学，2019 年。

谢青：《夏商周冶铸遗址中的祭祀遗存研究》，硕士学位论文，郑州大学，2019 年。

杨铭：《洛阳地区龙山至夏商时期聚落变迁研究》，硕士学位论文，郑州大学，2019 年。

后　　记

本书是众力集成的结果。付梓之际，我们首先要感谢为本书的问世付出心血和汗水的诸位撰稿人。

全书编撰工作的分工如下（中国社会科学院考古研究所以外的执笔人，在姓名首次出现时括注其所属单位；各部分执笔人顺序以其撰写内容的先后为序）：

第一章　由许宏、袁靖、贺俊（中国社会科学院研究生院）执笔。

第二章　第一节，由夏正楷（北京大学）、王辉、宋豫秦（北京大学）、王树芝、袁靖、李志鹏、杨杰（暨南大学）执笔；第二节，由许宏执笔。

第三章　第一节，由赵海涛执笔；第二节，由赵海涛、张雪莲执笔。

第四章　第一、二节，由许宏执笔；第三节，由陈国梁执笔。

第五章　第一、四、五节，由赵海涛执笔；第二、三节，由陈国梁执笔。

第六章　第一节之陶器部分，由赵海涛、彭小军执笔；铜器部分由陈国梁、刘煜执笔；玉器部分由邓聪（山东大学）、郝炎峰（故宫博物院）、叶晓红执笔；石器部分由钱益汇（首都师范大学）执笔；漆木器、纺织品由陈国梁执笔；骨、角、蚌、牙、贝、螺质遗物部分，由陈国梁、李志鹏、袁靖执笔。第二节之植物资源部分，由赵志军、刘昶、王树芝执笔；动物资源部分，由袁靖、李志鹏、杨杰执笔。

第七章　第一至三节，由王明辉执笔；第四节，由张雪莲、赵春燕执笔；第五节，由赵欣整理。全章由王明辉统稿。

第八章　第一节，由李志鹏执笔；第二、三节，由李志鹏、陈国梁、袁靖执笔；第四节，由赵海涛执笔。

第九章　第一至三节，由彭小军执笔；第四、五节，由贺俊执笔。

第十章　由王振祥、赵海涛执笔。

结语　由许宏、袁靖执笔，贺俊统稿。

学术史年表　由贺俊、许宏整理。

中文文献存目　由许宏、贺俊整理。

全书由许宏、袁靖统稿。贺俊任编务秘书，在编校整合全书各章节的过程中做了大量的具体工作。王煜凡、孙慧琴、钱心怡、张涵钰（中国社会科学院研究生院）也参与了全书的编校工作。

二里头工作队队员参与了多学科项目的合作研究，不另注明。

本书的出版，得到了中国社会科学院创新工程的出版资助。中国社会科学院考古研究所学术委员会、所领导及科研处，中国社会科学出版社的领导给予了大力的支持，责任编辑郭鹏先生尽心尽力，徐良高、施劲松研究员鼎力推荐，才使得本书能够顺利面世。这是我们要表示由衷的感谢的。

诚如徐良高研究员在推荐意见中指出的那样，"本书虽然已经全面系统地反映了二里头遗址及以二里头遗址为核心的聚落群的考古发现与研究成果，对于二里头文化的范围、聚落等级分布状况及其所反映的社会结构等可以单独成章，予以更详细的介绍与讨论。"这的确是相关领域研究工作和本书的一个不足，所幸本书作者之一贺俊正以此为题撰写博士学位论文，或可补此不足，值得期待。

值二里头遗址发现与发掘60周年之际，我们也要向为投身二里头遗址与二里头文化研究的所有田野考古工作者与研究者，致以崇高的敬意。没有他们，就没有这部书的问世。从这个意义上讲，这部书既是阶段性的总结之作，也是献礼之作和致敬之作。

许　宏　袁　靖
2019年5月